KULTURA POLSKI ŚREDNIOWIECZNEJ X-XIII w.

Z PRAC
INSTYTUTU HISTORII
POLSKIEJ AKADEMII NAUK

Autorzy

JERZY DOWIAT, BRONISŁAW GEREMEK,
TADEUSZ LALIK,
STANISŁAW TRAWKOWSKI

KULTURA POLSKI ŚREDNIOWIECZNEJ X-XIII w.

Pod redakcją

JERZEGO DOWIATA

1985

Państwowy Instytut Wydawniczy

Recenzenci
JERZY KŁOCZOWSKI, GERARD LABUDA. BENEDYKT ZIENTARA

Dobór ilustracji
KRYSTYNA BIAŁOSKÓRSKA

Indeksy opracowała
KRYSTYNA KONOPNICKA

Opracowanie graficzne i typograficzne
ELŻBIETA SOKOŁOWSKA

Redaktor PIW
KRYSTYNA KONOPNICKA

ISBN 83-06-00913-4

Przedmowa

Tytuł książki wymaga komentarza, termin bowiem „kultura'' bywa rozumiany rozmaicie, a jego definicji skonstruowano dotąd bardzo wiele. W gruncie rzeczy jednak zamieszanie pojęciowe nie jest aż tak wielkie, by sam termin uznać za nieprzydatny. Rozbieżne w szczegółach poglądy na treść słowa „kultura'' dają się sprowadzić do dwóch zasadniczych. Pierwszy, bardziej tradycyjny, pojmuje kulturę jako sumę najwybitniejszych osiągnięć twórczych w dziedzinie nauki i sztuki; drugi, propagowany przez socjologię i antropologię kulturową, nazywa kulturą trwały dorobek zbiorowości ludzkiej, obejmujący wszystkie dziedziny jej życia. Książka nasza traktuje o kulturze w tym drugim znaczeniu.

Sprawą mniejszej może wagi, ale istotną ze względu na konstrukcję wykładu, jest systematyka kultury. Nie przyjęliśmy tu popularnego rozróżnienia trzech dziedzin kultury: materialnej, społecznej i duchowej, wydało się nam bowiem, że są to aspekty, które można zastosować do każdego zjawiska kulturowego. Poszliśmy więc za dwudzielną systematyką, zaproponowaną przez Tadeusza Manteuffla. Zaobserwował on, że dorobek kulturowy wynika z dwóch kierunków dążeń człowieka: do ochrony własnego bytu oraz do wyjaśnienia działania świata i własnej w nim roli. W pierwszym wypadku mielibyśmy do czynienia z kulturą bytową, w drugim – z kulturą psychiczną.

Na założeniu tym opiera się konstrukcja tego tomu, podzielonego na dwie główne części, z których pierwsza traktuje o kulturze bytowej, druga zaś – o kulturze psychicznej. Poprzedza je wstęp, wyjaśniający miejsce Polski w geografii kulturowej Europy średniowiecznej. Na część pierwszą składają się następujące zagadnienia, omówione w kolejnych rozdziałach: troska o pożywienie, ubiór i pielęgnacja ciała, życie osiadłe oraz społeczne gwarancje bytu. Na część drugą: pogląd na świat, środki przekazywania myśli, krąg uczony i jego instytucje, normy postępowania i wzory osobowe, poczucie piękna, człowiek i czas. Książkę zamyka rozdział dotyczący linii rozwojowych kultury w Polsce wczesnego średniowiecza.

Ramy chronologiczne wykładu stanowią X i schyłek XIII wieku, a więc wczesne i rozwinięte średniowiecze, obejmowane także – jeśli chodzi o dzieje Polski – jednym, wspólnym określeniem: wcześniejszego średniowiecza. W historii politycznej są to czasy od powstawania państwa piastowskiego do pierwszych prób jego jednoczenia po rozbiciu dzielnicowym. W historii społecznej jest to okres społeczeństwa przedstanowego, w historii sztuki – okres recepcji i rozwoju sztuki romańskiej. Należało więc się spodziewać, że także w innych dziedzinach historii kultury pokaże on własne, specyficzne oblicze.

W ostatnim półwieczu tego okresu występowały w różnych dziedzinach życia zjawiska nowe, typowe już dla okresu następnego. Sygnalizujemy je zaledwie, odkładając ich szersze omówienie do przygotowywanego kolejnego tomu, poświęconego kulturze Polski XIV i XV wieku.

Autorzy zawdzięczają wiele dawniejszym ujęciom syntetycznym dziejów kultury lub jej poszczególnych dziedzin. Na pierwszym miejscu należy tu przypomnieć twórczość Aleksandra Brücknera z jego

Przedmowa

znakomitymi *Dziejami kultury polskiej* na czele, które długo jeszcze nie stracą znaczenia naukowego i poczytności. Jeśli mimo istnienia tego dzieła potrzeba nam nowej historii kultury polskiej, to wynika to może nawet nie tylko z postępu badań, ale i z faktu, że synteza Brücknera nie objęła całej kultury tak, jak ją dzisiaj rozumiemy, oraz że zbudował ją autor na jednostronnym, głównie językowym materiale źródłowym.

W ciągu półwiecza, które minęło od ukazania się dzieła Brücknera, badania nad kulturą średniowieczną posunęły się znacznie naprzód. Powstały nowe studia monograficzne nad dziejami kultury psychicznej i kultury bytowej, pojawiły się próby ujęć o charakterze podręcznikowym i kompendialnym ogólnej historii Polski średniowiecznej, a także monografie o losach jej władców, instytucji i ludzi. Dysponujemy też ważnymi opracowaniami z zakresu nauk pomocniczych historii. Dług nasz wobec tych prac, a zwłaszcza wobec monumentalnej syntezy etnograficznej Kazimierza Moszyńskiego, jest ogromny.

Nie zmienia to jednak faktu, że historię kultury pojmowanej zgodnie z naszymi założeniami uprawia się od niedawna i wymienione dzieła nie przynoszą odpowiedzi na wiele ważnych dla nas pytań. Na każdym kroku autorzy tej książki napotykali też kompletny brak opracowań monograficznych. Taki stan badań musiał przesądzić o charakterze naszej próby syntezy i o niejednolitym potraktowaniu w niej poszczególnych problemów. Najczęściej decydowaliśmy się na sięgnięcie bezpośrednio do źródeł, aby je przynajmniej zestawić, a także – gdzie wydało się to możliwe – poddać je analizie i dojść do uogólniających wniosków. Nieraz jednak trzeba było ograniczyć się do prostego stwierdzenia, że sprawa czeka na podjęcie badań.

Różny stopień orientacji w poszczególnych dziedzinach kultury Polski średniowiecznej sprawił, że trzeba było ambicje syntetyczne ograniczyć do wprowadzenia ładu w opisie elementów kultury, świadomie rezygnując z rozbudowania tez dotyczących jej struktury. Mimo to staraliśmy się, by praca spełniała zadania wstępnej syntezy. Choć poszczególne działy kultury zostały przyporządkowane odpowiednim rozdziałom, przeciwdziałaliśmy sugestiom płynącym ze schematu konstrukcyjnego, który wprawdzie ułatwia wykład, ale, jak każdy schemat, jest zaprzeczeniem rzeczywistości. Toteż, gdzie to tylko jest możliwe, wskazujemy na związki między różnymi dziedzinami, w szczególności między kulturą bytową a kulturą psychiczną, skoro obydwie stanowią przecież nierozdzielną jedność. Prowadzi to do pewnych powtórzeń w tekście, których jednak nie chcieliśmy eliminować, aby nie zatrzeć wspomnianej jedności. Wreszcie rozdział końcowy – *Człowiek i czas* – ma być w naszej intencji próbą oglądu przez pryzmat jednego wprawdzie, ale jakże istotnego problemu – mentalności ludzi, ukształtowanej przez kulturę wcześniejszego średniowiecza w Polsce. Ogląd taki stanowi kolejny etap syntezy, dający już pewne pojęcie także o strukturalizowaniu się kultury.

Inicjatorem naszej pracy, twórcą jej koncepcji ogólnej i organizatorem zespołu autorskiego był profesor Tadeusz Manteuffel. Jego śmierć zastała nas przy pracach nad konspektem wykładu, który opublikowaliśmy w 1971 roku. Realizację zamierzenia, która – jak się wtedy mogło wydawać – powinna była nastąpić niezadługo, opóźniały tak trudności wynikłe z pionierskiego na wielu odcinkach charakteru pracy, jak i nieprzewidziane trudności subiektywne. Udało się je w końcu przezwyciężyć, w dużej mierze dzięki aktywnemu zainteresowaniu i pomocy ze strony dyrektora Instytutu Historii PAN, profesora Czesława Madajczyka, oraz życzliwości i cierpliwości wydawcy: Państwowego Instytutu Wydawniczego.

30 grudnia 1978 r.

Jerzy Dowiat

Przedmowa

Długi okres pracy nad książką sprawia, że końcowe nad nią prace prowadzimy w gronie uszczuplonym: przedwczesna śmierć wyrwała spośród nas, po długiej chorobie, Jerzego Dowiata. W ciągu pięciu lat, które minęły od chwili zakończenia prac autorskich, w istotny sposób posunęły się naprzód badania nad kulturą przedstawianej przez nas epoki. Wystarczy wspomnieć, że ukazały się dwie zasadniczej wagi książki o religii Słowian – Henryka Łowmiańskiego i Aleksandra Gieysztora, a Gerard Labuda ogłosił nowe prace o średniowiecznym dziejopisarstwie, jak też, iż ukazało się zbiorowe dzieło o historii kultury materialnej, obejmujące nasz okres. W niejednym także współautorzy tej książki, kontynuując swoje prace, skłonni byliby podjąć dyskusję zarówno z innymi autorami, jak i między sobą w sprawie poszczególnych interpretacji. Uznaliśmy jednak za możliwe i zasadne oddanie tego tomu w obecnej jego postaci pod osąd czytelników.

Bronisław Geremek, Tadeusz Lalik, Stanisław Trawkowski

30 grudnia 1983 r.

Polska w geografii kulturowej średniowiecznej Europy

Obcy przybysz, któremu przypadło zadanie nakreślenia dziejów polskiej dynastii książęcej i rządzonego przez nią kraju, pisał, że „kraj Polaków oddalony jest od szlaków pielgrzymich i mało komu znany, poza tymi, którzy za handlem przejeżdżają [tamtędy] na Ruś".[1] W tych słowach Anonima Galla odnajdziemy horyzont cywilizacyjny, w jaki wpisywała się polska kultura wcześniejszego średniowiecza, aż po próg XII wieku, kiedy to słowa te zostały spisane; kultura zajmująca pozycje peryferyjne w stosunku do chrześcijańskiego Zachodu, a jednocześnie usytuowana na szlakach promieniowania kulturowego Bizancjum.

Chcąc przedstawić średniowieczne początki kultury narodowej, a ukształtowaniu się organizacji państwowej przypisując rolę zasadniczą dla rozwoju tej kultury, wypada przede wszystkim podjąć kwestię kontynuacyjnego charakteru polskiej kultury średniowiecznej w stosunku do dziedzictwa wczesnosłowiańskiego, w następnej kolejności rozważyć znaczenie, jakie dla rozwoju polskiej kultury miało wejście w orbitę zachodniego chrześcijaństwa, wreszcie nakreślić główne kierunki kontaktów kulturowych. Zarysowane tu szkicowo problemy znajdą rozwinięcie i pełniejszą argumentację w dalszych partiach wykładu.

1. Słowiańska kontynuacja

Przez długie stulecia procesy twórcze cywilizacji ludzkiej dokonywały się w basenie Morza Śródziemnego. Kontynentalne wspólnoty etniczne otrzymywały impulsy rozwojowe ze świata śródziemnomorskiego, ku niemu zwracały swe plany wymiany ludzi i rzeczy, produktów i informacji. W migracjach i łupieżczych wyprawach realizowały ludy, które antyczna tradycja określała mianem barbarzyńskich, pragnienie przybliżenia do śródziemnomorskich ośrodków cywilizacji i uczestnictwa w osiągnięciach ich kultury bytowej. Warunki naturalne nie ułatwiały kontaktów ludów słowiańskich z „morzem wewnętrznym" i jego cywilizacjami; góry Półwyspu Bałkańskiego od strony Grecji, Alpy od strony Italii, przed nimi dalej środkowy i dolny Dunaj, masywy górskie Sudetów i Karpat, do czego dołączały się jeszcze puszczańskie masywy leśne, tworzące nie mniejsze przeszkody niż góry – stanowiły bariery utrudniające kontakty cywilizacyjne i sprawiające, że ludy słowiańskie pozostawały na uboczu od wpływów świata antycznego.

Wykopaliska archeologiczne wydobyły na jaw wcale bogate materialne świadectwa kontaktów ziem między Bałtykiem a Karpatami z cesarstwem rzymskim. W wyposażeniu grobów elity plemiennej z I–III wieku (z najbardziej znanych można tu wymienić tzw. groby książęce w Lubieszewie koło

1. Czarki srebrne i dzbanek brązowy z Łęgu Piekarskiego; I w.   2. Czarka srebrna z Gosławic; I w.

3. Skarb denarów rzymskich z Chmielowa Piaskowego; 54–193 r.

4. Czara ceramiczna typu *terra sigillata* z Wymysłowa; 2 poł. II w.

Gryfic na Pomorzu Zachodnim i w Łęgu Piekarskim koło Turka w Wielkopolsce[2]) znajdowały się liczne przedmioty luksusowe, pochodzące z prowincji rzymskich i z samej Italii. Materiały archeologiczne wskazują na wpływy rzymskie nie tylko w zakresie przedmiotów zbytku, prestiżu i zabawy, lecz i w podstawowych dziedzinach życia codziennego; wśród importów rzymskich znajdują się także przedmioty użytkowe, z narzędziami na czele. Również znaleziska monet rzymskich[3] (skarb znaleziony w Chmielowie Piaskowym koło Opatowa) poświadczają żywość wymiany i obecność na tych terenach kupców rzymskich, przyciąganych zwłaszcza perspektywami handlu bursztynem. Rozległa sieć handlu ceramiką luksusową, pochodzącą z terenów prowincji rzymskich, zwłaszcza Galii, stworzyła też ośrodki pośredniczące, sięgające swymi działaniami handlowymi do ziem słowiańskich. Wpływy rzymskie obecne są wreszcie w technikach produkcji w zakresie metalurgii i garncarstwa, a także w uprawie roli.

Przyjąć przeto można, że elity społeczne plemion słowiańskich korzystały z pewnych impulsów płynących z kontaktów z przedmiotami i z ludźmi z obszaru władań rzymskich, że niektóre z tych impulsów miały trwałe skutki w kulturze bytowej i psychicznej tych terenów. Nie należy jednak przeceniać zasięgu i ważkości świadectw kontaktów ziem słowiańskich ze śródziemnomorskim kręgiem cywilizacyjnym. Nie dotykały one podstawowych dziedzin życia psychicznego mieszkańców tych ziem, ich sposobów odczuwania i wrażliwości, nie zmieniały zasadniczych relacji między człowiekiem a przyrodą. W puściźnie kulturowej antyku ludy słowiańskie w pierwszym tysiącleciu naszej ery uczestniczyły w niewielkiej mierze i w sposób marginalny, a ruchy migracyjne połowy tysiąclecia, chociaż przybliżyły niektóre plemiona słowiańskie ku kresom imperium rzymskiego, jednakże unicestwiły dotychczasową sieć wymiany i kontaktów.

W ramach autochtonicznego rozwoju ludów słowiańskich narastały doświadczenia, nawyki i przeżycia, określające kulturowy kształt słowiańskiej wspólnoty etnicznej. Sztuka miejscowa, „budownictwo drewniane i rzemiosło artystyczne — wyrażające swoją twórczość w kamieniu, glinie, drewnie, kości i rogu, w kruszcach i żelazie, we włóknie i skórze — zadziwiły bogactwem form, mistrzostwem technicznym, a także ujawnionym światem codziennych potrzeb estetycznych".[4] Stopniowa, w miarę upływu czasu rozszerzająca się i wzbogacająca kumulacja umiejętności i form wyrazu obejmuje przede wszystkim domenę kultury bytowej. W dziedzinie kultury psychicznej, póki kultura ta nie wykształciła podstawowego instrumentu przekazu i utrwalania, jakim jest pismo, rozwój wykazywał mniejszą ciągłość. Przekaz drogą tradycji zdaje się być bardziej oporny na wzbogacanie nowościami, ale nadaje znaczną trwałość obyczajom, obrzędom, znakom i gestom kulturowym. Wzbogaca się natomiast ustawicznie język. Kumuluje on doświadczenia społeczne, jest przedmiotem przekazu z pokolenia na pokolenie, a jednocześnie z posługiwaniem się językiem przechodzi pewien zasób treści kulturowych i sposób oglądania świata. W połowie I tysiąclecia, jeszcze przed ruchami migracyjnymi, które porwały plemiona słowiańskie i wprowadziły je na nowe drogi kontaktów, struktura i zasób słowny mówionych języków słowiańskich wykazują znaczną złożoność i dojrzałość, pozwalają określić różnorodne działania gospodarcze, zjawiska społeczne, stany psychiczne.

Podkreślając rolę długich procesów kontynuacyjnych, które kształtowały polską kulturę średniowieczną u progu II tysiąclecia, odwołujemy się tutaj do ogólnosłowiańskiej wspólnoty kulturowej. Wynika to z przekazów pisanych obcych podróżników i kronikarzy, którzy traktowali ludy słowiańskie *en bloc*, w generalnych obrazach kreślili osobliwości ich obyczajów i obrzędów. Także Anonim Gall u progu swojego wykładu dziejów państwa polskiego uważa za konieczne nakreślić miejsce Polski w świecie słowiańskim: „...[zaczynając] od północy, jest Polska północną częścią Słowiańszczyzny..."[5] Do całej Słowiańszczyzny odnosi też Anonim Gall pełną retorycznej przesady pochwałę bogactw natury. Wspólnotę słowiańską poświadczają także dane językowe, tj. rozpoznawalny we wszystkich językach słowiańskich stary pień języka prasłowiańskiego, a również daleko idące zbieżności w kulturze bytowej, w tym także w organizacji społecznej, poświadczone materiałem archeologicznym.

W nowszych badaniach przeważa jednak sceptyczne stanowisko wobec trwałości słowiańskiej wspólnoty kulturowej u progu średniowiecza, po migracjach V–VII wieku. Losy historyczne coraz mocniej dzieliły Słowiańszczyznę. Żydowski podróżnik Ibrahim ibn Jakub w swym opisie krajów słowiańskich notuje te podziały w sposób wyraźny: „Gdyby nie ich niezgoda, wywołana mnogością rozwidleń ich gałęzi i podziałów na szczepy, żaden lud nie zdołałby im sprostać w sile."[6] W obrębie plemion zachodniosłowiańskich, połączonych daleko idącą i od początku naszej ery wyodrębnioną wspólnotą językową, zarysowały się odmienności między poszczególnymi grupami plemiennymi. W grupie południowej rola szczególna przypadła Słowianom morawskim, którzy wcześnie wykształcili instytucje państwowe, osiągnęli wysoki poziom kultury bytowej i zasobności gospodarczej, wpływami swymi ogarnęli plemiona czeskie i słowackie, a także, chociaż w mniejszej mierze, docierali swym oddziaływaniem ku południowym ziemiom plemion polskich. Na północy szczególne piętno na grupach słowiańskich zdaje się wyciskać sąsiedztwo morza; chodzi tu o Słowian połabskich i Pomorzan, wchodzących pośrednio w rozległe kontakty wymiany z domeną arabską (poświadczają to znaleziska monet arabskich, orientalnych ozdób srebrnych i szklanych oraz jedwabi). W tym stanie rzeczy różnice warunków naturalnych, sytuacji geopolitycznej i wpływów cywilizacyjnych prowadziły do wytwarzania się trwałych różnic, tendencji i nierównomierności rozwoju historycznego wśród plemion słowiańskich. Określało to odmienności rozwoju społeczno-kulturowego wewnątrz świata słowiańskiego i kruszyło jedność słowiańskiej wspólnoty kulturowej. U progu II tysiąclecia, gdy dokonuje się dynamizacja rozwoju społeczno-ustrojowego i formowania się etnicznych wspólnot kulturowych – tak w świecie słowiańskim zresztą, jak i na innych obszarach kontynentu europejskiego – te rozbieżności tendencji rozwojowych miały swoje znaczenie.

2. W kręgu kultury łacińskiej

W kształtującej się na przełomie I i II tysiąclecia Europie Polska, w wyniku decyzji władców dynastii Piastowskiej, określa sobie miejsce. Wchodzi w krąg chrześcijańskiego Zachodu, w krąg Europy łacińskiej. Trudno powiedzieć, czy było to skutkiem wyboru i w jakiej mierze wybór ten stawał jako pytanie przed elitą państwa piastowskiego. Kronikarz dziejów ruskich w wielekroć przywoływanym w analizach historycznych wywodzie o pracach przygotowawczych, które poprzedzały chrystianizację książęcego dworu kijowskiego i Rusi, opisał przedstawicieli różnych religii i obrządków, którzy wyłożyli zasady swej wiary: Bułgarów wyznających mahometanizm, Niemców – chrześcijań-

5 a. b. Cztery prowincje składające hołd cesarzowi Ottonowi III, *Ewangeliarz Ottona III*; kon. X w.

stwo rzymskie, Chazarów – wiarę żydowską i wreszcie Bizantyjczyków, którzy wyznawali chrześcijaństwo greckie.[7] Opcja księcia Włodzimierza na rzecz obrządku greckiego w samej rzeczy sankcjonowała przypisanie Rusi kulturze bizantyjskiej, umacniała ten kierunek wpływów i kontaktów; można jednak mniemać, że utrwalona w przekazie dziejopisarskim tradycja o ścierających się propozycjach dotyczących religii państwowej znajdowała potwierdzenie w rzeczywistej sytuacji państwa kijowskiego, wystawionego na wpływy różnych kręgów cywilizacyjnych. Natomiast w wypadku Polski X wieku ciążenie ku kulturze zachodniej zdaje się być jednoznacznie określone. Wprawdzie po nawróceniu Bułgarii misje greckie sięgały aż nad środkowy Dunaj, docierając swymi wpływami poprzez ziemie państwa wielkomorawskiego na ziemie południowopolskie, trudno jednak byłoby stwierdzić jakąkolwiek poważniejszą więź z cywilizacją bizantyjską i bizantyjską sferą interesów ekonomicznych i politycznych. Losy historyczne splatały powstającą Polskę z Europą wyłaniającą się

z dziedzictwa karolińskiego. Interesy polityczne państwa pierwszych Piastów miały istotne znaczenie w podjętej przez Mieszka I decyzji chrystianizacji, a znajdowały one oddźwięk ze strony Zachodu.

W świadomości kulturowej epoki karolińskiej poza *limes Sorabicus* czy *limes Saxonicus* rozciągały się ziemie ludów barbarzyńskich. W ich stronę kierowały się zamierzenia ekspansywne imperium karolińskiego, a przednie jego placówki, umocnione na lewym brzegu Łaby i nad górnym Dunajem, promieniowały ku plemionom zachodniosłowiańskim. Z terenów frankijskich docierały na ziemie polskie niektóre wyroby rzemieślnicze, wśród nich inkrustowana srebrem broń (obecna np. w znaleziskach na terenie Szczecina). Polityczne zainteresowanie państwa wschodniofrankijskiego światem słowiańskim (badacze zastanawiają się nad prawno-politycznym charakterem związków powstałych między tym państwem a ludami słowiańskimi) znalazło swoje przedłużenie w wykształcającej się w X wieku Ottońskiej koncepcji polityki cesarskiej.

12

W uprawianej przez dwór cesarski Ottonów polityce wschodniej ziemie słowiańskie stają się istotnym elementem konstrukcji imperialnej. Poselstwa cesarskie sięgają nawet Rusi: we wspomnianej relacji kronikarza ruskiego o Niemcach opowiadających Włodzimierzowi o chrześcijaństwie rzymskim historycy dopatrują się reminiscencji wysłania przez cesarza Ottona I biskupa Adalberta w 961 roku na dwór kijowski. Przede wszystkim realizowała się ta polityka w odniesieniu do Czech i do Polski. W koncepcji Ottona III jedną z czterech części imperium miała stać się „Sclavinia". Na znanej miniaturze Ottońskiej cesarzowi składają hołd cztery prowincje: Roma (Italia), Galia, Germania i Sclavinia. Polska zatem nie tylko wkraczała do *republica christiana*, ale stawać się miała partnerem w europejskim układzie politycznym w powiązaniach ze wszystkimi trzema członami sukcesji politycznej imperium karolińskiego. Zjazd gnieźnieński w 1000 roku, spotkanie cesarza Ottona III z księciem polskim Bolesławem Chrobrym, w politycznych gestach i aktach, których interpretacja przypomina symbolikę bizantyjską, wprowadzały władcę polskiego w Ottońską rodzinę królów.[8]

Niezależnie od dalszego biegu stosunków między cesarstwem a słowiańskimi organizacjami państwowymi, te akty i zamierzenia polityczne warunkowały kulturowe przystosowywanie Polski do modeli i wzorców zachodnich. Kształtujące się państwo polskie wpływa w sposób zasadniczy na powolne utrwalanie się kulturowych cech odrębności etnicznej. Jednocześnie jednak dynastia panująca, jak też arystokracja zaangażowana w tworzenie nowej struktury politycznej, czynią wysiłki w celu adaptacji Polski do kultury Europy postkarolińskiej, w celu przejęcia form i wzorów ustalonych na Zachodzie. Rezultaty tego odnajdujemy w systemie prawnym, w organizacji administracji, w obyczajach społecznych. Te procesy akulturacyj-

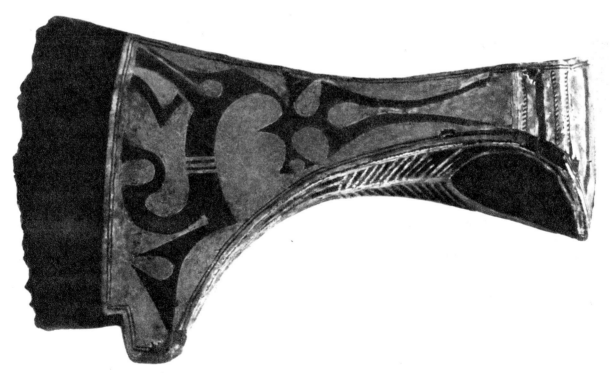

6. Topór inkrustowany srebrem i miedzią z Gubina; XII w.

ne znamionują nie tylko wczesne dzieje Polski piastowskiej czy jej słowiańskich sąsiadów. Podobny kształt, chociaż w odmiennym czasie, przybierały takie same procesy w całym rozległym świecie barbarzyńskim, z którego wolno kształtowała się Europa.

Europa X wieku, w którą wkraczała Polska pierwszych Piastów, charakteryzowała się daleko idącą zmiennością struktur politycznych, nietrwałością granic państwowych i obszarów władzy. Inicjatywy Ottońskie, zdające się czynić z krajów niemieckich strefę, w której miała się kształtować przyszłość Europy, nie miały długotrwałych konsekwencji. W utrwalonym podziale Zachodu na dwie wielkie strefy językowe, romańską i germańską, tej pierwszej przypadło w udziale trwałe przodownictwo w promieniowaniu kultury średniowiecznej. W tej właśnie strefie rodziły się wielkie inicjatywy, które wstrząsały światem chrześcijańskim: ruch krucjatowy, mający tak istotne konsekwencje zarówno w płaszczyźnie ruchliwości społecznej, jak i wyobraźni zbiorowej ludzi średniowiecza, kluniacka reforma życia zakonnego, narodziny zakonu cysterskiego, który łączył przystosowanie do społeczeństwa agrarnego z zamierzeniami misyjnego rozszerzania chrześcijaństwa, odnowa nauczania i życia szkolnego. Inicjatywy te rozchodziły się szerokimi kołami, coraz bardziej jednak rozrzedzając się, w miarę oddalania się od głównych ośrodków życia umysłowego.

Środowiska nauczające rozwijają się najintensywniej wzdłuż osi prowadzącej od Loary do Menu, przez krainy środkowej Francji, po południowe połacie krajów niemieckich. Rozwijały się one przede wszystkim wokół kościołów katedralnych oraz wielkich klasztorów. U progu drugiego tysiąclecia na ziemiach francuskich najżywszymi ośrodkami tego typu były: klasztor benedyktyński w Fleury nad Loarą, gdzie spoczywały relikwie św. Benedykta, oraz środowiska duchowne Reims i Chartres. W wieku następnym, obok Chartres, zachowującego na długo świetność intelektualną, wybijają się na czoło Orlean, Tours, Angers, ale

także, bardziej na północ, Laon i Tournai. Po podboju normańskim 1066 roku na wyspach brytyjskich wsławią się ośrodki w Canterbury, Yorku i Winchesterze. Na terenach cesarstwa niemieckiego ośrodki zakonne wywodzące się z Frankonii i Nadrenii, klasztory w Echternach, Kolonii, Sankt-Gallen, środowiska kościelne ziem nadmozańskich kontynuowały i rozwijały tradycje studiów, promieniowały nauczaniem szkolnym, obsługując w szerokim promieniu potrzeby kształcenia kleru świeckiego i zakonnego, przygotowując kadry dla instytucji kościelnych i państwowych. Loara, Sekwana, Moza i Ren zdają się wyznaczać podstawowe środowiska i centra kultury umysłowej u progu naszego tysiąclecia. Jeżeli kontynuacja karolińskiego rozwoju nauczania znajduje pewne odzwierciedlenie w rozmieszczeniu geograficznym centrów kultury, to jednak rozszerzył się znacznie podstawowy kościec konstrukcji, rozciągając się w szczególności coraz bardziej na północ.

W układzie stref promieniowania kultury średniowiecznej Europy rolę szczególną odegrał mecenat władców i książąt. Zwłaszcza podkreślić trzeba znaczenie kształtowania się monarchii, które doszukiwały się środków sakralizacji swej władzy i nadania jej prestiżu przez działalność kulturalną, przez mecenat w dziedzinie sztuki i oświaty. Była to swego rodzaju druga linia podziału Europy: na południowych jej obszarach, poza linią Loary, rozciągały się tereny wolne od władzy monarchicznej, na północy krzepły i kształtowały się monarchie. Kapetyngowie nad południowymi krainami francuskimi nie sprawowali władzy, natomiast na linii Reims–Orlean–Chartres mnożyli znaki prestiżu królewskiego, w formach i środkach wyrazu czerpiące nieraz z arsenału karolińskiego. Jest to prawdą jeszcze bardziej w odniesieniu do władców niemieckich, których cesarskie prawa do Prowansji czy Italii były tylko iluzoryczne, ale którzy poza linią Renu budowali wytrwale konstrukcję monarchiczną. W Akwizgranie, Leodium, Reichenau, wzdłuż Renu, na starych szlakach dziedzictwa karolińskiego władcy niemieccy afirmowali prestiż monarszy. Czołowym ośrodkiem promieniowania prestiżu cesarskiego, w myśl koncepcji cesarza Henryka II, miała stać się Bamberga, która wywarła też przemożny wpływ na model organizacji kościelnej na zdobywanych dla chrześcijaństwa ziemiach słowiańskich.

Głosząc zasadę przemieszczania się ośrodka władzy (*translatio imperii*), a w ślad za nią snując także teorię o przemieszczaniu się ośrodka nauki i kultury (*translatio studii*), nawiązywał Zachód do spuścizny antyku i pretendował do kontynuacji tradycji śródziemnomorskiej. Istotnie, w niektórych środowiskach kościelnych, głównie w zgromadzeniach zakonnych, zachowywano i przekazywano piśmienniczą tradycję antyczną. W samej rzeczy jednak to na wschodzie trwała kontynuacja tradycji śródziemnomorskiej, to bizantyjska kultura przejmowała i utrwalała spadek klasycznej starożytności. Nosicielem tej tradycji w cesarstwie wschodnim nie stały się środowiska klasztorne, lecz świeckie środowiska duchowne i świeckie miasta, ze stolicą cesarstwa wschodniego na czele. Przybysze z Zachodu, którzy pojawiali się na dworze bizantyjskim, traktowani byli jako barbarzyńcy; z oburzeniem stwierdził to w X wieku poseł Ottona I, Liudprand z Cremony. Tak też traktowali Bizantyjczycy rycerstwo zachodnie, które do nich docierało w ruchu krucjatowym. Pod rządami dynastii macedońskiej kultura bizantyjska rozkwitła, uniwersytet w Konstantynopolu rozszerzył studia filozoficzne i prawnicze, literatura grecka, obok upowszechniania form i klasycznych treści tradycji helleńskiej, rozwijała wątki narracyjne o charakterze popularnym, architektura i sztuka dekoracyjna określały swój kształt i środki wyrazu, jakie znamionować miały sztukę bizantyjską aż po jej schyłek.

Wpływ centrów kultury bizantyjskiej, a w szczególności tych, które rozwinęły się na ziemiach południowosłowiańskich uzyskując rysy oryginalne i szczególną intensywność, daje się odczuć w większej lub mniejszej mierze w całej słowiańskiej części Europy. Zdobycie Rusi dla kultury greckiej jeszcze bardziej przybliżało świat helleński ku rubieżom ziem zachodniosłowiańskich i północnosłowiańskich. Rzeczywisty wpływ cywilizacji bizantyjskiej na kulturę artystyczną i umysłową Polski średniowiecznej należy do problemów słabo zbadanych i stale oczekujących systematycznego podjęcia. Ślady kontaktów ekonomicznych rozrzucone w materiale archeologicznym, wpływy artystyczne rejestrowane – w bardzo niewielkiej jednak mierze – w sztuce miejscowej, jak też w importach artystycznych, może także skłonność do obwieszania się klejnocikami, konstatowana przez Anonima Galla[9] – wszystkie te fakty i zjawiska stanowią świadectwa przypadkowe i słabe. Wymowniejszy może być fakt, że Mieszko II miał znać nie tylko łacinę, lecz także grekę. Nawet jeżeli uznać, że był to rezultat szczególnie starannego wyszkolenia w czasach młodości, to jednak stwarzać to mogło pewne otwarcie w stronę świata myśli i piśmiennictwa greckiego. Jednakże w szczątkowych informacjach o pierwszych księgozbiorach polskich nie znajdujemy wcale wzmianek o księgach greckich.

Europa kulturalna 1000 roku stanowi zbiorowisko odległych od siebie wysepek. Poszczególne centra promieniowały szeroko, kontaktowały się między sobą, ale granice naturalne – góry, wody, puszcze – tworzyły trudne bariery. Uczestnictwo w kulturze było przedmiotem wysiłku i starań, przełamywania barier i trudności, nie zaś osmozy kulturowej, która dokonywać się może w warunkach większego zagęszczenia osadnictwa ludzkiego i większej drożności przepływu informacji, nawyków, przedmiotów. Stąd też sam fakt, że świat grecki zdawał się stać u rubieży Polski, nie decydował o rzeczywistym wpływie czy też o alternatywnych wyborach kulturowych. W wyniku geohistorycznego układu, w jakim Polska się znalazła, wysiłki adaptacji bardziej rozwiniętych modeli kulturowych, podejmowane przez dynastię Piastowską, kierowały się ku łacińskiemu Zachodowi, z tego kierunku też napływały inicjatywy ważkie dla procesów formacyjnych polskiej kultury.

3. Migracje i kontakty kulturowe

Przybywali przede wszystkim ludzie. Wysiłki chrystianizacyjne i zamierzenia organizacyjne Kościoła wymagały natychmiast kadr wyszkolonych, zdolnych do prowadzenia działalności misyjnej i do objęcia stanowisk kościelnych. Kadr tych dostarczały zachodnie ośrodki monastyczne i środowiska katedralne, zarówno te bliższe, z ziem morawskich i czeskich, jak i dalsze, z różnych obszarów cesarstwa czy nawet z Italii. Eremici św. Romualda, którzy już u zarania XI wieku osadzają się na zachodnich kresach Polski, w Międzyrzeczu, potem zaś osiadają w Kazimierzu Biskupim koło Gniezna, pozostają jednak w stałych stosunkach ze swoim macierzystym opactwem w Avellana. Szczególnie żywe kontakty instytucji kościelnych zawiązują się między ośrodkami dolnolotaryńskimi a Polską; faktem wymownym i znaczącym jest to, że z tych ziem pochodziła Rycheza, żona Mieszka II. Na arcybiskupiej stolicy krakowskiej osiada Aaron, benedyktyn z Brunvillare, który poprzednio był w Stavelot, w diecezji leodyjskiej, a wraz z nim przybyli do Polski benedyktyni z klasztoru Św. Jakuba w Leodium. Żywe kontakty z ośrodkami południowoniemieckimi, a zwłaszcza z Ratyzboną i z Bambergą, utrzymywały się przez długi czas; to właśnie z Bambergi przybędzie za Bolesława Krzywoustego misja chrystianizacyjna dla nawrócenia Pomorzan.

Napływ kadr kościelnych nie dotyczył zresztą tylko wstępnego etapu chrystianizacji, lecz także następnych okresów; polskie instytucje kościelne i środowiska klasztorne korzystały ustawicznie z napływu ludzi z Zachodu. Kanonicy regularni korzystali z inicjatyw kongregacji z Arrouaise (fundacja najpierw na Sobótce w 1110 roku, następnie przeniesiona do Wrocławia), premonstratensi, osadzający się w połowie XII wieku na Śląsku i w Małopolsce, także przez pewien czas zachowywali

7. *Ewangeliarz Emmeramski*; miniatura z przedstawieniem św. Emmerama (p. 5); XI/XII w. Przypisywany warsztatowi miniatorskiemu w Ratyzbonie

wymienne kontakty kadrowe z macierzystymi ośrodkami. Przybyszów obcych znajdujemy na stolicach biskupich. Pierwsi biskupi Polski piastowskiej – Jordan, Unger, Poppo, Reinbern – pochodzili z krajów Zachodu dawniej schrystianizowanych. Z czasów późniejszych wspomnieć można kujawskiego biskupa Swidgera z bamberskiego środowiska zakonnego, działającego za Bolesława Krzywoustego, czy też braci Aleksandra i Waltera z Malonne, administrujących diecezją płocką i wrocławską w XII wieku. O znaczeniu tej migracji ludzi Kościoła dla kultury polskiej świadczyć może wymownie działanie kręgu intelektualnego i artystycznego w płockim środowisku kościelnym za czasów Aleksandra z Malonne i jego następcy Wernera, pochodzącego prawdopodobnie ze środowiska bawarsko-frankońskiego.

W recepcji wpływów kulturowych ogromne i coraz bardziej rosnące znaczenie miał też ruch w przeciwnym kierunku, to jest wyjazdy kleru polskiego do ośrodków zachodnich. Wśród uczniów św. Romualda w okolicach Rawenny miał nawet osiąść jakiś nie znany bliżej książę polski, z rodziny Bolesława Chrobrego.[10] Niekiedy wstępowali więc Polacy do obcych zgromadzeń zakonnych, częściej jeździli do nich, do szkół zachodnich, dla zdobycia wiedzy i technik intelektualnych. Wysłani na studia powracali z bagażem narzędzi do wykonywania funkcji duchownych, ze świętymi księgami, uczonymi traktatami, pomocami encyklopedycznymi, ale jednocześnie wnosili w swoje środowiska zdobytą wiedzę, znajomość obyczajowości zachodniej, modę artystyczną i umysłową. Nie zawsze zdobyta wiedza stawała się impulsem do twórczości pisarskiej, jak to miało miejsce w wypadku Mistrza Wincentego. Zapewne częściej służyła duchowym czy dyplomatycznym działaniom Kościoła, wyżej stawianym niż pisarstwo. Biskup krakowski Mateusz, zapewne jeden z interlokutorów w dialogu kroniki Mistrza Wincentego, był mężem uczonym, dobrze wyszkolonym w kulturze łacińskiej; nie znamy jednak żadnych świadectw jego twórczości pisarskiej, poza listem do Bernarda z Clairvaux, namawiającym czołową postać świata chrześcijańskiego XII wieku do przybycia do Polski i prowadzenia akcji misyjnej na Rusi.[11] Iwo Odrowąż, kanclerz Leszka Białego w latach 1206–1218, a następnie biskup krakowski nie pozostawił po sobie żadnych dzieł pisanych, a przecież autorytet intelektualny, jakim się cieszył, kontakty z czołowymi środowiskami umysłowymi Zachodu, bogactwo ksiąg w bibliotece własnej pozwalają traktować go jako znakomitego reprezentanta średniowiecznej kultury łacińskiej. Międzynarodowy charakter Kościoła katolickiego powodował także podróże zagraniczne do różnych krajów, ale przede wszystkim do Italii. Roczniki przekazują wiado-

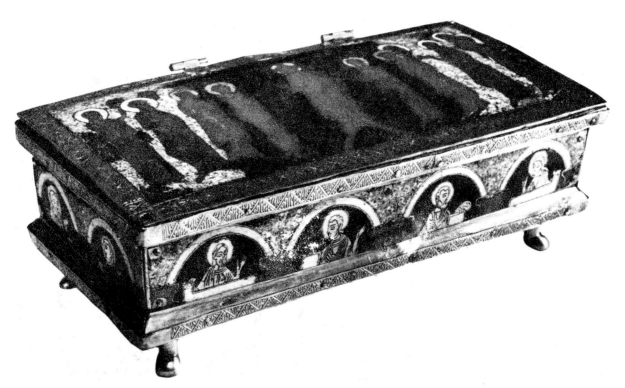

8. Relikwiarz z Włocławka, zw. też Kruszwickim; XII w. Wyrób nadreński

9. *Biblia* z opactwa kanoników regularnych w Czerwińsku (zniszczona w 1944 r.); inicjał *IN* (*principio*) ze scenami stworzenia świata i człowieka (f. 6); 2 poł. XII w. Rękopis pochodzenia mozańskiego

mość, że biskup krakowski Getko wraz z Idzim z Mutiny sprowadzili relikwie św. Floriana z Modeny do Krakowa.[12]

Migracje kleru nie tylko wzbogacały kulturę środowisk kościelnych, nie tylko tworzyły impulsy dla życia umysłowego i twórczości intelektualnej, długi czas pozostających monopolem ludzi Kościoła, lecz miały też przemożny wpływ na obyczajowość polityczną i na praktykę administracyjną dworu książęcego i instytucji państwowych. Dość wymienić Anonima Galla, przybysza z Zachodu na dworze Bolesława Krzywoustego, który, „by za darmo nie jeść chleba polskiego", podjął napisanie pierwszej kroniki polskiej.[13] Duchowni, często obcego pochodzenia, prowadzili działania dyplomatyczne; biskup Reinbern w poselstwie Chrobrego wyprawiał się na dwór kijowski i tam został uwięziony.[14]

Migracje ludzi dotyczyły nie tylko środowisk duchownych, lecz także świeckich. Rycerskich przybyszów z Zachodu spotykamy już w oddziałach wojennych Bolesława Chrobrego, niemieckie ekipy rycerskie wspomagały wyprawę kijowską 1018 roku, towarzyszyły też Kazimierzowi Odnowicielowi, gdy wracał do kraju. Kronikarz, może skłonny nieco do przesady, mówi w tym kontekście nawet o setkach obcych rycerzy. Znamienny jest też relacjonowany przez Thietmara przykład saskiego rycerza Eryka, który ścigany w swym kraju za zabójstwo schronił się w oddziałach polskich Bolesława Chrobrego.[15] O przychylności Chrobrego dla obcych rycerzy pisze Anonim Gall: „Którykolwiek dzielny przybysz u niego zyskał uznanie w służbie rycerskiej, uchodził już nie za rycerza, lecz za syna

10. Oprawa *Ewangeliarza Anastazji* z Płocka; awers ze sceną Ukrzyżowania; 3 ćw. XII w. Wyrób pochodzenia mozańskiego lub lotaryńskiego

Okazję do konfrontacji ze światem rycerskim Zachodu dawały także poselstwa do obcych krajów, a zwłaszcza udział w ruchu krucjatowym. W tym ostatnim udział brały zapewne tylko nieliczne jednostki – najbardziej znanym faktem jest uczestnictwo w krucjacie najmłodszego z synów Bolesława Krzywoustego, Henryka sandomierskiego – ale skutki tego zjawiska dla umysłowości i kultury rycerstwa polskiego mogły być znacznie szersze i wykraczające poza fakty jednostkowe. Na wielkich szlakach pielgrzymek średniowiecznych, kształtujących podstawowe osie wymiany i kontak-

11. Plakieta środkowa krzyża emaliowanego z Albigowej; 1 poł. XIII w. Wyrób limuzyjski

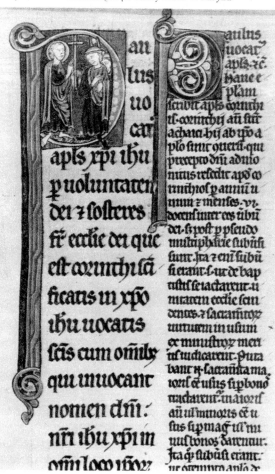

12. Petrus Lombardus, *Komentarz do listów św. Pawła*; fragment tekstu z dwoma inicjałami P, z czego jeden z przedstawieniem apostoła Pawła (f. 54); ok. poł. XIII w. Rękopis pochodzenia północnofrancuskiego, powstały może w Paryżu

królewskiego; i jeśli kiedy o którymkolwiek z nich – jak to się trafia – król posłyszał, że nie wiedzie mu się w koniach lub w czymkolwiek innym, wtedy w nieskończoność obsypywał go darami...''[16] Wspomnienia obcych przybyszów z Zachodu pozostawały nieraz w tradycjach rodowych w formie zachowanego imienia (np. Bałdrzych-Balderic- -Baudry). Do polskiego rycerstwa wtapiali się też przybysze z rodów rycerskich krajów sąsiednich, z Czech i z Rusi, przynosząc ze sobą refleksy ustalonej obyczajowości warstwy wojowników.

13. *Kazania wielkopostne*, miniatura z przedstawieniem symbolów czterech Ewangelistów (p. 200); pocz. IX w. Rękopis pochodzenia włoskiego (Włochy północne lub środkowe)

14. Goffredo de Trani, *Summa super titulos decretalium*; fragment karty z inicjałem *G* zawierającym „portret" autora tekstu (p. 5); 2 poł. XIII w. Rękopis pochodzenia włoskiego

tów kultury łacińskiej, pojawiali się Polacy tylko sporadycznie. Ale i w tym wypadku fakty jednostkowe tworzyły pewien horyzont geograficzny i wyobrażeniowy kultury polskiej. Rocznikarze zapisują jako wydarzenie wymagające przekazu i upamiętnienia, że Jaksa z Miechowa wybrał się w 1162 roku do Ziemi Świętej;[17] wspomnienie o bliskowschodniej wędrówce ma znaczenie nie mniejsze – w płaszczyźnie wyobraźni zbiorowej – niż samo zetknięcie się małopolskiego wielmoży i jego świty z ludźmi i przedmiotami Zachodu i Wschodu.

W kontaktach z obcymi krajami te, które miała dynastia książęca, miały znaczenie szczególne, bo następstwem ich były wpływy na obyczaj dworski, modelujący obyczajowość całej klasy panującej. Przede wszystkim mieć trzeba na uwadze mariaże książęce, bardziej niż sytuację dyplomatyczną dynastii Piastowskiej wzbogacające życie artystyczne i obyczajowe dworu. Władcy piastowscy szczególnie dobrze znali dwór cesarski. Przebywał wszak na nim Bolesław Chrobry jako zakładnik, a Mieszko II jako jeniec. Kazimierz Odnowiciel poznał nie tylko dwór cesarski, ale i dwór węgierski oraz kościelne i świeckie środowisko nadreńskie. Na dworze cesarskim pojawiali się też przy różnych okazjach rycerze czy wielmoże polscy. Wreszcie potężnym impulsem kontaktów i wpływów były wojny, konfrontowały bowiem technikę i taktykę walki, a jednocześnie dawały świadectwo współ-

20

uczestniczenia obu stron walczących w rycerskiej obyczajowości walki.

Gorzej jesteśmy poinformowani o migracjach związanych z życiem gospodarczym. Leżała wszak Polska na skrzyżowaniu szlaków przelotowych o decydującym znaczeniu w wymianie kontynentalnej, co podkreślają najwcześniejsze relacje podróżników. Znaczna kolonia żydowska osiadła w Przemyślu pozostawała zapewne w kontaktach ze środowiskami pobratymczymi, rozproszonymi po Europie. Obcy kupcy przybywali na ziemie polskie, obsługiwali potrzeby zbytu klasy rządzącej, wkraczali w życie podgrodzi. *Księga Henrykowska* ukazuje działającego we Wrocławiu Walończyka jako człowieka zamożnego, którego potomstwo zresztą wchodzi w szeregi rycerstwa.[18] Wśród twórców polskiej kultury nie brakło też obcych architektów i rzemieślników, których imion nie przekazują nasze kroniki. Z mniejszą pewnością mówić możemy o samodzielnej działalności polskich kupców poza granicami kraju; przypuszczać można, że kupcy z Krakowa i Wrocławia, działający na szlaku prowadzącym na wschód i na południe przez Ruś, działali aktywnie na terenie państwa kijowskiego, może nawet tworząc kolonię kupiecką w Perejesławiu. Obecni też byli Polacy na odległych szlakach handlowych Zachodu, ale były to fakty sporadyczne.

Stulecie XIII w horyzoncie omawianego przez nas okresu wniesie masowe migracje, które przemieszczać będą nie jednostki, lecz wielkie grupy ludzkie, w ramach procesów kolonizacyjnych, dotycząc zarówno wsi, jak i miast. Tym razem ta migracja ludzi konfrontacją obyczajową i językową dotknie poziomu masowego, a nie tylko elit społecznych.

Rozważając migracje przedmiotów i informacji, które niekiedy towarzyszyły przemieszczaniu się ludzi, a niekiedy nosiły charakter samodzielny, należało by nakreślić bilans importów artystycznych, krążenia rękopisów, wpływów stylistycznych. Przede wszystkim importy te obsługiwały kręgi kościelne, a także dworskie, ale niekiedy sięgały również do wyposażenia siedzib rycerskich (np. misy brązowe, z których jedną znaleziono w dwunastowiecznym grobie rycerskim w Czersku). Badania nad historią sztuki i muzyki, literatury i prawa, kultury bytowej i techniki, nagromadziły w tym

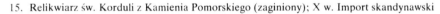

15. Relikwiarz św. Korduli z Kamienia Pomorskiego (zaginiony); X w. Import skandynawski

16. Chrzcielnica w kolegiacie Św. Piotra i Pawła w Kruszwicy; XII/XIII w. Wykonana bądź z importowanego wapienia gotlandzkiego, bądź sprowadzona do Polski jako wyrób gotowy

(*Ewangeliarz Emmeramski*). Importy artystyczne w skarbcach polskich kościołów i klasztorów wskazują na duże znaczenie francuskich i dolnolotaryńskich ośrodków rzemiosła artystycznego; pastorały, relikwiarze, emalie, wyroby z kruszców wywodziły się z warsztatów francuskich z okolic Limoges. Na szlaku wspomnianych poprzednio związków zakonnych z Arrouaise umieścić można pochodzące z Dolnej Lotaryngii wspaniałe diademy książęce, zapewne produkty późne, na połowę XIII wieku datowane. Być może, że z tego terenu pochodzą również wspomniane kielichy z Trzemeszna, przypisywane jednak ostatnio produkcji lokalnej. Z Di-

17. *Evangelistarium Płockie*, zw. *Złotym Kodeksem Pułtuskim*; miniatura ze sceną Ucieczki do Egiptu (f. 18 v); kon. XI w. Dzieło czeskiego warsztatu miniatorskiego

zakresie znaczny zasób wiedzy, do którego odwoływać się wypadnie w toku rozważań nad poszczególnymi dziedzinami kultury. Zwrócić tu tylko warto uwagę na pewne ogólniejsze rysy tych kontaktów, w których odnajdujemy poprzednio zarysowaną geografię wpływów.

Z krain niemieckich inwentarze importów wymieniają Saksonię, której żywe środowisko rzemieślniczo-artystyczne z Hildesheim dostarczyło podstawowych instrumentów kultu dla działającego w Polsce kleru. Z warsztatów saskich pochodziły też drobne sprzęty liturgiczne, nalewki i misy służące do obmywania rąk. Także Bawaria ma swój udział – wystarczy wspomnieć bogato zdobiony rękopis z klasztoru Św. Emmerama w Ratyzbonie nant (Niderlandy) wywodzą się wyroby odlewnicze, będące specjalnością tego regionu. Niektóre cenne produkty pochodzą z warsztatów północnowłoskich, a niekiedy także sycylijskich. Tkaniny znalezione w ogrodzie opackim w Tyńcu, datowane na XII wiek, wiąże się z warsztatami w Palermo (nie wyklucza się jednak także pochodzenia anglosaskiego).

Wśród produktów rzemiosła artystycznego, zachowanych w zbiorach polskich, znajdujemy niewiele importów ze wschodu, zarówno z kręgu bizantyjskiego, jak orientalnego. Kontakty handlowe i uczestnictwo polskiego rycerstwa w krucjatach nie pozostawiły trwałych śladów w inwentarzach dzieł sztuki. Skrzynka srebrna pochodzenia arabskiego z 2 połowy XI wieku, srebrna stauroteka z Łęczycy, bogato zdobione dzieło sztuki bizantyjskiej z XI/XII wieku, kilka wyrobów szklanych (szklanki zdobione rżniętą dekoracją) stanowią przykłady tego typu nielicznych importów.

Inwentarze biblioteczne z XI–XII wieku wskazują na to, że z tych samych kierunków przybywały także rękopisy, zwłaszcza księgi liturgiczne, związane z działalnością misyjną, ale też rękopisy literackie, oraz nieco rękopisów prywatnych. Wiele z nich nie ostało się do naszych czasów, a spośród średniowiecznych rękopisów, które zachowały się w polskich zbiorach, niektóre przybyły do nas w późniejszym okresie. Można jednak stwierdzić,

że rękopisy w obiegu książkowym w Polsce średniowiecznej, jak też zdobiące je miniatury były dziełem skryptorów i artystów z całej Europy; zarówno najbliższych nam, niemieckich czy czeskich, jak i dalszych, francuskich czy włoskich. Szczególnie mocne i w tym zakresie były związki z nadmo-

18. Stauroteka z Łęczycy (zaginiona): wieko i ścianka z przedstawieniami Ukrzyżowania i popiersi apostołów; 2 poł. XI – 1 poł. XII w. Relikwiarz Krzyża Św. pochodzenia bizantyjskiego

19. Pektorał z Przemyśla, rewers; 1 ćw. XIII w. Wyrób pochodzenia ruskiego

nych Polski tego czasu. Warte zwłaszcza podkreślenia jest znaczenie terenów nadmozańskich i sztuki mozańskiej w tym zakresie. Z tego właśnie środowiska artystycznego, w którym dokonywała się swoista synteza rozbieżnych wpływów działających w obrębie kultury Zachodu, przejmowała polska kultura ludzi, przedmioty i wzorce, których funkcjonowanie stwierdzamy w znacznej liczbie polskich dzieł sztuki.

W zakresie prawa i kultury prawnej dokonuje się od pierwszych stuleci naszego tysiąclecia znaczny wysiłek przejęcia zachodnich norm prawnych i systematycznego ich zespolenia z miejscowym prawem zwyczajowym. Jeszcze zanim dokonywać się będzie ekspansja prawa rzymskiego na polską kulturę prawną, kolekcje kanoniczne znajdą się w obiegu kościelnym. Przedgracjańska *Collectio Tripartita (Zbiór Troisty)* od połowy XII wieku była na pewno przechowywana w Gnieźnie i w Krakowie. Kronika Mistrza Wincentego jest w znacznej mierze pomnikiem kultury prawnej, i to wcale wysokiej jakości, świadczącym o dobrym operowaniu znajomością prawa. Ale wykracza to także poza krąg kościelny; władcy i wielmoże świeccy potrzebowali w praktyce powszechnej ludzi biegłych

20. Skrzynka srebrna; XII w. Wyrób pochodzenia orientalnego, bogato zdobiony, z przedstawieniami realnych i fantastycznych zwierząt oraz scenami walki i polowań

zańskim miniatorstwem i tamtejszymi skryptoriami. Zaspokajały one zapotrzebowanie i realizowały zamówienia klasztorów, ekip misyjnych i dostojników kościelnych czy środowisk dworskich. Coraz częściej też działać musiały inicjatywy i zamówienia indywidualne. W połowie XII wieku kanonicy płoccy przywozili traktaty prawne bezpośrednio z Bolonii; można przypuszczać, że był to fakt typowy.

Garść przedstawionych tu przykładów ukazuje geograficzną rozległość kontaktów artystycz-

24

w prawie, a zresztą i sami sięgali do traktatów prawnych. Już o Bolesławie Chrobrym pisze Thietmar, że odwoływał się do „kanonów": „Kiedy mianowicie albo sam poczuł, albo przekonał się pod wpływem jakiegoś chrześcijańskiego upomnienia, iż wiele nagrzeszył, kazał przedłożyć sobie kanony i badać, w jaki sposób należy naprawić grzechy, po czym w myśl zawartych tam przepisów starał się odpokutować..."[19]

Wypada jednak wyjść poza egzemplifikację i zdać sprawę z ilościowego znaczenia dzieł sztuki, będących w obiegu w Polsce tych stuleci. Było ono nikłe, nieporównanie skromne w stosunku do głównych centrów łacińskiej Europy. Dodać tu także można, że docierały do Polski dzieła raczej skromniejszego kalibru, że kultura polska tego czasu żywiła się odblaskami świetnych ośrodków artystycznych i intelektualnych Zachodu, korzystając najczęściej z pośrednictwa bardziej drugorzędnych ośrodków twórczości i dystrybucji. Peryferyjny charakter polskiej kultury tych stuleci jawi się tu z całą wyrazistością i trwa przynajmniej aż po schyłek XII wieku. Konstatując to odnosimy jednak ramy porównawcze obrazu tylko do jednej płaszczyzny stratyfikacyjnej zjawisk kulturowych, do kultury elitarnej, łączącej uczoność z sublimacją artystyczną. Na wierzchołkach kultury nie dorównała Polska pierwszych Piastów modelom, na których się wzorowała. Nie było tak jednak w płaszczyźnie kultury masowej, w której zachodziły przemiany i zjawiska znacznie bardziej jednorodnej natury, współbrzmiące z procesami rozwoju całej europejskiej kultury tej epoki.

4. Pod znakiem synkretyzmu

Kultura średniowieczna kształtowała się pod znakiem synkretyzmu, łącząc struktury kulturowe świata barbarzyńskiego z elementami spuścizny śródziemnomorskiej. Przynależy do świata agrarnego, rozwija się w jego ramach i poddana jest jego strukturze społecznej. Stąd też antyczna wizja świata i miejsca człowieka w świecie nie przystaje do rzeczywistości społecznej otaczającej człowieka średniowiecza, do jego doświadczeń społecznych i rytmu życia. Tradycyjne wierzenia i praktyki kultowe, uprawiane przez barbarzyńców, przez plemiona germańskie czy słowiańskie, ściśle splatały się z praktyką życia codziennego, ze stosunkami między człowiekiem a przyrodą, jak też ze stosunkami międzyludzkimi. Chrystianizm w toku procesu upowszechniania przyswaja lub oswaja skrawki tych wierzeń i praktyk, ażeby w ten sposób łatwiej móc zwalczać pogaństwo jako system, ale także po to, aby lepiej spełniać swe funkcje społeczne. Na każdym etapie ekspansji wewnętrznej chrystianizmu, kiedy stawiał on sobie za zadanie pogłębienie czy interioryzację wiary przez masy, dokonywało się przejęcie tradycyjnych obyczajów i praktyk. Jednocześnie utrwalał się coraz bardziej monopol Kościoła na wyższe formy kultury, a w szczególności na słowo pisane. Kultura intelektualna we władaniu Kościoła wywodziła się z dydaktycznego i uproszczonego systemu wiedzy encyklopedycznej późnego antyku; rozwijała się ona w przeciwstawieniu, a w znacznej mierze także w izolacji od kultury powszechnej społeczeństwa świeckiego.

W społeczeństwie świeckim średniowiecza synkretyzm modeli i wzorców kulturowych jest jeszcze silniej widoczny. Arystokratyczne wzorce życia wyrastają nade wszystko z więzi krwi, mają wzmacniać jej strukturę jak też poczucie związku rodzinnego. To skoncentrowanie wokół więzi krwi wywodzi się wszak właściwie z mentalności barbarzyńskiej, na którą nakłada się i z którą się przeplata chrześcijańska doktryna rodziny. Podobnie rzecz się ma z ideałem rycerskim, który wywodzi się ze świata wartości i wyobrażeń wojowników, ludzi walki, ale który uzyskuje daleko idącą sankcję Kościoła, wiążącego go nawet ze swoistą powinnością zakonną.

Powiązanie Polski ze światem kultury łacińskiej stawiało ją przeto nie tylko przed arsenałem bogatej i sprawnej kultury intelektualnej, lecz także wobec modeli i wzorców kulturowych, obyczajów i form życia społecznego, które uformowały się na Zachodzie przez splecenie wartości barbarzyńskich i chrześcijańskich. Ta zrodzona z synkretyzmu kultura stanie się na ziemiach polskich, jak i gdzie indziej, przedmiotem ponownego synkretyzmu. W toku procesów akulturacji zachowana zostaje znaczna warstwa tradycyjnych obyczajów czy nawet obrzędów ludności miejscowej. Te dwie warstwy synkretyzmu – to, co zostało przejęte przez społeczeństwo chrześcijańskie Zachodu z puścizny barbarzyńców, i to, co kultura łacińska akceptuje z lokalnej tradycji plemion polskich – są niekiedy trudne do odróżnienia w pomnikach historycznych, informujących o pierwszych stuleciach Polski piastowskiej.

Warto w tym kontekście zwrócić uwagę na istotną konsekwencję słabszego uczestnictwa Polski w łacińskiej kulturze elitarnej. Można przypuszczać, że dystans między kulturą elit społecznych a kulturą mas był w Polsce mniejszy niż na Zachodzie. Penetracja folkloru do kultury była w ten sposób w warunkach polskich ułatwiona, bariery międzykulturowe słabsze, a drogi przepływu między kulturą elit a kulturą mas mogły się łatwiej wykształcić.

Podkreślając synkretyczny charakter kultury średniowiecznej w Europie i Polsce u progu naszego wykładu – wypadnie do problemu tego jeszcze nieraz powrócić – wskazać pragniemy zwłaszcza na złożony charakter związków między polską kulturą średniowieczną a kulturą łacińską, na splatanie się przejmowania obcej kultury z kontynuacją autochtonicznego rozwoju kulturowego. Socjolog i historyk kultury Stefan Czarnowski, zajmując się romanizacją Galii, pisał: ,,Przejęcie kultury obcej nie pociąga bynajmniej zaniku wszystkiego, co składało się na kulturę rodzimą... Bardzo wiele z tego, czym żyła Galia celtycka, przetrwało nie tylko nie-

zawisłość plemienną, ale imperium rzymskie, okresy merowiński i karoliński, długie wieki historii Francji – trwa po dziś dzień."[20] Słowa te, *mutatis mutandis*, odnieść też można do latynizacji Polski piastowskiej.

Kultura średniowieczna była w istocie swojej międzynarodowa. Wiązało się to z rolą kulturową i charakterem Kościoła katolickiego, sprzęgnięte też było z rolą łaciny jako uniwersalnego języka tej kultury; stwarzało możliwość i konieczność uczestnictwa w głównych centrach Zachodu. Wieści o męczeństwie św. Wojciecha docierały do Rzymu wraz z pierwszymi informacjami o Polsce i jej mieszkańcach. Nad Tybrem decydowały się wszak sprawy ważne dla losów Polski. I odwrotnie też, Polska była terenem istotnym w realizacji polityki obu potęg uniwersalnych średniowiecza – papiestwa i cesarstwa. Znaczenie zasadnicze miał fakt, że kadry kościelne i wpływy artystyczne przychodziły zwłaszcza z terytoriów cesarstwa, czy to romańskich, jak leodyjskie, czy też germańskich, jak bawarskie i frankońskie. Miało to konsekwencje dla artykulacji ideologii dworu i państwa polskiego, jak też dla formowania się poczucia samodzielnej roli monarchii polskiej, które kształtowało się w ustawicznym kontekście ideologii imperialnej (przykładem tego jest próba wprowadzenia kultu cesarza Henryka II w diecezji płockiej w XII wieku).

Jest rzeczą znamienną, jak w wyobraźni przestrzennej dokonywało się przemieszanie horyzontu lokalnego, ograniczonego do ram bezpośredniego sąsiedztwa, z wymiarem świata; wieść o pielgrzymce do Ziemi Świętej, towar lub kupiec z odległych krajów wplatały ten wymiar do świadomości potocznej. Ograniczony charakter stosunków wojennych, migracji ludzi, krążenia informacji sprawiał jednak, że świadomość przestrzeni człowieka średniowiecza miała granice wąsko zakreślone, a przede wszystkim była ograniczona lokalnie.

Część pierwsza

KULTURA BYTOWA

Troska o pożywienie

1. Znaczenie pożywienia

Zaspokajaniu potrzeb w zakresie wyżywienia przypisywano w Polsce wczesnopiastowskiej istotne znaczenie w perspektywie zorganizowanego bytu społeczeństwa. Przejawiało się to zwłaszcza w skłonności do oceny sprawowania władzy przez monarchę w zależności od pomyślności urodzajów. Twierdzono, na przykład, w Polsce w dwadzieścia lat po śmierci „pełnego pobożności" św. Władysława, króla węgierskiego, wychowanka dworu piastowskiego, że „takiego króla nigdy Węgry już nie miały i że pola po nim nigdy w plon tak nie obfitowały".[1] Powtarzające się więc ponoć systematycznie za jego panowania na Węgrzech wysokie plony – co byłoby istotnie zjawiskiem wyjątkowym – uznano za konsekwencję jego zalet moralnych. Wywodzący się z tradycji plemiennej pogląd, że charyzma władcy jest gwarancją szczęśliwego losu społeczeństwa i państwa, łączył się tu zapewne z przekonaniem religijnym, według którego cnoty Władysławowe wynagradzane były błogosławieństwem Bożym dla jego ludu, a to przede wszystkim przez zapewnienie mu dostatku pożywienia.

Takie wyobrażenia, popularne w Polsce jeszcze w początkach XII wieku w kręgach aktywnych politycznie, przyczyniały się do trwałości podania, wywodzącego naszą dynastię od oracza Piasta, choć najprawdopodobniej raziło ono już wówczas możnowładców oraz obcych przybyszów. Stąd opowieść o początkach dynastii uświetniona została przez kronikarza cudem rozmnożenia pokarmu i napoju na postrzyżynach syna Piastowego, Siemowita, a władza nowej dynastii usankcjonowana interwencją Bożą.[2] Charakterystyczny jest jednak wybór tego właśnie cudu spośród licznych wędrownych wątków opowiadających o typowych interwencjach sił nadprzyrodzonych; niewątpliwie bowiem, zgodnie z intencjami polskich inspiratorów kroniki, jej romański autor związał jeszcze raz obfitość żywności z początkami władzy monarszej.

Analogiczny cud nakarmienia skąpym jadłem wielu osób, choć skromniej zaprezentowany, znalazł się w czeskiej legendzie dynastycznej, stawiającej na początku genealogii tamtejszych władców także oracza – legendarnego Przemysła.[3] Tym razem jednak pomnożenie pokarmu miało być wynikiem wewnętrznych sił przyszłego monarchy, co bliższe było przedchrześcijańskim koncepcjom magicznych przymiotów władcy. Niezależnie od tego, w jakiej mierze wersje tych podań, znane nam dzięki zapisom z początków XII wieku, oddają ich wcześniejszy kształt,[4] nie ulega wątpliwości, że występujący w nich związek między funkcją rolnika i rolą władcy wywodzi się z ogólnospołecznych poglądów i rytów schyłku doby plemiennej i czasów tworzenia się organizacji państwowej. W XI–XII wieku natomiast ideologia państwowa i drużynnicza wysuwać będą na plan pierwszy sprawność wojenną i szczodrobliwość jako cechy, które charakteryzować powinny dobrego władcę.

Przekonanie o powszechnej dla całego społe-

29

czeństwa wartości pożywienia pochodzenia roślinnego umocniło się zapewne w związku ze znacznym powiększeniem się możliwości produkcyjnych rolnictwa w wyniku upowszechniania w VII–X wieku systemu przemienno-odłogowego i nieodłącznie z nim związanej ornej uprawy ziemi.[5] W warunkach bowiem gospodarki żarowej, która uprzednio była dominującą formą słowiańskiego rolnictwa, czekać trzeba było przeciętnie ćwierć wieku, by ten sam obszar lasu parkowego wypalić, a w popiół siać ziarno. Przy nieregularnym natomiast stosowaniu systemu przemienno-odłogowego cykl rotacji wynosił 2–3 lata dla pól leżących blisko osiedla; te zaś pola, obok ogrodów uprawianych ręcznie motyką, stanowiły wówczas zapewne główną podstawę produkcji rolniczej. W wyniku więc omawianej zmiany obszar, na którym gospodarowała osada, ulec mógł 6–10-krotnemu zmniejszeniu. Odpowiednio więc wzrosnąć mogło zaludnienie obszarów osadniczych, istniejących w początkach średniowiecza, uważanych przez poszczególne opola i plemiona za tereny podlegające ich wyłącznej dominacji.

W rzeczywistości wzrost demograficzny hamowany był przez walki międzyplemienne i powolność upowszechniania się nowego systemu rolnictwa. Jeśli nawet szczegółowe rozpoznanie chronologiczne stanowisk archeologicznych, pochodzących z wcześniejszego średniowiecza, a położonych w zachodniej Wielkopolsce, zdawałoby się wskazywać na czterokrotne pomnożenie zaludnienia tego regionu między przełomem VI/VII i schyłkiem X wieku,[6] to wziąć wypada pod uwagę, że był to teren ekspansji osadniczej z polańskiego centrum plemiennego, położonego w środkowej i wschodniej Wielkopolsce. Przypuszczać jednak można, że zaludnienie dorzecza Odry i Wisły w pierwszych czterech stuleciach średniowiecza wzrosło mniej więcej dwukrotnie.

Brak podstaw, by stwierdzić, czy dostrzegano wówczas te przemiany demograficzne. Na pewno natomiast w świadomości społecznej nowa gospodarka wiązała się z powstaniem rodzinnej własności ziemi uprawnej, zwanej „dziedziną", „dziedzic-

twem", ze względu na to, że na czele trójpokoleniowej rodziny stał dziad. Ziemia przynależna do gospodarstwa rodzinnego zwana była też „źrebiem", zapewne z tego powodu, że przy podziale wspólnej gospodarki braci, tzw. niedziału braterskiego, o poszczególne części rzucano losy, zwane źrebami. Polityczno-społeczne znaczenie wykształcenia się pojęcia i normy prawnej w zakresie własności rodzinnej ziemi oraz usamodzielniania się gospodarczego rodzin musieli Słowianie wysoko oceniać, jeśli z rolnictwem ornym, stanowiącym materialną bazę tej przemiany, związali miernik oceny władzy politycznej.

We wcześniejszym średniowieczu pogląd na nowe formy rolnictwa i jego możliwości zaspokajania potrzeb wyżywieniowych wyraził się m.in. w pojawieniu się oboczności znaczeniowej prasłowiańskiego terminu „obile", oznaczającego pierwotnie obfitość i bogactwo, a następnie także rośliny zbożowe. Wśród plemion osiadłych między Odrą i Bugiem doszło do dodatkowego i może silniejszego zaakcentowania nowej roli płodów rolniczych: słowem „zboże", znaczącym pierwotnie bogactwo, wszelaką pomyślność materialną pochodzącą od Boga, poczęto nazywać również rośliny uprawiane polowo. Ta oboczność semantyczna, która ze staropolszczyzny przeszła do języka południoworuskiego, zniknąć miała dopiero w czasach nowożytnych, w XVII wieku.[7] Wśród więc plemion, z których wyrosło społeczeństwo polskie, uznano we wczesnym średniowieczu efekty upraw polowych nie tylko za społeczne bogactwo, lecz także za bogaty dar Boży, odnosząc obfitość pożywienia do wartości religijnych.

Sytuacja żywnościowa Polski wczesnopiastowskiej była istotnie dość pomyślna, jak ukazują to zgodnie opinie sąsiadów i oceny przybyszów z Zachodu. Na początku drugiej połowy X wieku w Niemczech lub Czechach informowano Ibrahima ibn Jakuba, bogatego kupca, a zarazem dyplomatycznego negocjatora kalifa Kordoby, że „państwo Mieszka... obfituje w żywność, mięso, miód i rybę".[8] Ten sam prawie zwrot pochwalny powtórzy pochodzący, być może, z krajów romańskich kronikarz Bolesława Krzywoustego, pisząc, że Słowiańszczyzna zachodnia, przede wszystkim więc Polska, którą lepiej znał, to kraj „wprawdzie bardzo lesisty, ale niemało przecież obfitujący w złoto i srebro, chleb i mięso, w ryby i miód”. Ujął to też w formę poetycką, stwierdzając że w kraju tym:

„*aer salubris,*	„powietrze zdrowe,
ager fertilis,	rola żyzna,
silva melliflua,	las miodopłynny,
aqua piscosa,	wody rybne,
milites bellicosi,	rycerze wojowniczy,
rustici laboriosi,	wieśniacy pracowici,
equi durabiles,	konie wytrzymałe,
boves arabiles,	woły chętne do orki,
vacce lactose,	krowy mleczne,
oves lanose."	owce wełniste”.[9]

W tych i podobnych pochwałach krajów zachodniosłowiańskich z XI–XII wieku pobrzmiewa stereotyp biblijnej Ziemi Obiecanej, przywoływany także bezpośrednio przez mnicha wzmiankującego w połowie XII stulecia, że Pomorze Zachodnie to ziemia „najurodzajniejsza w płody ziemne, bydło i ryby, lesista i niczym Ziemia Obiecana mlekiem i miodem płynąca”.[10] Wybór tego toposu wymownie świadczy o możliwościach wyżywieniowych Słowiańszczyzny zachodniej w tamtych czasach, choć nieobce jej były lokalne i nawet regionalne klęski nieurodzajów i pomorów.

Ów zapewne przejaskrawiony obraz obfitości dóbr był też wynikiem porównania z sytuacją w Europie Zachodniej, gdzie nieurodzaje i pomory wywołały w XI i XII wieku kilkakrotnie wielkie głody, przekraczające granice regionów i władztw, a dziesiątkujące tamtejsze ludy.[11]

Krzepnięcie struktury klasowej społeczeństwa wczesnopiastowskiego w tych stosunkowo korzystnych warunkach wyżywieniowych prowadziło do powolnego zanikania przedstawionego wyżej sposobu traktowania dobrych urodzajów jako wspólnego, ogólnospołecznego i zarazem politycznego dobra. W tym samym kierunku oddziaływał wzrost wymiany nadwyżek produkcyjnych gospodarstwa wiejskiego na tworzącym się rynku lokalnym i powolne przekształcanie się tych nadwyżek w celowo produkowany towar, co ukazują dane z końca XII i pierwszej połowy XIII wieku. Celowe bowiem przeznaczanie niewielkiej nawet części produkcji rolniczo-hodowlanej na rynek, uznanie więc jej za towar, zmieniać musiało sposób patrzenia na całość gospodarki. Istotną wartością ekonomiczną dla klasy panującej i grup zamożnych stały się teraz także słabe urodzaje lub zgoła nieurodzaje. Powodowały one bowiem uruchomienie dawnych zapasów i ofiarowanie ich na targu po wysokiej cenie, pozwalały na uzależnianie wolnych opolników czy ludzi luźnych poprzez udzielanie im zapomóg w żywności i ziarnie siewnym.

Tymczasem wyjaławianie się gleby użytkowanej w Polsce w nieregularnym cyklu przemienno-odłogowym, stosowanym przez 4–5 wieków, spowodowało coraz częstsze występowanie miernych lub złych urodzajów, a wreszcie dwukrotną klęskę wielkich głodów w XIII wieku,[12] co stało się dodatkowym bodźcem dla przyspieszenia reform agrarnych, których niekonsekwentne początkowo próby podjęto już w drugiej połowie XII wieku.

W tej sytuacji u schyłku wcześniejszego średniowiecza trwano na wsi polskiej przy dawnych obrzędach religijnych i praktykach magicznych, które swego czasu przynosić miały korzystne efekty, jak bez wątpienia głosiła o tym tradycja rodzinna i lokalna.

W dorocznym mianowicie zachodniosłowiańskim cyklu świąt pogańskich szczególne miejsce przypadało obrzędom wiosennym, odprawianym w czasie kwitnienia drzew i krzewów, gdy rozwinęły się już kłosy, a przypłodek przeżył najtrudniejszy okres, a także uroczystościom jesiennym, organizowanym po zbiorze plonów w polu i ogrodzie. Na Rugii, na przykład, święto jesienne było uroczystością odprawianą ku czci boga całej społeczności rugijskiej, co ukazuje dobrze znaczenie kultu rolniczo-hodowlanego w życiu politycznym wczesnoklasowych społeczeństw słowiańskich. Do dziś zre-

sztą ceremonie jesienne w zmienionej postaci do-
żynek przypominają nam o roli prac wiejskich dla
tworzenia podstaw dobrobytu społecznego.[13]

Święto wiosenne, skupiające ludność szerokiej okolicy, przetrwało w Polsce w głąb średniowiecza. Skarżył się na nie jeszcze Długosz, notując
w połowie XV wieku, że ,,obrządek tych [dawnych]
igrzysk, a raczej niektóre jego pozostałości... powtarzane są co roku na Zielone Święta i przypominają dawne zabobony pogańskie dorocznym igrzy-
skiem, zwanym po polsku: Stado (co tłumaczy się
po łacinie: *grex*), kiedy to całe stada narodu zbiera-
ją się na nie i podzieliwszy się na gromady, czyli
stadka, w podnieceniu i rozjątrzeniu umysłu odpra-
wiają igrzyska, skłonne do rozpusty, gnuśności
i pijatyki''.[14] Obchody Stada odbywano w XIV
wieku m.in. na Świętym Krzyżu, tuż przy tamtejszym klasztorze; wynikały stąd niebezpieczeństwa
dla zakonnego nabożeństwa i dyscypliny monastycznej, na co uskarżał się miejscowy opat.[15] Jak
wykazały ostatnio badania archeologiczne, korzystano tu od wczesnego średniowiecza aż po jego
schyłek z tego samego miejsca kultowego.[16] Z obrzędem Stada łączyły się praktyki w zakresie magii
płodności, które dla Długosza, kanonika katedry
krakowskiej, były rozpustą, a których odbywanie
podczas wiosennego święta uprawdopodobnił Karol Potkański, zestawiając strzępy informacji o re-
liktowych przejawach tych praktyk.

Ze zbiorowymi praktykami religijno-magicz-
nymi łączyło się wspólne biesiadowanie. Nawet na
przednówku, gdy często nie dostawało zapasów,
występowało ,,obżarstwo i opilstwo'', które piętno-
wał poznański statut synodalny z końca pierwszej
ćwierci XV wieku, akcentując ich przejawy głównie
na Zielone Świątki, lecz także na Boże Narodzenie.[17] W schyłkowym pogaństwie zachodniosłowiańskim w XII wieku – jak sądził ówczesny
chrześcijański krytyk zwyczajów panujących wtedy
na Rugii – uczestnicy religijnej ceremonii ,,obracali
przyniesione na ofiarę zapasy na ucztowanie i żar-
łoctwo, zmuszając poświęcone bóstwu zwierzęta
ofiarne do służenia swej zachłanności. Przekrocze-

nie wstrzemięźliwości uważano na tej uczcie za
czyn pobożny, a jej zachowanie – za bezbożność.''[18]
Była to więc biesiada religijna, podczas której
współuczestniczono w uczcie przygotowanej dla
bóstwa. Złożona zaś, a spożyta podczas uczty ofiara
powinna być przez boga – według obowiązującej
powszechnie zasady wymiany darów – odwzajem-
niona dobrymi zbiorami zbóż, warzyw, owoców,
licznym a zdrowym przypłodkiem.

Nastrój religijny, złączony z uczuciem sytości,
charakteryzujący święto pogańskie, był też właściwy dla ceremonii rodzinnych, tak na dworze
monarszym Siemomysła, ojca Mieszka I,[19] jak
i w chatce jego pradziada, legendarnego Piasta,
rataja książęcego, który postanowił ,,w czasie, gdy
książę jego pan będzie urządzał ucztę dla synów –
bo kiedy indziej nie mógłby tego zrobić dla zbytnie-
go ubóstwa – przyrządzić nieco lepszego jedzenia
na postrzyżyny swego malca i zaprosić paru równie
ubogich przyjaciół nie na ucztę, lecz raczej na
skromną zakąskę; toteż karmił prosiaka, którego
przeznaczał na ową potrzebę'' i przygotował też
beczułkę piwa.[20]

Gdy na przełomie XI/XII wieku żyło jeszcze
w polskiej tradycji przekonanie o ogólnospołecznej
i politycznej wartości dostatku pożywienia, sądzono też, że obowiązkiem dobrego władcy jest co
roku wysyłać swych namiestników, aby ci ,,mias-
tom i zamkom urządzali biesiady, a jego wiernym
poddanym rozdzielali szaty i inne dary królewskie,
które król zwykł był rozdawać''.[21] Zwyczaj ten
w rzeczywistości wówczas właśnie zanikał: ogólne
uczty wyprawiał monarcha już tylko w sytuacjach
szczególnych, o doniosłym znaczeniu politycznym,
i to tylko w wielkich grodach, w których sam
przebywał; uczestnikami takich biesiad byli tylko
możnowładcy i wybrani rycerze, zaś sporadycznie
i pośrednio – mieszkańcy grodu.[22]

Doktryna chrześcijańska formalnie potępiała
wystawne uczty, a w każdym razie była im niechętna, wysoko ceniąc ascezę. Mistrz Wincenty zapytywał więc retorycznie: ,,Któż by nie wiedział, że
nałóg biesiadowania nieprzyjacielem jest cnotli-

wości?" Od razu jednak usprawiedliwiał młodego księcia Kazimierza, który „nie tylko hucznych uczt nie unika, lecz coraz częściej urządza okazałe i wystawne przyjęcia, a to z wielu powodów..., a więc w celu pozyskania sobie względów, co jest wspólną wszystkim racją biesiadowania, [Kazimierz] stosownie do chwili oddaje się godziwym ucztom".[23] Podobnie w środowiskach lokalnych, w kręgach rodzinnych, także w rodzinach ubogich, wspólne obfite jedzenie i napitki odświętne były w rozwiniętym średniowieczu, a niewątpliwie także wcześniej, uważane za jeden z czynników umacniania wzajemnych więzów społecznych, i istotnie nimi były. Jednocześnie zaś traktowanie biesiad jako znaku pozycji społecznej ich gospodarzy i uczestników okazało się nadzwyczaj trwałą cechą kulturową, której nie mogły nadwątlić moralne pouczenia Kościoła. Jedynie niektóre księżne w XIII wieku, częściowo pod wrażeniem szeroko rozpropagowanej świętości ich bliskiej krewnej lub powinowatej, Elżbiety węgierskiej, prowadzącej jako młoda wdowa po landgrafie turyńskim życie nadzwyczaj surowe (zmarła w 1231 r., kanonizowana w 1235 r.), podjęły próbę realizacji tradycyjnych wzorów ascetycznych, wzbogaconych nowymi formami dewocji franciszkańskiej, o ile można w pełni zaufać *Żywotom* tych świątobliwych i świętych wdów i pań.[24]

W *Żywotach* tych wspomniano jednak o silnym oporze, który surowa, a nie spotykana asceza, także w zakresie jedzenia i napojów, wzbudzała w środowiskach dworskich i kościelnych. Tak na przykład książę Henryk Brodaty miał poczuć się „sam zhańbiony" tym, że jego żona Jadwiga piła tylko wodę, używając do tego celu pucharów przeznaczonych do wina, co było najprawdopodobniej odczuwane jako zlekceważenie znaku wywyższającego elitę – konsumpcji wyszukanego, rzadkiego trunku z odpowiednio drogich i kunsztownych naczyń. Synowa Jadwigi, Anna, nie chcąc naruszać tego układu znaków i wartości, mogła wyrzec się całkowicie spożywania mięsa dopiero wówczas, gdy mąż jej, Henryk Pobożny, padł pod Legnicą.[25]

Niezależnie od tego, czy informacje te, zapisane w końcu XIII wieku, są wiarygodne, ukazują one dobrze, jak wielkie znaczenie przypisywano jedzeniu jako wyznacznikowi pozycji społecznej, jak rezygnacja z tego wyznacznika stawała się ważkim przejawem czy też dowodem świętości.

2. Zdobywanie żywności

We wczesnym i rozwiniętym średniowieczu głównym sposobem zdobywania żywności stała się uprawa roli, a to w wyniku upowszechnienia upraw polowych, prowadzonych przez mężczyzn. W dobie bowiem plemiennej, u schyłku starożytności, ani u Germanów, ani najprawdopodobniej u Słowian rolnictwo nie było zajęciem, do którego wypadałoby przykładać się wolnym mężom; spychali oni ten trud na kobiety, na wyrostków, na ludzi ułomnych, a przede wszystkim na niewolników.[26] Nobilitacja rolnictwa w odczuciu ludzi wolnych wiązała się, być może, z przydaniem mu wartości magicznych przez związanie efektów zajęć na roli z charakterem władzy w kształtującym się państwie.

Zastosowanie we wczesnym średniowieczu radeł o konstrukcji typu krzywogrządzielowego lub płozowego i okucie ich części pracujących[27] zmuszało do pracy w zespole dwu- lub trzyosobowym: jeden z pracujących prowadził woły, pobudzając je do wysiłku poprzez kłucie ostrym bodźcem; drugi kierował radłem (lub – począwszy od przełomu XII/XIII wieku – pługiem koleśnym lub płużycą), utrzymując je wysiłkiem całego ciała dostatecznie głęboko w ziemi; wymagało to odpowiedniej koncentracji psychicznej i uwagi, by nie zaczepić ostrzem o nie usunięte korzenie czy duży kamień, co z reguły powodowało złamanie narzędzia. Jeśli w orce mogła uczestniczyć trzecia osoba, to czyściła ona pracujące ostrza z przylepiającej się do nich ziemi. Zadanie spełniane przez oracza czyniło go

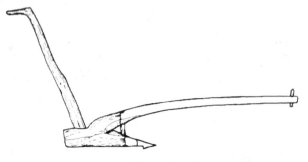

21. Radło z Kamienia Pomorskiego, rekonstrukcja; XI w.

XIII, wspólnym wysiłkiem sąsiedzkim kilku rodzin wypalano kolejno lędy rozrzucone szeroko wokół siedzib. Śladem niemałego znaczenia tej dodatkowej metody produkcji zbóż są nazwy miejscowości: Łazy i Żary, które pierwotnie oznaczały tereny wciąż od nowa co kilkanaście lat wypalane pod siew. Proceder ten był na tyle długotrwały i systematyczny, że wsie powstające w XII i XIII wieku na takich właśnie terenach określano słowami oznaczającymi dawniej wypaleniska.

Polowo uprawiano zboża, zwłaszcza proso, rzadziej rośliny motylkowe, które, podobnie jak proso, dawały bardzo wysokie plony, co spowodowało, że wielkie ziarna bobu stały się symbolem płodności, popularnym w całej Europie. Zboża natomiast były od dawna cenione przede wszystkim dlatego, że ich ziarna po podsuszeniu można było

kierownikiem tego małego zespołu; podnosiło niejako rangę pracy gospodarza na roli, akcentując jego autorytet w stosunku do współpracujących.

Nawet jednak po upowszechnieniu uprawy ornej nadal przez wiele dziesięcioleci, aż po wiek

22. Pług koleśny zaprzężony w woły; miniatura w *Digestum Vetus* (f. 72); ost. ćw. XIII w.

23. Młócenie zboża cepem; fragment pateny z Trzemeszna; 3/4 ćw. XII w.

przechowywać przez wiele lat. Był to więc główny zapas wieloletni, ratujący w razie długotrwałych nieurodzajów czy pomorów bydła i nierogacizny. Powolne zmniejszanie się w końcu wcześniejszego i w rozwiniętym średniowieczu prymatu prosa wśród upraw zbożowych na korzyść żyta i pszenicy było wynikiem coraz częstszego wysiewania ozimin.

Rośliny motylkowe (wykę, soczewicę, przede wszystkim zaś groch i bób) uprawiano także w ogrodach, podobnie jak marchew, ogórki, koper, cebulę, rzepę, len, konopie, mak, kapustę, chmiel. Zapewne jednak często, podobnie jak dowodnie później, chmielniki i kapuśniki, otoczone płotami, lokalizowano w pobliżu osady na terenach osłoniętych od wiatrów, a jednocześnie silnie nasłonecznionych.

Ogrody warzywne były często zarazem sadami. Drzewa owocowe sadzono także pod płotem, a były to jabłonie, grusze, śliwy, wiśnie, czereśnie, wyjątkowo brzoskwinie. Prawo zwyczajowe w XIII wieku przewidywało, że „gdzie drzewa owocowe rozrastają się poprzez płot do cudzego ogrodu, to temu, do którego należy ów ogród, nie wolno ani odłamywać gałęzi, ani strząsać owocu, lecz co spadnie samo, to wolno mu zabrać. Jeśli zaś drzewa zaczynają się mocno rozrastać i wówczas prosi go ów [sąsiad] przy świadku, by je usunął

35

stamtąd [spod płotu], ponieważ mu zawadzają, to musi to uczynić."²⁸

Wprowadzenie chrześcijaństwa stało się bodźcem do założenia winnic, których obsługę powierzył książę służebnym winiarom, pracującym pod nadzorem instruktorów sprowadzanych z krajów romańskich. Zgodnie z wzorem zachodnioeuropejskim, wino znaleźć musiało się także na stole władcy, a zapewne rychło stało się wytwornym napitkiem na uroczystych biesiadach wyprawianych przez wielkich panów.

Wzrastające znaczenie pożywienia roślinnego, a wśród niego szczególna rola zbóż, szły w parze z coraz staranniejszym przykładaniem się do prac rolniczych. Mimo to jednak jeszcze w początkach rozwiniętego średniowiecza rolnictwo i ogrodownictwo przynosiły w sumie zapewne mniej żywności niż łącznie wszystkie inne sposoby jej zdobywania: chów zwierząt, łowy, rybołówstwo, bartnictwo, zbieractwo, które łączyły mozół z przyjemnością.

Chów zwierząt w całej Europie Środkowej i Wschodniej aż do schyłku rozwiniętego średniowiecza nosił charakter na poły pasterski: stada i trzody od wczesnej wiosny aż do pierwszych dużych śniegów wędrowały dziesiątki kilometrów

25. Zbiór owoców, miniatura w *Digestum Vetus* (f. 102); ost. ćw. XIII w.

po lasach i łęgach w poszukiwaniu karmy, z dala od osiedli. Totež we wcześniejszym średniowieczu zwalniano pastuchów od obowiązku wysłuchania niedzielnej mszy.²⁹ Zimą, ze względu na zwiększone zagrożenie ze strony drapieżników i trudności znalezienia karmy pod śniegiem, trzymano zwierzęta w pobliżu osiedla, zaganiając je na noc do wągród. Świnie były wysokonogie, o długiej szczecinie, wysuniętych szablach, podobne do dzików i – jak dziki – nadzwyczaj ruchliwe. Informatorów perskiego geografa z przełomu IX/X wieku, ibn Rosteha, wypas wędrującej trzody na tyle zaciekawił, iż nie omieszkali oni zauważyć, że Słowianie „są ludem, który hoduje świnie jak owce".³⁰ Bydło i konie były

24. Sianokosy, miniatura marginalna w *Modlitewniku*, ilustracja z kalendarza (f. 4 v); 2 poł. XIII w.

26. Winobranie

27. Transport owoców winnych

28. Tłoczenie wina

UPRAWA WINA: FRAGMENTY BORDIURY DRZWI BRĄZOWYCH
KATEDRY W GNIEŹNIE; 2 POŁ. XII W. (il. 26–28)

HODOWLA ZWIERZĄT (il. 29–33)

29. Świnia; fragment miniatury w *Psałterzu* z klasztoru cysterek w Trzebnicy (f. 4); 1 poł. XIII w.

niskie, lecz nadzwyczaj wytrwałe. Przychówek trzymano w chlewach, podobnie jak bydło robocze (dopiero u schyłku czasów nowożytnych słowo „chlew" zaczęło oznaczać pomieszczenie przeznaczone tylko dla nierogacizny). Słabszy fizycznie przypłodek, jak i ptactwo, trzymano zimą w izbie.

Rzadkie występowanie we wczesnośredniowiecznym materiale archeologicznym kości ptactwa domowego jest wynikiem ich stosunkowo szybkiego rozkładu, toteż nie można na tej podstawie wnioskować o braku kur, kaczek czy gęsi w ówczesnej gospodarce domowej. Stada te nie były jednak duże, jeśli nawet na dobrze zagospodarowanych rezerwach kościelnych w drugiej połowie XIII wieku trzymano zaledwie około 5 dziesiątków rozmaitego drobiu.[31] Bardziej chyba szło tu o uzyskanie pierza na poduszki i pierzyny oraz jaj niż mięsa. W Czechach nawet z pewną pogardą patrzono na tych, którzy spożywali kury, a w każdym razie była to rzecz dość rzadka, jeśli dała powód do powstania przezwiska „kurojedy", które utrwaliło się w nazwach miejscowych, niekiedy przetrwałych do dziś.[32]

Utrzymanie się pasterskiego charakteru hodowli powodowało, że udział mięsa zwierząt hodowlanych w ogólnej masie pożywienia dość szybko zmalał u schyłku wczesnego średniowiecza na rzecz jadła pochodzenia roślinnego. Zmiana ta

najsilniej dotknęła ludność spadającą w tych czasach w szeregi niewolnych, w związku z konsekwencjami zbrojnego zjednoczenia ziem między Odrą i Bugiem w państwo wczesnopiastowskie.

Możliwości prowadzenia własnej gospodarki rolniczo-hodowlanej przez osadzanych na ziemi niewolnych, przede wszystkim przez dziesiętników, były ograniczone. Wynikało to z faktu, iż powierzchnia nadzielonej im ziemi była niewielka, a ponadto trudno było im zdobyć żelazne części do radła, co uniemożliwiało im uprawę większego obszaru. Oddziaływać tu też mogły obawy przed samowolą urzędników książęcych, często zresztą służebnych, a także przed przesiedleniem na inne tereny, a więc przed opuszczeniem zagospodaro-

30. Wypas trzody; fragment miniatury ze sceną Zwiastowania Joachimowi w *Evangelistarium Płockim*, zw. *Złotym Kodeksem Pułtuskim* (f. 11v); kon. XI w.

wanego już nadziału. Pożywienie tych grup niewolnych musiało być tedy bardzo ubogie, co stać się mogło przyczyną powstawania przezwisk polskich typu „glinojady" czy „wilkojady", odpowiadających czeskim „kozojedom" czy „dřevohryzom".

Liczyć należy się jednak i z tym, że pewne rażące w społeczeństwie słowiańskim nawyki konsumpcyjne, charakteryzujące całe osady, były wynikiem obcego pochodzenia ich mieszkańców, czy to brańców, czy to grup zaciągających się na służbę u słowiańskich władców. Takim zjawiskiem rażącym było zapewne spożywanie koniny, które stało się podstawą przezwiska „konojady", znanego z nazw miejscowych tak z Polski, jak z Czech. Te lokalne odmienności obyczajowe w różnych dziedzinach mogły trwać niekiedy długo, lecz są niesłychanie trudno uchwytne w źródłach.

Wzrost udziału spożycia produktów pochodzenia roślinnego w całości konsumpcji społeczeństwa wczesnopiastowskiego hamowany był aż do XIII wieku przez powszechność różnego rodzaju łowów, które były przyjemnością wszystkich mężczyzn, od niewolnych, siedzących na wyznaczonych im nadziałach, po księcia. Jedynie niewolnicy przebywający na dworach położonych w grodach lub mieszkający w podgrodziach oraz ludność podgrodzi mieli w tym zakresie ograniczone możliwości, o ile oczywiście nie korzystali z plonów polowań dworskich lub nie brali w nich udziału jako siła pomocnicza.

Łowy były nauką sprawności, przede wszystkim ćwiczeniem rycerskim w samotnej wyprawie konnej lub pieszej z oszczepem na niedźwiedzia i dzika, z łukiem na łosia czy jelenia. Sukcesy łowieckie były tak wysoko cenione w środowisku rycerskim, że kronikarz Krzywoustego nie zapo-

31. Pędzenie trzody, miniatura w *Digestum Vetus* (f. 210 v); ost. ćw. XIII w.

32. Kogut, fragment bordiury drzwi brązowych katedry w Gnieźnie; 2 poł. XII w.

mniał chwalić swego władcy za to, że już w najwcześniejszej młodości miał w tym polowaniu wielkie osiągnięcia. Natomiast monarszą rozrywką czy pokazem dworskim były polowania z sokołami, jastrzębiami i psami, nad których ułożeniem i utrzymaniem w gotowości do polowania trudzili się służebni sokolnicy, jastrzębnicy i psarze.[33]

W Polsce wczesnopiastowskiej jedynie łowy na grubą zwierzynę (tura, żubra, niedźwiedzia, łosia) stanowiły wyłączny przywilej władcy. Do niego też należały wszelkie żeremia bobrowe, którymi opiekowała się specjalna kategoria ludności służebnej – bobrownicy, w Krakowskiem w XIII wieku podlegający „panu bobrowemu", co wydaje się reliktem dawniejszej, ogólnopolskiej organizacji tej służby. Futra bowiem bobrowe były – jak się

wydaje – już w IX wieku przedmiotem poszukiwanym przez kupców docierających z rzadka w głąb Słowiańszczyzny. Łatwość nadzoru nad żeremiami bobrowymi umożliwiała uznanie ich za wyłączną własność książęcą i zapewnienie dynastii ważnego źródła dochodu, surowo chronionego. Natomiast regale łowieckie w pozostałym zakresie nie było zapewne w XI–XII wieku ściśle przestrzegane, jeśli surowe jego egzekwowanie przez urzędników Mieszka Starego w stosunku do możnych panów i przednich rycerzy krakowskich miało wzbudzić ich gwałtowne oburzenie.[34]

Do XIII wieku we wsiach i na podgrodziach spożywano znacznie więcej dziczyzny, niż wskazywałby na to niewielki odsetek kości zwierząt dzikich wśród rozpoznanych szczątków kostnych, odkrywanych w warstwach kulturowych na dawnych podgrodziach. Kości bowiem drobnej zwierzyny uległy szybciej rozkładowi niż większych sztuk;

33. Gęś; fragment miniatury z *Kazaniem św. Franciszka do ptaków* w *Psałterzu* z klasztoru klarysek we Wrocławiu (f. 1 v); kon. XIII w.

POLOWANIE (il. 34–39)

am ꝛ falutare tuum da nobis. [...] fo cuum

uangeliu ihu xpi fi [...] marum.

fcriptum eft in ylaia ꝓpheta. Ecce mitto a

34. Polowanie na jelenia; fragment dekoracji marginalnej w *Mszale* (p. 15); XIII/XIV w.

duże zaś zwierzęta, upolowane lub złowione, oprawiano zazwyczaj w lesie lub na polanach, by ułatwić transport mięsa. Jeszcze zaś w drugiej połowie XIII wieku chłopi książęcy, wywodzący się z dawnych niewolnych, a także ze zdeklasowanych dawnych wolnych dziedziców, dość powszechnie polowali na sarny, jelenie czy dziki, zastawiali nagminnie wnyki i paście oraz stawiali samołówki.[35]

Istotną zmianę w ilości spożywanego mięsa na wsi przyniosła wielka reforma agrarna, której nasilenie przypadło na stulecie między połową XIII a połową XIV wieku, a która poprzedzona była niewielkimi melioracjami włości książęcych i możnowładczych oraz kolonizacją począwszy od połowy XII wieku. Wyznaczanie ujazdów, a później powszechne wytyczanie granic wsi łączyło się z ograniczeniem wstępu do lasów dla ludności chłopskiej. Łowy stały się przywilejem rycerskim; ograniczano też znacznie wypas zwierząt w lasach, a częściowo go zakazywano, gdyż zwierzęta domowe, niszcząc runo leśne, powodowały dewastację drzewostanu.[36] W XIII więc wieku, wraz z początkami kształtowania się stanowej struktury społecznej, nastąpiło zmniejszenie ilości mięsa spożywanego przez chłopów, zaś dziczyzna stała się wyróżnikiem stołu rycerskiego, praktycznie mniej przestrzeganym na peryferiach osadniczych, gdzie kontrola naruszania regale książęcego i przywileju rycerskiego w zakresie łowów była utrudniona. Z reguły też chłopi, za odpowiednim świadczeniem, zyskiwali prawo łowów na drobną zwierzynę i dzikie ptactwo oraz brania drzewa i zbierania owoców.

Analiza znacznych reliktów ości, znajdywanych w warstwach kulturowych na dawnych pod-

35. Łucznik strzelający do ptaka, rysunek marginalny w *Antyfonarzu* z klasztoru klarysek w Starym Sączu (f. 153 v); ost. ćw. XIII w.

grodziach, ukazuje, że aż po XIII wiek łowiono dość masowo także takie ryby, które później stały się pożywieniem luksusowym, jak jesiotr, łosoś czy troć; łowiono też, oczywiście, gatunki bardziej powszechnie występujące, jak węgorze, sandacze, szczupaki, sumy, leszcze, certy, karasie, płocie.[37] Gęstsza sieć strug, wyższy poziom lustra wód rzecznych niż obecnie powodowały, że prawie wszystkie osady leżały nad wodami, w których połowy były obfite. Stąd w pochwałach bogactw naszego kraju wspominano także ryby.

Największe możliwości połowów miała ludność nadmorska, zwłaszcza na Zalewie Szczecińskim i w Zatoce Gdańskiej. Połowy morskie były obfite; już w XI wieku solone lub wędzone ryby wożono Wisłą na Kujawy i Mazowsze, Odrą na Śląsk, Wartą do Wielkopolski. Dało to asumpt kronikarzowi Bolesława Krzywoustego, by w usta

jego rycerzy podbijających Pomorze włożyć następującą pieśń:

,,Naszym przodkom wystarczały ryby słone i cuchnące,
My po świeże przychodzimy w oceanie pluskające!
Ojcom naszym wystarczało, jeśli grodów dobywali,
A nas burza nie odstrasza ni szum groźny morskiej fali.
Nasi ojce na jelenie urządzali polowanie,
A my skarby i potwory łowim, skryte w oceanie."[38]

Dopiero jednak od przełomu XII/XIII wieku bałtyckie ryby suszone i solone poczęły częściej docierać na rynki lokalne w głębi kraju, a to w wyniku wzrostu zapotrzebowania na nie podczas postów w związku z postępującą ofensywą ideologiczną Kościoła. Jednocześnie szybki rozwój konwentów zakonnych i miast w XIII wieku powodował gwałtowny wzrost zapotrzebowania na świeże ryby, po części tylko zaspokajany świadczeniami chłopskimi na rzecz klasztorów fundowanych przez książąt. Na zapleczach więc rosnących szybko miast chłopi, przekładając możliwość zdobycia pieniędzy ponad własne przyzwyczajenia konsumpcyjne, zapewne ograniczali w tej sytuacji spożycie świeżych ryb. W połowie zaś XIII wieku doszło do pierwszych prób wprowadzania gospodarki stawowej.

Zbierane w lasach, na polanach czy łęgach dzikie nasiona, owoce, jagody, maliny, orzechy, grzyby, kwiaty, kłącza, liście, miód podbierany z barci czy z ustawionych na pasiekach uli kłodowych – oto ważniejsze źródła ważkiego urozmaicenia pożywienia codziennego i odświętnego. W materiale paleobotanicznym, odkrywanym w warstwach kulturowych wczesnopiastowskich podgrodzi, występują dość licznie ziarna komosy i różnych odmian rdestu, z których zapewne robiono kasze, jak czyniono to w latach nieurodzaju głęboko jeszcze w czasach nowożytnych. W warstwach da-

towanych na XII–XIII wiek ilość tych znalezisk jest znacznie mniejsza, co może być wynikiem zarówno ogólnego wzrostu produkcji zbożowej, jak i przemian w położeniu ludności podgrodzi.[39]

Wbrew dość często wyrażanemu przekonaniu, nie wydaje się, by popularnością cieszyły się grzyby. Czeskie przezwisko utrwalone w nazwie miejscowej Hřybojedy, podobnie jak polskie określenie miejscowości Bedlno, ukazują chyba pogardliwy stosunek do tego pożywienia.

Zwyczaj zakazywał dziewczętom chodzenia samotnie na wyprawy zbierackie. „Jeśli [bowiem] czyjaś córka idzie na pole lub do lasu po jabłka lub inne rzeczy i zostanie zgwałcona, wówczas płaci się [tylko] karę trzysta, gdyż nie wolno, by ona tak się [samotnie] wybierała."[40] Była zaś to kara najniższa. W drugiej połowie XIII wieku dawano zamiast niej niekiedy zaledwie 4 lub 2 kury. Zbierackie wypra-

36. Myśliwy z psem; rysunek marginalny w *Antyfonarzu* z klasztoru klarysek w Starym Sączu (f. 152); ost. ćw. XIII w.

43

37. Polowanie na zająca; fragment bordiury drzwi brązowych katedry w Gnieźnie; 2 poł. XII w.

38. Połów ryb siecią; miniatura w *Digestum Vetus* (f. 203 v); ost. ćw. XIII w.

39. Sokolnik; miniatura w *Digestum Vetus* (f. 190); ost. ćw. XIII w.

3. Przyrządzanie pożywienia

Główne ilości pożywienia uzyskiwano w krótkich okresach: lipcowo-sierpniowych żniw połączonych ze zbiorem roślin strączkowych; jesiennych połowów ryb morskich; jesiennego owocobrania, z którym łączyło się zbieranie warzyw; uboju zwierząt hodowlanych na początku zimy, gdy osiągały one największą tuszę. Stawiało to gospodarkę przed trudnym zadaniem szybkiego zakonserwowania tej masy pożywienia. Podstawowymi zabiegami było suszenie na powietrzu lub nad ogniem, często połączone z wędzeniem, solenie oraz kiszenie. Mięso i ryby suszono, wędzono lub solono; owoce i warzywa suszono, a z owoców robiono też powidła; zboże trzymano w brogach do czasu młócki, później podsuszone ziarno zbóż i roślin strączkowych przechowywano w jamach o ścianach z wypalonej gliny, w skrzyniach, w słomianych koszach ustawianych może na pomostach, w dworskich spichrzach, też zapewne wznoszonych na palach, by ochronić zapasy ziarna przed gryzoniami; kapustę i nać rzepy najprawdopodobniej kiszono w ziemnych dołach, o ścianach z wypalonej gliny, rzadziej w cebrach czy beczkach.

Dane etnograficzne pouczają, że tylko całkowite wysuszenie zabezpieczało żywność przed zepsuciem w razie jej długotrwałego przechowywania. W ten sposób zakonserwowane mięso zwierzęce lub rybie jest tak twarde, że trzeba je skrobać, rozbijać, a następnie rozgotowywać na gęstą papkę. Samo wędzenie było raczej sposobem przygotowania mięsa lub ryb do spożycia po krótkim okresie przechowywania; jeżeli trzymano je nieco dłużej, psuło się, a wówczas trzeba było je co rychlej gotować z przyprawami. O rybach morskich wwożonych w głąb Polski, pisał kronikarz Bolesława Krzywoustego, że są „słone i cuchnące", a podobna była niewątpliwie opinia o solonym mięsie zwierzęcym. Toteż śledzie moczono wielokrotnie przed spożywaniem, mięso zaś i ryby gotowano,

wy były więc przedsięwzięciem gromadnym, skupiającym dziewczęta i dzieci pod kierownictwem doświadczonych kobiet. Zbieractwo stawało się w konsekwencji jedną z ważnych form życia towarzyskiego dziewczęcych grup rówieśniczych oraz jednym ze sposobów wprowadzania dzieci w życie pracowite. Kobiety zaś dzięki temu znały tak dobrze kryjówki leśne w pobliżu osad, że – jeśli wierzyć kronikarzowi z początku XII wieku – zdarzyć się miało nawet, iż nazajutrz po rozgromieniu pod Płockiem najezdniczej drużyny pomorskiej „dwie kobiety, zbierając poziomki po bezdrożach, odniosły nowe zwycięstwo, znalazłszy jednego rycerza pomorskiego, bo zabrały mu broń i z rękami związanymi z tyłu przyprowadziły go przed oblicze komesa i biskupa" (płockiego).[41]

40. Przemiał zboża: praca przy żarnach; miniatura w rękopisie
Legendy św. Jadwigi, zw. *Kodeksem Ostrowskim*; 1353 r.

aby je odsolić; uzyskiwany w ten sposób wywar nazywano ro[z]sołem. Także nazwa słoniny pochodzi od jej silnego zasalania na zimę. Natomiast świeża słonina i świeże sadło zwano w średniowieczu bielą, podobnie jak dobrze zmieloną i przesianą mąkę pszenną. W tej identycznej nazwie dwóch tak różnych produktów nietrudno dostrzec uznanie dla ich wartości smakowych i odżywczych.

Większość więc mięsa i ryb przygotowanych na zimę spożywano w postaci rozgotowanej. Często do tej gęstwy dodawano krupy, groch czy soczewicę. Niekiedy groch przyrządzano wraz z krupami lub świeżą, kiszoną albo suszoną zieleniną; zapewne kraszono go wówczas, podobnie jak samą kapustę, słoniną, jak czyniono to dowodnie w późnym średniowieczu. Na głodnym przednówku, po nieurodzajach, gotowano różne liście i kłącza roślin dziko rosnących oraz młodą kapustę i spożywano je zazwyczaj bez omasty, podobnie jak świeży bób. Stopniowo coraz liczniejsze w drugiej połowie XIII wieku grupy biedoty w nielicznych dużych miastach często musiały się zapewne zadowalać gotowaną, nieokraszoną pulpą z rzepy (korzenia i naci) lub kapusty. Jak głosiła gorzka, późnośredniowieczna satyra czeska:

Smrdít duše zelím nemastným
I také mlékem kyselým.[42]

Globalnemu bowiem wzrostowi produkcji żywności i powolnemu poprawianiu się przeciętnego wyżywienia, co było wynikiem istotnych przemian ekonomicznych i społecznych, zapoczątkowanych na przełomie XII/XIII wieku, towarzyszyły przybierające na sile od drugiej połowy XIII wieku nowe elementy społecznego zróżnicowania konsumpcji spożywczej.

Ryby świeże ceniono znacznie wyżej niż solone czy suszone, jak ukazuje to przytoczone uprzednio ich przeciwstawienie. Taka ocena dotyczyła niewątpliwie także innych produktów żywnościowych: mięsa, warzyw, a także suszonych owoców. W każdym razie na dworze książęcym dbano o to, by podawać stale znaczne ilości świeżej dziczyzny.

41. Stępa z Ostrowa Tumskiego w Poznaniu, rekonstrukcja; X w.

Obrazowo unaocznia to idealizująca charakterystyka Bolesława Chrobrego; miał on ponoć ,,ptaszników i łowców ze wszystkich niemal ludów, którzy – każdy na swój sposób – chwytali wszelkie rodzaje ptactwa i zwierzyny; z tych zaś czworonogów, jak i ptaków, przynoszono codziennie na jego stoły potrawy każdego gatunku''.[43]

Co prawda, wielkie łowy, urządzane przez monarszych strzelców służebnych, dawały znaczniejszą masę żywności, tworzącą zapasy, niewątpliwie na wyprawy wojenne przewidywane w bliskim terminie. Jeśli bowiem Krzywousty potrafił z kilkoma hufcami, ,,maszerując dniem i nocą przez pustkowia'', dotrzeć w ciągu sześciu dni z Głogowa nad Odrą po Kołobrzeg w ten sposób, że Pomorzanie ich nie zauważyli i byli całkowicie zaskoczeni atakiem na podgrodzie, to niewątpliwie wojowie jego musieli rozporządzać prowiantem gotowym do spożycia, inaczej bowiem dym z wielu ognisk, potrzebnych do przygotowania strawy, musiałby zaniepokoić nieprzyjaciela. Suchym pokarmem były niewątpliwie: chleb, ser i wędzone mięso. Tłumaczy to, w jaki sposób wojowie polscy ,,szóstego dnia na koniec, w piątek, przystąpili do komunii św. [i] posiliwszy się zarazem cielesnym pokarmem, przybyli [nocą] pod Kołobrzeg, kierując się wedle gwiazd''.[44]

Z powszednich jednak polowań mięso szło na stoły książęce, a zapewne też dostojników terytorialnych, z komesami prowincji i panami grodowymi na czele. Aby dziczyzna trafiała w świeżym stanie do grodów i innych miejsc pobytu księcia, obowiązkiem jej przewodu, podobnie jak mąki, objęte zostały nie tylko gospodarstwa wieśniacze, lecz także rycerskie.[45] Ów przewód rycerski – jak

nazywano go w źródłach trzynastowiecznych – dotyczył poza tym jedynie złota, więźniów książęcych i soli, która w społeczeństwie wczesnopiastowskim pełniła często rolę pieniądza.[46] Wysoko ceniono bowiem w środowisku arystokratycznym potrawy ze świeżych produktów.

Dziczyznę spożywano w dworach przede wszystkim w postaci pieczeni z rożna lub rusztu. Wysoka cena żelaza, którego z tego właśnie powodu w gospodarstwach wieśniaczych nie dostawało dość często na okucie radła, a tym bardziej na rożny czy ruszty, zdaje się przemawiać za słusznością

42. Piec chlebowy w klasztorze dominikanów w Poznaniu; XIII w.

43. Prażnica z Bojanowa Starego; wczesne średniowiecze

domysłu, że na wsi pieczono niekiedy wypatroszone zwierzęta, dzikie lub hodowlane, a także ptactwo i ryby, w całości, w tzw. piecu ziemnym. W niewielkiej jamie rozpalano ognisko, by rozżarzonymi kamieniami obłożyć zwierzę grubo oblepione gliną; następnie piec ten zasypywano ziemią; jeszcze w końcu XIX wieku pasterze słowiańscy na Bałkanach, przebywając w górach, przyrządzali tak barany, na Polesiu zaś i zachodnim pograniczu białorusko-litewskim w ten sposób pieczono duże ryby, uważając ich smak za lepszy niż ryb normal-

nie wówczas smażonych na patelni.[47] Sposobem jednak przygotowania świeżego mięsa, który niewątpliwie dominował w życiu wsi i podgrodzi, było jego gotowanie lub duszenie w naczyniach glinianych.

Przeciwstawienie pieczeni jako potrawy dworskiej świeżemu mięsu gotowanemu lub – i chyba przede wszystkim – duszonemu jako jadła powszechnego wynikało więc w okresie wczesnopiastowskim głównie z charakteru wyposażenia gospodarstwa domowego. Podobnie, jak się wydaje, było z chlebem. Olbrzymie zapotrzebowanie grodów i dworów książęcych na mąkę pokrywali służebni mącznicy, których obowiązkiem był przemiał ziarna zbożowego, na chleb zaś – piekarze, którzy korzystać musieli z rozbudowanej sieci piekarni po dworach i grodach.[48] Te piece piekarskie były prymitywne, jak ukazuje to zachowana wiadomość o zniszczeniu piekarnika należącego do opatki klasztoru Św. Jerzego na Wyszehradzie. Gdy bowiem w połowie XI wieku budowano nowy mur koło klasztoru, „żadnym sposobem nie mógł być postawiony prawidłowo, jeśliby nie był zburzony piekarnik opatki, trafem tam stojący, gdyż [wyzna-

44. Beczka, miniatura w *Digestum Vetus* (f. 200); ost. ćw. XIII w.

45. Stągwie, fragment miniatury w *Ewangeliarzu Kruszwickim* z przedstawieniem Godów w Kanie Galilejskiej (f. 138); 2 poł. XII w.

czający przebieg muru] sznur przechodził przez jego środek; wtedy, kiedy inni wahali się to uczynić, syn książęcy przystąpił i jakby czyniąc sobie pośmiewisko, z wielkim chichotaniem, kazał natychmiast rzucić piekarnik do potoku Bruska, mówiąc: «Dziś pani opatka nie posmakuje ciepłego ciasta».[49] To powiedzenie młodego księcia Spycigniewa ukazuje wymownie, iż przekładano świeże, ciepłe ciasto i chleb nad stare pieczywo.

Ludność natomiast wczesnopiastowskich podgrodzi i wsi z rzadka spożywać mogła chleb, a tym bardziej świeży. W reliktach zabudowy mieszkalnej, pochodzącej z tamtych stuleci, występują nagminnie pozostałości otwartych palenisk, wyjąt-

kowo natomiast – pieców kopułkowych.[50] Część z zabytków interpretowanych jako piece kopułkowe musiała mieć dość szeroki otwór u góry, by na ogniu można było gotować, a to uniemożliwiało ich wykorzystanie do pieczenia; tak z reguły musiało być, gdy w izbie obok częściowo obudowanego paleniska brak było płaskiego wyłożenia kamiennego na ognisko otwarte. Wydaje się, że z wolno stojącego pieca na wsi czy na podgrodziu korzystało kolejno kilka lub nawet kilkanaście rodzin, piekąc chleb na długotrwały zapas. Stąd to oznaką ubóstwa w legendzie czeskiej stały się „spleśniały chleb i kawał sera", które Przemysł wziął w pole jako jedzenie na cały dzień.[51]

46. Naczynie zasobowe z Krakowa-Okołu; XII w.

zapominać, że uroczystości obrzędowe trwały z reguły po kilka dni, nakładały się zaś na siebie dawne święta pogańskie oraz nowe – chrześcijańskie. Zapewne z wyglądem rumianego pączka, dość pulchnego, zwłaszcza w zestawieniu z ówczesnymi plackami, wiązało się przezwisko „Pączek", nadawane – o ile wolno uogólniać jedyny znany przykład z połowy XIII wieku – ludziom w sile wieku,[52] co raczej świadczy, że nie szło tu o przyrównanie z pączkiem roślinnym.

Im bardziej zwiększała się w XII–XIII wieku uprawa żyta, a w konsekwencji spożycie chleba na wsi, tym wyraźniej traciło ono znaczenie wyróżnika społecznego, zwłaszcza że ówczesne upowszechnienie znajomości *Modlitwy Pańskiej*, z jej prośbą o chleb powszedni, czyniło z niego podstawowy symbol wszelkiej żywności. Liczyć się jednak musimy z tym, że popyt na zboża ze strony rozwijających się w XIII wieku miast, a także eksport zbóż (dowodnie, od połowy tego stulecia, do powstającego państwa krzyżackiego[53]) mogły spowodować celowe ograniczenia konsumpcji zbóż na wsi. Prze-

W tej sytuacji codzienne podawanie na stoły monarsze, możnowładcze, biskupie czy klasztorne świeżego chleba, a zwłaszcza bułek pszennych, rzadziej żytnich, wynosiło spożywających te pieczywa ponad ogół społeczeństwa, który zadowalać się musiał chlebem starym, niekiedy zgoła obywać się bez chleba, bądź to wysuszając papki (z owsa, prosa lub jęczmienia) na placki, bądź to piekąc podpłomyki, zgodnie z wielowiekową tradycją.

Do dawnych zwyczajów trwających w średniowieczu zaliczyć wypada gotowanie ciasta we wrzącym tłuszczu; z ciasta przaśnego uzyskiwano w ten sposób rodzaj obwarzanków, z zakwaszonego – pączki. Miały one zapewne, podobnie jak kołacze, charakter obrzędowy i odświętny, lecz spożycie ich było raczej powszechne. Nie należy też

47. Szkliwione naczynie cylindryczne ze Strzemieszyc; XI w.

50

de wszystkim przybysze z cesarstwa mogli dążyć do lepszego zagospodarowania pozyskanych łanów za cenę wieloletnich ograniczeń konsumpcyjnych. Zgoła inne mogły być reakcje dawnych niewolnych, dla których awans do statusu gości, lecz bez prawa odejścia, mógł często stanowić bodziec do uzewnętrznienia swej nowej pozycji także poprzez zwiększone spożycie chleba i mięsa, piwa i miodu. Skutkiem musiała być ruina takich gospodarstw w latach nieurodzaju, bowiem na przetrwanie musiało im z reguły brakować zapasów. Tak na przykład część mieszkańców wsi Czeladzi nad Przemszą (która to nazwa miejscowa dobrze ukazuje ich dawną pozycję niewolną lub zgoła niewolniczą oraz ich awans na osiadłych wieśniaków, przywiązanych jednak do swych gospodarstw) porzuciła je z obawy śmierci głodowej, z powodu wielkich nieurodzajów lat 1221–1224. Ludzie ci zaginęli gdzieś w świecie i jeszcze w roku 1228 nie powrócili do swych siedzib. Dlatego książę opolski Kazimierz, nadając to osiedle swemu wojewodzie Klemensowi, zezwolił mu na poszukiwanie zbiegów i zmuszenie ich siłą do powrotu.[54]

48. Naczynie do gotowania z Luzina pod Wejherowem; wczesne średniowiecze

Wraz z upowszechnieniem spożycia chleba zwiększyło się – lub zgoła dopiero teraz powstało –

49. Różne typy naczyń z Wielkopolski; wczesne średniowiecze

50. Wiaderko klepkowe ze Strzemieszyc, rekonstrukcja; wczesne średniowiecze

51. Toczone drewniane talerze i misy z Kołdusa i Opola, rekonstrukcja; wczesne średniowiecze

52. Toczony drewniany kielich z Tumu pod Łęczycą; XI–XII w.

społeczne znaczenie różnicy między odmiennymi gatunkami chleba; chleb biały stał się chlebem pańskim. Zachowało się natomiast powszechne, bardzo starożytne uznanie dla papek jęczmiennych, owsianych czy prosianych, jak ukazuje to znacznie późniejsze przysłowie:

„czapką, papką,
przyjaźń kaptuj",

które w czasach nowożytnych długo konkurować miało z powiedzeniem o nowszej genezie:

„czapką, chlebem i solą
ludzie ludzi niewola".[55]

Zestawienie to ukazuje poczęstunek papką jako dawny symbol serdecznej gościny, której celem – podobnie jak okazanie szacunku przez pokłon czapką – było zjednywanie sobie serc ludzkich.

Podstawą papek była, jak ukazują dane etnograficzne, grubo mielona mąka, uzyskiwana w stępach, z ziarna najpierw długo moczonego, a następnie silnie wysuszonego w dużych glinianych nieckach, stawianych na otwartych ogniskach. Resztki takich niecek występują dość licznie wśród wczesnośredniowiecznych zabytków wydobytych z ziemi przez archeologów. Nieco osoloną owsiankę z takiej mąki nazywa się na Rusi „tołokno", w Styrii natomiast jeszcze w XIX wieku zwano ją „talken". Wskazuje to niedwuznacznie na ogólnosłowiańską, starożytną metrykę tej potrawy, która w gwarach polskich w średniowieczu musiała nosić podobną nazwę, jednakże nazwa ta nie trafiła na karty rękopisów. Być może, wyraz ten w ówczesnej Polsce brzmiał „tłókno" (jak w języku polskim na Wileńszczyźnie w XIX wieku) lub „tłokno".

Zapewne częściej niż słone, robiono papki słodkie, dodając do nich w tym celu miodu. Słodki placek jęczmienny określany był w Polsce średniowiecznej słowem „papin". Stąd w czasach nowożytnych, a niewątpliwie już w średniowieczu, wszelkie łakocie nazywano papinkami. Rzecz ciekawa, że w całej średniowiecznej Europie papki, a zwłaszcza słodkie, cieszyły się powszechnym uznaniem:

53. Kubek rogowy z Gniezna; XI–XII w.

w późnośredniowiecznym plebejskim marzeniu w krainie pasibrzuchów nie tylko pieczone świnki podbiegały, by łatwiej z nich było odkroić plaster soczystej szynki, lecz wszędzie znajdowały się niezniszczalne góry z papek, które można było zajadać łyżkami.[56]

Miód, jako jedyny środek słodzący, ceniono wysoko, tym bardziej że było go stosunkowo mało, choć bartnictwo i prymitywne pasiecznictwo (w przeciwieństwie do bartnictwa nie objęte przez regale książęce) były dość szeroko rozpowszechnione. Także miód sycony cieszył się wielką estymą, lecz jego niedostatek nakazywał zadowalać się najczęściej piwem, także na dworze monarszym.

Zwykłe piwo, warzone ze słodu, o nieznacznej zawartości alkoholu, było napojem tego samego typu, co kwas zaczyniony na chlebie lub papce. Dopiero zastosowanie chmielu przy wyrobie piwa zwiększało zawartość alkoholu, a zarazem nadawało specyficzny smak. Nieprzypadkowo tedy pierw-

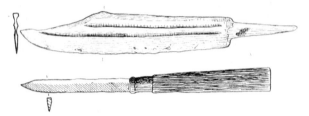

54. Noże żelazne z Gniezna; IX – pocz. XI w.

sza polska zachowana informacja o obowiązku nawożenia dotyczy chmielnika.

Podobnie jak piwo, także żury i barszcze miały wartości nie tylko odżywcze, lecz także lecznicze, oczyszczając przewód pokarmowy i nerki. Piwo zasypywano niekiedy krupami, co nadawało mu specyficzny smak. Robiono na nim słodkie polewki, z dodatkiem jaj i świeżego sera. Do żurów i barszczy dodawano najrozmaitszego rodzaju przyprawy, których wiele stosowano też do sosów i mięs oraz jako środki konserwujące. Używano w tym celu kopru, czosnku, cebuli, kolendru, gorczycy, mięty, kminku, jałowca, lebiodki, biedrzeńca, babki, liści dębowych czy wiśniowych; ukazują to, z jednej strony, późniejsze zwyczaje, z drugiej –

występowanie używanych jako przyprawy części tych roślin w warstwach kulturowych pochodzących z okresu wczesnopiastowskiego. Przyprawy oraz olbrzymie ilości soli stosowanej jako środek konserwujący wzmagały pragnienie. Gaszono je przede wszystkim wodą.

Pod koniec rozwiniętego średniowiecza używanie piwa na co dzień przyjęło się powszechnie, a miód stał się napitkiem luksusowym, toteż autor *Kroniki Wielkopolskiej* w początku XIV wieku uznał za konieczne zmodyfikowanie legendy piastowskiej. W jego przedstawieniu, przed elekcją nowego monarchy po niechlubnej śmierci Popiela, „gdy zabrakło piwa dla tak wielkiej liczby niespodziewanie zgromadzonych w celu wybrania władcy, a Piast w swym domu nawarzył małą ilość miodu dla siebie i swej rodziny... tyle przybyło pitnego miodu, że częstował on cały lud tym miodem w wielkiej obfitości, tak że każdy mógł czerpać do woli";[57] w ten sposób Piast zyskał popularność i został księciem.

O sto lat bez mała wcześniej nim powstała *Kronika* książę Leszek Biały wyjaśniał papieżowi,

55. Czerpak drewniany z Opola, rekonstrukcja; XII w.

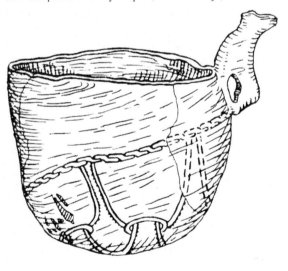 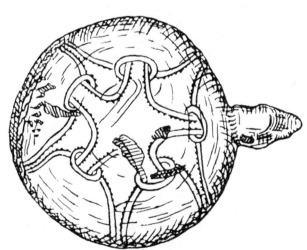

56. Łyżka agatowa ze Starego Sącza; XIII w.

że nie może udać się z wyprawą krzyżową do Ziemi Świętej, gdyż „nie zwykł pijać ani wina, ani zwykłej wody, przyzwyczajony jedynie do gustowania w piwie lub w miodzie". Papież potraktował to wyjaśnienie zupełnie poważnie,[58] gdyż szacunek dla regionalnych zwyczajów konsumpcyjnych, a zwłaszcza dla osobistych w tym zakresie upodobań władców, był dość powszechny w kulturze elit politycznych, podobnie jak wyśmiewanie odmienności w tej dziedzinie występowało nagminnie w kulturze popularnej.

Mleka pito niewiele, większość jego przeznaczając na masło i sery; natomiast pozostające przy ich wyrobie podmaśle (czyli maślanka) i serwatka były napojem zapewne popularnym na wsi, w podgrodziach i w izbach czeladnych. Ser świeży, czyli twaróg, był w okresie rozwiniętego średniowiecza specyfiką, jak się wydaje, pożywienia zachodniosłowiańskiego. W każdym razie Niemcy przejęli od Słowian jego nazwę (*quark*). Natomiast wędzone i suszone sery spożywane były powszechnie w całej ówczesnej Europie.

Nie znane nam jest wyposażenie kuchni dworskich doby wczesnopiastowskiej. Znane zestawy ceramiki ówczesnej (prażnice, garnki, misy) pochodzą z podgrodzi i osad wiejskich. Domyślać się przecież można, że w kuchniach dworskich musiały być duże kociołki metalowe, naczynia ceramiczne na nóżkach, patelnie, a także wspomniane już rożny i ruszty. Na pewno w każdym gospodarstwie istniały osobne noże kuchenne, którymi posługiwały się kobiety, gdy mężczyźni trzymali swe noże przy sobie, zawieszając je u pasa. Duże czerpaki drewniane do wody i mniejsze do potraw były zapewne często zdobione, jak zdają się na to wskazywać zabytki archeologiczne. W najuboższym nawet gospodarstwie musiało być co najmniej po

jednej drewnianej dzieży i po jednym cebrze. Skopków i innych naczyń drewnianych było po kilka, na dworach zaś po kilkanaście w użyciu, a kilkadziesiąt w zapasie.

Jeszcze wyraźniej na pewno zróżnicowana była zastawa stołowa. Jej bogactwo na dworze monarszym ukazuje szczodrobliwy gest Chrobrego, którym zaimponował on młodzieńczemu Ottonowi III i jego otoczeniu. Po uzyskaniu bowiem prawa inwestytury biskupiej, co stawiało go faktycznie na równi z królami, książę polski „okazał wrodzoną sobie hojność, urządzając podczas trzech dni swej konsekracji prawdziwie królewskie i cesarskie biesiady i codziennie zmieniając wszystkie naczynia i sprzęty, a zastawiając coraz to inne i jeszcze kosztowniejsze. Po zakończeniu bowiem biesiady nakazał cześnikom i stolnikom zebrać ze wszystkich stołów z trzech dni złote i srebrne naczynia (bo żadnych drewnianych tam nie było), mianowicie kubki, puchary, misy, czarki i rogi, i ofiarował je cesarzowi dla uczczenia go, nie zaś jako dań [należną] od księcia. Komornikom zaś rozkazał zebrać rozciągnięte zasłony i obrusy, dywany, kobierce, serwety, ręczniki i cokolwiek użyte było do nakrycia, i również zanieść to wszystko do izby zajmowanej przez cesarza."[59] Okazja to była jednak wyjątkowa.

Kiedy indziej nawet na ceremonialnym przyjęciu na pewno nie brakowało drewnianych pucharów, kubków i talerzy na stołach monarszych, a w dworach możnowładczych i klasztorach było ich pełno. Na przykład tworząc podstawy gospodarcze klasztoru trzebnickiego przekazał mu książę Henryk Brodaty m.in. trzech tokarzy, „z których każdy winien [dawać] na Boże Narodzenie 15 kubków... i 100 mis, tyleż na Wielkanoc i na św. Bartłomieja".[60] Mieszkańcy ubogich gospodarstw zadowalali się glinianymi misami, pucharkami czy kubkami. Łyżki natomiast wszędzie były drewniane.

4. Sposób jedzenia

Zwyczaje obowiązujące w społeczeństwie wczesnopiastowskim przy jedzeniu codziennym i biesiadnym są nam prawie nie znane, a przypadkowo wzmiankowane szczegóły nie zostały dokładniej zinterpretowane. Jeśli na przykład autor *Żywotu św. Stanisława* w połowie XIII wieku twierdził, że „do dziś na ucztach u Słowian spotyka się pogańskie pieśni, klaskanie w dłonie i przepijanie do siebie nawzajem", to zarzut pogaństwa traktować wypada ostrożnie, gdyż dla surowego dominikanina, który pisał te słowa, wszelka gwałtowna radość doczesna była, podobnie jak nocne uczty, „starym błędem pogańskim i przewrotnym zepsuciem obyczaju".[61] Zwyczaj zaś klaskania rytmicznego, wspólnych śpiewów czy przepijania do siebie występował w całej ówczesnej Europie.

Wieczorno-nocne uczty były przejawem życia arystokratycznego. Poza dworami brak było zresztą możliwości właściwego oświetlenia, by urządzić taką biesiadę; zawsze była ona wielkim wydarzeniem, jak wielkie przyjęcia urządzane przez Chrobrego po szczęśliwym dlań ułożeniu stosunków z cesarstwem.

Rytm posiłków wyznaczony był rytmem innych zajęć, przede wszystkim pracy. Toteż na wsi, tak w zagrodzie wieśniaka, jak na dworze rycerza, w dzień powszedni spożywano tylko jeden główny posiłek z ciepłymi daniami, mianowicie pod wieczór o zmierzchu, gdy ukończono prace w polu, na łące czy w lesie. W ciągu dnia zadowalano się jedzeniem suchym i wodą, niekiedy serwatką, maślanką, rzadziej kwaśnym mlekiem. Mleko pito przede wszystkim w czasie upałów, gdy łatwo kisło, a pilne prace uniemożliwiały przetworzenie go na ser czy masło.

Znaczenie zajęć rolniczych i hodowlanych jako ważkiej podstawy gospodarczej rodzin osiadłych na podgrodziach, a później we wczesnych miastach XII wieku i miastach lokacyjnych XIII wieku, powodowało, że olbrzymia większość mieszkańców tych osiedli żyła tym samym rytmem prac, co ludność wiejska. Toteż wiejski układ posiłków obowiązywał także na podgrodziach i w miastach wczesnopiastowskich. Jedynie kupcy przejmowali w tym zakresie chętnie obyczaj właściwy klasie panującej.

Inaczej zgoła układał się odświętny rytm wiejskiego spożycia, gdy głównym posiłkiem stawał się – jak wolno sądzić – spożywany w południe obiad. Właśnie do goszczenia obiadem pana lub jego przedstawiciela byli bardzo często zobowiązywani chłopi w XIII–XIV wieku w nowo lokowanych wsiach. Obfitość obiadu, zwanego po łacinie *prandium*, ukazuje też to, że tymże terminem łacińskim oznaczano również uczty, na które spraszano gości. Toteż ubogi Piast tłumaczył się, że nie stać go na wyprawienie *prandium*, że myślał tylko, by urządzić dla swych przyjaciół z okazji postrzyżyn syna jedynie *gentaculum* – śniadanie, posiłek więc skromniejszy, który w gospodarstwach ubogich zastępował obiad, lecz który także zawierał dania gorące: papkę czy krupy, polewkę lub żur.

Odświętny system posiłków został w środowisku arystokratyczno-wojackim zapewne już w czasach plemiennych przekształcony na codzienny obyczaj, akcentujący wyższość tego środowiska nad ogółem ludności. Zwyczaj ten był w każdym razie obserwowany na dworach możnowładczych w monarchii wczesnopiastowskiej, wyznaczając na przyszłość podstawowy przez wiele wieków rytm pożywiania się. O ile w późnym średniowieczu obiad i wieczerza dworska mało się różniły, o tyle w dobie wczesnopiastowskiej obiad był najprawdopodobniej wystawniejszy, obfitszy, skoro po łacinie jego właśnie nazwą określano także ucztę.

Chrześcijaństwo, wprowadzając post,[62] ograniczało przede wszystkim spożycie możnych, redukując w dniach postnych liczbę posiłków i eliminując z pożywienia mięso oraz przetwory pochodzenia zwierzęcego (mleko, jaja, masło, sery). Ponieważ Wielki Post przypadał na koniec zimy i na przedwiośnie, gdy mięso solone i wędzone niezbyt było już dobre, więc na podgrodziach z zakazem spożywania mięsa zapewne dość łatwo się pogodzono, początkowo zresztą pod surową groźbą kary wybicia zębów w razie przekroczenia przepisu postnego. Na wsi przestrzeganie postów aż do przełomu XII/XIII wieku niezbyt było możliwe, a później możliwości spożywania mięsa przez wieśniaków poczęły się zmniejszać. Zawsze przecież w całej Europie opór budził zakaz spożywania serów, który też często przekraczano za milczącą zgodą Kościoła, tolerującego tym razem zwyczaj miejscowy, łamiący przepisy ogólne, wokół których wybuchać miały spory jeszcze głęboko w czasach nowożytnych.

Początkowa organizacja Kościoła w Polsce stworzona została głównie przez zwolenników i propagatorów ówczesnego ruchu reformy monastycznej i kanonicznej, którzy m.in. starali się, z małym zresztą skutkiem, rozciągnąć na ogół wiernych dziewięciotygodniowy okres Wielkiego Postu, obserwowany przez reformowane wspólnoty życia zakonnego. W Polsce – w kraju dopiero włączanym w świat chrześcijański – gdzie z braku tradycji kościelnych nie było istotnego źródła oporu przeciw tej praktyce ascetycznej, jak działo się to na Zachodzie czy w środkowo-zachodniej Europie, post dziewięciotygodniowy został łatwo zaprowadzony (początek jego przed Środą Popielcową traktowano jako okres przygotowawczy, w którym obowiązywała jedynie wstrzemięźliwość od mięsa). Gdy

57. Stół zastawiony jadłem; miniatura w *Ewangeliarzu Kruszwickim* z przedstawieniem Chrystusa jedzącego z Mateuszem i celnikami (f. 15); 2 poł. XII w.

57

w XIII wieku poczęli napływać masowo osadnicy niemieccy na wieś i do miast, zwłaszcza zaś na Śląsk, doszło z tego powodu do istotnych sporów, kompromisowo rozstrzygniętych przez legata papieskiego, który datę rozpoczęcia Wielkiego Postu pozostawił uznaniu każdego z wiernych.[63] Nacisk przecież miejscowej tradycji był tak znaczny, że poza Śląskiem dziewięciotygodniowy Wielki Post zachowywano przeważnie aż do schyłku średniowiecza.

Do przykrycia stołów służyły obrusy, których używanie miało być – jak ukazuje legenda przemyślidzka – powszechne. Gdy oto przedstawiciele iudu czeskiego przybyli do Przemysła pracującego w polu, on ,,gościnnie zaprasza ich na śniadanie i z torby plecionej z łyka wyjmuje spleśniały chleb i kawał sera i tę samą torbę kładzie na trawę jako stół, a na to gruby obrus i resztę".[64] Nawet więc ubogi rolnik miał brać w pole obrus do samotnego spożywania suchej strawy popijanej wodą. Wolno wątpić, by poza rodzinnymi uroczystościami i wielkimi świętami obserwowano taki obyczaj w ziemiankach ubogich, należących do niewolnych czy zależnych wieśniaków, lub też w niewielkich izbach na podgrodziach, gdzie na kilku metrach kwadratowych skupiało się całe życie domowe. Obraz przecież czeski, ukazując dążenie do traktowania posiłków jako aktu wymagającego odpowiedniego obrzędu, przekonuje o ówczesnej chęci przydania pewnej godności czynnościom jedzenia. Traktując żywność jako dar Boży, choć dobrze rozumiejąc, że bez własnej pracy daru tego się nie osiągnie, trzeba było istotnie także samo spożywanie tego daru odpowiednio szanować.

Ubiór
i pielęgnacja ciała

1. Funkcje odzieży
i stroju

Odzież w najszerszym tego słowa rozumieniu służyła w średniowieczu, podobnie jak służy dziś, jako środek zaspokajania zarówno potrzeb bytowych, jak psychicznych. Pełniła ona nie tylko różnorodne funkcje utylitarne – ochrony ciała przed światem zewnętrznym – lecz była także znakiem określającym miejsce jej użytkownika w społeczeństwie i jego doń przynależność, była sposobem wyrażania uczuć i postaw ideowych, pełniła rolę sygnału, mającego wywołać pożądane uczucia u innych osób, na przykład sympatii czy – wręcz odmiennie – przestrachu. Pomimo tej różnorodności funkcji odzieży nie odczuwano w polskim średniowieczu potrzeby odmiennej nazwy ogólnej dla różnych jej rodzajów, zależnie od tego, czy jedna ze wspomnianych funkcji przeważała. Terminami: ,,odziew, odzienie" określano wszystkie rzeczy, które wdziewano na siebie, od najprostszych po najbogatsze. Także uzbrojenie nazywane było ,,odzieniem bojowym".

Obecny znaczeniowy walor określeń: ,,ubiór, strój" jest wynikiem przemian w czasach nowożytnych i najnowszych. W średniowieczu i jeszcze w XVI wieku słowem ,,strój" określano przede wszystkim urządzenia, narzędzia, instrumenty. Terminu ,,ubranie" nie odnajdujemy w tekstach średniowiecznych. Występują natomiast w nich słowa: ,,ubraniec, odzieniec" znaczące prawie to samo: zbrojnego, towarzysza, giermka, sługę. Pozwala to zasadnie sądzić, że pola znaczeniowe wyrazów podstawowych: ,,ubranie", ,,odzienie" co najmniej w przeważnej mierze się pokrywały. Być może, że ,,ubranie" już wówczas oznaczało odzież wierzchnią, lecz jednocześnie oznaczać mogło jeden z jej rodzajów. W grę wchodzić mógłby przede wszystkim ten element odzieży wierzchniej, który najwyraźniej uzewnętrzniałby rolę społeczną odzieńca-ubrańca. Geneza tego stosunku społecznego, a zapewne i sposobu jego sygnalizowania za pomocą odpowiedniego ubrania sięga Polski wczesnopiastowskiej, a w każdym razie jej schyłku, gdy przy boku wielkich panów występowały zbrojne orszaki ich klientów, dworzan, służebników.

We wczesnym średniowieczu polskim dbano o to, by odzież chroniła dobrze przed zimnem, podrapaniem przez gęste krzewy w lesie, zwłaszcza zaś, by ,,odzienie bojowe" spełniało właściwie swe ochronne zadanie w walce. Zakres jednak stawianych w tym zakresie wymagań był inny niż współcześnie, inna była bowiem wrażliwość na mróz, słotę i wszelakie nieprzychylne człowiekowi zjawiska atmosferyczne, a także na uderzenia czy skaleczenia. Było to wynikiem zahartowania w dzieciństwie, które przetrwać mogły tylko jednostki silniejsze, a łączyła się z tym olbrzymia śmiertelność dzieci. Uzyskana w dzieciństwie znaczna sprawność

58. Grupa mężczyzn w bogatych ubiorach; fragment kwatery drzwi brązowych katedry w Płocku (obecnie Nowogród, Sobór Św. Zofii) ze sceną Wjazdu Chrystusa do Jerozolimy; poł. XII w.

Na plan główny w odczuciu społecznym wczesnego średniowiecza wysuwało się znaczenie odzieży jako środka zdobywania prestiżu społecznego. Przejawem tego nastawienia było traktowanie odzieży jako ważnego daru. Dobry władca na dorocznej biesiadzie, urządzanej w każdym okręgu grodowym, powinien – według opinii panów i rycerzy polskich – swym ,,wiernym poddanym rozdawać szaty i inne dary''.[1] Gdy zaś Bolesław Krzywousty w pokutnej pielgrzymce przybył na Wielkanoc 1113 roku do Gniezna, to po pogodzeniu się z Bogiem i Kościołem ,,tak okazale i hojnie obchodził ową świętą i chwalebną Wielkanoc, że każdy z możniejszych, a niemalże i pomniejszych otrzymał od niego kosztowne szaty. Odnośnie zaś do kanoników św. Męczennika [Wojciecha], stróżów i sług kościelnych oraz mieszkańców samego miasta wydał zarządzenią tak szczodre, że wszystkich bez wyjątku uczcił szatami lub końmi czy innymi darami, stosownie do godności i stanowiska każdego.''[2]

Tworząc w początkach XII wieku legendę złotych czasów panowania Bolesława Chrobrego, nie omieszkał kronikarz zaznaczyć, że wówczas ,,każdy rycerz i każda niewiasta dworska zamiast sukien lnianych lub wełnianych używali płaszczy z kosztownych tkanin [czyli jedwabnych], a skór, nawet bardzo cennych, choćby były nowe, nie noszono na jego dworze bez [podszycia] kosztowną tkaniną i bez złotych frędzli''.[3] Przede wszystkim więc, jak widać, materiał, z którego była zrobiona odzież, i dodatki, były sposobem wyrażania aspiracji społecznych i postaw jednostek. Jednocześnie przecież starano się o to, by użyty materiał, sposób sporządzenia odzieży, jej krój odpowiadały warunkom jej użytkowania.

Pod terminem ,,odziew'', ,,odzienie'' nie rozumiano, co prawda, w średniowieczu, podobnie zresztą jak dziś, ani obuwia, ani ozdób. Identyczność jednak ogólnych funkcji odzieży i obuwia oraz jednakowa rola samodzielnych ozdób i zdobienia materiału, z którego wykonywano odzież lub obuwie, pozwala rozpatrywać łącznie wszystkie te grupy wytworów o znaczeniach podobnych także

organizmu do przystosowywania się do dużych nawet i gwałtownych zmian temperatury otoczenia i jego wilgotności nie zapobiegała, oczywiście, powstawaniu chronicznych stanów zapalnych stawów i skóry. Ich nagminne występowanie w średniowieczu powodowało, że trwał powszechnie pradawny podziw dla gładkiego ciała i czystej, czyli pięknej cery.

w kulturze społeczeństwa wczesnopiastowskiego. Łączyła się z nimi dbałość o czystość odzieży i powab ciała.

59. Grzebień rogowy z Gniezna; XII w.

2. Higiena osobista

Już w najstarszych przekazach o Słowiańszczyźnie wczesnośredniowiecznej występują wiadomości o korzystaniu z łaźni, które uznawane jest powszechnie w literaturze naukowej jako podstawowy zabieg pielęgnacji ciała we wcześniejszym średniowieczu. Pierwotna łaźnia słowiańska i germańska mieściła się w ziemiance, co niewątpliwie przetrwało na wsi polskiej w głęboko rozwinięte już średniowiecze tam przede wszystkim, gdzie i mieszkalne pomieszczenia były ziemiankami i półziemiankami.[4] Na ostrowach, na których z reguły zbudowane były zachodniosłowiańskie grody i podgrodzia, łaźnie – podobnie jak cała zabudowa – mieściły się na powierzchni ziemi.

W geograficzno-etnograficznym dziele al-Bekriego z XI wieku znajdujemy zaczerpnięty ze starszych przekazów opis łaźni słowiańskiej z IX–X wieku: „Nie mają oni [Słowianie] łaźni [murowanej], lecz posługują się domkami drewnianymi. Zatykają szpary w nich czymś, co bywa na ich drzewach, podobnym do wodorostów, a co oni nazywają «mech». (Służy to zamiast smoły do ich statków). Budują piec z kamienia w jednym rogu i wycinają w górze na wprost niego okienko dla ujścia dymu. A gdy się rozgrzeje, zatykają owe okienko i zamykają drzwi domku. Wewnątrz znajdują się zbiorniki na wodę. Leją ją na rozpalony piec i podnoszą się kłęby pary. Każdy z nich ma w ręku wiecheć z trawy [witkę z liśćmi], którym porusza powietrze i przyciąga je ku sobie. Wówczas otwierają się im pory i wychodzą zbędne substancje z ich ciał. Płyną z nich strugi [potu] i nie zostaje na żadnym z nich ani śladu świerzba czy strupa. Domek ten nazywają al-i[s]tba [izba]."[5]

Parny mrok panujący w łaźni, rozjaśniony jedynie czerwoną poświatą od rozżarzonych kamieni, łączył się w odczuciu społecznym z pamięcią, że pierwotna i we wczesnym średniowieczu wciąż przeważnie występująca łaźnia znajdowała się pod ziemią. Powstaje więc pytanie, czy oczyszczająco--leczniczego działania kąpieli parowej nie przypisywano siłom chtonicznym, panującym w ciemnościach podziemnych? W każdym razie właśnie w X–XII wieku dawna, starożytna, germańsko-słowiańska nazwa pomieszczenia, w którym odbywała się kąpiel parowa, zmieniła swe znaczenie. Tak staroniemiecka *stuba*, jak polskie „istba" (izba) stała się wówczas określeniem naziemnego, jednoprzestrzennego budynku mieszkalnego, a następnie izby w dzisiejszym rozumieniu. Nowa zaś nazwa urządzenia do kąpieli parowej, „łaźnia", wiążąca się etymologicznie z czasownikiem „łazić", oznaczającym: „czołgać, pełzać, raczkować (o dzieciach), chodzić na czworakach, chodzić niezgrabnie", nie miała chyba wyrażać wielkiego osłabienia po kąpieli parowej, gdyż średniowieczne opisy brania łaźni na to nie wskazują; raczej dopatrywać się tu wolno wyobrażenia o łaźni jako środku docierania do sił chtonicznych, aby przyniosły pożytek ludziom.

Z łaźni korzystano zapewne czy to rodzinami, czy grupami rówieśniczymi, czy zespołami środowiskowymi. W takich właśnie sytuacjach ukształtować się mogła praktyka intymnego wymierzania kar cielesnych w łaźni, czego przejawy znamy w płaszczyźnie życia politycznego. Bolesław Chrobry, według tradycji przekazanej przez najstarszą kronikę polską, panów skazanych na śmierć, a następnie ułaskawionych, kazał prowadzić do łaźni, gdzie ich „we wspólnej kąpieli chłostał jak ojciec dzieci; wspominał i wychwalał ich ród, mówiąc: «Wam, właśnie wam, potomkom takiego,

FRYZURY MĘSKIE I ZAROST (il. 60–66)

60. Głowa starszego mężczyzny; fragment posadzki w krypcie I z kolegiaty w Wiślicy; 3 ćw. XII w.

62. Głowa Świętosława, syna Marii Włostowicowej; fragment tympanonu fundacyjnego w dawnym opactwie kanoników regularnych N.P. Marii na Piasku we Wrocławiu; 2 poł. XII w.

61. Głowa Sławnika, ojca św. Wojciecha (scena ofiarowania chłopca w kościele w Libicach); fragment kwatery drzwi brązowych katedry w Gnieźnie; 2 poł. XII w.

63. Głowa Piotra Wszeborowica; fragment tympanonu fundacyjnego w dawnym opactwie norbertańskim Św. Trójcy w Strzelnie; 2 poł. XII w.

64. Głowa młodego mężczyzny ze wspornika sklepiennego w katedrze Św. Jana Chrzciciela we Wrocławiu; 2 poł. XIII w.

66. Głowa chłopca; fragment figury Marii z Dzieciątkiem z kościoła w Bardo Śląskim; 1 poł. XIII w.

65. Głowa Mistrza Rikwinusa („portret" jednego z autorów); fragment drzwi brązowych katedry w Płocku (obecnie Nowogród, Sobór Św. Zofii); poł. XII w.

tak znakomitego rodu, nie godziło się popełniać takich występków!» Starszych pomiędzy nimi słowami tylko karcił, i sam, i za pośrednictwem innych, do młodszych zaś ze słowami stosował i rózgi. A tak po ojcowsku napomniawszy, przyodziewał ich w stroje królewskie, dawał podarunki i zlewał na nich zaszczyty."[6]

Urządzenie łaźni dworskich w X–XIII wieku niewątpliwie daleko odbiegało od prymitywizmu budek łaziebnych z IX–X wieku, których ówczesny opis przytoczyliśmy poprzednio, a które pospołu z łaźniami ziemiankowymi używane były w gospodarstwach chłopskich i zapewne znacznej części szeregowych wojowników. Na podgrodziach łaźnie miały rozmiary zwykłych domów mieszkalnych, jak ukazały to wykopaliska gnieźnieńskie, gdzie łaźnia z początków rozwiniętego średniowiecza miała wymiary 2,35×5 m, i gdańskie, gdzie dla końca tego okresu analogiczny wymiar przyziemia wynosił 4,5×4,5 metra.[7]

Powszechność łaźni na Słowiańszczyźnie północnej we wczesnym średniowieczu pozwala są-

FRYZURY KOBIECE (il. 67-68)

67. Głowa dziewczyny (personifikacja jednego z Błogosławieństw), fragment kielicha z Trzemeszna; 3/4 ćw. XII w.

68. Głowa służebnej; fragment tympanonu z przedstawieniem Dawida i Betsabe w dawnym opactwie cysterek w Trzebnicy; I poł. XII w.

dzić, że takie mycie się i kąpiel były na tych obszarach zabiegami powszednimi. Myto się, także w kąpieli, ługiem, zwanym po polsku zołą, środkiem od niepamiętnych czasów używanym na olbrzymich przestrzeniach euroazjatyckich. Kąpano się w cebrach; w środowiskach dworskich używano do kąpieli, być może, według zachodnioeuropejskiego zwyczaju,[8] płatków różanych, by wodzie, a pośrednio ciału, nadać przyjemny zapach.

Do czesania włosów używano dość gęstych grzebieni rogowych, które zachowały się w znacznych ilościach dzięki właściwościom materiału, z jakiego były zrobione. Ich występowanie na różnych stanowiskach archeologicznych ukazuje dobrze, że używano ich powszechnie we wszystkich środowiskach i warstwach społecznych. Olbrzymia ich większość była zdobiona, niekiedy z dużym nakładem pracy. Były więc one przedmiotami cenionymi, w czym wolno upatrywać dowód, że utrzymywanie włosów w czystości i ich ułożenie, do czego właśnie służył grzebień, było w dobie wczesnopiastowskiej przedmiotem żywej troski.

Niewątpliwie systematycznie strzyżono włosy na głowie, przy czym mężczyźni obcinali je wysoko – ponad uszami, podobnie jak inni Słowianie północno-zachodni. Natomiast Sasi nosili włosy opadające na barki (czym zadziwiali swych niemieckich współbraci już w XI wieku), co dało powód do szerzenia antysłowiańskiej propagandy, uprawianej przez episkopat saski na początku XII wieku. Mianowicie – jak głosiło wezwanie do biskupów i książąt frankońskich, westfalskich i lotaryńskich – Połabianie ponoć ,,bardzo wielu [Sasów] skalpują żywcem, a przebrani w skalpy ściągnięte z głów, wdzierają się w pogranicza chrześcijańskie i udając chrześcijan biorą bezkarnie łupy''.[9] W Polsce natomiast uważano w XIII wieku, że panujący wówczas u nas zwyczaj noszenia krótkich włosów przez mężczyzn jest naśladowaniem sposobu strzyżenia się mnichów. Dało to asumpt do wymyślenia opowiadania o wstąpieniu księcia Kazimierza Mieszkowica do klasztoru w Cluny, skąd po reakcji pogańskiej 1038/1039 roku miał on zostać zwolniony na podstawie dyspensy papieskiej. Przy tej okazji Stolica Apostolska miała – jak wywodził trzynastowieczny pisarz – narzucić Polsce świętopietrze (którego początki w Polsce nie są zresztą do dziś ustalone) oraz obowiązek wysokiego podgalania głowy przez mężczyzn, aby Polacy „okrągłą tonsurą upodobnili się do wyglądu zakonnego".[10]

Możnowładcy, rycerze i duchowni golili zarost. Jeśli zaś na znak pokory – jak książę Henryk Brodaty – zapuszczano brodę, to „bynajmniej nie długą, lecz przystojnie ułożoną umiarkowanym przycinaniem włosów".[11] Henryka nazywano przecież Brodatym czy Brodaczem, jak po polsku oddać można określenie łacińskich tekstów, *Henricus cum barba*, co oczywiście było przydomkiem neutralnym, gdy nazwa *barbatus* (brodaty) wiązała się wyraźnie z niższymi warstwami społecznymi. Brodaci bowiem byli wieśniacy i podgrodzianie, zaś w XIII wieku chłopi, pospólstwo, biedota miejska. Możnowładca lub bogatszy rycerz zapuszczał brodę dopiero w podeszłym wieku, gdy zmarszczki utrudniały golenie. Zakony żebrzące, propagując ubóstwo dobrowolne dla wybranych, a umiarkowanie i skromność dla wszystkich, przyczyniały się w drugiej połowie XIII wieku do nadawania brodzie waloru opcji ideologicznej; stąd zapewne św. Augustyn na witrażu w krakowskim kościele dominikanów został w końcu XIII wieku przedstawiony z brodą, lecz w dość bogatych szatach pontyfikalnych.

Kościół, podnosząc w liturgii Wielkiego Tygodnia mycie nóg żebrakom przez biskupa do świętego symbolu, uważał mycie się i kąpiel za rzecz słuszną, a pomoc chorym przy wykonywaniu tych czynności za dzieło miłosierdzia. Odróżniano przy tym potrzeby higieniczne i lecznicze od towarzyskiej rozrywki i przyjemności, zakazując we wczesnym średniowieczu korzystania z kąpieli i łaźni w niedziele i święta. Na mszę św. trzeba było przyjść czystym, lecz w tym celu konieczne było jedynie umycie rąk, nóg oraz twarzy lub całej głowy. Kąpiel lub łaźnia stanowiłyby zaś rozrywkę i przyjemność, odwracającą uwagę od Boga. Natomiast przed chrztem, który łączył się wówczas z zanurzeniem się w baptysterium, zalecana była nawet łaźnia.[12]

Pewne osobliwości ascetyczne, jak powstrzymywanie się od kąpieli czy w ogóle od mycia się, występowały we wcześniejszym średniowieczu zachodnioeuropejskim nadzwyczaj sporadycznie, a zapewne wzór ten nie znalazł wówczas naśladowców w zachodniej Słowiańszczyźnie. Zgoła inne były praktyki, które jako element świątobliwego życia przedstawił autor *Żywotu św. Jadwigi*, lecz i one najwyraźniej raziły współczesnych. Księżna śląska mianowicie, manifestując swą pokorę, a zarazem uznanie dla zakonnic trzebnickich jako dziewic zaślubionych Bogu, m.in. „wodą, w której siostry myły nogi, często przemywała oczy swoje,

69. Pielęgnowanie położnicy (Narodziny św. Wojciecha); fragment drzwi brązowych katedry w Gnieźnie; 2 poł. XII w.

a jeszcze częściej całą twarz; co więcej, co tym większego godne podziwu, obmywała nią swą całą głowę i szyję oraz głowy i twarze wnucząt swych, jeszcze maleńkich, których miała z syna swego, wierząc i mając niepłonną nadzieję, że świątobliwość sióstr, których dotknęła owa woda, będzie dla niej i owych dzieci pomocą ku zbawieniu".[13] To postępowanie o niewątpliwie także magicznym charakterze ujawnia zarazem częstotliwość zwykłego mycia, które w klasztorze określone było odpowiednimi przepisami, lecz poza nim było również codzienne.

Tam, gdzie mycie nie mogło pomóc, używano kosmetyków. Jak bowiem skłonny był uznać Mistrz

Wincenty Kadłubek: „Braki, gdy ma je twarz, barwiczką należy je kryć."[14]

Komponując zaś kunsztowny epicedion na śmierć Kazimierza Sprawiedliwego, stwierdzał kronikarz:

„*Auro, gemmis alacritas*   „W złoto i klejnoty żwawość
Ornat sponsam. amoenitas   Lubą stroi, a jej urok
    Condit pigmentaria."   Z wonnościami stapia się."[15]

Jakie przy tym wymawiano zaklęcia, by takie środki pomagały, nie wiemy. W każdym razie i rodzaj, i czystość odzieży odgrywały dla skuteczności tych zaklęć istotną rolę w odczuciu ówczesnych.

70. Kąpiel dzieci i mniszki myjące nogi; miniatura w rękopisie *Legendy św. Jadwigi*, tzw. *Kodeksie Ostrowskim*; 1353 r.

Przy praniu mocno zabrudzonej odzieży czy pościeli używano ługu. Częściej jednak ograniczano się do prania mechanicznego: wymoczone w bieżącej wodzie szaty, części bielizny, zasłony i narzuty bito drewnianymi kijankami lub uderzano nimi (prano) o kamienie. Tkaniny cienkie natomiast wyciskano wielokrotnie w rękach. Były to zabiegi nadzwyczaj pracochłonne, tak że ze względu na potrzeby dworów monarszych, które były największymi użytkownikami cienkich tkanin, niektóre osady służebne obarczono obowiązkiem prania rzeczy książęcych. Ślad tej troski o czystość odzieży, opon, pościeli dworskiej pozostał w nazwach miejscowych: Pracze. Być może też, że Mydlniki pod Krakowem zawdzięczają swą nazwę temu, że ich mieszkańcy parali się na użytek palatium wawelskiego wyrobem mydła z ługu i łoju;[16] w użytku powszechniejszym mydło służyło jedynie do mycia małych dzieci.

Na odzieży czy pościeli osiadał ciągle dym i kurz, którego pełno było w kurnych chatach i ziemiankach z klepiskami zamiast podłóg drew-

nianych, lecz także w wielkich sieniach dworskich, gdzie otwarte paleniska występowały powszechnie; kominki budowano jedynie w intymnych komnatach pałaców murowanych, których było kilka w XI wieku, w następnym zaś stuleciu i początkach XIII wieku może nawet kilkanaście. Dopiero w drugiej połowie XIII wieku kominki stały się częstsze w pańskich dworach i mieszkalnych wieżach rycerskich. W tej sytuacji w środowiskach książęcych i możnowładczych starano się o coraz to nowe szaty; były one też typowym darem przez całe średniowiecze. Znoszone szaty i futra niewątpliwie dawano służbie, jak czyniono to na Zachodzie, a co w polskich źródłach uchwytne jest od momentu gwałtownego powiększenia się w późnym średniowieczu liczby danych na ten temat.

3. Elementy przyodziewku

W samych początkach średniowiecza Słowianie nie odróżniali szat wierzchnich i odzieży spodniej. Na przykład wśród plemion, które wtargnęły wówczas na Bałkany, panował zwyczaj stawania do boju jedynie w gaciach,[17] lecz oczywiście ze szczytem (tarczą) i włócznią, toporem czy po prostu sękatą pałką. Nie był to obyczaj powszechny, lecz ukazuje dobrze, że w takiej sytuacji także gacie były odzieżą wierzchnią. Wczesnośredniowieczny charakter koszuli jako szaty wyraźnie ukazuje jej ogólnosłowiańska nazwa, będąca slawizacją terminu łacińskiego *casula*, jak nazywano u schyłku starożytności i we wczesnym średniowieczu habit z kapicą, codzienny strój uboższych warstw, raczej wieśniaczych. Jeszcze zaś w pełnym średniowieczu kobiety – jak ukazuje to miniatura w tzw. *Biblii Wacława* – pracowały w gospodarstwie, a także w polu, jedynie w pachacicy, która była rodzajem koszuli na ramiączkach. Przekazy późnośredniowieczne i z początku czasów nowożytnych pozwalają nato-

71. Kąpiel noworodka; inicjał *G* ze sceną Narodzin Marii w *Pontyfikale* z Gniezna (f. 41 v); kon. XIII w.

miast stwierdzić, że jeszcze wówczas w środowiskach plebejskich, lecz także drobnoszlacheckich, często nie noszono pod suknią ani gaci, ani koszuli. Coraz silniej jednak takie zwyczaje potępiano i wyśmiewano.

Jednocześnie jednak już w początkach średniowiecza wymagania życia publicznego i religijnego niewątpliwie nakazywały odpowiedni strój na wiecach i obrzędach, przede wszystkim długą suk-

76. Międlica z Gdańska, rekonstrukcja; poł. XI w.

nię, spływającą luźnymi fałdami w dół. W ramach ceremoniału życia publicznego kształtowało się też zróżnicowanie odzieży na właściwą i niewłaściwą dla uczestników życia publicznego. Rozróżnienie to, przejęte przez najdawniejsze dwory książęce, zostało umocnione przez recepcję ceremonii dworskich i nakazy obyczajności chrześcijańskiej. Wynikał stąd podział na odzież wierzchnią i spodnią.

Z odległej przeszłości wywodziło się określenie szat jako chust, występujące gdzieniegdzie jeszcze w późnym średniowieczu, na przykład w polskim tekście statutów mazowieckich, według którego włodyka po zabójstwie szlachcica „pokorę ma uczynić, chusty aliż do pasa opuściw, a nago się uczyni".[18] Wynikało to zapewne z faktu, że aż do schyłku wczesnego średniowiecza wszelką odzież robiono z płatów lnianych lub chust wełnianych, o ile pominiemy tu materiały importowane. Było to wynikiem techniki tkania na warsztacie pionowym. Ręczne przesuwanie wątku przez rozziew w osnowie powodowało, że szerokość uzyskiwanego materiału musiała być nieco krótsza od długości dwóch złączonych przedramieni, a więc wynosiła około 60–75 cm. Długość zaś materiału nie mogła być większa niż wysokość tkacza, a w przypadku znacz-

72. Trzepaczka z Gdańska do trzepania lnu; XI w.
73. Bardko do tkania z Gdańska; XII w.
74. Prześliki z Gdańska; X–XIII w.
75. Przędzenie nici; scena Zwiastowania Marii na kielichu Konrada Mazowieckiego; 2 ćw. XIII w.

77. Krosno pionowe, rekonstrukcja; VII–XI w.

przy pracy i znaczniejszą sprawność w walce. Szaty bowiem „ciągnęły się" do góry za ruchem rąk, gdyż rękawy doszywano prosto, jak wskazuje na to m.in. krój ubrań wieśniaczych z czasów nowożytnych. Być może dlatego właśnie kobiety wolały pracować w pachacicach, zapewniających rękom pełnię swobody.

W razie słoty narzucano chusty na głowę i plecy. Zszycie ich dało w efekcie prosty płaszcz, który noszono zawiązując lub spinając na ramieniu fibulą dwa jego brzegi; kobiety robiły to z przodu na wysokości piersi, mężczyźni nad prawym barkiem, ˙by zapewnić sobie swobodę ruchu prawej ręki, przede wszystkim w potrzebie zbrojnej.

Modyfikacje tych tradycyjnych sposobów ubierania się wywoływane były przez wymagania tworzącego się ceremoniału dworskiego, lecz prze-

78. Krosno poziome z Gdańska, rekonstrukcja; XI–XIII w.

nie trudniejszego tkania na dwuwałowym krośnie pionowym, mogła być półtora raza większa; nie rozporządzamy jednak bezspornymi dowodami, świadczącymi o używaniu takich warsztatów dwuwałowych w Polsce wczesnośredniowiecznej.

Płaty lniane były jednak wśród Słowian w starożytności i we wczesnym średniowieczu ważnym miernikiem wartości, co utrwaliło się w związku etymologicznym: płat – płacić. Na Rugii jeszcze w XII wieku płótno pełniło rolę pieniądza. Wskazywałoby to, że wymiary płatów były lokalnie lub regionalnie znormalizowane, a więc raczej dostosowane do przeciętnej wysokości kobiet; one bowiem tkały na warsztatach pionowych.

Sam materiał decydował niejako o charakterze odzieży powstającej w wyniku zszywania dwóch, rzadziej trzech płatów czy chust bez stosowania zaszewek lub podcięć. Luźne rucha przewiązywano pasem wełnianym lub skórzanym, rzadko sznurem, ponad który wyrzucano nieco górną część sukni czy koszuli. Zapewniało to większą wygodę

79. Fragment manipularza z jedwabiu litego złotą nicią, z opactwa benedyktyńskiego w Tyńcu; XII w.

se indywidualne i zbiorowe na zwycięstwo w boju, na łupy, na awans w nowych stosunkach społecznych, które ich wodzom zapewnić miały na stałe pozycję władcy.

Szczególnym uznaniem wśród nowej arystokracji drużynniczej cieszyła się luksusowa broń importowana o charakterze na poły insygnialnym – oznaki dowódczej. Brak bowiem było we własnej tradycji elementów, które właściwie wyraziłyby nową pozycję tworzącej się klasy rządzącej.

Pierwsi władcy polscy dawali swym drużynnikom co miesiąc żołd, a w razie potrzeby „odzież, konie, broń i wszystko, czego potrzebują", jak o Mieszku I głosiły informacje krążące w Niemczech lub w Czechach.[19] Na to musiało pracować wiele osad służebnych. Po części w toponomastyce, po części w źródłach z XII i XIII wieku poświadczone jest istnienie służebnych szłomników, którzy robili szłomy, czyli hełmy, oczywiście z grubej skóry; grotników, odkuwających groty do strzał i włóczni; szczytników, produkujących szczyty, czyli tarcze z drewna obciągane skórą. Być może należy tu zaliczyć niezbyt jasne nazwy miejscowe: Jadowniki i Czemierniki, oznaczające – według interesującej hipotezy – ludzi, którzy wytwarzać mieli gwałtownie lub silnie działające trucizny, używane głównie do zatruwania strzał, co podówczas było wcale częstym, jak się wydaje, zabiegiem w Europie Środkowej.[20] W każdym razie w bawarskim spisie cudów św. Udalryka bez żadnego zdziwienia zanotowano, że taką zatrutą strzałą zraniony został Mieszko I;[21] stało się to najprawdopodobniej w Bawarii, gdy polski władca wracał stamtąd do swego kraju.

Wyrobem broni i zbrojników (kółek lub płytek żelaznych naszywanych na bojowe kaftany) parali się przede wszystkim służebni kowale, którzy – w przeciwieństwie do olbrzymiej większości ludności służebnej – byli mniej lub bardziej wykształconymi fachowcami. Wskazuje na to wyraźnie określenie ich za pomocą starej nazwy „kowali", podczas gdy inne kategorie ministeriałów związanych z produkcją rzemieślniczą oznaczano nowo

de wszystkim przez potrzeby militarne kształtujących się organizacji wczesnopaństwowych. Zakupowi broni z państwa karolińskiego towarzyszyło w północno-zachodniej Słowiańszczyźnie przyswajanie sobie przez tworzące się drużyny frankijskich wzorów odzieży bojowej. Rodzaj skórzanego kaftana i kołpak wyodrębniały drużynników z ogółu społeczeństwa, a jednocześnie zwiększały ich szan-

Elementy przyodziewku

UBIÓR WŁADCY (il. 80–81)

tworzonymi słowami, urabianymi od terminu określającego rzeczy przez nich robione (grotniki, sanniki, woźniki itd.), do których wytwarzania wystarczały normalne umiejętności każdego wieśniaka lub krótkie przyuczenie.

Co prawda kronikarz piszący w początku XII wieku, a gloryfikujący czasy Chrobrego, przypisał mu posiadanie drużyn polańskich w sile 39 setek pancernych i 130 setek tarczowników. W rzeczywistości jednak oddziałów pancernych nie było, zaś zbrojne kolcze były w Polsce wczesnopiastowskiej rzeczą wyjątkową; nosili je co najwyżej władcy i ich najwybitniejsi dostojnicy, podobnie jak żelazne, złocone hełmy. Autor najstarszej polskiej kroniki rozdzielił więc legendę od współczesnych sobie stosunków zgrabną anegdotą o lekkomyślności Bolesława Szczodrego: ,,Zdarzyło się mianowicie, że nagle wpadli do Polski Pomorzanie, a król Bolesław usłyszał o tym, znajdując się daleko stamtąd. Pragnąc wszakże gorąco oswobodzić kraj z rąk pogan, zanim jeszcze wojsko się zebrało musiał wyprzedzając je maszerować nazbyt nieostrożnie. Gdy przybyto nad rzekę, poza którą obozowały gromady pogan, rycerstwo obarczone orężem i kolczugami, nie szukając mostu ani brodu, rzucało się w jej głębokie nurty. I wielu pancernych poginęło tam przez własne zuchwalstwo, a pozostali zrzucili z siebie kolczugi i przepłynąwszy rzekę odnieśli zwycięstwo, aczkolwiek okupione stratami. Od tego czasu odzwyczaiła się Polska od [noszenia] kolczug i dzięki temu każdy swobodniej nacierał na wroga i bezpieczniej przepływał stojącą na przeszkodzie rzekę, bez ciężaru żelaza na sobie."[22]

Podstawowymi częściami ,,odziewy bojowej" w okresie wczesnopiastowskim były: gruby kaftan skórzany lub pilśniowy, dość często kryty zbrojni-

80. Ubiór władcy krótki; pieczęć ks. Bolesława II Rogatki; ok. 1224 r.

81. Ubiór uroczysty pary królewskiej; fragment miniatury z przedstawieniem św. Jana Chrzciciela przed Herodem i Herodiadą, *Ewangeliarz Kruszwicki* (f. 61); 2 poł. XII w.

71

UBIÓR MĘSKI (il. 82–88)

82. Postać fundatora; fragment tympanonu fundacyjnego w kościele Św. Prokopa w Strzelnie; 2 poł. XII w.

83. Postać pasterza; fragment miniatury ze sceną Zwiastowania pasterzom, *Psałterz* z klasztoru cysterek w Trzebnicy (f. 4); 1 poł. XIII w.

84. Postacie pasterzy; fragment miniatury że sceną Zwiastowania pasterzom, *Evangelistarium Płockie*, tzw. *Złoty Kodeks Pułtuski* (f. 11 v); kon. XI w.

85. Postacie młodzieńców; fragment miniatury ze sceną Wjazdu Chrystusa do Jerozolimy, *Evangelistarium Gnieźnieńskie*, (f. 43 v); kon. XI w.

kami, kołpak skórzany lub pilśniowy, często pokryty łuską rogową, znacznie rzadziej żelazną; tej odzieży ochronnej dopełniał szczyt, ceniony tak bardzo, że odgrywał on istotną rolę w ówczesnej symbolice działań rycerskich i państwowych.[23] Na przykład Świętopełk czeski „związał się z Bolesławem [Krzywoustym] jedną tarczą... przysiągł, że... zawsze będzie dlań wiernym przyjacielem i wzajem będą sobie jedną tarczą".[24] Typowe uzbrojenie szeregowych wojowników stanowiły topór i łuk, a od XII wieku coraz częściej samostrzał, który znacznie później pod wpływem czeskim nazwany został kuszą. Przedni rycerze i możni panowie posługiwali się przede wszystkim włócznią i mieczem. Miecze były dziełami zindywidualizowanymi kowali, wysoce biegłych w swej sztuce, która na tym poziomie łączyła się z reguły z zabiegami magicznymi, przydającymi wytworom – w odczuciu użytkowników – istotnej wartości. Nadawano też mieczom imiona, co najlepiej ukazuje przypisywanie im cech indywidualnych i swoistego życia, mającego wypływać w ówczesnym rozumieniu także z nadawanej im w toku produkcji siły tajemnej.

Wraz z upadkiem najwcześniejszej organizacji drużynniczej i uformowaniem się warstwy rycerzy osiadłych na ziemi zmniejszyło się gwałtownie zapotrzebowanie monarsze na uzbrojenie. Wojownicy bowiem po części robili je sami na własny użytek, po części korzystali z usług podgrodziowych i wiejskich kowali, którzy niezależnie od swego statusu prawnego niewątpliwie wytwarzali na zbyt na targu lokalnym lub na zamówienie.

Dopiero jednak awans ekonomiczny rycerstwa i wchodzenie w jego szeregi rozrodzonych bocznych linii rodzin możnowładczych, a jednocześnie powstanie miejskiego rzemiosła wytwarzającego zbroje, stworzyły podstawę powolnego upowszechniania się w XIII wieku kolczug i żelaznych hełmów wśród przedniego rycerstwa oraz przybocznych rycerzy książęcych. Uboższe rycerstwo i włodycy, podobnie jak obowiązani do służby wojskowej sołtysi wsi lokowanych na prawie niemieckim, zadowalali się na ogół jeszcze w późniejszym średniowieczu tradycyjną odzieżą bojową, z rzadka uzupełniając ją pojedynczymi elementami nowego uzbrojenia.

4. Tkaniny

Formowanie się i krzepnięcie stosunków klasowych i państwa związane było z początkowo niewielkimi, lecz istotnymi zmianami w zakresie produkcji odzieży.

Uzyskiwanie surowców, z których sporządzano odzież i obuwie, łączyło się w średniowieczu ściśle z zabiegami, których celem było stworzenie jak największej bazy wyżywieniowej. Uprawa lnu i konopi dostarczała siemienia, z którego uzyskiwano olej, oraz łodyg, które po wyroszeniu i kolejnym wysuszeniu międlono, by oddzielić włókno od paździerzy. Dzięki hodowli i łowom rozporządzano mięsem, tłuszczami, mlekiem, jajami, a zarazem wełną, skórami i futrami, kością i rogiem. Zbierając dziko rosnące rośliny jadalne i lecznicze, poszuki-

86. Postać mężczyzny; fragment miniatury z przedstawieniem grupy Żydów, *Ewangeliarz Kruszwicki* (f. 62); 2 poł. XII w.

87. Postać odlewnika Waismuta; fragment drzwi brązowych katedry w Płocku (obecnie Nowogród, Sobór Św. Zofii); poł. XII w.

88. Postać rycerza Pakosława z Mstyczowa, zmarłego w 1319 r., płyta nagrobna w opactwie cysterskim w Jędrzejowie

UBIÓR KOBIECY (il. 89–94)

89. Na s. 76 po lewej: postać Salome; fragment miniatury ze sceną Ścięcia św. Jana Chrzciciela, *Ewangeliarz Kruszwicki* (f. 61 v); 2 poł. XII w.

90. Na lewo u góry: postać dziewczyny; fragment ilustracji kalendarza (miesiąc sierpień); *Psałterz* z klasztoru klarysek we Wrocławiu; kon. XIII w.

91. Postać Marii Włostowicowej (u dołu); fragment tympanonu fundacyjnego w dawnym opactwie kanoników regularnych N.P. Marii na Piasku we Wrocławiu; 2 poł. XII w.

92. Postać niewiasty; fragment miniatury ze sceną Zdjęcia z krzyża, *Evangelistarium Gnieźnieńskie* (f. 43 v); kon. XI w.

93. Łaziebna; fragment miniatury w *Biblii* Wacława IV (f. 178); ok. 1390 r.

UBIÓR DZIECKA (il. 95–96)

94. Postać świętej; inicjał *V* w *Antyfonarzu* z katedry krakowskiej (f. 80 v); kon. XIII w.

95. Św. Anna trzymająca nowo narodzoną Marię; fragment tympanonu fundacyjnego w dawnym opactwie norbertańskim Św. Trójcy w Strzelnie; 2 poł. XII w.

wano zarazem takich, których korzenie, kora, liście, kwiaty czy owoce służyły do barwienia tkanin, garbowania skór i ich kolorowania, zmiękczania rogu, by można było go obrabiać nożem. Na korze-

niach roślin goździkowatych wyłapywano czerwce – maleńkie pluskwiaki, używane przy barwieniu tkanin na szkarłat lub karmin, odpowiednik purpury śródziemnomorskiej, koloru wysoko cenionego

maitych nakryć, opon, zasłon (na wielkich dworach
także namiotów).

W połowie XIII wieku dla obcego, lecz dobrze
znającego nasz kraj obserwatora nie ulegało wątpliwości, że ,,większość żon rycerzy polskich ma
zwyczaj samodzielnie tkać", jak zanotował to wówczas niemiecki tłumacz polskiego prawa zwyczajowego, wyjaśniając swemu czytelnikowi, dlaczego
w Polsce wdowa, wychodząc powtórnie za mąż,
zabierała z domu zmarłego męża narzędzia i krosna, niezależnie od tego, czy wniosła je w posagu;
miała bowiem prawo wziąć ,,rzeczy podręczne,
które związane są z jej pracą".[25] W gorszym położeniu znajdowały się wdowy po zależnych chło-
pach, które w analogicznej sytuacji miały prawo
zabrać tylko rzeczy swego osobistego użytku (do
nich zaliczano też pościel, poduszki, posłanie).

Przędzenie było zajęciem powszedniejszym
niż tkanie, jak wskazuje na to powszechność znaj-
dywania prześlików w reliktach mieszkalnej zabudowy wczesnośredniowiecznej, a sporadyczność
występowania ciężarków tkackich. Zapewne duże
ciężarki gliniane były w razie ich uszkodzenia usu-
wane poza obręb zabudowy wraz z innymi śmieciami i odpadkami. Większe znaczenie miało jednak
to, że przędzenie było znacznie pracochłonniejsze
niż tkanie. Pewna zaś, choć najprawdopodobniej
niewielka część przędzy była przy tym przeznaczona na dzianiny, wykonywane za pomocą kościa-
nych szydełek, odkrywanych we wczesnośredniowiecznych warstwach kulturowych, a może także za
pomocą drewnianych, dobrze wygładzonych paty-
ków. Wąskie krajki, niekiedy wielobarwne, tkano
na tabliczkach tkackich. Tabliczki te służyły też do
sporządzenia pierwszego brzegu, który umocowy-
wano na wale krosna pionowego (brzeg ten nie
występuje przy produkcji na krosnach poziomych;
badacze technik tkackich, wychodzący w swych
studiach od współczesnego nam stanu, nazwali go
,,trzecim brzegiem").

Przędzenie stwarzało na wsi i na podgrodziach
okazję do gromadzenia się dziewcząt i kobiet
w czas słoty i zimna. Natomiast tkanie było zaję-

96. Postać małego Jezusa; fragment sceny Przechadzki w ogrodzie, na chrzcielnicy w kościele Św. Piotra i Pawła w Legnicy;
kon. XIII w.

nie tylko ze względu na trudność jego uzyskania,
lecz i oddziaływanie tradycji śródziemnomorskiej,
uznającej purpurę za znak władzy cesarskiej.

Produkcja tkanin konopnych, lnianych i wełnianych, niekiedy z domieszkami przędzy lnianej
lub konopnej, pozostawała we wczesnym średniowieczu w rękach kobiecych, a prowadzona była
głównie w ramach gospodarki domowej, począwszy od roszenia, suszenia i międlenia łodyg konopi
czy lnu oraz mycia strzyży wełnianej i jej zgrzeble-
nia, poprzez przędzenie nici, aż po tkanie na pionowych warsztatach, które od neolitu aż do rozwiniętego średniowiecza były powszechnie użytkowane
na olbrzymich przestrzeniach euroazjatyckich, wy-
jąwszy ich północne i wschodnie skraje, wreszcie
po wykańczanie tkanin (bielenie płótna lnianego,
farbowanie tkanin wełnianych) i sporządzanie
z nich odzieży, pościeli, obrusów, ręczników, roz-

UBIÓR DUCHOWIEŃSTWA ŚWIECKIEGO I ZAKONNIKÓW (il. 97–104)

Na s. 80

97. Po lewej: mnisi benedyktyńscy; inicjał *F* w *Antyfonarzu z Lubiąża* (f. 148 v); kon. XIII w.

98. Biskup i diakoni w szatach liturgicznych (biskup płocki Aleksander w otoczeniu diakonów); fragment drzwi brązowych katedry w Płocku (obecnie Nowogród, Sobór Św. Zofii); poł. XII w.

99. Po prawej: mnich cysterski; głowica z zamku w Szadzku; 2 poł. XIII w.

100. Zakonnik dominikański; inicjał *E* w: Johannes Rumsik z Freiburga, *Summa confessorum* (p. 201); XIII/XIV w.

101. Po lewej: zakonnica klaryska; rysunek marginalny w *Antyfonarzu z klasztoru klarysek w Starym Sączu* (f. 105); ost. ćw. XIII w.

102. Po prawej: zakonnica cysterka; fragment miniatury w rękopisie *Legendy św. Jadwigi,* tzw. *Kodeksie Ostrowskim;* 1353 r.

celu najlepsze były starannie wykonane prześliki z łupku wołyńskiego, popularne w całej Europie środkowo-wschodniej i wschodniej), a także wyczulenia zmysłu dotyku, a więc od wrażliwości opuszek palców, która była niszczona przez ciężką pracę fizyczną.

Rodziny, których wszyscy członkowie musieli ciężko pracować, musiały więc zadowalać się tkaninami grubymi, a zarazem szybciej ulegającymi zniszczeniu. Najtrudniej uprząść było cienką nitkę lnianą. Ogrodowa uprawa lnu i konopi była zresztą nieduża. W efekcie rozporządzano daleko mniejszymi ilościami włókna lnianego niż przędzy wełnianej, a zatem mniej było tkanin lnianych niż wełnianych. Cienkie tkaniny lniane, najwłaściwsze – jak wówczas też dostrzegano – na odzież dotykającą ciała, były więc rzadkością. Sporządzano też z nich pieluszki, których prawie stale było potrzeba w każdej rodzinie.

103. Zakonnik franciszkański; relief z klasztoru franciszkańskiego w Nowym Korczynie; 2 poł. XIII w.

104. Krzyżacy: postaci Wielkiego Mistrza i zakonnika; inicjał *D* w tzw. *Biblii Grunwaldzkiej* (f. 1); 1321 r.

ciem niejako indywidualnym, które jedna z kobiet w rodzinie wykonywała samodzielnie. Zbiorowe przędzenie mogło stanowić podstawę wykształcania się współzawodnictwa między dziewczętami, uzyskanie przecież cienkiej, równomiernie skręconej i równej nici zależało nie tylko od wprawy i wrodzonych zdolności ruchowych, lecz i od dobrego wyważenia oraz obciążenia wrzeciona (do tego

NAKRYCIE GŁOWY MĘŻCZYZN (il. 105–106)

Im tkanina była cieńsza, tym, oczywiście, ją bardziej ceniono. Ibrahim ibn Jakub zaobserwował w Pradze na początku drugiej połowy X wieku, że „wyrabia się [tam] lekkie chusteczki z nader cienkiej tkaniny, na kształt siatki, które do niczego nie służą. Cena ich wynosi stale 10 chusteczek za jeden kirat.* Za nie sprzedają i kupują między sobą. Mają ich całe naczynia. Stanowią one u nich majątek i cenę [innych] przedmiotów. Za nie nabywa się pszenicę, mąkę, konie, złoto i srebro, i wszelkie przedmioty."[26] Pieniężna rola owych chusteczek pozwala sądzić, że ich produkcja była objęta regale książęcym, a parały się nią zespoły niewolnic. Domy pracy niewolnic, gynecea, należące do władców czeskich, istniały dowodnie w połowie XI wieku, gdy książę nadał kościołowi litomierzyckiemu m. in. „30 dziewcząt parających się rzemiosłem".[27] Niewątpliwie i w Polsce książęca wytwórczość tekstylna skoncentrowana była w podobnych domach niewolnic.

Łodygi lnu, a więc także i strzyżę wełnianą dawano w Polsce do przerobu niewolnym dziewkom, należącym do licznej czeladzi dworów książęcych i możnowładczych. Tak na przykład w Gdańsku na terenie reliktów zabudowy, w której mieszkały rodziny czeladne, obsługujące grodowy dwór tamtejszych książąt (przejściowo komesów grodowych), stwierdzono występowanie masy paździerzy, będących oczywiście skromną cząstką tej ich ilości, którą podczas corocznego międlenia łodyg lnu usuwano poza obwałowania. Wyraźny to ślad dużej produkcji tkanin lnianych. Te i inne prace przetwórcze w obrębie dworu wykonywała czeladź zapewne przez większą część roku.

Książęca produkcja tekstylna musiała zaspokoić różne zapotrzebowania, zarówno najbardziej luksusowe, jak i dość proste; od ozdobnych tkanin i uroczystych strojów dla rodziny książęcej po

* Moneta srebrna.

105. Św. Jakub; fragment rzeźby z Pomierzyna; kon. XIII w.
106. Postacie książąt na nagrobku ks. Henryka IV Probusa, Wrocław; kon. XIII w.

NAKRYCIE GŁOWY KOBIET (il. 107–108)

odzież dla niewolników monarchy, od cienkiej bielizny po przedmioty pilśniowe: grube podkłady pod kobierce i futra, miękkie kapelusze, narzuty dla koni, wreszcie włosiennice – strój pokutny.

Gdy w drugiej połowie XII wieku doszło prawdopodobnie do ostatecznego wydzielenia się dworów książęcych z państwowej organizacji grodowej i przekształcenia się ich w centra dominialnej gospodarki książęcej, prowadzona w nich produkcja rzemieślnicza dość szybko załamała się, a wraz z nią rzemiosło osad służebnych, co stało się ważnym czynnikiem przyspieszenia rozwoju wolnego rzemiosła miejskiego w XIII wieku, m. in. płóciennictwa i sukiennictwa. Korzystało ono z krosna poziomego, na którym pracowano dziesięciokrotnie szybciej niż na krośnie pionowym, co jednak wymagało niepomiernego wzmożenia tak uwagi, jak szybkości ruchów. W efekcie tkanie z zajęcia domowego stało się w XIII wieku pracą zawodową; toteż u schyłku rozwiniętego średniowiecza we dworach pańskich i rycerskich tkactwo powoli zanikło.

Utrzymał się tam natomiast zwyczaj przędzenia i haftowania przez panie i dworki, co miało zapobiegać próżnowaniu i bezużytecznym przyjemnościom, uznawanym za jedno z ważniejszych źródeł wszelakiego zła. Haftowano tkaniny do użytku kościelnego, stroje ceremonialne, chorągwie i sztandary, które przymocowane były zazwyczaj do zdobionych oszczepów. Otto III dał Chrobremu jako ,,chorągiew triumfalną... gwóźdź z Krzyża Pańskiego wraz z włócznią św. Maurycego'', jak zapisał anonimowy autor, zwany Gallem, czerpiąc tę wiadomość z zaginionego dziś żywotu św. Wojciecha.[28] To, że przymocowana do drzewca tej włóczni chorągiew musiała być z purpurowego

107. Postać matki św. Wojciecha (scena Ofiarowania chłopca w kościele w Libicach); fragment drzwi brązowych katedry w Gnieźnie; 2 poł. XII w.
108. Postacie kobiet w podwikach i welonach; fragment miniatury z przedstawieniem piekła, pochodzącej z *Graduału* ks. Bolesława II mazowieckiego; XIII/XIV w.

OBUWIE (il. 109–113)

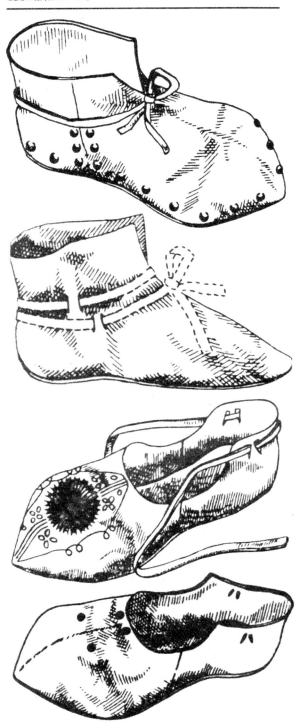

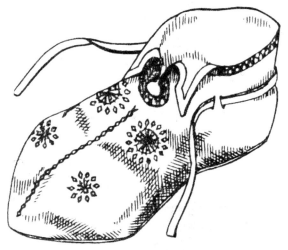

109. Buty z Gdańska, rekonstrukcja; XI–XII w.

110. Trzewiki z Gdańska, rekonstrukcja; XI–XII w.

111. Buty z Opola, rekonstrukcja; XI–XII w.

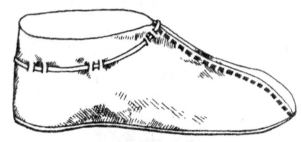

112. Ciżma z Gniezna, rekonstrukcja; IX w.

113. Buty z cholewkami; fragment miniatury ze sceną Zwiastowania Joachimowi, *Evangelistarium Płockie*, zw. *Złotym Kodeksem Pułtuskim* (f. 18 v); kon. XI w.

jedwabiu – jest rzeczą oczywistą. Co jednak było na niej wyhaftowane, nie potrafimy się domyśleć.

Jedwab sprowadzano na potrzeby dworu polskiego zapewne z Bizancjum, a także z Bułgarii nadwołżańskiej, dokąd docierał on z kalifatu bagdadzkiego, a być może też z Chorezmu, skąd przez góry Tybetańskie wiódł niebezpieczny szlak do Chin. Tą właśnie drogą najprawdopodobniej trafiły do Poznania kokony jedwabnika, odkryte w warstwie kulturowej datowanej na przełom X/XI wieku. W kontekście kultury materialnej tworzącego się społeczeństwa polskiego kokony te mogły być tylko ciekawostką, która po opatrzeniu się trafiła do śmieci, jak ukazuje to miejsce ich znalezienia. Zapotrzebowanie na nici złote i srebrne obcego pochodzenia było tak znaczne, że wyciągano je z uszkodzonych szat i używano powtórnie, jak świadczą o tym odkryte w wykopaliskach fragmenty tkanin haftowanych.

5. Ozdoby stroju

Cmentarzyska pochodzące z X–XII wieku ukazują wymownie, że społeczeństwo wczesnopiastowskie lubowało się niezmiernie w ozdobach; w najuboższym nawet pochówku znalazł się jakiś paciorek, kabłączek skroniowy czy brązowy guz do pasa. To umiłowanie ozdób wywodziło się z odległej tradycji czasów plemiennych.[29] Łączyło się z tym traktowanie ozdób jako sygnału na poły magicznego, mającego wywołać sympatię, podziw, miłość innych osób. Ozdoby szat ceremonialnych miały natomiast z reguły charakter symboliczny. Szczególnie rozbudowana była w średniowieczu symbolika klejnotów, przy czym między wiadomościami zawartymi w traktatach i wyobrażeniami popularnymi następowała niewątpliwie stała wymiana.

Umiłowanie bogatych ozdób przez społeczeństwo wczesnopolskie znalazło zrozumienie pierwszego kronikarza dziejów wczesnopiastowskich, który sam dążył do zebrania bogactw. Marzeniom rycerskim i dworskim, z którymi się stykał, nadał kształt oparty na wizji przeszłości czasów Chrobrego, gdy to ponoć ,,nie tylko komesowie, lecz nawet ogół rycerstwa nosił łańcuchy złote niezmiernej wagi; tak opływali [wszyscy] w nadmiar pieniędzy. Niewiasty zaś dworskie tak chodziły obciążone złotymi koronami, koliami, łańcuchami na szyję, naramiennikami, złotymi frędzlami i klejnotami, że gdyby ich drudzy nie podtrzymywali, nie mogłyby udźwigać tego ciężaru kruszców."[30]

Ozdoby robiono z metali szlachetnych i kolorowych, bursztynu, rogu, kości, półszlachetnych kamieni, paciorków szklanych. Lwia część ozdób wykonywana była w ramach wytwórczości domowej lub dworskiej. Olbrzymie przy tym znaczenie miała działalność służebnych złotników, którzy siedząc niekiedy nawet na peryferiach osadniczych (np. Złotniki nad Czarną Strugą położone na skraju puszcz oddzielających kasztelanię kaliską od lędzkiej), w głębi wielkich kompleksów leśnych, pracowali na zmianę w warsztatach dworskich lub grodo-

114. Kolia z paciorków srebrnych z Sejkowic; XI w.

115. Zawieszka z gemmą ze Starego Sącza, awers, według tradycji własność bł. Kingi; 2 poł. XIII w.

116. Kolia z paciorków szklanych i ceramicznych z Kruszwicy; XII–XIII w.

117. Naszyjnik z plecionego drutu srebrnego; XI w.

118. Zausznice gwiaździste z Brzozowa Nowego; XI w.

119. Pierścień z plecionego drutu srebrnego z Końskich; XI w.

120. Kabłączki skroniowe srebrne typu kujawsko-pomorskiego; XI–XII w.

121. Pierścień brązowy ze zwiniętą tarczką z Węgrowa; XI w.

122. Pierścień szklany z Kruszwicy; XII–XIII w.

123. Zawieszka księżycowata z Wrocławia; XII w.

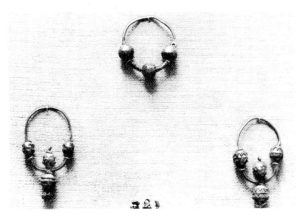

124. Zausznice z Dzierzchowic; XI w.

wych, przyuczeni do wykonywania prostycb czynności pod nadzorem nielicznych specjalistów.[31] Wykształconych złotników sprowadzali pierwsi władcy zjednoczonych ziem polskich z zagranicy, a niewątpliwie wyławiali też talenty ujawniające się w twórczości samorodnej, po części pielęgnującej tradycyjne wzory geometryzujące, po części podejmującej motywy inspirowane importami orientalnymi i bizantyjskimi, a także ornamentyką preromańską i romańską.

Odmienność rzeczywistości i marzeń najlepiej chyba ukazuje fakt, że złotnicy służebni – wbrew swej nazwie – produkowali ozdoby ze srebra. Złota bowiem było w Polsce wczesnopiastowskiej niewiele, podobnie jak w całej ówczesnej Europie. Szło ono na całym kontynencie przede wszystkim na insygnia i przedmioty sakralne; w mniejszej mierze na ozdoby, które wysoko wyspecjalizowani jubilerzy robili dla monarchów i najwyższej arystokracji. Nic więc dziwnego, że jedynie badania cmentarzyska na Ostrowiu Lednickim, położonego tuż przy głównym palatium monarszym w XI wieku, pozwoliły na odkrycie kilku ozdób złotych z tego czasu.

Szerokie uruchomienie złotnictwa służebnego wiązało się z zanikiem napływu srebrnych ozdób orientalnych na nasze ziemie, a dało monarchom polskim dogodny instrument polityki społecznej. Rozdawnictwo bowiem ozdób wytwarzanych ma-

sowo, często mniej lub bardziej udatnie powtarzających motywy sztuki cyzelerskiej w technice odlewniczej, wiązało obdarowanych z monarchą, zobowiązując ich do odpłacania się przede wszystkim wiernością i posłuszeństwem.

Samodzielni złotnicy, niezależnie od kierowania warsztatami dworskimi, tworzyli też dzieła o znacznych niekiedy walorach artystycznych na użytek monarchy, możnych i kościołów. Część przyborów kościelnych przynosiły ze sobą przybywające na ziemie polskie pierwsze konwenty zakonne, otrzymujące z macierzystych domów rzeczy niekiedy wielkiej wartości, lecz nie odpowiadające już nowym gustom artystycznym. Natomiast w wyprawach obcych księżniczek, wydawanych za Piastów, znajdowały się zarówno przekazane im stare klejnoty rodzinne, jak i najnowsze wytwory warsztatów bizantyjskich, ruskich, saskich czy nadreńskich, w XII–XIII wieku także francuskich lub weneckich. Przywozili je też i sprzedawali w Polsce obcy kupcy. Wyjątkowe natomiast były zamówienia książęce składane w dalekich warsztatach zagranicznych.

6. Skóry i futra

Znaczne ilości skór, którymi dzięki rozwiniętej hodowli i łowom w dobie wczesnopiastowskiej rozporządzało każde gospodarstwo wiejskie, w olbrzymiej większości wyprawiano i przerabiano sposobami najprostszymi w ramach prac domowych na własny użytek. Robiono w ten sposób proste, lecz często zdobione, obuwie, pasy i rzemienie, sakiewki, sakwy, worki, a zapewne i kaftany bojowe. Bardziej skomplikowane sposoby wyprawiania i trudniejszej obróbki skóry opanowali jedynie wyspecjalizowani szewcy, osiadli na podgrodziach, wolni lub służebni (większość jednak służebnych szewców osadzana była na wsi). Ich dziełem były skóry kolorowe, które poczęto w Polsce wyprawiać od XII wieku (fragmenty safianu znalezione w Opolu, a datowane na X wiek, są niewątpliwie śladem importu). Oni potrafili sklejać skóry wewnętrznymi stronami, by uzyskać materiał ściślejszy i twardszy. Oni wytwarzali ze skóry rzeczy ozdobne: wycinali i wytłaczali rozmaite wzory, inkrustowali wytłoczenia, stosowali wymyślne okucia z metali kolorowych. Oni produkowali seryjnie pochewki do noży, obciągali skórami drewniane pochwy do mieczy oraz drewniane skrzyneczki, a robili także tuły (jak nazywano kołczany). Domyślamy się, iż siodła, rzędy końskie, uprząż na użytek księcia i jego drużyn wytwarzała niewątpliwie specjalna kategoria ludności służebnej. Natomiast chyba szewcy robili namioty ze skór, pospolitsze niż namioty z tkanin.[32]

Olbrzymia masa produkcyjnych odpadków skóry i zniszczonych przedmiotów skórzanych, odkrywana na podgrodziach, ukazuje wymownie ogromne stosowanie skóry w życiu codziennym Polski wczesnopiastowskiej. W tym dopiero kontekście nabierają właściwego wyrazu łapcie z łyka, które nosić miał Przemysł i które miały przypominać o chłopskim pochodzeniu czeskiej dynastii. Podobnie wymowna jest krytyka hiszpańskiego biskupa Bernarda, którego asceza wzburzyć miała Pomorzan, pytających go: „Jakże mamy wierzyć, że jesteś wysłannikiem najwyższego Boga, który jest wspaniały i ma olbrzymie bogactwa, jeśli sam jesteś nikczemnego wyglądu i tak biedny, że nie stać cię na obuwie?"[33] W przekazie tym tradycjonalistyczna, aluzyjna krytyka nowego w XII wieku stylu religijności eremicko-kanonicznej, podjęta przez bawarskiego benedyktyna, autora *Żywota św. Ottona bamberskiego*, złączyła się z niewątpliwie autentyczną anegdotą o powodach niepowodzenia misyjnej działalności biskupa Bernarda. Natomiast jedyną miejscową kijowską opinię o ludziach noszących buty i łapcie znajdujemy u latopisarza; Dobrynia, wuj księcia, Włodzimierza po zwycięstwie nad Bułgarami miał rzec: „Oglądałem jeńców; wszyscy są w butach wysokich; ci nam dani nie będą dawać; pójdźmy szukać łapciarzy!"[34] Trudno wątpić, że także w Polsce wczesnopiastow-

skiej brak obuwia skórzanego był symbolem skrajnego ubóstwa, niskiej pozycji społecznej, braku wojackiego ducha.

Powszechnie też – podobnie jak skóry – wyprawiano w Polsce wczesnopiastowskiej na własny użytek futra najrozmaitszego rodzaju, poza bobrowymi, gdyż żeremia bobrowe stanowiły regale. Na Zachodzie w środowiskach arystokratycznych poczęto w X wieku coraz częściej pokrywać kożuchy materiałem i obszywać drogocennym futrem, a także używać futer jako podszycia płaszczy. We wschodnich połaciach cesarstwa zwyczaj ten był jeszcze mało znany w pierwszym ćwierćwieczu XI stulecia. Natomiast pod jego koniec rozpowszechnił się obserwowany przez możnowładztwo wschodniosaskie; wyznacza to zarazem moment przejęcia tej mody w Polsce. Zgodnie z tym w legendzie Chrobrowej nie futra i skóry, lecz pokrywające je tkaniny jedwabne i złote frędzle stanowiły znak wyróżniający ubiór dworzan. W rzeczywistości w początkach XII wieku, gdy kronikarz zapisywał ten przekaz, były to atrybuty stroju możnowładczego i monarszego, co jasno wynika ze sposobu przedstawienia legendy Chrobrowej.[35] Liczenie się ze współczesnymi sobie realiami polskimi wyraża się w przemilczeniu przez kronikarza faktu obszywania szat futerkami kunimi, sobolowymi czy wiewiórczymi. Na Zachodzie, w Bizancjum czy w kalifacie bagdadzkim były one drogocennym elementem bogatego stroju. W Polsce XII wieku rozporządzała nimi powszechnie ludność wiejska, nie tylko szeregowe rycerstwo, lecz także chłopi-dziedzice. Ponieważ w XI i początkach XII wieku wieś brała niewielki udział w wymianie lokalnej, więc większość tych futerek nie trafiała w nurt wymiany dalekosiężnej, lecz była użytkowana na wsi w najrozmaitszy sposób. Stąd też nie mogły one wówczas stanowić oznaki wyższej pozycji społecznej.

Możni panowie i przedni rycerze mogli poświęcać łowom znacznie więcej czasu niż szeregowi wojowie, a tym bardziej niż chłopscy dziedzice lub niewolni wieśniacy. Toteż nie tylko kilka dziesiątek rodzin możnowładczych, lecz także członkowie dość licznej warstwy wyższego rycerstwa rozporządzali stale znacznymi zapasami świeżych łupieży. Jeśli tedy możni panowie pokrywali futra jedwabiem, to bogatsi rycerze nosili zawsze futra o świeżym, lśniącym włosie, a do pokrycia używali dość często tkanin wełnianych.

Sytuacja ta zaczęła się zmieniać powoli w XII wieku, wraz ze wzrostem zapotrzebowania na łupieże w Europie Zachodniej, przeżywającej okres przyspieszonego rozwoju. Wykorzystali to jako jedni z pierwszych książęta polscy i ich biskupi; dziesięcina zryczałtowana, którą narzucono ludności wiejskiej między schyłkiem XI a końcem pierwszej połowy następnego stulecia, obejmowała nadzwyczaj często łupieże. One też stanowiły jeden z głównych przedmiotów stałych świadczeń, wprowadzanych w XII wieku.

Jeszcze istotniejsze znaczenie miało umacnianie się targów wiejskich, poprzez które powstające w drugiej połowie XII wieku kolonie obcych kupców poczęły zakupywać od drobnych gospodarstw m. in. łupieże małych drapieżników z rodziny łasicowatych i wiewiórcze, co unaoczniało ich wartość. Toteż gdy na przełomie XII/XIII wieku doszło do gwałtownego pogarszania się monety, dzięki czemu skarby książęce, opróżnione opłatami trybutów na rzecz cesarstwa, uzyskiwały doraźnie znaczniejsze zasoby kruszców, łupieże stały się w ogólnym odczuciu stabilnym miernikiem wartości, a w praktyce handlowej i fiskalnej zaczęły pełnić rolę pieniądza. Na rynkach lokalnych z powodzeniem odgrywały ją przez całe stulecie. W konsekwencji ich użytkowanie jako elementu odzieży wiejskiej powoli zanikło w XIII wieku. Kuny, sobole, gronostaje, wydry, wiewiórki czarne i popielate stały się zaś przystrojem odzieży bogatej, podobnie jak od dawna pełniły tę funkcję na Zachodzie. Natomiast białe brzuszki wiewiórcze stanowiły nadal, także w późnym średniowieczu, dość popularne podbicie płaszczy, jeszcze w XV wieku noszonych przez szlachtę szaraczkową czy mistrzów rzemieślniczych. Podbicie takie nazywano bielizną, niewątpliwie ze względu na jego kolor, a płaszcz z brzuszków wiewiórczych zwano płaszczem bieliznowym.

Jednocześnie w drugiej połowie XIII wieku rozpoczęły się istotne przemiany w produkcji skórniczej i futrzarskiej w wyniku powstania i szybkiego rozwoju rzemiosła miejskiego w tych zakresach. Na wsi utrzymała się, co prawda, jeszcze długo domowa produkcja kożuchów, drobnych futerek i skór, lecz traciła ona coraz wyraźniej swe znaczenie na rzecz wytwórczości rzemieślniczej. O ile szewstwo i skórnictwo miejskie wchłonęło tradycje wczesnopiastowskiej produkcji wyspecjalizowanej, o tyle między domową i dworską wcześniejszą obróbką futer a kuśnierstwem w miastach lokowanych brak było powiązań.

7. Zróżnicowanie ubioru

Zapewne z oficjalnym włączeniem się Polski w system państw chrześcijańskich i z ówczesną reorganizacją dworu książęcego według wzorów saskich i bawarskich, do których rychło dojść miały impulsy lotaryńskie i włoskie, wiązać należy wprowadzenie dworskich szat długich. Był to znak odziedziczony przez zachodnią Europę po kulturze antycznej, a głoszący, że mężczyzna – użytkownik takich szat sięgających do kostek nie potrzebuje pracować fizycznie. Ten wyróżnik wyższej kondycji społecznej, wywodzący się ze świata murowanych miast, był jednak niedogodny dla ludzi żyjących w drewnianych dworach i grodach, objeżdżających stale wielkie krainy, pasjonujących się łowami, traktujących wojnę jako główne zajęcie. Toteż na północ od Alp szaty długie stały się we wcześniejszym średniowieczu dworskim strojem uroczystym. Dopiero wraz z odnową życia miejskiego i gwałtowną rozbudową życia dworskiego w rozwiniętym średniowieczu odżyła wewnętrzna potrzeba codziennego odzieżowego znaku wysokiej pozycji, co doprowadziło do istotnych modyfikacji w wyznaczaniu długości szat, przyjętej od razu w Polsce.

W okresie rozwiniętego średniowiecza szaty długie nosiło duchowieństwo, arystokracja z władcami na czele oraz powstający pod koniec tego okresu patrycjat. Kobiety i duchowni nosili szaty sięgające do kostek. Tak długi strój nosił też władca w czasie najważniejszych ceremonii, jak: koronacja, benedykcja, intronizacja, a także udział w uroczystej mszy podczas wielkiego święta (Boże Narodzenie, Wielkanoc, Zielone Świątki). W Polsce XII wieku w takiej szacie występował Mieszko III także podczas uroczystości w dzień św. Wojciecha.[36]

Stroju sięgającego do połowy łydki używali dorośli mężczyźni – członkowie arystokracji oraz patrycjatu w codziennym i uroczystym życiu dworskim lub miejskim. Jeśli wypadło dosiadać konia w stroju uroczystym, to używano sukien rozciętych od dołu aż do końca nogawic. Przy szybszej jeździe poły sukni odginały się do tyłu. Książęta nakładali na taką suknię niekiedy zbroję kolczą. Natomiast opuszczając dwór, gród czy miasto wkładano szaty krótkie, do kolan. Wyjątkiem byli opaci i biskupi, którzy także do forsownych jazd wierzchem używali szat długich. Wysocy jednak dostojnicy Kościoła nie dosiadali ogierów, lecz jeździli na dobrze ułożonych wałachach lub klaczach, podobnie jak wielkie panie i ich dworki. Młodzieńcy ze środowisk arystokratycznych przed osiągnięciem wieku sprawnego nosili zawsze szaty krótkie, jak gdyby dla ukazania swej zależności od rodziców.

Zarówno krótką tradycyjną koszulę i suknię, jak nowe typy długich sukien nadal przewiązywano pasem, z reguły wypuszczając ponad nim nieco szat. Do pasa przytraczano sakiewki, noże, sierpy jeździeckie, krzesiwa. Na pasie naszywano też – często po stronie wewnętrznej, co stwarzało dodatkowe zabezpieczenie przed kradzieżą – kieszenie, zawiązywane na przewleczony rzemyk. Do przypasywania mieczy służył osobny pas, co uwydatniało znaczenie tej broni, zyskującej w symbolice władzy szczególne miejsce; goły bowiem miecz zwrócony ostrzem do góry nosił miecznik za władcą.

Możnowładcy i rycerze do krótkich szat wdziewali nogawice skórzane lub wełniane, sięgające ponad kolana i stykające się z gaciami, a przywiązane podwiązkami do paska, przytrzymującego gacie. W Europie średniowiecznej nie znano długich gaci, a Polska nie była wyjątkiem. W codziennym użyciu nogawice nie były wygodne, więc używano raczej pończoch lub nagolennic przewiązywanych pod kolanem, lub onucy, które nosili ubożsi i służba. Na miniaturach onuce przedstawiane są za pomocą linii równoległych, biegnących skośnie w stosunku do łydki. Nogawice, nagolennice lub pończochy czy onuce noszono zawsze razem z obuwiem. Gdy natomiast chodzono boso, co w życiu codziennym na wsi było raczej regułą, nie wdziewano nic na łydki, a można sądzić, że w takiej sytuacji nie noszono też gaci.

Pasek, którym przewiązywano gacie, był zwykłym sznurem. Przywiązywano do niego często sakiewkę, jeśli chciano ją ukryć przed niepowołanymi oczyma, niekiedy zaś nóż, jeśli zamyślano go użyć potajemnie.

W rozwiniętym średniowieczu gacie stały się odzieżą spodnią, choć nie używaną powszechnie. W kręgach arystokratycznych, niewątpliwie także w Polsce, noszenie delikatnej pachacicy przez kobiety, a cienkiej koszuli przez mężczyzn stało się w tym czasie obowiązującą zasadą, którą w XIII wieku zaczęły przyswajać sobie zamożniejsze środowiska rycerskie i kupieckie. Natomiast przejawem heroicznej cnoty, propagowanym przez trzynastowieczne żywoty świętych, miało być noszenie włosiennicy zamiast koszuli pod suknią, jak czynić to miała m. in. św. Jadwiga. W przypadku jednak oficjalnej pokuty włosiennica musiała być dla wszystkich widoczna. Zgodnie też z przepisami pokutnymi Bolesław Krzywousty „przez czterdzieści dni pościł publicznie, leżąc wytrwale na ziemi w popiele i włosiennicy".[37]

Chociaż szaty były luźne, przez odpowiednie zbieranie fałd potrafiono w krajach zachodnioeuropejskich uwydatnić poszczególne części ciała. Tak postępowali mnisi, prowadzący bardziej świeckie życie niż zakonne; oburzał się na to w X wieku benedyktyn z klasztoru Św. Remigiusza w Reims, pisząc o swych współbraciach, że tak układają fałdy i napinają suknie na lędźwiach, iż „od tyłu upodobniają się bardziej do nierządnic niż do mnichów".[38] Domyślać się można, że takie przykłady naśladowano niekiedy na polskim dworze, podobnie jak przejmowano nowe mody później.

Wśród zachowanych rzeźb dwunastowiecznych odnajdujemy najstarsze z dotąd znanych wyobrażenia polskich fundatorów kościołów czy klasztorów. Są to dzieła dobrych warsztatów: indywidualne cechy przedstawianych postaci wydobyte są tam za pomocą znaczących elementów, które musiały być stosowane w Polsce, jeśli miały być zrozumiałe. Wymowny jest tu przykład tympanonu ołbińskiego, na którym ówczesny senior, książę Bolesław Kędzierzawy, przedstawiony jest w szacie sięgającej do połowy łydek, zdobionej bogatymi obszyciami. Natomiast Jaksa, jeden z najwybitniejszych wielmoży tego czasu, ubrany jest w suknię sięgającą po kostki, lecz pozbawioną całkowicie ozdób (pomijając ułożenie dołu rękawa w dookolne fałdy, niewątpliwie nad skrytym pod nimi obcisłym mankietem). Był to oczywiście strój pątnika udającego się do Grobu Chrystusowego, o czym świadczyła też broda; pielgrzymkę tę Jaksa istotnie odbył, czego pamiątką stała się jego fundacja klasztoru w Miechowie dla kanoników Bożego Grobu, stąd też w Polsce zwanych później miechowitami.

Owe przedstawienia fundatorów można uznać za wiarygodne świadectwo szybkiego przyjęcia w Polsce XII wieku nowej, zachodnioeuropejskiej mody dworskiej. Dla wykonania nowych form odzieży sprowadzono z zagranicy pierwszych kilku tkaczy, pracujących na warsztatach poziomych, które wprowadzano wówczas w Europie Zachodniej, czerpiąc wzory z Bizancjum, gdzie ten starożytny wynalazek chiński był już od dawna znany. O ile interpretacja i datowanie znalezisk opolskich, które mają świadczyć o działaniu takiego warsztatu, są bardzo niepewne, o tyle odkrycia gdańskie

przekonują, że na tamtejszym dworze krosno poziome używane było w połowie XII wieku. Przygotowywaniem surowca dla tych nielicznych tkaczy obarczono zapewne kilkanaście osad służebnych, wybranych przede wszystkim spośród tych, które poprzednio uczestniczyły w rozbudowanej książęcej produkcji odzieżowej, w tym czasie już prawie całkowicie zlikwidowanej.[39]

Z użyciem szerokiego i długiego materiału, uzyskiwanego na krosnach poziomych, łączyło się na Zachodzie zastosowanie zaszewek, klinów, podkrojów, przymarszczeń – tych wszystkich sposobów krawieckich, które do dziś są powszechnie stosowane, a które zadecydowały o powstaniu sztuki krawieckiej i mody odzieżowej, dość szybko zmieniającej się w środowiskach politycznie i ekonomicznie decydujących, których ambicją było noszenie wciąż nowych szat, zaś nadzwyczaj konserwatywnej w warstwach uboższych, które nie miały szans na zmianę szat odświętnych, a używały ich często z pokolenia na pokolenie. Odzież robocza była zbyt prosta i zbyt dbano o jej funkcjonalność, by podlegać mogła wahaniom mody.

Wprowadzono więc w połowie XII wieku w ubiorze dworskim, także w Polsce, rozkloszowanie sukien od zazwyczaj obniżonego stanu. Mankiety w sukniach kobiecych rozszerzano niekiedy tak niepomiernie, że wlokły się po ziemi w razie trzymania rąk wyprostowanych i opuszczonych. Koszule kobiece natomiast miały mankiety obcisłe i – podobnie jak w sukniach męskich – przykryte sfałdowanym rękawem. Coraz obszerniejsze płaszcze marszczono niekiedy suto u góry (nad piersiami) pod zdobnym obszyciem.

Moda ta trwała w Polsce zapewne jeszcze na przełomie XII/XIII wieku, nieco więc dłużej niż na Zachodzie, co wiązało się z ograniczeniem horyzontów politycznych i związanych z nimi kontaktów zagranicznych arystokracji polskiej w ostatnim piętnastoleciu XII wieku. Od początków natomiast następnego stulecia ton modzie arystokratycznej w Polsce nadawał dwór Henryka Brodatego, gdzie skłonność do codziennej skromności ograniczała przyjmowanie modnych skrajności. W wyniku tego doszło – jak zdaje się wskazywać patena płocka – do odżycia tradycyjnego wzoru odzieży dworskiej, która na dworze Mieszka Starego być może oparła się wpływom zachodnioeuropejskiej mody połowy XII wieku. Równała ona bowiem wielkich panów z książętami piastowskimi, unaoczniała, że – jak wywodził Mistrz Wincenty w mowie, którą przypisał swemu poprzednikowi na katedrze krakowskiej, biskupowi Getce – „władcy nie zarządzają państwem samodzielnie, lecz poprzez władzę zarządców",[40] czyli najwyższej arystokracji, spośród której powoływani byli dygnitarze książęcy.

Także część możnowładztwa była niechętna nowym ubiorom ceremonialnym, choć doceniała znaczenie nowej sztuki krawieckiej. Płyty nagrobkowe z drugiej połowy XII wieku, znane z Tumu pod Łęczycą i z Wiślicy, ukazują typ sukni będącej wynikiem zastosowania nowych umiejętności krojczych do tradycyjnego ubioru krótkiego: górna część ubioru, o obniżonym stanie, była obcisła, dolna natomiast rozkloszowana, o ułożonych fałdach. Przejawiała się w tym chyba propozycja nowego modelu piękności, do którego nawiązywał Kadłubek, głosząc pochwałę Kazimierza Sprawiedliwego, gdy był jeszcze tylko księciem wiślickim: Mistrz Wincenty pamiętając, że „nie wypada zajmować się zewnętrznymi przymiotami jego ciała, które już same wdziękiem swoim niby promieniami słońca oczy patrzących radują", uznał przecież za potrzebne wymienienie tych wdzięków: „nadzwyczaj szlachetna wytworność tak postaci, jak rysów twarzy oraz sama wysmukła budowa ciała",[41] której ukazanie było właśnie celem obcisłej szaty.

Powstaje pytanie, czy motywowana religijnie skromność dworu śląskiego nie była zarazem sposobem usunięcia elementów oznaczających władzę monarszą z ubioru możnowładczego. We Francji przełomu XII/XIII wieku wybrano inną drogę – lekceważenia tych atrybutów przez ofiarowywanie długich, uroczystych szat królewskich zaufanej służbie dworskiej, co miało także ukazywać zależność wielkich władców terytorialnych od królew-

skiego suzerena. Tę samą próbę degradacji znaczenia długości szat sięgających do stóp odczytać można na trzebnickiej płaskorzeźbie przedstawiającej koncert Dawida dla Betsabe; stojąca mianowicie za jej krzesłem służebnica ma suknię i płaszcz tak długie, że tworzą one rodzaj trenu ciągnącego się po ziemi. Te próby zmiany sposobu rozumienia długiej męskiej szaty świeckiej, sięgającej po kostki, nie przyniosły jednak trwałych rezultatów. Pozostała ona nadal znakiem najwyższych pozycji w świecie laickim, lecz przestała być wyróżnikiem stroju monarszego.

W sytuacji bowiem, gdy wymowa określonego elementu odzieży została już ustalona, trudno było zmienić jego znaczenie. Podobnie też zmiana formy jakiejś części odzieży nie powodowała zmiany jego treści semantycznej. Na przykład bardzo różne w czasach wczesnopiastowskich nakrycia głowy kobiecej miały zawsze ten sam sens: oznaczały kobietę zamężną (zakonnice, które głowy miały zawsze przykryte, były oblubienicami Chrystusa) lub starszą niewiastę, która przekroczyła wiek zamążpójścia. Stąd oburzenie Czechów na Dobrawkę, „która – ponieważ była nad miarę bezwstydna – kiedy poślubiała księcia polskiego, będąc już kobietą podeszłego wieku, zdjęła z swej głowy zawój i nałożyła panieński wianek, co było wielkim głupstwem ze strony tej kobiety".[42] Była to bowiem jakby próba cofnięcia minionego życia oraz zlekceważenia społecznie obowiązującego systemu oznaczeń.

Stan źródeł nie pozwala na uzupełnienie powyższych hipotez o przemianach odzieży możnowładczej w dobie wczesnopiastowskiej analogicznym wykładem o zmianach ubioru szerokich mas ludności. Wydaje się przecież, że istotniejsze zmiany przyszły dopiero w XIII wieku, na co uprzednio zwrócono uwagę, rozpatrując wpływ techniki i organizacji produkcji na formę i zróżnicowanie odzieży, a w konsekwencji na jej funkcje utylitarne i semantyczne. Nieuchwytne pozostają elementy zróżnicowania regionalnego i lokalnego odzieży tradycyjnej, którego istnienie w świetle doświadczeń etnologicznych wydaje się niewątpliwe.

Nasze systemy klasyfikacyjne materiału zabytkowego nie są jednak dogodnym narzędziem poznawania cech, które w tamtych czasach były odczuwane jako istotny wyznacznik odmienności, także etnicznej. Niestety, teksty pisane pozwalają jedynie na stwierdzenie, że odczuwano takie odrębności także w stosunkach między średniowiecznymi narodami. Na przykład dla kijowskiego mnicha nie ulegała wątpliwości odrębność stroju ruskiego od polskiego. Zgodnie więc ze znanym chwytem propagandowym autor opowieści o widzeniu świętobliwego Mateusza z monastyru pieczarskiego kazał mu zobaczyć „biesa w postaci Lacha, niosącego kwiatki w podwiniętej połe płaszcza".[43]

Życie osiadłe

1. Budownictwo

Upowszechnienie wśród Słowian stałej uprawy ornej (polowej) i motykowej (ogrodowej) w VII–IX wieku prowadziło do stabilizacji osadnictwa, co łączyło się z usamodzielnianiem ekonomicznym rodzin, które stawały się kolektywnymi właścicielami uprawianej przez siebie ziemi. Wymagało to jednak przezwyciężenia tradycyjnego systemu przenoszenia się co lat kilkanaście, a także opanowania umiejętności klasyfikacji gleb, zapewne według koloru i zawartości, stanowiącej podstawę wyboru ziemi pod uprawę. Wśród znanych nam osiedli, pochodzących z VII wieku, w dorzeczu Odry i Wisły większość nie była dłużej zamieszkana niż kilkadziesiąt lat, żadne zaś nie przetrwało do X/XI wieku, podczas gdy osiedla założone w VIII wieku trwały niekiedy do XIII wieku lub nawet dłużej, lecz przy zmianie swego charakteru. Wśród osad opuszczonych lub zniszczonych, które istniały między schyłkiem VII i początkiem X wieku, przeważają takie, które były użytkowane od około jednego do półtora stulecia, co tłumaczyć wypada z jednej strony postępującą stabilizacją osadnictwa i ugruntowaniem się własności rodzinnej, z drugiej natomiast – zniszczeniami i przesiedleniami związanymi z powstaniem i krzepnięciem wielkich organizacji wczesnopaństwowych, wśród których polańska i wiślańska wybiły się wówczas na czoło. Prowadziło to do powstawania różnych typów osiedli i budowli, z których tylko część została rozpoznana archeologicznie.[1]

Z VI–X wieku znamy relikty zarówno pozostałości budowli wziemnych (ziemianek, półziemianek), jak naziemnych (lepianek i konstrukcji zrębowych). Ziemianki zapewniały w czasie mrozów najlepszą ochronę przed zimnem. Wydaje się nawet, że większość ich służyła za mieszkanie tylko zimą. Tak w każdym razie było w IX wieku na Rusi, o ile wierzyć przekazowi ibn Rosteha, geografa perskiego, który złączył w niespójną całość dwie wiadomości: o lokalizacji łaźni w ziemiance i o budowaniu ziemianek na mieszkanie zimowe: ,,W kraju tym zima jest bardzo surowa i dojmuje tak srogo, że każdy wykopuje dla siebie jamę na podobieństwo dzikich zwierząt i nakrywa drewnem, jak świątynię, a następnie [z wierzchu] zasypuje ziemią. I wtedy wchodzi do środka z całą rodziną, zabierając sporo polan drewna oraz kamienie, i rozpala tam ogień, aż kamienie te rozgrzeją się do czerwoności; i wtedy polewają je wodą, aż się rozejdzie para i dom ogrzeje. Pozostają zaś w tych domach aż do wiosny.''[2] Ziemianka, okryta zapewne od góry darnią, wtopiona była całkowicie w krajobraz;[3] trudno było ją z dala dostrzec, co w czasach wewnętrznych walk w VIII–X wieku miało często większe znaczenie niż ostrokół broniony przez kilka osób przeciw kilkunastu napastnikom.

W materiałach datowanych na VI–X wiek występują pozostałości ziemianek i półziemianek, zarówno dość małych, o powierzchni około 12–15 m², jak i znacznie większych, o powierzchni około 30–60 m², niekiedy o podłodze wyłożonej drewnem, schodami z kamieni, ścianach wgłębnych, umocnionych plecionką z gałęzi lub dranicami (jak nazywano jeszcze w czasach nowożytnych grube deski uzyskiwane poprzez rozdzieranie pnia za pomocą klinów).[4]

Część dużych ziemianek pełniła niewątpliwie funkcje reprezentacyjne. Najprawdopodobniej zaliczyć tu należy zagadkową półziemiankę, której pozostałości odkryto na grodzisku w Lubomi koło Rybnika – pozostałości grodu związanego z wczesnopaństwową organizacją wiślańską. Półziemianka ta, długości 24 m, a szerokości zaledwie 2–2,8 m i zagłębieniu w ziemię na 0,5–0,7 m, otoczona była ścianami, których konstrukcję nośną stanowiło przeszło 20 słupów, dźwigających zarazem więźbę dachową i strzechę. W środku, na długości około 10 m, znajdowały się pod ścianami naprzeciwko siebie dwie ławy gliniane.[5]

Niewielkie natomiast ówczesne półziemianki zapewne pokryte były jedynie wysokim dachem dwuspadowym, o bokach opartych na ziemi w odległości około 0,8–1,2 m od brzegów jamy; powstawała w ten sposób prymitywna ława dookolna, którą można było w rozmaity sposób wykorzystać, czy to jako miejsce umieszczenia dobytku, czy jako legowisko. Są to najprawdopodobniej ślady przejściowo lub okresowo używanych jat, jak w średniowieczu nazywano drewniane szałasy oraz namioty zrobione ze skór lub tkanin (zapewne nasycanych woskiem lub łojem).

Najprostsze jaty układano prawdopodobnie z chrustu lub gałęzi wspartych na kilku skrzyżowanych ze sobą żerdziach; korzystano z nich w czasie pilnych prac polowych czy koszenia łąk na terenach odległych od siedlisk, przy wypasie trzody w głębi lasów oraz w czasie indywidualnych wypraw łowieckich. Znacznie solidniej budowano jaty, których ludność wieśniacza używała zimą przez kilka lub kilkanaście tygodni, gdy powoływana była do prac dla księcia, przede wszystkim przy wielkich wyrębach, które w okresie wczesnopiastowskim prowadzono na wielką skalę, potrzebując olbrzymich mas budulca na grodowe i podgrodziowe założenia warowne. Na obwałowania grodu śred-

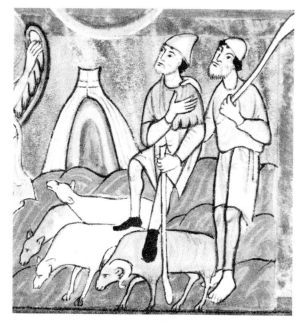

125. Szałas i pasterze strzegący owiec; fragment miniatury ze sceną Zwiastowania pasterzom w *Ewangeliarzu Kruszwickim* (f. 91 v); 2 poł. XII w.

niej wielkości szło przecież około 50 000 m³ drewna, i to grubych pni.

Nazwy miejscowe: Drwale zdają się wskazywać, że obok wyrębów masowych na fortyfikacje i budowle dla czeladzi prowadzono też bardziej indywidualne wycięcia drzew stanowiących cenniejszy materiał, jak dęby, a także wysokie jodły, by uzyskać wielkie tramy, zwłaszcza na stropy i więźby dachowe w założeniach sakralnych i reprezentacyjnych. Ściąganiem pni nad rzekę i sporządzaniem tratew trudniła się, być może, specjalna kategoria służebnych – natonicy.[6]

Jaty drwali tworzyły zapewne porządne obozowiska; o warunki pracy na wielkich budowlach sakralnych i reprezentacyjnych dbali też kamieniarze, cieśle, kuźnicy, pracując pod strzechami wspartymi na słupach, mieszkając w stosunkowo obszernych jatach lub lepiankach. Być może, że ślady zabudowy półziemiankowej i słupowej pochodzące z XII i XIII wieku, odkryte na Ostrowie Tumskim we Wrocławiu między katedrą, kościo-

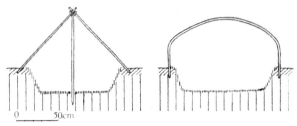

126. Półziemianki z Wrocławia-Nowego Targu, rekonstrukcja; XI w.

łem Św. Idziego i kolegiatą Św. Krzyża, są śladem takiej właśnie zabudowy, służącej przez lat kilka lub kilkanaście specjalistom i wyrobnikom.[7]

Obszerne lepianki o powierzchni około 20––50 m² stanowiły w okresie wczesnopiastowskim przeważające liczbowo stałe pomieszczenia mieszkalne, poza zabudową grodowo-podgrodziową i wczesnomiejską. Był to tradycyjny typ budownictwa słowiańskiego, jak zdaje się świadczyć przekaz Prokopa z Cezarei, donoszącego w połowie VI wieku, że Słowianie naddunajscy mieszkali ,,w nędznych chałupach, z dala jedni od drugich, a przeważnie każdy z nich zmienia[ł] kilkakrotnie [w życiu] miejsce zamieszkania''.[8] Były to pomieszczenia chłodne latem, ciepłe zimą, stosunkowo proste w wykonaniu. Zamiast więc je reperować, wznoszono je zapewne co kilkanaście lat od nowa.

Już z VII wieku pochodzą najstarsze relikty budynków zrębowych o wymiarach 4×5 m, odkryte w Ujściu.[9] Ten typ konstrukcji dominował na terenach podmokłych, zwłaszcza tam, gdzie zabudowa była zagęszczona (odkrycia w Gdańsku i Opolu), lecz często dość uboga i wykonana niezbyt sprawnie, w wyniku czego dochodziło do obsuwania się narożników i ścian, wielekroć z tego powodu wzmacnianych, jak okazały wykopaliska, wbijanymi wokół nich słupami. Wiążą się z tym niewielkie rozmiary tych konstrukcji[10] – około 10–20 m².

Nie znamy natomiast drewnianych, reprezentacyjnych i mieszkalnych założeń służących wyższemu rycerstwu, arystokracji, monarsze. Jedynie w Gdańsku, w warstwie datowanej na początek XI wieku, spotykamy wtórnie użyte elementy kon-

strukcyjne, ukazujące wysoki stopień opanowania ciesiółki.[11] Zdaje się to wskazywać, że wielkie budowle drewniane starannie rozbierano, by uczynić miejsce nowej budowli, większej lub bardziej odpowiadającej zmieniającym się potrzebom estetycznym i reprezentacyjnym, niekiedy kamiennym kościołom lub pałacom.

Rozsypisko przewróconej ściany najstarszego polskiego palatium na Ostrowie Lednickim ukazuje, że piętrowa ta budowla, wzniesiona na przełomie X/XI wieku, miała co najmniej 9 m wysokości, podczas gdy budynki drewniane sięgały wówczas od 2,1–2,3 do 2,8 m wysokości w narożnikach.[12] Domyślać się można, że analogiczna pałacowa budowla istniała podówczas w Gnieźnie, centralnym ośrodku państwa, a rychło podjęto budowę dalszych, przerwanych – jak świadczą wykopaliska w Gieczu – w czasie walk wewnętrznych i osłabienia państwa w końcowych latach panowania Mieszka II i po jego śmierci.[13] Te budowle monarsze śmiało dominowały w X–XII wieku nad rezydencjonalnymi założeniami możnowładczymi, które od schyłku XI wieku wznosili najwięksi panowie w pobliżu ulubionych siedzib monarszych, nie kontentując się rozbudową swych głównych, umocnionych dworów wiejskich.[14] Umiarkowanie możnowładców u schyłku XI i w początkach XII wieku nie wynikało z braku środków do wzniesienia większych rezydencji, lecz podyktowane było poczu-

127. Dom zrębowy z Gdańska, rekonstrukcja; XII w.

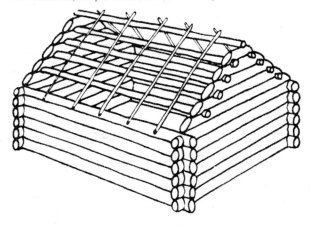

128. Ofiara zakładzinowa z głowy tura; narożnik domu zrębowego z Nakła; XII w.

ciem hierarchii, której naruszenie zemścić się mogło wrogością przede wszystkim reszty możnowładztwa, czego doświadczyć miał Siecich, palatyn Władysława Hermana.

Poza reprezentacyjnymi, wszystkie budynki kryte były niewątpliwie strzechą z sitowia kalanego w glinie, przywiązywanego do łat więźby dachowej; słomy do tego celu najprawdopodobniej nie używano, zbyt była ona cenna jako podściółka dla zwierząt. Mierzwę mieszano natomiast z gliną na polepę, która najczęściej pełniła rolę podłogi lub którą wylepiano plecionkę z gałęzi, wspartą na słupach, tworząc w ten sposób gliniane ściany lepianek. Budynki dworskie i założenia sakralne pokry-

wano dranicami lub krótszymi łubami. Jeszcze w początkach XIII wieku zastosowanie płytek ołowianych przy kryciu kościoła było przedsięwzięciem wyjątkowym;[15] podobnie rzadkie były w XIII wieku dachówki, które obok gontów używane były w późnym średniowieczu jedynie w budownictwie sakralnym, monarszym, możnowładczym i patrycjuszowskim.

Pomimo znacznego zróżnicowania wielkości i programu świeckich i sakralnych budowli, należących do członków różnych warstw klasy panującej, wszystkie je w X–XII wieku dzieliła niewątpliwie olbrzymia przepaść od nie znanego nam budownictwa, służącego rycerstwu i dziedzicom, których możliwości inwestycyjne były nieproporcjonalnie skromniejsze, a przede wszystkim od mieszkań czeladzi dworskiej i lepianek oraz ziemianek (o powierzchni kilkunastu m^2), które najsłuszniej chyba przypisać wypada ludności niewolnej. Wszystkie przecież te domy w środowiskach swych właścicieli cieszyły się szczególnym poważaniem, były przedmiotem troskliwych zabiegów i należały do urządzeń, którymi starano się zabezpieczyć swój byt, odgradzając się od niebezpieczeństw zewnętrznego świata, zarówno od dzikich zwierząt, wrogiego człowieka, jak upiorów i demonów. Nie tylko po to, by przywołać siły nadprzyrodzone odpierające niebezpieczeństwa, lecz także dla zapewnienia pomyślności i trwałości domu, uciekano się niewątpliwie do praktyk magicznych przy jego wznoszeniu. Rzadkie są, co prawda, archeologiczne ślady tych praktyk, jak na przykład umieszczone na podwalinach, pod ścianami budowli, czaszki turów, traktowanych niewątpliwie już wówczas jako uosobienie siły, lub koni, najwyżej cenionych spośród zwierząt hodowanych. W narożnikach konstrukcji umieszczano również skorupy jajek, będących powszechnym symbolem stale odradzającego się życia, znanym także w Polsce ówczesnej, jak świadczą znaleziska pisanek ceramicznych. Być może, śladem zabiegów magicznych są też wieńce z witek brzozowych czy wierzbowych, znajdywane niekiedy wokół głównych słupów konstrukcji nośnej, tuż przy ówczesnym poziomie ziemi. Sporadyczność jednak tego typu odkryć jest wynikiem stanu zachowania reliktów budownictwa wczesnopiastowskiego, który, poza dawnymi podgrodziami, jest bardzo zły. Zawsze zresztą skorupy jajek czy wieńce z witek miały wyjątkowo niewielkie szanse przetrwania; z ofiar zaś zakładzinowych pozostały zazwyczaj tylko skorupy garnka, przemieszane z innymi resztkami w wypełnisku płyciutkiej jamy, będącej często jedynym śladem dawnego domostwa; ustalenie pierwotnej funkcji odkrytych w takiej sytuacji fragmentów ceramicznych jest niemożliwe. Nadzór państwowo-kościelny na podgrodziach po oficjalnej chrystianizacji kraju zmuszał ludność do stosowania tradycyjnych zabiegów magicznych w formach skromnych, niejako namiastkowych, archeologicznie nieuchwytnych. Przypuszczać więc wypada, że na wsi aż po XI–XII wiek były to praktyki stosowane nagminnie.

Szczególne miejsce domu w świadomości społecznej wiązało się zapewne z podwójnym – podobnie jak dziś – sposobem rozumienia tego słowa: jako ogrodzonego rodzinnego siedliska wraz ze znajdującymi się w jego obrębie obiektami gospodarczymi i mieszkalnymi, a także jako głównego rodzinnego budynku mieszkalnego, pod którego strzechą płonęło lub żarzyło się nieustannie ognisko, będące do dziś jeszcze symbolem życia rodzinnego, odgrywające istotną rolę w jego obrzędowości (jak poucza studium folkloru), przejaw boskiej siły ognia, źródło światła i ciepła w ciemnych pomieszczeniach mieszkalnych.

2. Dom mieszkalny

Drewniane budynki mieszkalne w dobie wczesnopiastowskiej były jednoprzestrzenne. Zaledwie w kilkunastu przypadkach na kilkaset znanych dopatrują się badacze istnienia dwóch lub nawet trzech pomieszczeń w pojedynczym domu, lecz wydaje się raczej, że są to ślady niskich przegród, za którymi, być może, umieszczano zimą inwentarz żywy.

W domu bowiem wiejskim zawsze znaleźć się musiało miejsce dla nowego, a słabego przychówku zwierząt. Podczas wielkich mrozów wprowadzano na noc zapewne i bydło robocze do izby. Podobny obraz ukazują dawne podgrodzia, gdzie odkrywa się pełno gnoju, który wbił się w polepę dawnych domów, a jest to tylko skromna część odchodów zwierzęcych, które systematycznie w średniowie-

129. Łóżko; fragment miniatury ze sceną Snu Józefa w *Evangelistarium Gnieźnieńskim* (f. 9 v); kon. XI w.

czu usuwano wraz z wszelkimi śmieciami. O czystość bowiem niewątpliwie dbano, zamiatając podłogi szczotkami z witek i usuwając odpadki kuchenne. Szacować można, że zaledwie kilkanaście promille śmieci i odpadków uchodziło uwagi sprzątających i pozostało w warstwach kulturowych.

Charakter budynku, w którym mieszkano i pracowano, najlepiej ukazuje jego przyjęta w X–XII wieku nazwa: izba, którym to słowem określać miano w czasach nowożytnych pojedyncze pomieszczenie mieszkalne. Lepianki nazywano w średniowieczu izbami lepionymi, lecz także i w stosunku do nich używano ogólnej nazwy domów nędzniejszych – domów chłopskich: chycza, chyża oraz chałupa.

W izbie czy chyży znajdowało się zawsze palenisko, zupełnie sporadycznie niski kopułkowy piec. W początkach średniowiecza palenisko znajdowało się najprawdopodobniej w środku izby, już jednak od X–XI wieku regułą było umieszczanie go w narożniku, z wyraźnym odsunięciem od ścian, ze względu na bezpieczeństwo przeciwpożarowe. Domyślać się można, że w pobliżu paleniska stał sprzęt kuchenny: wszelakiego rodzaju garnki, kubki, misy, talerze, częściowo zapewne ustawione na jakiejś półce lub zawieszone na żerdkach i grzędach. Na grzędach też chyba wieszano codzienną odzież. Odświętny ubiór chowano w skrzyniach wraz z cenniejszym dobytkiem. Budynki bowiem – poza kamiennymi pałacami – były kurne, dym uchodził drzwiami, niewielkimi otworami okiennymi, dymnikiem w szczycie pod dachem, wszelkimi szparami; często jednak snuł się po całym pomieszczeniu, osiadając na przedmiotach, powodując stan zapal-

101

oraz kaganki na przetopione sadło lub olej stanowiły oświetlenie dworskie i klasztorne, gdy świece woskowe – kościelne. W dzień najwięcej światła wpadało przez otwarte drzwi. W izbach i chałupach drzwi były nieduże (wysokość ok. 120–130 cm, szerokość około 80–100 cm); umieszczano je wysoko: około 80–100 cm nad podłożem (około 70–100 cm nad podłogą), o ile wolno uogólniać dane stwierdzone w zabudowie podgrodzi.[16] Z obu stron drzwi znajdować musiały się więc bądź belki, bądź kamienie, ułatwiające przekroczenie progu, które i tak nie było łatwe, wymagało bowiem pochylenia się, stwarzając niejako automatycznie postawę uszanowania za progiem. Była to jednak pozycja niebezpieczna, gdyż odsłaniano w tym momencie kark, narażając się przy wchodzeniu na możliwość uderzenia weń mieczem przez zaczajonego pod ścianą skrytobójcę (jeśli wierzyć Helmoldowi, tak zginąć miał jeden z książąt słowiańskich).[17]

Wymiary niewielkich okienek, umieszczo-

130. Opony; miniatura z przedstawieniem Ewangelisty Marka piszącego w swojej pracowni, *Evangelistarium Płockie*, zw. *Złotym Kodeksem Pułtuskim* (f. 76 v); kon. XI w.

131. Pulpit do pisania; miniatura w *Digestum Vetus* (f. 14); ost. ćw. XIII w.

ny spojówek, co sprzyjało skłonności do płaczu, będącego społecznie pochwalanym przejawem wzruszeń.

Paleniska wystawały na 30–50 cm ponad glinianą polepę lub – znacznie rzadszą – podłogę z dranic. Ponieważ próg umieszczony był znacznie wyżej, nad podłogą było także latem zimno. Zapewne z tego powodu ławki i stołki bywały z reguły wysokie, a pod nogi używano podnóżków, zarówno zbitych z desek, jak i prostych klocków drewnianych.

Ognisko stanowiło też podstawowe oświetlenie; wyjątkowo używano łuczywa, które umieszczano na płaskich glinianych miseczkach. Łuczywo nych tuż pod okapem, wynosiły około 20×30 cm; okna służyły więc przede wszystkim wyjrzeniu na zewnątrz, odgrywając znikomą rolę w oświetleniu wnętrza; były istotnie okiem domu (skąd poszła nazwa okna), przez które obserwowano, czy nie czai się gdzieś niebezpieczeństwo.

Ani ognisko, na którym najczęściej umieszczone były garnki, ani otwarte drzwi nie zapewniały dobrego oświetlenia, zwłaszcza gdy trzeba było starannie obrabiać surowiec nożem, świdrem czy dłutem. Drobne odpadki produkcyjne skór, bursztynu, kości, rogu, drewna, które w dobie wczesnopiastowskiej uszły uwadze sprzątających, a które odnajdywane są dziś w warstwach kulturowych, występują przed dawnymi izbami. Pracowano więc na dworze, często zapewne pod okapem przy ścianie, gdzie zazwyczaj stała ławka. Natomiast kobiety pracowały w domach, jak ukazuje występowanie w ich obrębie odpadków działalności przędzalniczej i tkackiej. Było to wynikiem tego, że nauka tych umiejętności doprowadzała do zmechanizowania opanowanych czynności manualnych, które były więc następnie wykonywane niejako na ślepo. Praca kobiety w obrębie domu, a zwłaszcza jej stały kontakt z ogniskiem domowym, przydawał jej godności, co prowadziło do łagodzenia jej zależności od męża i niższej wobec niego pozycji.

Dla mężczyzn, zwłaszcza na podgrodziach, lecz w dużej mierze też na wsi, izba była przede wszystkim miejscem życia intymnego i snu. W izbach i chyczach spano głównie na ławach, rzadziej na łóżkach – płytkich skrzyniach drewnianych na wysokich nogach, o bokach niekiedy bogato rzeźbionych w geometryczne wzory. Znaczenie ławy w XII–XIII wieku jako głównego miejsca spania w gospodarstwie chłopskim dobrze jest czytelne w przepisie dotyczącym ruchomości należących się wdowie, o ile chciała wyjść powtórnie za mąż. Musiała ona w takim razie otrzymać „swe poduszki, przykrycie ławy i dzienicze, na którym się śpi".[18] Niezależnie od tego, czy słowo „dzienicze" („denicze") zostało dobrze zapisane przez niemieckiego pisarza tego tekstu, mamy tu wykaz rzeczy służących do spania, a wykonanych domowym sposobem.

Niemowlęta leżały w kołyskach – koszykach lub kolebkach, zawieszonych na sznurach przerzuconych zapewne raczej przez ślemię niż przez łaty więźby dachowej. Dzieci nieco starsze spały razem z matką. Dorośli synowie wraz z żonami spali na ławach bądź, gdy brakło miejsca, na barłogach. Były to, jak wskazują późniejsze dane, płytkie korytka, na dzień stawiane pionowo i opierane o ścianę. W gospodarstwach rycerskich w izbach, obok rodziny, spała niewątpliwie też służba domowa, przede wszystkim niewolnice stanowiące własność żony rycerza. Natomiast niewolna czeladź pracująca w polu najprawdopodobniej jadła i spała w innym budynku.

Na wsi od wiosny do jesieni wszyscy – poza gospodynią i gospodarzem oraz małymi dziećmi – wybierali miejsce nocnego spoczynku poza domem, w obejściu, najczęściej w stogach. W łóżkach sypiano nago lub w koszuli, tej samej, w której chodzono w dzień. Jeśli jednak w dzień używano tylko sukni, to zdejmowano ją na noc. Sienniki przykrywano płótnem lnianym. Pod głową miano poduszki wypełnione pierzem. Przykrywano się pierzynami, rzadziej wełnianymi kołdrami i skórami.

Na poduszki, pierzyny i przykrycia łoża najwybitniejszych możnych, biskupów i władców używano niekiedy tkanin purpurowych, co służyło akcentowaniu ich najwyższych pozycji w państwie wobec najbliższego otoczenia. Autor *Żywotu św. Wojciecha*, charakteryzując jego dążenie do heroicznego praktykowania cnót, nie omieszkał zaznaczyć, że jego bohatera, gdy był biskupem praskim, „północ nigdy nie zastała pogrążonego we śnie. Łoże jego wysoko puchem zasłane, lśniącą okryte purpurą, w dzień pasło oczy ludzkie, w nocy zaś tuliło bądź jego brata Gaudentego, bądź pewnego ślepego od urodzenia." Purpurowa pościel była bowiem przede wszystkim znakiem, który „w dzień pasł oczy ludzkie"; często był to zresztą jedyny komplet jedwabnej pościeli; na praktyczny więc i codzienny

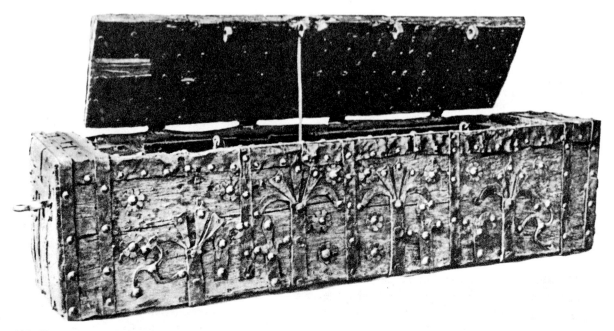

132. Skrzynia z Brzegu; kon. XII w.

użytek służyła i możnym pościel lniana, daleko jednak cieńsza i miększa niż zgrzebny len w chałupach wieśniaczych. Przykładem tedy niezwykłego miłosierdzia biskupa Wojciecha było to, że kiedy któregoś wieczoru do katedry zastukał biedak, to wówczas mąż świątobliwy „wszedł do sypialni, wyniósł stamtąd jedyną posiadaną poduszkę jedwabną i ściągnąwszy z niej jedwab, rozsypał pierze wszędzie po domu. Następnie wróciwszy tam, skąd wołał żebrak, jeszcze leżący na ziemi, złożył pustą purpurę i wystawił ją przez szparę w drzwiach, hojnym tym podarkiem wzbogacając ubogiego."[19]

W środowiskach ubogich mieszkalna ziemianka lub izba czy lepianka były jedynym pomieszczeniem mieszkalnym. Inaczej było na dworach rycerskich, możnowładczych czy królewskich. (W średniowieczu nazywano dworem całość zabudowy otoczonej ogrodzeniem, lecz tylko wówczas, gdy nie była ona w dyspozycji niewolnego. Stąd poszła nazwa daniny: „podworne", którą uiszczali ludzie zależni). Budynek mniej lub bardziej reprezentacyjny, w którym przyjmowano gości i wyprawiano

uczty, nazywał się sienią, co w tekstach późnośredniowiecznych tłumaczono łacińskimi terminami: *palatium, aula regis.*[20] Zamiast drzwi sień miała najprawdopodobniej wielkie, dwuskrzydłowe wrota. Do oświetlenia i ogrzewania służyło otwarte palenisko, które w sieniach kilku największych dworów polskich, być może, zostało zastąpione kominkiem w dobie wczesnopiastowskiej, jeśli w XIII wieku był on już stosowany także w mieszkalnych wieżach rycerskich.[21] W sieni nie przygotowywano natomiast jedzenia; do tego celu służyły na dworach osobne kuchnie.

Na co dzień sień, podobnie jak inne mieszkalne budynki dworskie, drewniane lub kamienne, dzielono zasłonami na małe pomieszczenia; w efekcie życie dworskie toczyło się na poły jawnie, na poły intymnie. Pełnej intymności nie zapewniały nawet komory. W budownictwie kamiennym były to niewielkie pomieszczenia sklepione, zazwyczaj tworzące boczny, osobny ciąg przyziemia obok sieni pałacowej; w budowlach drewnianych komory stały obok sieni lub izby, były stosunkowo małe i wyróżniały się tym, że miały strop. W dobie wczesnopiastowskiej komory mieszkalne istniały tylko w głównych rezydencjach monarszych, na dworach biskupich, w kilkunastu największych dworach możnowładczych.

Komorę w pałacu gnieźnieńskim odstąpił Chrobry Ottonowi III na czas pobytu cesarza, gdy przybył on w pielgrzymce do grobu św. Wojciecha.[22]

· Według obyczaju dworskiego zasłonami wydzielano w komorze – gdzie komory nie stało, to w izbie – łoże małżeńskie. Obok zasłony, na niskich ławach na poły czuwali, na poły spali zaufane dworki i wybrani dworzanie. Czuwali oni także przy panu lub pani poza dworem, w namiotach czy prostych jatach, w obcych gościnnych izbach lub komorach. Gdy zaś w listopadzie 1227 roku na książąt piastowskich zgromadzonych w Gąsawie zdradziecko napadli ludzie Świętopełka, księcia gdańskiego, Henryk Brodaty, leżący jeszcze rankiem w łożu, ocalał mimo ran, gdyż przywalił go i ciałem własnym od dalszych razów osłonił rycerz jego przyboczny, pełniący tej nocy straż przy księciu, Peregryn z Wezenborga, opłacając wierność życiem, lecz zdobywając sławę, którą cieszył się cały jego ród.[23]

Zasłony i opony nie tylko dzieliły wnętrza niedużych izb na dworze rycerskim, lecz rozwieszone wokół ścian stwarzały ważką izolację powietrzną. Opony rozpinano też nieco ponad wysokość ludzką, wzdłuż ścian i między kolumnami w kościołach, jeśli stać było na to ich właścicieli. Szło tu także o to, aby zmniejszyć chłód panujący stale w tych nie ogrzewanych, kamiennych pomieszczeniach; nie bez znaczenia jednak przy tym były potrzeby estetyczne i ideologiczne, których zaspokojeniu miały służyć treści przedstawiane na oponach. Za zasłonami, wzdłuż ścian pomieszczeń monarszych i możnowładczych dworów, gromadził się stale kurz i brud; za nimi ukrywali się ci, którzy byli oczami i uszami władcy.

Poza dworami arystokracji i rycerstwa opony zapewne nie były używane. Dla zwykłych wojów

i wieśniaków były one zbyt drogie. W każdym natomiast domu, nawet w ziemiance niewolnego, pełno było na podłodze, ławach, stołkach i krzesłach wszelakich futer i skór. Zimą zapewne przykrywano się nimi. Były one do tego stopnia rzeczą powszechną w całej Europie na północ od krajów śródziemnomorskich, że we wczesnym i rozwiniętym średniowieczu symbolem wyniesienia w tych krajach było umieszczenie na krześle lub tronie poduszki. Odpowiadało to w pełni wyższej ocenie tkanin niż futer na użytek odzieżowy.

3. Dwór i zagroda

W mieszkalnej ziemiance czy lepiance, w drewnianej izbie, w możnowładczej sieni, izbie i komorze czy w pałacu monarszym znalazło się zawsze miejsce na broń i ubranie. Brak go było natomiast na zapasy żywności, paszy, drewna opałowego. W każdej więc zagrodzie i w każdym dworze mieściły się także budowle gospodarcze, jamy zasobowe i różnorodne urządzenia produkcyjne.

Zwiezione z pól zboże trzymano przed młócką w brogach; one też służyły niekiedy swą strzechą sianu, suszonemu sitowiu czy słomie, którą częściej chyba trzymano w plewnikach – niskich, długich jatach bez ścian, o dwuspadowej strzesze. Niekiedy tak brogi, jak stogi siana czy sitowia stawiano zapewne na pomostach z dranic, wzniesionych na kilkadziesiąt centymetrów ponad ziemię, co miało zabezpieczyć zapasy przed szkodnikami, na pewno zaś było potrzebne, jeśli gospodarstwo znajdowało się na niskiej kępie czy niezbyt rozległym ostrowiu.

Najprawdopodobniej na przełomie wczesnego i rozwiniętego średniowiecza gumno – tok gliniany, na którym młócono, z czasem przezwany klepiskiem – poczęto coraz częściej przykrywać rozległą strzechą, wysoko umieszczoną na sochach i półsoszkach, a schodzącą tak nisko, że żerdzie konstrukcji dachowej wspierały się zapewne dołem na ziemi.

Zapasy mięsa, tłuszczów, napojów trzymano głównie w piwnicach – ziemiankach lub półziemiankach, obsypanych dobrze ziemią, zawalonych niekiedy kłodami, by do zapasów nie dobrały się duże drapieżniki, zwłaszcza zimą, gdy głód skłaniał je do atakowania osiedli. Piwnice w dworach monarszych i możnowładczych, a także w grodach musiały być obszerne, gdyż napływały do nich daniny oraz nadwyżki produkcyjne, osiągane we własnej gospodarce pańskiej. Kanonikom zaś regularnym z kujawskiego Trzemeszna opłacało się w drugiej połowie XII wieku stale wysyłać wozy do dalekich Końskich (w obie strony, zależnie od pogody, ok. 15–20 dni drogi), by odbierać dziesiątą część rzeczy wpływających do koneckiej piwnicy tamtejszego komesa, nadaną kanonikom przez Szawła (Saula) z Końskich.[24]

Między piwnicą, spichrzem i pałacem mieściły się zapewne kuchnie i piekarnie książęce. Według prawa polskiego obowiązującego w XIII wieku, „kto kradnie w piwnicy książęcej albo w jego kuchni, albo co jest w zamku, ten płaci grzywnę 50 marek".[25] Najwyraźniej więc piwnice, kuchnie i zamek-pałac stanowiły osobne budowle. Przejście z piekarni i kuchen do sieni i izby było odpowiednio wyłożone dranicami i nakryte daszkiem, by na potrawy nie padał deszcz czy śnieg.

Zasoby cenne chowano w kleciach i komorach. Wspomniany spis prawa polskiego przeciwstawiał wyraźnie kradzież z komory książęcej, karaną grzywną 70 marek, kradzieży „w kleci męża, czy jest on rycerzem, czy chłopem", za co groziła grzywna 12 marek.[26] Użyte tu oryginalne niemieckie terminy: kamere oraz klete nie można inaczej rozumieć, jak tylko jako nazwy pomieszczeń magazynowych – masywnej zbrojowni i zarazem skarbca monarszego oraz prymitywnie skonstruowanej kleci, które to rozróżnienie stało się z czasem podstawą wartościującego zabarwienia terminów: „budować" (zaczerpniętego z języka niemieckiego i określającego przyswojone sposoby budownictwa) oraz „klecić" (rozumianego coraz częściej jako nieporządne budowanie).

Klecie słowiańskie w początkach rozwiniętego średniowiecza reprezentować musiały w środowisku wiejskim znaczne walory jako schowek, także w porównaniu z ówczesnym wiejskim budownictwem południowo-wschodnioniemieckim. W dialektach bowiem bawarskich glet oznaczał w rozwiniętym średniowieczu chłopskie pomieszczenie magazynowe. Niewątpliwie wraz ze słowem musieli Bawarzy przejąć od Słowian także sposób budowy tego obiektu. W jednym z ówczesnych poematów południowoniemieckich czytamy, jak ubogi chłop zbudował koło swego domu kleć-glet, którą otoczył trzciną i chrustem (czy po to, by nie rzucała się w oczy?) i zaopatrzył w porządny zamek drewniany.[27] Nie inaczej zamykane były polskie klecie w rozwiniętym średniowieczu, jeśli kradzież z nich była surowo karana.

Polski zwyczaj prawny przywiązywał duże znaczenie do tego, by zamknięcie dobytku odpowiadało pozycji społecznej jego właściciela. Wyraźnie to ukazują postanowienia Najstarszego zwodu: „Kto kradnie samotnemu parobkowi, który nie ma żony, z jego tobolicy, to jest jego torby, a jeśli nie ma tobolicy, to z jego sakiewki, to, co ma wewnątrz, ten płaci grzywnę także 12 marek [a więc jak za wspomnianą w poprzednim punkcie Zwodu kradzież z kleci], gdyż nieżonaty parobek nie ma innego schowka, jak tylko swą tobolicę czy sakiewkę." Jeśli jednak „ktoś kradnie rycerzowi albo chłopu, który nie jest mężem nieżonatym i nie nazywa się parobkiem, z jego tobolicy albo z jego sakwy rzecz, którą tam ma, ten płaci 6 marek kary," a więc połowę uprzednio wymienionej grzywny.[28] Najwyraźniej rycerz i chłop powinni trzymać swe rzeczy w kleci bądź w domu, pozostawienie zaś ich na zewnątrz, w tobole, nie było uznawane za zabezpieczenie w pełni właściwe. Nie zawsze jednak widoczne schowki, właściwie zabezpieczone, uważano za najlepsze. Wolni dziedzice i szeregowi rycerze w XI wieku chętniej chowali ukradkiem swe zasoby srebrnego kruszcu w ziemi; a trzymali to tak dobrze w tajemnicy, także przed najbliższymi, że często niespodziewana śmierć powodowała

133. Studnia z Chodlika, rekonstrukcja; wczesne średniowiecze

pozostanie skarbów w ukryciu na wiele wieków, dopóki nie przyczyniły się do ich ujawnienia intensywna uprawa ziemi oraz rozwój zabudowy w XIX i XX wieku.

O ile było to tylko możliwe, zakładano gospodarstwa przy źródłach. Na przykład część późniejszej wsi Henryków na Dolnym Śląsku, należącej do tamtejszego klasztoru cysterskiego, nazywała się jeszcze w początkach XIII wieku Januszowem, „ponieważ w miejscu, gdzie ma źródło potok płynący przez wieś, siedziało dawniej dwóch rycerzyków, rodzonych braci, z których pierwszy nazywał się Janusz... A był też owego czasu niejaki Henryk, mieszkający obok [innego] źródła, z którego wypływał potoczek, płynący obecnie wraz z [strugą] Morzyną przez klasztor."[29] Takie położenie jedno- lub kilkudworczych, zwartych osiedli było daleko częstsze niż to obecnie może się wydawać, gdy olbrzymia masa małych strug i potoczków zanikła w wyniku przemian hydrologicznych, wywołanych wielowiekowymi trzebieżami lasów, zaś w ostatnich czasach także wielkimi melioracjami ziem uprawnych i łąk oraz regulacją rzek. Niemniej jednak mieszkańcy znacznej części osiedli dźwigać musieli wodę do domu z pobliskich rzek albo kopać studnie.

Stwierdzone archeologicznie ślady studni z wczesnego i początków rozwiniętego średniowiecza są zgoła wyjątkowe, jednakże widoczne dzięki tym odkryciom dobre opanowanie w czasach wczesnopiastowskich sposobów kopania i obudowywania studni zdaje się przekonywać, iż były one

dość często urządzane.[30] Ważne one były zwłaszcza w czasach wcześniejszych, gdy w ciągłych walkach wewnętrznych groził stale napad obcej drużyny i gdy w VIII wieku nastąpiła przejściowa koncentracja rozproszonego osadnictwa jednodworczego w skupiska.kilku lub kilkunastu gospodarstw, otoczonych silnymi ostrokołami lub też budowa wysiłkiem kilkunastu sąsiadów wspólnego gródka refugialnego. Studnia zabezpieczała w takiej obronnej osadzie dostęp do wody w razie wybuchu walk międzyplemiennych. Natomiast w XII wieku, gdy coraz częściej osady poczęto zakładać na wysokich tarasach, budowa studni umożliwiała korzystanie z wody bez uciążliwego dźwigania jej z rzeki w ciężkich klepkowych wiadrach.

W obrębie dworu czy zagrody ułożone były

134. Piwnica; zamek w Bolkowie, pomieszczenie piwniczne w skrzydle północno-wschodnim; kon. XIII w.

zapasy drewna opałowego i budowlanego. Rosły też drzewa, spełniające często funkcje symboliczno-magiczne. W tych bowiem tylko kategoriach można zrozumieć informację *Księgi Henrykowskiej*, że we wspomnianym wcześniej siole Januszowym rosło ,,pewne wielkie drzewo, które po polsku zwie się jawor. U konarów tego drzewa biło źródło, które od tego drzewa zwane było wówczas Jaworzyca... Lecz skoro pan Mikołaj dokonał zamiany..., kazał ściąć wspomniane drzewo i w ten sposób usunął nazwę owego źrebu: Januszowo...'',[31] która przecież nie pochodziła od owego drzewa, lecz od imienia dawnego właściciela. Niemniej właśnie ów jawor przypominał okolicznym mieszkańcom nazwę Januszowa.

4. Osiedla

Dwory wojów i dziedziców, a także zagrody niewolnych, osadzonych na ziemi, otoczone były mocnymi płotami lub zgoła ostrokołami, zwłaszcza gdy stały samotnie, z dala od innych. Szło przede wszystkim o ochronę przed dzikimi zwierzętami, lecz także o zaznaczenie, iż jest to miejsce zagrodzone dla innych, wejść więc do niego można tylko za zgodą właściciela, inaczej można było zostać uznanym za wroga. Wolno się domyślać, że ów płot czy ostrokół oraz wrota zamykające jego okręg miały zarazem zabezpieczać przed wtargnięciem sił demonicznych. W obrębie dworu lub zagrody przestrzeń była niejako ,,oswojona'' w życiu codziennym, rozciągała się tu najsilniej moc domowego ogniska i własnego uboża, o którego przychylność zabiegano jeszcze w późnym średniowieczu, wbrew napomnieniom kaznodziejskim, a które było niejako domowym bożkiem. Poza ogrodzeniem stan bezpieczeństwa był z natury rzeczy mniejszy, a zagrożenie przyjmowało w wyobraźni społecznej najrozmaitszą postać.

Te ogrodzone siedliska doby wczesnopiastowskiej występowały bądź pojedynczo, oddalone od

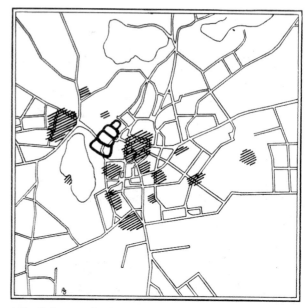

135. Gniezno: ośrodek grodowy z grodem wieloczłonowym i osadami; ok. 950–1018 r.

siebie zazwyczaj o około 30 minut pieszej drogi, bądź w skupiskach, po kilka dworów lub zagród, wreszcie tworząc zwarte wsie, liczące u schyłku pierwszego tysiąclecia n.e. po kilkanaście gospodarstw, lecz w połowie XII wieku obejmujące już po 20–30 gospodarstw,[32] niekiedy skupiających się wokół placu, niekiedy rozrzuconych bezładnie na niewielkim terenie.[33] Wszystkie te skupiska były z reguły otoczone płotem lub palisadą. Wrota zaś zamykały wjazd do wnętrza wsi, tak jedno-, jak kilko- czy wielodworczej.

Nowsze badania archeologiczne zdają się przekonywać, że ten obraz stosunków wiejskich w rozwiniętym średniowieczu wywodzi się w swych zrębach z czasów stabilizacji osadnictwa w dorzeczu Odry i Wisły w VII–VIII wieku. Już w VIII–IX wieku dochodziło dość często do skupiania się osad samotniczych; ich mieszkańcy łącząc się wznosili silne ostrokoły lub nawet dość proste wały drewniano-ziemne; niekiedy zaś mieszkańcy większego osiedla przenosili swe zabudowania na nowe miejsce, które łatwiej było ufortyfikować.

W południowym pasie naszych ziem (podobnie jak na Morawach) wznoszono ol̦brzymie grody, obejmujące początkowo 2–6 ha, później zaś, w wyniku dobudowywania w IX–X wieku nowych członów ufortyfikowanych, od 12 do 25 ha.[34] W środkowej i północnej części dorzecza Odry i Wisły powierzchnia największych grodów nie przekraczała natomiast 1,5 ha. Za duże grody można uznać takie, których powierzchnia wynosiła od 0,5 do około 1 ha, gdy mniejsze zamykały w swych umocnieniach niespełna 0,1–0,3 ha. Nie potrafimy powiedzieć nic pewnego o podstawach tego zróżnicowania wielkości grodów.[35]

Rozbudowa i przebudowa w drugiej połowie X i w początkach następnego stulecia założeń grodowych małego typu silnie zaakcentowała powstający podział osadnictwa na wiejskie i grodowo-podgrodziowe. W grodach skoncentrowała się

władza i konsumpcja luksusowa. Piastowskie rezydencje dworskie mieściły się w X–XII wieku jedynie w obrębie wielkich fortyfikacji grodowych, które służyły zarazem jako główne ośrodki zarządzania państwem i społeczeństwem. Wyrażał się w tym także patrymonialny charakter władzy monarchów polskich tego czasu. Wiślańsko-lędziański typ grodów powoli zamarł w X–XI wieku, gdy w pobliżu rozrosły się nowe budowle Piastowskie.

Z podgrodziami związane zostały katedry i kościoły o uprawnieniach baptyzmalnych. Było to podyktowane chęcią udostępnienia tych świątyń mieszkańcom bliższych i dalszych okolic, dla których wstęp do grodu był zamknięty, chyba że byli wezwani do posług lub na sąd. W konsekwencji jednak gród przestrzennie panował nad nowo

136. Grodzisko jednoczłonowe w Tumie pod Łęczycą, widok z lotu ptaka; VI–XII w.

wznoszonymi kamiennymi katedrami i nad drewnianymi w większości kościołami w mniejszych ośrodkach. Wytwarzało się dzięki temu społeczne poczucie podporządkowania Kościoła władzy monarszej, co odpowiadało przedgregoriańskiej koncepcji chrześcijaństwa, panującej w Polsce aż do schyłku XII wieku.

W głównych ośrodkach państwa w X/XI wieku na podgrodziach stały gęsto niewielkie domy wojów i rzemieślników, a także dwory, na czele z biskupim, łączącym się najprawdopodobniej z monasterium kanonicznym. Rozbudowa aparatu władzy oraz wzrost znaczenia dostojników dworskich i prowincjonalnych w XI–XII wieku spowodowały, że z otoczenia katedr znikać poczęła zabudowa służąca wojom i rzemieślnikom, a jej miejsce zajmować poczęły dwory rycerskie, domy kanoników oraz nowe kościoły.

W pewnej odległości od systemu fortyfikacyjnego, łączącego w zwartą całość obwarowania grodu i podgrodzi, mieściły się urządzenia placu targowego, m. in. pomosty kupieckie, o których zgoła przypadkowa wzmianka z samego początku XI wieku zachowała się w *Kronice* Thietmara. Pomosty te bowiem służyły zarazem do egzekucji surowych wyroków, m. in. w sprawach o cudzołóstwo,

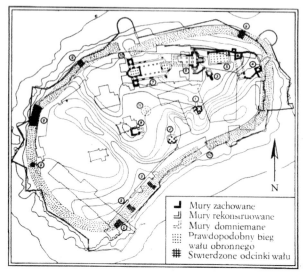

138. Otoczenie katedr: plan zabudowy monumentalnej wzgórza Wawelskiego: X–XII w.

co zainteresowało merseburskiego biskupa, grzmiącego na upadek obyczajów na ziemiach niemieckich.

Wokół podgrodowych urządzeń targowych od początku XI wieku osiedlać się zaczęli nowi osadnicy, zapewne wychodźcy z wiejskich wspólnot rodzinnych, oraz rzemieślnicy, zmuszeni do opuszczania podgrodzi. Wzdłuż dróg dojazdowych do grodu powstawały karczmy, w których zatrzymać się mogła karawana kupiecka, wędrująca na długich szlakach między zachodnią Europą i Rusią oraz państwami nadwołżańskimi, a także przybysz ze wsi, szukający sprawiedliwości. O najważniejszej funkcji karczmy wspomniał kronikarz, gdy zanotował, że po śmierci Chrobrego „przez cały rok... ani klaskania, ani dźwięku cytry nie słyszano po karczmach, żadna dziewczęca piosenka, żaden głos radości nie rozbrzmiewał po drogach".[36]

Była bowiem karczma w dzień miejscem zakupu soli, pod wieczór natomiast przybytkiem zabawy, a często pijaństwa. Toteż w środowisku kleru czeskiego powtarzano, że karczma „jest korzeniem wszystkiego zła, skąd wywodzą się kradzieże, morderstwa, cudzołóstwo i inne grzechy".[37] Stąd też

137. Miasto lokacyjne: Środa Śląska: 1 poł. XIII w.

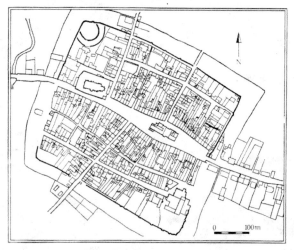

piastowskie postanowienie książęce przewidywało, że „jeśli zostanie pobity włodarz, to jest rządca albo komornik, bez pozbawienia życia, przed nieszporami w karczmie, za to płaci się grzywny 6 marek, ponieważ uważa się, że on doglądał interesów swego pana". Jeśli zaś wspomniany komornik zostanie pobity bez pozbawienia życia w karczmie po nieszporach, za to płaci się tradycyjną karę „trzysta" (kawałków soli, a więc kilka razy mniejszą!), ponieważ się przypuszcza, że on wtedy przyszedł pić.[38]

Przy drogach dojazdowych do grodu powstawały też obronne dwory możnowładcze; najstarsze ze znanych to Sieciechowy dwór na Okole krakowskim, z kościołem Św. Andrzeja, oraz drugi, naprzeciw grodu płockiego, po drugiej stronie Wisły,

gdzie palatyn wzniósł kościół Św. Benedykta.[39] Piotr Włostowic odziedziczył zapewne po swym ojcu ufortyfikowany wielki dwór na Ołbinie wrocławskim oraz część wyspy Na Piasku, zaś jego brat kościół Św. Wojciecha na lewym brzegu Odry, na szlaku przeprawy wrocławskiej.

Wielkie dwory możnowładcze pod głównymi grodami wczesnopiastowskimi szybko zamieniały się w XII wieku w samodzielne ufortyfikowane osiedla, w których mieściły się jatki i karczmy, prowadzone przez samodzielnych rzemieślników i kupców, korzystających z opieki wielkich panów i opłacających się im, konkurujących z kupcami i rzemieślnikami mieszkającymi na terenie podlegającym władzy książęcej. Wczesne miasto XII wieku było zespołem takich obronnych osiedli

139. Grodzisko wieloczłonowe w Stradowie pod Kazimierzą Wielką, widok z lotu ptaka; IX–X w.

i placów targowych. Także wiejskie siedziby wielkich panów były na pewno silnie umocnione drewniano-ziemnymi wałami, jak wskazywałby na to ich związek z dużymi kościołami, fundowanymi przez możnych i będącymi ich własnością, na przykład w Skalbmierzu, Prandocinie, Kijach.

Także i wiejski, polny plac targowy, z którym związane były kościół i karczma, otoczony był ostrokołem lub płotem, wyznaczającym obszar miru targowego, gdzie obowiązywał doraźny wymiar sprawiedliwości, sprawowany przez specjalnego sędziego targowego, a kary były obostrzone, gdzie na straży uczciwości transakcji stali książęcy funkcjonariusze: sędzia, mincerz i celnik, ściągający opłaty od kupców przy wjeździe i wyjeździe z targu.

Na każdym kroku starano się zamknąć przestrzeń, w której działano; wytworzyć poczucie bezpieczeństwa, przydać życiu osiadłemu walor trwałości.

5. Komunikacja i transport

Germanowie i Słowianie, w toku wczesnośredniowiecznej stabilizacji swego osadnictwa na północ i zachód od dawnych granic imperium antycznego, zajmowali ziemie, które od wieków były eksploatowane przez człowieka. W konsekwencji na obszarach tych istniały znaczne przestrzenie na poły otwarte, porośnięte krzewami i skupiskami pojedynczych drzew, lasy parkowe o zniszczonym poszyciu, szerokie pasma łęgów nadrzecznych. Starożytni hodowcy, szukając najlepszej paszy dla swych stad i trzód, zniszczyli lasy – także wypalając je pod siew, co stanowi istotę gospodarki żarowej – na obszarach o stosunkowo najurodzajniejszych glebach, zajmowanych we wczesnym średniowieczu przez plemienne osadnictwo.

Archeologiczne badania terenowe w Polsce ukazały, że obszary otwarte, niejako zapraszające

140. Wóz-dwukółka; miniatura w *Digestum Vetus* (f. 146 v); ost. ćw. XIII w.

do stałego zagospodarowania, były niewielkie – obejmowały po kilkanaście km², lecz łączyły się one pasmami łęgów, oddzielone zaś były od siebie często tylko niewielkimi lasami parkowymi, dogodnymi do penetracji. Obszary, w których krajobrazie przestrzenie otwarte wyraźnie we wczesnym średniowieczu dominowały nad zalesionymi, miały od około stu do stukilkudziesięciu km², a ich zaludnienie stopniowo wzrastało od VII po X wiek.

Znaczny stopień samowystarczalności rodzinnej gospodarki tego czasu powodował, że zwykłe kontakty między bliższymi oraz dalszymi sąsiadami wystarczały do prowadzenia wymiany produktów. Tradycja bowiem rodzinna i wrodzone skłonności czy talenty powodowały, że niektóre rodziny przykładały się silnie do prac pozarolniczych, przede wszystkim do wytapiania żelaza z rud łąkowych i związanych z tym zajęć kowalskich, lecz także do artystycznej obróbki rogu czy kości. O te wytwory zabiegali sąsiedzi. Jedynie sól była dobrem, które-

141. Wóz (Eliasz na wozie ognistym); fragment drzwi brązowych katedry w Płocku (obecnie Nowogród, Sobór Św. Zofii); poł. XII w.
142. Sanie z Opola (zabawka); XII w.
143. Fragment drogi moszczonej

go występowanie było ograniczone (okolice Kołobrzegu, solanki kujawskie, wydajne źródła pod Krakowem; korzystano też ze źródeł mniej wydajnych w okolicy Sącza, Wiślicy czy Łęczycy). Toteż sól transportować trzeba było niekiedy dość daleko. Przy braku moszczonych brodów, grobli i przepraw w początkowym okresie transport warzonej soli, wsypywanej zapewne w skórzane worki, odbywał się na grzbiecie zwierzęcym, a częściej ludzkim. Najdogodniejszym środkiem komunikacji i transportu była łódź, przede wszystkim tzw. dłubanka, wyżłobiona z jednego pnia. Niewielkie wózki i sanie, często ciągnione ręcznie, wystarczały na wewnętrzne potrzeby poszczególnych gospodarstw.

145. Łódź klepkowa ze Szczecina; wczesne średniowiecze

144. Konin: słup milowy komesa Piotra; 1151 r. Umieszczona na nim inskrypcja informuje, że kamień oznacza połowę odległości między Kruszwicą i Kaliszem

Dopiero potrzeby powstającego i krzepnącego państwa w IX–XI wieku doprowadziły do szybkiego utworzenia i stałego konserwowania wielkiego systemu komunikacyjnego. Podstawą jego były moszczone bierwionami lub kamieniami brody, dłuższe odcinki dróg moszczonych drewnem, prowadzących poprzez tereny podmokłe, przewozy łodziami w określonych miejscach na dużych rzekach, wąskie przecinki w poprzek dużych lasów, łatwo zamykane za pomocą przesiek.[40] Stworzenie tego systemu komunikacyjnego miało początkowo na celu przede wszystkim zapewnienie drużynie książęcej możliwości szybkiego przerzucania się z miejsca na miejsce, czy to w obronie zagrożonych najazdem terenów, czy też w pościgu za najezdnikiem, który uchodził z łupami. Jeszcze w początkach XII wieku, gdy Lubelszczyzna była dość często niepokojona przez Połowców, mieli oni w 1100 roku w znacznej sile „nocną porą przepłynąć Wisłę. Z brzaskiem dnia następnego rozbiegli się pędem i zagarnąwszy niezliczone łupy, obciążeni zdobyczą, powrócili pod wieczór na drugi brzeg rzeki i tamże, bezpieczni a zmęczeni, rozbili namioty na nocny spoczynek. Lecz nie wypoczywali tak bezpiecznie, jak do tego z dawna przywykli. Albowiem Bóg, obrońca chrześcijan, ...na zgubę mnogich pogan wzbudził męstwo garstki wiernych, za których uderzeniem w chwale dnia niedzielnego odniósł triumf mocą swej potęgi."[41] Ta reakcja polska możliwa była, oczywiście, dzięki temu, że dobry

146. Łódź dłubanka z Jeziora Lednickiego; pocz. XI w.

znaczenie gospodarcze i administracyjne, przede wszystkim dla państwa, z czym wiązało się wprowadzenie posług komunikacyjnych.

Aż po XIII wiek duże wozy były przede wszystkim dwukołowe. Sztywna bowiem konstrukcja podwozia w wozach czterokołowych utrudniała jazdę; przy każdym ostrzejszym zakręcie trzeba było podnosić tył wozu, by można było nim zawrócić w odpowiednią stronę. Dla wielkich panów konstruowano na Słowiańszczyźnie północno-zachodniej wozy czterokołowe z kolebką zawieszoną na łańcuchach „tak, że siedzący w niej nie trzęsie się w czasie wstrząsów''; używano takich wozów także do przewożenia chorych lub rannych.[42]

Rozwój transportu kołowego i wodnego w X–XIII wieku nie zmniejszył jednak znaczenia noszenia towarów w tobołach czy koszach na własnym grzbiecie. Piesi bowiem nie byli ograniczeni stanem dróg, poruszali się swobodnie po swej okolicy, wybierając krótsze przejścia. Pieszo udawano się nawet do innych krajów, i to od dawna. Na początku XII wieku na przykład zwracano uwagę, że „Morawy od Polski odgrodzone są tak stromymi

stan przejść i przepraw pozwolił szybko zgromadzić siły przybywające z kilku stron i zaskoczyć silnym uderzeniem przeciwnika.

Funkcja systemu komunikacyjnego jako elementu obrony państwa i społeczeństwa sprzyjała w tworzących się organizmach wczesnopaństwowych dobrowolnemu i wspólnemu podejmowaniu trudu budowania urządzeń drogowych na równi ze wznoszeniem grodów, służących początkowo tak księciu, jak społeczeństwu. Ułatwiło to później, w dobie zbrojnego formowania państwa ogólnopolskiego, przekształcenie dobrowolnej współpracy w obowiązkowe posługi przy budowie i reperacji grodów oraz urządzeń drogowych. Dopiero gwałtowny rozwój immunitetu i prawa rycerskiego w XIII wieku doprowadzić miał do zaniku tego obowiązku, ciążącego na ludności wiejskiej. Obok roli militarnej urządzenia drogowe szybko zyskały

147. Okręt, pieczęć miejska Elbląga, 1 poł. XIII w.

148. Łódź; fragment drzwi brązowych katedry w Gnieźnie ze sceną podróży św. Wojciecha do Prusów; 2 poł. XII w.

górami i gęstymi lasami, że nawet dla spokojnych podróżników, idących pieszo i bez pakunków, drogi są tam niebezpieczne i nader uciążliwe".[43] Podobnie na pewno było i na początku następnego stulecia, gdy w komorze celnej w Oleśnie, na drodze z Moraw na Kujawy, pobierano 2 denary monety opolskiej od każdego „obcokrajowca obu płci, chrześcijanina czy żyda, czy jedzie na koniu, czy idzie pieszo, lecz z towarami, gdziekolwiek by się udawał; natomiast jeźdźcy i piesi pochodzący z tej ziemi [czyli ze Śląska] nie płacą nic".[44]

Budowa szlaków komunikacyjnych otwarła bowiem Polskę wczesnopiastowską dla obcych kupców i karawan kupieckich, a jednocześnie ułatwiła docieranie miejscowych rzemieślników na targi odbywające się przy grodach. Wymiana ta musiała być już na początku drugiej połowy X wieku na tyle znaczna, że podatki targowe mogły wystarczyć na opłaty dla całej drużyny Mieszka I.

Każda wielka droga, łącząca grody i targi, była „obwarowana — jak wyjaśniał niemiecki tłumacz polskiego prawa — pokojem książęcym. Przeto, jeśli ktoś dopuścił się na niej jakiegokolwiek bezprawia, złamał tym samym pokój książęcy. To

Polacy nazywają ręką pańską."[45] Toteż zabójstwo, zranienie i pobicie na publicznej drodze książęcej było surowo karane olbrzymimi grzywnami na rzecz poszkodowanego lub jego rodziny oraz księcia. W razie zaś niemożności ich uiszczenia groziła hańbiąca kara śmierci. Ponieważ zaś monarchii wczesnopiastowskiej bardziej zależało na obcych kupcach, przybywających z luksusowymi towarami, krzywdy wyrządzone kupieckim gościom na drogach były karane najwyżej, tak jak zbrodnie wobec rycerzy. Zagospodarowanie jednak komunikacyjne ówczesnej Polski w daleko większej mierze wynikało z potrzeb państwowych niż z rozwoju ekonomicznego kraju. Dobre jednak urządzenia drogowe i liczne trakty okazały się natomiast inwestycją bardzo rentowną, gdy w końcu XII wieku podjęto wielkie reformy agrarne i urbanistyczne, prowadzące do rozbudowy sektora gospodarki towarowej. Jej intensyfikacja nie byłaby możliwa bez dobrej sieci dróg, umożliwiającej sprawne włączanie niewielkiej masy towarów miejscowej produkcji do rynku regionalnego, a niektórych do wymiany międzyregionalnej.

Wielkie chyba znaczenie miało i to, że ruchliwość na drogach łączących targi i grody pozwalała poznawać świat, uczyła przedsiębiorczości, stykała wolnych i niewolnych wieśniaków z kramarzami, krążącymi od targu do targu. Prowadziło to do gromadzenia praktycznej wiedzy, z której skorzystano, gdy w drugiej połowie XII wieku rozluźnione zostały więzy niewolnictwa i niewoli, gdy w pierwszej połowie XIII wieku wzór wolności przyznawanych obcym kolonistom stał się dla wszystkich grup ludności wsi, począwszy od szeregowych wojów po niewolnych, bodźcem do podjęcia walki o własne prawa, co wyrażało się przede wszystkim w zbiegostwie.

Społeczne
gwarancje bytu

A. WIĘZI KRWI I SĄSIEDZTWA

1. Rozwój więzi społecznych

W toku zaspokajania elementarnych potrzeb bytowych człowiek tworzył i umacniał więzi społeczne, których istotą była kooperacja produkcyjna oraz wspólna ochrona życia jednostki i owoców pracy. Suma tych więzi tworzyła społeczeństwo.

W interesującej nas dobie miało ono charakter agrarny, a podstawowe znaczenie w budowie jego struktury odgrywały nadal więzi ukształtowane w okresie poprzedzającym powstanie monarchii wczesnośredniowiecznej i chrystianizację kraju. Główną wśród nich rolę odgrywały: więź krwi i tradycyjna więź sąsiedzka, tak charakterystyczna dla społeczności lokalnej doby plemiennej.

Dominujące znaczenie we wczesnym średniowieczu, jak i w czasach późniejszych zachowywała więź krwi.[1] Rodzina bowiem była podstawową komórką życia społecznego. Więź sąsiedzka i odpowiadające jej instytucje miały znaczenie uzupełniające w stosunku do więzi krwi. Spotykamy liczne przykłady zazębiania się obydwu więzi, które znalazły między innymi wyraz w rodzie gniazdowym, lepiej nam znanym z późnego średniowiecza. Dla jego struktury charakterystyczne było sąsiadowanie gospodarstw krewniaczych.[2] Podobnie było zapewne w późnej dobie plemiennej. Ale ubóstwo wiadomości źródłowych o stosunkach społecznych u Słowian w tym czasie nie pozwala stwierdzić tego z całą pewnością.

Na skutek przemian społecznych i rozbudowy związków organizacyjnych monarchii wczesnopiastowskiej, a później państwa doby rozbicia dzielnicowego, znaczenie więzi rodzinnej w życiu społecznym uległo ograniczeniu w stosunku do doby plemiennej.[3] Na życie społeczne bowiem wywierały wpływ nowe instytucje, przede wszystkim państwo i Kościół. Zmiany wywołane przez oddziaływanie państwa i wpływy ideologii kościelnej znalazły wyraz także w ewolucji form rodziny. Więź sąsiedzka natomiast odegrała dużą rolę w procesie kształtowania się nowych więzi grupowych, których rozwój z kolei powodował ograniczenie roli tradycyjnych więzów lokalnych i różnicował ich funkcje. Inne było bowiem znaczenie sąsiedztwa na wsi, inna jego rola na podgrodziu. Także poczucie solidarności sąsiedzkiej kształtowało się odmiennie w społeczności wieśniaczej, odmiennie zaś w środowiskach możnych czy w grupach społecznych związanych z powstającymi ośrodkami władzy państwowej i kościelnej.

Wraz z rozwojem państwa rodziły się więc nowe więzi, nie znane w dobie wcześniejszej, tworzyło się poczucie solidarności regionalnej, państwowej i wreszcie, najpóźniej, narodowej. Równocześnie nowe instytucje, państwo i Kościół, przyspieszały procesy dyferencjacji społecznej. Kształtowanie się państwa powodowało także dezintegrację wcześniejszych społeczeństw lokalnych, nie wyłączając związków rodzinnych.

Gdy zaś owe nowe, szersze wspólnoty terytorialne obrosły już w historię, w świadomości społecznej zajęły miejsce związków krwi. Pamięć przeszłości bowiem była przede wszystkim pamięcią przodków i ich czynów. Wyrażała się w ich kulcie i integrowała zarówno społeczność rodzinną, jak plemienną, w późniejszym czasie także ród możnowładczy. Świadomość pochodzenia od wspólnego przodka cementowała także szersze społeczności. Nie ma przy tym większego znaczenia, czy chodzi o rzeczywistą wspólnotę pochodzenia ich członków, czy o fikcję, będącą jednak przedmiotem powszechnej wiary. Poczucie więzi krewniaczej znajduje wyraz już w terminach, jakimi określa się wspólnoty etniczne: nazwa ,,plemię'' wyraźnie nawiązuje do związków krwi, również pojęcie ,,naród'' genetycznie wywodzi się od urodzenia. Mit wspólnej krwi integrował również poszczególne grupy ówczesnego społeczeństwa i przyczyniał się między innymi do ugruntowania pozycji rodzin możniejszych, przede wszystkim możnowładców.

Przystępując więc do omówienia więzi krwi i odpowiadających im instytucji, nie możemy zapominać, że w ciągu interesującego nas okresu ulegały one poważnym zmianom. Zmieniał się charakter rodziny między innymi na skutek ewolucji sytuacji społecznej kobiety i ugruntowania się rodziny monogamicznej. Czynnikiem przyspieszającym kształtowanie się nowych norm w obrębie tradycyjnego społeczeństwa agrarnego było państwo i Kościół, przez długi czas, aż do schyłku XII stulecia, współdziałające na tym polu ze sobą. Arbitralne niejednokrotnie interwencje naruszały strukturę wcześniejszych związków krewniaczych, do czego przyczyniały się w niemałym stopniu również procesy dyferencjacji społecznej i zbrojna działalność kształtujących się organizmów państwowych. Wszystko to stawało się przyczyną kryzysu i zagłady niejednej rodziny.

Ale tradycyjna struktura rodzinna, usankcjonowana przez normy prawne i obyczajowe, których zadanie polegało na zagwarantowaniu warunków bezpieczeństwa dla jednostki i szerszej społeczności, miała dużą siłę regeneracyjną. Dlatego też niejeden postulat, poświadczony w skromnym materiale źródłowym interesującej nas epoki, pozostawał w sferze życzeń. Jego wprowadzanie w życie miało ograniczone lub też tylko przejściowe znaczenie. Źródła, którymi dysponujemy, dotyczą przede wszystkim zakresu zmian postulowanych przez władze, rzadziej oświetlają stan faktyczny, istniejącą rzeczywiście strukturę społeczną i normy obyczajowo-prawne, przez długi czas te same dla rolnika, wojownika-rycerza i możnowładcy.

2. Model rodziny

Więź krwi zawiązywała się przez urodzenie. Miała więc charakter zstępujący i obejmowała przede wszystkim członków rodziny. Toteż rodzina stanowiła podstawową instytucję społeczną, opartą na pokrewieństwie. Jej znaczenie wyrażało się w dwóch jej podstawowych funkcjach: prokreacyjnej i zabezpieczenia bytu, z tym że pierwsza z nich miała znaczenie podstawowe, druga zaś – wtórne. W społeczeństwie agrarnym warunki gospodarcze narzucały związanie funkcji zabezpieczenia bytu jednostki przede wszystkim z rodziną.

Rodzina, zarówno wieśniaka, jak też wojownika-rycerza, prowadziła osiadły tryb życia i związana była z własną gospodarką. Gospodarstwo rolne stanowiło także podstawę utrzymania większości dworów możnowładczych. Rodzina, a ściślej prowadzone przez nią gospodarstwo domowe zapewniało człowiekowi warunki egzystencji, a także wyznaczało jego pozycję społeczną. W związku z prokreacyjną funkcją rodziny duże znaczenie w jej strukturze odgrywał problem utrzymania przy życiu i wychowania nowego pokolenia. Wychowanie łączyło się wówczas ściśle z funkcjami gospodarczymi społeczności rodzinnej.

118

Splot tych czynników powodował ukształtowanie się trwałości struktury rodzinnej i tradycyjnego obyczaju w jej obrębie. Rodzina miała charakter patriarchalny, na jej czele stał ojciec. Pozycja żony w rodzinie zależała od posiadania potomstwa; jego brak mógł być przyczyną odesłania żony jej rodzicom jako bezpłodnej, a więc niezdolnej do wykonywania funkcji prokreacyjnej. Z uprzywilejowanego bowiem stanowiska mężczyzny w małżeństwie wynikało, że kobietę traktowano jako jedyną sprawczynię bezpotomności. Znaczenie pracy kobiety w obrębie gospodarstwa domowego sprawiało, co prawda, że nie zawsze rodzina decydowała się na rezygnację z niej; jednak pozostając w rodzinie męża, kobieta bezpłodna stawała się przedmiotem pogardy.

Kobieta-matka natomiast zajmowała w rodzinie przy boku męża pozycję wysoką: otaczał ją szacunek i liczono się z jej zdaniem. Po śmierci męża wdowa przejmowała opiekę nad nieletnimi dziećmi i niejednokrotnie zarządzała gospodarstwem domowym.[4] Zwyczajowe prawo polskie, spisane przez Krzyżaków, zastrzega uprawnienia wdowy po rycerzu do zachowania tej samej pozycji, którą miała w domu męża – naturalnie w razie istnienia potomstwa.[5] Ponieważ wspomniany spis prawa polskiego wyraźnie minimalizuje uprawnienia wdów, można sądzić, że były one pierwotnie szersze. Prawdopodobnie lepiej je oddają przekazy ustawodawcze z krajów sąsiednich, gdzie zarówno *Prawda Ruska*, jak dekrety królów węgierskich przyjmują jako zasadę uprawnienie wdowy do zarządzania domem i majątkiem zmarłego męża tak długo, jak długo pozostawała we wdowieństwie.[6]

W skład gospodarstwa rodzinnego, zwłaszcza zamożniejszego, oprócz rodziców i dzieci wchodziła też czeladź niewolna. Jej zadania w obrębie gospodarstwa rodzinnego uzupełniały zadania wykonywane przez członków właściwej rodziny, toteż traktowano ją zazwyczaj jak domowników. Charakterystyczne jest przy tym upodabnianie jej pozycji do pozycji dzieci. „Otrok" w językach słowiańskich oznaczał zarówno nieletniego syna, jak też niewolnika, podobnie „dziewka" mogła być córką lub służebną.[7] Wskazuje to także na wczesne wciągnięcie dzieci w obręb zajęć gospodarstwa domowego oraz na siłę władzy rodziców, przede wszystkim zaś patriarchalnej władzy ojca. W dobie przedchrześcijańskiej przysługiwało mu w praktyce prawo życia i śmierci w stosunku do całej podległej mu rodziny.

Wyniki gospodarowania określały warunki bytu rodziny. W tej sytuacji rodziny liczniejsze, posiadające więcej osób w wieku produkcyjnym, mogły posiadać większe gospodarstwo i osiągnąć większą zamożność. Rodziny mniej liczne znajdowały się w sytuacji trudniejszej. Zwłaszcza uszczuplenie rodziny przez ubytek z jej składu sprawnego gospodarza-mężczyzny lub gospodyni-kobiety prowadziło ją ku krawędzi zagrożenia.

Przed częstym upadkiem rodziny zabezpieczała ją w zasadzie trójpokoleniowa struktura. Normą było występowanie we wczesnośredniowiecznej rodzinie trzech pokoleń: ojca, żonatych synów i ich dzieci.[8] Taka trójpokoleniowa rodzina powstawała w naturalny sposób, wyznaczona przez długość życia ludzkiego. W średniowieczu, jak zresztą w ogóle w społeczeństwie agrarnym, związki małżeńskie zawierano wcześnie. U podstaw tego obyczaju leżała dążność do rozszerzania gospodarstwa domowego drogą zdobywania nowych rąk do pracy. Chodziło o przyspieszenie rodzenia się nowych pokoleń. Bodźcem do zawierania małżeństw miał być nacisk opinii, która za pełnoprawnych członków społeczności uznawała dopiero osoby pozostające w związku małżeńskim.

Model trójpokoleniowej rodziny znalazł odzwierciedlenie w polskim zasobie językowym. Należy tu zwłaszcza wskazać na związek etymologiczny terminu „dziad" z pojęciem dziedzictwa i dziedziczenia; w późnym zaś średniowieczu z mianem „dziedziny" jako gospodarstwa wieśniaka.[9]

3. Małżeństwo

Dominujące znaczenie więzów krwi we wczesno-średniowiecznym społeczeństwie powodowało, że człowiek ówczesny był przede wszystkim członkiem społeczności rodzinnej. Miejsce, które w niej zajmował, najczęściej wyznaczało jego miejsce w szerszej społeczności, przede wszystkim sąsiedzkiej, a więc plemiennej i opolnej. Dotyczyło to zarówno mężczyzny, jak i kobiety. Patriarchalny charakter rodziny sprawiał, że sytuacja mężczyzn była znacznie lepsza, ale niezależnie od płci pełnoprawne stanowisko w społeczeństwie owej doby uzyskiwał dopiero człowiek, który zawarł związek małżeński i posiadał potomstwo.[10]

Stanowisko mężczyzny w małżeństwie było dominujące. Obyczaj słowiański, ukształtowany w dobie poprzedzającej chrystianizację, powodował, że prawo ówczesne uznawało mężczyznę nie tylko za zwierzchnika rodziny, lecz także za jej posiadacza. Znalazło to wyraz w formie zawierania małżeństwa przez kupno żony.[11]

Przed chrystianizacją wśród Słowian rozpowszechnione było wielożeństwo. Wczesnośredniowieczne źródła wielokrotnie sprawę tę podkreślają. Szczególnie liczne żony mieli posiadać słowiańscy władcy. Według Fredegara, frankijski kupiec Samo, który stał się władcą pierwszego państwa słowiańskiego, miał mieć ,,12 żon z rodu Winidów, z których miał 22 synów i 15 córek".[12] Podobnie kilka żon miał przed przyjęciem chrztu książę Rusi Kijowskiej, Włodzimierz.[13] Jeszcze więcej, 24 żony, posiadał książę zachodniopomorski Warcisław.[14] Także pierwszemu historycznemu władcy Polski, Mieszkowi I, tradycja dworska, zapisana w początkach XII wieku piórem anonimowego kapelana zwanego Gallem, przypisywała 7 żon, które oddalił poślubiając Dobrawkę.[15]

Wielożeństwo u Słowian nie ograniczało się bynajmniej do rodzin panujących. Ruski latopis podkreśla, że Radymicze, Wiatycze i Siewierzanie miewali po kilka żon i przeciwstawia im jednocześ-nie obyczaj bardziej schrystianizowanych Polan kijowskich.[16] Misjonarz Pomorza Zachodniego, Otton Bamberski, nakazywał pozyskanym neofitom wybranie jednej z żon i oddalenie pozostałych.[17] Podporządkowanie się temu postulatowi Kościoła nie było jednak sprawą łatwą. Usunięcie żon bowiem prowadziło do zmniejszenia liczby domowników i zasobności rodziny, narażało też na konflikty z krewniakami żon odsyłanych. Nic przeto dziwnego, że mimo iż chrystianizacja Czech sięgała u schyłku X wieku bez mała trzech pokoleń, św. Wojciechowi jako biskupowi praskiemu nie udało się skutecznie wyplenić wielożeństwa swych wiernych.[18] W fakcie tym upatrywał biograf późniejszego misjonarza Prus jedną z przyczyn opuszczenia przez niego niewdzięcznej Pragi.

Piszący w XI wieku mistrz Adam z Bremy, autor *Dziejów Kościoła hamburskiego*, nazywa wielożeństwo ciężką chorobą pogańskich Słowian.[19] Nie stanowiło ono jednak bynajmniej specyfiki słowiańskiej, podobne stosunki panowały u Bałtów. O dwóch lub trzech żonach wspomina umowa dzierzgońska, zawarta między Krzyżakami a podbitymi przez nich Prusami w 1249 roku.[20] Był to więc obyczaj dość szeroko rozpowszechniony we wschodniej i północno-wschodniej Europie we wcześniejszym średniowieczu.

Jego zasięg był naturalnie ograniczony społecznie. Pogląd więc literatury, że wielożeństwo nie stanowiło dominującej formy w życiu rodzinnym pogańskich Słowian, wydaje się uzasadniony. Nie każdego bowiem stać było na kupno drugiej i trzeciej żony. Zwyczaj od dawna ukształtowany powodował, że nabycie żony czy też ożenienie syna stanowiło ewenement w życiu rodziny. Tradycyjna obyczajowość nakazywała kupno żony od jej rodziców, ale było to kupno inne niż kupno niewolnicy. Kupując niewolnicę płacono jedynie cenę człowieka i jego siły roboczej, przez kupno żony natomiast nawiązywano również stosunki powinowactwa z jej rodziną, a to liczyło się w społeczności plemiennej. Toteż cena żony kształtowała się proporcjonalnie do znaczenia nawiązywanego powinowactwa.

Co więcej, wydanie córki za mąż stanowiło obciążenie także dla gospodarstwa jej rodziców. Należyte bowiem wyposażenie stwarzało jedną z gwarancji jej pozycji i powodzenia w nowej rodzinie. Rozbudowane obrzędy ślubne, genetycznie sięgające czasów pogańskich, pozwalają twierdzić, że niemałe znaczenie, obok wyposażenia, miały uroczystości weselne, wśród nich tradycyjna uczta, do której ówczesne społeczeństwo, lubujące się w ceremoniach związanych z suto zastawionym stołem, przywiązywało dużą wagę.

Pisarze, charakteryzujący we wczesnym średniowieczu społeczeństwo słowiańskie, wielokrotnie podnoszą duże znaczenie zarówno posagu, jak i ceny żony. Rzadziej akcentują obrzędową stronę zawarcia małżeństwa. Także Ibrahim ibn Jakub, opisujący państwo Mieszka I i współczesne mu społeczeństwo słowiańskie, wiele miejsca poświęca tej sprawie. Zauważa on, że Mieszko I, którego dbałość o drużynę specjalnie podkreśla, starał się o należyte małżeństwa dzieci swych drużynników, wyposażając je odpowiednio.[21] Rozbieżności autorów, z których jedni zwracają uwagę na cenę kupna żony, inni zaś na ciężar wyposażenia panny młodej, można łatwo wytłumaczyć jednostronnym charakterem informacji, które uzyskiwali obcy pisarze. W każdym razie relacje te wyraźnie uwypuklają znaczenie małżeństwa w społeczności pogańskiej lub formalnie tylko schrystianizowanej.

Działalność Kościoła zapewne niewiele początkowo wpływała na charakter małżeństwa słowiańskiego. Liczne relacje z tego okresu informują o zawieraniu małżeństw między krewnymi, chociaż praktykę tę, podobnie jak wielożeństwo, Kościół nieustannie zwalczał. Jej źródeł możemy się dopatrywać w strukturze ówczesnej rodziny kilkupokoleniowej, gromadzącej w jednym dworze licznych krewniaków. Obyczaj oddalania żon przez mężów oraz częste wypadki przedwczesnej śmierci kobiet przy połogu sprawiały, że pan domu i gospodarstwa rodzinnego brał następne żony, zazwyczaj młodsze. Gdy po jego śmierci pozostawała w domu niestara macocha, brał ją niejednokrotnie za żonę jeden

149. Małżeństwo zawierane przed proboszczem; inicjał *O* w *Dekretałach* Grzegorza IX (f. 145 v); 2 poł. XIII w.

z synów zmarłego. Praktyka ta, zwalczana przez Kościół, przetrwała w życiu społeczności rolniczej dość długo, zwłaszcza na Rusi. Rozpowszechniony był również obyczaj brania żony po zmarłym bracie, najczęściej wspólnie gospodarującym.[22]

Te i tym podobne praktyki stanowiły wyraz tendencji zatrzymywania w rodzinie kobiet, których praca, a także posag przyczyniały się do wzrostu zasobności gospodarstwa. Z nimi też, być może, wiąże się postanowienie statutu króla węgierskiego Stefana Świętego, zabraniające przymuszania wdowy do wychodzenia za mąż.[23] Nie jest też wykluczone, że właśnie we wspomnianych obyczajach należy się doszukiwać źródeł opowieści autora czeskiej kroniki, dziekana katedry praskiej Kosmasa, który malował obyczaje małżeńskie pogańskich Słowian w sposób szczególnie drastyczny, twierdząc, że jego przodkowie praktykowali wspólne małżeństwa „jak nierozumne zwierzęta".[24]

Sytuacja kobiety w rodzinie męża nie była więc łatwa, tym bardziej że posiadał on nad nią absolutną władzę, z prawem karcenia, które w praktyce niejednokrotnie sięgało życia i śmierci. Traktowanie kobiety-żony jako własności męża znalazło najdobitniejszy wyraz w praktyce zabijania jej przy pogrzebie męża, poświadczonej przez wielu autorów, piszących o obyczajach Słowian przed przyjęciem przez nich chrześcijaństwa, między innymi przez Thietmara i Ibrahima ibn Jakuba.[25] Praktyka ta miała zapewne charakter bardzo ograniczony społecznie i zdarzała się głównie, jeśli nie wyłącznie, w rodzinach najmożniejszych. Ale strona obyczajowa, opisana przez cudzoziemskich narratorów lubujących się w egzotyce, wskazuje na rozbudowany w tych wypadkach ceremoniał. Kurhan zaś, Czarna Mogiła pod Czernihowem, stanowi, być może, jej materialne świadectwo.

O uśmiercaniu żon przez mężów mówi najwięcej ustawodawstwo królów węgierskich z XI–XII wieku. Możliwe, że mamy tu do czynienia z pewną specyfiką obyczajową Węgrów, którą władcy z dynastii Arpadów stopniowo ograniczali przez zaostrzanie sankcji karnych, lecz podobną sytuację można stwierdzić również w społeczności słowiańskiej. W Pradze czeskiej św. Wojciech miał ratować niewierną żonę, którą krewniacy męża usiłowali zabić, przed czym nieszczęsna szukała azylu w kościele.[26]

Jednakże obyczaje czeskie były pod tym względem wyraźnie łagodniejsze, a statuty księcia czeskiego Brzetysława, ogłoszone przez niego wspólnie z biskupem Sewerem w roku 1038 lub 1039, stanowiły: „Jeżeli zaś kobieta jawnie ogłosi, że nie jest nawzajem kochana, lecz niemiłosiernie przez męża swego bita i dręczona, będzie ogłoszony sąd Boży między nimi i kto uznany będzie winnym, zapłaci karę winy."[27] Otwierały więc wyraźnie możliwość odwołania się do władz publicznych przez kobietę.

Interwencja Kościoła w stosunki rodzinne i obyczajowość małżeńską datowała się już od wczesnego stadium chrystianizacji. Kościół, nie będąc jeszcze wrośnięty w miejscowe społeczeństwo, nie miał szans realizacji swych postulatów wyłącznie drogą oddziaływania ideologicznego. Toteż hierarchia kościelna zwracała się z prośbą o interwencję do władców świeżo schrystianizowanych państw. Tylko bowiem władca miał realną siłę, zapewniającą przynajmniej częściową egzekucję postulatów, formułowanych przez przedstawicieli nowo przyjętej wiary. Postulaty te nie były zaś łatwe do przyjęcia, gdyż dotyczyły podstawowych zasad życia społecznego i warstwy obyczajowej tradycyjnie z nimi związanej. Możemy więc mówić w większym stopniu o kierunkach oddziaływania Kościoła na strukturę rodziny i zasady życia rodzinnego niż o ich faktycznej realizacji, która rozkładała się na okres kilku stuleci.

Zwracanie się przez przedstawicieli Kościoła do władców z prośbą o interwencję w stosunki rodzinne sprawiło, że władza książęca uzyskała faktyczne uprawnienia w tej dziedzinie. Co więcej, jak możemy przypuszczać, we wczesnej fazie chrystianizacji Kościół był zainteresowany umocnieniem autorytetu panujących w tej dziedzinie.

Interweniując w sprawy zawierania małżeństwa, Kościół w pierwszym okresie swej działalności nie zastrzegał sobie bynajmniej praw uczestnictwa przy obrzędach małżeńskich, które odbywały się nadal w sposób tradycyjny.[28] Sytuacja ta jednak w późniejszym czasie uległa zmianie. W początkach XIII wieku, kiedy to Kościół dysponował już liczną kadrą kleru i ugruntowaną organizacją, starał się ograniczyć uprawnienia panujących w dziedzinie prawa rodzinnego. Ale przez długi czas uprawnienia te zdołały się już utrwalić. Znalazły one wyraz w poborze przez książąt świadczeń z tytułu zawierania małżeństwa w postaci podatków: „dziewiczego", „wdowiego" czy też rozpowszechnionego na późnośredniowiecznym Mazowszu „swadziebnego". Co więcej, powstanie i ugruntowywanie zależności społecznej poddanych i niewolnych, mieszkających w posiadłościach możnych, powodowało, że opłaty te nabierały charakteru opłat dominialnych, łączących się, jak należy przypuszczać, z faktem wychodzenia poza obszar dóbr kobiety poślubianej przez obcego mężczyznę.

Rosnąca przewaga Kościoła nad instytucjami świeckimi sprawiła jednak, że ostatecznie, w ciągu XIII wieku upowszechnił się na większości terytorium Polski sakramentalny charakter małżeństwa chrześcijańskiego, zawieranego w kościele parafialnym przed proboszczem panny młodej.

4. Gospodarka rodzinna

Rodzina była jednocześnie gospodarstwem i zespołem produkcyjnym, przy czym normalnie praca w gospodarstwie była podzielona między członków rodziny. Podział ten miał charakter archaiczny, wywodził się z czasów plemiennych. U jego podstaw leżało rozróżnianie zajęć męskich i żeńskich. Gospodarka rolna i hodowlana stanowiła w zasadzie dział męski, natomiast zajęcia domowe lub bezpośrednio związane z obejściem domowym należały do kobiet. W warunkach słabego zróżnicowania zawodowego i odgrywającego marginesową rolę obrotu dóbr, zwłaszcza na wsi, w ramach gospodarki rolnej było też prowadzone rzemiosło domowe. Znaczna jego część, szczególnie zaś tkanie i przygotowywanie odzieży, była wykonywana przez kobiety. Pod tym względem sytuacja nieprędko miała ulec zmianie. Jeszcze zwyczajowe prawo polskie, spisane pod koniec XIII wieku przez Krzyżaków, podkreśla, że własność kobiet stanowiły przybory tkackie: „Albowiem żony polskich rycerzy w przeważającej liczbie mają zwyczaj same tkać."[29] To samo w większej jeszcze mierze dotyczyło rodzin wieśniaczych. W związku z zarządzaniem gospodarstwem domowym, w którego skład wchodziła kuchnia, do kobiet też należały liczne zajęcia w obejściu. Mełły one zboże na żarnach, hodowały drób i niejednokrotnie pielęgnowały ogród warzywny.

Ważną wreszcie dziedziną pracy było niewątpliwie wychowywanie dzieci. Należało ono w całości do kobiet, póki dzieci były małe, natomiast wychowaniem chłopców w wieku późniejszym, którego dokładnej granicy zresztą nie znamy, zajmowali się mężczyźni; wdrażali oni nowe pokolenie męskie do życia, zarówno w gospodarce wiejskiej, jak też we władaniu bronią i łowiectwie. Ale nawet i starsi chłopcy niecałkowicie emancypowali się spod opieki kobiecej, której zadaniem było zarówno zapewnienie wyżywienia, jak też właściwe przyodzianie. Za to wychowanie dziewcząt w pełni należało do kobiet.

Duża śmiertelność dzieci, przede wszystkim, lecz nie wyłącznie, w wieku niemowlęcym, powodowała, że obowiązki związane z wychowaniem młodego pokolenia stanowiły znaczną część zajęć domowych. Dzieci wcześnie przyuczano do pracy domowej i w ogóle gospodarczej, powierzając im pasanie zwierząt i drobiu oraz pomocnicze zajęcia w ogrodzie, obejściu i domu. Starsze z nich brały spory udział w pielęgnacji młodszych.

Tak zorganizowana gospodarka rodzinna miała za zadanie zabezpieczenie bytu członków rodziny. Zamożność jej zależała w znacznym stopniu od wielkości. Gospodarstwo składające się z większej liczby osób, należące do rodziny trójpokoleniowej bądź też prowadzone wspólnie przez rodzeństwo, mogło być naturalnie gospodarstwem większym, a więc dającym większe gwarancje zabezpieczenia bytu i mniej narażonym na zachwianie w wypadku niespodziewanej śmierci któregoś z członków rodziny. Dlatego też charakterystyczne dla średniowiecza, zwłaszcza wcześniejszego, są niedziały rodzinne, obejmujące najczęściej wspólną gospodarkę trzech pokoleń: dziadków, ich potomstwa – przede wszystkim męskiego – i wnuków. Taka trójpokoleniowa rodzina jest charakterystyczna w ogóle dla gospodarki rolnej. Cechą natomiast znamienną dla epoki nas interesującej jest utrzymywanie się w gospodarstwie domowym większej liczby rodzeństwa. Niedział rodzinny dorosłych synów w wypadku śmierci rodziców stawał się najczęściej niedziałem braterskim, spotykanym bardzo często w rodzinach rycerskich i u wieśniaków uprawiających gospodarstwa prawem dziedzicznym.[30] Tu prawdopodobnie należy szukać źródeł braku zróżnicowania uprawnień starszego syna i młodszych jego braci, zarówno w życiu społecznym, jak w prawie dziedzicznym. Obyczaj ten jest charakterystyczny dla społeczeństwa polskiego, chociaż spotykamy go również w innych społeczeństwach słowiańskich. Znalazło to odbicie w języku; słownictwo słowiańskie nie zna rozróżnienia między starszym a młodszym bratem, podczas gdy w sąsiednich Węgrzech rozróżnienie takie istniało.

5. Ród

Szerszą grupę społeczną od rodziny stanowił ród. Pojęcie rodu znają wszystkie języki słowiańskie, co jest wyraźnym świadectwem dawności tej instytucji, opartej, podobnie jak rodzina, na więzach krwi. Zgodnie jednak z poglądem literatury trzeba przyjąć, że w okresie budowy państwowości i związanych z nią pośrednio jak i bezpośrednio instytucji nastąpiło ograniczenie funkcji społecznych rodu na rzecz instytucjonalnego awansu rodziny.

Ród, a ściślej mówiąc organizacja rodowa u różnych ludów tzw. prymitywnych często łączyła się z organizacją terytorialną. Znaczyło to, że obok faktycznej lub fikcyjnej więzi krwi członków rodu łączyła wspólnota zamieszkania. Spotykamy też w różnych społeczeństwach istnienie rozwiniętych norm, regulujących sposoby zawierania małżeństw między przedstawicielami różnych rodów. Znaczenie poszczególnych rodów nie było jednakowe. Niektóre z nich wyróżniały się spośród reszty większymi wpływami i bogactwem.

Stosunkowo dużo wiadomo o strukturze i funkcjonowaniu organizacji rodowej we wczesnośredniowiecznym społeczeństwie celtyckim. Natomiast informacja o znaczeniu struktury rodowej u plemion słowiańskich, a także bałtyjskich, pozostaje ograniczona. Stąd wiele twierdzeń literatury dotyczących znaczenia rodów u Słowian w okresie kształtowania się państwowości średniowiecznej

opiera się na wyciąganiu wniosków metodą analogii lub też na zasadzie konstrukcji schematów rozwoju struktur społecznych. Dokładniejsze informacje mamy jedynie o tzw. rodzie możnowładczym. Bliższa ich analiza w wypadku, gdy źródła umożliwiają jej przeprowadzenie, pozwala stwierdzić, że chodzi tu jedynie o rozbudowaną rodzinę.[31]

Powstaje pytanie, czym wytłumaczyć ubóstwo informacji, dotyczących rodu w szerszym znaczeniu tego słowa. Czy należy upatrywać przyczyn tego zjawiska w skromnym zasobie źródeł pisanych? Nie negując znaczenia tego faktu, nie można ograniczać wnioskowania do tego stwierdzenia. Jak się zdaje, źródła dotyczące Słowian ukazują małe znaczenie organizacji rodowej w strukturze ówczesnego społeczeństwa. Mogła ona wyniknąć ze słabego ugruntowania struktury rodowej już w społeczeństwach plemiennych doby wcześniejszej.

Rozwój struktury rodowej w obrębie społeczności plemiennej wymaga znacznego już stopnia zaawansowania rozwoju struktur społecznych. Okrzepnięcie zaś struktury rodowej w społeczeństwie wymaga dłuższego okresu jego trwania. Doskonale widać to na przykładzie Celtów. Czy wczesnośredniowieczne społeczeństwa słowiańskie żyły w warunkach umożliwiających okrzepnięcie struktury rodowej lub tylko jej konserwację, trudno stwierdzić. Jedno zdaje się nie ulegać wątpliwości: okres wędrówek słowiańskich przypadł na czasy dużych przemieszczeń i zmian kulturowych, a także etnicznych. Udział Słowian w tych migracjach i podbojach nie zawsze sprzyjał zachowaniu struktury rodowej z doby wcześniejszej. Sytuacja powstała na skutek wędrówek słowiańskich rychło ograniczyła możliwości rozwoju rodu, co więcej, możemy znaleźć przesłanki wskazujące na istnienie warunków nie sprzyjających rozwojowi struktury rodowej. Wśród nich wymienić należy dyferencjację społeczną, rozwój organizacji państwowych i związane z nim przesiedlenia itd. Sprawa wymaga dalszych badań.

B. SĄSIEDZTWO – SPOŁECZNOŚĆ LOKALNA

1. Pojęcie i formy więzi sąsiedzkiej

Więź sąsiedzka ma duże znaczenie w życiu partykularnej społeczności. Łączy krewniaków i ludzi obcych, mieszkających w pobliżu. Dla więzi krwi ważny jest stosunek pokrewieństwa rzeczywistego i fikcyjnego, natomiast dla sąsiedztwa – bliskość zamieszkania.

Sąsiad to człowiek siedzący wspólnie z innymi; są-, podobnie jak z(e), oznacza wspólność. Prefiks ten znany jest we wszystkich językach słowiańskich; występuje u Słowian wschodnich i zachodnich, znany też jest cerkiewnosłowiańskiemu.[32] Więź sąsiedzka jest więc związana z zamieszkaniem, a jej początki równie dawne jak i samo sąsiedztwo.

We wczesnym średniowieczu mała mobilność ludzi, stosunkowo rzadkie zaludnienie i rozproszenie sió[d]ł, znajdujących się w niewielkich zazwyczaj skupiskach, nadawały znaczenie związkom partykularnym, powstającym na zasadzie sąsiedztwa w obrębie najbliższych osiedli. Powstawała w ten sposób organizacja lokalnej społeczności, którą dostrzegamy jako związek terytorialny. Miał on znaczenie także dla szerszych organizacji, jak plemię i państwo oraz Kościół – zwłaszcza we wczesnej fazie chrystianizacji. Związek lokalny-sąsiedzki ułatwiał kontakt między partykularną społecznością i instytucjami świata zewnętrznego. W miarę jak siła tego związku rosła, następowało podporządkowanie społeczności lokalnej organizacjom politycznym. Plemię, później państwo narzucały grupom lokalnym zadania związane z prowadzeniem wojen, a także zapewnieniem bezpieczeństwa. Wymagały też świadczeń, początkowo niestałych, uchwalanych przez władze plemienne, następnie stałych, określanych decyzją władców i możnych. Ich wyegzekwowanie spadało na organizację sąsiedzką. Występowała więc ona jako forma organizacji wewnętrznej i jako reprezentacja lokalnej społeczności na zewnątrz. Ten dwojaki charakter funkcji powodował współzależność rozwoju związku lokalnego i organizacji politycznej we wczesnym średniowieczu.

Dlatego, choć więź sąsiedzka jest dawna, organizacje lokalne u Słowian wykształciły się stosunkowo późno. Wskazuje na to wyraźnie zróżnicowanie ich nazw w poszczególnych językach. Plemiona zachodniosłowiańskie używały dwóch nazw organizacji lokalnej: osada i opole. Obydwie występują też na ziemiach polskich. Ale na południu (Morawy, Czechy, Łużyce) znana jest wyłącznie „osada", a w Wielkopolsce jedynie „opole".

Nazwy te nie uwidaczniają roli sąsiedztwa. Więź sąsiedzka nie stanowiła więc specyfiki tych organizacji. Jeżeli nazywamy je sąsiedzkimi, czynimy to w sposób do pewnego stopnia umowny, by przeciwstawić je innym organizacjom o charakterze partykularnym. Wyrażamy jednocześnie przekonanie, że w okresie kształtowania się państwowości i monarchii wczesnośredniowiecznej procesy integracyjne osłabiły więzy wcześniejsze (ród, plemię), ale nie zdołały jeszcze nadać znaczenia nowym formom związków spajających później społeczności lokalne, jak więź państwowa i gospodarcza (rynkowa), więź religijna (Kościół), dominialna.

W warunkach zmian związanych z tworzeniem monarchii i zróżnicowanego społeczeństwa więź sąsiedzka nabrała szczególnego znaczenia. Powstawała bowiem stosunkowo łatwo i mogła przynajmniej częściowo zrekompensować osłabienie więzi wcześniejszych, związane z migracjami, przesiedleniami i wreszcie wzrostem mobilności jednostek i całych grup społecznych, degradowanych lub – rzadziej – awansujących.[33]

W języku dokumentów, pisanych w XIII wieku rękami kleryków i uzyskujących autorytet władzy książęcej, „opole" i „osada" występują zazwyczaj pod różnymi określeniami łacińskimi. Nazywa się je prowincją w wypadku, gdy terytoria opolne odgrywają rolę w administracji państwa, zwłaszcza w Wielkopolsce, ale także w innych dzielnicach, głównie gdy mowa o majątkach latyfundialnych będących własnością kościelną, tworzących osobne opole.[34] Inne używane terminy, jak *vicinia, vicinitas, convicinitas*, oznaczają sąsiedztwo. Określenia te nie są więc dosłownym tłumaczeniem pojęć rodzimych i są znamienne dla spojrzenia od zewnątrz, od środowiska władzy na związek lokalny.

Gdy akty te spisywano, istniały już także inne instytucje organizujące sąsiedztwo, przede wszystkim okrąg grodu kasztelańskiego, czyli kasztelania, oraz poddańcza gmina wiejska, parafia, lecz w przeciwieństwie do związku lokalnego miały one instytucjonalno-formalny charakter i były wyraźnie związane z władzą zwierzchnią. Co więcej, obejmowały tę samą strefę społeczną i terytorialną co opole i osada. Tworzyły więc jakby kolejno, w miarę rozwoju, nakładające się warstwy, obejmujące ten sam teren i tę samą społeczność, lecz pod kątem innych jej obowiązków i funkcji.

Ta wielowarstwowość organizacji partykularnych, narastająca historycznie, nadawała więzom sąsiedzkim charakter zróżnicowany społecznie i funkcjonalnie. Wpływała też na stopniowe ograniczanie roli opola i osady. Pojęcie *vicinia, vicinitas* jest wieloznaczne, może obejmować zarówno organizację lokalną, jak samo sąsiedztwo. Organizacja lokalna stawała się związkiem szerszym terytorialnie, toteż pojawiła się konieczność odmiennego określenia sąsiedztwa bliższego; już w 1228 roku autor notatki na odwrocie dokumentu księżny Grzymisławy, wdowy po Leszku Białym, podkreśli: *coram vicinitate circumiacentium* – „wobec sąsiedztwa wokoło otaczającego".[35]

Sąsiedztwo miało znaczenie także na ludnym podgrodziu wczesnośredniowiecznym (Wrocław, Kraków, Poznań, Opole, Gdańsk i inne) i we wczesnych gminach lokacyjnych zarówno Wrocławia i Krakowa, jak też małego Skaryszewa czy Sieciechowa. W każdej z tych społeczności inne warunki kształtowały solidarność wewnętrzną, inaczej zarysowały się antagonizmy i stosunek do świata zewnętrznego.

2. Opole

Termin „opole", określający związek lokalny, jest charakterystyczny dla strefy leśnej niżu środkowoeuropejskiego. W jej obrębie istniały i powstawały większe i mniejsze pola-polany, na których ówcześni rolnicy budowali swe sio[d]ła i uprawiali grunty systemem gospodarki przemienno-odłogowej. Wymagał on użytkowania znacznego terenu, część niw bowiem porzucano po kilku latach i wypalano nowe ziemie, które dzielono następnie drogą losowania między współgospodarzy jednego sio[d]ła lub może paru sąsiednich. Stąd gospodarstwo wiejskie, a ściślej jego grunty, zwano w Polsce i w krajach sąsiednich „źrebiem", czyli „losem" (łac. *sors*).

System podziału przez losowanie występował także później przy wyznaczaniu płos w niwach poddańczych gmin wiejskich i przy podziałach majątków w Polsce późnośredniowiecznej. Unikano w ten sposób zatargów i pretensji o lepszy lub gorszy kawałek gruntu. Losowanie we wczesnośredniowiecznej mentalności nabierało też charakteru wróżebnego, toteż użytkownik gruntu godził się na to, co wyznaczył mu sam los.

W okresie znanym nam ze źródeł, przede wszystkim w XIII wieku, źrebia bywały różnej wielkości, zależnie od wielkości rodziny i sprzężaju, jakim dysponowała. Dopiero w XIV–XV wieku spotykamy przykłady zrównywania źrebia z łanem. Dlatego też źrebia nie były przedmiotem opodat-

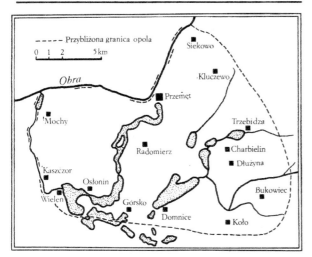

150. Opole przemęckie

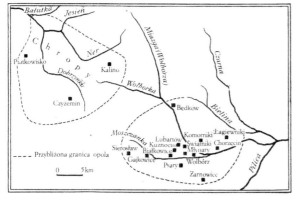

151. Opole wolborskie

kowania, podobnie zresztą jak sio[d]ła, w których mieściły się dwory, czyli gospodarstwa ich użytkowników.

Pojęcie „dwór" ma zasięg ogólnosłowiański, a pochodzi stąd, że całe gospodarstwo, to znaczy bydło, zapasy itp., znajdowało się na dworze, czyli na zewnątrz mieszkania. Sio[d]ło było miejscem, w którym znajdowały się dwory lub też jeden tylko dwór – mówimy wówczas o sio[d]le jednodworczym. Od sio[d]ła pochodzi też nazwa siedliska, czyli gruntu (działki), na której gospodarz zakłada swój dwór wraz z ogrodem uprawianym w pobliżu.

W pojęciu „o-pole" dostrzegamy element skupienia lub ograniczenia wokół pola. Widoczne tu jest podobieństwo do germańskiej marki, oznaczającej społeczność sąsiedzko-lokalną, z tym że marka w sensie ściślejszym oznaczała jej granicę, a dokładniej: znak utwierdzający granicę. Dla wczesnośredniowiecznej marki, znanej lepiej z IX–X wieku na terenie południowych Niemiec, moment rozgraniczenia był więc szczególnie istotny, co łączyło się z większą gęstością zaludnienia kraju.

Zasięg opola na ziemiach polskich wyznacza rozrzut nazw miejscowych „Opole", wyraźnie z nim związanych. Znamienna jest przy tym ich nieobecność do przełomu XI/XII wieku na terenie Wielkopolski, gdzie organizacja opolna przetrwała stosunkowo najlepiej aż do późnego średniowiecza. Ale już bulla z 1136 roku wymienia wśród miejscowości należących do arcybiskupa w okolicach Żnina ludną wieś o nazwie Opole.[36] Nazwa ta jednak później zaginęła. Widocznie na obszarze nasyconym instytucją opola nie stanowiła cechy ułatwiającej identyfikację miejscowości.

Nazwy miejscowe „Opole" przetrwały natomiast w strefie pogranicza występowania tej instytucji, a więc na wschodnim Mazowszu od strony Podlasia, na północno-wschodniej Lubelszczyźnie, a także na jej obszarze południowym (Opole Lubelskie). Opole na Śląsku jest najbardziej na południe usytuowaną nazwą tego typu. Wiąże się z nim poświadczona w IX wieku nazwa śląskiego plemienia Opolan, która pochodzi może stąd, że w przeciwieństwie do plemion sąsiednich określali oni organizację sąsiedzką jako opole, a nie jako osadę.

Początkowych rozmiarów opola nie znamy. Być może, odpowiadało mu staropruskie pole (*lauks*), znane ze źródeł krzyżackich, opisujących podbój plemion pruskich. Badania H. Łowmiańskiego, kontynuowane przez M. Pollakównę, pozwoliły ustalić, że obszar takiego pola, stanowiącego najniższą organizację sąsiedztwa, był niewielki.[37] Na jego terenie powstawała później (XIV w.) jedna większa wieś czynszowa, rzadziej kilka mniejszych. Była to więc społeczność nieliczna. Kilka pól tworzyło obszar zwany w źródłach łacińskich *terra*, *terrula* (ziemia, mała ziemia), który z kolei stanowił część terytorium plemiennego. Podobnie opola były zapewne początkowo niewielkie i odpowiadały im, jak można przypuszczać, małe skupiska osadnicze, znane z badań archeologicznych południowej Wielkopolski; nad środkową Obrą liczyły po kilka sió[d]ł kilkudworczych.

Powstawały naturalnie także skupiska liczniejsze, tworzące ośrodki lokalnych społeczności, których ślady znaleziono również w tych samych okolicach nad Obrą. Już więc we wczesnym średniowieczu opola nie były jednakowe pod względem rozległości i liczby mieszkańców.

Przyjmując, że w obrębie niewielkiego skupiska – pola – mogło znajdować się około 5 sió[d]ł przeciętnie po 5 dworów, otrzymalibyśmy około 25 gospodarstw rolniczych na jedno pole. Ta orientacyjna liczba odpowiada w przybliżeniu wielkości późnośredniowiecznej gminy wiejskiej.

Ponieważ ówczesne rodziny były liczne, w gospodarstwie mieszkali często nie wydzieleni synowie i bracia wraz z własnymi rodzinami, przeto nie można przyjąć przeciętnej liczebności dworu na 6 osób, jak to się czyni w szacunkach demograficznych dla czasów późniejszych. Przypuszczamy, że przeciętna ta była znacznie wyższa, choć może nie sięgała ona 10 osób na gospodarstwo. Otrzymamy wówczas 150–250 mieszkańców, zapewne około 200, jako zaludnienie niewielkiego pola-opola, obejmującego zazwyczaj kilka sió[d]ł, niezbyt od siebie odległych. Szacunek ten ma, oczywiście, tylko charakter orientacyjny, ma uzmysłowić rząd wielkości małej grupy sąsiedzkiej.

Naturalnie, w życiu społeczności plemiennej większe znaczenie miały liczniejsze skupiska osadnicze, ale także i te niewielkie wznosiły na swoim obszarze gródki, znane z badań w południowej Wielkopolsce, na przykład Daleszyn czy Boniko-

wo, a w innych częściach niżu polskiego, na przykład na Mazowszu, Bródno Stare pod Warszawą, lub Szeligi pod Płockiem.[38] Dla małej społeczności był to znaczny wysiłek, wymagający sprawnej organizacji pracy. Jego podjęcie mógł spowodować jedynie wzrost zagrożenia. Budowa i konserwacja takiego umocnienia przyczyniały się do konsolidacji więzi społeczności lokalnej i nadawały jej znaczenie w organizacji samoobrony.

Wobec grupy słabo zróżnicowanej społecznie i zawodowo, natomiast bardziej rozproszonej, gospodarującej w sposób swobodniejszy, ale bardziej prymitywny i na większym terenie, organizacja lokalna we wczesnym średniowieczu spełniała funkcje zbliżone do funkcji późniejszej gminy wiejskiej. Istnienie znacznej zazwyczaj rezerwy gruntów umożliwiało powiększanie terenów uprawnych. „Wody, lasy i naturalnie łąki należały jeszcze do całej wspólnoty, dopóki monarcha nie przejął tych uprawnień z racji skupienia w swych rękach całości interesów ogólnospołecznych i funkcji."[39]

3. Osada

Opole było charakterystyczne dla północnej strefy naszych ziem, osada natomiast dla południowej. Zróżnicowanie to jest śladem istnienia kulturowych odrębności między obydwiema częściami kraju. O osadzie wiemy bez porównania mniej niż o opolu, zwłaszcza wielkopolskim. Nie odegrała bowiem podobnej roli w organizacji państwa jak opole na ziemiach polańskich.

Nazwa „osada" łączy się z funkcjami organizacji lokalnej, ściślej ze sprawą osadzania nowych rodzin spośród mieszkańców sąsiedztwa jak też przybyszów, pragnących zamieszkać i prowadzić życie osiadłe. Uznanie ich i osadzenie miało duże znaczenie w tradycyjnej społeczności.

Podobnie jak opole, również osada była początkowo organizacją niewielką. Świadczą o tym najstarsze przekazy o organizacji lokalnej na ziemiach serbsko-łużyckich w X wieku, które odnajdujemy w dyplomach władców niemieckich z dynastii saskiej, od Ottona I poczynając. Osada występuje w nich pod niemieckim określeniem „marka"; stąd część badaczy niemieckich (m.in. W. Schlesinger) sądziła, że Serbowie zapożyczyli tę instytucję ze świata germańskiego. Osady zjawiały się w dokumentach cesarskich, gdy stanowiły przedmiot nadań na rzecz dygnitarzy lub instytucji kościelnych.

Osadę łużycką określały zazwyczaj dokumenty słowiańską nazwą miejscową identyczną z nazwą jej głównego osiedla (*villa*), które nie musiało mieć charakteru zwartego, i nie jest wykluczone, że składało się z kilku sió[d]ł. Szczególnie instruktywne są dokumenty dotyczące nadania trzech osad-marek w roku 951, noszących nazwy patronimiczne: Uuisseuulci, Uuitouulci i Sublici. Trzy te osady składały się z siedmiu miejscowości słowiańskich wyłącznie o nazwach patronimicznych.[40] Jest to wyraźne świadectwo roli związków krwi w sąsiedztwie wczesnośredniowiecznym.

W języku polskim późniejszego średniowiecza terminu „osada" używano także w znaczeniu społeczności, wspólnoty społecznej. Mógł on oznaczać parafię lub diecezję (*Rozmyślania przemyskie*) czy w ogóle społeczność chrześcijańską, jak w zwrocie „osada krześciańska" – *communitas christiana*.[41]

Przez osadę rozumiano więc przede wszystkim organizację ludzi, którzy tworzyli społeczność-wspólnotę. Zwykło się podkreślać jej terytorialny charakter, mówiąc o niej jako o wspólnocie terytorialnej, w rzeczywistości jednak ważniejszą jej cechę stanowiło poczucie solidarności. Ono właśnie zadecydowało o karierze pojęcia osady.

W poczuciu ówczesnych ludzi osada oznaczała więc grupę społeczną o silnej więzi wewnętrznej. To znaczenie terminu zachowało się i później; w XVI wieku „osada polska" oznaczała społeczność polską. Podobnie w językach południowoamerykańskich (Chile, Boliwia) słowo *pueblo* oznacza zarówno „osada" jak i „naród". Stanowi to wymowne i dotychczas nie dostrzeżone świadectwo znaczenia związku lokalnego w średniowieczu, rzucając także światło na jego wewnętrzny charakter.

Kariera pojęcia „osada" w zakresie jego znaczeń metaforycznych ukazuje, jak ważną rolę w życiu ówczesnych ludzi odgrywała społeczność lokalna i jej organizacja. W potocznym rozumieniu była ona właściwą społecznością – jak byśmy dziś powiedzieli: społeczeństwem globalnym – w jej bowiem ramach upływało życie przeważającej części mieszkańców. Nie było to nawet kwestią horyzontu lokalnego, choć i on grał niemałą rolę, lecz przede wszystkim świadomości, że związek lokalny to świat ludzi swoich, znanych i bliskich, w przeciwieństwie do świata zewnętrznego, z którym nie łączą ani więzy krwi, ani poczucie solidarności sąsiedzkiej. Jeżeli tak spojrzymy na związki sąsiedzkie, to okaże się, że zbiorowa odpowiedzialność opola, osady czy wierwi w wypadku nieznalezienia złoczyńcy lub zgubienia jego śladu była nie tylko środkiem represji, lecz otwierała możliwość ochrony jednostki.

4. Rozrost związków sąsiedzkich

O ile rodzime nazwy organizacji lokalnej nie uwypuklają jej charakteru sąsiedzkiego ani aspektu terytorialnego, o tyle w języku pisanym, po łacinie, „opole" i „osada" występują pod terminami *vicinia*, *vicinitas* lub *provincia*. Spotykamy je w dokumentach spisywanych przez duchownych i sankcjonowanych przez władców. Terminy te zatem znamionują spojrzenie od zewnątrz, od strony społeczności szerszej, zwłaszcza od strony środowiska sprawującego w niej władzę. Zresztą wiadomości o nich czerpiemy ze źródeł od XIII wieku poczynając. A wówczas już rozbudowane zostały nowe instytucje świata politycznego (administracja pań-stwowa), religijnego (organizacja Kościoła) i zdy-ferencjonowanego klasowo społeczeństwa (włas-ność dominialna, gmina wiejska). Spowodowały one utratę wielu funkcji przez wcześniejszą organi-zację lokalną, co wydobyło ponownie na plan pierwszy rolę więzi sąsiedzkiej, wykorzystywanej przez świat zewnętrzny, zarówno gdy odwoływano się do pamięci sąsiadów, gdy wymagano od nich świadczeń na rzecz władzy, a także gdy obciążano ich odpowiedzialnością za zbiegłego lub nie ustalo-nego złoczyńcę. Przy zmianach własności zatwier-dzanych w obecności sąsiedztwa zaznaczano cza-sem, że chodzi tu o sąsiedztwo bliższe.[42] W wypad-ku zaś, gdy terytoria opolne odgrywały rolę w ad-ministracji państwa, określano je terminem *provin-cia*. A zatem również w języku łacińskim organiza-cję sąsiedzką, lokalną, określano różnymi termina-mi, często w zależności od funkcji, o których akt mówił.

Opola-osady znane z tych aktów i źródeł późnośredniowiecznych poważnie różnią się także wielkością od wczesnośredniowiecznych. Są znacz-nie rozleglejsze. Różnicę tę dostrzegano niejedno-krotnie, rzadziej jednak podejmowano próby jej wytłumaczenia.[43] Niewątpliwie łączenie niewiel-kich osad i opoli zdarzało się. Ale proces koloniza-cji wewnętrznej powodował także poszerzanie za-gospodarowanego przez nie terytorium.

Wobec braku odpowiednio wczesnych źródeł polskich odwołujemy się ponownie do przykładów serbsko-łużyckich z X wieku. Jak wiemy, już w ro-ku 951 trzy osady-marki serbsko-łużyckie w okrę-gu Zerimunty posiadały razem siedem miejscowo-ści o osobnych nazwach słowiańskich; przynależ-ność ich do poszczególnych osad wyraża się stosun-kiem 1:3:3. W dwóch większych osadach założono przed rokiem 951 pięć wsi kolonistów niemieckich o nazwach zakończonych charakterystyczną koń-cówką *-dorf*, z wyjątkiem jednej. Na skutek tego powiększyła się wielkość osad i wzrosło ich zróżni-cowanie, które wyrażało się teraz stosunkiem 1:4:7. A zatem kolonizacja, zarówno wewnętrzna,

jak i zewnętrzna, niemieckich przybyszów, prowa-dziła do znacznego powiększania obszaru osad. Szczególnie instruktywny był rozwój osady Sublici, która początkowo składała się tylko z jednego osiedla. Później, w ramach tego osiedla, powstały dwie dalsze miejscowości, także o nazwie Sublici, wreszcie cztery wsie przybyszów niemieckich.[44] Formalizując i upraszczając do pewnego stopnia sprawę, możemy powiedzieć o siedmiokrotnym powiększeniu osady-marki, i to w okresie przed połową X wieku.

Podobnie na ziemiach polskich kolonizacja prowadzona przez władcę – osadnictwo brańców, tworzenie osiedli zamieszkanych przez wojowni-ków na pograniczach państwa i inne podobne akcje – przyczyniły się do powiększania związków lokal-nych.

Ale różnice między wielkością wczesnośred-niowiecznych pól-opoli i opoli z XIII wieku były zbyt duże, by sprawę tłumaczyć jedynie rozrostem wcześniejszych organizacji lokalno-sąsiedzkich. W grę wchodziły zapewne reformy organizacyjno--administracyjne, dokonywane przez władzę poli-tyczną w długim, co najmniej trzy stulecia trwają-cym okresie jej działalności (X–XII w.), pozbawio-nym dokumentacji źródeł pisanych w tej kwestii. W tym okresie przestały istnieć większe od opoli i osad terytoria grodowe wczesnego średniowiecza, które pełniły rolę także związków partykularno-są-siedzkich. Ich miejsce w organizacji państwowej zajęły okręgi kasztelańskie. Natomiast w zakresie organizacji sąsiedzkiej opola i osady były znacznie rozleglejsze i bez porównania liczniejsze niż uprzednio. W XIII wieku na terenie poszczegól-nych kasztelanii wielkopolskich znajdowało się po kilka opoli, na przykład w południowo-zachodniej części kasztelanii lędzkiej znajdowały się opola z czołami w Lądku, Sławsku i Białej, a w północno--wschodniej jej części opole w Zbarze (dzisiejszym Wiśniewie). Odległości między poszczególnymi czołami opolnymi wynosiły po kilkanaście kilome-trów w linii prostej. Opola obejmowały zazwyczaj obszar od 100 do 250 km^2, wliczając w to lasy i nieużytki. Na terenie opola mieściło się zazwyczaj kilkanaście wsi. Największa ich liczba – 41 – znajdowała się w opolu chojnickim, być może w wyniku połączenia wcześniejszych związków opolnych, znajdujących się z dwóch stron Warty.[45]

Do władcy należała decyzja o przynależności danej wsi do tego czy innego opola, mógł ją zmieniać mocą swego rozporządzenia; wyjmował też na zasadzie immunitetu posiadłości kościelne z organizacji opolnej, tworząc osobne opola majątkowe, często nie posiadające zwartego terytorium. Panujący traktował więc związki opolne pod tym względem podobnie jak organa systemu administracyjnego (okręgi grodowe, nadrzędne prowincje).

5. Ewolucja związków sąsiedzkich

Spośród organizmów wczesnopaństwowych na ziemiach polskich jeden tylko zachował nieprzerwany, ewolucyjny cykl przekształceń, które doprowadziły do utworzenia monarchii wczesnośredniowiecznej. Było nim państwo Polan. Nie jest więc kwestią przypadku, że w średniowiecznej Wielkopolsce organizacja opolna zachowała największe znaczenie i w tej właśnie dzielnicy istniała osobna danina w postaci wołu i krowy, składanych corocznie przez opole na potrzeby władcy. Państwo polańskie powstało z plemienia składającego się z takichże opoli, naturalnie mniejszych i posiadających mniejszą liczbę gospodarstw niż opola w XIII–XIV wieku. Stąd ciężar daniny wołu i krowy w dobie wcześniejszej był proporcjonalnie większy, a jeśli uwzględnimy mniejszą zamożność społeczną, to takie obciążenie okaże się jeszcze dotkliwsze.

Bydło w okresie archaicznym utożsamiane było z majątkiem. Dlatego też woły stanowiły przedmiot trybutu we wczesnym średniowieczu w stosunkach międzynarodowych. Jeśli przyjmiemy, że władcy polańscy pobierali w X wieku wołu i krowę od każdego ze stu opoli,[46] to okaże się, że świadczenie z tego tytułu uzyskane stanowiło znaczny majątek. Tu też należy szukać przyczyny zachowania go do późnego średniowiecza. Należało wówczas do głównych obciążeń organizacji opolnej. W 1294 roku przed księciem Przemysłem II, w obecności jego baronów, stanął opat cystersów w Lądzie, Gerard, i stwierdził, że jest „dręczony gwałtownością skarg wnoszonych przez opola z Kościoła (Lądku), Bielska i Sławska, które uważają, że wsie klasztorne powinny z nimi stawać w świadczeniu opola, to znaczy krowy i wołu", od czego na zasadzie starych przywilejów miały być zwolnione.[47] Mnisi zaś lubińscy twierdzili, iż władca wyłączył ich posiadłość z opola, a ponadto darował im „na zawsze krowę i wołu, które corocznie należały do naszego [mianowicie książęcego] stołu z ich opola".[48]

Sposób rozwoju państwa Polan i warunki uzależnienia, a następnie wchłonięcia przez nich innych organizacji wczesnopaństwowych stały się zapewne przyczyną powstania różnic między funkcjami skarbowymi opola w Wielkopolsce i w pozostałych dzielnicach. Brak specjalnej daniny opolnej nie oznacza jednak, by zwłaszcza w dobie wcześniejszej inne ciężary nie były ściągane systemem opolnym.

Funkcje państwowe opola (osady) na ziemiach polskich spowodowały większą i dłuższą jego żywotność w Polsce niż w innych krajach zachodniosłowiańskich – w Czechach, Słowenii, na Łużycach. Nie bez znaczenia był tu również powolny rozwój wielkiej własności dominialnej, widoczny w większym i dłuższym właśnie u nas zachowaniu systemu źrebiowego, o którym na przykład w notycjach i dokumentach czeskich nie zachowały się w ogóle wiadomości.[49]

Zbliżoną rolę odegrała funkcja poświadczeniowa sąsiedztwa. W społeczeństwie nie znającym pisma stwierdzenie faktu było możliwe jedynie na podstawie odwołania się do pamięci społecznej. Sąsiedzi bowiem, zarówno bliżsi, jak i dalsi, też mieszkańcy związku lokalnego, winni wiedzieć, kto gdzie mieszkał i kto posiadał prawa do użytkowania gruntów. Pamięć sąsiedztwa powoływano jeszcze w XIII wieku do spraw tak pozornie odległych od codziennego życia ówczesnych ludzi, jak ustalenie stawek taryfy celnej w wypadku, gdy uległ zagładzie zapis utrwalający (Pomnichowo).[50] Zeznanie sąsiedztwa w takiej sprawie nabierało charakteru obowiązującego publicznie i zostawało utwierdzone aktem książęcym. Naturalnie stwierdzenie świadectwa błędnego, czyli niezgodnego z rzeczywistością, powodowało sankcje karne oraz ponowne rozpatrzenie sprawy. Kary te, znane z późnośredniowiecznych ksiąg sądowych Wielkopolski, musiały mieć poważne znaczenie w XIII wieku, skoro ich podział omawiano osobno w akcie ugody, zawartej w roku 1249 między kapitułą wrocławską i księciem, dotyczącej uprawnień w kasztelanii milickiej.[51]

System poświadczeń związany był z publicznym ogłoszeniem decyzji dotyczących zmian własności, a także osadzania ludzi na źrebiach, znajdujących się w obrębie danego sąsiedztwa. Była to jedna z form prawnego i faktycznego utwierdzania stanu posiadania, a nawet użytkowania tylko.

Zrozumiałe stają się funkcje reprezentacji sąsiedztwa (opole, osada) przy rozgraniczaniu terenów należących do wielkiej własności ziemskiej, zapoczątkowanym na ziemiach polskich w XII stuleciu. Przeprowadzanie linearnej granicy wielkiej własności było *novum* w życiu społecznym. Podejmowano je na podstawie decyzji władcy. Wszystkie rozgraniczenia w XII i na początku XIII stulecia, o których sposobie przeprowadzania jesteśmy lepiej poinformowani, sankcjonowane były decyzją panującego, który albo brał osobiście udział w ujazdach, czyli objeżdżaniu granic związanym z ich wytyczeniem, albo też delegował do tego celu swego przedstawiciela, początkowo z kręgu dygnitarskiego.

Rozgraniczanie wprowadzało zasadniczą zmianę w stosunkach panujących na terenie związ-

ku sąsiedzkiego. Najstarsze znane ujazdy z drugiej połowy XII i początków XIII wieku obejmowały tereny należące do instytucji kościelnych i do możnych, ale już w drugiej połowie XIII stulecia na Śląsku spotykamy także ujazdy obejmujące miejscowości wchodzące w skład posiadłości książęcych.

Związek sąsiedzki o charakterze opola był zapewne początkowo związkiem powszechnym. Jeszcze dokument Mieszka Starego, dotyczący sąsiedztwa radziejowskiego w końcu XII wieku, wyraźnie wspomina, że do *vicinitas* należeli możni i lud prosty *(nobiles et simplices).*[52]

W przewadze rycerski charakter ma sąsiedztwo znane z dyplomów związanych ze sprzedażą działów w Dzierżkówku koło Skaryszewa, sporządzonych w pierwszych latach po zabójstwie Leszka Białego. Wystawiane z okazji zjazdów politycznych, które odbywały się wówczas w Skaryszewie z udziałem wdowy po Leszku, księżnej Grzymisławy, Konrada Mazowieckiego i innych przedstawicieli środowiska władzy, ukazują nam jednocześnie wcale liczną w tych okolicach społeczność drobnorycerską, powiązaną ze sobą pokrewieństwem i powinowactwem, a także kontaktami wzmocnionymi przez bliskość zamieszkania.[53]

Cztery lata wcześniej (1224 r.), w obecności licznych, niezwykle skrupulatnie wyliczonych świadków, dobiegał kresu spór o wieś Pełczyska, położoną na zachód od Wiślicy, nie opodal od ruchliwego gościńca do Krakowa. Toczył go biskup krakowski Iwo Odrowąż z komesem Baranem. Ostateczne ustalenia miały miejsce wobec dwóch grup, specjalnie uprawnionych z tytułu reprezentowania sąsiedztwa. Jedną z nich stanowili rycerze osiadli wokół Pełczysk *(milites circumadiacentes ad Pelchisch)*, jak to sformułuje akt wyliczający ich imiona. Znajdujemy je w środku listy świadków. Na samym jej końcu wymieniono wieśniaków z zaznaczeniem: „natomiast z osady ci byli obecni".[54]

A zatem znany jurysta Iwo – akt bowiem pochodzi ze środowiska kościelnego – uznał za konieczne zanotować obecność wieśniaków i rycerzy. Ale nie łącznie, jak w wypadku sąsiedztwa skaryszewskiego, lecz rozdzielnie. Postarał się o to, by obydwa stany były reprezentowane w podobnej liczbie, być może ze względu na konieczność posiadania dostatecznego świadectwa (9 osób). Sprawa miała bowiem charakter sporny i należało się liczyć z jej wznowieniem.

Znamienne jest, że pojęciem „osada'' określono wyłącznie wieśniaków. Widać stąd, że osada w Małopolsce, przynajmniej na lepiej zagospodarowanych terenach Krakowskiego, miała już charakter chłopski. Widzimy więc różne traktowanie sprawy sąsiedztwa w tym samym trzecim dziesięcioleciu XIII wieku w Małopolsce na jej obszarze centralnym (Pełczyska) i odległym, właściwie peryferyjnym (Skaryszew).

Omawiane dokumenty wskazują, że choć rycerstwo owoczesne znajdowało się poza osadą, to przecież na pewno nie było poza sąsiedztwem. Co więcej, jego wystąpienie w akcie z 1224 roku nie traci jeszcze charakteru świadectwa wczesnośredniowiecznej instytucji sąsiedzkiej, nabywając jednocześnie waloru stanowiącego; pod tym względem akt dotyczący Pełczysk oddaje sytuację zbliżoną do ujętej aktem radziejowskim (*nobiles et simplices*).[55]

Niebawem, bo w roku 1235, Bolesław Wstydliwy, podówczas książę sandomierski, w akcie nadania trzech miejscowości książęcych opactwu cystersów jędrzejowskich stwierdził, że z jego rozkazu „baro'' Strzeszek „za uchwałą i zgodą dziedziców i osad znakami i granicami je rozdzielił''.[56] Przeciwstawienie dziedziców sąsiedztwu nasuwa przypuszczenie, że mowa tu o rycerzach i osadzie, podobnie jak w akcie z roku 1224. Za takim rozumieniem tego przekazu zdaje się przemawiać inny akt nadania Bolesława Wstydliwego dla Jędrzejowa z roku 1249.[57] Władca stwierdzał w nim, że na zjeździe książąt przekazał tytułem zamiany wsie „Grodzisko, Okołowice, Ściborzyce i Komorne, tak jak obejmuje obejście granic uczynione od

Pilicy do Pilicy przez naszych wiernych Piotra, rządcę Piotrkowa, i Michona, służebnego, w obecności wszystkich dziedziców i osady (*vicinia*) z Okołowic''.

Również na Śląsku organizacja sąsiedzka – osada – miała przed połową XIII wieku wyraźnie wieśniaczy charakter. Świadczy o tym akt ugody z roku 1249, zawartej między kapitułą wrocławską i księciem, a dotyczącej okręgu milickiego. Jej paragraf 6 stwierdza: „Jeżeli kiedykolwiek zostanie zwołana osada dla czynienia granic lub dla innej sprawy i zostanie ukarana, podział owej kary winien być następujący: od ludzi Kościoła w całości otrzymuje ją kasztelan kanoników, od ludzi zaś księcia i rycerzy – kasztelan [książęcy].''[58] W Wielkopolsce również była to w połowie XIII wieku organizacja ludności wiejskiej, zachowały się jednak w późnośredniowiecznych księgach sądowych przykłady stawania w sprawach granicznych rycerstwa wraz z opolem.[59]

Możemy więc przypuszczać, że zmiana charakteru opola i osady z powszechnego na stanowy – wieśniaczy następowała powoli w ciągu X–XII wieku, wraz z rozwojem dyferencjacji społecznej i miała w znacznej mierze charakter ewolucyjny.

Naturalnie, zmiany roli organizacji lokalno-sąsiedzkiej nie oznaczały upadku znaczenia samego sąsiedztwa. Zaczęło ono nabierać charakteru stanowego, inna bowiem więź łączyła wieśniaków, inna zaś rycerzy. W tym drugim wypadku poczucie koleżeństwa w służbie pod bronią umacniało się w wyniku bliskości zamieszkania. Środowisko rycerskie ulegało zapewne łatwiej integracji w ramach organizacji państwa, zarysowała się szybciej więź przynależności do grodu (kasztelańskiego).

Wieśniak prowadził mniej ruchliwy tryb życia od rycerza, przebywał więcej na miejscu. Częściej też wychodził z radłem, a potem z pługiem na orkę, z sierpem do żniw, z kosą na sianokosy, wypędzał bydło i świnie do lasu, przez co bardziej na co dzień obcował z okolicą, zwłaszcza bliższą. W większym też stopniu od rycerza żył zmianami zachodzącymi w sąsiedztwie. Ich realność była dlań szczególnie wyraźna, bo w większym stopniu zmieniała warunki życia. Rycerz łatwiej mógł trafić na dwór książęcy, dotrzeć do władzy podczas uroczystości, wiecu, objazdu kraju, roków sądowych. Możliwości wieśniaka były z natury bardziej ograniczone. Trudniej mu było wpłynąć na zmianę niekorzystnej decyzji. Dlatego też w większym stopniu od rycerza obawiał się zmian zachodzących w sąsiedztwie. Zwłaszcza wieśniak książęcy, siedzący na dziedzicznym źrebie, podobnie jak drobny wojownik-rycerz, i teoretycznie posiadający doń takie samo prawo, chronione przez księcia. Do władcy bowiem należało rozstrzyganie spraw z tytułu dziedzictwa.

6. Opole-osada a wieś

Wielka własność dominialna przyczyniała się do eliminacji praw sąsiedztwa znajdującego się poza jej obrębem. Rozgraniczenia i związane z nimi zapowiedzi własności zastrzegały prawo swobodnego użytkowania łąk, gajów, lasów dla panów dominialnych i ludzi znajdujących się w obrębie ich dóbr. Powstawały nowe wsie, ograniczające tereny swobodnie użytkowane przez mieszkańców okolicy. Zakładano je często na prawie czynszowym z zastosowaniem norm prawa niemieckiego. Jego stosowanie było równoznaczne z coraz szerszym immunitetem, który obejmował również zwolnienia od ciężarów opolnych, a potem także wyjście z samej organizacji.

Zróżnicowanie praw, związane z rozwojem własności dominialnej, stało się także czynnikiem ograniczającym rolę związku sąsiedzkiego w obrębie wieśniaczej społeczności, szczególnie tam, gdzie z obcym niemieckim prawem napływali w większej liczbie cudzoziemcy, przede wszystkim Niemcy na Śląsku. Wraz z przebudową ustrojową, szczególnie intensywną w tej dzielnicy, ograniczeniu ulegała szybciej rola związku sąsiedzkiego – osady. W połowie XIII wieku ma on poważne

znaczenie zwłaszcza na północy. Świadczy o tym ugoda milicka z roku 1249 i przywilej Konrada I głogowskiego z roku 1261; mowa w nim o uprawnieniach do pobierania kar od osady, „jeżeli wspólnota sąsiedztwa zostanie skazana w powszechnym opłacaniu głowy bądź w rozgraniczeniach wsi..., których błędność zostanie rozpoznana i z tego powodu opłata będzie czyniona".[60]

W interpolacji dokonanej zapewne pod koniec stulecia w akcie Henryka Brodatego, sporządzonym dla klasztoru Panny Marii na Piasku we Wrocławiu, noszącym datę 1221, dotyczącym odpowiedzialności za zabójstwo, nie ma już mowy o odpowiedzialności osady;[61] zbiorowością sąsiedzką jest teraz wieś, w tym wypadku gmina wiejska.

Podobnie w innych dzielnicach Polski XIII wieku opole-osada przekształca się w związek wsi. Wyraźnie to widzimy w tekstach postanowień najstarszego spisu zwyczajowego prawa polskiego, sporządzonego w państwie krzyżackim zapewne pod koniec XIII stulecia.[62] Opracowany w języku niemieckim określa opole terminem *gegenote*, marka oznaczała bowiem wówczas tereny należące do wsi. *Gegenote* składa się z kilku wsi *(dorf)*. Do ścigania złoczyńców obowiązane jest opole, traktowane wyraźnie jako wyodrębniona całość. Ukrycie złoczyńcy może spowodować skazanie opola na zapłacenie grzywny za zabójstwo. Opole może się oczyścić z odpowiedzialności, wskazując na wieś, ta zaś na rodzinę (ród), naturalnie w jej obrębie zamieszkującą. Rodzina (ród), jeżeli nie chce odpowiadać, powinna wskazać bezpośredniego winowajcę.

W przedstawionym systemie zacieśniania zbiorowej odpowiedzialności spis prawa zwyczajowego obowiązującego w stosunkach między opolem i rodziną wyraźnie umieszcza wieś. W wypadku zaniedbania pogoni odpowiada także wieś. O karaniu opola nie ma mowy. Najwyraźniej istnieje możliwość stwierdzenia, która wieś dopuściła się zaniedbania.

7. Funkcje związków sąsiedzkich

Źródła z XIII wieku i stuleci następnych zachowały nieco informacji o funkcjach sąsiedztwa i stronie obyczajowej działania organizacji lokalnej. Sąsiedztwo było powoływane do wykonywania prac związanych z utrzymaniem dróg i mostów. Dokumenty immunitetowe z XIII wieku pozwalają stwierdzić, że obowiązki te miały w zasadzie powszechny charakter. Lecz praktyczna ich realizacja spadała w tym czasie na społeczności lokalne. I tak sąsiedztwo było zobowiązane do utrzymywania drogi przez Ślężę. W połowie XIII wieku prace te miały istotne znaczenie, skoro w roku 1248 książę Henryk III zastrzegł w przywileju dla wójta wrocławskiego Henryka, by brał w nich udział z tytułu posiadania młynu na Ślęży.[63]

Podobnie było zapewne w południowej Wielkopolsce w drugiej połowie XIII wieku, skoro mnisi lubińscy zadbali, by w falsyfikacie noszącym datę 1242 zostało wpisane zwolnienie wsi klasztornych od reperacji mostu za Wartą na rzeczce zwanej Czarny Strumień,[64] to znaczy na drodze prowadzącej do grodu w Śremie.[65] Jeszcze w XV wieku na Mazowszu szlachta niewielkiego powiatu błońskiego była obowiązana do reperacji mostu na Mrowie w Rokitnie, znajdującego się na ważnym gościńcu z Błonia i Sochaczewa do Warszawy.

Najróżniejsze prace dla władcy ciążące na ludności wiejskiej mogły obowiązywać mieszkańców dóbr klasztornych, tworzących osobne opole majątkowe. Nic więc dziwnego, że Władysław Łokietek, przyłączając w roku 1298 kilka wsi do opola cystersów sulejowskich, zwolnił ich mieszkańców od wszelkich opłat (i podatków) oraz prac (*a omni solucione et labore*).[66] W okresie poprzedzającym XIII wiek rola związków lokalnych i sąsiedztwa była większa i zapewne częściej za ich pomocą organizowano wykonywanie prac potrzebnych dla księcia.

Sąsiedztwo było zobowiązane również do udzielania pomocy na wezwanie napadniętych, rabowanych lub mordowanych na drodze. Niedopełnienie tego obowiązku było zagrożone sankcjami karnymi, jak to stwierdza jeden z dokumentów księcia głogowskiego Konrada I z roku 1253.[67] Klauzula ta łączyła się zapewne z mirem drogowym strzeżonym przez władcę.

Rola krzyku jako wezwania o pomoc jest wyraźna w spisie zwyczajowego prawa polskiego. Stwierdzenie krzyku w razie napaści stawało się dowodem rzeczowym pozwalającym uznać, że wołający, na przykład pasterz, rzeczywiście został napadnięty. Krzycząc tropiono ślad przestępcy lub jego samego, krzykiem ogłaszano również rozporządzenia władzy.

Słyszymy też o ,,chodzeniu na opole'', ,,stawaniu w opolu'' – to ostatnie sformułowanie z racji świadczenia daniny. Nie ma mowy natomiast o zasiadaniu. Zebrania bowiem, na których decydowano o rozkładaniu ciężaru daniny i innych świadczeń zbieranych systemem opolnym, odbywały się na wolnym powietrzu, podobnie jak sesje białoruskich sądów kopnych.[68] Tam, gdzie odbywały się częściej, miały zapewne ustalone miejsce, które niejednokrotnie określano mianem ,,opole'', ,,osada'' (tak jak samą organizację). Nazwa taka mogła się stać następnie nazwą miejscową, a także nazwą miejscowości. Zapewne w związku z powoływaniem opola na zebrania pozostawała laska opolna, którą przywileje immunitetowe Przemysła II zaliczyły do ciężarów prawa książęcego, obejmowanych zwolnieniami.[69] Być może, chodziło tu o sięganie do pamięci opola w sprawach dotyczących przeszłości rozpatrywanej przez sądy, czyli tzw. wsteczy.

W społeczności lokalnej ważną rolę odgrywali ludzie starzy, oni to bowiem najlepiej pamiętali czasy odległe, cieszyli się też największym autorytetem. Świadczy o tym interesujący opis zwolnienia od ścigania złoczyńców, które w 1262 roku otrzymały lokowane na prawie niemieckim miejsca (*loci*) targowe w Koprzywnicy i Jaśle, należące do miejscowego opactwa cystersów.[70] W wypadku, gdy ślad będzie prowadzić prosto do miasteczek, mieszkańcy ich mają wybrać spośród siebie dwóch starców, którzy wyjdą ścigającym naprzeciw i wraz z nimi będą przeprowadzać dochodzenie. Wówczas mieszkańcy mają umożliwić przeprowadzenie wizji w swych domach.

Starców powoływano też do określania granic i ustalania praw własnościowych. Stąd też w późnym średniowieczu niejednokrotnie przedstawicieli sąsiedztwa (opoli, osad) zwać będą starcami. Świadczą o tym liczne zapisy w księgach sądowych.

8. Nowe formy związków sąsiedzkich: parafia i gmina

W XII wieku obserwujemy wzrost liczby kościołów wiejskich, zakładanych przez wielką własność dominialną. Przełom XII i XIII stulecia przynosi ukonstytuowanie się sieci parafii wiejskich. W przeciwieństwie do opola, które w tym czasie traci charakter ogólnospołeczny, związek parafialny w założeniu, a później coraz wyraźniej także w realizacji obejmował wszystkich. Parafia stawała się więc instytucją ogólnospołeczną i wieś parafialna zaczynała tworzyć nową zasadę organizacyjną sąsiedztwa.

W późnym średniowieczu język ksiąg sądowych ukazuje wyraźne zrównanie pojęcia opola (osady) z parafią. Czy ma ono charakter metaforyczny? Ale nawet jeśli treść metaforyczna wyda się najbardziej istotna – co jest wielce wątpliwe – to i tak fakt ten stanowi wymowne świadectwo ugruntowania roli parafii w życiu społecznym wsi polskiej w XIII–XIV wieku. Bo oto funkcje związku sąsiedzkiego, mającego wielowiekowe tradycje, zaczynają być określane za pomocą pojęcia zaczerpniętego z obcego zasobu leksykalnego i wprowadzonego do mowy potocznej zapewne nie wcześniej niż w XIII stuleciu. Jeszcze w tym właśnie wieku pojęcie parafii bywa używane w źródłach na określenie okręgu diecezjalnego.

Utożsamienie opola z parafią stanowi wymowne świadectwo znaczenia (nadal niejednokrotnie nie docenianego) kościoła wiejskiego na ziemiach polskich u schyłku XIII wieku; utożsamienie to mogło bowiem nastąpić tylko w sytuacji, kiedy związek parafialny stał się ważniejszy, także ze względu na swą powszechność, od związku sąsiedzkiego. Miejscem zebrań opola (osady), a także ogłaszania rozporządzeń dotyczących społeczności sąsiedzkiej stawał się kościół lub plac przed świątynią parafialną. Zapewne zabiegał o to również kler, pragnący ugruntować wpływy Kościoła w różnych przejawach życia tradycyjnej społeczności.

Szczególnie wyraźnie widzimy upowszechnienie terminu „parafia" w znaczeniu związku sąsiedzkiego na terenie późnośredniowiecznej Lubelszczyzny. Ale pamiętajmy, że kraina ta została w średniowieczu poważnie wyludniona na skutek najazdów rozpoczętych co najmniej w XII wieku i trwających na dobrą sprawę niemal do czasów unii krewskiej (1385 r.). Wyludnienie spowodować musiało szczególnie głębokie naruszenie struktury związków sąsiedzkich (opole-osada), mających z natury tradycyjny charakter i stosunkowo słabo zinstytucjonalizowanych. Nowe osadnictwo, popierane w XIV wieku, szczególnie za czasów Kazimierza Wielkiego, nawiązywało przede wszystkim do istniejącej sieci kościołów parafialnych, znanych – od 1325 roku poczynając – z rejestrów świętopietrza i beneficjów kościelnych diecezji krakowskiej. Przykład Lubelszczyzny w zakresie zmian stosunku opola do parafii jest zapewne przypadkiem skrajnym. Ale wyraźniej może od przykładów z innych ziem ukazuje znaczenie parafii w organizowaniu społeczności sąsiedzkiej.

Podobnie jak opole, także parafia w Polsce

średniowiecznej, z wyjątkiem niektórych obszarów Śląska (przede wszystkim objętych kolonizacją niemiecką i na prawie niemieckim), była związkiem wielu wsi. Ten jej wielowioskowy charakter powodował powstawanie zróżnicowania roli poszczególnych osiedli, przy tym najważniejszą funkcję z reguły uzyskiwała wieś parafialna. Związek kościoła z innymi wsiami był słabszy; uwidacznia się to chociażby w pochodzeniu witryków, wyznaczanych z reguły spośród wieśniaków wsi, w której znajdował się kościół parafialny. Zazwyczaj była to wieś większa, a obecność kościoła powodowała, że była zarazem szczególnie ruchliwa, zwłaszcza w niedzielę i w czasie licznych w późnym średniowieczu dni świąt kościelnych. Na terenach o rzadkiej sieci parafialnej i jednocześnie słabo zurbanizowanych przed kościołem w sposób żywiołowy powstawał targ niedzielny.

Obecność dworu pańskiego nadawała wsi parafialnej dodatkowe znaczenie i przyczyniała się do wzbogacania jej funkcji. W ten sposób sieć osad wiejskich ulegała wyraźnemu zróżnicowaniu. A zatem społeczności wiejskie, wchodzące w skład szerszego sąsiedztwa organizowanego przez parafię, miały charakter niejednakowy. W wypadku wielkiej własności dominialnej, w polskim średniowieczu przede wszystkim monarszej i kościelnej, różnicę tę możemy scharakteryzować następująco: Najważniejszą rolę odgrywały wsie parafialne, w których jednocześnie znajdowały się dwory dominialne. Poza tym istniały wsie z dworami, natomiast pozbawione kościoła. Wreszcie były wsie zamieszkałe jedynie przez wieśniaków, pospolicie zwanych kmieciami. Tego rodzaju stosunkowo prostą strukturę wsi obserwować możemy naturalnie w obrębie wielkiej własności dominialnej, która w XIII wieku wzbogacała się o dalsze ogniwa – miasteczka, stanowiące jej gospodarcze ośrodki. Wówczas gradacja osiedli, z których każde stanowiło społeczność sąsiedzką, kształtowała się w sposób następujący: miasteczko, wieś parafialna z dworem, wieś z dworem, wieś kmieca. Jednak

obszary o takiej strukturze osadniczej, przedstawionej tu w dużym uproszczeniu, na terenie ziem polskich w XIII wieku należały do wyjątków.

Zazwyczaj struktura osadnicza była bardziej złożona, bowiem na terenie parafii wiejskich występowała własność zróżnicowana nie tylko pod względem majątkowym, lecz także społecznym. Na wielu terenach występowały osiedla drobnorycerskie, w wyniku czego szerszy związek terytorialno--sąsiedzki, stworzony przez parafię, stawał się szczególnie zróżnicowany. Pogłębianie się podziałów stanowych powodowało zwiększenie odrębności między wsiami kmiecymi i okolicami drobnorycerskimi. Tak powstawały wewnętrzne podziały w obrębie parafii, tworząc solidarności oparte na zasadach stanowych, a nawet podziały wewnątrzstanowe. Przykłady tego rodzaju parafii znajdujemy w każdej dzielnicy historycznej Polski.

Rycerstwo więc, choć już w XIII wieku nie należało do organizacji osady-opola, brało żywy udział w wydarzeniach lokalnej społeczności. Wieśniak, o ile osiadał na prawach gościa-kmiecia, nie posiadał dziedzicznych praw do ziemi. Jego sytuacja w społeczności lokalnej była więc gorsza nie tylko od sytuacji rycerza, ale także wieśniaka książęcego, siedzącego z pokolenia na pokolenie w jednym miejscu i posiadającego dziedziczne prawa do ziemi.

Reforma dominialna prowadziła do zamiany tych praw na prawa kmiecia, noszące charakter własności użytkowej. Dlatego też skutkiem przemian u schyłku polskiego średniowiecza w skład organizacji sąsiedzkich wchodzili przede wszystkim wieśniacy-kmiecie na prawie polskim, pozbawieni pełnych praw dziedziczenia ziemi. A zatem organizacja, obejmująca niegdyś ludzi posiadających prawo dziedziczenia lub takich, którzy przez zasiedzenie mogli to prawo uzyskać, stała się organizacją ludzi pozbawionych tego prawa. Reforma dominialna nie tylko rozbiła tradycyjną organizację lokalną, nadając jej charakter stosunkowo luźnego związku, ale jeszcze bardziej zmieniła jej społeczne znaczenie. Pozostałości opola-osady zachowały się w kręgu tych, którym pozostała już tylko własność niższego rzędu.

Ograniczenie tradycyjnej organizacji lokalnej postępowało stopniowo w okresie, kiedy to powstawały nowe formy życia społecznego, charakterystyczne dla późniejszych wieków Polski przedrozbiorowej. Tworzyły one więzi, które miały także charakter sąsiedzki. Było to jednak sąsiedztwo wzmocnione wspólnotą więzi stanowych, widoczną na przykład wśród drobnego rycerstwa, a także odrębnością warunków bytu i zajęć.

Organizację tę obserwujemy w ośrodkach wczesnomiejskich w dobie przedlokacyjnej. Podgrodzia mają starszą metrykę, sięgającą wczesnego średniowiecza. Przed włączeniem południowej Polski do państwa polańskiego rozwinęły się tam już ludne ośrodki, zwłaszcza Kraków. W IX–X wieku Wawel był zamieszkany, u stóp wzgórza znajdowała się rozległa osada warowna na Okole, zajmująca około 8,5 ha powierzchni; widoczne są tam początki uzawodowienia rzemiosł.[71] Mieszkańców owoczesnego Krakowa łączyła również więź sąsiedzka, a także poczucie odrębności w stosunku do rolników w okolicznych sio[d]łach wiejskich. Decydowały o tym warunki życia i pracy powodujące wykształcanie się wspólnych zainteresowań i solidarności, a także, być może, poczucie lepszego statusu. Skoro jako sąsiedztwo traktujemy poddańczą gminę wiejską, to nie należy się cofać przed odniesieniem tego samego pojęcia do gminy miejskiej. Tworzyła ona bowiem również wspólnotę, i to wyraźnie widoczną, choć o cechach specyficznych. Decydowały o tym funkcje miasta i miasteczka, wynikające z podziału pracy na zajęcia miejskie i wiejskie.

Warunki tworzenia gmin miejskich w Polsce XIII wieku stawiały je często w sytuacji uprzywilejowanej wobec wsi. Władcom bowiem i panom dominialnym zależało na rozwoju miast. Uprzywilejowanie przyspieszało napływ ludności, zarówno cudzoziemskiej – imigrantów niemieckich, zwłaszcza na Śląsk – jak też miejscowej. Nawiązywano

stosunki między gminą miejską i okoliczną wsią, znane dobrze ze źródeł późnośredniowiecznych. O trzynastowiecznych powiązaniach rodzinnych i majątkowych gmin miejskich, zakładanych w tym czasie, wiemy niewiele, dostrzegamy przede wszystkim ekspansję bogatszego, głównie niemieckiego mieszczaństwa na wieś. Ale sformułowanie przywileju lokacyjnego dla Krakowa, z roku 1257, zakazujące przyjmowania do miasta ludności polskiej (przypisańców), ,,by dobra nasze i baronów naszych nie pustoszały'',[72] wyraźnie wskazuje na znaczenie imigracji ludności wiejskiej.

9. Trwałość i waga więzi sąsiedzkich

Patrząc na formy więzi sąsiedzkiej i partykularnej, dostrzegamy ogromną ich złożoność. Obszar o promieniu jednej, dwóch czy trzech mil obejmował związek sąsiedzki, jeden lub więcej, a także kilka parafii, okręg grodowy i rynek lokalny niewielkiego miasteczka. Wszystko to znajdowało się w horyzoncie ruchliwości człowieka, wieśniaka, który mógł udać się na zebranie opolne, a także do grodu kasztelańskiego, gdzie go przyzywano z racji rozpraw sądowych, składania danin, czy wykonywania niezbędnych prac. Znajdował się też nieraz na rynku miejskim czy to z okazji zwykłego targu, czy jarmarku, który w małym miasteczku XIII wieku często bywał po prostu bardziej ruchliwym targiem.

Różne powody, zarówno natury osobistej, jak i wynikłe ze zobowiązań względem władcy lub pana dominialnego, zmuszały wieśniaka do przekroczenia kręgu wyznaczonego opolem i parafią. Poza promień jednej lub dwóch, wyjątkowo trzech mil wieśniak wyruszał jednak nieczęsto. A ponieważ należał do warstwy najliczniejszej, jego zasięg ruchliwości wyznaczał ramę społeczności partykularnej, w której upływała też przeważająca część życia drobnych rycerzy i oficjalistów monarszych. Stąd, mimo stałego wzrostu więzi integrujących, szczególne znaczenie w średniowieczu miały dla życia ogółu więzi partykularne. Ich rozwoju nie ograniczały bynajmniej tendencje szerszej integracji w ramach dzielnicy i kraju. Te bowiem szły w parze z rozwojem więzi lokalnych i od nich były uzależnione.

C. PAŃSTWO I KOŚCIÓŁ

1. Władza książęca

Do schyłku XIII wieku państwo polskie przeszło przez dwie fazy rozwojowe, zwane przez historyków ustroju monarchią wczesnośredniowieczną i państwem w rozbiciu dzielnicowym. Bez względu na istotne różnice obydwu tych form państwowych, łączyło je to, że państwo w tym okresie uosabiał monarcha – książę. Chociaż współczesne badania wykazały, że w żadnym z tych okresów nie mogło być mowy o tzw. absolutyzmie piastowskim,[73] to w konwencji przyjętej przez ówczesnych ludzi traktowano władzę książęcą jako rzeczywiście nieograniczoną. Kronikarz czeski tak charakteryzuje moc władzy książęcej: „...łatwo jest księcia ustanowić, lecz trudno ustanowionego usunąć, albowiem w tej chwili jest w waszej mocy, czy ustanowicie go księciem, czy nie, skoro zaś będzie ustanowiony, wy i wszystko wasze będzie w jego mocy. Na jego widok trząść się będą wasze kolana i niemy język przylgnie do suchego podniebienia. Na jego głos, z powodu zbyt wielkiego strachu, odpowiecie: «Tak, panie, tak, panie», gdy on samym swoim skinieniem, bez waszego osądzenia, tego skaże na śmierć, tego na obcięcie członków, tamtego rozkaże uwięzić, owego powiesić na szubienicy. Was samych... uczyni jednych niewolnikami, innych chłopami, innych płatnikami, innych poborcami, innych oprawcami...''[74]

Gdy Gall Anonim maluje czasy monarchii pierwszych Piastów, jedynymi osobami działającymi są w jego opowiadaniu książęta. Reszta społeczeństwa jest anonimowa, składa się z wykonawców poleceń monarszych.

Wczesnośredniowieczna teoria państwa traktowała je jako własność monarszą. Uważano, że panujący zawiaduje nim tak, jak ojciec rodziny jej gospodarstwem. Współczesna nauka również doszukuje się w monarchii tego okresu elementów patrymonialnych lub wręcz nazywa ją państwem patrymonialnym.

Ale osoba panującego mogła przesłaniać inne czynniki władzy państwowej jedynie z perspektywy wieków. Z bliższej perspektywy czasowej nie można było nie dostrzec współpracowników księcia. Wbrew przyjętej konwencji, w *Kronice* Galla nie tylko wojewoda Sieciech górował nad Władysławem Hermanem, lecz niekiedy także wojewoda Skarbimir wysuwał się przed Bolesława Krzywoustego. Wyróżniali się oni spośród liczniejszej grupy współrządzącej, określanej jako doradcy książęcy. W idealnym modelu państwa, jaki Gall upatrywał w monarchii Chrobrego, władca miał ich przy sobie dwunastu, „z nimi też poufalej prowadził tajne narady w sprawach królestwa''.[75] Chociaż formalnie podporządkowani księciu, w powszechnej opinii dzielili z nim odpowiedzialność za rządy. Ich wpływowi lub nawet działaniu poza plecami monarchy przypisywano niejeden jego czyn; Gall tłumaczył błędy i występki zawsze według niego „zacnych'' Piastów sugestiami „złych doradców''.

Ową elitę władzy stanowiło w początkach państwa polskiego możnowładztwo plemienne.

Z biegiem czasu trafiali do niej ludzie nowi, wyniesieni łaską monarszą, wzrastający w znaczenie dzięki pełnionym funkcjom w aparacie państwowym. Wśród tego możnowładztwa urzędniczego osobną grupę stanowili dostojnicy kościelni, początkowo wyłącznie cudzoziemcy, od połowy XI wieku coraz częściej rekrutujący się spośród miejscowych możnych. Można wyliczyć sześć rodzin, z których wywodziła się większość dostojników polskich do połowy XII wieku. Byli to Toporczycy, Awdańcy, Łabędzie, Gryfici, Pałucy i Odrowąże. Wobec szczupłości źródeł wydaje się prawdopodobne, że było ich więcej, może około dziesięciu.[76] Później liczba ich rosła, do czego przyczyniała się także świadoma polityka książąt, dążących do uniezależnienia się od dotychczasowych oligarchów. Gdy od połowy XII wieku państwo uległo trwałemu rozbiciu na dzielnice z własnymi lokalnymi książętami i dostojnikami, zwiększył się znacznie krąg osób, biorących bezpośredni udział w rządach krajem.

W toku tych przemian pozostawała jednak formalnie nie zmieniona treść i zakres władzy książęcej. Przyjmuje się, że wyrosła ona ze stanowiska dowódcy wojskowego w państewku plemiennym Polan.[77] W miarę stabilizacji swej pozycji ów wódz-książę stał się także najwyższym sędzią i, być może, sprawował również funkcje kapłańskie. Wzrost jego autorytetu łączył się ze wzrostem odpowiedzialności. Upowszechniało się przekonanie, że podległy mu ród jemu zawdzięcza pomyślność, ale ów wódz też ponosił winę za spadające na kraj klęski. Uzasadnieniem prawa księcia do władzy był więc początkowo jego osobisty charyzmat.

Uważano tak w Polsce, uważano podobnie także w krajach sąsiednich. Tytułem do chwały Władysława węgierskiego miało być to, ,,że pola po nim nigdy w plon tak nie obfitowały''.[78] Władza należała się temu, kogo – jak Siemowita – powołał sam Bóg, choć oczywiście przez ludzi, bo ,,za powszechną zgodą''.[79] Dlatego też Władysław Herman miał się uchylić od wyznaczenia następcy tronu spośród synów, gdyż, jak miał rzec, ,,dać im zacność i mądrość, to nie jest w mej możności, lecz

w mocy Boskiej''.[80] Podobne słowa przypisał kronikarz czeski umierającemu w 1110 roku Brzetysławowi II: ,,Synkowi memu dajcie mój róg i oszczep; nie ja mogę dać mu inne rzeczy, które Bóg zostawił w swojej mocy.''[81]

Nie od razu więc dziedziczność tronu książęcego stała się oczywistym prawem. Nawet według legendy o początkach dynastii Piastowskiej zegnano niegdyś z tronu niegodnego Popiela. I choć następnie przez kilka pokoleń władza utrzymywała się w rodzie Piastów, decydowały o tym zalety kolejnych książąt, a nie brak alternatywy. Wszak w XI i XII wieku sięgali po najwyższą godność w państwie także ludzie spoza tworzącej się dynastii, jak najpierw Miecław vel Masław, a w dwa pokolenia później Sieciech. Odsunięcie Piastów od rządów groziło też po dokonanej przez Bolesława Krzywoustego zbrodni na bracie. Wtedy właśnie Anonim zwany Gallem podjął w swej kronice obronę Piastowskich praw dynastycznych.

Gallowa apologia Piastów nawiązywała do utrzymującego się widocznie poglądu o charyzmatycznym charakterze władzy książęcej. Argumentacja kronikarza uzasadniała jedynie tezę o dziedziczności charyzmatu w rodzie Piastów, którego członkowie są przez samo pochodzenie ,,zacni''. Teorii państwa patrymonialnego Gall jeszcze nie formułował, lecz – przeciwnie – wskazywał, że podział kraju między synów, dokonany przez Władysława Hermana, miał tylko ułatwić mu sprawowanie rządów i obowiązywał wyłącznie za życia starego księcia, który miał prawo zaledwie ,,sądzić o tym, co jest teraz''.[82]

Rewolucyjnym krokiem stał się dopiero tzw. *Statut Krzywoustego* z 1138 roku, przez który książę swobodnie rozporządzał krajem po swej śmierci, dzieląc go między potomków jako ojcowiznę – *patrimonium*. Świadomość, że Polska jest własnością i dziedzictwem rodu Piastowskiego, nie tak prędko się jednak przyjęła. Jeszcze synowie Krzywoustego nie byli bynajmniej przekonani, że stali się książętami przez samo urodzenie, i np. Henryk Sandomierski określał siebie ,,bratem księcia Polski". Część zaś możnowładztwa małopolskiego, burzącego się przeciw twardym rządom Mieszka Starego, gotowa była jeszcze odsunąć od władzy wszystkich Piastów.[83]

Do tego czasu nie uformowało się też pojęcie dynastii książęcej. Ci Piastowie, którzy nie osiągnęli tronu, nie cieszyli się ani tytułem, ani szczególnymi przywilejami i nikną nam z pola widzenia. Część z nich, jako potencjalnych rywali władcy, spotykała gwałtowna śmierć, ale nie było to przecież niewzruszoną regułą. A jednak co najmniej po połowę XII wieku nie spotykamy bocznych linii rodu książęcego. Widocznie krewniacy księcia wsiąkali w tłum, nie osiągając, jak się zdaje, nawet rangi możnych.

Dopiero na przełomie XII i XIII stulecia zaczęła zwyciężać w Polsce zasada dziedziczności tronu i prawo dynastyczne. Nie łączyło się to jednak ze wzrostem autorytetu książęcego, lecz, przeciwnie, wynikało z jego słabnięcia. Widać to wyraźnie z przebiegu dyskusji po śmierci Kazimierza Sprawiedliwego w 1194 roku, co przedstawił jej naoczny świadek. Tak oto dla bardziej konserwatywnej części możnych małopolskich Leszek Biały, zaledwie kilkuletni syn zmarłego księcia, nie wchodził w ogóle w rachubę jako następca ojca. Dziecko nie mogło być księciem, bo nie umiałoby dowodzić wojskiem ani sprawować sądów. Nigdy dotąd w dziejach Polski nie obejmował władzy książęcej małoletni chłopiec. Ale temu tradycyjnemu stanowisku przeciwstawiano nowy pogląd, którego uzasadnienie włożył kronikarz w usta biskupa krakowskiego Pełki. Ten miał wywieść, że prawu sukcesji „towarzyszy... pilny wielce przymus prawny" i nie można pozbawiać dziedzictwa „ani niemowląt, ani pogrobowców". Interesom zaś państwa wyniesienie na tron dziecka bynajmniej nie zagraża, „władcy nie zarządzają bowiem państwem na własną rękę, ale przy pomocy urzędników".[84]

Teza ta, niemal jednoznaczna z nowożytną brytyjską zasadą konstytucyjną: „król panuje, ale nie rządzi", utorowała drogę prawnej dziedziczności tronu. Tej zasady, ograniczonej wprawdzie do następstwa synów po ojcu, w XIII wieku już nie

152. Godło państwowe; pieczęć majestatyczna Przemysła; rewers; 1295 r.

kwestionowano. Wraz z nią wykształciło się pojęcie praw dynastycznych. Wszyscy Piastowie zaczęli już teraz używać tytułu książęcego i uważali się za równych. „Było to zaś dlatego – tłumaczył późniejszy kronikarz – że pochodzili z jednego rodu, toteż jednym i tym samym prawem cieszyli się lub przynajmniej chcieli się cieszyć."[85]

Nie zostały uwieńczone powodzeniem próby sakralizacji władzy książęcej przez namaszczenie i koronację królewską. Podjęte dwukrotnie w XI wieku, pierwszy raz przez Bolesława Chrobrego i jego syna, Mieszka II, w 1025 roku, drugi raz przez Bolesława Śmiałego w 1076 roku, spotkały się zapewne z niechętnym przyjęciem w społeczeństwie, albowiem w obydwu wypadkach rychłym ich następstwem stała się katastrofa monarchii.

Jednym z celów koronacji królewskiej miało być – jak się powszechnie przyjmuje – zapobieżenie dezintegracji państwa i przekształcenie utrzymującej się faktycznie dziedziczności władzy monarszej w zasadę ustrojową. Wbrew bowiem dążeniom wybitniejszych książąt, następcę tronu powoływała elekcja, dokonywana w wąskim gronie wspomnianej wyżej oligarchii. Inna sprawa, że o jej wyniku decydował układ sił, z reguły korzystny dla

CEREMONIA KORONACJI KRÓLEWSKIEJ; MINIATURY Z *PONTY-FIKAŁU* Z GNIEZNA; KONIEC XIII W. (il. 153–157)

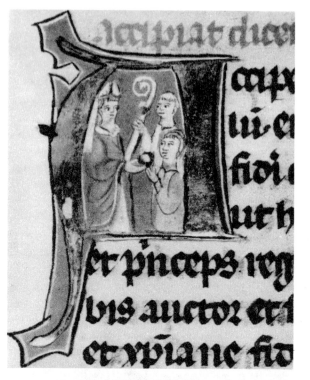

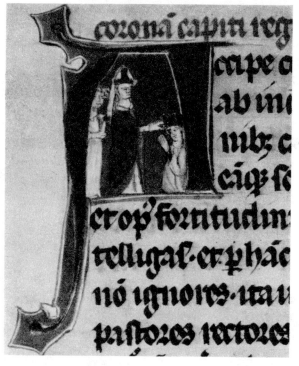

153. Namaszczenie rąk; inicjał *U* (f. 252)

154. Wręczenie miecza; inicjał *A* (f. 254)

155. Wręczenie pierścienia; inicjał *A* (f. 255)

156. Nałożenie korony; inicjał *A* (f. 256)

157. Wręczenie berła; miniatura marginalna (f. 255)

synów zmarłego monarchy, którzy już za życia ojca otrzymywali udział w rządach i mogli pierwsi położyć rękę na spadku. Toteż niewątpliwie oddaje stan faktyczny ostrożne sformułowanie podręcznika historii państwa i prawa polskiego, że ,,w ustroju monarchii wczesnofeudalnej... zasada dziedziczności tronu... łączyła się... z istnieniem elementów elekcji... ograniczonej do rodziny panującej, ...ale z możliwymi odstępstwami od tej zasady (Miecław)".[86] Zaznaczyć jednak trzeba, że w okresie, o którym mowa, dziedziczność tronu nie stała się jeszcze zasadą prawną, lecz tworzyła się dopiero via facti, natomiast utrwaloną instytucją była elekcja nowego władcy.

Obraz elekcji, stylizowany na wzór obrad rzymskiego senatu, przekazała nam *Kronika* Kadłubka dopiero dla schyłku wieku XII.[87] Wcześniejsze wzmianki polskie (Gall) i czeskie (Kosmas) pozwalają jednak uchwycić najistotniejsze cechy jej przebiegu. W naradzie elekcyjnej mieli więc brać udział ,,wielcy i mali",[88] co odpowiadałoby starszej i młodszej drużynie. ,,Duchowni i komesi siedzieli w szerokim kole, a za nimi stali wszyscy rycerze."[89] Wydaje się, że przewodniczył elekcji najwyższy dostojnik kościelny,[90] a więc zanim doszło do rozbicia dzielnicowego – arcybiskup gnieźnieński – później, w Krakowie, miejscowy biskup.

Naradę elekcyjną poprzedzały zapewne uzgodnienia zakulisowe, tak żeby ostatecznego wyboru móc dokonać jednomyślnie, do czego przywiązywano dużą wagę.[91] Poszczególni dostojnicy podnosili zalety upatrzonego kandydata, przewodniczący biskup przedstawiał go ogółowi zebranych, po czym rycerstwo (w terminologii źródeł „lud") aklamowało nowego władcę pomrukiem lub okrzykiem.[92] Odśpiewanie *Kyrie elejson* stanowiło ostatni akord elekcji.[93]

Wiemy, że w Czechach dochodziło także do przewlekłych sporów podczas elekcji. Tak było, na przykład, po śmierci księcia Świętopełka w 1109 roku, kiedy starli się ze sobą zwolennicy różnych pretendentów, w końcu jednak przewagę osiągnęło stronnictwo, któremu przewodził biskup oraz komes-dowódca grodu, w którym odbywała się narada.[94] Podobnych sporów w Polsce po śmierci Władysława Hermana każe się domyślać Gall;[95] i tutaj o przypuszczalnym zwycięstwie Zbigniewa nad Bolesławem Krzywoustym zadecydowała zapewne nie tylko postawa arcybiskupa Marcina, lecz także sympatie załogi grodu płockiego.

Z rezultatami niejednomyślnej elekcji rzadko jednak godził się obóz pokonany, stąd elekcja niezgodna zapowiadała zazwyczaj wojnę domową. Nie rada, lecz konfrontacja zbrojna decydowała ostatecznie, który z kandydatów utrzyma się przy władzy.

W Polsce dzielnicowej utrwaliła się w XIII wieku dziedziczność tronu, co nie wykluczało jednak przeprowadzania elekcji potwierdzającej. Jeśli zaś zmarły książę nie pozostawił synów, dokonywano wyboru następcy.

Statut Krzywoustego, niezależnie od podziału kraju na dzielnice, przewidywał instytucję księcia zwierzchniego – principsa, który z Krakowa miał sprawować pryncypat. Nie miano go powoływać w drodze elekcji, lecz najstarszy z rodu – senior dynastii – obejmowałby tron prawem dziedzicznym. Tylko jednak pierwszy następca Bolesława Krzywoustego, Władysław II, objął władzę na tej zasadzie. Po zegnaniu go z tronu przez koalicję braci przyrodnich legitymacją władzy każdorazowego principsa stało się uznanie go przez pozostałych członków dynastii.

Ponieważ princeps miał nie tylko rezydować w Krakowie, lecz również rządził bezpośrednio prowincją krakowską, możnowładztwo małopolskie nie chciało zrezygnować z wpływu na jego wybór. Już Kazimierz Sprawiedliwy został powołany na tron wolą miejscowych wyborców, a dopiero później akceptowany przez krewniaków. W przyszłości godzenie elekcji krakowskiej z opinią dynastii stawało się coraz trudniejsze, co doprowadziło do upadku pryncypatu. Po śmierci Leszka Białego (1227 r.) następni elekci krakowscy pozostawali już tylko książętami dzielnicowymi.

Właśnie w księstwie krakowskim, gdzie miejscowa linia Piastów wygasła ostatecznie na Bolesławie Wstydliwym (1279 r.), niezgodne elekcje stały się częstsze. O rządy w Krakowie, uchodzącym wciąż za stolicę całej Polski, ubiegało się z reguły wielu książąt, z których każdy usiłował pozyskać dla siebie wpływowe grupy możnowładztwa i rycerstwa. W drugiej zaś połowie XIII wieku istotny wpływ na obsadę tronu krakowskiego zdobyło mieszczaństwo. Jego stanowisko przesądziło, że w roku 1288, po śmierci Leszka Czarnego, Kraków dostał się wbrew woli elektorów w ręce Henryka IV Probusa.

Po wyborze księcia następowała jego intronizacja. Elekta wprowadzano uroczyście do stolicy. Najdostojniejszy z poddanych – mógł to być też członek dynastii – wiódł go, trzymając za rękę, do tronu. Gdy zaś go na nim posadził, obwieszczał zgromadzonemu ludowi: „Oto wasz książę!" W Czechach zgromadzeni odpowiadali na to trzykrotnym okrzykiem *Kyrie elejson!*[96] Nie wiemy, czy podobny zwyczaj istniał w Polsce, czy też po prostu wznoszono na cześć księcia tradycyjny okrzyk z życzeniem długiego życia.[97] Pierwszą czynnością nowego władcy było powołanie nowych urzędników lub potwierdzenie dotychczasowych na zajmowanych stanowiskach.[98]

Koronacja władcy na króla i związane z nią pomazanie kościelne stanowiły zwyczaj obcy, recypowany bez większego powodzenia przez Bolesława Chrobrego i dwóch jeszcze jego następców.

Obrzędy te miały wzmocnić autorytet panującego raczej na arenie międzynarodowej. Do ludności miejscowej koronacja pierwszych Piastów najwidoczniej nie przemawiała; wymowny jest fakt, że Mieszka II i Bolesława Śmiałego niedługo po niej zmuszono do opuszczenia kraju.

Dopiero w XIII wieku, w dobie upowszechniania się w Polsce elementów zachodnioeuropejskiej kultury rycerskiej, zaczęto cenić i tutaj władcę koronowanego. Myślał o koronacji może już Leszek Biały, następnie Henrykowie śląscy, najbliżej realizacji tych planów znalazł się Henryk Probus, wreszcie dopełnił jej Przemysł II w 1295 roku. Poplecznicy Przemysła II sądzili wtedy, że koronacja tego władcy zapewni uznanie jego zwierzchnictwa przez książąt dzielnicowych i w ten sposób przyczyni się do zjednoczenia Polski. Nadzieje te okazały się złudne. Przemysł także po koronacji pozostał jedynie władcą dziedzicznym Wielkopolski.

Przyszłość miała pokazać, że korona mogła znaczyć wiele, gdy sankcjonowała realne osiągnięcia, nie mogła ich jednak zastąpić.

2. Elita władzy

Z patrymonialnej koncepcji państwa wypływał konsekwentnie fakt, że rolę centralnego ośrodka władzy odgrywał dwór książęcy – *curia ducis* – gdzie splatały się funkcje publiczne, rządzenia państwem, z prywatnymi, polegającymi na zaspokajaniu potrzeb władcy i jego rodziny. W skład tak pojętego dworu monarszego wchodził sam panujący z bliską rodziną, dostojnicy świeccy i duchowni, piastujący naczelne urzędy, wraz z podległymi im funkcjonariuszami niższego szczebla, kapelani książęcy, personel kancelarii oraz rycerstwo dworskie. W obrębie dworu książęcego mieścił się osobny dwór księżny z przeznaczonymi do jej posług urzędnikami, kapelanami i dwórkami.

W państwie średniowiecznym zarówno panu-

158. Władca przyjmujący obcych dostojników; miniatura z przedstawieniem Trzech Mędrców u Heroda w *Evangelistarium Płockim*, zw. *Złotym Kodeksem Pułtuskim* (f. 17); kon. XI w.

jący, jak dygnitarze nadworni pędzili życie ruchliwe, poświęcając znaczną część roku na objazd kraju. Niezależnie jednak od tego, dwór książęcy miał stałą siedzibę, gród stołeczny monarchii, gdzie m.in. mieścił się skarb i dokąd kierowały się poselstwa zagraniczne. Za pierwszych Piastów funkcję stolicy pełnił któryś z grodów polańskich, najprawdopodobniej Gniezno, wymienione w tym charakterze już w pierwszym dokumencie polskim (*Dagome iudex*). Zniszczenie Wielkopolski po śmierci Mieszka II przez rozruchy wewnętrzne, a zwłaszcza przez najazd Brzetysława, sprawiło, że Kazimierz Odnowiciel i Bolesław Śmiały rezydowali w Krakowie. Z kolei Władysław Herman uczynił stolicą Płock, skąd rządził także Zbigniew, zanim nie został pokonany przez młodszego brata. Z Bolesławem Krzywoustym stolica Polski wróciła do Krakowa. W odczuciu powszechnym Kraków pozostał odtąd symboliczną metropolią całego państwa także w dobie podziałów dynastycznych, choć faktycznie schodził stopniowo do roli stolicy jednego tylko z księstw piastowskich, a równorzędnych mu ośrodków – siedzib książąt dzielnicowych powsta-

159. Władca w otoczeniu drużyny; fragment miniatury z przedstawieniem króla Heroda w *Evangelistarium Płockim*, zw. *Złotym Kodeksem Pułtuskim* (f. 18 v); kon. XI w.

wało coraz więcej. Z nich najdłuższej tradycji dorobiły się: Poznań, Wrocław i Płock.

Zaczątki systemu urzędów dworskich wytworzyły się zapewne w sposób naturalny już może za pierwszych książąt polańskich. Dalszy jego rozwój postępował jednak wyraźnie w wyniku stopniowej recepcji urządzeń karolińskich. W pierwszej połowie XI wieku, za rządów Bolesława Chrobrego i jego syna, mogła służyć Piastom za bezpośredni wzór organizacja dworu Ottońskiego. Tak przedtem, jak i potem korzystano raczej z doświadczeń czeskich, o czym świadczy m.in. przejęta od południowych sąsiadów nomenklatura urzędów.

Pierwszy wśród dostojników dworskich, zwany w źródłach łacińskich palatynem, a po słowiańsku, być może, wojewodą, łączył w swym ręku wiele funkcji, o charakterze zarówno nadwornym, jak państwowym. Sprawował więc zarząd dworu monarszego, w zastępstwie księcia odbywał sądy i do-

wodził wojskiem, stale mając do dyspozycji drużyny oddział wojewodziński,[99] nadzorował ściąganie świadczeń, stał wreszcie na czele administracji terytorialnej.

Dygnitarz, zwany początkowo komornikiem (*camerarius*), a później podkomorzym, kierował zarządem gospodarczym zarówno dworu, jak państwa. Cześnik, strażnik, miecznik, konarski (koniuszy), łowczy – pełnili służby dworskie określone ich tytułami, ale jednocześnie sprawowali nadzór nad określonymi dziedzinami gospodarki książęcej.

System godności dworskich wzbogacał się stopniowo przez kilkaset lat. Tak więc dopiero w XII wieku wszedł w jego skład nader odpowiedzialny urząd kanclerza, zwierzchnika kancelarii i kaplicy książęcej. Sprawował go z reguły biegły w piśmie, wykształcony duchowny. Kanclerz, tak z racji swych kwalifikacji, jak i wykonywanych zadań, stał się jednym z najbliższych doradców monarchy,

146

zajmując obok palatyna-wojewody szczególnie wysoką pozycję w hierarchii urzędniczej.

Nawet jednak bez najwyższego urzędnika monarcha mógł się obejść. Jeszcze u schyłku XI wieku Władysław Herman, oddaliwszy Sieciecha, rządził już do końca życia bez palatyna, częściowo sam wykonując jego funkcje, częściowo przerzucając je na innych dostojników.[100]

Kontakt z ogółem ludności utrzymywał dwór książęcy za pośrednictwem organizacji grodowo--terytorialnej. W nie podzielonej jeszcze monarchii była ona dwustopniowa: kraj dzielił się na prowincje, te zaś na okręgi grodowe, z czasem nazwane kasztelaniami (od łacińskiego *castellum* – gród). Stojący na ich czele urzędnicy, komesi grodowi, zwani z czasem kasztelanami, wykonywali zlecone im funkcje policyjne, wojskowe i przede wszystkim skarbowe, do nich bowiem należało wybieranie od miejscowej ludności świadczeń należnych państwu.

Blisko związana z organizacją państwową pozostawała organizacja kościelna, którą aż do schyłku XII wieku można uważać za część państwa. W tym bowiem okresie Kościół krajowy podlegał praktycznie monarsze, nawet jeśli wypadło biskupom przeciwstawiać się księciu w obronie praw Bożych. Zależność najwyższego dostojnika kościelnego w Polsce, arcybiskupa gnieźnieńskiego, oraz ustanowionych w ciągu XI wieku biskupów w Poznaniu, Wrocławiu, Krakowie, Płocku i Włocławku od księcia wynikała z posiadanego przez tego ostatniego prawa inwestytury. Aż do pierwszych dziesięcioleci XIII wieku on obsadzał według własnej woli wakujące katedry biskupie. Dopiero wzrost roli politycznej papiestwa za pontyfikatu Innocentego III (1198–1216 r.) i uporczywa walka o niezależność Kościoła polskiego od władzy

160. Władca nadający inwestyturę dostojnikowi kościelnemu (św. Wojciech otrzymujący inwestyturę z rąk cesarza Ottona II); fragment drzwi brązowych katedry w Gnieźnie: 2 poł. XII w.

świeckiej, prowadzona w tym samym czasie przez arcybiskupa Henryka Kietlicza, przyniosły w tym względzie zmianę. Kolejni książęta-princepsi musieli zrezygnować z wykonywania inwestytury biskupów.

Okazało się to jednak bardziej zwycięstwem sił odśrodkowych w państwie niż Kościoła. Ten bowiem uzyskał wprawdzie uznanie zasady wyboru biskupa przez wyższe duchowieństwo diecezji, skupione w kapitule katedralnej, ale wybory te nie odbywały się bynajmniej bez nacisku czynnika świeckiego, tyle że czynnikiem tym nie był już princeps, lecz książę dzielnicowy i lokalne możnowładztwo. Choć więc formalnie organizacja koś-

cielna stała się w XIII wieku niezależna od państwowej, związek między nimi był bliski. Obydwie struktury uzupełniały się wzajemnie i łącznie sprawowały władzę nad społeczeństwem.

Zarówno dostojnicy świeccy, jak i kościelni, odkąd ci ostatni wywodzili się z miejscowego społeczeństwa, reprezentowali z reguły rody możnowładcze. Chociaż monarcha nie był w zasadzie skrępowany w swoim prawie mianowania urzędników, rzadko jednak ośmielał się sięgnąć poza krąg kilku rodów, które przywykły już do współrządzenia państwem. Jako rzecz godną odnotowania wspominano, że Kazimierz Odnowiciel miał jakoby za uratowanie sobie życia nadać urząd grodowy

161. Uniezależnienie się Kościoła od państwa uosobione w przedstawieniach papieża Innocentego III i cesarza Lotara; miniatura w *Komentarzu* Aleksandra do *Apokalipsy św. Jana* (f. 109); po 1271 r.

zwykłemu wojownikowi.[101] Polityka personalna palatyna Sieciecha, który usiłował złamać monopol możnych rodów i obsadzał urzędy – zapewne grodowe – nowymi ludźmi, wywołała opozycję i bunt, co po pewnym czasie doprowadziło do upadku ambitnego wojewody.[102]

Decydujący też wpływ na książąt okresu rozbicia dzielnicowego wywierali członkowie rodów możnowładczych. Obsadzali oni wyższe urzędy świeckie, a także biskupstwa i kanonie. Średniowieczne państwo polskie ukształtowało się jako ich państwo. Nic dziwnego, że właśnie w ich kręgu zrodzi się poczucie wspólnoty państwowej, które stopniowo będzie ogarniać kolejne warstwy społeczeństwa.

Co więcej, możni identyfikowali się coraz bardziej z państwem, tak jak kiedyś państwo identyfikowano z księciem. Wyrazem nowej ideologii była *Kronika* Mistrza Wincentego. Aczkolwiek jej autor był chwalcą opiewanych przez siebie książąt, Kazimierza Sprawiedliwego i Leszka Białego, widział w monarchach nie ojców ojczyzny, jak to jeszcze pobrzmiewa u pisarza z poprzedniego stulecia,[103] lecz ,,synów ziemi krakowskiej''.[104]

3. Ciężary państwowe

Utrzymanie coraz liczniejszego aparatu państwowego i kościelnego spoczywało na barkach ludności pracującej produkcyjnie. Pod rozmaitymi nazwami i z różnych tytułów prawnych ludność ta oddawała na rzecz państwa i Kościoła daniny w zbożu, bydle, nierogaciźnie, owcach i miodzie, w miarę zaś wzrostu obiegu pieniężnego – także w monecie. Niezależnie od stałych danin, istniał obowiązek dostarczania przejeżdżającemu księciu wraz z towarzyszącym mu dworem żywności; był to tzw. stan albo stacja. Także biskup wizytujący diecezję miał prawo do korzystania ze świadczeń stacyjnych, podobnie jak urzędnicy i służebnicy książęcy. Uzurpowali sobie to prawo także możni, nawet

jeżeli nie występowali w charakterze funkcjonariuszy państwa. Mamy w tej sprawie relację Kadłubka, że ,,było... w tym narodzie rzeczą uświęconą i jakby mocą zwyczaju przyjętą, że każdy wielmoża wyruszający dokądkolwiek z orszakiem przemocą zabierał ubogim nie tylko plewy, siano, słomę, lecz [nawet] zboże po włamaniu się do stodół i chat i porzucał to koniom, nie tyle na pożywienie, ile na stratowanie''.[105]

Z obowiązkiem świadczenia stanu łączyły się równie uciążliwe posługi komunikacyjne: podwoda, powóz i przewód. Zakres poszczególnych z nich jest wciąż jeszcze dyskusyjny, w sumie tworzyły one obowiązek dostarczania na potrzeby księcia i jego ludzi wozów z zaprzęgiem, koni wierzchowych i innych środków transportu, a zapewne także woźniców i przewodników. Korzystano z tego bez ograniczeń, tak że – posłuchajmy jeszcze Kadłubka – ,,ilekroć wielmoża chciał nagle wyprawić do kogoś poselstwo, choćby w jakiejś błahej sprawie, nakazywał sługom wskakiwać na podwodowe konie biednych i w jednej godzinie najszybszym pędem przebywać niezmierzone przestrzenie. Wielu ponosiło z tego powodu wielkie szkody, niektórych bowiem konie marniały nieuleczalnie, niektórych wprost padały, niektóre nieodwołalnie uprowadzano, uznawszy je za dobre. Nadarzała się stąd niemała okazja do rozbojów, a niekiedy i zabójstw.''[106]

Wieśniak wolał więc unikać kontaktu z państwem. Za czasów Bolesława Krzywoustego opowiadano sobie, jakoby w legendarnych już czasach Chrobrego ,,żaden wędrowiec ani pracownik nie ukrywał podczas jego przemarszu wołów ani owiec, lecz przejeżdżającego witał radośnie biedny i bogaty, i cały kraj spieszył go oglądać''.[107] Aktualnie było więc wręcz przeciwnie. Gdy zbliżał się dwór książęcy, pierwszą troską ludności było wyprowadzenie gdzieś dalej hodowanych zwierząt i ukrycie zapasów żywności i paszy. Już wtedy, w początku XII wieku, postulowano, powołując się nieodmiennie na rzekomy przykład Bolesława Chrobrego, aby książę ,,wszędzie... miał swoje miejsca postoju i służby dla siebie ściśle określone i...

162. Władca sprawujący sąd; fragment miniatury z przedstawieniem Chrystusa przed Piłatem w *Evangelistarium Gnieźnieńskim* (f. 48 v); kon. XI w.

najczęściej przemieszkiwał w miastach i w grodach".[108]

Przeciw nadmiernemu obciążaniu ludności stanem i posługami komunikacyjnymi wypowiedział się Kazimierz Sprawiedliwy na wiecu łęczyckim w 1180 roku, sięgając też po pomoc Kościoła. Relacjonowane przez Kadłubka uchwały biskupów brzmią niezwykle patetycznie: „Kto zabrałby zboże ubogim bądź gwałtem, bądź jakimkolwiek podstępem, lub kazałby zabierać, niech będzie wyklęty. Kto z okazji jakiegoś poselstwa wymuszałby podwodę lub kazał wymusić czworonoga do podwody, niech będzie wyklęty..."[109]

Nie zarządzenia jednak ani nie groźby kar kościelnych ulżyły losowi wieśniaków, lecz nowe warunki, jakie powstały w wyniku przemian ustrojowych. Oto począwszy od schyłku XII wieku dobra możnowładcze, a później także rycerskie zaczęły uzyskiwać immunitet, przez co ludność zależna, znajdująca się w tych dobrach, zostawała całkowicie lub przynajmniej częściowo zwalniana od ciężarów prawa książęcego, zarówno od danin, jak posług. W połowie XIII wieku immunitetem cieszyła się już większość ziemi, znajdującej się w posiadaniu rycerzy. W tymże okresie dokonywał się proces zaniku wolnej ludności wieśniaczej, która wchodziła w zależność feudalną od Kościoła, możnych lub rycerzy. Obydwa te zjawiska były, jak się zdaje, nie tylko równoległe w czasie, lecz i związane ze sobą. Przed nadmiarem ciężarów ludność

163. Sąd duchowny: metropolita sądzący biskupa; według miniatury w rękopisie *Dekretu Gracjana* (p. 205 a); 2 poł. XIII w.

rolnicza chroniła się pod opiekę możniejszych, woląc zrezygnować z niezależności, skoro otrzymywała za nią uwolnienie od nękających danin i posług, bezpieczny byt i perspektywę lepszej sytuacji materialnej.

Zgodnie z treścią immunitetu, ani książę, ani tym bardziej jego ludzie nie mogli wkraczać na immunizowaną ziemię dla żądania stacji i podwód. Objeżdżając kraj musieli teraz tak układać trasę, aby móc zatrzymywać się w grodach lub we własnych dworach.

Z drugiej strony, skutkiem rozbicia dzielnicowego było zmniejszenie się obszaru księstw. Podróże książęce stawały się w związku z tym krótsze i rzadsze. Pod koniec XIII wieku cichną utyskiwania na nie.

W tym też czasie ulega zmianie stosunek ludności wieśniaczej do monarchii, która przestaje już być dla chłopa źródłem jego nieszczęść. Nie trapi go już samowola książęca, zaczyna natomiast doskwierać zależność od pana gruntowego, przed którym jedyną obronę dostrzega wieśniak w monarsze, przed jego sądem szukając sprawiedliwości i, być może, nierzadko ją uzyskując. Klęską dla gospodarki chłopskiej okazywały się wojny między książętami dzielnicowymi i wszelkie przejawy anarchii feudalnej. W interesie chłopskim leżało więc przywrócenie zjednoczonego królestwa polskiego. Nie możemy stwierdzić, czy świadomość tego stała się powszechna. Legendy o pomocy chłopów dla ukrywającego się w grotach Ojcowa Władysława Łokietka mogłyby świadczyć, że istniała.

151

MONETY PIERWSZYCH PIASTÓW (il. 164–165)

164. Denar Mieszka I, awers i rewers; 966–992 r.
165. Denar Bolesława Chrobrego, typ *Princes Polonae*, awers
i rewers; 992–1025 r.

MONETY KSIĄŻĄT DZIELNICOWYCH (il. 166–168)

166. Denar ks. Bolesława Kędzierzawego,
1146–1173 r.

167. Brakteat ks. Bolesława V Wstydliwego; po 1253 (?) r.

168. Św. Wojciech; fragment drzwi brązowych katedry
w Gnieźnie; 2 poł. XII w.

169. Rokitno, grodzisko dwuczęściowe; XII–XII w.

170. Gniezno, relikty umocnień grodu; fragment wału konstrukcji przekładkowo-hakowej; X w.

4. Integracyjna funkcja państwa i Kościoła

Monarchia pierwszych Piastów aż do rozbicia dzielnicowego była swego rodzaju monarchią wojskową. Wojna, i to przede wszystkim wojna zaczepna, wyprawy po łupy, stanowiła rację jej istnienia. Oferując uzbrojonej części ludności perspektywę zdobyczy, dowodziła potrzeby własnego istnienia. Dlatego też ideałem księcia w tym okresie mógł być tylko wojownik. Takim przetrwał w legendzie Bolesław Chrobry, takiego wysławiał Gall Anonim Bolesława Krzywoustego. Władca chcący panować w pokoju, jakim według kronikarza miał być Zbigniew, zasługiwał tylko na pogardę i usunięcie z tronu. Wspólne wyprawy wojenne i przygotowania do nich przekształcały ich uczestników w soli-

171. Kalisz, relikty obwarowań grodu; fragment wału z ławą kamienną; XII w.

172. Poznań, pozostałości obwarowań grodu; fragment wału z izbicami i ławą kamienną; X w.

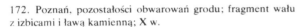

173. Bolków, zamek, widok ogólny od strony północno-zachodniej; kon. XIII w.

174. Walka oddziałów pieszych; fragment dekoracji Czary Włocławskiej, ozdobionej scenami ilustrującymi *Historię Gedeona*; X w.

darny zespół, oddany prowadzącemu go do zwycięstw wodzowi.

W orszaku przybocznym księcia znajdowali się przede wszystkim przedstawiciele młodzieży możnowładczej, wychowujący się na dworze monarszym. Gall włożył w usta Krzywoustego przemowę do nich, zaczynającą się od słów: ,,O, młodzi, świetna obyczajami i urodzeniem, przy moim boku stale zaprawiana do boju, ze mną nawykła do trudów!''[110] Inwokacja ta dobrze charakteryzuje wzajemny stosunek księcia-wodza i jego przybocznej drużyny.

Aby jeszcze bardziej ją związać z monarchą, recypowano wcześnie przynajmniej niektóre elementy zachodnioeuropejskiego obyczaju rycerskiego. Na dworze Władysława Hermana odbywały się uroczystości pasowania przez księcia synów możnowładczych na rycerzy.[111] Miało to wzmocnić ich związek z dynastią, zaszczepić w nich wierność dla niej. W wychowaniu rycerzy ukazywano im

175. Walka oddziałów pieszych; fragment miniatury w rękopisie *Komentarza* Aleksandra do *Apokalipsy św. Jana* (f. 45 v); po 1271 r.

176. Obóz wojskowy; fragmenty dekoracji Czary Włocławskiej, ozdobionej scenami ilustrującymi *Historię Gedeona*; X w.

177. Pojedynek konnych rycerzy; rysunek na ścianie sali w rycerskiej wieży mieszkalnej w Siedlęcinie (IV kondygnacja); XIII/XIV w.

178. Rozprawa z ludnością cywilną; fragment miniatury ze sceną Rzezi niewiniątek w *Evangelistarium Płockim*, zw. *Złotym Kodeksem Pułtuskim* (f. 80 v); kon. XI w.

Piastów jako „panów przyrodzonych",[112] ale też kazano widzieć w księciu „zbawienie Polski".[113] Wierność dla dynastii uzasadniano więc motywacją patriotyczną. Z uczucia miłości ojczyzny wyprowadzano cnoty rycerskie: „lepiej..., jeśli... zginą od miecza za ojczyznę – tłumaczyć miał Krzywousty obrońcom Głogowa – niż gdyby, kupując zhańbiony żywot za cenę poddania grodu, mieli służyć obcym".[114] Kiedy indziej książę ten miał wzywać rycerzy, by wraz z nim byli gotowi „za wolność Polski umrzeć lub żyć".[115] Pojęcia te, zaczerpnięte z dziejów starożytnego Rzymu, stawały się zrozumiałe dla polskiej elity społecznej i były przez nią przyswajane.

Za główny sprawdzian patriotyzmu uważano zachowanie się w bitwie. Było to naturalne, wojna bowiem stanowiła najważniejsze zajęcie tej klasy. Wysiłek monarchii wczesnośredniowiecznej koncentrował się na doskonaleniu sztuki wojennej.

Bogatsza w realia od kronik polskich relacja czeska ukazuje, że uwzględniwszy różnicę stosunków demograficznych i poziomu techniki, państwa słowiańskie rozwiązywały z powodzeniem te same zagadnienia, które są przedmiotem rozważań sztabów nowożytnych.

Fortyfikowano więc granice.[116] Rozbijano obozy wojskowe, strzegąc się pilnie niespodziewanego napadu nieprzyjaciela, wystawiając warty i straże nocne.[117] Doceniano konieczność zapewnienia wojsku żywności, organizowano wywiad i przeciwdziałano działalności szpiegów nieprzyjacielskich.[118] Organizując obronę, tarasowano drogi, którymi miał posuwać się nieprzyjaciel.[119] Dowódcy umieli stosować podstęp wojenny,[120] choć często stawali się też jego ofiarami.[121] Znano różne rodzaje uzbrojenia, posługiwano się między innymi zatrutymi strzałami.[122] Przestrzegano reguł taktycznych w bitwach, znano pojęcie szyku bojowego,

ELEMENTY UZBROJENIA (il. 179–188)

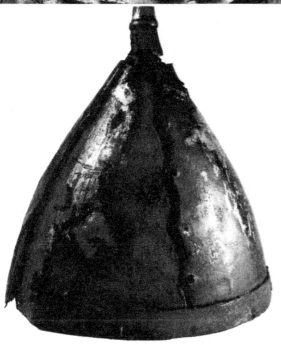

179. Rycerze w zbrojach kolczych (scena Rzezi niewiniątek); fragment drzwi brązowych katedry w Płocku (obecnie Nowogród, Sobór Św. Zofii); poł. XII w.

180. Szłom z Gorzuchów; X–XI w.

181. Miecz z Czerska Polskiego; XI w.

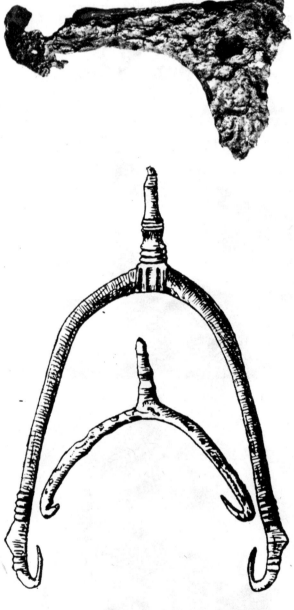

182. Łucznik; miniatura w *Digestum Vetus* (f. 202); ost. ćw. XIII w.

183. Grot włóczni z Lubówka; XI w.

184. Czekan z Lutomierska; X–XI w.

185. Topór z Lutomierska; X–XI w.

186. Ostrogi z Brześcia Kujawskiego i Giecza; X–XI w.

187. Koń osiodłany; miniatura w *Digestum Vetus* (f. 146); ost. ćw. XIII w.

w nierównym terenie ustawiano wojsko na wzgórzach.[123] Odróżniano walory różnych rodzajów broni, konnicy i piechoty; stosowano manewr spieszania konnicy.[124] Wódz czasem prowadził osobiście wojsko do boju,[125] ale wiedziano, że powinien zajmować w bitwie pozycję, która pozwoli mu obserwować całość działań.[126]

Wojna zaczepna była sprawą księcia i rycerstwa, ale wojną obronną musiał już interesować się cały lud, zwłaszcza zaś mieszkańcy ziem pogranicznych. Jeśli wieśniak obawiał się przedstawicieli własnego państwa, to państwo nieprzyjacielskie było stokroć gorsze. Jedno i drugie wojsko wprawdzie na równi łupiło i rekwirowało, ale nieprzyjaciel uprowadzał także ludzi w niewolę. Toteż ludność nierycerska brała udział w obronie kraju nie tylko z przymusu; w księciu i rycerstwie polskim widziała wtedy swych obrońców. Wykonując funkcję obronną państwo służyło interesom całej ludności i przyczyniało się do jej integracji.[127]

Prócz wojny, znaczenie integracyjne miała też działalność prawodawcza i sądownicza monarchii.

Do czasu rozbicia Polski na dzielnice w całym kraju obowiązywało, jak się zdaje, jedno prawo. Jego źródłem była wola panującego, zarówno wtedy, gdy nadawał moc prawną utrwalonemu przez tradycję zwyczajowi, jak i wtedy, gdy stanowił prawa nowe. Te ostatnie miały na celu głównie wzmocnienie państwa. Brały więc pod szczególną opiekę urzędników książęcych, wyznaczając wysokie kary za ich zabicie lub zranienie. Wprowadzały pojęcie przestępstwa obrazy majestatu książęcego. Opatrywały sankcjami karnymi przepisy kościelne.

Prawa stanowione przez Piastów nie zostały aż po XIV wiek wydane w formie statutu pisanego, lecz wzbogacały system prawa zwyczajowego. Toteż znamy je ułamkowo, ze źródeł pośrednich i ze spisanego w języku niemieckim na potrzeby państwa krzyżackiego, prawdopodobnie w początkach XIV wieku, zwodu polskiego prawa zwyczajowego.[128]

Najwyższą władzę sądowniczą miał w całym państwie książę. Wykonywał ją osobiście, w asyście członków swego dworu i urzędników lokalnych

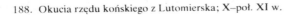

188. Okucia rzędu końskiego z Lutomierska; X–poł. XI w.

podczas periodycznych objazdów kraju. Nie wszystkie sprawy mogły jednak trafić przed jego oblicze w tak rozległym kraju, toteż przeniósł swe uprawnienia na urzędników, przede wszystkim na palatyna jako pierwszego zastępcę księcia, następnie na przedstawicieli zarządu lokalnego – kasztelanów. Przed sąd księcia i jego zastępców stawała w okresie monarchii pierwszych Piastów cała ludność, bez różnicy kondycji. Postępowanie sądowe równało ją.

W okresie rozbicia dzielnicowego i rozwoju immunitetu sytuacja uległa zmianie. Uprzywilejowani – najpierw duchowieństwo, potem także

162

świeccy posiadacze immunitetu sądowego – zostali wyłączeni spod kompetencji urzędników i poddani wyłącznie osobistemu sądowi księcia lub też, jak kler, własnym sądom stanowym. Ludność zależna w dobrach immunizowanych w sprawach mniejszych podlegała sądowi pana gruntowego. W ten sposób pierwotna równość całej ludności przed sądem książęcym została przekreślona. Powoli też prawo krajowe przestawało być jednolite. Poszczególni książęta dzielnicowi wydawali różne nowe rozporządzenia i interpretowali nie zawsze jednolicie stare zwyczaje. Tak powstawały dzielnicowe odrębności prawne. W XIII wieku prawo nie jednoczyło już mieszkańców Polski, lecz nawet utrudniało ogólnopolską integrację.

Podobnie działo się z pieniądzem. Pierwsze monety polskie, bite w niewielkich ilościach przez Mieszka I i Bolesława Chrobrego, nie miały zaspokajać potrzeb ekonomicznych; słaby rozwój gospodarki towarowej jeszcze ich nie stwarzał. Emisjom

189. Kara zakucia w dyby, miniatura w rękopisie *Legendy św. Jadwigi*, zw. *Kodeksem Ostrowskim*; 1353 r.

190. Kara śmierci przez ścięcie toporem (śmierć św. Wojciecha); fragment drzwi brązowych katedry w Gnieźnie; 2 poł. XII w.

tym przypisuje się więc charakter manifestacyjny. Można przypuszczać, że miały pełnić rolę symbolu państwa piastowskiego; jeśli nawet bito je nie w tej intencji, pełniły niewątpliwie funkcję integracyjną, acz tylko w niewielkim kręgu duchowieństwa, możnych i rycerstwa.

W Polsce dzielnicowej każdy z lokalnych książąt chciał mieć własną monetę, chociaż znów potrzeby rynkowe wcale tego nie wymagały. Moneta księstwa dzielnicowego stawała się jednak manifestacją jego odrębności.[129]

Najkonsekwentniej funkcję integracyjną pełnił Kościół. Religia chrześcijańska, choćby po-

wierzchownie tylko przyswojona, niwelowała tradycje odrębności kultów plemiennych, jednoczyła wszystkie prowincje kraju tym samym imieniem czczonego w nich Boga i wspólną symboliką. Propagowany intensywnie od samego początku XI wieku kult patrona kraju, św. Wojciecha, nadawał własną, polską barwę uniwersalnej religii. Objęcie całego państwa granicami jednej, gnieźnieńskiej prowincji kościelnej nadawało mu jak gdyby sankcję sakralną.

Powstający w X–XI wieku Kościół polski był, oczywiście, początkowo tylko organizacją kleru, i to kleru w większości cudzoziemskiego. Rychło jednak zaczęła się tworzyć w jego ramach społeczność polskich chrześcijan. Już w XII wieku nie

191. Kara śmierci przez powieszenie, miniatura w *Digestum Vetus* (f. 14); ost. ćw. XIII w.

192. Kara chłosty (scena Biczowania Chrystusa); fragment drzwi brązowych katedry w Płocku (obecnie Nowogród; Sobór Św. Zofii); poł. XII w.

ograniczała się ona wyłącznie do elity, choć zapewne wśród niej świadomość tej wspólnoty okazywała się najsilniejsza. Ale kościół na podgrodziu gromadził wiernych z różnych warstw społecznych, podobnie jak kościół prywatny możnowładcy, wzniesiony w należącej do niego wsi.

Rozbicie dzielnicowe w niewielkim tylko stopniu osłabiło integracyjne oddziaływanie Kościoła. Granice księstw nie pokrywały się z granicami diecezji, wciąż zresztą panowała duża zależność biskupów od arcybiskupa gnieźnieńskiego. Synody prowincjonalne podkreślały jedność nie tylko Kościoła polskiego. Przypominały zarazem o jedności państwa. Prawda, poszczególne katedry miały swe ambicje lokalne; przejawiło się to m.in. w rywalizacji kultów świętych, propagowanych przez różne ośrodki. Przygasł nieco ogólnopolski kult św. Wojciecha. Za to jednak wykroczył poza granice księstwa i diecezji krakowskiej kult św. Stanisława, stając się od swego zarania kultem ogólnopolskim, w dodatku kultem bardzo politycznym, związanym z ideą przywrócenia jedności państwa polskiego.

W XIII wieku związek organizacji kościelnej ze społeczeństwem zacieśniał się bardzo wskutek tworzenia niewielkich okręgów parafialnych. Kościół parafialny mógł skupić i zapewne skupiał rzeczywiście całą okoliczną ludność. Dzięki temu treści patriotyczne i zjednoczeniowe, które propagowali wówczas kierownicy Kościoła polskiego, trafiały do wszystkich stanów i warstw społecznych, szerząc w nich świadomość, że tworzą jedno społeczeństwo polskie.

Elementem polskości stawały się też wszelkie odrębności krajowego Kościoła: modlitwa w języku polskim, a gdzieniegdzie również jakiś surogat kazania, kult polskich świętych, inny niż u sąsiadów sposób obserwowania Wielkiego Postu. Nawet tak niepopularna rzecz, jak danina świętopietrza, płacona przez diecezje polskie, a nie znana w krajach sąsiednich, wzmacniała rodzące się poczucie narodowe ludności mówiącej po polsku i podlegającej władzy dynastów piastowskich. [130]

Część druga

KULTURA PSYCHICZNA

Pogląd na świat

1. Podstawy rozumienia świata

Przegląd osiągnięć człowieka w sferze kultury bytowej orientuje zarazem w zakresie jego praktycznych umiejętności. Już zatem w zaraniu polskiego średniowiecza znano powszechnie sposoby uprawy roli i wytwarzania niezbędnych w życiu rolnika przedmiotów.

Do osiągnięć technicznych i techniczno-organizacyjnych dochodzi się w zasadzie dwiema drogami. Jedną z nich jest wyciąganie wniosków praktycznych z założeń teoretycznych, spożytkowanie wiedzy o świecie i o prawach jego funkcjonowania w tym celu, aby świat zmieniać. Ta metoda postępowania znajduje coraz większe zastosowanie w miarę rozwoju nauki. Ale do dziś nie stała się metodą jedyną. Technika posuwa się naprzód także dzięki wynalazkom i usprawnieniom ludzi nie mających dość wiedzy teoretycznej, aby korzystać z wyżej wspomnianej drogi. Dochodzą oni do cennych nieraz rezultatów metodą o wiele bardziej żmudną, znaną psychologii uczenia się jako metoda prób i błędów.

Polega ona na kolejnym wypróbowywaniu różnych sposobów postępowania dopóty, dopóki nie natrafi się na taki, który przyniesie zamierzony efekt. Oczywiście, stosowanie także tej metody wymaga uprzedniego zgromadzenia pewnej liczby informacji, ale nie muszą one być tak kompletne, by ich zespół wystarczał do wydedukowania poszukiwanego rozwiązania. Toteż im dalej wstecz spoglądamy w dzieje nauki i techniki, tym większą obserwujemy rolę tej właśnie metody poszukiwań, stosowanej zresztą nader często zupełnie nieświadomie.

Poszukiwania czynione metodą prób i błędów leżą więc niewątpliwie u źródeł zdobyczy społecznych w zakresie techniki i organizacji wytwarzania w okresach poprzedzających cywilizację.

Miało to swoje konsekwencje. Pomyślne rozwiązanie zadania praktycznego często nie posuwało zrozumienia natury wiążących się z nim procesów. Człowiek znajdował skuteczną receptę postępowania, ale nadal nie wiedział, dlaczego ona właśnie okazała się właściwa. Nie wiedział, które elementy wykonywanych czynności istotnie decydują o rezultacie, a które nie mają znaczenia i mogłyby być odrzucone lub zastąpione innymi. Toteż refleksja poznawcza i powszechnie przyjęta wizja świata pozostawały w społeczeństwie plemiennym daleko w tyle za jego osiągnięciami produkcyjnymi. Ze stosunkowo niewielkimi modyfikacjami utrzymywały się w społeczeństwie plemiennym wyobrażenia odziedziczone po dawnych pokoleniach. Ukształtowały je: poznanie zmysłowe, ciasny, lokalny horyzont geograficzny i myślenie magiczne.

Za przesłanki utrwalonych w tradycji uogólnień służyły proste konstatacje faktów i własne doświadczenie, uzyskiwane dzięki bezpośredniej działalności zmysłów, w tym więc także – złudzeniom zmysłowym. Wnioski z uzyskanych informacji wyciągano przez specyficzne stosowanie kilku dyrektyw logicznych, wśród których szczególną rolę odgrywała analogia; posługiwano się nią często błędnie.

W rezultacie, u podstaw poglądu na mechanizm obserwowanych zjawisk, jaki tworzyli sobie ludzie, odnaleźć można zespół przekonań, który etnografowie stwierdzali w niedawnych jeszcze czasach w środowisku wiejskim. Przedstawiają się one, według systematyki Kazimierza Moszyńskiego, następująco:

„1) Niezmierne rozszerzenie zakresu działania przedmiotów; 2) przesadne spotęgowanie doniosłości czynów, słów i myśli; 3) rozszerzenie wszelkich właściwości danego przedmiotu (jego przymiotów, stanów, funkcji) na wszystko, co się z nim kojarzy; 4) wyobrażanie sobie wszelkich właściwości danego przedmiotu w ten mniej więcej sposób, w jaki my pojmujemy substancję lub energię fizyczną, co może być przenoszone z przedmiotu na przedmiot; 5) wiara, że przenoszenie tych właściwości może się dokonywać nie tylko dzięki zetknięciu czy zwykłemu zbliżeniu przedmiotów, lecz również dzięki przekroczeniu jednego przez drugi, dzięki przerzutowi, okrążeniu etc.; 6) przekonanie, że w świecie otaczającym człowieka działają – obok istot widzialnych – mniej lub więcej liczne istoty niewidzialne, przy czym poza swą niewidzialnością nie różnią się one w zasadzie niczym od tworów żyjących w rodzaju ludzi czy zwierząt."[1]

Dodać należy do tego etnocentryzm, wyrażający się w identyfikacji pojęcia świata z zasięgiem własnej wspólnoty plemiennej, co było logiczną konsekwencją faktu, że doświadczenie społeczne w zasadzie poza jej granice nie sięgało. Dalej zaczynały się, według panującego przekonania, inne światy, rządzone, być może, przez inne, bliżej nie znane reguły. Można było przypuścić, że żyją tam ludzie o niezwykłych, potwornych postaciach, że istnieją dziwne społeczeństwa, złożone na przykład z samych kobiet, jak amazonki.[2] Godząc się na to, wierzono jednak, że owe zewnętrzne odmienności pozostają bez wpływu na mechanizm własnego świata.

2. Model świata

Słowianie dostrzegali w świecie nieustanną grę rozmaitych sił. Sądzili, że emanują je nie tylko istoty żywe, widzialne i niewidzialne, lecz także wszelkie przedmioty, bez względu na to, czy stworzyła je natura, czy ręka ludzka.

Podobnie jak nieoświecony lud wiejski czasów nam bliższych, średniowieczni mieszkańcy ziem naszych traktowali wszelkie przedmioty w ten sposób, jakby to były istoty żywe i podobne do ludzi.[3] Dotyczyło to w szczególności ciał niebieskich i zjawisk atmosferycznych, a przejawiało się na przykład w wierzeniach, że gwiazdy same czarują zioła, by udzielić im mocy leczniczej, że tęcza pije wodę, a wiatr tańczy.[4] Ale również o kamieniach wierzono, że rosną,[5] o broni i wszelkich ostrych przedmiotach, że mogą same atakować wrogów, o bronach i grzebieniach, że szczerzą zęby, odstraszając złe moce itp.[6]

Skoro siła jest nieodłączną właściwością człowieka i zwierzęcia, przez analogię przypisywano ją także wszelkim roślinom i rzeczom.

Z jednej strony miała to być moc czynienia złego. Tak więc niemal wszystkim zjawiskom przyrody i przedmiotom przypisywano powodowanie chorób. Z drugiej strony bardzo wiele przedmiotów ceniono za ich rzekome właściwości apotropeiczne, tzn. odwracające nieszczęście, broniące przed zagrożeniem. Zdarzało się, że ta sama rzecz mogła występować zarówno w jednej, jak i w drugiej roli.

Wyłącznie dobrą siłę upatrywano w słońcu. Światło słoneczne miało chronić od zła, od nieprzy-

193. Światowit zbruczański

jaznych demonów i od chorób. Zapewniało bezpieczeństwo, które znikało po zachodzie słońca, kiedy to należało zachowywać szczególną ostrożność.[7] Podobnie dobroczynna była w zasadzie moc ognia, pod warunkiem, że go należycie szanowano; znieważony mógł bowiem przerodzić się w groźny żywioł.

Większości tworów natury przypisywano wpływ na określone dziedziny życia; mógł on okazać się dla człowieka zarówno korzystny, jak szkodliwy. Tak więc od księżyca zależeć miała pogoda, dobra lub zła. Jego poszczególne fazy wywierały także wpływ na świat roślinny, w szczególności na wzrost i dojrzewanie roślin. Wpływ ten miał działać stale w jednym kierunku, rzeczą człowieka jednak było umieć skorzystać z tych jego właściwości.[8]

O tęczy opowiadał lud słowiański, że włada wodą i deszczem. Pije mianowicie wodę z rzek, stawów i jezior, przekazuje ją chmurom i sprowadza w ten sposób deszcz. Podobnie jak wodę, może też wysysać krew z ludzi i zwierząt.[9]

Poszczególnym gatunkom zwierząt i roślin także przyporządkowywano pewne sfery działania, często zresztą w wyniku bystrej obserwacji ich życia. U niektórych reprezentantów gatunku, zazwyczaj wyróżniających się wielkością, kształtem lub barwą, dopatrywano się szczególnej mocy magicznej i leczniczej. Jakiś stary, olbrzymi dąb miał uwalniać od bólów w jamie ustnej.[10] Jeleń z jasną plamą na czole był ceniony jako obrońca stad przed demonami.[11]

Podobnie niektórych ludzi posądzano o siły nadnaturalne. Kto miał „złe oczy", ten samym spojrzeniem mógł powodować zniszczenia, choroby i śmierć.[12]

Według powszechnych wierzeń, świat zaludniały także istoty niewidzialne. Wśród tych demonów można wyróżnić liczne kategorie. Szczególną rolę grały najbliższe człowiekowi bóstwa opiekuńcze rodu i domostwa. Siedliskiem tych pierwszych, zwanych może rodem i rodzanicami, które to nazwy spotykamy w źródłach ruskich,[13] było ognisko domowe. Nie wiadomo, czy utożsamiano z nimi, czy też odróżniano od nich demona domowego, którego ślad przetrwał jeszcze do niedawnych czasów w wierzeniach ludowych; miałby on opiekować się domem i obejściem, przysparzać gospodarzom dobytku.[14]

Wierzono także, że nie zamieszkane przez ludzi miejsca, a w szczególności góry, lasy, zarośla, rzeki, jeziora, moczary i inne miejsca niebezpieczne pozostają pod panowaniem lokalnych demonów. Wkraczając w granice ich władztwa, człowiek może się spotkać z ich nieprzyjaznym działaniem. Można jednak zjednać sobie ich przychylność ofiarami lub zaklęciami.

Wszystkie te demony – Słowianie obejmowali je zapewne nazwą zbiorczą: biesy – mogły ściągać na człowieka przeróżne nieszczęścia, w tym zwłaszcza choroby. Według wielkoruskich wierzeń ludowych nawet bies domowy, jeśli żywił żal do swych gospodarzy, mógł na nich sprowadzić wypryski skórne lub bóle reumatyczne.[15] Sądzono jednak, być może, że istnieją także specjalne demony chorób, bezwzględnie wrogie ludziom.

Prócz licznych biesów znali Słowianie pojęcie bóstwa opiekuńczego społeczności lokalnej, pana ich miejscowego „świata". Kult takiego bóstwa naczelnego w plemieniu wydaje się młodszy co do swej genezy od wiary w demony; był prawdopodobnie efektem przemian społecznych, powstawania terytorialnych organizacji o charakterze politycznym, czemu towarzyszyło kształtowanie się pojęcia pomyślności zbiorowej, interesu całej zorganizowanej społeczności.

Bóstwo plemienne różniło się więc od demonów-biesów odmiennym zakresem działania. Gdy tamte wpływały na życie codzienne jednostki i rodziny, na ich powodzenie lub niepowodzenie, to dziedzina ta pozostawała całkowicie poza sferą zainteresowań bóstwa plemiennego. Interwencji boga plemiennego oczekiwano jedynie w sprawach publicznych, interesujących całą zbiorowość, w indywidualnych zaś o tyle tylko, o ile wiązały się ze sprawą ogółu. Tak więc według świadectwa historyka bizantyńskiego Prokopa z Cezarei, Słowianie zwracali się do boga z prośbami o zwycięstwo w wojnie, a przy tym także o wyniesienie z niej życia.[16] Spodziewano się pomocy bóstwa plemiennego także w pokojowych przedsięwzięciach plemienia; sądzono, że od jego pomocy zależy pomyślność powszechna, dobry urodzaj, a u mieszkańców wybrzeża morskiego – także bezpieczna żegluga i obfitość połowów.

Boga wyobrażano sobie antropomorficznie, na wzór wodza i władcy, z tym dodatkiem, że przypisywano mu cechy dobrego przywódcy w stopniu zwielokrotnionym, przydając mu nadnaturalną siłę, mądrość i przenikliwość. Od boga religii uniwersalnych różnił się nie tylko ograniczonym terytorialnie zakresem działania, lecz także niższym stopniem doskonałości. Jak się zdaje, nie przypisywano mu absolutnej wszechwiedzy ani tym bardziej wszechmocy, a ściślej: wierzono w jego wiedzę i moc jedynie na terenie podległym jego władzy.[17]

Konsekwentny antropomorfizm sprawiał, że boga plemiennego nie czyniono też nieśmiertelnym. Czczono go pod widzialną, materialną postacią, często drzewa lub skały, przypominającej kształty ludzkie, czasem ociosanego słupa, a w końcowej fazie rozwoju słowiańskiego pogaństwa, do której ono na ziemiach polskich nie doszło, także pod postacią wyrzeźbionego posągu. Jeśli ta materialna postać bóstwa uległa zniszczeniu, oznaczało to unicestwienie samej jego istoty, śmierć.

Między bóstwem plemiennym a biesami nie daje się stwierdzić zależności hierarchicznej. Jak niezależne od siebie pozostawały ich zakresy działania, tak obce sobie wydają się ich osoby. Demonom nie przypisywał też Słowianin cech boskości. Od świata ludzi i zwierząt biesy różniła głównie ich niewidzialność w normalnych warunkach. Nie musiały one nawet przewyższać siłą człowieka; często wyobrażano sobie, że jest odwrotnie. Człowiek bał się naprawdę demonów tylko wtedy, gdy czynił je odpowiedzialnymi za klęski, których przyczyn nie rozumiał i nie umiał nad nimi zapanować. Chodziło tu zwłaszcza o klęski żywiołowe, kaprysy pogody, nieurodzaj, choroby i śmierć. Natomiast wręcz protekcjonalny stawał się jego stosunek do tych biesów, które według tradycyjnych wierzeń miały wpływać na powodzenie lub niepowodzenie w dziedzinach, gdzie związek między umiejętnościami i zapobiegliwością człowieka a osiąganymi przezeń efektami był już dlań oczywisty. O tych demonach sądzono, że rozumem ustępują człowiekowi, który potrafi je wywieść w pole. Grozi wprawdzie z ich strony pewne niebezpieczeństwo ze względu na ich cechy charakteru: złośliwość, kapryśność i egoizm (które – podobnie jak u dzieci – łączyły się z naiwnością), dorosły człowiek mógł tego jednak bez większego trudu uniknąć.

Zarówno więc w świecie widzialnym, jak niewidzialnym człowiek rozróżniał istoty takie, od których był silniejszy z natury, takie, które mógł zwyciężać za pomocą określonych środków, na koniec takie, którym ustępował. Do drugiej z tych kategorii należeli inni ludzie, potężniejsze zwierzęta i większość biesów. Do trzeciej – bóstwo plemienne i szczególnie groźne demony.

Powodzenie człowieka zależało, w jego mniemaniu, od właściwego postępowania z każdą z tych grup jego współmieszkańców na ziemi. Przeciw istotom grupy drugiej należało mieć odpowiedni oręż i umiejętnie go używać. Oręż ten przeciw zwierzętom stanowiła broń materialna, przeciw demonom – zabiegi magiczne, skuteczne zresztą także w walce ze zwierzęciem lub z drugim człowiekiem, gdy zwykły oręż okazywał się nie wystarczający. Ponieważ w walce duże znaczenie miało poznanie zamiarów i możliwości przeciwnika, w sukurs zabiegom magicznym przychodziły też wróżby.

Z pomocą sił własnych, broni i magii człowiek powinien był sprostać większości trudnych sytuacji, w których mógł się znaleźć. Nawet jednak w obliczu gróźb, których sam nie umiał odwrócić, nie pozostawał całkiem bezradny. Uratować go mogła pomoc istot silniejszych. Aby ją uzyskać, starał się zjednać sobie przychylność tych sił tak, jak zwykł był pozyskiwać życzliwość innych ludzi: dobrym słowem, gościnnością, darami i obietnicami.

3. Synkretyzm

Przyjęcie chrześcijaństwa przez dwór piastowski w 966 roku, a następnie stopniowe rozszerzenie się nowej religii w kraju nie oznaczało odrzucenia dawnego światopoglądu przez ogół ludności. Kult Boga chrześcijańskiego zastąpił wprawdzie łatwo pogański kult państwowy, ale ten właśnie nie był, jak się zdaje, zbyt mocno utwierdzony w ówczesnej Polsce.[18] Już to samo, że bezpośrednio nic o nim nie wiemy, każe powątpiewać o jego znaczeniu. Jakieś niejasne wiadomości o kulcie przedchrześcijańskim zawierają, być może, pierwsze rozdziały *Kroniki* Galla.[19] Stały się one podstawą domysłu, że kronikarz mógł uczynić protoplastę dynastii z polańskiego bóstwa plemiennego Siemowita.[20] Byłby to jedyny, w dodatku niepewny, ślad źródłowy tego kultu.

Dla większości ludzi bóg plemienny był postacią daleką. Nie zajmował się tym, co dla nich było sprawą na co dzień najważniejszą. Powodzenie w domu i w gospodarstwie nie od niego zależało. Toteż z kultem boga plemiennego czy państwowego wiązała się ściślej jedynie część społeczeństwa, ta mianowicie, która uczestniczyła w sprawowaniu władzy, a więc możni i ich klientela oraz drużynnicy. Ta grupa społeczna przyjęła jednak już w X wieku za przykładem dworu chrześcijaństwo, uznając za opiekuna państwa Boga chrześcijańskiego.

Jeśli swego Siemowita, czy jak się zwał ów bóg Polan, czcili jego wyznawcy pod postacią jakiegoś posągu, to wraz z chrystianizacją dworu książęcego zarządzono niewątpliwie jego zniszczenie. Zgodnie z panującymi poglądami bóg ten przez to umarł. Jak mało czuł się z nim związany ogół ludności, jak bardzo widziano w nim symbol nie tylko obronnej, ale i eksploatatorskiej funkcji państwa, mógłby świadczyć epizod akcji chrystianizacyjnej na Rusi. Oto gdy książę Włodzimierz nakazał obalić posąg patronującego dotąd jego państwu boga Peruna, usuniętego bito kijami; i tak, jak komentował latopis, okazał się Perun „wczoraj czczony przez ludzi, a dziś urągany".[21] Oczywista jest tendencyjność tych słów, pochodzących od chrześcijańskiego autora.

Odrzucenie starego boga i przyjęcie nowego u pojedynczych tylko ludzi mogło się łączyć ze zmianą pojmowania boga. Dla ogółu Bóg chrześcijański różnił się od swego poprzednika zwielokrotnioną potęgą, ale nie pełnił innej niż tamten roli w świecie. Dawał przede wszystkim zwycięstwa w wojnach. Wojsko modliło się o nie przed bitwą.[22] Indywidualnie zaś wojownicy mogli się zwracać do Boga z prośbą o ocalenie życia, podobnie jak to czynili od wieków. Za łaskę przyrzekali ofiarę i dopełniali jej, wróciwszy z wyprawy.[23]

Stosunek do Boga i do wszystkich innych istot nadprzyrodzonych opierał zarówno poganin, jak chrześcijanin w pierwszych wiekach po konwersji na zasadzie *do ut des* – daję [tobie], abyś dał [mnie]. Dominowała ona wśród prostego ludu do czasów

ostatnich. Jak stwierdza etnograf, „według... pra-
starych przekonań, głęboko wkorzenionych w ludową psychikę, kto otrzymuje dar, ten jest związany wobec dającego i m u s i się mu odwzajemnić...
Toteż jeśli mimo złożenia ofiary wieśniak nie otrzy-
ma od Boga, świętych, dusz zmarłych czy demonów
etc. tego, o co prosi, uważa się za pokrzywdzonego
i gotów jest nawet posunąć się do karania istot,
które obdarował na próżno."[24]

Jak kult bóstwa plemiennego nie pozostawał
w żadnym związku z wiarą w demony i praktykami
magicznymi, tak przyjęcie formalne chrześcijaństwa nie naruszyło na razie tego kompleksu wierzeń. Z biegiem czasu dokonywała się jednak ich
zewnętrzna chrystianizacja.

Najwcześniej uległy jej wyobrażenia o du-
chach opiekuńczych domu, rodziny, gospodarstwa.
W kręgach możnowładczych, najwcześniej i najsilniej ulegających wpływowi Kościoła, ich miejsce
zajmowali święci. Tak na przykład patronem rodu
Gryfitów stał się św. Klemens. Z wolna przyjmował
się już częściowo w tych sferach zwyczaj nadawania
dzieciom imion chrześcijańskich; święty patron tegoż imienia uchodził zapewne za szczególnego
obrońcę oddanego pod jego opiekę dziecka.

Kościół przyniósł też wiarę w szczególny związek świętych z poświęconymi ich pamięci datami.
Tak więc o powodzeniu w dniu św. Wawrzyńca
decydować miał ten właśnie patron i do niego
należało w tym dniu zanosić wszelkie prośby.[25]
Propagowano kult św. Jerzego jako patrona wojska
i spraw rycerskich. Wielu świętym przypisywano
moc uzdrawiania. Już Mieszko I szukał pomocy św.
Udalryka przed skutkami zranienia zatrutą strzałą.[26] O wiek później zarówno o zdrowie, jak
i o płodność zwracano się do św. Idziego.[27]

W owych świętych widziano reprezentantów
tej siły, jaką od dawna przypisywano potężniej-
szym demonom. Kult świętych w pierwszych wiekach Polski chrześcijańskiej pozostawał w swej
istocie najgłębiej pogański; jedynie imiona demonów zaczerpnięto z kręgu pojęć nowej religii.

Kult świętych nie wyparł przy tym wiary

194. Zawieszka z Wrocławia z wyobrażeniem św. Jerzego
zabijającego smoka; XII–XIII (?) w.

w dawne demony. Kościół walczył z nią jeszcze
długo, o tyle przy tym bezskutecznie, że sami
duchowni w pewnym stopniu wiarę tę podzielali,
traktując jedynie słowiańskie biesy jako rodzaj
diabłów.[28] Funkcjonowały też inne popularne wierzenia, ukształtowane w czasach przedchrześcijańskich. O ich trwałości świadczy fakt, że w niewiele
nieraz zmienionej postaci odnajdujemy je w zbie-
ranym jeszcze w naszym stuleciu słowiańskim materiale etnograficznym.

Przyjęcie chrześcijaństwa nie odmieniło też
myślenia magicznego, typowego nie tylko dla ówczesnych Słowian, lecz i dla całej średniowiecznej
Europy. Przybywający do Polski chrześcijanie,
w tym także przedstawiciele kleru, przywiązywali
do magii taką samą wagę, jak słowiańscy neofici.
Co więcej, przynosili ze sobą znajomość nowych
technik magicznych, wywodzących się z kultur
przedchrześcijańskich Europy Zachodniej. Wprowadzali także magię chrześcijańską: traktowanie

przedmiotów kultu liturgicznego jako obdarzonych siłą magiczną, a również odnoszenie się do tekstów liturgicznych jako do swego rodzaju zaklęć magicznych.[29]

Wierzenia społeczeństwa polskiego w pierwszych wiekach po wprowadzeniu chrześcijaństwa stanowiły więc stop dawniejszych wyobrażeń o świecie z popularnie interpretowanymi dogmatami religii chrześcijańskiej. Na Rusi określano to jako „dwuwiarę".[30] W istocie rzeczy nie uległ zmianie dawniej ukształtowany obraz świata, który jedynie wzbogacono elementami zaczerpniętymi z systemu chrześcijańskiego. Praktycznie wyznawano więc religię synkretyczną.

Można zauważyć, że chrześcijaństwo ludowe w każdej epoce przedstawia sobą synkretyczny system wierzeń. Wyróżniającą cechą interesującego nas okresu jest wszelako fakt, że tę samą strukturę miały także wierzenia elity, zarówno świeckiej, jak – przez długi czas – duchownej. Dopiero u schyłku XII wieku postępująca emancypacja Kościoła spod przewagi świeckich przez wzmocnienie więzi ponadnarodowych lokalnego Kościoła doprowadziła także do jego emancypacji intelektualnej. Kształcona filozoficznie w zagranicznych uniwersytetach część wyższego kleru stawała się zdolna do przyswojenia sobie dorobku teologicznej myśli chrześcijaństwa.[31] W kulturze powszechnej miało to przed końcem XIII wieku niewielkie tylko znaczenie. Wyrazem ogólnie przyjętego poglądu na świat były praktyki magiczne, czary i wróżby.

4. Magia w produkcji

Metody pracy stosowane we wczesnym średniowieczu stanowiły splot techniki i magii. Splot ten był tak ścisły, że nie zawsze można wydzielić obydwa elementy, a próbując je wyodrębnić, dokonujemy w gruncie rzeczy zniekształcenia rzeczywistości, gdyż rozbijamy jednolitą i charakterystyczną strukturę owej kultury, która nie znała takiego podziału.

Widać to najlepiej w dziedzinie, w której ów splot przetrwał aż po nasze czasy, mianowicie w medycynie ludowej. Autor pomnikowej polskiej syntezy etnograficznej, starający się konsekwentnie czynić rozróżnienie między wiedzą ludową a magią i wierzeniami, w tym wypadku zrezygnował z takiego podziału. Po pierwsze bowiem, stwierdzając, że „terapia... ludowa przedstawia bardzo ścisły splot składników technicznych z magicznymi, a nieraz i kultowymi, racjonalnych z najzupełniej irracjonalnymi",[32] nie znajdował w dzisiejszym stanie nauk medycznych klucza, według którego można by przeprowadzić selekcję tych elementów. Nie ten argument jednak wysunął jako decydujący. Za ważniejsze uznał, że gdyby nawet wyodrębnienie składników racjonalnych od irracjonalnych okazało się możliwe, „cała ta żmudna i niewątpliwie pod pewnym względem pożyteczna praca miałaby jednak dla nas kardynalny brak: rozbiłaby medycynę ludową na strzępy! Tym samym unicestwiłaby zwarty, niezmiernie – jako całość – charakterystyczny dział wiejskiej kultury, dający głęboki wgląd w życie ludu."[33]

Przykłady z medycyny ludowej najlepiej też ukazują, na czym polega integracja zabiegów racjonalnych i magicznych. Tak więc, na przykład, istnieje przekonanie, że chorobę należy wystraszyć z dotkniętego nią człowieka, by sama z niego wyszła. W tej intencji podaje się choremu lekarstwa obrzydliwe, wśród nich środki wymiotne i przeczyszczające, co nieraz ma działanie dobroczynne.[34] Zalecenia dotyczące stosowania w leczeniu ziół określają szczegółowo porę i sposób, w jaki należy je zbierać, gesty, jakie należy wykonywać przy ich przyrządzaniu, słowa, które powinny towarzyszyć ich spożywaniu. W obydwu wypadkach podanie rzeczywiście skutecznego leku jest zaledwie jednym z elementów zabiegu, często nie uważanym wcale za najważniejszy.

W innych dziedzinach działalności ludzkiej nie obserwujemy już w czasach nowszych takiego wtopienia racjonalnego zabiegu w zespół praktyk magicznych. Chociaż cywilizacja, wdzierająca się

195. Brązowa figurka konia z Wolina; XI w.

196. Drewniana figurka konia z Nakła; XI w.

także do najbardziej opornych wobec niej bastionów kultury ludowej, nie zniszczyła jeszcze magii, to przecież najczęściej oddzieliła ją od techniki. Przesądny wieśniak gestu magicznego nie zaliczy już do sposobów uprawy roli, z których celowości zdaje sobie sprawę. Gestem tym chce się tylko chronić przed katastrofami od niego niezależnymi, przed zdarzeniami niezwykłymi, które by mogły zniszczyć spodziewane efekty jego w pełni racjonalnych zabiegów.

Nie ma dostatecznych podstaw, aby rozstrzygnąć, jak dawno zaczął się na naszych ziemiach proces świadomego rozróżniania przez ludność między zabiegiem technicznym i magicznym. W związku z najpowszechniejszym zajęciem produkcyjnym, to znaczy z uprawą roli, był on może zaawansowany już w czasach przedpaństwowych. Znane ze źródeł praktyki magiczne w rolnictwie średniowiecznym nie łączą się już bezpośrednio z czynnościami agrotechnicznymi. Tak więc dobry urodzaj zbóż miała zapewnić m.in. obfitująca

w mięso biesiada wyprawiana u schyłku zimy.[35] Przestrzeganie aż po dziś dzień określonego rytuału przy najważniejszych zajęciach rolniczych, jak orka, siew, żniwa, są prawdopodobnie śladami ściślejszego niegdyś ich wtopienia w kontekst magiczny.

O praktykach magicznych związanych z czynnościami produkcyjnymi źródła średniowieczne informują w ogóle skąpo. Trudno jednak wyciągać z tego zdecydowane wnioski. Milczenie źródeł bowiem może wprawdzie wynikać z zaniku tego typu praktyk, ale może także odzwierciedlać fakt, że średniowieczny autor nie potrafił jeszcze wyodrębnić elementów magicznych z całokształtu procesu produkcyjnego. Na dokonującą się racjonalizację zabiegów produkcyjnych wskazuje raczej fakt rozbudowy takich praktyk magicznych, których celem było jeszcze zapewnienie dobrych rezultatów działalności gospodarczej, ale które celebrowano już albo bez żadnego związku z pracą, albo nawiązując do niej tylko symbolicznie.

Do takich należą więc znane z późnego materiału etnograficznego praktyki incepcyjne, występujące zazwyczaj przy różnych dorocznych obrzędach. Krótkotrwałe, w gruncie rzeczy symboliczne wykonywanie pewnych czynności gospodarskich w dniu uważanym za początek pewnego dłuższego okresu czasu, na przykład roku, miało wpłynąć na ich pomyślny przebieg w ciągu tego okresu. Tu zaliczymy też praktykowane jeszcze w XX wieku przez chłopów ruskich taczanie się w różnych porach roku po polu, co miało przyczynić się do dobrego urodzaju.[36]

Etnografia zna również praktyki magiczne mające na celu uzyskanie powodzenia w hodowli. Z nich ruski zwyczaj wypędzania bydła na pastwisko w dniu św. Jerzego w ten sposób, by zwierzęta musiały przejść przez ogień lub kroczyć po rozpostartym kożuchu,[37] wydaje się reliktem z tych jeszcze czasów, gdy magia najściślej splatała się z racjonalnymi czynnościami gospodarskimi. Nie ma już bezpośredniego związku z nimi praktykowane przez wieśniaków z różnych stron Słowiańszczyzny robienie figurek zwierząt domowych: koni, wołów, krów i owiec, w przekonaniu, że przyczyni się to do ich rozmnożenia.[38] Że zabieg to prastary, sięgający w czasy przedchrześcijańskie, mogą potwierdzić znaleziska archeologiczne podobnych figurek zarówno w krajach sąsiednich (Mikulczyce na Morawach), jak w różnych stronach Polski (Gdańsk, Opole).[39] Inne praktyki polegały na naśladowaniu w tym samym celu głosów i ruchów hodowanych zwierząt lub drobiu.[40] Pokrewny temu jest zwyczaj zanotowany w XIII wieku, że w ostatnią niedzielę roku sadzano na krowę chłopca i naśladowano przy tym kukanie kukułki.[41] To samo źródło wspomina o przybieraniu w dniu 1 maja dachu obory cierniem, co miało zapewnić mleczność krów.[42]

Można przypuścić, że następną fazą w procesie usamodzielniania się magii i odrywania się jej obrzędów od czynności produkcyjnych, na których skuteczność miała wpływać, było zastępowanie oddzielnych zabiegów dla każdej z prac rytuałem magicznym mającym zapewnić ogólne powodzenie w gospodarstwie. Ponieważ zarówno w uprawie roli, jak w hodowli chodziło przede wszystkim o wzrost i plenność czy to zboża, czy inwentarza żywego, praktyki te przybrały charakter obrzędów wegetacyjnych i magii płodności.

W obrzędach tych używa się przedmiotów, które symbolizują energię życiową i zdolność do rozmnażania się. Obsypywanie obejścia ziarnem,[43] spożywanie obrzędowych potraw z maku,[44] wreszcie rozliczne praktyki z jajkami[45] mają takie samo znaczenie, jak obrzędy falliczne czy odbywanie na polu aktu płciowego w celu zapłodnienia ziemi.[46]

Spośród zdarzeń niezależnych od woli człowieka najbardziej zagrażały rolnikom kaprysy pogody, zwłaszcza długotrwały brak opadów. Wprawdzie z pierwszej pisanej relacji o ziemiach polskich dowiadujemy się rzeczy, zdawałoby się, wręcz przeciwnej, a mianowicie, że tutaj „głód nie powstaje wskutek braku opadów i długotrwałej suszy, lecz jedynie z powodu częstych deszczów i długotrwałego nagromadzenia wody gruntowej. Susza nie jest u nich zgubną, toteż nikt, kogo ona dotknie, nie boi się jej, a to z powodu wilgotności ich krain i ich wielkiego zimna."[47] Tak to się jednak wydawało tylko Ibrahimowi ibn Jakubowi, mieszkańcowi Hiszpanii, gdzie w głębi kraju suma rocznych opadów bywa prawie o połowę mniejsza niż w Polsce. Słusznie też spostrzegł, bawiąc może w krajach słowiańskich w takim szczególnym roku, że zdarzają się tu również klęski z powodu nadmiaru wilgoci. Częściej chyba przecież dawała się we znaki susza. Aby ją zażegnać i przywołać upragniony deszcz, rolnik słowiański do ostatnich czasów imał się praktyk magicznych. Palił więc ognie na polach i gotował wodę w kotłach, sądząc widocznie, że wytworzenie podobnej do chmury pary spowoduje zjawienie się chmur rzeczywistych.[48] Wolno się domyślać, że analogiczny tok rozumowania nie był obcy także rolnikom średniowiecznym.

Gdy natomiast chodziło o odegnanie chmur, zwłaszcza niebezpiecznych chmur gradowych, postępowano zapewne tak, jak to czynili jeszcze w początku obecnego stulecia górale serbscy: krzykiem i hałasem starano się nadchodzącą groźbę odstraszyć.[49]

Dwa ostatnie przykłady bardzo dobrze ilustrują, jak praktyka magiczna rodziła się z poszukiwania właściwego rozwiązania technicznego. W pierwszym wypadku szło przecież o wytworzenie chmury, w drugim – o jej odpędzenie. Różny cel postulował użycie odmiennych środków; dobierano je logicznie i o ich magicznym, a nie racjonalnym charakterze, jak dziś je oceniamy, decydowała tylko nieznajomość natury zjawisk atmosferycznych, na które usiłowano wpłynąć. W pojęciu ówczesnych ludzi były to więc zabiegi techniczne. W wielu wypadkach po ich zastosowaniu następowało to, czego oczekiwano, utwierdzając przekonanie o poprawności metody. Brak spodziewanego skutku w innych razach łatwo było wówczas wytłumaczyć niedokładnością wykonania skutecznego rzekomo zabiegu.

5. Magia miłosna i małżeńska

Magia zjawiała się nie tylko jako uzupełnienie techniki produkcyjnej. Tak samo, jak przyrodę, człowiek starał się podporządkować sobie psychikę innych osób, narzucić im określone myśli i uczucia. Szczególnie rozbudowanym działem magii średniowiecznej była magia miłosna: działania, których celem było wywołanie sobą zainteresowania osoby innej płci. Uprawiały ją głównie kobiety, co się tłumaczy faktem, że i wybór małżonki należał do mężczyzny, i potem w małżeństwie nie mąż, lecz żona ponosiła najcięższe konsekwencje, gdy związek okazał się niedobrany.

Trzynastowieczny katalog magii daje nam dostateczny wgląd zarówno w zadania magii miłosnej, jak i w stosowane w niej środki.

Z zadań wysuwały się na czoło dwa: uzyskanie powodzenia u mężczyzn i wzbudzenie miłości określonego mężczyzny. Pierwsze było pragnieniem dziewcząt zanim wstąpiły w związki małżeńskie. Do drugiego dążyła dziewczyna, która upatrzyła już sobie chłopca, by ten właśnie, nie inny, wziął ją sobie za żonę, ale także i niewiasta zamężna, aby jej małżeństwo okazało się szczęśliwe.

Wiedząc, że powodzenie zapewnia dziewczynie uroda, dziewczęta usiłowały uwypuklić i podnieść swe walory fizyczne kosmetykami i strojem. W użyciu była barwiczka.[50] Liczne ozdoby kobiecego stroju znamy z wykopalisk archeologicznych.

Oprócz tych środków, które można by słusznie nazwać technicznymi, stosowano też magiczne. W kąpieli, przy ubieraniu się, a także nad ziołami należało wypowiedzieć odpowiednie zaklęcia.[51] W pierwszych dwóch wypadkach zaklęcia, których formy nie znamy, miały wzmocnić skuteczność zabiegów około czystości i przystrojenia ciała, same przez się służących zwiększeniu atrakcyjności postaci. Jak wielekroć przy innych okazjach, tak i tu magia wspierała więc racjonalny zabieg techniczny. W trzecim wypadku, o którym źródło nasze informuje nader zdawkowo, spotykamy się zapewne z magią leczniczą. Tekst średniowieczny nie wspomina, o jakie zioła chodzi, ani jakie zaklęcia nad nimi wypowiadano. Można tu jednak sięgnąć po pomoc do materiałów nowożytnej etnografii. Także bowiem i w czasach najnowszych dziewczęta wiejskie przypisywały pewnym ziołom właściwości pozytywnie wpływające na urodę, ale za warunek ich działania uważały przestrzeganie skomplikowanego rytuału magicznego przy ich zbieraniu. Zapewne więc już w średniowieczu wyprawiały się nocą po nasięzrzał pospolity *(Ophioglossum vulgatum)* – sama nazwa wskazuje, czego po nim oczekiwano – by rozebrane do naga, krocząc tyłem, wymawiać podczas rwania decydujące zaklęcie: „Nasizrak, rwę cię śmiele pięcią palcy, szóstą dłonią, niech się za mną chłopcy gonią."[52]

Gdy chodziło już nie o to, by w ogóle „chłopcy gonili", ale by „gonił" ten jedyny, należało – według odwiecznego przekonania – coś mu „zadać", czyli podać w napoju lub jadle środek, mający obudzić w nim gwałtowną miłość do osoby, która ów środek przyrządziła. W systematyce magii środki takie nazywa się afrodyzyjnymi *(aphrodisiaca)*.

Śląski katalog magii średniowiecznej wymienia sporo środków afrodyzyjnych rozmaitego rodzaju. Na jednym z ostatnich miejsc dopiero wspomina o najbardziej rozpowszechnionych ziołach, tak licznych, że „wymienianie ich nazw za długo by trwało",[53] którego to frazesu nie należy jednak brać zbyt dosłownie, zbyt często bowiem osłania po prostu niewiedzę. Znajomość ziół była *sui generis* wiedzą tajemną, wiedzą kobiet, na ogół niedostępną mężczyznom, nie dziwi więc u mnicha brak dostatecznej orientacji w tej dziedzinie. Jest poza tym jeszcze jeden powód, dlaczego śląski cysters zbył tak krótko zielne *aphrodisiaca*. Koncentrował się mianowicie na opisie praktyk, jakie czynią kobiety, „gdy wychodzą za mąż",[54] głównie na praktykach pierwszych nocy poślubnych. Natomiast popularny lubczyk *(Levisticum officinale)* i podobne mu zioła służyły także, jeżeli nie przede wszystkim, do obudzenia pociągu młodzieńca ku jeszcze nie zamężnej dziewczynie, do wzbudzenia w nim pragnienia małżeństwa z nią.[55]

Obydwu celom mogły służyć również niektóre inne praktyki, jak wrzucanie do ognia lub do mrowiska woskowych albo ulepionych z ciasta figurek mężczyzny, by płonął i cierpiał z miłości.[56] Podobny motyw towarzyszył paleniu uważanych w średniowieczu za skuteczne *aphrodisiaca* kości umarłych, drzew z grobów oraz pokrzyw skropionych uryną.[57] Większość jednak tych praktyk łączy się wyraźnie ze współżyciem małżeńskim, a polega na podawaniu mężom w potrawach środków afrodyzyjnych, począwszy od tak niewinnych, jak mięso i krew gołębia lub sproszkowane serce rytualnie zabitej kury, a skończywszy na krwi menstruacyjnej.[58] Przygotowanie tych środków bywało nieraz wymyślne i skomplikowane: jedna z recept nakazywała, by kobieta przechowywała w zakamarkach swego ciała rybki, zanim je po sproszkowaniu będzie dodawała do pokarmów i napojów męża.[59] Najbardziej bezpośrednio związana z nocą

miłosną była praktyka smarowania ciała męża po dokonanym stosunku wydzielinami z narządów płciowych.[60]

Źródło, z którego czerpiemy powyższe dane, nie pretenduje do wyczerpującego przedstawienia systemu magii miłosnej i podaje tylko przykłady jej stosowania, sugerując, że wypytywanie kobiet ujawni wiele nowych praktyk.[61] Nie ulega też wątpliwości, że zarówno zestaw środków afrodyzyjnych, jak sposoby ich stosowania były w średniowieczu znacznie bogatsze. Piszą o nich jednak dopiero autorzy późniejsi.[62] Nie wiadomo, co z ich danych da się odnieść do okresu, którym się zajmujemy; magia miłosna bowiem wykazywała stały rozwój i wzbogacała się wciąż praktykami obcego pochodzenia.

Magia miłosna to tylko jeden z działów uprawianej przez kobiety magii małżeńskiej. Drugim były zabiegi czynione w celu regulowania płodności. Aby ją zapewnić, stosowano bądź to środki afrodyzyjne, bądź to odwoływano się do praktyk znanych z magii rolniczej, w przekonaniu, że to, co służy plenności zboża i płodności bydląt, w ten sam sposób podziała na człowieka.[63] Bywały jednak także zamiary przeciwne. Kobieta chciała się nieraz uchronić od ciąży i broniła się przed nią gestem i zaklęciem. Szczególnie charakterystyczna była praktyka z czarnym bzem *(Sambucus nigra)*. Niewiasty obawiające się ciąży skrapiały krzew swoją krwią menstruacyjną, którą nazywały „swoim kwiatem", ze słowami: „Ty noś za mnie, a ja będę kwitła za ciebie."[64]

6. Zabiegi o szczęśliwy los

Oprócz praktyk magicznych, mających wywołać pomyślny skutek określonej czynności, szczególnie w gospodarce, w walce z chorobą i w miłości, stosowano też wiele zabiegów w intencji zapewnie-

197. Ofiara zakładzinowa z rogów tura w węgle domu z Nakła; XII w.

nia sobie i bliskim stałego powodzenia i odwrócenia możliwych nieszczęść. Rozwinął się z nich bogaty rytuał obrzędowy, związany z przełomowymi wydarzeniami w życiu: z budową nowego domu, z małżeństwem, z narodzinami dziecka. Posługiwano się przy tym przeróżnymi przedmiotami zabezpieczającymi przed złymi mocami, czyli pełniącymi funkcje środków apotropeicznych.

Pomyślny los w nowym domu miała przynieść tzw. ofiara zakładzinowa, zakopywanie pod przyciesiami domów przedmiotów, którym przypisywano siłę magiczną. Jak się zdaje, najczęściej posługiwano się w tym celu łbami zwierząt, zwłaszcza tura. Świadczą o tym nie tylko czaszki turze, znajdywane przez archeologów w podwalinach wczesnośredniowiecznych chat i budowli obronnych,[65] lecz tak-

że informacja *Kroniki* Thietmara o świątyni wieleckiej w Radogoszczy, zbudowanej na fundamencie z rogów dzikich zwierząt.[66] Z czasem dzikie zwierzęta zostały zapewne zastąpione w tej roli przez domowe. W podwalinach wału gnieźnieńskiego z IX wieku znaleziono czaszkę tura; pod wałem gdańskim z XIII wieku – czaszkę konia.

Łby dużych zwierząt zachowały znaczenie apotropeiczne w słowiańskiej magii ludowej aż po czasy najnowsze.[67] Nie powinno więc być wątpliwości co do intencji, jaka towarzyszyła umieszczaniu ich w fundamentach budowli wczesnopolskich. Wydaje się więc, że niesłusznie miesza się w literaturze ten rytuał z pozostawieniem także w podwalinach chat naczyń z jadłem jako ofiary dla demonów domowych. Ten drugi obyczaj, znany również z wykopalisk archeologicznych, odnotowuje i objaśnia *Katalog magii* z XIII wieku.[68]

Spośród pokarmów składanych na ofiarę niewidzialnym siłom należy jednak wyodrębnić jajko. W wykopaliskach występuje ono zupełnie niezależnie od naczyń z jadłem. O jego szczególnym znaczeniu świadczy fakt, że oprócz jaj autentycznych odnajdywano także ich atrapy z gliny lub wapienia.[69] Rudolf z Rudy informuje o różnych obrzędach magicznych, w których istotną rolę gra jajko.[70] W nowożytnej magii ludowej Słowian jajko zajmuje nadal miejsce ważnego środka apotropeicznego.[71] Jego zakopywanie pod progiem chaty[72] nie miało więc, oczywiście, na celu dostarczenia demonom pożywienia, lecz miało chronić dom przed nieszczęściem.

Bogata obrzędowość towarzyszyła od dawna zaślubinom i weselu. Znaczna część rytów związanych z tą uroczystą chwilą założenia nowej rodziny wywodzi się wprawdzie z symboliki prawnej,[73] ale można też wyodrębnić spośród nich niewątpliwe zabiegi magiczne. Z magią płodności łączą się zapewne przeróżne zwyczaje weselne praktykowane wokół chmielu, wraz z noszącymi jego nazwę pieśnią i tańcem obrzędowym.[74] Podobne znaczenie miał, być może, rozpowszechniony zwyczaj obsypywania młodej pary owsem lub innym zbożem.[75] Rudolf z Rudy wspomina, że praktyk tego typu jest na weselu bardzo wiele i tytułem przykładu opowiada, jak to nowożeńcy „odgryzają kawełek chleba i sera i rzucają przez głowę, aby zawsze żyli w dostatku".[76] Także zresztą obrzędy o genezie prawnej nabierały z czasem, gdy już poszła w zapomnienie ich pierwotna symbolika, sensu praktyki magicznej. Tak mogło być ze zwyczajem uderzania panny młodej, jeśliby on rzeczywiście był pradawny, na co nie ma dowodów; prawnicy chcieliby w nim widzieć symbol nabycia przez męża władzy karania żony,[77] raczej jednak rozumiano ten obrzęd jako magiczne odstraszanie złych mocy.[78]

Największe nasilenie praktyk magicznych występowało w związku z narodzeniem się dziecka. Kojarzyły się przy tym często zabiegi mające służyć dwóm różnym celom. Z jednej strony chodziło o zabezpieczenie niemowlęcia przed śmiercią, zbierającą szczególnie obfite żniwo w ciągu pierwszych sześciu tygodni po narodzeniu; śmiertelność niemowląt sięgała we wczesnym średniowieczu blisko 50 procent. Z drugiej strony wprowadzanie dziecka po raz pierwszy w rozmaite sytuacje życiowe uważano za determinujące jego przyszłe powodzenie, wobec czego starano się wywrzeć przy tej okazji odpowiedni wpływ magiczny na jego życie.

Szczególnie dużą wagę przywiązywano do pierwszej kąpieli dziecka.[79] Według Rudolfa z Rudy myto w niej dziecko wiechciem słomy, przeznaczonym do czyszczenia pieca.[80] Do wody wkładano jajko,[81] ziarno, żelastwo,[82] przedmioty, których apotropeiczne znaczenie zna do dziś magia ludowa Słowian.[83] Nie był obojętny także sposób wylania wody po tej kąpieli; polewano nią ręce ojca,[84] wylewano pod płot zagrody innej położnicy.[85]

Siłę, zdrowie i szczęście w życiu miały zapewnić różne środki apotropeiczne. Oprócz już wymienionych, popularnością cieszyły się części ciała silnych, groźnych zwierząt. Etnografia słowiańska odnotowuje stosowanie w tym charakterze zębów wilka, sierści niedźwiedziej, szponów jastrzębich.[86]

198. Ofiara z jadła w podwalinie wału obronnego w Bonikowie; VI–VIII w.

199. Wapienna atrapa pisanki z Czerska; wczesne średniowiecze

Samo wspomnienie niektórych zwierząt miało przynosić dziecku zdrowy sen,[87] a uszy zajęcze i nóżki kretów wkładano do kołyski z odpowiednim zaklęciem, aby niemowlę nie płakało.[88]

Stałą ochronę przed grożącymi nieszczęściami upatrywano w noszeniu amuletów, w języku staropolskim zwanych nawęzami. Niewątpliwie należały do nich kły i pazury dzikich zwierząt (niedźwiedzia, wilka, lisa, jelenia, bobra), zęby ludzkie, przedziurawiona kość konia i kręgi rybie, znajdywane przez archeologów we wczesnośredniowiecznych warstwach kulturowych Gniezna, Gdańska, Opola i Kruszwicy.[89] Do nich, być może, zaliczyć trzeba także antropo- i zoomorficzne figurki, wykonane z kamienia, drewna, kory, bursztynu lub gliny,[90] symbole falliczne,[91] wisiorki w kształcie młotów i toporów.[92] W woreczkach z tkaniny wełnianej i jedwabnej, zawieszanych na szyi lub u pasa, noszono rozmaite drobiazgi, którym przypisywano moc apotropeiczną: kawałki sierści zwierzęcej, strzępki wełny, mech, pęczki ziół.[93]

Magiczny wpływ na życie człowieka miało wywierać także noszone przez niego imię. Nie wiadomo, kiedy je nadawano, zanim upowszechnił się obyczaj chrześcijański; być może, że przy obrzędzie inicjacyjnym, zwanym postrzyżynami, jak to przedstawia kronika Galla Anonima; rzecz to jednakże bardzo niepewna.[94] Używane imiona były znaczące, wyrażały określone życzenie, które miało się spełniać przez całe życie ich posiadaczy. W najobficiej poświadczonych imionach dwuczłonowych, złożonych z pni dwóch wyrazów, przeważają liczbowo zakończenia na *-sław* lub *-mir, -mier*, co zdaniem Aleksandra Brücknera znaczy to samo: sława, poważanie.[95] Tak więc z imieniem Więcława, pierwotnie Więcesława, wiązało się życzenie, by zażywał bardzo wielkiej sławy, podobnie jak

200. Pierwsza kąpiel noworodka (narodziny św. Wojciecha); fragment drzwi brązowych katedry w Gnieźnie; 2 poł. XII w.

201. Figurka koziołka z Ostrowa Lednickiego; X–XII w.

202. Figurka falliczna z Tumu pod Łęczycą; XI–XII w.

Bolesław-Bolisław lub Unisław, skoro *boli, więcy* i *uni* były synonimami, mianowicie wyrażały stopień wyższy przymiotnika „wielki".[96] Cieszymir i Radomir, także imiona synonimiczne, mieli się cieszyć poważaniem. Niemal równie popularne były imiona złożone z -*gost*, jak Miłogost czy Radgost, mniej jasne znaczeniowo, skoro nie jest rzeczą pewną, kogo we wczesnośredniowiecznej Słowiańszczyźnie nazywano gościem. Związane z walką złożenia z wojownikiem i bronią, użyte tak w pierwszym, jak czasem i w drugim członie imienia, wyrażały życzenie sukcesów wojennych; należą tu, z bardziej znanych, Wojciech, Bronisław, Borzywoj. Nie wszystkie zresztą z tych imion są tak przejrzyste, co czasem tłumaczy ich archaiczność, innym zaś razem właśnie późna metryka; gdy bowiem pierwotny sens magiczny tego typu imion uległ zatracie, tworzono je nadal mechanicznie, łącząc dowolnie tradycyjne człony, bez wnikania w ich znaczenie. W ten sposób mógł powstać Sławomir i Mirosław, sztuczne zestawienie dwóch synonimów.

Nie tylko imiona dwuczłonowe wyrażały magiczne życzenie. Tę samą treść zawierały także imiona tworzone według innych zasad, mające, na przykład, formę imiesłowów, znacznie rzadsze w dokumentach, częściej dające się wydobyć z urobionych od nich nazw miejscowych, bo zapewne starsze i wcześniej wychodzące z powszechnego użycia: Cieszym, Witoma, Radoma, Stradoma, Niedoma, Brzezdowa, Gostoma, Żuroma, Tarchoma, Baudoma, Luboma, Strachoma, Tągoma, Myślim, Radzim, znany z bulli gnieźnieńskiej Digoma (Dzigoma), czy wreszcie Wesprzema – imię ocalone w nazwie węgierskiego miasta Veszprém.[97] Zawarte w nich życzenia są najjaśniej sprecyzowane użytą formą gramatyczną imiesłowu biernego, określającego postulowany stosunek otoczenia do noszącej dane imię osoby. Witoma ma być więc witany, Luboma – lubiany, za Tągomą niech wszyscy tęsknią, o Żuromę się troszczą, a Strachomy boją. Dzigomie nadano to imię zapewne w intencji, aby był wydźwignięty, Wesprzemie zaś towarzyszyło życzenie, by go w potrzebie wspierano.

Nie wszystkie imiona słowiańskie wyrażały życzenie. Sporą garść wśród imion nadawanych we wczesnym średniowieczu stanowią, na przykład, nazwy zwierząt: Lis, Baran, Kozieł, Tur, Wilk, Jeż, Sokół, Wężyk itp. Miały one charakter apotropeiczny przez nawiązanie do zwierząt, którym magia takie właściwości przypisywała. Na Bałkanach do czasów najnowszych utrzymywały się wierzenia o mocy magicznej tego typu imion. Wybitny serbski językoznawca i etnograf, Vuk Karadžić, urodzony w końcu XVIII stulecia, tak wyjaśniał genezę swego imienia: „Kiedy się której kobiecie dzieci nie chowają, natenczas, sądząc, że to wiedźmy je pożerają, daje ona dziecku imię Vuk (tj. Wilk), gdyż na wilka nie będą śmiały napaść."[98]

Dochodzimy tu do częstego motywu magicznego oszukiwania wrogich mocy. Ta sama zapewne intencja tkwiła u źródeł zanotowanego w XIII wieku obyczaju, że kobiecie obnoszącej dokoła ogniska nowo narodzone dziecię zadawano pytanie, co niesie, ona zaś odpowiadała, że niesie rysia, wilka lub zająca.[99] W magii imion motyw ten

183

przejawiał się rozmaicie. Rodziny, w których śmiertelność dzieci przekraczała zwykłą miarę, co przypisywano ciążącemu na nich przekleństwu, sądziły, iż ocalą dziecko przez stworzenie pozoru, że jest ono obce, podrzucone, że do tej rodziny nie należy, a przynajmniej nie jest w niej kochane. Nadawano więc takiemu dziecku imiona: Niemój, Nielub, Najdus i podobne. I ten zwyczaj dochował się u południowych Słowian do XX wieku.[100]

Można przypuszczać, że początkowo każde imię słowiańskie zawierało w sobie jakąś treść magiczną, nawet jeżeli dziś nie potrafimy sobie zdać z niej sprawy wskutek niedostatecznej znajomości ówczesnych pojęć i języka.

7. Czary

Magia towarzyszyła różnorakim myślom ludzkim. Dotąd przedstawiliśmy te obrzędy magiczne, przez które człowiek usiłował zapewnić powodzenie sobie i swoim czynnościom. Po oręż magii sięgano jednak także w celu szkodzenia innym ludziom.

Z materiałów etnograficznych wynika, że powszechne wśród Słowian jest wierzenie w „złe oczy"; kto je posiada, samym spojrzeniem ściąga na innych nieszczęście.[101] Siłę magiczną przypisuje się także uczuciu zawiści, mniemając, że sama tylko zła myśl może sprowadzić na bliźniego wszelkie nieszczęścia, aż do śmierci włącznie.[102] Jeszcze większą siłę ma mieć zawistne słowo.[103] Praktyk mających na celu szkodzenie bliźniemu znano wśród ludu wiele, a większość z nich opiera się na zasadzie, że cokolwiek uczyni się z jego podobizną lub włosami, paznokciami, odzieżą czy nawet przedmiotami przezeń używanymi, spotka także jego samego.[104]

Trudno z całą pewnością stwierdzić, do jakich czasów można cofnąć te wierzenia i praktyki. Wiadomości źródłowe o ściąganiu czarów pochodzą dopiero z późnego średniowiecza. Postacie czarowników i czarownic we wcześniejszych kronikach krajów słowiańskich zdradzają genezę literacką, wywodzą się z wierzeń utrwalonych przez pisarzy antycznych. Chronograf ruski, wspominając o czarach, cytuje przykłady z obcych kronik i wymienia z imienia starożytnych czarnoksiężników.[105] Czeski Kosmas nie tajł, że portret stworzonej przez siebie czarownicy Kazi modeluje na wzorze Medei z Kolchidy.[106] Choć samo słowo „czarodej" znają już teksty cerkiewno-słowiańskie z IX wieku,[107] można mieć wątpliwości co do jego ówczesnego znaczenia; wydaje się, że wczesnośredniowieczni czarodzieje słowiańscy byli raczej wróżbitami niż mistrzami czarnej magii.

Prawdopodobnie więc obawa przed zawodowym czarownikiem działającym na szkodę ludzi nie stanowiła we wcześniejszym średniowieczu problemu społecznego, a rozpowszechniła się później wraz z obcymi wpływami kulturowymi. Trudno natomiast wątpić, że wierzono od najdawniejszych czasów w możliwość tego typu działania, czy to bezwiednego, czy świadomego, i że imano się – z zawiści, chciwości lub zemsty – podobnych praktyk.

Jedyne źródło pisane, rejestrujące zwyczaje magiczne wieku XIII, nie zawiera wprawdzie bezpośrednich informacji o czarach, pozwala jednak stwierdzić, że miano wówczas świadomość, iż pewnego rodzaju obrzędy mogą sprowadzić nieszczęście na drugiego. Tak więc, na przykład, aby oddalić niebezpieczeństwo grożące własnemu dziecku, starano się podrzucić je pod cudze domostwo.[108]

Również w związku z magią miłosną opowiada średniowieczny spowiednik, jak niektóre kobiety robią z wosku, ciasta lub innego materiału figurki mężów i wrzucają je do ognia lub do mrowiska, co miało spowodować cierpienie tych, których wyobrażały te figurki.[109] Kontekst wskazuje, że w konkretnym wypadku myślano o cierpieniach z niezaspokojonej miłości, ale można chyba to znacznie rozszerzyć. Praktyka zadawania mąk podobiznie wroga w intencji, aby dotknęły one jego samego, jest tak powszechna w magii całej ludzkości, tak logicznie wynika z zasad magicznego myślenia, że bez obawy popełnienia błędu przypiszemy ją także mieszkańcom średniowiecznej Polski. Archeologicznym jej śladem jest może znalezisko z cmentarzyska szkieletowego w Busku: antropomorficzna figurka z wapienia z otworem wywierconym w okolicy serca.[110]

Poza wskazanymi wyżej śladami czarów w *Katalogu* Rudolfa z Rudy świadczy też o ich praktykowaniu i o wierze w nie rozbudowany system środków apotropeicznych, mający chronić człowieka przed skutkami wrogich, a tajemniczych poczynań.

8. Wróżby

Blisko spokrewnione z magią jest wróżenie. Wierząc w istnienie niewytłumaczalnych związków między najrozmaitszymi, odległymi od siebie zjawiskami, z występowania jednego z nich wnioskowano o nieuchronnym nadejściu drugiego. Według relacji kroniki ruskiej, ku oburzeniu zresztą jej autora, uważano powszechnie za zły omen niespodziewane natknięcie się na pewne zwierzęta lub określone kategorie ludzi. ,,Jeśli bowiem kto spotka mnicha, to wraca się; także gdy spotka odyńca lub świnię.''[111] Inne źródła rozszerzają tę listę, wymieniając także mniszkę, popa, niewiastę i konia łysego.[112]

Dobrym znakiem natomiast miało być kichnięcie.[113] Wyciągano też różne wnioski wróżebne z tego, kto pierwszy wszedł w określony dzień do mieszkania, oraz z głosów i zachowania się ptaków.[114] Kaprysy przyrody i rzadkie zjawiska atmosferyczne budziły niepokój. Pojawienie się komety, częściowe zaćmienie słońca, narodzenie się potworka i inne niecodzienne zjawiska opatruje kronikarz komentarzem, że ,,bywają... takie znaki nie na dobre''.[115]

Z wiary w omina rozwinęły się zapewne praktyki wróżbiarskie, polegające na rozmyślnym wywoływaniu znaku przez człowieka. Najpospolitszą ich postacią było rzucanie losów,[116] a wyraz ,,wróża'' znaczył tyle, co ,,los''.[117] Na wyspie Rugii losem były kawałki drewna, po jednej stronie białe, po drugiej czarne; wróżyły one powodzenie lub niepowodzenie, zależnie od tego, na którą stronę padły. Odmianę losowania stanowiło także bezmyślne kreślenie linii w popiele, które następnie zliczano. Jeśli wypadła parzysta liczba kresek, miano to za dobrą wróżbę; jeśli nieparzysta – za złą.[118]

Jako związane z kultem religijnym Słowian pomorskich przedstawił kronikarz wróżenie z zachowania się konia, kroczącego pomiędzy rozłożonymi włóczniami. Jak się jednak wydaje, związek ten nie był konieczny; analogiczny sposób wróżenia praktykowano jeszcze w XIX wieku na Rusi, w Polsce i w krajach bałtyckich, nie łącząc go z uroczystościami kultowymi.[119] Jak to zaobserwował Tacyt u Germanów, stosujących zresztą podobne wróżby, ojciec rodziny starał się odkryć przyszłość takimi samymi sposobami, co kapłan plemienny podczas obrzędów publicznych.[120] Koń gra też jakąś rolę w opisywanych przez Kosmasa wróżbach czeskiej Luboszy.[121]

O polskich wróżbach średniowiecznych wnosimy nie tylko z danych dotyczących krajów ościennych lub ziem stanowiących peryferie państwa Piastów. Oto w XIII wieku przed idącym na wyprawę wojenną rycerstwem Władysława Laskonogiego biec miała wiedźma z sitem.[122] Choć źródło nie wyjaśnia jednoznacznie, jaką rolę spełniała, wydaje się, że zadaniem jej nie były czary, lecz wróżba. Wskazuje na to sito, znane narzędzie wróżb, określanych jako koskinomancja, a polegających na obserwowaniu drgnięć sita zawieszonego na palcu wróżki.[123] Jeśli na zadane pytanie sito drgnie, uważa się to za odpowiedź twierdzącą; pozostawanie sita w bezruchu oznacza przeczenie. Najprawdopodobniej misją wspomnianej wiedźmy wyprzedzającej wojsko było znajdowanie za pomocą sita właściwych dróg przemarszu. Możliwe też są jednak inne interpretacje tego zabiegu.

Rolniczemu społeczeństwu, w którym szczególne znaczenie miała magia rolnicza, nie mogły być obce także wróżby dotyczące pogody i przyszłych urodzajów. Wnioskowano o tym zapewne przede wszystkim z obserwacji przyrody, ale – jak świadczą obrzędy pomorskie – praktykowano również sposoby całkowicie irracjonalne.[124]

Katalog Rudolfa przekazuje nieco wiadomości o wróżbach dotyczących przyszłego zamęścia. Dziewczyna wrzucała w wodę rozpalone w ogniu kamyki, którym nadawała imiona znajomych młodzieńców. Kamień, który w zetknięciu z zimną wodą wydał trzask, wskazywał, który z tych mężczyzn jest przeznaczony wróżącej na męża. Niekiedy dziewczęta starały się zabiegami magicznymi wywołać obraz przyszłego męża,[125] podobnie jak to w różnych stronach Słowiańszczyzny czyniły do czasów najnowszych.

Kilka źródeł wskazuje na znajomość w średniowiecznej Polsce i w krajach słowiańskich w ogóle wróżenia z ciał niebieskich.[126] Nasuwają się tu jednak wątpliwości, czy ma ona dawną metrykę. Latopis ruski, który nieraz zwraca uwagę na zjawiska astronomiczne, z reguły odwołuje się przy ich komentowaniu do piśmiennictwa greckiego.[127] Byłaby więc to raczej uczona wiedza wieszczbiarska, zawleczona do krajów słowiańskich przez chrześcijański kler.

Wróżbę wyprowadzano też często z odpowiednio tłumaczonych snów, do których przywiązywano wielką wagę. Treścią widzenia sennego motywowano niejednokrotnie rozmaite ważne poczynania. Ponieważ zaś sens majaczeń sennych zazwyczaj nie bywał jasny, po ich interpretację udawano się nieraz do osób doświadczonych lub też słynących ze szczególnej zdolności tłumaczenia snów.[128]

Kościół nadawał wierze w sny i wróżby interpretację powierzchownie chrześcijańską i uczył odczytywać w nich wyraz woli Bożej. W konsekwencji odpowiedniego wyjaśniania snów przez duchownych powstawała niejedna pobożna fundacja, do-

konywał się niejeden akt pokuty.[129] Bywało też, że trudny do rozsądzenia spór rozstrzygano losem, wierząc że przemówi przezeń Bóg lub święci.[130]

Odnajdywane w źródłach średniowiecznych wzmianki o stosowanych ówcześnie wróżbach dają o nich tylko najogólniejsze pojęcie. Obraz uzyskany na ich podstawie jest znacznie uboższy niż ten, który pozwala nakreślić materiał etnograficzny. Oszałamia on wprost rozmaitością używanych środków. Tak więc z alfabetycznego ich zestawienia dowiadujemy się, że lud słowiański wróży z barwy sierści zwierząt, z ciał niebieskich, z cienia, z deszczułek, z dotyku, z dymu, z dźwięków, z głosu ptaków, z kądzieli, z kołka w płocie, z kości ptaków i ssaków, z kryształu, z kwiatów, z liści pokrzywy, z łopatki zwierzęcej, z łyżek, z napotkania, z obrywanych płatków kwiatowych, z ognia, z pierścienia, z podsłuchu, z położenia przedmiotów, z przedmiotów wybieranych na oślep, z przedmiotów w wodzie, z przetaka, z rozkwitania roślin, z ruchów ciała ludzkiego, z rzuconego obuwia, ze słuchu, ze śladów, ze śledziony wieprza, ze świętych kur, z wieńca, z więdnięcia roślin, z wiórów, z włosów, z wnętrzności ptaków i ssaków, z wody, z wola gęsi, z zachowania się ptaków i ssaków, z ziaren bobu, fasoli i kukurydzy, z ziół.[131] Najprawdopodobniej większość tych sposobów była już znana średniowiecznej ludności ziem polskich.

Oprócz tych niejako technicznych metod wróżenia, których mógł się nauczyć każdy, ceniono także szczególny dar poznawania rzeczy niedostępnych poznaniu zmysłowemu, dar wieszczych przeczuć, właściwy niektórym osobnikom. Jako taką wieszczkę przedstawia czeski kronikarz matkę dynastii, Luboszę, przypisując jej ,,piekielny duch proroczy".[132] Kobiet takich, według jego relacji, miało być zresztą wiele.[133] Ich niepojęte zdolności usiłowano sobie jednak tłumaczyć w sposób bardziej naturalny. Tak więc relacjonowanie przez wieszczkę topografii odległego miejsca rodziło ogólne przekonanie, że ona sama w nocy objeżdża konno owe tereny.[134]

186

9. Ewolucja magii

Praktyki magiczne i wróżbiarskie wcześniejszego średniowiecza są niewątpliwym, zaświadczonym przez źródła elementem kultury ówczesnego społeczeństwa. Ich uprawianie jest równocześnie przejawem określonych wierzeń, określonego poglądu na świat i na stosunek między człowiekiem a otaczającą go rzeczywistością. Z tego, że w działalności produkcyjnej ówczesnych ludzi zabiegom racjonalnym, z punktu widzenia naszej współczesnej wiedzy, towarzyszyły obrzędy magiczne, wynika, że w świadomości powszechnej nie stanowiły te ostatnie czegoś odrębnego od techniki, lecz były traktowane jako jej konieczny element. Stosując zaklęcie i gest magiczny, człowiek sądził, że ima się środka pozwalającego mu podporządkować sobie oporną materię czy kapryśną przyrodę. U źródeł praktyk magicznych tkwił więc określony pogląd na mechanizm funkcjonowania przyrody. Trzeba jednak pamiętać, że pochodził on z odległej przeszłości, kiedy dopiero rodziła się myśl magiczna.

W społeczeństwie średniowiecznym obrzęd magiczny był już głównie tradycją, praktykowaną zazwyczaj bez rozważania jej zasadności. Kultywowanie tej tradycji nie dowodzi, by wraz z nią dziedziczono także poglądy, które ją zrodziły. Dopiero przekształcenie tradycyjnego obrzędu lub wręcz jego zaniedbanie może być świadectwem aktualnych refleksji i procesów ewolucyjnych, które dokonały się w świadomości przyzwalających na to ludzi. Można uchwycić kilka kierunków tej ewolucji.

Pierwszy wynika z faktu, że już we wczesnym średniowieczu związek między techniką a magią przedstawiał się rozmaicie w różnych dziedzinach działalności ludzkiej. Najściślejszy był zapewne w lecznictwie, gdzie – jak wskazywaliśmy wyżej – także w czasach nowszych trudno oddzielić od siebie oba te elementy. Ścisły splot czynności technicznych z zabiegami, które dziś uważamy za magię, można dostrzec też przy uprawie roli i w ho-

dowli. Tu już jednak akcent przesuwa się bardziej na stosowanie środków apotropaicznych, które zdecydowanie dominują w zabiegach magicznych, związanych z innymi działaniami. W miarę więc, jak postępowało naprzód rozumienie przyrody i doskonaliła się technika, od magii nie wymagano już, by ją zastępowała. Intencją obrzędu magicznego stawała się coraz bardziej chęć zabezpieczenia dzieła człowieka przed zagrażającymi mu wrogimi siłami.

Można przypuszczać, że bezskuteczność stosowanych praktyk nieraz je kompromitowała. Zanim jednak umysł doszedł do zakwestionowania samej zasady magicznej, ratował jej autorytet w dwojaki sposób: albo winiąc za niepowodzenie niedokładne wykonanie obrzędu, czego konsekwencją bywało wtedy coraz bardziej drobiazgowe przestrzeganie rytuału, albo też odrzucając mało skuteczne zaklęcie lub środek magiczny, by na jego miejsce wprowadzić inny, większą może moc posiadający.

Że stosowano pierwszy ze wskazanych sposobów, dowodzi tego wysoki stopień zrytualizowania nowożytnej magii ludowej. Zauważyć to można choćby w opisanej wyżej praktyce zbierania ziół. Skuteczność zioła warunkowano porą rwania, stosownym ubiorem lub nagością osoby zbierającej, pozycją ciała, skomplikowanym gestem ręki, często znaczną liczbą trudnych do spamiętania i zastosowania zakazów, których przestąpienie miało niweczyć skuteczność dokonanych zabiegów. Czy taki stopień zrytualizowania osiągnęła magia już we wczesnym średniowieczu, trudniej osądzić, gdyż jedyne autentyczne źródło informujące nas o ówczesnych praktykach omawia je tylko z grubsza; autor – mnich cysterski – często zapewne nie zna wszystkich szczegółów, może też nie uważał ich za istotne, zwłaszcza że najprawdopodobniej dość często się zmieniały. Toteż w swym *Katalogu* rejestruje Rudolf tylko najbardziej typowe cechy potępianych przez siebie obrzędów, zalecając spowiednikom, by sami rozpytywali o szczegóły. Zaręcza im przy tym, że dowiedzą się wówczas wiele nowego

203. Dotknięcie ołtarza nóżkami dziecka (scena ofiarowania małego św. Wojciecha w kościele w Libicach); fragment drzwi brązowych katedry w Gnieźnie; 2 poł. XII w.

w porównaniu z tym, co zawiera jego podręcznik.[135] Nawet jednak u niego, prócz praktyk scharakteryzowanych jednym słowem, znajdziemy też złożone z wielu czynności i posługujące się większą liczbą środków magicznych. Przykładem może być pierwsza kąpiel dziecka, do której „wkładają dziewięć rodzajów ziarna, wszelkiego rodzaju żelastwo, a pod palenisko wsadzają czarną kurę, naprzeciw której tańczą zapaliwszy światła... Wodę z kąpieli dziecka wylewają pod płot innej połóżnicy...”[136]

Za hipotezą, że i we wczesnym średniowieczu zabiegi magiczne cechował skomplikowany rytuał, przemawia pośrednio także fakt, że przedstawiona wyżej wiedza magiczna nie była już własnością powszechną. Poszczególne osoby bywały wtajemniczone w te tylko działy magii, bez których znajomości nie mogłyby – zgodnie z ówczesnymi pojęciami – wykonywać należycie pełnionych funkcji

społecznych. Rolnikowi więc była niezbędna wiedza w zakresie magii rolniczej i tę przekazywał zapewne ojciec synowi z pokolenia w pokolenie. Fakt, że pewne szczególnie doniosłe czynności związane z uprawą roli, na przykład siew, należały do wyłącznych kompetencji głowy rodziny i nawet biskup nie będzie się uchylał od tego rytualnego obowiązku,[137] tłumaczy się ich magicznym znaczeniem. Obrzędy zaś magii miłosnej, a także praktyki uprawiane nad nowo narodzonymi dziećmi, były specjalnością kobiet, jak to wyraźnie stwierdza informujące o nich źródło.[138] Znano też osoby o szczególnie szerokiej wiedzy magicznej, według słów mnicha „mądrzejsze w tej szatańskiej sztuce”,[139] do których inni udawali się po radę, gdy ich własne umiejętności w tej dziedzinie zawodziły. Przykładem ich mogłaby być opiewana przez Kosmasa wiedźma Kazi. Ją to wspominać mieli Czesi w sytuacjach beznadziejnej utraty czegoś, mówiąc: „Tego nie potrafi zwrócić nawet sama Kazi,"[140] tak bowiem słynęła skutecznymi czarami. Istnieli także wyspecjalizowani wróżbiarze i wieszczki.

Skoro obrzędy magiczne i wróżebne wymagały aż wtajemniczenia, skoro nie wystarczało dla ich opanowania wychowanie się w środowisku, gdzie je odprawiano, były widocznie skomplikowane i sformalizowane.

Mamy także dowody, że występowało wciąż zapotrzebowanie na nowe środki magiczne. W praktykach wczesnośredniowiecznych posługiwano się chętnie przedmiotami kultu chrześcijańskiego i sprzętami kościelnymi, niezależnie od tego, że również ceremoniom liturgicznym przypisywano magiczne znaczenie. Tak więc, na przykład, tam, gdzie kościół był blisko, niesiono dziecko do chrztu zgodnie z zaleceniami synodów w pierwszych dniach jego życia, przypisując zapewne temu obrzędowi błogosławiony wpływ na zdrowie dziecka; zaraz jednak po chrzcie imano się także praktyk nie przewidzianych rytuałem kościelnym, choć środkiem magicznym były w nich przedmioty znajdujące się w kościele. Nóżkami dziecka dotykano ołtarza, na usta kładziono mu sznur od kościelnego dzwonu, rączkę przysuwano do księgi – zapewne sakramentarza, a obrusem z ołtarza ocierano jego twarz.[141] Znaczenie tych zabiegów jest przejrzyste. Chodziło w nich przede wszystkim o zapewnienie niemowlęciu magicznego kontaktu z siedliskiem mocy, za które uważano zwłaszcza ołtarz, ale także i pozostałe przedmioty. Sznur gra przy tym w magii rolę środka apotropaicznego; położony na ustach broni przystępu do nich wrogim mocom.[142] Książka symbolizuje wiedzę, księga obrzędowa może nawet wiedzę magiczną; sięgnięcie po nią ręką dziecka miało mu zdobycie tej wiedzy zapewnić. Wreszcie otarcie twarzy obrusem z ołtarza objaśnia sam Rudolf jako zabieg przyobiecujący urodę.[143]

Opisane praktyki, choć nie liturgiczne, miały jeszcze pewien związek z udzielaniem chrztu. Dokonywano ich bezpośrednio po tej ceremonii, zaraz na miejscu, przy ołtarzu, może nawet z pobłażli-

wym udziałem duchownego, który przecież nie zostawiłby bez opieki cennej księgi. W magii powierzchownie tylko schrystianizowanego ludu posługiwano się jednak także czcigodnymi przedmiotami kultu bez żadnego związku z nabożeństwem, a nawet dla celów w pojęciu chrześcijan grzesznych. Według informacji Rudolfa krzyżmo, woda święcona i komunikanty znajdowały zastosowanie w magii miłosnej.[144]

Znak krzyża stał się zwykłym gestem magicznym. Kobieta kreśliła go na plecach kochanka, by podtrzymać jego zapały.[145] Bursztynowych krzyżyków używano w Gdańsku jako amuletów na równi z sierścią zwierzęcą i zębem bobra, z którymi razem je przechowywano.[146] Wojownicy Bolesława Chrobrego w obronie Niemczy wznosili naprzeciw oblegających gród Wieletów krzyż „w nadziei, iż pokonają ich z jego pomocą".[147] W pojęciu jednych, zwłaszcza spośród czynników kierowniczych, mogło to być demonstracyjnym wyznaniem wiary chrześcijańskiej i próbą zawstydzenia otoczenia Henryka II, sprzymierzonego z poganami, inni jednak, i tych chyba była większość, rozumieli to zapewne jako zasłonięcie się od nieprzyjaciela skutecznym środkiem apotropeicznym. W sąsiedniej Rusi, oświecony przecież autor kroniki tak pouczał o mocy krzyża: „Krzyżem... zwyciężone bywają siły biesowskie, krzyż... kniaziom na wojnach pomaga,

204. Bursztynowe krzyżyki-zawieszki z Gdańska i Szczecina; XII w.

a   b

na wojnach krzyżem ochraniani wierni ludzie zwyciężają wrogów przeciwnych, krzyż bowiem rychło wybawia od napaści wzywających go z wiarą. Niczego zaś się nie boją biesy, jeno krzyża. Jeśli też bywają od biesów zjawy, to znakiem krzyża na licu przepędzeni bywają."[148] Wiązanie innych niż Kościół treści z przedmiotami kultu chrześcijańskiego występowało wśród świeżych chrześcijan powszechnie i ówczesne duchowieństwo zdawało sobie z tego sprawę. Czeski kanonik, opisując, jak wróżka zalecała swemu pasierbowi, by dla ocalenia się w ucieczce z pola przegranej bitwy uciął najpierw uszy poległemu nieprzyjacielowi, a następnie „między dwiema nogami konia dobytym z pochwy mieczem naznaczył ziemię kształtem krzyża",[149] nie ma najmniejszych wątpliwości, że są to pogańskie czary.

Zgodnie z zaleceniami magii rozumiano też funkcję relikwii świętych. Przechowywano je i noszono przy sobie, podobnie jak przedchrześcijań-

205. Maska na wsporniku podtrzymującym szczyt nawy kościoła parafialnego w Grobli; XIII/XIV w. Przedstawienie o charakterze apotropaicznym, mające oddalać złe moce od wnętrza świątyni

206. Kaptorga z Borucina; XI w. Schowek na amulety, później może też na relikwie

207. Moc wody święconej wobec sztana: wizerunek diabła na czaszy chrzcielnicy z Wilamowa; kon. XIII w.

skie amulety. Gdy tamte zaszywano w wełnianych, jedwabnych lub filcowych woreczkach, schowkiem na relikwie stawały się artystycznie wykonane kaptorgi, płaskie, czworokątne pudełeczka ze srebrnej blachy, zdobione ornamentami o motywach zwierzęcych i roślinnych. Noszono je na szyi.

Ostatni, uchwytny już w źródłach średniowiecznych kierunek zmian, jakim podlegała magia, odbija zasadniczą ewolucję poglądów na siły rządzące światem. U źródeł większości praktyk, które do tej pory przedstawiliśmy, tkwiła wiara w moc człowieka. On to, w przekonaniu, że pojął utajone prawa rządzące przyrodą, usiłował jej narzucić swą wolę gestem i słowem. Jeśli w walce z groźnym nieprzyjacielem wydawał się sobie za słaby, przywoływał na pomoc odpowiednim zabiegiem lub amuletem siłę niedźwiedzia, szybkość zająca, ostrość pazurów i szponów wszelkich drapieżników. Polegał więc przede wszystkim na sobie. W praktykach tych nie ma jeszcze śladów wykształconej wiary w siły demoniczne. Jeśli ludzie liczą się z jakąś siłą niepoznawalną zmysłowo, to jest ona w każdym razie bezosobowa, pojmowana raczej manistycznie.

Ale zabiegi magiczne oparte na takim pojmowaniu świata nie wyczerpywały magii średniowiecznej. Można przypuszczać, że stanowiły tylko najstarszą warstwę odziedziczonej tradycji. Obok nich spotykamy się bowiem z postępowaniem, które za pomocą środków magicznych miało człowiekowi zjednać pomoc demonów.

W *Katalogu praktyk magicznych* Rudolfa demony są wzmiankowane pięciokrotnie. Raz jeden jest to po prostu diabeł,[150] co oczywiście nie przesądza, czy chodzi tu o diabła jako mieszkańca piekieł zgodnie z pojęciami chrześcijańskimi, czy też tą ogólną nazwą określił autor któregoś z ludowych demonów. W pozostałych czterech wypadkach mamy do czynienia z pozachrześcijańskimi wątkami wierzeniowymi. Są to demony domowe, leśne, określone jako Parki, demony losu, wreszcie jakaś „królowa nieba".[151] Niektóre z nich mogą budzić wątpliwości, czy nie zostały przez autora zapożyczone z literatury lub z terenów etnicznie obcych, nie można tego jednak twierdzić o wszystkich wymienionych postaciach demonicznych. W szczególności dane o kulcie bóstw domowych, zgromadzone przez Rudolfa, w pełni potwierdzają znaleziska archeologiczne i folklor.

Kontekst, w jakim występują demony w *Katalogu praktyk magicznych*, jest bardzo charakterystyczny. Raz jeden tylko mamy zarejestrowany w związku z demonem zabieg magiczny w ścisłym tego słowa znaczeniu. Stojąc wieczorem z dzieckiem na ręku przed wejściem do domu wzywano biesa zamieszkującego okoliczny las i rzucano nań urok, aby jego dziecko płakało, a własne było spokojne.[152] Tu więc jeszcze obrzęd wyraża wiarę

208. Wypędzanie demona: św. Wojciech uzdrawiający opętanego; fragment drzwi brązowych katedry w Gnieźnie; 2 poł. XII w.

w moc człowieka także nad demonami. W pozostałych wypadkach ten stosunek jakby się odwracał. Człowiek nie narzuca już siłom demonicznym własnej woli, lecz stara się je dla siebie zjednać ofiarami.

Nie wydaje się, by w okresie tworzenia się i krzepnięcia państwa polskiego był to pogląd dopiero torujący sobie drogę. U bliskich sąsiadów Polski wiara w panowanie bóstw i demonów różnego rodzaju nad światem była już wtedy powszechna. Obrzęd magiczny, zrodzony z bardziej optymistycznego poglądu na rolę człowieka w świecie, praktykowano tradycyjnie, bez wnikania w ukrytą w nim treść. Prawdopodobnie zresztą aktualne wierzenia wyciskały także swe piętno na tych obrzędach i może nie bez przyczyny duchowni chrześcijańscy dostrzegali w nich przejaw bałwochwalstwa.[153] Na stwierdzenie tego z całą pewnością nie pozwala prawie zupełny brak wiadomości o treści zaklęć stosowanych przy poszczególnych zabiegach magicznych. Rudolf nieraz podkreśla, że było ich wiele.[154] Późniejszy materiał etnograficzny poucza jednak, że bardzo starym praktykom towarzyszą nieraz zaklęcia w formie inwokacji kultowej do demonów, a także do Boga i świętych chrześcijańskich, przy czym zaciera się różnica między zaklęciem a modlitwą.[155] Jest więc zupełnie prawdopodobne, że w średniowieczu również wymieniano przy obrzędach magicznych imiona demonów i bóstw słowiańskich.

Środki
przekazywania myśli

A. JĘZYK

1. Od języka słowiańskiego do języka polskiego

Język ludności ziem polskich nazywali współcześni jeszcze w XII wieku słowiańskim. Pojęcie języka polskiego nie istniało wówczas, jak nie istniało pojęcie języka czeskiego. Gall język Polaków, a Kosmas język Czechów określali tym samym terminem.[1] Uderza to tym bardziej, że obydwaj autorzy reprezentowali wykształconą świadomość państwową i nawet przesadnie akcentowali różnice między pobratymczymi sąsiadami. Znana jest niechęć Galla do Czech i wzajemna – Kosmasa do Polski. Obydwaj operowali swobodnie przymiotnikami „polski" i „czeski", Gall zaobserwował nawet specyfikę polskiego obyczaju. W takim kontekście niedostrzeganie przez kronikarzy granicy językowej między słowiańskimi sąsiadami jest wymownym świadectwem jej braku.

Jednakże ów język słowiański, którym mówili m.in. Polacy i Czesi, a oprócz nich plemiona słowackie, łużyckie i połabskie, nie był już wtedy językiem całej Słowiańszczyzny. Okres ogólnosłowiańskiej wspólnoty językowej, czyli jednolitego, choć obejmującego wiele dialektów języka tzw. prasłowiańskiego, nie trwał dłużej niż do IX wieku.

Od czasu wędrówek V–VII wieku ewolucja, jaką przechodziły dialekty peryferyjne, nie ogarniała już całego obszaru opanowanego przez pobratymcze ludy. Wytwarzały się trzy odrębne zespoły dialektów słowiańskich: zachodni, wschodni i południowy. W IX wieku ekspansja Bułgarów, Węgrów i Niemców w Europie Wschodniej i Środkowej przyczyniła się do zerwania bezpośrednich kontaktów między tymi odgałęzieniami Słowian. Rozwój językowy przebiegał odtąd odmiennie w każdej z trzech części Słowiańszczyzny.[2]

Ponieważ teksty słowiańskie zaczęto spisywać dopiero w drugiej połowie IX wieku, w związku z działalnością misjonarzy greckich i bawarskich, zabytki językowe sprzed tego czasu są bardzo ułamkowe. Rozwój języka prasłowiańskiego i jego zróżnicowanie można odtwarzać drogą badań onomastycznych i analizowania form wyrazów zapożyczonych przez Słowian z języków obcych lub odwrotnie – przez inne ludy z języka słowiańskiego. Ta podstawa nie wystarcza jednak do wyczerpującego opisu ówczesnych zjawisk językowych. W szczególności niewiele potrafi powiedzieć nauka o rozwoju słownictwa i morfologii różnicujących się dialektów. Lepiej uchwytne są tylko przemiany w głosowni i nimi zwykło się charakteryzować stosunki językowe w epoce przedpiśmiennej.

Dialekty zespołu zachodniosłowiańskiego odróżniały się więc od pozostałych następującymi cechami: 1) zachowały się w nich grupy *kv'*, *gv'*, np. w wyrazach ,,kwiat'', ,,gwiazda'', które w dialektach wschodnich i południowych przeszły w *cv'*, *dzv'* (starocerkiewno-słowiańskie: *cvĕtz*, *dzvĕzda*); 2) zachowały się połączenia *tl*, *dl*, np. w wyrazach ,,pletli'', ,,mydło'', które w dialektach wschodnich i południowych uległy uproszczeniu (rosyjskie: *pleli*, *myło*); 3) zmiękczone *ch* przechodziło w *sz*, np. mucha, dopełniacz – musze, podczas gdy w innych dialektach utrzymywało się w tych wypadkach *s'* (starocerkiewno-słowiańskie: mucha – *musĕ*); 4) prasłowiańskie połączenie *tj*, *dj* przechodziło w *c*, *dz* (prasłowiańskie: *svĕtja*, *medja*; polskie: świeca, miedza, gdy np. rosyjskie *svĕča*, *mĕža*).[3]

Z kolei dialekty zarówno zachodniej, jak wschodniej Słowiańszczyzny cechował inny niż w zespole południowym rozwój tzw. grup *ort olt*, czyli połączeń początkowych *or-*, *ol-* w położeniu przed spółgłoską. U Słowian południowych przeszły one w *ra-*, *la-* (serbo-chorwackie: *ralja*, *lakat*), u Słowian zaś zachodnich i wschodnich przybierały również postać *ro-*, *lo-* (polskie: rola, łokieć; rosyjskie: *rola*, *łokot'*).[4]

Można mieć wątpliwości, czy rzeczywiście różnice fonetyczne nie mieszczą się już w pojęciu różnic dialektalnych tego samego języka. W IX wieku niektóre z nich utrzymywały się od kilku stuleci, a przecież język staro-cerkiewno-słowiański, powstały na bazie dialektu Słowian macedońskich spod Salonik, należącego do zespołu południowego, mógł pełnić funkcję dialektu literackiego plemion zachodniosłowiańskich w państwie wielkomorawskim. Jeszcze później wystąpił w tej roli także wśród Słowian wschodnich na Rusi Kijowskiej.[5] Nie są więc pozbawione siły przekonywania argumenty tych badaczy, którzy jeszcze w X wieku dostrzegają istnienie resztek prasłowiańskiej wspólnoty językowej, a jej ostateczny rozpad wiążą ze stabilizacją granic państwowych i rozbiciem kościelnym Słowiańszczyzny.

Nie wyklucza to, oczywiście, istnienia już wcześniej znaczniejszych różnic dialektalnych w obrębie języka prasłowiańskiego. Odmienność losów historycznych i kontaktów kulturowych Słowian zachodnich, wschodnich i południowych pogłębiała je w miarę rozwoju pierwotnego zasobu leksykalnego i struktur morfologicznych. Chociaż więc przez długie jeszcze wieki zwracano uwagę na pokrewieństwo wszystkich języków słowiańskich, to przecież ten język słowiański, który Anonim zwany Gallem przypisuje Polakom, a Kosmas Czechom, był już w XI wieku językiem tylko Słowian zachodnich, co wynika wyraźnie nie tylko z przesłanek filologicznych, lecz także z informacji współczesnego świadka, Adama Bremeńskiego: ,,Sclavania [tak nazywa Adam ojczyznę Słowian połabskich] – jest dziesięć razy większa od naszej Saksonii, osobliwie jeśli traktować jako część Sclavanii Czechy oraz tych, którzy są za Odrą, Polan, gdyż [ci wszyscy] nie różnią się ani obyczajami, ani językiem''.[6]

System fonologiczny wyniosły dialekty zespołu zachodniego z epoki prasłowiańskiej wspólnoty językowej. Znano więc iloczas samogłosek ustnych, samogłoski nosowe oraz tzw. jery, czyli bardzo krótkie półsamogłoski o niewyraźnej artykulacji. Zasób spółgłosek był za to uboższy od obecnego, nie obejmował jeszcze głosek: *ć*, *dź*, *ż*, *ś*, *rz*, *f*. Poza systemem samogłosek i spółgłosek pozostawały głoski sonorne, mianowicie zgłoskotwórcze: *r*, *l* i ich odpowiedniki miękkie. Akcent wyrazowy był zapewne jeszcze ruchomy, choć już z tendencją do ustalania się prawdopodobnie na zgłosce początkowej, gdzie pozostał do dziś w języku czeskim.[7]

Także słownictwo podstawowe w większej części pokrywało się z prasłowiańskim, skoro jeszcze w dzisiejszej polszczyźnie można znaleźć około 1500 wyrazów wspólnych wszystkim językom słowiańskim, a określających najrozmaitsze grupy pojęć.[8] O wiele więcej, bo przeszło 3000 wspólnych wyrazów dawnego pochodzenia można wyodrębnić z zasobu słownikowego języków czeskiego i polskiego.[9] Ponieważ znaczna część słownictwa średniowiecznego wyszła następnie z użycia, przeto słusznie się przypuszcza, że w X–XII wieku podstawowy zasób leksykalny plemion czeskich i polskich był identyczny.

Najprawdopodobniej dialekty zachodniosłowiańskie nie różniły się w owym czasie także morfologią ani składnią. Materiał językowy z doby przedpiśmiennej niewiele jednak pozwala o tym powiedzieć. Na podstawie tekstów o kilkaset lat późniejszych można przecież wskazać na niektóre archaiczne, prasłowiańskie struktury fleksyjne, które zapewne były jeszcze żywe za czasów pierwszych Piastów i Przemyślidów, skoro miały się pojawiać sporadycznie również w wiekach następnych.

Tak więc zarówno w deklinacji, jak w koniugacji utrzymywała się, obok liczby pojedynczej i mnogiej, liczba podwójna. Odmiana przymiotnika była zróżnicowana w zależności od jego funkcji w zdaniu. Liczebniki główne od 1 do 4 odmieniały się także przez rodzaje, liczebniki jak np. ,,pięć'' deklinowały się jak rzeczowniki. Koniugacja znała cztery czasy przeszłe: dwa niezłożone – aoryst dla wyrażenia czynności momentalnie minionej oraz imperfekt, oznaczający czynność trwającą lub powtarzającą się w przeszłości – i dwa złożone z imiesłowu czynnego czasu przeszłego na -ł, -ła, -ło oraz form słowa posiłkowego ,,jeśm'' (późniejsze polskie ,,jestem''). Były w użyciu dwa imiesłowy czynne czasu przeszłego, obydwa odmienne. Znano też imiesłów bierny czasu teraźniejszego. Utrzymywały się jeszcze przeważnie prasłowiańskie końcówki fleksyjne, jak na przykład bezokolicznik czasowników na -t'i.

Zespół dialektów zachodniosłowiańskich wyniósł z doby prasłowiańskiej nie tylko wspólne cechy, lecz także pewne wspólne tendencje rozwojowe. Po rozpadzie wspólnoty prasłowiańskiej dialekty zachodnie podlegały więc nadal podobnie ukierunkowanej ewolucji. Wszelako z biegiem czasu zespół zachodni utracił jednolitość, rozpadając się na 3 grupy: czesko-morawsko-słowacką, łużycką oraz tzw. konwencjonalnie lechicką. Do tej ostatniej należały dialekty plemion polskich, obodrzyckich i wieleckich.[10]

Różnicowanie się dialektów zachodniosłowiańskich przypada na X–XII wiek. W końcu tego okresu zmiękczone spółgłoski *t'*, *d'* przeszły w polszczyźnie w *ć*, *dź*, gdy w dialektach czeskich, przeciwnie, stwardniały (por. np. polskie *dziesiąty*, czeskie *desátý*); od X wieku postępował w czeskim stopniowy zanik nosówek, które utrzymywały się w dialektach polskich. Na odwrót, w polskim zniknęły sonanty, które przetrwały u Czechów. Nowe wyrazy zapożyczali Polacy i Czesi coraz częściej, zwłaszcza w XIII wieku, z odmiennych źródeł, narastały więc także różnice w ich słownictwie.[11] Również w obrębie grupy lechickiej dokonywała się dyferencjacja dialektów, z których zachodnie, nadłabskie, przeciwstawiały się wschodnim – w Polsce kontynentalnej na południe od Noteci i na Pomorzu.

W konsekwencji tych przemian ukształtował się średniowieczny język polski, zwany przez językoznawców staropolskim. Świadomość jego odrębności była już powszechna w XIII wieku. Polskim nazywały wtedy język ojczysty uchwały synodalne prowincji gnieźnieńskiej, podejmowane w jego obronie. O słowach polskich, a nie słowiańskich, wspominali autorzy *Księgi Henrykowskiej*, niemieccy cystersi ze Śląska.[12]

Język ten zatracił już wiele cech prasłowiańskich. Nie znał więc jerów, które w ciągu XI wieku albo zanikły (jery słabe), albo przeszły w *e* (jery mocne). System konsonantyczny wzbogacił się spółgłoskami miękkimi: *rz, ś, ź, ć, dź* oraz *f*. Formy aorystu i imperfektu prasłowiańskiego spłynęły w nim we wspólną formę, ta zaś coraz bardziej ustępowała formom czasu przeszłego złożonego, zróżnicowanym pod względem aspektu niedokonanego albo dokonanego. Uległy scaleniu formy złożone czasu przeszłego w wyniku zastąpienia enklitycznych form słowa posiłkowego przez odpowiadającą im końcówkę koniugacyjną (*vidělъ jesmъ* – widziałem). Uległo ograniczeniu użycie imiesłowów, imiesłów bierny czasu teraźniejszego w ogóle wyszedł z użycia. Końcówkę bezokolicznika -t'i, -ci wypierała zredukowana końcówka *ć*. Coraz rzadziej stosowano formy liczby podwójnej, zastępując je formami liczby mnogiej.

W ciągu kilku wieków od rozpadnięcia się wspólnoty prasłowiańskiej język plemion polskich przebył więc znaczną ewolucję fonologiczną i morfologiczną. Jej związek z całokształtem przemian kulturowych nie jest jednak jasny. Wielu językoznawców neguje wprost istnienie takiego związku.

2. Zróżnicowanie dialektalne polszczyzny

W obrębie polskiego obszaru językowego zaznaczało się zróżnicowanie dialektów, które jednak w warunkach stałych kontaktów między regionami tego samego państwa nie tylko nie pogłębiało się, lecz pewnie nawet zacierało. Można by przypuszczać, że członkowie każdego z większych plemion mówili nieco inaczej, ale nie ma na to dowodów. Źródła językowe pozwalają uchwycić w XII–XIII wieku tylko wyraźną odrębność narzeczy pomorskich, zajmujących pozycję przejściową między polszczyzną kontynentalną a dialektami zachodniolechickimi, oraz cechy odróżniające narzecza Polski północnej od południowej, to znaczy Wielkopolski z Mazowszem od Małopolski ze Śląskiem.

Na Pomorzu odróżniały się dwie strefy językowe: zachodnia i wschodnia. Granica między nimi przebiegała między Kołobrzegiem i Sławnem. Narzecze zachodnie zbliżało się bardziej do mowy Wieletów, narzecze wschodnie miało więcej cech wspólnych z innymi gwarami polskimi.[13]

Wspólnymi właściwościami obydwu dialektów pomorskich i dialektów zachodniolechickich były: 1) przejście prasłowiańskiej grupy *tort* (tj. *or* między dwiema spółgłoskami) w *tart* bez charakterystycznej dla obszaru wschodniowieleckiego przestawki (prasłowiańskie *gordzь* połabskie i pomorskie *gard*, polskie *gród*); 2) przejście prasłowiańskiego sonornego *l* twardego i miękkiego w *oł*

(prasłowiańskie *vьlkъ*, połabskie i pomorskie *wołk*, polskie *wilk*). Natomiast tylko Pomorzanie zachodni zachowali wraz z sąsiadami zza Odry, prasłowiańskie *e* przed twardą spółgłoską przedniojęzykową; na Pomorzu wschodnim *e* przeszło w tym położeniu w *o*, podobnie jak w pozostałych dialektach polskich (ogólnosłowiańskie *žena*, polskie *żona*). W XIII wieku ogarnęła Pomorze Wschodnie także wschodniolechicka zmiana miękkich *t'*, *d'*, *r'* na *ć*, *dź*, *rz*.

Wydaje się, że ewolucja narzeczy pomorskich przebiegała pod bezpośrednim wpływem losów politycznych Pomorza w XII–XIII wieku. Na Pomorzu Zachodnim ukształtowało się wówczas państwo obejmujące także zaodrzańskie ziemie wieleckie; z tamtego terytorium wywodziła się część wielmożów, może nawet dynastia książęca. Prowadziło to do zacierania się różnic dialektalnych między obszarami z obydwu stron Odry. Tymczasem Pomorze Wschodnie zostało związane z państwem Piastów i nawet po roku 1227, gdy zerwało bezpośrednią zależność polityczną od Krakowa, utrzymywało z ziemiami piastowskimi żywy kontakt. Toteż ta część Pomorza była stale otwarta na płynące z południa wpływy językowe, a pewna odrębność miejscowego dialektu nie podważała poczucia jedności językowej kraju z resztą Polski, czego świadectwa mamy jeszcze w połowie XIV wieku. Na warszawskim procesie polsko-krzyżackim w 1339 roku świadkowie stwierdzali, że ludność zagarniętego przez Zakon Pomorza nie różniła się językiem od mieszkańców ziemi podległych królowi polskiemu.[14]

Wpływ czynników politycznych na stosunki językowe w Polsce kontynentalnej nie jest równie jasny. W przedmiocie bowiem tych stosunków nie ma wśród językoznawców zgody. Do wcześniejszego średniowiecza można odnieść z pewnością tylko trzy cechy różnicujące dialekty polskie pod względem fonetycznym:

1) W Wielkopolsce i na Mazowszu utrzymywała się jako dziedzictwo prasłowiańskie oboczność morfemów: -ow- po spółgłosce twardej (np.

kościołowi) i -ew- po spółgłosce miękkiej (np. koniewi, królewi). Na Śląsku zaś już w dokumentach XII wieku, a w Małopolsce w XIII wieku pojawia się -ow- zarówno po twardej, jak i po miękkiej;

2) W Wielkopolsce i na Mazowszu, podobnie jak w gwarach kaszubskich, występował sufiks -k, -c bez poprzedzającego -e- tam, gdzie w dialektach południowych mamy zawsze -ek, -ec (wielkopolskie *domk*, małopolskie *domek*). Formy bez -e- już w XII wieku (*Bulla Gnieźnieńska* z 1136 r.) współistniały także w dialekcie wielkopolskim z formami z -e-, ale sporadycznie trafiały się, zwłaszcza w północnych częściach Wielkopolski i Mazowsza oraz na Kujawach, aż po XV wiek;

3) W Wielkopolsce i na Mazowszu zachodziło przejście *a* w tylnojęzykowe *ä* i następnie w *e* w grupach nagłosowych *ra-*, *ja-* oraz w grupie *tart*, co notuje już *Bulla Gnieźnieńska* (*Reck* ⩽ *Raczek*, *Jeroslao* ⩽ *Jarosław*, *Lederg* ⩽ *Ledarg*). Zjawisko to nie było znane w Polsce południowej.[15]

Chronologia innych zjawisk dialektalnych, w tym mazurzenia, jest sporna; znaczna część językoznawców odnosi je do późnego średniowiecza, a nawet do początku czasów nowożytnych.[16] W konsekwencji stwierdzamy w okresie do XIII wieku jedynie odróżnianie się południa Polski od jej północy. O odrębnościach Mazowsza w stosunku do Wielkopolski ani Śląska w stosunku do Małopolski niczego pewnego powiedzieć nie potrafimy. Jeśli one, jak można mimo to przypuszczać, istniały, to widocznie ustępowały wyrazistością tym różnicom, które dzieliły obszar państwa na dwie główne części linią zbliżoną do równoleżnikowej.[17]

Odpowiednia sytuacja polityczna wystąpiła w dobie piastowskiej tylko efemerycznie, w latach podziału państwa między synów Władysława Hermana. Trwała wówczas zbyt króko, by mogła pociągnąć za sobą jakiekolwiek konsekwencje językowe. Genezę przeciwieństw między północą a południem należałoby więc odnieść do czasów poprzedzających przyłączenie Ziemi Krakowskiej i Śląska do państwa Polan.[18] Wydaje się to tym

słuszniejsze, że wymienione trzy właściwości odróżniające narzecze Polski południowej są zgodne z właściwościami języka czeskiego.

Wśród językoznawców i historyków dyskutowano przypuszczenie, że obok narzeczy regionalnych mógł się wytworzyć w Polsce piastowskiej ogólnonarodowy dialekt kulturalny, którego obowiązującym wzorem miałby być zwyczaj językowy dworu książęcego.[19] Argumenty zgromadzone przeciw tej hipotezie wydają się jednak silniejsze. W latach jedynowładztwa dwór piastowski skupiał przedstawicieli różnych prowincji, a w warunkach braku stałej rezydencji książąt, którzy wciąż zmieniali miejsce pobytu, nie ulegał dłużej określonym wpływom. Jedność monarchii piastowskiej nie trwała zresztą długo. Dwory dzielnicowe nie powstały dopiero za synów Bolesława Krzywoustego, lecz były normalnym zjawiskiem także w pokoleniach poprzednich, trudno więc mówić o istnieniu ustabilizowanego ośrodka, który by mógł dyktować kanon „lepszej" wymowy. Poza tym, chociaż sposób mówienia osób cieszących się autorytetem bywa często naśladowany przez otoczenie, to jednak nie ma szans stać się trwałą normą bez pomocy szkoły. Ta zaś nie kultywowała wówczas języka ojczystego.

Przeciw możliwości istnienia w Polsce średniowiecznej ponadregionalnego dialektu kulturalnego przemawia też fakt, że zachowane teksty noszą z reguły dość wyraźne cechy regionalne.[20] Ich autorzy, należący przecież do elity umysłowej swego czasu, nie poddawali się więc żadnym ogólnokrajowym normom wysławiania się.

Negując istnienie w średniowieczu – w każdym razie do końca XIII wieku – ogólnopolskiego dialektu kulturalnego, dopuścić trzeba możliwość wytwarzania się dialektów środowiskowych, wyróżniających się sobie właściwym słownictwem. Przesłankę ich powstawania można upatrywać w rozwoju instytucjonalnym państwa i społecznego podziału pracy. Tak, na przykład, ludzie związani z aparatem państwowym, a więc dwór, drużynnicy, urzędnicy, obracali się w odmiennym kręgu pojęć niż rolnicy; ich słownik stawał się bogatszy. Więcej miejsca zajmowały w nim terminy prawne, nazwy funkcji i czynności administracyjnych i wojskowych itp. Język tego środowiska był też prawdopodobnie bardziej otwarty na wpływy obce.[21]

3. Funkcje języka rodzimego

Nie rozwijany przez szkołę ani przez piśmiennictwo, służył język rodzimy przede wszystkim codziennym potrzebom społeczeństwa rolniczego. Pełnił głównie funkcję kolokwialną.

Nawet jednak w dobie plemiennej funkcja ta nie wyczerpywała zadań języka. Nie ma powodu wątpić, że podobnie jak w innych kulturach przedpiśmienniczych, słowo grało także rolę narzędzia magicznego oraz artystycznego środka wyrazu, wspomagało organizowanie życia społecznego, przekazywało treści dydaktyczne. Społeczeństwo słowiańskie i wczesnopolskie znało te same formy wypowiedzi, jakie odróżniamy w tzw. literaturze ustnej ludu, a więc utwory liryczne i epiczne, przysłowia i zagadki, zaklęcia magiczne, zamawiania, modlitwy i zawodzenia żałobne (żale).[22] Nie zachowały się wprawdzie teksty pochodzące na pewno z omawianego okresu – materiał etnograficzny nie ma aż tak dawnej metryki – ale rozmaite źródła przynoszą wiadomości o nich lub są ich pośrednim świadectwem.

Teofilakt z Symokaty, grecko-bizantyjski historyk z pierwszej połowy VII wieku, zanotował zdarzenie, którego bohaterami byli słowiańscy pieśniarze wędrowni, recytujący utwory przy wtórze gęśli, tak jak to czynili jeszcze w XIX wieku śpiewacy ludowi na Bałkanach.[23] W ich repertuarze mieściły się zapewne zarówno pieśni epiczne o legendarnych i historycznych bohaterach, jak i utwory balladowe. Z ludowych wątków epicznych korzystał potem może Mistrz Wincenty, gdy konstru-

209. Słowa polskie zapisane na kartach *Księgi Henrykowskiej*; ok. 1270 r. Karta XXVIII, dziewiąty wiersz od dołu: *day at ia pobrusa a ti poziwal sie*

ował bajeczne dzieje krakowian pod rządami Kraka i Wandy.[24] Zanim jeszcze Gall Anonim wzniósł w swej kronice literacki pomnik Bolesławowi Chrobremu, postać pierwszego króla Polski żyła w ustnej opowieści. Z niej przecież tylko wywieść można przydomek Chrobrego, powtarzany następnie w wersji oryginalnej także w tekstach łacińskich.[25] Opiewano zresztą również czyny postaci niepierwszoplanowych, jak choćby wojewody Piotra Włostowica. Rozpamiętywano w pieśniach budzące grozę i współczucie losy nieszczęsnych ofiar zbrodni, na przykład – już u schyłku okresu – odtrąconej małżonki Przemysła II wielkopolskiego, Ludgardy, którą miano z rozkazu księcia udusić w lochu. Nie wiemy, czy nie śpiewano już wtedy najstarszej znanej ballady polskiej: ,,Pani pana zabiła.''[26]

Z pieśnią epiczną współzawodniczyła gawęda, opowieści o niezwykłych wydarzeniach i krótsze anegdoty, kraszone przysłowiami i zagadkami. Utalentowani gawędziarze cieszyli się sławą, słuchano ich chętnie na przyzbie wiejskiej i na dworze książęcym. Henryk Brodaty rad widział u siebie wieśniaka Kwiecika i słuchał wraz z otoczeniem jego opowiadań. Trzymali go potem u siebie cystersi z Henrykowa, których starzec wprowadzał w dawne dzieje okolicy. Właśnie relacjom Kwiecika zawdzięcza swój niepowtarzalny wdzięk korzystająca z nich kronika nabytków klasztoru henrykowskiego.[27]

Gdy pieśń epiczną i gawędę uprawiały niepowszednio uzdolnione jednostki, powszechną własnością była pieśń obrzędowa, związana z uroczystościami dorocznymi i rodzinnymi. O niektórych spośród współczesnych pieśni weselnych można przypuszczać, że kontynuują wątki dawne, nawet jeszcze przedchrześcijańskie. W szczególności genezę pieśni o chmielu wiąże się nieraz z pogańskimi kultami fallicznymi.[28]

Znano też i układano różne śpiewki przygodne. Gall wspomina o piosnkach dziewczęcych, daje też próbki pieśni śpiewanych przez wojów Bolesława Krzywoustego, oczywiście w wersji łacińskiej.[29] Wprawdzie o autentyczności tych ostatnich powątpiewamy, widząc w nich raczej własne ćwiczenia poetyckie kronikarza, ale relacja o nich pozostaje wartościowym świadectwem tak istnienia pieśni żołnierskich, jak i powstawania pieśni okolicznościowej.

We wzmiankowanych także przez Galla pieniach żałobnych domyślamy się tzw. żalów, czyli

210. Napis polski na pierścieniu znalezionym na Ostrowie Tumskim we Wrocławiu; XII–XIII w. Odczytywany: *Bud movi na vi[k]*, czyli: Bądź mój na wiek

199

zawodzeń, znanych Słowianom południowym i wschodnim do ostatnich czasów. Ich stylizowane przykłady podaje łacińskimi słowami Mistrz Wincenty[30] i możemy je zestawić zarówno z materiałem staroruskim, jak z tym, co w XIX i XX wieku zanotowali etnografowie; w treści, konstrukcji i obrazowaniu zachodzą między tymi wszystkimi tekstami znaczne podobieństwa. Można też zapewne odnieść do omawianego okresu stwierdzenie etnografa, że chociaż zawodzące wieśniaczki operują schematem przekazanym przez tradycję i posługują się wieloma utartymi zwrotami, to jednak elementy te są przez nie za każdym razem przetwarzane na nowo i każdy taki lament jest w gruncie rzeczy improwizacją.[31]

Dotyczy to również pozostałych, omówionych wyżej, form twórczości artystycznej. Zwłaszcza dłuższe utwory bezimiennych autorów nie przechodzą z ust do ust w niezmienionej postaci. Więcej: nawet w tym samym wykonaniu tekst podlega wariacjom. Pieśniarz, jak gawędziarz, nie jest tylko odtwórcą; on przekazywane dzieło współtworzy.

Inaczej, a bardzo pospolicie, używano słowa w jego funkcji magicznej. Zaklęcie było nieodzownym uzupełnieniem magicznego gestu i obrzędu, zamówienie choroby – ważkim elementem zabiegu leczniczego. Wiara w siłę słowa rodziła rozbudowane formuły dobrych życzeń, kazała przywiązywać wagę do nadania imienia osobowego *ex presagio futurorum* („na wróżbę przyszłych losów").

Skuteczność formuły magicznej miała jednak zależeć od jej dokładnego wygłoszenia. Słów zaklęcia nie wolno było zapomnieć ani przestawić pod sankcją nieważności obrzędu. Musiano zatem cenić sposoby mnemotechniczne, wspomagające pamięć i chroniące przed pomyłkami. Być może więc, że już w czasach plemiennych kształtował się typ rymowanych formuł magicznych, znany z nowożytnego materiału etnograficznego.

Rozwój życia państwowego, a z nim prawa, stawiał przed językiem nowe zadania. Powstawały formuły prawne, roty przysiąg itp. Formalizm procesu średniowiecznego sprawiał, że przywiązywano

do ich brzmienia podobną wagę, jak do tekstów magicznych: ich przekręcenie unieważniało podjętą akcję prawną.[32] Mimo to zostawało przed sądem dość pola dla wykazania inwencji jednostki także w improwizacji słownej. Oskarżanie czy obrona przed oskarżeniem wymagały jasnego wyłożenia argumentów.

Także poza sądem, w życiu społecznym, nieraz występowała konieczność uzasadniania własnych racji. Przed podjęciem ważniejszych decyzji, dotyczących jakiejkolwiek grupy: rodziny, sioła, państwa, naradzano się: ścierały się więc poglądy, przekonywano się wzajemnie, dochodzono do konkluzji. Decyzje podejmowane w węższym gronie należało następnie przekazać w sposób zrozumiały ogółowi. Nic przeto dziwnego, że kronikarze każą tak często przemawiać swym bohaterom. Nie była to tylko konwencja literacka, ale rzeczywista potrzeba społeczna.

Chrystianizacja wprowadziła do Polski Kościół nauczający, który w ramach katechizacji przekładał trudne pojęcia teologiczne na język katechumenów. Ochrzczonych utwierdzano w wierze ucząc ich słów pacierza. Wymagały tego zalecenia legatów papieskich oraz uchwały synodalne prowincji gnieźnieńskiej[33] i choć różnie bywało z powszechnością tej nauki, to przecież nie ulega wątpliwości istnienie tekstów modlitw w języku rodzimym ludności od początku działalności misyjnej. Co najmniej w XIII wieku głoszono już tu i ówdzie kazania w języku polskim.[34]

Układano też oryginalne modlitwy i pieśni kościelne. Przykładem twórczości najwyższej próby jest *Bogurodzica*, przedmiot wielu analiz literackich i sporów o genezę i czas powstania. Choć znamy ją dziś z zapisu z początku XV wieku, jej dwie pierwsze zwrotki pochodzą prawdopodobnie z XIII stulecia. Niektórzy badacze skłonni są przesunąć tę datę bardziej wstecz z uwagi na językowe nawiązania starocerkiewno-słowiańskie słów pieśni.[35]

W działalności duszpasterskiej i kaznodziejskiej przekładano przeważnie na język rodzimy teksty opracowane uprzednio po łacinie. Tłumaczenia lub adaptacje utworów łacińskich miały zresztą zasięg szerszy, nie ograniczały się do literatury religijnej. W ten sam sposób upowszechniano również treści utworów świeckich. Gall, pisząc po łacinie *Kronikę*, zwracał się do kapelanów książęcych jako do tych, którzy ją będą czytać i następnie tłumaczyć dla nie rozumiejących łaciny słuchaczy na dworze.[36]

Tłumaczono także żywe słowo, wypowiadane w obcych językach. *Żywoty* Ottona z Bambergi pokazują, jak niemieccy misjonarze posługiwali się tłumaczem w kontaktach z ludnością Pomorza.[37] Niewątpliwie znano też instytucję tłumacza na dworze książęcym, a doraźnie mogła przypaść ta rola w udziale każdemu, kto rozumiał cudzoziemską mowę.

4. Sprawność posługiwania się językiem

Wydaje się, że przedstawienie rozlicznych funkcji, jakie pełnił język rodzimy w dobie przedpiśmienniczej, powinno pociągnąć za sobą bardzo wysoką ocenę jego sprawności funkcjonalnej. Badanie jednak najstarszych bezpośrednich świadectw językowych prowadzi do mniej optymistycznych wniosków. Bezsporne jest tylko to, że ówczesny język spełniał dobrze swe zadanie w zakresie funkcji kolokwialnej. Przemawiają za tym mianowicie rezultaty próby wyodrębnienia ze współczesnego języka polskiego jego najdawniejszego zasobu słownikowego, wyniesionego z epoki prasłowiańskiej. Chociaż uzyskano w ten sposób zaledwie część słownictwa znanego ludziom wczesnego średniowiecza, wiele bowiem dawnych wyrazów wyszło następnie z użycia, przecież i to wystarcza, by

stwierdzić, że członkowie plemion polskich mogli dość szczegółowo opisywać otaczający ich świat, nazywać innych ludzi, przyrodę i przedmioty, określać czynności oraz stany fizyczne i psychiczne, a także stosunki międzyludzkie. Dysponowali także zasobem spójników i przyimków, umożliwiającym logiczną budowę zdania.[38]

Analiza słownictwa staropolskiego wykryła również jego niedostatki, a mianowicie ubóstwo synonimiki i trudności wyrażania za pomocą ówczesnego zasobu leksykalnego różnych odcieni stanów psychicznych. Pierwsze zapisane teksty polskie, acz pochodzące już z późnego średniowiecza (XIV i XV w.), rażą niedołężną składnią, zwłaszcza niejasnością połączeń międzyzdaniowych. Toteż wypowiedzi średniowieczne w języku polskim niektórzy jego historycy kwalifikowali jeszcze ostatnio jako „niezgrabne, niejasne, zagmatwane".[39]

Musimy jednak pamiętać, że jest to tylko osąd konkretnych tekstów, a nie potencjalnych możliwości języka, które – jak poucza językoznawstwo ogólne – są w zasadzie nieograniczone, a ich realizacja zależy od potrzeb społecznych oraz od indywidualnych zdolności użytkowników języka. Trudno przywiązywać większą wagę do narzekań tłumaczy tekstów kościelnych w XVI wieku na brak w języku polskim odpowiedników wyrazów łacińskich, gdy się wspomni, że już siedem stuleci wcześniej Cyryl i Metody potrafili dokonać przekładu *Biblii* na mowę Słowian.

Słuszność zarzutu względnego ubóstwa synonimiki w średniowiecznej polszczyźnie potwierdza się tylko w stosunku do niektórych zakresów pojęć. W słownictwie słowiańskim i staropolskim można wyodrębnić także działy, które prezentowały się niezwykle bogato. Tak, na przykład, nomenklatura stosunków pokrewieństwa i powinowactwa była rozwinięta bardziej niż w języku nowożytnym i bardziej również niż w łacinie. Skromny na pozór zasób słownictwa podstawowego powiększano w razie potrzeby dowolnie, korzystając z możliwości, jakie stwarzały reguły słowotwórstwa. Języki bowiem w przedpiśmienniczym stadium rozwoju

cechuje normalnie znacznie większy rozmach sło-
wotwórczy niż później, gdy autorytet form utrwalonych na piśmie hamuje swobodę twórczą; nie inaczej było zapewne w dziejach języka polskiego.
Słownik wzbogacał się także przez asymilację wyrazów obcych, które dostosowywano do rodzimego
systemu fonologicznego i gramatycznego.

Nie należy się też sugerować nieporadnością
pierwszych polskich tekstów pisanych. Nie dokumentują one żywej mowy, gdyż język mówiony
rządzi się innymi prawami niż pisany. To, co w piśmie wymaga rozwiniętych konstrukcji składnio-
wych i stylistycznych, wyraża się w mowie równie
dobitnie tonem, intonacją, zmiennością tempa wypowiedzi, a także środkami pozajęzykowymi: mi-
miką i gestem. Niejednolitość form syntaktycznych
w najstarszych tekstach pisanych w języku polskim
wskazuje więc tylko na to, że w mowie potocznej
operowano najchętniej zdaniami prostymi, a wśród
złożonych preferowano zdania złożone współrzęd-
nie. Unikano wszelkiej komplikacji zdania; tak na
przykład referując cudze słowa nie posługiwano się
konstrukcją tzw. mowy zależnej, lecz przytaczano
je w postaci oryginalnego cytatu, czyli w tzw.
mowie niezależnej. Następstwo czasów, które język nowopolski określa za pomocą spójników czasowych, w staropolszczyźnie mogło być wyrażone
bez nich dzięki większemu bogactwu form fleksyj-
nych.

Przy pewnej inwencji można było uczynić
z polskich dialektów plemiennych wystarczająco
sprawny środek wypowiedzi. Niemniej użycie języka rodzimego w sytuacjach odbiegających od codziennej praktyki kolokwialnej nastręczało trudności, z którymi radziły sobie tylko jednostki o większych niż przeciętne uzdolnieniach językowych
oraz członkowie środowisk elitarnych, korzystają-
cy z doświadczeń, jakie zapewniała im znajomość
języków obcych, nierzadko zaprawieni do przekładania myśli z łaciny na język ludowy. Ci potrafili
nawet, jak Zbigniew, wypowiedź w języku rodzimym przyprawić retoryką według wskazań łacińskiej szkoły.[40] Ale wyróżniali się oni spośród nieporównanie liczniejszego niewykształconego ogółu,
któremu zazwyczaj brakło słów, gdy przychodziło
wyrazić mniej banalne treści.

Trafnie podchwycił to kronikarz czeski, czyniąc taką uwagę w związku ze sceną zaproszenia
legendarnego Przemysła na tron przez poselstwo
Czechów: ,,I jak jest zwyczajem u wieśniaków, nie
wystarcza raz powiedzieć, lecz z nadętymi policzka-
mi powtarzają: «Witaj, witaj, książę, witaj...»''[41]

Warto zauważyć, że podobne powtarzanie
tego samego wyrazu lub frazy odnajdujemy jako
jedną z cech charakterystycznych słowiańskiej
pieśni ludowej, gdzie jednak umiejętne zastosowanie tego chwytu przestaje być tylko objawem nie-
poradności językowej, choć taka była zapewne
jego geneza, a przekształca się w poetycki środek
ekspresji.[42] Można to uznać za jeszcze jeden dowód, że względne ubóstwo nie uniemożliwiało ję-
zykowi rodzimemu sprostać wymaganiom jego
funkcji artystycznej.

5. Twórcze władanie słowem. Onomastyka

Twórczy stosunek ogółu do języka przejawiał
się w życiu codziennym przede wszystkim w kon-
struowaniu imion własnych: nazw osobowych
i nazw miejscowych.

Słowianie nie wybierali imion dla swoich dzieci z ustalonego, zamkniętego zasobu, lecz starali się
wymyślić za każdym razem nowe imię. Ich system
antroponimiczny bowiem był jednoimienny; człowiek miał być dostatecznie odróżniony od innych
przez jedno tylko określenie. W tym samym kręgu
społecznym nie powinno się więc spotkać dwóch
ludzi o tym samym imieniu. Dla nowego członka
społeczności należało utworzyć także nowe miano,
przez nikogo znanego równocześnie nie używane.[43]
Zasada ta stanowiła element starej, przed-

chrześcijańskiej kultury słowiańskiej i po chrystianizacji ustępowała innym regułom nadawania imienia. Nie dokonywało się to jednak we wszystkich warstwach społecznych jednocześnie. Tak więc w rodach panujących system jednoimienny znikał najczęściej wraz z przyjęciem chrztu; od tego momentu ustalał się zasób imion dynastycznych, w którego obrębie dokonywano wyboru. Poszczególnych książąt o tym samym imieniu różnicowały teraz przydomki i kolejne numery. U Piastów dziedziczenie imion obserwujemy już u schyłku X wieku, kiedy jednego z synów Mieszka I nazwano także Mieszkiem. Odtąd aż do końca XII wieku władcy Polski nosili wciąż jedno z czterech imion: Mieszko, Bolesław, Kazimierz lub Władysław.

Ale im dalej od dworu książęcego, tym dłużej utrzymywał się stary system jednoimienny. *Bulla Gnieźnieńska* z 1138 roku zawiera wykaz ponad 250 osób spośród ludności zależnej; ich imiona nie powtarzają się i określają poszczególnych ludzi zupełnie jednoznacznie.

Wobec panowania takiej zasady nadanie dziecku imienia wymagało inwencji. Relacja Galla o okolicznościach nadania imienia synowi Piasta przedstawia, jak się nad tym naradzano, jak proszono o pomoc sąsiadów, a zwłaszcza ludzi bywałych, doświadczonych i wyróżniających się rozumem.

Słowiańskie imiona osobowe tworzono rozmaicie. Często używano w ich funkcji imion pospolitych (*appellativa*), a mianowicie nazw zwierząt i roślin (Wilk, Groch, Dąb), części ciała (Gęba, Noga), cech fizycznych lub psychicznych (Goły, Mruk). Rozpowszechnioną formą imienia osobowego były imiesłowy, tak czynne (Ogorzała, Krzykała), jak zwłaszcza bierne, przeszłe (Poznan) i teraźniejsze (Myślim lub Myślima, Radoma). Specjalną kategorię stanowiły imiona dwuczłonowe, złożone nowotwory typu Dobromir, Świętosław itp.

Imiona dwuczłonowe stanowią właściwość antroponimii indoeuropejskiej. Złożone z tematów dwóch samodzielnych imion pospolitych, wyrażały za pomocą tej konstrukcji określone życzenia lub dobrą wróżbę. Rozwój antroponimii słowiańskiej odbiegł następnie od modelu praindoeuropejskiego; w pierwszym członie słowiańskich imion osobowych pojawiły się tematy werbalne (Bronisław) i ostatecznie ten właśnie typ morfologiczny stał się w językach słowiańskich najbardziej produktywny.[44]

W okresie tworzenia się państwa polskiego scharakteryzowany system antroponimiczny był jeszcze żywotny. Tworzono wciąż imiona znaczące „na wróżbę przyszłych losów". Niebawem jednak wystąpiły objawy kostnienia systemu. Coraz rzadziej pojawiały się nowe tematy w członach imion osobowych. Imię jako całość miało być wprawdzie nadal tworem niepowtarzalnym, ale budowano je już ze stałych elementów, których znany nam dzisiaj zasób zawiera około 220. Część z nich stanowiły tematy wyrazów archaicznych, w potocznej mowie nie używanych i już nie rozumianych, wskutek czego również imiona osobowe zawierające takie elementy przestawały cokolwiek znaczyć i spełniały wyłącznie funkcję nazwy danej osoby. Rozerwanie koniecznego związku między znaczeniem a budową imienia dwuczłonowego prowadziło z kolei do mechanicznego łączenia ze sobą członów różnych imion lub odwracanie ich kolejności (np. Sławomir i Mirosław). Coraz też częściej używano w charakterze drugich członów imienia osobowego tematów -sław, -mir (-mierz) oraz -ciech, tak że nabrały one charakteru formantu.

Współistnienie systemu jednoimiennego z rozpowszechniającym się, a sprzecznym z nim zwyczajem dziedziczenia imion prowadziło do powstawania form kompromisowych. W poszczególnych rodach wytwarzała się tradycja określonych cząstek imienia złożonego. Członkowie rodu nosili wprawdzie różne imiona, ale często powtarzał się w nich człon pierwszy (np. Mścisław, Mściwuj, Mścidróg). Skoro imię dwuczłonowe przestało już wyrażać jakąkolwiek treść, można było tworzyć dowolną liczbę takich wariantów.

Innym sposobem wprowadzenia dziedzicz-

ności imion osobowych do systemu jednoimiennego było powtarzanie imion w formie zmienionej:
skróconej lub zdrobniałej. Używanie takich imion,
jak Bolko, Kaźko, Cieszko itp. odróżniało ich
nosiciela od współczesnego mu, a bardziej czcigod-
nego Bolesława, Kazimierza czy Ciesława w tej
samej rodzinie lub w tym samym kręgu społecznym.

Zanim upowszechniły się wśród ludzi stanu
świeckiego imiona zaczerpnięte z kalendarza
chrześcijańskiego, asymilowano niektóre z nich do
słowiańskiego systemu antroponimicznego. Urabiano z nich więc jeden z członów imienia złożonego i w ten sposób powstały takie hybrydy, jak
Janisław lub Piotrumiła. Szeroko stosowano przekształcenia lub zdrobnienia imion wielkich świętych, uznając za nadużycie przyjmowanie ich w postaci oryginalnej. Na przykład, od pierwotnego
Paweł pochodziły: Pawlik, Pach, Paszko; a Piotr
przemieniał się w Piecha, Piesza lub Pieszkę. Mi-
chał dał początek formie Misza, zdrobnieniu do
dziś używanemu, Jan – Janikowi, Jankowi i Jasz-
kowi.

Łatwość tworzenia nowych imion z biegiem
czasu ulegała ograniczeniu. W XIII wieku czerpano
je już z utrwalonego zasobu. Dużą jego część
stanowiły imiona obcego pochodzenia, przystoso-
wywane do wymogów słowiańskiego systemu fonologicznego. Tak więc w ustach słowiańskich Emmeram zmieniał się w Imbrama, Petrus w Piotra,
Paulus w Pawła, Laurentius w Ławrzysza.

Powtarzanie się tych samych imion u różnych
osób prowadziło do porzucenia systemu jednoimiennego. Właściwemu imieniu towarzyszyło,
a często w praktyce zastępowało je, przezwisko.

Przezwiska nadawali sąsiedzi według zaobser-
wowanych cech zewnętrznych lub wewnętrznych
danej osoby, toteż przypominają one imiona od-
apelatywne. Bywały więc wśród nich rzeczowniki
oznaczające część ciała, przymiotniki charakteryzujące wygląd zewnętrzny lub cechy psychiczne
człowieka, nazwy dzieł rąk ludzkich, określenia
zawodów, nazwy zwierząt i roślin. Sporej garści

przykładów dostarcza *Księga Henrykowska*: Łyka,
Męka, Osina, Kula, Poduszka, Kobyla Głowa, Kot-
ka, Kika, Woda, Rzeźnik, Sieczka. Nie wszystkie
spośród nich są na pierwszy rzut oka zrozumiałe,
genezę niektórych tłumaczy dopiero znajomość
sytuacji, w której przezwisko powstało. Tak więc
Czecha Boguchwała przezwano Brukałą od używa-
nego przezeń wyrażenia „pobruczę" (według innych: „pobruszę") w znaczeniu: „będę mełł na
żarnach".[45]

Okres, kiedy właściwe przezwisko dobierano
zawsze dla konkretnej osoby, trwał stosunkowo
krótko. Już bowiem w XIII wieku, może pod
wpływem przykładu dawanego przez napływową
ludność niemiecką, przezwisko nabierało cech
dziedzicznego nazwiska. Przechodziło wraz z ziemią z ojca na syna, w ich braku przejmował je
czasem także zięć. Działo się tak nawet z najbardziej zindywidualizowanymi określeniami osób,
jak na przykład „Z Krzywą Żoną".[46] Wciąż jednak
powstawały również nowe przezwiska i w ten sposób nazewnictwo osobowe dawało najbardziej powszechną okazję twórczych poszukiwań językowych.

Inwencja językowa mogła się też przejawić
w tworzeniu nazw miejscowych. Postępy osadnictwa dawały do tego dość często sposobność, a do
samego aktu nadania nazwy osiedlu przywiązywano dużą wagę, nadając mu uroczystą oprawę.[47]

Ogół średniowiecznych słowiańskich nazw
miejscowych można podzielić ze względu na ich
znaczenie na dwie główne grupy, gdyż każdą miej-
scowość albo określano wedle jej cech, albo prze-
noszono na nią nazwę zamieszkujących ją ludzi.
W obrębie pierwszej grupy wyróżnia się nazwy
topograficzne, wskazujące na właściwości naturalne osady (Woda, Góra, Dąbrowa, Sucha), nazwy
kulturowe, związane z działalnością człowieka
(Gródek, Opole, Żary, Trzebnica, Praga, Łazy,
Ujazd, Wola) oraz nazwy dzierżawcze, urobione od
imienia albo innego określenia człowieka – właściciela lub zarządcy miejscowości (Radom, Przemyśl,
Opatów). Do grupy drugiej należą nazwy etniczne,

określające grupę ludzką na podstawie jej cech charakterystycznych, zwłaszcza zaś pochodzenia terytorialnego (Czechy, Prusy, Konojady), nazwy patronimiczne, oznaczające pierwotnie potomków lub poddanych założyciela osady (Raczyce, Biskupice), nazwy rodowe, określające imieniem lub przezwiskiem, użytym w liczbie mnogiej, członków rodu zamieszkującego osiedle (Wszebory) oraz nazwy służebne, oznaczające zajęcie osadzonej w danej miejscowości ludności służebnej (Psary, Piekary, Rybitwy, Łagiewniki).[48]

Szczególnie popularnymi toponimami były w Polsce średniowiecznej nazwy patronimiczne i dzierżawcze. Jedne i drugie wywodziły się od imion osobowych, a odmienne znaczenie nadawał im przyrostek: -ów (-owo, -ew, -ewo) w nazwach dzierżawczych, -ice w patronimicznych. Z czasem jednak przestano wiązać z obydwoma tymi przyrostkami odrębne treści i traktowano je jako obojętne znaczeniowo sufiksy, za których pomocą urabiano od imion osobowych nazwy miejscowe.

6. Kontakty z obcymi językami

Język polski nie rozwijał się w izolacji. Na jego rozwój istotny wpływ miały kontakty ludności polskiej z ludnością obcojęzyczną. Dochodziło do nich zarówno poprzez granice, jak i wewnątrz kraju.

W X wieku państwo Mieszka I otaczali przeważnie słowiańscy sąsiedzi. Jedynie Mazowsze stykało się na północy i wschodzie z plemionami pruskimi i jaćwieskimi, których dialekty wyodrębniały się z bałtyjskiej wspólnoty językowej. Reszta granicy wschodniej oddzielała plemiona polskie od wschodniosłowiańskich – ruskich, południowa zaś i zachodnia granica państwa nie miała jeszcze charakteru granicy językowej, gdyż dialekty, którymi mówiono po obydwu jej stronach, należały do tej samej, zachodniosłowiańskiej wspólnoty językowej.

W ciągu następnych stuleci mapa polityczna i językowa tego rejonu Europy uległa pewnym zmianom. Najpoważniejsze dokonywały się za zachodnią i północną granicą Polski, do której zbliżał się coraz bardziej zasięg dialektów niemieckich w wyniku ekspansji politycznej ustanowionych na wschodzie marchii cesarstwa i od połowy XIII wieku zakonu teutońskiego, za czym postępowała kolonizacja ziem zachodniosłowiańskich i pruskich przez żywioł napływowy. Na wschodzie i południu rosły różnice między językami słowiańskich sąsiadów tak, że granica polityczna stawała się również na tym odcinku granicą językową.

Naturalny charakter średniowiecznych granic państwowych, wzdłuż których ciągnęła się często pustka osadnicza, nie stwarzał warunków do powstawania w ich pobliżu dialektów przejściowych. Kontaktów między sąsiadującymi przez granice językami nie wyznaczało bowiem codzienne współżycie różnojęzycznych plemion, lecz raczej handel dalekosiężny i wojny.

Natomiast wewnątrz granic państwowych bezpośrednie współżycie ludzi, wyrosłych w tradycjach różnych języków, nie było rzadkie. Od początku istnienia państwa polskiego przebywały na jego terytorium także grupy obcojęzyczne. Stanowiło je cudzoziemskie rycerstwo i duchowieństwo na dworach książęcych, wywodzące się głównie – choć nie wyłącznie – z krajów Europy Zachodniej; w pierwszej fazie chrystianizacji kraju wszelkie grupy kleru, przez całe zaś wcześniejsze średniowiecze niektóre konwenty zakonne, zwłaszcza cysterskie; tu i ówdzie Żydzi; wreszcie osadzani na roli jeńcy rozmaitego pochodzenia.

Aż po schyłek XII wieku nie wytworzyło się jednak w Polsce trwalsze środowisko obcojęzyczne. Rycerze i kler misyjny żyli wśród ludności miejscowej i na co dzień musieli się posługiwać jej językiem, który – jak eremici włoscy w Międzyrzeczu u progu XI wieku czy Otton, kapelan książęcy, a późniejszy biskup Bambergi w XII wieku – biegle opanowywali.[49] Stroniący od kontaktów ze społeczeństwem cystersi pojawili się stosunkowo późno; ich klasztory proweniencji francuskiej uległy zresztą dość szybko polonizacji.

Nie mogły trwać w izolacji rozrzucone po kraju, niewielkie, zapewne kilkurodzinne, osady jenieckie. Z nich najliczniejsze słowiańskie (Czechy, Pomorzany) nie mogą być nawet uważane za obcojęzyczne. Odrębność językowa mieszkańców osad pruskich (Prusy, Jatwięgi, Prućce, Prusinowo, Golędzinowo, *Pruteni nostri* księcia Przemysła w 1277 r.[50]) czy połowieckich (Płowce, Pieczeniegi) nie zaznaczyła się niczym w przebiegu dziejów; najprawdopodobniej nie utrzymywała się dłużej, niż przez jedno pokolenie.

Skupienia żydowskie, poświadczone w X wieku (Przemyśl), a wcale już liczne w drugiej połowie XIII, kiedy prześladowania religijne na Zachodzie i Wschodzie skierowały falę uciekinierów pod opiekę książąt polskich, odróżniały się od ogółu wiarą i obyczajem, ale język hebrajski pielęgnowały tylko jako uczony, sakralny i prawny, stosowany głównie w bożnicy. Jak gdzie indziej, tak zapewne i w Polsce Żydzi przyjmowali język kraju.[51] Ci, co się tu osiedlili wcześniej, posługiwali się w życiu świeckim mową słowiańską; żydowski rytownik jeszcze w początkach XIII wieku rzezał w mennicy na monetach polskie napisy alfabetem hebrajskim. W późniejszych latach przybysze z Niemiec mówili („szwargotali") jiddisz, językiem powstałym na bazie dialektów górnoniemieckich, nasyconym elementami hebrajskimi. Ponieważ główne miasta polskie opanowywali właśnie koloniści niemieccy, imigranci żydowscy, którzy osiedlali się w ich sąsiedztwie, nie ulegli już asymilacji językowej przez żywioł polski. Tylko pojedyncze wyrazy słowiańskie przenikały do ich dialektów.

Na przełomie XII/XIII wieku rozpoczęła się kolonizacja niemiecka na Śląsku, rozprzestrzeniając się następnie na teren Wielkopolski i Małopolski. Osadnicy napływali z różnych okolic Niemiec i mówili różnymi dialektami. Przewagę wśród nich mieli przybysze z obszaru wschodniej grupy dialek-

tów środkowoniemieckich (*Ostmitteldeutsch*) mianowicie z Turyngii i Saksonii, ale słychać było w Polsce także dialekty innych części Niemiec: dolnoniemieckie, zachodnio-środkowoniemieckie i górnoniemieckie. Podobna mozaika dialektalna wytworzyła się na ziemiach zagarniętych przez Krzyżaków. Tam także przeważały dialekty wschodnio-środkowoniemieckie, ale w Elblągu, Fromborku i Braniewie mówiono dialektem dolnoniemieckim.

Jednolita mowa Niemców polskich nie wytworzyła się jeszcze w ciągu XIII wieku, chociaż bliskie sąsiedztwo odmiennych dialektów tego samego języka stwarzało niewątpliwie warunki do stopniowego zacierania się różnic między nimi. Liczebność kolonistów oraz fakt, że przybywali i osiedlali się gromadnie, a nadto w prawnie wyodrębnionych gminach, zapobiegał na razie ich polonizacji. Na odwrót, tam gdzie zagęszczenie osad niemieckich było największe – na Śląsku i na Pomorzu – przybysze mogli zasymilować językowo część ludności miejscowej. Sprzyjała temu okoliczność, że jednocześnie dialekt wschodnioniemiecki stawał się na Śląsku i gdzieniegdzie poza nim językiem dworu, w państwie krzyżackim zaś był rodowitym językiem grupy rządzącej.

7. Język kulturalny

Cechą charakterystyczną cywilizacji zachodnioeuropejskiej, w której krąg wprowadził Polskę chrzest Mieszka I i związki polityczne pierwszych Piastów z cesarstwem i papiestwem, była dwujęzyczność. Obok rodzimych języków potocznych (*linguae vulgares*), używanych w życiu codziennym, funkcjonowała w niej łacina, język Kościoła, nauki i pisma, środek porozumiewania się elity intelektualnej wszystkich krajów.

W Polsce Bolesławów zakres zastosowań łaciny nie był wielki. Władało nią przybywające z zewnątrz duchowieństwo, część kleru rodzimego, sposobiona do wyższych dostojeństw kościelnych lub do służby kancelaryjnej, jednostki spośród możnowładztwa świeckiego. Jeśli według dość optymistycznych szacunków liczba kleru regularnego i dworskiego około 1200 roku sięgała 700, to jest to zarazem górny pułap liczby osób, mogących znać czynnie – w różnym zresztą stopniu – łacinę. Byłoby to około 0,04% ogółu ludności. Owych *litterati*, u których władanie łaciną szło normalnie w parze ze znajomością pisma, znajdujemy rozrzuconych po kraju w małych, przeważnie kilkuosobowych grupach, i tylko na dworze książęcym i w stolicach biskupich mogło się wytworzyć jakieś większe ich środowisko.

Wszędzie, oczywiście, kler modlił się po łacinie, ale zapewne tylko część jego członków mogła swobodnie wypowiadać się w tym języku. Takich ściągał przede wszystkim dwór książęcy, gdzie tworzyli kaplicę księcia – *capella ducis*. Im zlecał książę te właśnie sprawy, przy których trzeba było posługiwać się językiem łacińskim: kontakty z cudzoziemcami, troskę o księgi, czynności kancelaryjne, nauczanie.

Być może, że w grupach wykształconego kleru prowadzono dyskursy łacińskie, aby nie wyjść z wprawy w używaniu tego języka. Mógł też książę lub inny pan świecki zwracać się po łacinie do kapelanów trochę dla popisania się jej znajomością, trochę dla ćwiczenia. Nie zmienia to faktu, że łacina była także w środowiskach, gdzie ją znano, językiem odświętnym, uroczystym, stosowanym w szczególnych sytuacjach, potrzebnym do wyrażenia dopiero tych treści, które nie dawały się ująć w wyrazy mowy ojczystej.

Tak ograniczona w swych funkcjach, stawała się łacina średniowieczna językiem na pół martwym. Nie obumarła całkowicie, bo jeszcze ulegała ewolucji, a w krajach romańskich oddziaływały na nią miejscowe dialekty, z których zapożyczała zarówno konstrukcje składni, jak poszczególne wyrazy. Od języków żywych odróżniał ją jednak fakt, że dla nikogo nie była już językiem ojczystym, narzę-

dziem codziennego porozumiewania się w rodzinie i w powszednich sytuacjach życiowych. Wypowiedziom łacińskim brakowało więc autentyzmu przeżycia, wydawały się chłodne, uczone, sztuczne, można się było nimi popisywać, trudno zaś – wyrazić siebie. Na domiar zasób słownictwa, ukształtowany w innej cywilizacji, nie pozwalał na dokładne opisywanie realiów średniowiecznego życia. Wskazywaliśmy już, że łacina nie wystarczała, by określić należycie stosunki pokrewieństwa, tak ważne w społeczeństwie o żywych związkach rodowych. Nie można w niej było nazwać wielu narzędzi, naczyń, części ubiorów, potraw, napojów, nie znanych starożytnemu Rzymowi. Pisarze średniowieczni albo – najczęściej – unikali bardziej konkretnych wzmianek o nich, przez co właśnie kroniki łacińskie jako źródło wiadomości o życiu codziennym tak bardzo ustępują latopisom ruskim, albo – przymuszeni potrzebą – sięgali po odpowiedni wyraz do języka miejscowego; tak na przykład u Galla znalazły się w tekście łacińskim słowiańskie „cebry".[52]

Nie jest więc może tylko literacką stylizacją rzeczywistości wzmianka Mistrza Wincentego, że na dworze Kazimierza Sprawiedliwego rozprawiano przy uczcie o nieśmiertelności duszy.[53] Jeśli ze względu na cudzoziemców wypadało poprowadzić rozmowę w języku łacińskim, najłatwiej było ją kierować na kwestie teologiczne, filozoficzne lub teoretycznoprawne. Dyskurs o pogodzie nastręczałby już znacznie więcej trudności.

Środowisko dworskie zapewne już za pierwszych Piastów wyodrębniało się spośród ogółu społeczeństwa znajomością świata i szerokością horyzontów. Proces ten szybko postępował naprzód wraz z recepcją zachodniej kultury rycerskiej. Awans kulturalny elity świeckiej dokonywał się szybciej, niż mógł za nim nadążyć rozwój języka rodzimego. W obrębie polszczyzny nie zdołał się jeszcze wytworzyć w XII–XIII wieku dialekt kulturalny, choć już istniało nań zapotrzebowanie. Próby adaptacji w tym celu łaciny, czego wyrazem wydaje się dzieło Galla, przykład opowiadania w tym języku o czynach rycerskich, a następnie opowieści o Piotrze Włostowicu nie dały zadowalających rezultatów nie tylko w Polsce, lecz także w innych krajach Europy. Na Zachodzie tworzyły się więc nowe języki literackie na podstawie dialektów miejscowych: prowansalski (*langue d'oc*), francuski (*langue d'oil*), średnio-górnoniemiecki (*Mittelhochdeutsch*).

Ten ostatni, oparty głównie na dialektach wschodnio-środkowoniemieckich (*Ostmitteldeutsch*) ogarniał nie tylko środowiska kulturalne w Niemczech etnograficznych, lecz stał się także językiem wspaniałego dworu Przemyślidów. Za przykładem Pragi szły dwory piastowskie w strefie jej oddziaływania, a więc przede wszystkim na Śląsku, a w ostatniej ćwierci XIII wieku także w Małopolsce (Leszek Czarny, Henryk Probus) i nawet w Polsce północnej, gdzie grały pewną rolę wzory krzyżackie.

Język niemiecki był dostępniejszy niż łacina. Władało nim, oprócz napływowego rycerstwa oraz kolonistów niemieckich w miastach i po wsiach, także wielu rdzennych Polaków, obcujących z cudzoziemcami, do czego w XIII wieku trafiało się coraz więcej sposobności w samym kraju. Przybywający wraz z kolonistami niemieccy kaznodzieje i nauczyciele kultywowali własny język, szerzyli jego znajomość wśród ludności słowiańskiej.

Ekspansja niemczyzny już nie tylko jako potocznej mowy ludowej, ale jako języka dworu, sądu, kościoła i szkoły, zagrażała monopolowi łaciny w życiu państwowym, podkopywała pozycję wykształconego w szkołach kościelnych duchowieństwa krajowego. Toteż właśnie z jego strony spotkała się z wrogim przyjęciem. Ostatnią ćwierć XIII wieku, a zwłaszcza pontyfikat arcybiskupa gnieźnieńskiego Jakuba Świnki (1283–1314 r.), wypełniła walka o język. Patronujący jej arcybiskup starał się wyprzeć niemczyznę przynajmniej z kościołów, gdzie zdobywała sobie miejsce języka pomocniczego, w którym głoszono kazania i odprawiano obrzędy paraliturgiczne. Ponieważ zaś po-

trzeba stosowania w kościele języka żywego, obok niezrozumiałej dla wiernych świeckich łaciny, stawała się coraz żywsza, antyniemiecka część hierarchii wysuwała postulat śmielszego wprowadzania w życie Kościoła dialektów polskich. Na synodzie w Łęczycy w 1285 roku zalecono więc duchowieństwu odmawianie z ludem modlitw po polsku i – jeśli to okaże się możliwe – wygłaszanie również w tym języku kazań. Polskim też, nie zaś niemieckim, nakazano się posługiwać w nauczaniu elementarnym, zanim uczniowie poznają łacinę; w związku z tym zabroniono powoływać na stanowiska rektorów szkół parafialnych osób nie znających języka miejscowego.[54]

Nie wszystkie z tych zaleceń mogły być jeszcze wówczas realne. W szczególności głoszenie kazań polskich wymagało zarówno nieprzeciętnych zdolności, jak żmudnej pracy przygotowawczej; dla tradycyjnych zwrotów kazań łacińskich brakowało nieraz odpowiedników w potocznym słownictwie lokalnego dialektu. Z trudnością tą radziły sobie tylko nieliczne jednostki, a i tych nie stać było zapewne na przygotowanie kazania polskiego na każdą niedzielę. Wprowadzenie w życie postulatów synodalnych mogło zapewnić dopiero dostarczenie duchownym wzorcowych tekstów. Jak się zdaje, pierwsze ich próby powstały jeszcze przed końcem XIII wieku; do tego czasu odnosi się pierwowzór tzw. *Kazań Świętokrzyskich*, znanych z rękopisu sporządzonego w XIV wieku.[55]

Polityka Kościoła polskiego w drugiej połowie XIII wieku prowadziła też do pomnożenia liczby modlitw w języku rodzimym. Oprócz *Ojcze nasz* i *Wierzę*, które odmawiano w Polsce prawdopodobnie od początku prowadzonej tu działalności misyjnej, pojawiły się pierwsze tłumaczenia psalmów, nie dochowane do naszych czasów. Miała je śpiewać w języku pospolitym już księżna Kinga (zm. 1292 r.),[56] a o pierwszych 101 psalmach *Psałterza Floriańskiego* z końca XIV wieku wypowiadano przypuszczenie, że są kolejną redakcją przekładu dokonanego jeszcze w stuleciu poprzednim.[57] Z akcją wprowadzenia języka polskiego do

Kościoła można by także powiązać powstanie pierwszych zwrotek *Bogurodzicy*.

Tworzone wciąż jeszcze w różnych dialektach teksty kościelne obiegały całą Polskę, a odczytywane lub wygłaszane wobec parafian wszystkich dzielnic i stanów miały stać się w przyszłości wzorem ogólnopolskiego języka kulturalnego.[58]

Z XIII wieku pochodzi też pierwsza wskazówka, dotycząca kształtowania się polskiej normy językowej. *Księga Henrykowska* przekazuje mianowicie następującą anegdotę dla wyjaśnienia nazwy miejscowej Brukalice. Oto pierwszy posiadacz tego źrebia, który je otrzymał od księcia Bolesława Wysokiego (1163–1201 r.), Czech imieniem Boguchwał, litując się nad żoną długo mielącą na żarnach, wyręczał ją mawiając: ,,Daj, ać ja pobruczę, a ty poczywaj" (w oryginale: ,,Day, ut ia pobrusa, a ti poziwai"; językoznawcy różnią się między sobą w interpretacji poszczególnych wyrazów); z tego powodu sąsiedzi przezwali go Brukałą.[59] Przytoczone słowa mają obfitą literaturę jako pierwsze zapisane zdanie w języku polskim.[60] Wypowiedział je jednak Czech, a wyraz ,,bruczeć", który stał się podstawą jego przezwiska, mieści się równie dobrze w strukturach języka polskiego, co i czeskiego.[61] Skoro został pochwycony przez sąsiadów Boguchwała, to widocznie – choć zrozumiały – nie należał do ich słownika, lecz pochodził z obcego dialektu. Reakcja na to, która przejawiła się w nadaniu Brukale takiego właśnie przezwiska, świadczy o powszechnej wrażliwości na różniący się od zwyczajowego sposób mówienia, który to sposób odczuwano już jako obowiązującą normę.

Innego świadectwa tej wrażliwości dostarcza pochodzący z XIII wieku (1227?) *Żywot św. Wojciecha*, zwany, od pierwszych słów tekstu, *Tempore illo*. Według niego miano wyśmiewać się w Polsce z Wojciecha, gdyż jego wymowa różniła się od polskiej.[62] Sugeruje to, z jednej strony, że język czeski wciąż jeszcze różnił się od polskiego bardziej fonetyką niż słownictwem i składnią, z drugiej jednak strony wskazuje na istnienie norm poprawnościowych także w tym zakresie.

Na obserwację złej – czyli niezgodnej z normą – wymowy słów polskich przez mieszczaństwo krakowskie wskazuje znana anegdota rocznikarska z początku XIV wieku. Szukając mianowicie ukrywających się po buncie Alberta mieszczan pochodzenia niemieckiego, żołnierze Łokietka kazali napotkanym osobom powtarzać wyrazy: ,,soczewica, miele, młyn". Nieprawidłowa wymowa demaskowała germanofonów.[63]

Odczuwanie norm językowych jest ostatnim etapem kształtowania się odrębnego systemu językowego. Tak więc w XIII wieku *lingua polonica* stała się – obok znanych już dawniej *mos polonicus* i *ius polonicum* – wyznacznikiem kultury polskiej, stanowiącej osobną jakość w ramach uniwersalnej kultury europejskiego średniowiecza.

8. Wpływy obce na rozwój języka polskiego

Współżycie ludzi nawykłych do formułowania myśli w różnych systemach językowych nie pozostawało zapewne bez wpływu na rozwój struktur morfologicznych i syntaktycznych języka polskiego. Problem ten jednak oczekuje dopiero na zbadanie, niełatwe zresztą z powodu braku dostatecznego materiału.

Zapożyczenia z języków obcych są za to uchwytne w słownictwie. Na kontakty z cudzoziemcami wskazuje najdobitniej asymilacja obcych imion własnych. W ustach ludności miejscowej ich brzmienie dostosowywało się do ówczesnego polskiego systemu fonologicznego. Można ich zebrać dziś kilkadziesiąt – tak z bezpośrednich poświadczeń, jak i dokonując ich rekonstrukcji na podstawie odimiennych nazw miejscowych.

Daleko idącej przemianie ulegały zwłaszcza imiona niemieckie: Dietrich stawał się Dzietrzychem, a następnie Wietrzychem, Herman – Jerzmanem, Gotfried – Gotprzydem, Siegfried – Zebrzydem, Balderich – Bałdrzychem, Karl – Karłem (w mianowniku: Karzeł), Emmeram – Imbramem. Nie inaczej działo się z imionami skandynawskimi; Olaf w Polsce był Ołpą, Hakon – Jakonem, Herald – G[i]erałtem. Trudno też poznać w polskim przebraniu imiona zaczerpnięte z tradycji antycznej; eliminacja obcego *h* prowadziła do przekształcenia Hektora w Jaktora, a Horacego w Jaracza. Spośród łacińskich imion chrześcijańskich przyjmowały się w formie oryginalnej te, których wymowa nie sprawiała trudności, jak na przykład Magnus; inne ulegały slawizacji, jak Jędrzej (Andreas), Szczepan (Stephanus), Idzi (Egidius), Rachwał (Raphael), Irzy – później Jerzy (Georgius), Gaweł (Gallus), Biernat (Bernard), Lenart (Leonard). Obce imiona przychodziły też ze Wschodu i Tomasz, na Rusi przyjęty od Greków jako Foma, zjawiał się w dialektach polskich, którym głoska *f* była jeszcze obca, w brzmieniu Choma, podobnie jak Teodor, poprzez ruskie formy Fiedor, Fiedko, przekształcał się w Chwiedkę.

Część ludzi, noszących te obce imiona, pośredniczyła w przenoszeniu na grunt polski obcych tu dotąd instytucji. Zyskiwały one nazwy wywodzące się z innych obszarów językowych, chociaż zmienione nieraz nie do poznania.

Na uwagę zasługuje mechanizm tych zapożyczeń. Jak się wydaje, trwale zagościć w nowym języku mogły obce słowa dopiero wtedy, kiedy przychodziły w tekstach pisanych. Inne, jeśli nawet w określonych środowiskach powtarzano je przez jakiś czas po cudzoziemcach, nie miały szans, by wejść w użycie całej powszechności i pozostawały w języku zjawiskami efemerycznymi. Nie znamy ich nawet, bo znikały z polszczyzny, zanim powstały jej pierwsze pomniki. Natomiast aktualne do dziś okazały się zapożyczenia dialektów polskich w X–XII wieku, obejmujące kompleksy terminologiczne, związane z kultem chrześcijańskim i życiem Kościoła, z organizacją aparatu państwowego, z dziedzinami kultury piśmienniczej.

W terminologii kościelnej, w Polsce i w Czechach zasadniczo jednakiej, przeważały wyrazy zaczerpnięte z łaciny, wszakże nie bezpośrednio, lecz przez pośrednictwo dialektów niemieckich. Tak więc od imienia Chrystusa w jego górnoniemieckiej formie Krist, poszła zachodniosłowiańska nazwa wyznawcy Chrystusa – * krьstьjanъ, znacznie później przekształcona w dzisiejszą postać: chrześcijanin. Czynić chrześcijaninem – w średnio-górnoniemieckim *kristenen* – brzmiało u Słowian zachodnich * krьstitь, z czego później: chrzcić. Stąd też sakrament dający wstęp do wspólnoty chrześcijańskiej zwano *krьstъ – chrzest.

Tą samą drogą przyszły do języka polskiego takie wyrazy, jak cerkiew ze staropolskiego *cyrki*, z prasłowiańskiego *cŕky* (a to z grecko-romańskiego *kiriake* przez germańskie *kirikō*), kościół od *kostʼoł (z łacińskiego *castellum*, przez starogermańskie *kastel*), papiez (ze średniowiecznej łaciny *papa* przez starogermańskie *babes*), opat (z łacińskiego *abbas* przez starogermańskie *abbat*, w wymowie bawarskiej *apat*), i wiele innych. „Pop", jak przez całe prawie średniowiecze nazywano duchownego, jest przykładem przyjęcia wyrazu staro-górnoniemieckiego *pfaffo*, nie wywodzącego się z łaciny. W czesko-polskim słowniku chrześcijańskim znalazły się też wyrazy pochodzenia łacińskiego, zasymilowane bez pośrednictwa dialektów niemieckich; na przykład „pacierz" początkowo ma znaczenie modlitwy *Pater noster* (*Ojcze nasz*), później funkcjonuje jako nazwa całego kompleksu modlitw codziennych; „ewangelia" – z greki, ale przez pośrednictwo łacińskie; „anioł" od łacińskiego *angelus*.[64]

Nie wszystkie słowiańskie terminy kościelne wzięto z obcych języków. Tworzono również tzw. kalki, tłumacząc, na przykład, łacińskie *purgatorium* przez „czyściec", a *benedicare* przez „błogosławić" (cerkiewnosłowiańskie: *blagoslaviti*). Niektórym nowym pojęciom przyporządkowano wyrazy z dawna istniejące w dialektach słowiańskich, modyfikując ich znaczenie. Tak więc „święty", przymiotnik, który oznaczał pierwotnie każdą osobę lub przedmiot posiadające moc (zapewne magiczną), został odniesiony do osób i przedmiotów otoczonych kultem w chrześcijaństwie. Rzeczownik ,,duch'', synonim powietrza, nabrał nowego sensu jako określenie istot niematerialnych.

Zgodność polskiej terminologii z czeską przyjęło się od dawna tłumaczyć pośrednictwem Czech przy wprowadzeniu chrześcijaństwa do Polski. Teza ta, sformułowana przed kilkudziesięciu laty przez językoznawców, wyjaśniała stwierdzone przez nich fakty zgodnie z tradycją historyczną, wówczas przeważnie nie kwestionowaną, dziś jednak odrzucaną stanowczo przez badaczy procesu chrystianizacji w Polsce. Udział w nim Czech mógł polegać na pośrednictwie politycznym, mianowicie na pomocy okazanej przez Przemyślidów Mieszkowi I w nawiązywaniu kontaktów z obcymi ośrodkami kościelnymi. Z pewnością zaś nie polegał na prowadzeniu misji na ziemiach polskich, gdyż Czechy same były jeszcze wówczas obszarem misyjnym.

Można tedy przypuszczać, że zachodniosłowiańskie słownictwo kościelne wytwarzało się już w VIII wieku w toku katechizacji Słowian w diecezji akwilejskiej i passawskiej przez kler bawarski. Nim zapewne posługiwały się następnie misje chrześcijańskie także w innych krajach słowiańskich. Wiele terminów pochodzenia bawarskiego przyswoiła sobie także misja Cyryla i Metodego na Morawach, jak na przykład *crъky* (cerkiew), *pop*, *papez* i inne. Trafiły one w końcu także do Słowian wschodnich. Ci już w XI wieku znali także takie wyrazy, jak *małżena*, małżeństwo, *małżennyj*, których pierwszy człon wywodził się ze staro-górnoniemieckiego *Mahl*. Tak więc tożsamość terminologii kościelnej, przyjętej w Czechach i w Polsce, a także w Łużycach, może pochodzić stąd, że w krajach tych misjonarze posługiwali się w nauczaniu tekstami opracowanymi przez ten sam ośrodek. Najprawdopodobniej była nim Ratyzbona, stolica biskupstwa, do którego w X wieku należały ziemie czeskie, siedziba klasztoru św. Emmerama, pepiniery wyższego kleru we wschodnich prowin-

cjach cesarstwa. Hipoteza ta, wysnuta z kontekstu historycznego chrystianizacji Słowian, wymaga jednak jeszcze weryfikacji przez badania językoznawcze.

Z recepcją chrześcijaństwa wiąże się nieodłącznie recepcja takich zdobyczy cywilizacji śródziemnomorskiej, jak kalendarz, pismo i szkoła. Według kalendarza toczyło się życie liturgiczne Kościoła, na piśmie utrwalano teksty sakralne, w szkole przygotowywano kandydatów do wyższych funkcji kościelnych. Słownictwo słowiańskie dotyczące tych instytucji kształtowało się razem z terminologią kościelną i prawdopodobnie z nią razem docierało do Polski. Niewiele było w nim zapożyczeń, przeważały zdecydowanie wyrazy rodzime. Do kalendarza przeniknęły tylko dwie łacińskiego pochodzenia nazwy miesięcy: marzec i maj, pozostałe są rodzime i mają z pewnością metrykę starszą niż posługiwanie się kalendarzem juliańskim przez Słowian. Termin ,,kalendarz'' jest wprawdzie obcy, ale w średniowiecznej polszczyźnie nie znano go jeszcze. Mało prawdopodobne, aby mówiono już po polsku o ,,szkole'', także zapożyczonej z łaciny; w użyciu był natomiast ,,żak'' na określenie zaliczonego do kleryków ucznia szkoły kościelnej, co wzięła Słowiańszczyzna zachodnia z greckiego *diakos (diakonos)* przez pośrednictwo retoromańskie. Rzeczownik ,,pismo'' urobiono od słowa ,,pisać'', co pierwotnie oznaczało czynność malowania, zdobienia, skąd ,,pisanki''.[65] Również ,,czytać'', a właściwie ,,czyść'' znaczyło pierwotnie ,,liczyć''.[66] ,,Księgi'', wcześniej ,,knięgi'', wywodził Aleksander Brückner od zachowanego tylko w narzeczach *kien* = pień, przeważa jednak opinia, której się sprzeciwiał, jakoby były one w Słowiańszczyźnie pożyczką aż z Chin przez kilka ogniw pośrednich;[67] wszakże jeśli tak jest istotnie, trzeba przyjąć, że to pożyczka dość wczesna, bo termin ten zakorzenił się we wszystkich językach słowiańskich i w dobie historycznej odczuwano go już jako rodzimy.

Słownik nazw nowych instytucji państwowych wzbogacał się w miarę, jak te tworzyły się i rozrastały, złożyło się więc nań kilka warstw. Już w najstarszej, wyprzedzającej powstanie państwa polskiego, występowały obok rodzimych (jak np. wojewoda – dowódca wojowników) także terminy urobione w różnych czasach od nazw obcych. Prasłowiańską pożyczką z germańskiego *kuning* (z czego niemieckie *König*) były *kъnędz* i polski *kniądz*, później ksiądz) i *kъnęgynji* – tytuły dawane osobom znaczniejszym, odpowiedniki łacińskich *dominus* i *domina*, związane następnie, może dopiero w XIII wieku, z władcą – księciem, wyższym duchownym – księdzem, przełożoną klasztoru – ksienią.[68] Tytuł króla urobiły języki słowiańskie od imienia Karola Wielkiego czy jeszcze od Karola Młota; oznaczał też zapewne najpierw tego właśnie władcę i jego następców – królów frankijskich, zanim zaczęto go stosować do monarchów własnych.[69] Nie wiadomo, jak używano tego miana w Polsce wczesnośredniowiecznej; po raz pierwszy zjawia się ono na monecie Mieszka III Starego z napisem polskim hebrajskimi literami,[70] z czego, jak się zdaje, wynika, że na początku XIII wieku nie występowało jeszcze jako odpowiednik łacińskiego *rex*, lecz przysługiwało każdemu księciu panującemu.

Organizacja polityczna monarchii pierwszych Piastów, a następnie księstw dzielnicowych, nawiązywała do modelu, jaki dla całej Europy łacińskiej stworzyła monarchia karolińska. Do Polski wczesnopiastowskiej trafiał on zapewne najpierw z Niemiec Ottońskich, ale ponieważ jego adaptacji w świecie słowiańskim wcześniej już dokonały Czechy, przeto także urządzenia południowego sąsiada mogły niejednokrotnie służyć za wzór. Jak się zdaje, wpływ czeski w tej dziedzinie zaznaczył się silniej w XIII wieku, kiedy to świetność dworu praskiego, zwłaszcza za Przemysła Ottokara II, fascynowała polskich książąt dzielnicowych.

Skąd zaś przyjmowano instytucję, stamtąd brano również jej nazwę. Pojawiły się więc wtedy zapożyczone z Czech nazwy urzędów: podczaszy (1288 r.), podkomorze (1213, 1240, 1289 r.), podstole (1289 r.), które oznaczały dostojników pełniących określone służby na dworze władcy.[71]

Ze stolicy czeskich Przemyślidów rozszerzały się także w XIII wieku, najpierw na Śląsk, później także na resztę ziem polskich, nowe formy dworskiej kultury rycerskiej. Jej językiem był jednak w tej części Europy niemiecki i nawet mówiąc po polsku trzeba było określać instytucje rycerskie obcymi terminami. W nienawykłych do niemczyzny ustach wyrazy te nabierały jednak nowego brzmienia, *Ritter* zmieniał się w rycerza, *Huld* w hołd, *Turnei* w turniej. Przenikały też już może do języka polskiego niektóre terminy niemieckiego prawa miejskiego, jak wójt (łac. *advocatus* przez niem. *Vogt*), sołtys (łac. *scultetus* przez niem. *Schultheiss*), fara (niem. *Pfarre*), cech (niem. *Zeche*). Wydaje się jednak, że wiek XIII tworzył dopiero warunki recepcji słownictwa niemieckiego, która miała się dokonać w ciągu następnych dwóch stuleci.

B. POZAJĘZYKOWE ŚRODKI POROZUMIEWANIA

1. Gest i symbol

Język jest tylko jednym, choć zapewne najważniejszym ze środków przekazu. Rola środków pozajęzykowych w komunikacji intelektualnej, mająca znaczenie w każdej cywilizacji, maleje przecież wraz z upowszechnieniem się pisma i rozwoju języka literackiego, którego formy, bogatsze niż w języku potocznym, starają się wyrazić treści kodowane dawniej w różny sposób. Natomiast w kulturach przedpiśmienniczych ograniczone możliwości językowe wyrównuje szeroka skala innych systemów porozumiewania się.

O tym, że w średniowieczu słowiańskim wypowiedzi słownej towarzyszyły rozbudowane dopełnienia parajęzykowe, wspominaliśmy już wyżej. Oschły i nieporadny w zapisie tekst nabierał zupełnie innego znaczenia odpowiednio wypowiedziany. Wysokość dźwięku, tempo mowy, przyspieszenie oddechu, akcenty śmiechu lub szlochu, czasem wahania, natężenie głosu od krzyku do szeptu, wszystko to, co łącznie można by nazwać w przenośni tonem, nie tylko zabarwiało wypowiedź emocjonalnie, lecz wnosiło do niej także nowe, nie zawarte w słowach treści. Totéż w relacjach zwracano na te momenty baczną uwagę. Na przykład Kosmas przekazał obraz petentki, która zanosiła prośby do króla „z twarzą obficie zalaną łzami i łkaniem przerywającym słowa, ciężko dobywając głosu".[72] Resztę dopowiadał gest, mimika twarzy, ruch ciała.

Rola tych ostatnich środków nie ograniczała się do uzupełnienia tekstu słownego. Z ich pomocą można wyrazić wiele także milcząc i ludzie średniowiecza potrafili z tych możliwości korzystać. Źródła narracyjne niejednokrotnie malują plastycznie gwałtowność ich ruchów. U nieocenionego pod tym

względem Kosmasa powszechnym wyrazem oburzenia bywa kilkakrotne potrząśnięcie głową.[73] Gniew miało objawiać także zgrzytanie zębami, przewracanie oczu i westchnienia.[74] Splunięcie wyrażało pogardę.[75] Szarpanie czyjejś brody,[76] znane również z opowieści Galla,[77] było aktem zniewagi, podobnie jak przytykanie komuś palcem przed nosem.

Gesty konwencjonalne odróżniano od spontanicznych. Zacytujmy tu raz jeszcze czeskiego kronikarza. Oto rozgniewany niekorzystnym dla siebie wyrokiem możnowładca „trzy i cztery razy wstrząsał głową i swoim obyczajem trzy razy laską w ziemię stuknął".[78] W jego zachowaniu się zauważono więc dwa elementy: obserwowane w podobnych sytuacjach także u innych, a więc zgodne z ogólnie przyjętym kodem ruchy głową, oraz nie

211. Akt zniewagi: szarpanie brody, fragment miniatury ze sceną Naigrawania się z Chrystusa w *Evangelistarium Gnieźnieńskim* (f. 48 v); kon. XI w.

JĘZYK GESTÓW (il. 212–220)

212. Gesty modlitewne: postacie modlących się wyobrażone na posadzce krypty I kolegiaty w Wiślicy; 3 ćw. XII w.

213. Gest złości: personifikacja Gniewu, dekoracja kolumny północnego rzędu arkad międzynawowych w dawnym kościele klasztornym opactwa Św. Trójcy w Strzelnie; 2 poł. XII w.

214. Gesty wyrażające smutek i zmartwienie: uczniowie św. Wojciecha w scenie zabójstwa świętego; fragment drzwi brązowych katedry w Gnieźnie; 2 poł. XII w.

215. Gesty towarzyszące transakcji handlowej: sprzedaż konia; miniatura w *Digestum Vetus* (f. 174); ost. ćw. XIII w.

216. Gest błogosławieństwa: wizerunek św. Augustyna na witrażu z klasztoru dominikanów Św. Trójcy w Krakowie; ost. ćw. XIII w.

217. Gest zamyślenia: mężczyzna nad mieszkiem z pieniędzmi; miniatura w *Digestum Vetus* (f. 238)

218. Gest wyrażający błaganie: prośba o jałmużnę; miniatura w *Digestum Vetus* (f. 114); ost. ćw. XIII w.

mające tego charakteru, będące tylko indywidualnym wyrazem emocji, postukiwanie laską.

Stan badań nad gestykulacją w Europie średniowiecznej nie pozwala się jeszcze zorientować, czy słowiański język gestów należał do wspólnego dziedzictwa ludów europejskich, czy też różnił się od analogicznego systemu porozumiewania się niesłowiańskich sąsiadów. Wydaje się jednak, że jeśliby nawet poszczególne ludy tego obszaru miały pierwotnie odmienne kody gestykulacyjne, to postępy chrześcijaństwa łacińskiego, zaszczepionego na śródziemnomorskiej cywilizacji antycznej, niosły i w tym względzie unifikację. Istniał bowiem konwencjonalny zespół gestów, który ikonografia romańska przedkładała wszędzie jako wzór do naśladowania. Oprócz ruchu rąk o charakterze

sakralnym, jak poza oranta wznoszącego ramiona ku niebu lub gest błogosławiącej dłoni, popularyzowała ona także znaki o znaczeniu kolokwialnym, które wyrażały zgodę bądź sprzeciw, radość bądź smutek, szacunek bądź wzgardę. Nie dysponujemy do tej pory ich kodyfikacją.

Średniowieczna kultura uczona Europy łacińskiej także doceniała gest jako środek przekazu pozwalający na zachowanie milczenia. Mnisi kluniaccy i cystersi stworzyli system posługiwania się nim podczas godzin obowiązkowego *silentium*. Kongregacja pierwszych nie ogarnęła ziem polskich, z tymi drugimi jednak zwyczaj porozumiewania się na migi w ciszy klasztornej dotarł w XIII wieku nad Wisłę.

Nawyk wyrażania myśli na piśmie przejawiał

216

się w kołach ówczesnych intelektualistów dążeniem do wyrażania ruchami ręki alfabetu. Już Beda, benedyktyn anglosaski z przełomu VII/VIII wieku, jeden z Ojców średniowiecznego szkolnictwa, przyporządkował poszczególnym literom i innym znakom pisarskim odpowiednie pozycje dłoni i palców.[79] Pozwalało to przekazywać dokładnie dowolny tekst łaciński, ale w stosunku do właściwej gestykulacji stanowiło krok wstecz, podporządkowując ją systemowi znaków opartemu na innych zasadach. Toteż pomysł ten nie mógł zyskać wielkiej popularności. Nie pozostał zapewne całkiem nie znany w Polsce, gdyż jego znajomość wśród kleru europejskiego krzewiły niektóre szkoły, ale

jak dotąd nic nie wiadomo, by korzystano z niego w praktyce.

Gesty i ruchy ciała nie wyczerpywały sposobów porozumiewania się bez pomocy mowy. Przywiązywano także określone znaczenia symboliczne do poszczególnych przedmiotów oraz odmian zachowania się w kontakcie z innymi ludźmi. Charakter źródeł, którymi dysponujemy, sprawia, że stosunkowo najlepiej orientujemy się w symbolice stosowanej podczas czynności prawnych. W niej też możemy zaobserwować, jak rodzimy system znaków ustępował stopniowo zapożyczonemu, ogólnoeuropejskiemu.

Tak więc za istotną część aktu sprzedaży nie-

219. Gesty towarzyszące rozmowie: mężczyzna rozmawiający z klerykiem; miniatura w *Digestum Vetus* (f. 62); ost. ćw. XIII w.

217

220. Gest wyrażający rozpacz: postać płaczki na nagrobku ks. Henryka IV Probusa we Wrocławiu; kon. XIII w.

ruchomości uważano wypicie tzw. wody zrzeczenia się lub może w języku prawniczym epoki „wody wzdania", a w pisanych po łacinie źródłach – *aqua abrenuntionis*.[80] Podobną funkcję spełniało wręczenie nabywcy nakrycia głowy (kapelusza, czapki, biretu)[81] lub rękawiczki. Oznaczało to przelanie praw do sprzedawanego obiektu na nowego właściciela. Ale wspomniana woda wzdania pochodziła z prastarego, rodzimego repertuaru symboli, nie spotykamy jej bowiem w żadnym innym kraju, podczas gdy inne, równoznaczne z nią znaki rozumiano i stosowano w całej średniowiecznej Europie.

Rodzimą tradycję miały też liczne czynności symboliczne stanowiące według prawa polskiego o zawarciu małżeństwa, chociaż można dla nich

SYMBOLIKA UBIORU (il. 221, 222)

221. Ubiór panny; jedna z postaci na kolumnie północnego rzędu arkad międzynawowych w dawnym kościele norbertańskim Św. Trójcy w Strzelnie; 2 poł. XII w.

222. Ubiór mężatki; miniatura z przedstawieniem proroka Ozjasza i jego żony Gomer w rękopisie *Glossa super duodecim prophetas* (f. 2); XII w.

znaleźć niejedną analogię w zwyczajach innych ludów europejskich. Należy tu podawanie sobie rąk przez oblubieńców, zdjęcie wianka dziewiczego przez pannę młodą, napitek, obcięcie włosów itp. Z dawnymi mieszały się następnie znaki zapożyczone, jak na przykład pierścionek.

Mowy symboli nie używano tylko przy zawieraniu kontraktów. Toczono w niej także pertraktacje wstępne, wyrażano bez pomocy słów propozycję, zgodę lub odmowę. Wzgardzony aspirant do ręki dziewczyny otrzymywał wieniec z grochowin, a może podawano jemu czy jego swatom jakąś specjalną potrawę, która – jak późniejsza czarna polewka – oznaczała odrzucenie konkurów.

Choć trudno o bezpośrednie świadectwa sprzed końca XIII wieku, nie należy wątpić, że już

SYMBOLIKA WŁADZY (il. 223–224)

223. Władca na majestacie: król Mieszko II przyjmujący kodeks z rąk ks. Matyldy lotaryńskiej; miniatura w rękopisie (zaginionym) *Ordo Romanus* (f. 3 v); 2 ćw. XI w.

224. Miecz zwany Szczerbcem, rękojeść; XII/XIII w.

219

ich zaś zastosowanie nie ograniczyło się do wnętrz kościelnych. Krzyżyki noszono na piersiach jak amulety, ale jednocześnie oznajmiały one o przynależności ich właścicieli do świata chrześcijańskiego, do Europy. Z tejże Europy pochodziły emblematy monarsze, z których każdy miał własną wymowę symboliczną, niekiedy bogatą i złożoną, kultura chrześcijańska bowiem, chociaż dysponowała pismem, lubowała się też w znakach o kilku często poziomach znaczeń. Nie zawsze jednak potrafiono przyjąć wraz z przedmiotami intencje i treści z nimi wiązane. Nie rozumiano, na przykład, ani w Polsce, ani w Saksonii zachowania się cesarza Ottona III, gdyż ten posługiwał się językiem gestów i symboli zaczerpniętych z innego kręgu kulturowego. Sasi to

226. Wyobrażenie godła herbowego na płycie nagrobnej rycerza Jakuba, kaplica w Żelowicach; pocz. XIV w.

SYMBOLIKA RYCERSKA (il. 225–227)

225. Włócznia św. Maurycego; przed 1000 r.

w najwcześniejszej dobie znano i stosowano symbolikę pożywienia. Wskazuje na to obrzędowa rola kołacza,[82] rytuały weselne związane z chmielem, którym zaprawiano miód, bardzo stare wzmianki ruskie o krajaniu sera na znak zawarcia małżeństwa.[83]

Umiano także komunikować określone treści strojem. Ubiór określał pozycję społeczną, odróżniał mężatkę od dziewczyny, służył rozmaitym deklaracjom. W samej tylko koszuli stawał pokutnik, by błagać o przebaczenie. Zdjęciem wierzchniego okrycia przed wejściem w cudzy dom gość objawiał szacunek dla gospodarza; przestrzeganie tego zwyczaju przez Mieszka I znalazło uznanie w oczach saskiego kronikarza.[84] Obwinionemu przed sądem prawo pozwalało zabrać głos, gdy zdjął nakrycie głowy i chustę otulającą szyję oraz odłożył kij lub laskę.[85] Odpowiednim strojem manifestowano żałobę.

Podobnie jak język, bogaciły się pod wpływem płynących z zewnątrz oddziaływań kulturowych również pozajęzykowe środki przekazu. Z chrześcijaństwem przyszły symbole nowej wiary,

227. Symbolika rycerska zawarta w zbroi i uzbrojeniu; nagrobek ks. Henryka IV Probusa we Wrocławiu; kon. XIII w.

„różnie oceniali", jak powściągliwie, ale tonem niewątpliwej przygany, informował biskup Thietmar.[86] Wręczone Bolesławowi Chrobremu przez cesarza diadem i włócznia św. Maurycego nabrały

przecież także na gruncie polskim swoistego znaczenia: widziano w nich oznaki władzy królewskiej, a ceremonię ich ofiarowania księciu polskiemu równano z koronacją.[87]

Zachodnia kultura rycerska również niosła ze sobą nowe symbole. Każdy szczegół stroju rycerza coś oznaczał: pas rycerski był synonimem godności stanu, rękawicę rzucało się pod nogi rywalowi, przesyłając mu wyzwanie. Skomplikowaną etykietę przyswoili sobie w XIII wieku tylko nieliczni, ale z końcem tego stulecia kilka najużyteczniejszych znaków weszło zapewne do rytuału, przestrzeganego zarówno przez entuzjastów obcego obyczaju, jak nawet przez jego konserwatywnych przeciwników. Świadectwem tego jest pojawienie się herbów.

Własną rozbudowaną symbolikę kultywowały kręgi uczone. Klucza do niej trzeba szukać w literaturze filozoficznej i teologicznej, zarówno antyku, jak średniowiecza.

2. Porozumiewanie się na odległość

Zanim społeczeństwa słowiańskie nauczyły się używać pisma, ludzie mogli się porozumiewać za pomocą słowa i gestu jedynie przy bezpośrednich kontaktach. Przesłaniu informacji na odległość służyły najpospoliciej sygnały akustyczne i optyczne. Znane już ludom pierwotnym sposoby przekazywania wiadomości dźwiękiem bębnów lub trąb, ogniem i dymem kultywowano także w Europie średniowiecznej; Słowianie nie wynaleźli w tej dziedzinie niczego szczególnie odrębnego.

Wiejska społeczność lokalna posługiwała się podobnymi środkami nawiązywania łączności tak długo, jak długo jej członkowie pozostawali analfabetami, w niektórych okolicach aż po próg czasów nam współczesnych. Etnografia słowiańska odnotowała więc porozumiewanie się jednostek przez naśladowanie głosów ptasich, przez nawoływania śpiewne, których linia melodyczna tworzy określony sygnał, a także przez melodie wygrywane na piszczałkach-fujarkach.[88] Średniowieczne okazów tych instrumentów są znane polskiej archeologii.[89] Najlepiej zachowana fujarka z Kowalewa (powiat Kościan) pochodzi z XI wieku i ma kształt ośmiobocznej, gładkiej rurki kościanej, w której wycięto pięć otworów: trzy na jednej płaszczyźnie, czwarty na przeciwległej, piąty – z boku.

W powyższych wypadkach alfabet sygnałów bywał własnością niewielkiej grupy – na przykład pasterzy – a nawet mógł być stosowany wyłącznie przez dwie umawiające się osoby, pozostając tajemnicą dla wszystkich postronnych.

W komunikacji społecznej rozpalenie ogniska na wzgórzu lub wymachiwanie pochodnią zwykło oznaczać wołanie o pomoc, a dźwiękiem trąb i rogów sygnalizowano nadejście określonej pory, na przykład wyganiania bydła na pastwisko, lub ogłaszano alarm. W niektórych krajach słowiańskich służyło do tego celu klepadło, zawieszony pionowo kawałek drewna lub metalu, w który uderzano kijem; tak też zwoływano ludność wioski na zebranie lub nabożeństwo.[90] Użycie klepadła na Rusi poświadczają najwcześniejsze kroniki.[91] Najprawdopodobniej znano je również na ziemiach polskich. Wcześnie przejmowały ich funkcję dzwony kościelne.

Do sygnalizacji używano także gwizdków. Kilkanaście sztuk tych narzędzi porozumiewania się, datowanych na VII–XI wiek, a wykonanych z odrośli rogu jeleniego i z kości, odkryły wykopaliska w Wielkopolsce i na Pomorzu. Pospoliciej zapewne posługiwano się gwizdkami drewnianymi.[92]

I w gminie miejskiej sygnalizacja akustyczna należała przez całe średniowiecze do stałych instytucji. Bębnieniem lub trąbieniem pachołek miejski zapowiadał ogłoszenie rozporządzeń. W podobny sposób dawał znak, że nadeszła pora zamykania bram miejskich na noc, lub wzywał do zamknięcia szynków. Czuwający na wieży ratuszowej nad bez-

SYGNAŁY AKUSTYCZNE (il. 228–230)

228. W wojsku; fragment dekoracji Czary Włocławskiej ozdobionej scenami z *Historii Gedeona*; XI w.

229. W mieście; trębacz miejski, pieczęć miasta Kalisza; XIII (?) w.

230. W pasterstwie; fragment miniatury ze sceną Zwiastowania pasterzom w *Evangelistarium Gnieźnienskim* (f. 13 v); kon. XI w.

pieczeństwem miasta trębacz wszczynał alarm w razie pożaru lub zbliżania się nieprzyjaciela.

W epoce, gdy również państwo nie czyniło jeszcze użytku z pisma, podobną sygnalizację stosowano w praktyce administracyjnej, wojskowej i sądowej. Rozpalanie ognisk w miejscach kultowych wzywało, być może, okoliczną ludność na uroczystości, ognie wzniecane na pograniczu uprzedzały o nadejściu wroga. Ogniem także potrafiono przekazać nieprzyjacielowi propozycję nawiązania rokowań.[93]

Do sygnalizacji optycznej służyły też godła oddziałów wojskowych,[94] niesione wysoko w górze, by ułatwić ustawienie się wojowników we właściwym szyku.

W marszu i w obozie wojskowym dowódca przekazywał komendy dźwiękiem rogów i bębnów, których zespół znajdował się zazwyczaj w otocze-niu księcia. Wojsku słowiańskiemu towarzyszyli trębacze w bitwie.[95] Sygnałem akustycznym podnosiły alarm stróże.[96]

Z biegiem czasu prawo posługiwania się trąbą zaliczono do regaliów i aby je otrzymać, trzeba było przywileju książęcego. Najwcześniejszym znanym jego przykładem jest nadanie w 1295 roku przez Bolesława, księcia czerskiego, Wawrzyńcowi z Popienia, kasztelanowi w Białej Rawskiej, prawa używania trąby, m. in. na łowach i w wojsku.[97]

Do jakiego stopnia był wydoskonalony ów system znaków, jak bogatym kodem dysponowano – nie wiemy. Pozwalał w każdym razie dowodzić gromadą ludzką, przekazywać jej najbardziej typowe polecenia, zwracać uwagę na grożące niebezpieczeństwo.

Sygnałami dźwiękowymi i świetlnymi porozumiewano się na odległość stosunkowo niewielką.

223

Można ją było jednakże przedłużyć sposobem sztafetowego jakby przekazywania odbieranych sygnałów. Zgodnie z prawem polskim, o ucieczce przestępcy – mordercy, rabusia lub złodzieja – powiadamiano krzykiem sąsiadów, a ci z kolei również krzykiem przekazywali alarm dalej. „I tak – poucza najstarszy zwód prawa polskiego – musi każda wieś pędzić jedna do drugiej tak długo, dopóki nie zostanie schwytany ten, kto spowodował stratę."[98]

Znamy tę metodę także z etnografii. Chłopi niektórych okolic Jugosławii potrafili dość daleko przekazywać alarm, ogłoszony biciem w klepadło. Sygnał podejmowali mianowicie kolejni sąsiedzi, tak że docierał ostatecznie poza granice słyszalności pierwszych uderzeń.[99] Przypuszczalnie nie inaczej radzono sobie w średniowieczu. Tak samo blask ogni granicznych mógł być powtarzany przez kolejne grody i docierać aż do centrum kraju.[100]

Pewniejsze wszakże było posługiwanie się gońcami. Najczęściej przynosili oni znak, symbolizujący określone polecenie. Tak książę zwoływał wojsko na wyprawę, rozsyłając wici. Wysłańcom książęcym wręczano wtedy zapewne kij, na którym zawieszano właściwy znak wojenny, może pęk powrozów.[101]

W sąsiednich Czechach, według świadectwa kronikarza, książę Brzetysław ogłaszał o wyprawie na Polskę za pomocą pętli z łyka.[102] Kiedy indziej, co prawda w okolicznościach legendarnych, gońcy książęcy mieli nieść miecz, czy może raczej jego wyobrażenie.[103]

Podobnie w praktyce procesowej komornik sądowy pozywał stronę na rozprawę okazując pierścień lub pieczęć władzy, sam zaś legitymował swe stanowisko laską.[104]

Dla przekazania treści nie tak stereotypowych wszystkie te znaki przestawały jednak wystarczać, nie mogły zastąpić tekstu słownego. Ten więc przesyłano przez posłów, którzy uczyli się go na pamięć, by wiernie odtworzyć wobec adresata zlecone im sformułowanie. Toteż kronikarze tego czasu traktują posła jak narzędzie jego mocodawcy i z reguły tylko temu ostatniemu przypisują rolę czynną, co

podkreślają takimi zwrotami, jak na przykład: „Olga, posławszy do Drewlan, rzekła im";[105] Bolesław Śmiały „zawiadomił Czechów przez posłów... mówiąc w te słowa";[106] „posłali do Magnusa poselstwo w te słowa";[107] Bolesław Krzywousty „brata zaprosił przez... posłów, przekazując mu następujące wyrazy..."[108] Zawsze więc mówiącym nie był w tej konwencji poseł, lecz ten, który go wysyłał. Działo się tak nawet wówczas, gdy poselstwo sprawował wysoki dostojnik państwowy, mający bezpośredni udział w decyzjach monarszych. Gdy Bolesław Krzywousty, zagrożony przez Zbigniewa, wysłał w roku 1103 z poselstwem do księcia czeskiego Borzywoja swego doradcę i późniejszego wojewodę Skarbimira, współczesna relacja tak o tym opowiedziała: „...Bolesław posłał swego piastuna Skarbimira i prosił księcia Borzywoja, aby wspomniał na powinowactwo; mówił, że jest mu bliższy przez swoją siostrę Judytę, i ponadto wręczył mu dziesięć mieszków, wypełnionych tysiącem grzywien."[109] Jedynie wymienienie w tekście posła z imienia może wskazywać, że jego rola nie ograniczała się wyłącznie do przekazania słów mocodawcy i odniesienia mu odpowiedzi.

Jeśli bowiem znajdowano odpowiednią i godną zaufania osobę, zdarzało się, że obdarzano ją większym pełnomocnictwem i zlecano jej reprezentowanie interesów wysyłającego w pertraktacjach i rozmowach, gdzie poseł musiał już dobierać właściwych słów według własnego uznania. Kronikarz czeski Kosmas, opowiadając o wyprawieniu jednego z takich zapewne poselstw, charakteryzuje książęcego wybrańca jako „znawcę filozofii, ucznia cycerońskiej wymowy" i przedstawia scenę, jak książę wezwał do siebie owego księdza i „powierzył mu wiele... aby to przekazał papieżowi".[110]

Co najmniej od XII wieku ważne poselstwa państwowe otrzymywały do wręczenia adresatowi list. Nie wszystko jednak chciano i potrafiono napisać, toteż ustne przekazanie powierzonego tekstu pozostawało nadal głównym zadaniem posła.

224

3. Namiastki pisma służące utrwaleniu informacji

Drugą istotną funkcję pisma, oprócz ułatwienia porozumiewania się na odległość, stanowi utrwalenie informacji. Przed recepcją alfabetu stosowano w tym celu rozmaite znaki plastyczne. Pomysłowość w ich wynajdywaniu nie różniła się zapewne w średniowieczu od tej, jaką wykazywały również później niepiśmienne warstwy ludu, stąd też dla poznania tych systemów sięgniemy do materiałów etnograficznych. Jeśli stwierdzimy, że współcześnie właściwą ścieżkę przez las znaczy się węzłami zaplecionymi w gałęziach, to jesteśmy już wprowadzeni w świat namiastek pisma,[111] znanych zresztą różnym kulturom pod różnymi szerokościami geograficznymi.

W podobny sposób musiało sobie poradzić państwo, zarówno wtedy, gdy nawet na szczytach jego hierarchii nie znano pisma, jak i wtedy, gdy powszechny analfabetyzm uniemożliwiał posługiwanie się nim w stosunkach z ludnością. Czuwając nad głównymi drogami, znakowano je kamieniami i kreskami, rytymi na kamieniach lub drzewach.

231. Znaki graniczne: słup graniczny otmuchowskich włości biskupstwa wrocławskiego (widok z dwóch stron), zachowany w miejscowości Lipniki, jeden z pięciu istniejących na tym obszarze; 2 poł. XIII w. Na ścianach każdego z owych kamieni wyryto wyobrażenia ukośnego krzyża i pastorału oraz inskrypcję wymieniającą patrona diecezji wrocławskiej, św. Jana Chrzciciela

232. Znaki garncarskie; przykłady z Gdańska i obszaru Wielkopolski; wczesne średniowiecze

Wzdłuż gwarantowanych przez władzę książęcą granic posiadłości prywatnych – rycerskich i kościelnych – umieszczano słupy, kamienie i kopce lub przynajmniej na drzewach wycinano ciosna – graniczne znaki własnościowe. Po dziś dzień tych sposobów informowania pismo nie zastąpiło całkowicie.

Obywano się bez niego także w najistotniejszej dziedzinie działalności państwowej, w rachunkowości skarbowej. Świadectwem stosowanych w niej metod jest nazwa zachodniosłowiańskiej daniny średniowiecznej: narzaz. Wywodzi się ją od prasłowiańskiego czasownika *rezati* – rzezać, wycinać, który wskazuje na sposób ewidencji wybierania tak określonego świadczenia. Na dwóch przeznaczonych do tego kijach lub deseczkach nacinano mianowicie karby na oznaczenie należnych i wybranych sztuk nierogacizny; jeden egzemplarz pozostawał jako pokwitowanie u płatnika, drugi przechowywał u siebie przedstawiciel aparatu skarbowego.[112]

Naszkicowaną metodą rachunkowości, dobrze znaną tak z etnografii, jak i późniejszych świadectw, posługiwano się zapewne szeroko w przedpiśmiennym państwie. Można było w ten sposób notować nie tylko rozkład danin i ich wpływy, lecz także wielkość stadnin książęcych, liczebność załóg grodowych, ważne terminy. Że takie postępowanie dobrze zdawało egzamin, świadczy jego trwałość. Dysponujemy, na przykład, relacją Stanisława Sebastiana Jagodyńskiego, pisarza z XVII wieku: „Wiem ja o jednym niepiśmienniku, który będąc winien panu dać liczbę urzędu swego, miasto trochy regestrów, wielkie brzemię karbów przyniósł..."[113]

Laska z karbami, świadectwo oddanych księciu danin, znajdowała się w każdym domostwie. Całe więc społeczeństwo żyło się z takim utrwalaniem wiadomości i przypuszczalnie korzystano z tego środka także dla różnych, bardziej prywatnych celów. W języku polskim ukształtowało się pojęcie: „zakarbować sobie" jako synonim utrwalenia w pamięci, co wskazuje na upowszechnienie się mnemotechnicznej funkcji karbów. Można sobie wyobrazić, że w średniowieczu trafiali się ludzie, co, jak niektórzy niepiśmienni chłopi słowiańscy niezbyt odległej przeszłości, potrafili na swych laskach upamiętnić wiele wydarzeń i zanotować rozmaitego rodzaju wiadomości, tworząc własny system znaków, złożony głównie z różniących się rozmiarami i kierunkiem karbów, gdzie jednak także grały rolę – jak referuje etnograf – „to jakiś sęczek, bądź ścięty równo z powierzchnią, bądź nieco wystający, to znów jakaś szrama (przypadkowa albo zrobiona umyślnie), to takie lub inne ścięcia z obu końców".[114]

Cytowany już Jagodyński podaje jeszcze jeden przykład sporządzania rachunków przez niepiśmiennego administratora. Oto oznaczając kreskami sumy przychodów i rozchodów, o źródłach pierwszych i przeznaczeniu drugich informował odpowiednim rysunkiem – piktogramem na przykład gęsi lub barana, budynku gospodarczego lub narzędzia uprawy roli. Z dużym prawdopodobieństwem można przypisać takie postępowanie również administracji wczesnośredniowiecznej.

Piktogram bowiem mógł najłatwiej i dość jednoznacznie utrwalić nieskomplikowaną treść i przekazać ją nawet odbiorcy nieprzygotowanemu, to znaczy nie wyuczonemu żadnego konwencjonalnego systemu znaków. Toteż średniowiecze posługiwało się nim często. Wprawdzie schematyczny rysunek dość łatwo kojarzy się tylko z przedmiotami, nie wyraża zaś w sposób bezpośrednio zrozumiały ani czynności, ani upływu czasu, ani żadnego pojęcia abstrakcyjnego, jednakże zakres informacji, jaki można za pomocą niego utrwalić, jest dość rozległy.

Różniły się od piktogramów kompozycje geometryczne na przedmiotach użytkowych, znajdowane na dnie naczyń, na pławikach do sieci rybackich, na cegłach i innych elementach architektoni-

233. Znaki kamieniarskie na murze kościoła klasztornego opactwa cysterskiego w Jędrzejowie; 1 poł. XIII w.

cznych. Ich znaczenie nie jest jasne. Najprawdopodobniej były to znaki własnościowe wytwórców,
w niektórych wypadkach może także użytkowników.

Znak własnościowy – czasem stanowiła go
kombinacja kresek, czasem piktogram – pełnił rolę
swego rodzaju wizytówki. Posługiwano się nim
przy rozmaitych okazjach. W czasach plemiennych
był zapewne w powszechnym użyciu, wraz z rozwojem państwa i rozwarstwienia społecznego pielę-
gnowano jego tradycję zwłaszcza w rodach możnych. Wspominaliśmy wyżej o znaczeniu granic
posiadłości ciosnami. Z czasem zaczęto godłem
rodowym przyozdabiać chorągwie i tarcze. Tak
u schyłku XIII wieku powstały herby, znaki rozpoznawcze rodów rycerskich.

Wszystkie zestawione dotąd rodzaje znaków
służyły z powodzeniem zanotowaniu i utrwaleniu
prostej informacji o poszczególnych faktach lub ich
serii. Nie nadawały się do zapisu tekstu bardziej
złożonego, jak kontrakt, relacja z wydarzeń, poemat epicki czy liryczny. Nad tym trzeba było panować pamięciowo, a takie czy inne znaki mogły nieść
tylko ograniczoną pomoc mnemotechnicznemu za-
pamiętaniu, na przykład przypominać o kolejności
poszczególnych epizodów utworu. Służyły one
wówczas samemu odtwórcy, natomiast słucha-
czom, nie wtajemniczonym w stworzony na jego
tylko użytek kod tych oznaczeń, nie ułatwiały recepcji przekazu.

Gdy chodziło o nadanie komunikatu w ten
sposób, by odbiorcy mogli go później rekonstruować, nic nie mogło w kulturze przedpiśmienniczej
zastąpić obrazu. Tekst słowny nie daje się wprawdzie przetłumaczyć w pełni środkami plastyki i rola
ilustracji sprowadza się także do pomocy mnemotechnicznej, ale obraz służy obydwu stronom: prze-
kazującej i odbierającej. Mając przed oczyma ilustrację, łatwiej odtwarza się raz już słyszany tekst,
a jeśli nawet ulecą z pamięci poszczególne wyrazy
i zwroty, pozostaje świadomość ich znaczenia.

O ile jednak wiemy, Słowiańszczyzna przedchrześcijańska nie znała malarstwa przedstawiają-

JĘZYK PRZEKAZU PLASTYCZNEGO (il. 234–236)
234. Cykl scen z życia Chrystusa na łuku archiwolty portalu
z dawnego kościoła klasztornego w opactwie benedyktyńskim
N.P. Marii i Św. Wincentego na Ołbinie we Wrocławiu (obecnie
w kościele Św. Marii Magdaleny we Wrocławiu); 2 poł. XIII w.
Zachowując zgodność z następstwem i treścią wydarzeń opisa-
nych w *Ewangeliach*, rzeźby ukazują w syntetycznej formie
dzieje Jezusa od Zwiastowania Marii i ogłoszenia Dobrej Nowi-
ny pasterzom, poprzez Narodzenie, Pokłon Trzech Króli, Obrzezanie i Ofiarowanie w Świątyni, do Chrztu w Jordanie,
otwierającego okres publicznej działalności Mesjasza
z Nazaretu

235. Personifikacje cnót i przywar na kolumnach międzynawowych dawnego norbertańskiego kościoła klasztornego Św. Trójcy w Strzelnie; 2 poł. XII w.

236. Dzieje stworzenia świata, Historia Noego i Abrahama oraz sceny męczeństwa świętych na malowidle w północnej kaplicy kościoła klasztornego w dawnym opactwie kanoników regularnych Zwiastowania N.P. Marii w Czerwińsku nad Wisłą; 1 poł. XIII w.

cego, a relief i rzeźbę figuralną uprawiała w skromnym zakresie, i to wyłącznie – jak się wydaje – w związku z magią i potrzebami kultowymi. Najbardziej reprezentatywnym jej przykładem jest czworoboczny słup kamienny, znaleziony w połowie XIX wieku w rzece Zbrucz i zwany umownie posągiem Światowida. Jego boki zdobi z czterech stron relief figuralny, którego znaczenie trudno dzisiaj odczytać, a który zapewne także przed wiekami nie tłumaczył się sam przez się, lecz wymagał komentarza. Raz jednak zinterpretowany, mógł już przemawiać do widza, gdy mu zdarzyło się ponownie spojrzeć na posąg.

Światowid ze Zbrucza pozostaje wszakże unikatem, a jego przynależność do słowiańskiego,

a tym bardziej polskiego kręgu kulturowego budzi wątpliwości. W zasadzie więc obraz jako środek masowego przekazu i w pewnym sensie namiastka pisma pojawił się na ziemiach polskich wraz z chrześcijaństwem. Właśnie bowiem Kościół średniowieczny wykształcił metodę posługiwania się sztuką przedstawiającą, w celu rozpowszechniania swej nauki w niepiśmiennym społeczeństwie.

Docierającym do wszystkich zbiorem przedstawień stawała się każda świątynia chrześcijańska. Zdobiące ją płaskorzeźby, posągi i malowidła popularyzowały Osoby Boskie, Matkę Bożą, aniołów, apostołów i innych świętych, symbole cnót i grzechów, emblematy wiary, postawy oranta i pokutnika. Był to jednak dopiero elementarz. Jego opanowanie wiodło do rozumienia kompozycji figuralnych, ukazujących epizody historii świętej.

Tak więc na tympanonach kościołów pojawiły się sceny, wprowadzające w tajemnice Wcielenia i Odkupienia, jak Zwiastowanie (Strzelno), Boże Narodzenie (Wysocice), wyobrażenia pasyjne (Ołbin wrocławski). Za pomocą cyklów podobnych scen opowiadano przebieg poszczególnych wątków ewangelicznych. Na archiwoltach kościoła Panny Marii i Św. Wincentego na Ołbinie przedstawiono w końcu XII wieku Zwiastowanie Pannie Marii, Zwiastowanie pasterzom, Narodzenie Chrystusa, Pokłon Trzech Króli, Obrzezanie, Ofiarowanie w świątyni i Chrzest w Jordanie, co pozwalało rozpamiętywać dzieciństwo Jezusa i Jego pierwsze wystąpienie publiczne.[115] Szerszy program został zrealizowany nieco wcześniej na wykonanych w Magdeburgu dla katedry płockiej drzwiach brązowych, na których znalazł się zamknięty w 48 polach skrót historii biblijnej, od stworzenia pierwszych ludzi i grzechu pierworodnego po zmartwychwstanie Chrystusa. Od schyłku stulecia takież drzwi w katedrze gnieźnieńskiej szerzyły wśród gromadzących się przed nimi znajomość ujętego w 18 scen dramatu życia i męczeństwa patrona polskiej prowincji kościelnej, św. Wojciecha. Pełna finezji bordiura, która okalała każde skrzydło drzwi gnieźnieńskich, dawała symboliczny komentarz do kolejnych scen, pozwalając na wydobycie paraleli między życiem Chrystusa a życiem Jego sługi. Opowiedziany językiem plastyki, stanowi ów żywot św. Wojciecha największe bodaj osiągnięcie polskiej epiki średniowiecznej.[116]

Aż do schyłku XII wieku sztuka przedstawiająca wychodziła najczęściej na zewnątrz świątyń, by przemawiać do ludzi nie nawykłych jeszcze do przekraczania progów kościelnych. Rozpowszechniała się też polichromia ścienna, operująca wprawdzie przede wszystkim ornamentem, ale nie wyrzekająca się kompozycji figuralnych; ich zachowanym przykładem jest malowidło pod emporą kolegiaty w Tumie pod Łęczycą z sześćdziesiątych lat XII wieku, które ukazuje postać Chrystusa Pantokratora (Władcę świata) w otoczeniu Marii i Jana Chrzciciela, czyli tzw. motyw Deesis. Także kolumny kościoła norbertanek w Strzelnie ozdobiono płaskorzeźbami; jedna z nich odtwarzała scenę Chrztu w Jordanie, inne prezentowały personifikacje cnót chrześcijańskich i odpowiadających im przywar.

Dopiero jednak w XIII wieku ikonografia wkroczyła śmiało do wnętrz kościołów, służąc katechizacji tych, którzy nawiedzanie ołtarzy traktowali już jako naturalny obowiązek chrześcijan. Najkompletniej zachowany cykl malowideł w nawie południowej kościoła klasztornego w Czerwińsku ilustruje wątki treściowe księgi *Genesis* (stworzenie świata, grzech pierworodny, historia Noego i Abrahama) oraz *Dziejów apostolskich*. Ślady podobnej dekoracji odnajdujemy we wszystkich częściach Polski dzielnicowej, a w jej najbardziej zaawansowanych w rozwoju ziemiach – w Małopolsce i na Śląsku – nawet w niewielkich kościołach parafialnych (Dziekanowice, Mierowice, Tropie, Dobrocin, Nowy Kościół).[117]

C. RECEPCJA PISMA

1. Alfabety i języki

Kontakty państwa piastowskiego z ośrodkami średniowiecznej kultury europejskiej, która odziedziczyła po antycznej cywilizacji śródziemnomorskiej pismo, prowadziły do recepcji tegoż w Polsce.[118] Począwszy co najmniej od schyłku X wieku pojawiły się w kraju zarówno teksty pisma, powstałe za granicami, jak i ludzie samodzielnie posługujący się pismem.

Związki polityczne i kulturalne Polski z Zachodem i recepcja łaciny jako języka literackiego zadecydowały, że najbardziej rozpowszechnionym alfabetem stał się alfabet łaciński. Znali go duchowni przybywający z krajów zachodnioeuropejskich, by organizować Kościół w Polsce, i przekazywali następnie wychowywanej przez siebie młodzieży sztukę czytania i pisania po łacinie. Posługiwano się tekstami łacińskimi w liturgicznym życiu Kościoła, korzystano ze spisywanych po łacinie zbiorów praw, dla nabycia biegłości w tym języku sięgano do utworów starożytnych pisarzy rzymskich. W kraju powstawały łacińskie inskrypcje tak o charakterze sakralnym, jak i świeckim, po łacinie zaczęto spisywać dokumenty, tworzyć oryginalne dzieła literackie i historiograficzne. Alfabetem łacińskim próbowano także oddawać brzmienia słowiańskie. W zachowanych dokumentach występują często rodzime imiona osobowe i nazwy miejscowe oraz pojedyncze polskie wyrazy pospolite. Prawdopodobnie Kościół posługiwał się także utrwalonymi pismem łacińskim tekstami modlitw i formuł obrzędowych w języku ludowym. Chociaż najstarsze zabytki tego typu, które zachowały się w Polsce, pochodzą dopiero z późnego średniowiecza, to przecież w Bawarii ocalały podobne teksty aż z IX wieku. U Thietmara znajdujemy wiadomość, że w połowie X wieku korzystano z takich tekstów na Łużycach.[119] Trudno przypuścić, by obywali się bez nich misjonarze na ziemiach polskich.

Przynależność Polski piastowskiej do zachodniego systemu politycznego nie przeszkadzała początkowo jej kontaktom z sąsiadującą od wschodu Rusią. Ich formalnym dowodem są związki rodzinne między Piastami a Rurykowiczami, żywe szczególnie w XI i XII wieku. Nie tylko zresztą polscy książęta panujący, ale i możnowładcy, jak Piotr Włostowic, brali sobie małżonki z Rusi. Że zaś księżniczki cudzoziemskie zwykły przybywać do nowej ojczyzny z własnym dworem, m.in. z kapelanami, przeto wraz z Rusinkami zjawiali się w Polsce popi ruscy, przynosząc ze sobą rodzime księgi; w ten sposób trafiała tu znajomość alfabetu słowiańskiego – cyrylicy.

Nie była to zapewne jedyna droga jej przenikania. Na wschodnim pograniczu kraju spotykali się ludzie obydwu stref kulturowych: łacińskiej i ruskiej, poszczególne ziemie – jak przemyska – zmieniały przynależność państwową i zapewne kościelną, w tych więc warunkach znajomość cyrylicy mogła tam zapuścić korzenie już w XI wieku. Sporadycznym wprawdzie, ale wymownym jej śladem jest odnaleziony w Drohiczynie nóż z napisem cyrylickim, podającym imię właściciela i rzucającym klątwę na ewentualnego złodzieja.[120]

Niewątpliwy walor cyrylicy w krajach słowiańskich polegał na tym, że pozwalała zapisywać dokładnie brzmienie wyrazów języka miejscowego. Dlatego zapewne próbowano się nią przez pewien czas posługiwać także w Polsce. Bolesław Chrobry wybił monetę z tekstem cyrylickim, który przekazuje jedyny w Polsce wczesnośredniowiecznej nie zniekształcony zapis jego imienia.[121]

Na dwadzieścia kilka znanych egzemplarzy monet Chrobrego około dziesięciu, a więc 40% zasobu, stanowią monety z napisem cyrylickim. Na

232

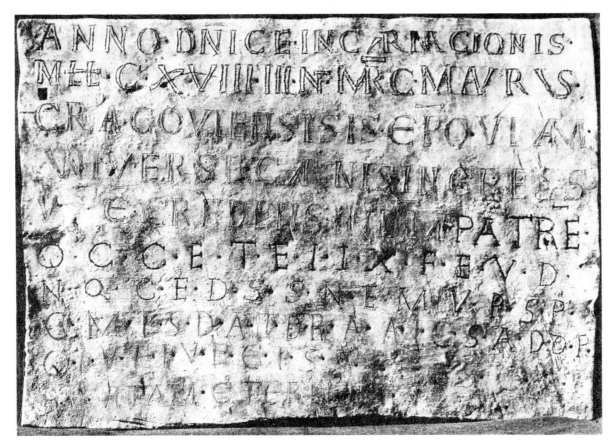

237. Inskrypcja łacińska: epitafium biskupa krakowskiego Maura; 1118 r.

pewno nie jest to dostateczną podstawą, by tak właśnie ustalać proporcje stosowania obydwu alfabetów w początkach XI wieku. Wydaje się jednak co najmniej prawdopodobne przypuszczenie, że przewaga pisma łacińskiego nad cyrylicą jeszcze się wówczas zbyt mocno nie zaznaczała. Nawet w połowie XII wieku można było spotkać pismo ruskie w inskrypcjach. W napisie dedykacyjnym na tympanonie kościoła Św. Michała na wrocławskim Ołbinie, fundowanego przez Jaksę i jego małżonkę, a córkę Piotra Włostowica, imię tej ostatniej – Agapeja (Agafia, Agata) – wykuto cyrylicą.[122] Nie raził więc współczesnych ten alfabet, kojarzący się ze schizmatyckim wyznaniem Rusi, nawet na murach kościołów.

Cyrylica nie znalazła natomiast zastosowania

ani w kancelarii polskiej, ani w rodzącym się piśmiennictwie. Wbrew bowiem pozorom, jej atrakcyjność dla monarchii była ograniczona. Nie odczuwano jeszcze potrzeby posługiwania się pismem w stosunkach między państwem a jego ludnością; tu tradycyjne środki porozumiewania się nie tylko wystarczały, ale wręcz górowały nad jakimkolwiek alfabetem jako powszechnie zrozumiałe. Pismo służyło głównie kontaktom międzynarodowym, miało więc utrwalić przede wszystkim wyrazy języka uniwersalnego – łaciny, oczywiście we właściwym jej systemie literowym.

Polska wczesnośredniowieczna zetknęła się też z alfabetem greckim, którego użytkowność wydaje się jednak znikoma. Pojedyncze wyrazy i litery greckie występowały w łacińskich tekstach

233

238. Inskrypcja cyrylicka: denar Bolesława Chrobrego, typ „słowiański", awers i rewers; 992–1025 r.

sakralnych, jak to było przyjęte na całym Zachodzie. Tak więc po grecku zwykło się pisać imiona Jezusa Chrystusa oraz ich skróty: IHS, XPS. Symbole początku i końca – litery greckie alfa i omega – umieszczano często nad wyobrażeniem Chrystusa lub, jak na przykład na mieczu zwanym Szczerbcem, niezależnie od niego. Kursował w Polsce medalion, zapewne z XI wieku, z wyobrażeniem świętego rycerza z włócznią (Maurycego?, Jerzego?) i z greckim podpisem. Na odnalezionym w Kaliszu odlewie ołowianym tego medalionu owa inskrypcja uległa uszkodzeniu. Zapewne któryś z krzyżowców polskich, może książę Henryk sandomierski lub Jaksa z Miechowa, przywiózł z dalekiej wyprawy bizantyjską staurotekę, relikwiarz w kształcie kasety z drewna cedrowego, pokryty srebrną, pozłacaną blachą, z wygrawerowanymi na wieku po grecku imionami Chrystusa i kilkunastu świętych oraz cytatem z *Ewangelii według św. Jana* (XIX, 26–27).[123] Nie wiadomo, czy już we wcześniejszym średniowieczu, czy dopiero później znalazły się w gnieźnieńskiej bibliotece katedralnej trzy księgi greckie, wymienione w inwentarzu w 1455 roku.

Śladów czynnego posługiwania się w Polsce językiem i alfabetem greckim brak jest zupełnie. Podjęta przez filologa próba odnalezienia ich w dokumencie *Dagome iudex*[124] nie znalazła uznania, zresztą ten pierwszy polski dokument, wystawiony w imieniu Mieszka I, powstał najprawdopodobniej w Rzymie i spisała go obca ręka, ewentualne więc wpływy greckie na jego redakcję są obojętne z punktu widzenia historyka kultury polskiej.

Trudniej rozstrzygnąć, czy wśród nielicznej grupy ludzi obznajmionych z pismem w ogóle trafiały się także osoby umiejące czytać po grecku. Nie jest to pozbawione prawdopodobieństwa. Polska sąsiadowała z Rusią i Węgrami, gdzie znajomość greki była bez porównania bardziej rozpowszechniona niż w większości krajów Europy Zachodniej, a nawiązywała też sporadyczne kontakty z Bizancjum. Znany passus listu księżny Matyldy szwabskiej do Mieszka II – „Któż bowiem zjednoczył na chwałę Bożą tak wiele języków! Nie dość ci, że możesz chwalić Boga we własnym i po łacinie, postanowiłeś do nich dodać jeszcze grecki"[125] – zwykło się interpretować jako świadectwo opanowania greki przez monarchę polskiego, choć można

234

odczytywać w przytoczonych słowach jedynie informację o zainteresowaniu króla nabożeństwem greckim, wspanialszym w ocenie wielu od liturgii łacińskiej.[126] Wśród księżniczek ruskich i węgierskich, które wychodziły za mąż do Polski, spotykamy także wnuczki basileusów, może więc im samym lub osobom z ich otoczenia nie było obce pismo greckie. Uczestnicy krucjat podczas pobytu na Wschodzie również mogli się z nim opatrzeć. Wszelako nie wychodzimy tutaj poza krąg domysłów. Jeśli zresztą rzeczywiście doszukalibyśmy się w ciągu trzystu kilkudziesięciu lat, które tu rozpatrujemy, kilku czy kilkunastu osób ze znajomością alfabetu greckiego, nie miałoby to większego znaczenia. Dla ogółu ludzi piśmiennych czy uczonych tego czasu teksty greckie stanowiły raczej egzotyczną ciekawostkę, coś jak chińszczyzna dla współczesnej inteligencji europejskiej.

Inaczej rzecz się miała z alfabetem hebrajskim. Czytanie pisanych nim ksiąg świętych religii mojżeszowej obowiązywało każdego żyda-mężczyznę. Używano go również w piśmie. Wieki przetrwały średniowieczne nagrobki żydowskie, masowo w pobliskiej Pradze, sporadycznie także w polskim Wrocławiu. Fakt, że język hebrajski stawał się językiem martwym, znajdując zastosowanie głównie w sferze życia religijnego, nie ogra-

239. Inskrypcja grecka: tympanon fundacyjny Jaksy z opactwa benedyktyńskiego N.P. Marii i Św. Wincentego na Ołbinie we Wrocławiu; fragment otoku; 2 poł. XII w.

240. Inskrypcja hebrajska: brakteat Mieszka III; 1173–1202 r.

niczał przydatności samego alfabetu, którym można było zapisywać teksty różnojęzyczne, między innymi polskie. Najdawniejszy przykład zastosowania alfabetu hebrajskiego do języka polskiego stanowią brakteaty Mieszka III Starego z napisem: „Mieszko król polski."[127] Można więc przypuszczać, że w życiu codziennym ludności żydowskiej w Polsce posługiwanie się pismem hebrajskim jako środkiem łączności nie było rzadkie.

Jak jednak wskazuje przykład monet Mieszka III, rola alfabetu hebrajskiego u schyłku XII wieku nie ograniczała się do zaspokajania potrzeb społecznych i intelektualnych mniejszości żydowskiej; próbowano z tego alfabetu korzystać także w praktyce państwowej. Nie wystarczające wydaje się tłumaczenie, że napisy hebrajskie na monetach umieszczali samowolnie żydowscy mincerze. Trudno przypuścić, by o wyglądzie nowo emitowanych monet i o umieszczonych na nich tekstach decydowano gdzie indziej niż na dworze książęcym. Może więc zgodę na legendę hebrajską przesądziła możliwość zakodowania tym alfabetem wyrazów polskich? Byłby to ten sam motyw, którym tłumaczy-

235

liśmy bicie przez Chrobrego monet z napisem cyrylickim. Gdy alfabet słowiański coraz bardziej stawał się symbolem schizmy kościelnej, można było podjąć próbę zastąpienia go hebrajskim, w tradycji chrześcijańskiej uchodzącym za jeden z trzech „wybranych przez Boga".[128]

Z końcem XII wieku ustały dążenia do posługiwania się w życiu publicznym jakimkolwiek innym alfabetem poza łacińskim. Łączyło się to z przyjęciem łaciny za jedyny język, którym państwo posługiwało się w piśmie.

2. Technika pisma

W średniowieczu pisano na różnego rodzaju materiale: na tabliczkach woskowych, na materiale twardym, jak kamień, metal czy drewno, wreszcie na pergaminie. Materiał dobierano stosownie do zamierzonego celu pisma, a z kolei wybór materiału decydował o użyciu odpowiednich narzędzi i o technice posługiwania się nimi.

W najpospolitszych, codziennych sytuacjach, gdy piszącemu chodziło o sporządzenie podręcznej notatki lub przekazanie drugiej osobie informacji o przemijającej wartości, słowem gdy mu nie zależało na utrwaleniu tekstu na długie lata, sięgał po tabliczki woskowe. Wyrabiano je z twardego drewna – dębu, buku lub bukszpanu – a następnie powlekano warstwą wosku. Do pisania na nich służył kościany lub metalowy rylec, a właściwie jeden jego zaostrzony koniec. Drugi bowiem koniec rylca pozostawał gładki, spłaszczony na kształt łopatki i można nim było łatwo zetrzeć tekst wyżłobiony w wosku, aby uzyskać z powrotem tabliczkę czystą, nadającą się do ponownego zapisania. Dzięki temu posługiwano się tabliczkami woskowymi wielokrotnie.

Był to więc materiał tani i oszczędny. W szkole

241. Tabliczka z rachunkami za czynsze z Krakowa; pocz. XV w.

PISMO NA WOSKU

242. Fragment płyty nagrobnej z katedry w Gnieźnie; pocz. XI w.

243. Płaskorzeźba z wizerunkiem Apostoła Filipa z opactwa cysterek w Trzebnicy; 1 poł. XIII w.

244. Inskrypcja na słupie w Lipnikach – kamieniu granicznym otmuchowskich posiadłości biskupstwa wrocławskiego (fragment); 2 poł. XIII w.

245, 246, 247. U góry: inskrypcja wgłębna, wykonana techniką rycia, na kadzielnicy z opactwa cysterek w Trzebnicy; 1 poł. XIII w. Po lewej: inskrypcja wykonana techniką *niella* na patenie z Tumu pod Łęczycą; 2 poł. XI w. Po prawej: inskrypcja wypukła, wykonana techniką odlewu, na kropielnicy z kościoła N.P. Marii w Krakowie; XIII/XIV w.

tabliczki woskowe służyły do nauki i ćwiczeń w pisaniu. Miał je i używał ich zapewne każdy, kto umiał pisać, a nawet niepiśmienni kreślili może na nich znaki rozpoznawcze.

W miarę jak znajomość pisma rozpowszechniała się, obejmując zwłaszcza coraz liczniejsze rzesze ludności miejskiej, łatwo dostępne tabliczki woskowe zyskiwały sobie w Europie średniowiecz-

nej coraz szersze zastosowanie. Służyły rachunkowości, spisom podatkowym, sprawozdaniom władz miejskich, nawet statutom cechowym. Teksty te nie mieściły się, oczywiście, na jednej tabliczce, lecz zajmowały większą ich liczbę. Kolejne tabliczki wiązano wówczas ze sobą rzemykiem.

Tabliczki woskowe nie odznaczały się trwałością, te więc, których używano do podręcznych

238

PISMO HAFTOWANE

248. Fragment kolumny ornatu z opactwa cysterskiego w Henrykowie; ok. poł. XIII w.

PISMO NA PERGAMINIE

249. Fragment tekstu *Biblii* z opactwa cysterskiego w Pelplinie (f. 33 v); 2 poł. XII w.

notatek, ulegały rychłemu zniszczeniu. O ich rozpowszechnieniu wiemy głównie ze wzmianek w źródłach pisanych, pośrednio poświadcza ich funkcjonowanie także w Polsce średniowiecznej znalezisko rylca.[129]

Zespoły tabliczek zapisywanych w toku działalności instytucji miejskich miały charakter dokumentów, toteż przechowywano je w archiwach. Niektóre z nich przetrwały do czasów, gdy zajęła się nimi nauka. Najwcześniejszy polski zabytek tego typu, protokoły toruńskich władz miejskich, pochodzi dopiero z XIV wieku. Można jednak supponować, że podobne zastosowanie miały tabliczki woskowe już w miastach kolonizacyjnych drugiej połowy XIII stulecia.

Inne, choć bardzo zróżnicowane cele miało wykonywanie napisów na materiale twardym, obejmowanych mianem inskrypcji. Wyodrębniamy wśród nich grupę inskrypcji monumentalnych, tworzonych w intencji upamiętnienia na wieki ludzi i ich czynów. Należą tu w szczególności epitafia oraz tablice pamiątkowe i dedykacyjne. Osobną grupę inskrypcji stanowią rozmaitej treści teksty na przedmiotach użytkowych. Innym wreszcie potrzebom służyły napisy na monetach i pieczęciach.

Bez względu na rodzaj inskrypcji, wykonanie napisu w materiale twardym należało do rzemieślnika, który z reguły nie był autorem tekstu i który mógł nawet nie znać alfabetu, praca jego bowiem polegała na mechanicznym powtórzeniu dostarczonego mu wzoru. Powstawały przy tym łatwo pomyłki w postaci opuszczeń lub przestawień liter, a także szczególnie charakterystycznych dla epigrafiki odwróceń obrazu litery, która zjawiała się w napisie w pozycji zwierciadlanego odbicia albo w położeniu poziomym, choć czasem można to uważać za

PISMO NA SZKLE
250. Fragment okna witrażowego w katedrze we Włocławku; XIII/XIV w.

PRZYBORY PISARSKIE (il. 251, 252)
251. Pióro i rasorium, fragment miniatury w *Evangeliarzu Emmeramskim*, przedstawiającej Ewangelistę Jana przy pracy (p. 225); XI/XII w.

specyficzną manierę pisarską. Szczególnie często występowały podobne błędy w legendach monet, przy czym kolejne emisje nieraz się pogarszały; widocznie – a psychologicznie jest to zjawisko zrozumiałe – kontrolę poprawności tłoku przeprowadzano najstaranniej wtedy, gdy miano wprowadzić w obieg nową monetę, zaniedbując tej czynności w stosunku do tłoków sporządzanych później w miejsce już zużytych. Istnieje wszakże grupa inskrypcji, których wykonawcę technicznego trzeba identyfikować z autorem tekstu. Są to sygnatury rzemieślników-artystów, pozostawione na ich dziełach. W ten sposób uwiecznili w różnych latach swe imiona twórcy Drzwi Płockich (Waismuth) i Gnieźnieńskich (Petrus), budowniczy opactw w Koprzywnicy i w Wąchocku (Simon), może ludwisarz, który odlał dzwon katedralny, tzw. Nowak, w Krakowie (Herman).

Zależnie od użytego materiału, narzędzi i techniki pracy, rozróżniamy w epigrafice inskrypcje w kamieniu lub w metalu, wypukłe lub wklęsłe, wykute za pomocą dłuta i młota lub wyryte ostrym rylcem. W XII wieku upowszechniła się technika zwana *niello*; wyżłobione w metalu kontury liter zalewano masą emaliową.

Oprócz inskrypcji uwiecznionych w materiale twardym praktykowano haftowanie złotem i nićmi z jedwabiu napisów na tkaninach, mianowicie na szatach liturgicznych, które, podobnie jak wszelki sprzęt kościelny, opatrywano stosownymi wersetami biblijnymi lub przynajmniej objaśnieniami treści wyobrażeń ikonograficznych. Przykładów z ziem polskich dostarczyły ostatnio wykopaliska w Tyńcu;[130] w zbiorach wrocławskich znajduje się bogaty w napisy ornat z połowy XIII wieku, dar Agafii, żony Konrada Mazowieckiego, i ich syna Siemowita, zapewne dla cysterek w Trzebnicy, skąd trafił do klasztoru w Henrykowie (tzw. ornat św. Jadwigi). Jeszcze w XV wieku przechowywano w katedrze gnieźnieńskiej jakąś szatę kościelną, którą ofiarowała około 1070 roku Gertruda, córka Mieszka II, wydana za mąż za księcia kijowskiego Izasława; zdobił ją między innymi tekst modlitwy do św. Dymitra. Ofiarodawczyniami drogocennych szat liturgicznych były z reguły księżniczki i z ich włas-

252. Rylce z Wrocławia; XIII w.

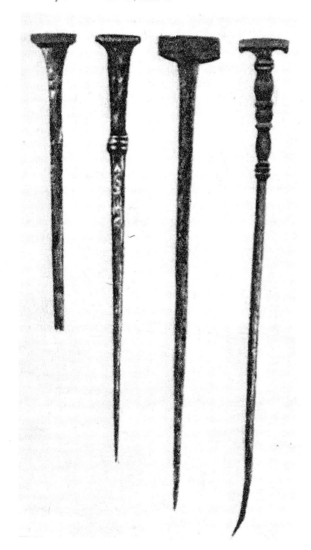

nych rąk wychodziły najczęściej wspomniane hafty.

Przy całej obfitości form, w jakich występowało w średniowieczu pismo, rozwój właściwego piśmiennictwa umożliwiało dopiero rozpowszechnienie się charakterystycznego dla tej epoki materiału: pergaminu. Nazywano tak specjalnie spreparowaną skórę zwierzęcą, w Europie północnej przeważnie cielęcą. Oczyszczona z sierści i tłuszczu, wygładzona i pobielona sproszkowaną kredą, odpowiednio przycięta, nadawała się do pisania na niej po obydwu stronach. Dłuższe teksty, oprawione następnie w księgi, a także wszelkie dokumenty oraz uroczyste listy sporządzano w naszym rejonie geograficznym wyłącznie na pergaminie.

Do pisania na nim służyły pióra ptasie: gęsie lub łabędzie. Aby nadawały się do tego celu, zakończenia ich rozdwajano i przycinano nożykiem, zwanym *rasorium*, co umożliwiało potem pisarzowi nadawanie literom pożądanych kształtów i dowolne operowanie raz grubszą, raz cieńszą kreską. Pióro maczano w atramencie, sporządzonym z mieszaniny witriolu, czyli siarczanu miedzi lub żelaza, octu winnego, galasówki dębianki (owada pasożytującego na dębie) oraz żywicy. Oprócz otrzymywanego w ten sposób atramentu czarnego o niebywałej trwałości, wyrabiano też z innych składników farby do tekstów barwnych. Najczęściej użytkowano czerwoną, uzyskiwaną z siarki i rtęci (cynober) albo z tlenku ołowiu (minia).

Do niezbędnych przyborów pisarskich należał też rysik ołowiany, prototyp ołówka, którym liniowano karty pergaminowe. Można go było także użyć w zastępstwie pióra do krótkiej notatki lub glossy w tekście. *Rasorium*, oprócz swego głównego przeznaczenia, służyło do wyskrobywania tekstu błędnego lub nieaktualnego. Powstałą po tej czynności chropowatość pergaminu wygładzano pumeksem lub kredą.

Produkcją pergaminu i narzędzi pisarskich zajmowały się w X–XI wieku niemal wyłącznie klasztory, głównie na potrzeby własne. W tych warunkach pergamin przestał być towarem rynkowym, stał się materiałem bardzo poszukiwanym i niezwykle cennym, choć jego wartość trudno było określić w jednostkach pieniężnych. Tam, gdzie go brakowało, gospodarowano nim oszczędnie, korzystając nawet ze skrawków i z kart zdefektowanych. Nieraz też wymazywano stare teksty i oczyszczone arkusze pokrywano nowym; takie rękopisy noszą nazwę palimpsestów.

W Polsce wczesnośredniowiecznej, w kraju, do którego wprowadzano dopiero instytucje kultury pisma, czysty pergamin był szczególną rzadkością. Zanim zaczęto go wyrabiać na miejscu, mógł trafiać tutaj tylko jako dar zagraniczny. Toteż próby sporządzania tekstów na pergaminie wystąpiły później, jak się wydaje, niż używanie pisma w formie różnorakich inskrypcji.[131] Pierwsze zaś zapiski pojawiały się na wolnych miejscach arkuszy już uprzednio zapisanych lub na pustych kartach ksiąg.

3. Kształty pisma

Zanim pismo łacińskie dotarło do Polski, przebyło długą ewolucję. W jej toku wykształciły się różne typy pisma. Wszystkie je podzielić można na dwie zasadnicze grupy: majuskułę i minuskułę.

Majuskułą nazywamy pismo, którego wszystkie litery mają jednakową wysokość i dają się umieścić między dwiema równoległymi liniami. Jej przykładem są dzisiejsze wielkie litery w drukowanym alfabecie. Natomiast w minuskule poszczegól-

MAJUSKUŁA W EPIGRAFICE

ne litery mają różną wysokość i cały alfabet pozwala się wpisać dopiero w cztery linie równoległe. Wprawdzie część liter minuskuły mieści się między dwiema liniami środkowymi takiej czterolinii (np. *a, c, e*), inne jednak tkwią tam tylko swym trzonem, wysuwając mniej istotne części do jednej lub obydwu linii zewnętrznych (np. *b, d* sięgają do linii górnej, *g, p* – do dolnej, *f* – do obydwu). Dzisiejsze małe litery alfabetu stanowią przykład minuskuły.

Najstarszym znanym typem pisma łacińskiego i zarazem klasycznym typem majuskuły jest kapitała. Litery jej cechuje proporcjonalność, kształtność i jednakowa wysokość pionowych trzonów z kilkoma tylko wyjątkami. Odstępy między literami są równe, brak natomiast odstępów między wyrazami oraz interpunkcji. Kapitała wykształciła się jako pismo inskrypcji na materiale twardym, a choć później adaptowano ją do materiału miękkiego, to już we wczesnym średniowieczu wróciła w zasadzie do swej pierwotnej roli.

Z kapitały wywodzi się drugi typ majuskuły, popularny w rękopisach IV–VIII wieku – uncjała. Cechuje ją zaokrąglenie załamań, a nawet prostych trzonów liter. W związku z tym w uncjale kształt niektórych liter różni się znacznie od kształtu tychże w kapitale (szczególnie *A, D, E, M*), kilka zaś nabrało cech minskuły, wykraczając poza granice dwóch linii (*h, l, q*).

Obydwa te typy pisma majuskulnego stosowano w Europie średniowiecznej, w tym także w Polsce, w inskrypcjach. Występuje w nich miano-

253. Fragment inskrypcji na opackiej płycie nagrobnej z klasztoru cysterskiego w Wąchocku; 1 poł. XIII w.

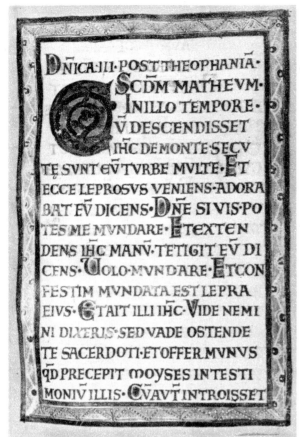

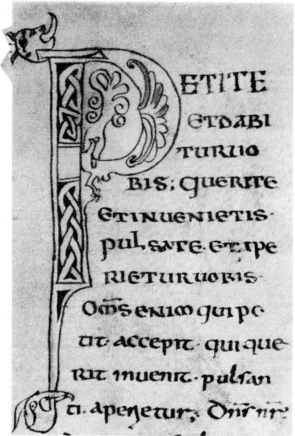

MAJUSKUŁA W RĘKOPISACH (il. 254–255)

254. Kapitała; fragment tekstu z inicjałem *C* w *Evangelistarium Gnieźnieńskim* (f. 26); kon. XI w.

255. Uncjała; fragment tekstu z inicjałem *P* w rękopisie *Kazań Wielkopostnych* (p. 163); pocz. IX w.

wicie albo czysta kapitała (tympanon wrocławskiego kościoła Najświętszej Marii Panny na Piasku, pieczęcie, epitafium biskupa Maura w katedrze wawelskiej), albo też kapitała pomieszana z uncjałą (tympanon ze Strzelna, słup koniński, niektóre monety). Zdarzały się też inskrypcje, gdzie między literami majuskulnymi trafiały się również minuskulne (tympanon z Ołbina). W zasadzie jednak pismem epigraficznym pozostawała aż do XIII wieku majuskuła. Jeszcze w XII wieku przeważała w inskrypcjach kapitała, choć raczej rzadko w czystej postaci, w XIII zaś stuleciu rozpowszechniła się epigraficzna majuskuła gotycka, którą cechowało cieniowanie liter i zdobienie ich przydatkami.

Natomiast pisząc na pergaminie, majuskułę zarzucono. Do nielicznych wyjątków, spotykanych tylko na peryferiach Europy łacińskiej, należą kodeksy spisane nią w całości. W XI wieku powstawały takie między innymi w Pradze i dwa z nich, *Evangelistarium Gnieźnieńskie* oraz tzw. *Złoty Kodeks Pułtuski*, czyli *Ewangeliarz Płocki*, znalazły się w Polsce przypuszczalnie jako dar Judyty czeskiej, małżonki Władysława Hermana. Obydwa kodeksy spisane są kapitałą, z którą tu i ówdzie mieszają się litery uncjalne.

Powszechnie jednak od IX wieku użycie majuskuły w kodeksach ograniczyło się do nagłówków, tytułów, wyrazów szczególnie ważnych,

MINUSKUŁA KSIĄŻKOWA (il. 256–261)

256. Fragment tekstu z inicjałem *F* w rękopisie *Glossa super duodecim prophetas* (f. 25); 2 poł. XII w.

257. Fragment tekstu z inicjałem *A* w *Ewangeliarzu Emmeramskim* (p. 211); XI/XII w.

258. Fragment tekstu *Dekretu Gracjana* z katedry w Gnieźnie (f. 65); kon. XIII w.

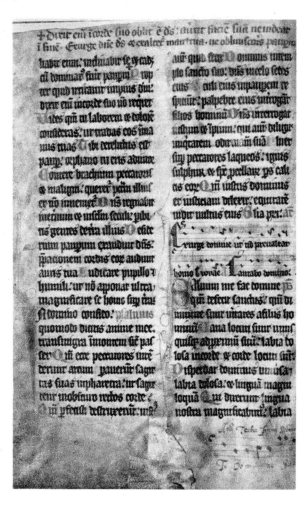

259. Fragment tekstu z inicjałem *Q* w *Psałterzu* z opactwa cysterek w Trzebnicy (f. 54); 1 poł. XIII w.

260. Fragment tekstu *Biblii* z opactwa cysterskiego w Pelplinie (f. 149 v); 2 poł. XII w.

261. Fragment tekstu *Brewiarza* z opactwa kanoników regularnych w Czerwińsku (f. 11 v); XIII/XIV w.

245

MINUSKUŁA KANCELARYJNA
262. Dokument konfirmacyjny ks. Grzymisławy dla opactwa cysterskiego w Szczyrzycu; 1231 r.

a zwłaszcza do inicjałów, gdy natomiast tekst ciągły pisano minuskułą. Jej wzór został wypracowany w państwie Karola Wielkiego, stąd nazywa się ją minuskułą karolińską lub karoliną, jej zaś postać z X–XII wieku określa się też mianem minuskuły romańskiej. Było to pismo kaligraficzne, łączące linie proste z okrągłością łuków, wyraźnie oddzielające od siebie poszczególne litery.

Właśnie z karoliny wywodzą się dzisiejsze małe litery drukarskiego alfabetu łacińskiego. Różni ją od niego najbardziej długie s (∫) oraz krótkie, mieszczące się całkowicie w liniach środkowych czterolinii *t*. Od X wieku na oznaczenie dyftongu *ae* wchodziło w użycie ę (*e caudata*), które z kolei zaniknęło przy końcu XII stulecia, zastępowane przez pojedyncze *e*. W XI wieku adaptowano z majuskuły okrągłe s, stosując je początkowo tylko na końcu wyrazów, z biegiem czasu także w środku i na początku.

Od minuskuły kodeksowej odróżniała się minuskuła kancelaryjna albo dyplomatyczna. Dążenie do nadania uroczystego charakteru dokumentom publicznym sprawiło, że zachowując alfabet karoliny, wzbogacono litery różnoraką ornamentyką. Wszelako nie powstał jej jednolity kanon dla całej łacińskiej wspólnoty graficznej, w obrębie której uformowały się poszczególne prowincje pisarskie o odmiennych zwyczajach. Określone maniery przekazywały także niektóre klasztory swoim filiom. W Polsce krzyżowały się różne wpływy, nie można jej przeto zaliczyć w całości do żadnej prowincji. W dokumentach sporządzanych w klasztorze cystersów w Łeknie dostrzega się niektóre zwyczaje pisarskie rozpowszechnione nad Renem i Mozą, w tzw. prowincji leodyjskiej.[132] Charakteryzowały ją, między innymi, sploty w kształcie chorągiewek, z pętelkami przy laskach liter sięgających górnego brzegu czterolinii (*b, d, h, l,* długie ∫) oraz wężykowate laski liter sięgających linii dolnej (*p, q*). Pismo dokumentów sporządzanych przez mnichów z Lubiąża przypomina znów wzory ich macierzystego opactwa – saskiej Pforty; laski wysokich liter były tam oplatane wężykowatymi liniami, schodzącymi od wierzchołka w dół. Specyficzne kreślenie liter, zwłaszcza *d, G* i okrągłego *s* przynieśli do Polski także joannici.[133] Poza tym nie zawsze przestrzegano w Polsce reguły, by dokumenty spisywać odrębnym pismem kancelaryjnym. W dokumentach małopolskich XII wieku przeważa minuskuła kodeksowa.

Już od przełomu XI i XII wieku daje się zaobserwować tendencja do łamania łuków liter. Zapowiadało to odejście od kanonu minuskuły karolińskiej, którą w XIII wieku wyprze pismo gotyckie. Litery stały się w nim węższe, wyższe niż ich szerokość, dawały się wpisać w wydłużony prostokąt, a nie w kwadrat. Stały blisko siebie, tworząc tekst bardzo zwarty. Łuki uległy zaostrzeniu, a laski załamaniu. Przemianom tym uległa nie tylko minuskuła, lecz także majuskuła.

W dalszym ciągu utrzymywała się różnica między pismem kodeksowym a kancelaryjnym, choć wciąż w wielu polskich dokumentach występowało pismo książkowe. Pismo dyplomatyczne zachowywało jeszcze do połowy XIII wieku większą krągłość oraz laski wysokich liter, zdobne pętlami i węzełkami. Około połowy tego stulecia wczesnogotycka minuskuła dyplomatyczna poddawała się stopniowo wpływom kursywy, pisma bardziej pospiesznego. Ornament uległ w nim uproszczeniu, laski liter stawały się krótsze, litery zaś łączono ze sobą ściślej, kreśląc po kilka ich jednym pociągnięciem pióra. W rezultacie zmieniał się także kształt liter, mniej teraz starannie wykańczanych.

Oryginalną cechę pisma średniowiecznego stanowiły szeroko stosowane skróty. W częściej używanych wyrazach pomijano końcowe litery

(tzw. skrót przez obcięcie) lub też zapisywano je za pomocą tylko pierwszej i ostatniej (skrót przez ściągnięcie, kontrakcja); suspensja, kreska nadpisana nad literami, informowała czytelnika o dokonanym skrócie. Niektóre końcówki gramatyczne oraz przedrostki zastępowano znakami specjalnymi. Przedrostki, przyrostki i zaimki zaczynające się od liter *p* lub *q* zapisywano samą tylko pierwszą literą z kreską lub zawijasem, wskazującymi, jak ją należy rozumieć.

Ten system brachygraficzny o złożonej genezie został ujednolicony w dobie karolińskiej, ale następnie znacznie rozbudowany w piśmie gotyckim. Charakterystyczne dla języka łacińskiego sylaby oznaczano wówczas ich pierwszą literą z umownymi kreskami. Niektóre spójniki i przyimki także zastępowano pojedynczym znakiem. W szerokim zakresie stosowano kontrakcję, zaznaczając ją przez nadpisanie litery następującej po literach opuszczonych. Brak *m* lub *n* sygnalizowała kreseczka nad wyrazem. Kreseczka falująca informowała, że pominięto *r* lub nawet całą sylabę z tą literą. Zamiast pełnych tekstów znanych formuł pisano tylko ich pierwsze litery; podobnie czyniono z imionami własnymi, których można się było domyślać z treści. W dziełach specjalistycznych – teologicznych, filozoficznych, matematycznych, prawniczych, medycznych – występowały ponadto skróty i oznaczenia przyjęte przez znawców owych dyscyplin, przy czym te same symbole nabierały różnego znaczenia, w zależności od kontekstu. Im bardziej piszącemu zależało na pośpiechu, tym więcej wprowadzał skrótów, toteż obfitują w nie szczególnie teksty pisane kursywą.

Te same sposoby skracania wyrazów łacińskich adaptowano również do tekstów polskich. Przykładem jest rękopis *Kazań Świętokrzyskich*. Chociaż pochodzi on dopiero z połowy XIV wieku, hojne szafowanie w nim skrótami każe przyjąć istnienie wówczas utrwalonej już wcześniej tradycji ich stosowania.

Liczby do końca XIII wieku pisano w Polsce sposobem rzymskim. Oznaczanie poszczególnych liczb odbiegało od dzisiejszej praktyki posługiwania się cyframi rzymskimi. Nie stosowano więc wyrażeń liczbowych opartych na odejmowaniu, jak IV lub IX, pozostając przy zasadzie sumowania kolejnych cyfr, a więc IIII, VIIII itp. Aby odróżnić jedynkę od litery *i*, stawiano w minuskule kropkę nad cyfrą, podczas gdy litera pozostawała bez kropki. Ostatnią jedynkę w wyrażeniu liczbowym przedłużano do dolnej linii, nadając jej postać joty (*j*).

Brak dochowanych zabytków sprawia, że o piśmie na tabliczkach woskowych w rozpatrywanym okresie możemy mówić tylko w trybie przypuszczeń. Wydaje się jednak rzeczą oczywistą, że rodzaj pisma zależał przede wszystkim od jego przeznaczenia. Można więc sądzić, że w nauce szkolnej, która odbywała się na tabliczkach, wprawiano się w piśmie kaligraficznym według tych wzorów, jakie w danym okresie obowiązywały w skryptoriach i kancelariach przy przepisywaniu ksiąg i sporządzaniu dokumentów. W codziennym użytku, przy kreśleniu rachunków, notatek czy mniej uroczystych listów, ludzie biegli w pisaniu posługiwali się zapewne także w okresie romańskim kursywą, podobnie jak to było dowodnie w starożytności i w okresie późniejszego gotyku. Nie znamy tylko wzoru kursywy z okresu panowania minuskuły karolińskiej. Nie powinno wszakże ulegać wątpliwości, że było to również pismo minuskulne ze wszystkimi konsekwencjami pospiesznego pisania, a więc operujące literami o nie wykończonym rysunku, skłonne do splatania ze sobą sąsiednich liter, chętniej posługujące się wszelkiego rodzaju abrewiacjami, nie zawsze nawet zgodnie z ich kanonem. Odczytywanie takiego pisma wymagało wprawy i dobrego obycia z różnymi tekstami.

4. Funkcje pisma

Dwie swoje podstawowe funkcje: przekazywanie informacji na odległość i utrwalanie jej w czasie, pismo we wcześniejszym średniowieczu w ogóle,

a w krajach świeższej jego recepcji w szczególności, pełniło w ograniczonym zakresie. Znajomość kodu literowego posiadał niewielki ułamek ogółu ludności, w Polsce u początku rozpatrywanego okresu bliski zeru, nie od razu więc pismo mogło się stać w pełni użytecznym środkiem komunikacji. Początkowo zarówno państwo, jak Kościół i poszczególne osoby posługiwały się nim głównie, jeśli nie wyłącznie, jako uzupełnieniem tradycyjnych systemów porozumiewania się.

Dotyczy to zwłaszcza przekazywania informacji na odległość. Wprawdzie znajdujemy w źródłach stosunkowo obfite ślady korespondencji, prowadzonej przez dwór książęcy, biskupów i różne instytucje kościelne, ale większość tych listów grała, jak się zdaje, przede wszystkim rolę znaku uwierzytelniającego posła; ten, wręczając adresatowi zwięzły zazwyczaj i konwencjonalny list, ustnie przekazywał właściwe zlecenie swego mocodawcy. Taki tryb miały, według Kosmasa, kontakty dworu czeskiego z papiestwem[134] i nie ma powodu przypuszczać, by inaczej posługiwali się listem Piastowie. Rzekome teksty listów, przytaczane dość często w historiografii średniowiecznej, są tworem literackim, popisem retorycznym kronikarzy. W najlepszym razie łączą faktycznie stosowane w ówczesnej korespondencji formuły z treściami, które normalnie komunikowano sobie przez usta posłów.[135]

Utrwaleniu informacji w czasie służyły rozmaite inskrypcje oraz dokumenty. I w tym wypadku tekst pisany grał często tylko rolę pomocniczą. Tak na przykład na słupie granicznym biskupstwa wrocławskiego, znanym z Lipnik (pow. Grodków, woj. opolskie), wyryto oprócz napisu, informującego o jego znaczeniu, także inne znaki: pastorał i krzyż ukośny, prawdopodobnie symbol granicy, przez co przekazano tę samą treść kodem bardziej powszechnie zrozumiałym.[136] Inskrypcje poświęcone fundatorom kościołów oraz epitafia opowiadały słowami to, co przedstawiał towarzyszący im rysunek.

Samodzielne znaczenie miał może tekst pisany w epitafiach przedstawicieli Kościoła jako prze-

263. Moneta z inskrypcją: denar Bolesława Chrobrego, typ *Gnezdvn Civitas*, awers i rewers; 992–1025 r.

znaczony dla ludzi im podobnych, a więc obytych z pismem. Przykładem mogłaby służyć najstarsza polska inskrypcja, zapewne z pierwszej połowy XI wieku, na płycie nagrobnej odkrytej w katedrze zagnieźnieńskiej, poświęcona pochowanym tam trzem „braciom", czyli prawdopodobnie zakonnikom.[137] Zabytek ten jest dziś jednak tylko zniszczonym fragmentem, nie wiadomo więc na pewno, czy owego grobu nie zdobiły również odpowiednie wyobrażenia ikonograficzne. O wiek późniejszy napis grobowy biskupa Maura w katedrze wawelskiej występuje samodzielnie. Ale już nagrobek opata cystersów w Wąchocku z XIII wieku symbolizuje wyobrażenie pastorału, umieszczone na płycie obok stosownej inskrypcji.[138]

Analogicznie, wczesne dokumenty polskie, potwierdzające donacje lub transakcje majątkowe, nie stanowiły ich jedynego poświadczenia, lecz uzupełniały jedynie pamięć naocznych świadków, których zeznanie miało jako środek dowodowy przed sądem prawie do końca XIII wieku pierwszeństwo przed dokumentem.[139]

Takie ograniczenie funkcji pisma we wcześniejszym średniowieczu wypływało z faktu, że znajomość alfabetu w społeczeństwie, a nawet w jego warstwach przewodnich, była znikoma. Toteż zaskakuje raczej stosunkowo szerokie rozpowszechnienie pisma, które jako inskrypcje w miejscach publicznych oraz jako legendy monet, obiegających cały kraj, miało szansę dotrzeć niemal do wszystkich. Wymaga przeto wyjaśnienia cel, w jakim stawiano teksty pisane przed oczy ludzi, którzy nie umieli ich przeczytać.

Otóż pismo w społeczeństwie niepiśmiennym pełni funkcje zastępcze, nie związane bezpośrednio z jego istotą. Jako samodzielny znak, a nie tylko jako zbiór liter stanowiących oznaczenia głosek, zajmuje określone miejsce w zespole tradycyjnych symboli, staje się jednym z elementów tego kodu, którym społeczeństwo owo zwykło się posługiwać. Zazwyczaj nabiera znaczenia magicznego, nadaje charakter sakralny miejscom opatrzonym napisami. Bywa też znakiem sankcji władz najwyższych.

Nie ma wątpliwości, że we wczesnośredniowiecznym społeczeństwie wielu krajów Europy, a wśród nich Polski, taki właśnie sens wiązano z pismem. Litery na słupie czy kamieniu granicznym broniły granicy, uświęcały ją, wskazywały, że na jej straży stoi moc księcia. Aby sobie z tego zdawać sprawę, nie trzeba było znać szczegółowej treści napisu. Podobnie litery na nowo wprowadzonej w obieg monecie nakazywały szacunek dla niej, a zapisana karta pergaminowa w ręku posiadacza dokumentu wzmacniała jego racje także w oczach tych, którzy brzmienia tekstu nie potrafiliby poznać.

Pismo sakralizowało nie tylko rzeczy i instytucje, ale i osoby. Fakt, iż wiedziano – a wiedziano, bo ogłaszano takie rzeczy publicznie na wiecach – że na monetach wytłoczono imię księcia, że to samo imię zostało wyryte na znakach granicznych, że zdobi ono tympanony świątyń, służył autorytetowi panującego. Potężni możnowładcy, konkurując ze słabnącymi Piastami, szli ich śladem. Już u schyłku XI wieku Sieciech, wszechwładny wojewoda Władysława Hermana, kazał umieszczać własne imię na nowych monetach.[140] W kilkadziesiąt lat później imię innego wielkiego pana, palatyna Piotra, zapewne Piotra Wszeborowica, wojewody Bolesława Kędzierzawego, wyryto na słupie drogowym, postawionym w Koninie i oznaczającym połowę drogi z Kruszwicy do Kalisza.[141] Fundatorzy kościołów dbali o uwiecznienie swych imion w miejscach najbardziej widocznych, na tympanonach nad wejściem do świątyni. Tu znów, prócz Piastów, spotykamy Piotra – raczej Wszeborowica niż Włostowica – Marię Włostowicową, jej syna Świętosława, Jaksę i jego żonę Agatę.[142]

Inskrypcje średniowieczne adresowali ich autorzy nie tylko do miejscowego społeczeństwa, ale co najmniej w równej mierze do obcokrajowców. Manifestowali przez nie przynależność Polski do świata cywilizowanego. Mierzono bowiem wówczas postępy cywilizacji liczbą kościołów oraz rozpowszechnieniem znajomości języków klasycznych, z czym łączyła się także uprawa pisma. Za pobożne fundacje i opanowanie prócz łaciny także

greki wysławiała króla Mieszka II reprezentantka oświeconej opinii Zachodu, księżna Matylda szwabska. Podobne kryteria stosowali też w swych ocenach członkowie innej cywilizacji – kupcy arabscy. Obserwowana po głównych grodach mnogość łacińskich inskrypcji – było ich przecież znacznie więcej, niż się dochowało – miała więc utwierdzać cudzoziemskich gości w przekonaniu, że znajdują się ciągle jeszcze w granicach tej samej wspólnoty kulturowej.

Niezależnie od subiektywnych intencji ich twórców, napisy, z którymi stykali się na co dzień wojownicy z załóg grodowych, mieszkańcy podgrodzi i część ludności okolicznej, pociąganej do służebności, przynoszącej należne daniny lub odwiedzającej targi, służyły edukacji powszechnej. Spoglądając na kute lub ryte litery, ludzie ci zżywali się z widokiem pisma, powoli dochodzili do pewnego zrozumienia jego właściwych funkcji, a niektórzy z nich zapewne nawet opanowywali biernie alfabet majuskulny, podobnie jak niejedno współczesne dziecko uczy się go z szyldów sklepowych.

Szczególną rolę w propagandzie pisma odgrywały przypuszczalnie monety. Wprawdzie ich legendy ograniczały się zazwyczaj do imienia książęcego, ale ubóstwo tekstu wynagradzał jego zasięg oddziaływania. Nie wiemy wprawdzie, jak wielka część ludności Polski piastowskiej uczestniczyła w obrocie pieniężnym, chyba jednak pieniądz kruszcowy nie był rzadkością, skoro według szacunkowych obliczeń wybito za Bolesława Śmiałego 2 miliony denarów, a emisja dwóch monet Władysława II miała sięgać 5 milionów sztuk. Uzasadniony jest przeto sąd, że wielu mieszkańcom Polski właśnie moneta dawała pierwszą sposobność zetknięcia się z pismem.[143] Częstsze obcowanie z pieniądzem mogło prowadzić do zapamiętania obrazu graficznego imienia panującego księcia, które następnie rozpoznawano także w tekstach inskrypcji monumentalnych, na tablicach nagrobnych, na pieczęciach.

Oczywiście, rozmiarów tego obycia się z pismem ludzi niewykształconych nie należy przeceniać. Jeśli jednak przyczyniało się choćby do powstania świadomości, że istnieją znaki pozwalające utrwalać mowę, to już to samo stanowiło doniosły krok naprzód w rozwoju kultury społeczeństwa. Naturalną bowiem konsekwencją tej świadomości stawała się z kolei ciekawość alfabetu i dążenie do uczynienia z niego powszechnie użytecznego narzędzia komunikacji intelektualnej. Ograniczało wprawdzie możliwość czynnej uprawy pisma przez szersze koła niedostosowanie alfabetu łacińskiego do fonetyki języków słowiańskich, ale że trudność ta nie stanowiła przeszkody nie do przezwyciężenia, wskazywała dokonywająca się wcześniej adaptacja tego alfabetu do głosowni niemieckiej. Wśród mówiących po niemiecku obywateli miast kolonizacyjnych w Polsce drugiej połowy XIII wieku znajdowali się już ludzie, którzy odczytywali teksty tak z modlitewnika, jak ze zbioru praw, a również sami potrafili sporządzić notatkę lub zredagować list. Ponieważ u schyłku stulecia rodziło się już piśmiennictwo w języku polskim, można przypuszczać, że także używanie pisma dla potrzeb życia codziennego czyniło w środowiskach autochtonicznych postępy.

Krąg uczony i jego instytucje

1. *Litterati* i *idiotae*

Wagę pisma jako wyznacznika kultury umysłowej i zarazem klucza do niej rozumieli dobrze ci, którzy je opanowali. Czuli się przez tę umiejętność członkami elitarnej grupy, wyodrębnionej ze społeczeństwa, składającego się przeważnie z niepiśmiennych. Obejmowali siebie łacińskim określeniem *litterati*, spolszczonym następnie na „literaci", co nie oznaczało wówczas bynajmniej twórców piśmiennictwa, lecz w zasadzie tylko ludzi odróżniających litery, potrafiących czytać. Stąd powstające w późnym średniowieczu bractwa, których członkowie używali modlitewników, zwały się literackimi. Tych zaś, co czytać nie umieli, nazywano *illiterati*, czyli analfabetami, lub bardziej pogardliwym terminem *idiotae*. W ówczesnym języku nie oznaczał on kwalifikatora rozwoju umysłowego, lecz określał ludzi nie należących do wykształconej elity.

Ale nawet wśród kleru nie każdego zaliczano do literatów. W sąsiadujących z Polską Czechach kronikarz Kosmas pisał jako o idiocie o bracie księcia Bolesława II Pobożnego, Strachkwasie-Chrystianie, mnichu ratyzbońskim, a później biskupie-nominacie praskim.[1] Nie miało to, rzecz jasna, znaczyć, by zarzucał mu nieznajomość alfabetu; sugerował raczej jego niedostateczną gorliwość w studiach pobożnych. Fakt bowiem, że

w kręgu literatów dominował kler, narzucał także określoną hierarchię wartości piśmiennictwa, którego najgodniejszym celem powinno było być – zdaniem wielu przedstawicieli Kościoła – utrwalanie i komentowanie słowa Bożego. Prawdziwy zatem literat to człowiek *sacris litteris eruditus* – biegły w literaturze sakralnej, zwłaszcza zaś w *Piśmie Świętym*.[2]

Pomimo chwiejności w szafowaniu nazwą „literat", pojęcie to zachowywało jednak dość szeroki zakres; mieścili się w nim ludzie o różnym poziomie wiedzy, wśród nich rzesza duchownych, którzy odebrali jedynie wykształcenie elementarne, sposobiące ich do sprawowania obrzędów liturgicznych i innych funkcji pełnionego urzędu kościelnego. Kto więc ukończył regularny kurs nauk, nie czuł się dostatecznie usatysfakcjonowany tytułem literata. Już też na przełomie XI/XII wieku weszły w użycie nowe terminy, informujące dokładniej o wykształceniu osób, do których je stosowano. Ponieważ przez studium języka łacińskiego i autorów klasycznych, stanowiące treść kursu trzech pierwszych tzw. nauk wyzwolonych, czyli *trivium*, zdobywano, według ówczesnych pojęć, sprawność w wymowie (łac. *eloquentia*), przeto absolwenta *trivium* zwano wymownym – *vir eloquens*. O kolejnych czterech naukach wyzwolonych, które składały się na kurs zwany *quadrivium*, mówiono, że wiodą do mądrości (łac. *sapientia*). Ukończeniem więc obydwu kursów, *trivium* i qua-

drivium, zasługiwało się na epitet męża mądrego – *vir sapiens*.[3] Powstające zaś w Europie Zachodniej, począwszy od XIII wieku, uniwersytety zaczęły nadawać swym absolwentom stopnie naukowe bakałarza, magistra i doktora.

Do zaledwie ochrzczonej Polski ściągał cudzoziemski kler, znajdując tu pole do pracy w służbie zarówno tworzącego się Kościoła, jak rozbudowywanego przez Piastów państwa. Tym samym powstawało w Polsce środowisko literatów. W X wieku skupiał ich wszystkich dwór książęcy, przy którym początkowo przebywał prawdopodobnie także biskup misyjny. Z czasem ośrodków takich przybywało. Stanowiły je, co najmniej od roku 1000, siedziby biskupie, zwłaszcza obydwie wielkopolskie, Gniezno i Poznań, oraz małopolski Kraków; później także Wrocław, Płock i Włocławek. Następnie doszły do tego klasztory oraz skupienia kleru świeckiego – kolegiaty. W XII wieku można ich już naliczyć kilkanaście. Pojedynczy literaci lub nawet niewielkie ich grupki osiadały zapewne także na dworach największych wielmożów, pośród których zdarzali się tacy, którzy, jak się wydaje, również otrzymywali wykształcenie szkolne. Tak więc Sieciecha, palatyna Władysława Hermana i faktycznego rządcę państwa w imieniu tego nieudolnego księcia, zowie *Kronika* Galla *vir sapiens*.[4]

Większość osiedlających się w Polsce kleryków cudzoziemskich nie odznaczała się wysokim wykształceniem. Przeważali wśród nich literaci najniższego stopnia i jeszcze nawet w XII wieku ukończenie *trivium* odnotowywano z szacunkiem, gdyż otwierało drogę do dostojeństw. Wiadomo, że na zdobycie wyższego szczebla szkolnego nie było stać Ottona, późniejszego biskupa Bambergi i szczęśliwego apostoła Pomorza Zachodniego, który za młodu bawił na dworze Władysława Hermana, zdobywając uznanie jako nauczyciel i nosiciel poselstw.[5]

Od szeregowych duszpasterzy cenzusu *trivium* nie wymagano. Prezbiter potrzebował tyle wykształcenia literackiego, by mógł posługiwać się księgami liturgicznymi. Wizytacje kościelne wykrywały jednak nieraz kapłanów, co nie umieli czytać, a teksty obrzędowe bądź recytowali z pamięci, bądź markowali niewyraźnym pomrukiwaniem. Nawet zaś ci, którzy rzeczywiście odczytywali modlitwy z ksiąg, często nie znali na tyle łaciny, by rozumieć ich treść.[6]

Lepsze wykształcenie przygotowywało wówczas do innych raczej zadań niż duszpasterskie. Zależnie też od ich charakteru bywało zróżnicowane. Absolwent *trivium*, *vir eloquens*, robił karierę dworską w służbie książąt, biskupów lub możnowładców świeckich; sprawował poselstwa, wykonywał czynności kancelaryjne, w razie potrzeby redagował teksty, wychowywał młodzież, bawił chlebodawców, ich otoczenie i gości głośną lekturą lub, częściej, opowieściami, których treść czerpał zarówno z książek, jak z osobistych doświadczeń. Spośród umiejętności wyniesionych ze szkoły, najczęstszy użytek w pracy czynił ze znajomości języka łacińskiego, przydatnych cytat i formuł oraz z czytania. Sam operował raczej rylcem niż piórem, robiąc notatki, przygotowując bruliony lub kreśląc nieurzędowe listy pospiesznym pismem na tabliczkach woskowych. Poprzestawał przeważnie na niższych święceniach kleryka, by nie obarczać się kłopotliwymi obowiązkami kapłańskimi, i dopiero gdy książę ofiarowywał mu biskupstwo, przyjmował łącznie, w przededniu sakry, święcenia diakona i prezbitera.

Inny rodzaj wykształcenia odbierali kandydaci na skrybów. Ci mieli zostać rzemieślnikami pióra, natomiast niepotrzebne im było rozczytywanie się w autorach. Ćwiczeni w specjalnych szkołach klasztornych przede wszystkim w kaligrafii, władali narzędziami pisarskimi często znacznie sprawniej od przełożonych. Nie dostawało im za to wiedzy, jaką posiedli tamci, całe więc życie spędzali przy pulpicie, potrzebni i poszukiwani, ale pozbawieni widoków na odmianę losu.

Chociaż te wszystkie grupy literatów tak bardzo różniły się poziomem intelektualnym, pełnionymi funkcjami i żywionymi ambicjami, tworzyły razem środowisko współżyjące na co dzień z pismem i książką, a część swoich myśli formułujące w słowach łacińskich. Przesycone nadto elementem cudzoziemskim, który w X wieku panował w nim niepodzielnie, do XII wieku włącznie przeważał, a i w następnym stuleciu był licznie reprezentowany, odcinało się wyraźnie od niepiśmiennych ,,idiotów''. Miało odrębne zainteresowania i nawyki, a prócz potrzeb wspólnych całemu społeczeństwu, odczuwało także potrzeby swoiste, zaspokajając je zaś, wprowadzało do Polski nowe, nie znane tu dotąd wzory, wytwory i instytucje kulturalne.

2. *Capella* i *scriptorium* książęce

Biegłych w piśmie duchownych cudzoziemskich, którzy napływali do Polski za pierwszych chrześcijańskich Piastów, książęta ściągali na swój dwór. Z jednej bowiem strony zależało im na współpracy tych wykształconych ludzi i na stopniowym wprowadzaniu pisma do praktyki państwowej, z drugiej zaś – również dla sprawy chrystianizacji kraju potrzebny był warsztat, który dostarczałby misjonarzom i duszpasterzom tekstów liturgicznych i katechetycznych, gdyż import nie mógł zaspokoić rosnącego na nie zapotrzebowania. Aż w głąb XII wieku jako fundator kościołów występował sam książę i do niego należało zaopatrzenie ich we wszystko, co było niezbędne do sprawowania służby Bożej.

Podobnie było w Kijowie, gdzie Jarosław Mądry (1016–1054 r.), według relacji *Powieści lat minionych*, ,,zebrał pisarzy mnogich... i spisali księgi mnogie'',[7] którymi następnie książę obdarował ufundowany przez siebie sobór sofijski. Jeśli w Polsce zachowały się wyłącznie importowane księgi liturgiczne z tego czasu, to najprawdopodobniej dlatego, że tych produkcji miejscowej, uboższych w wykonaniu, nie przechowywano równie pieczołowicie.

Chociaż skąpy, materiał źródłowy daje nam przecież niejedną informację o usiłowaniach monarchii, by wprzęgnąć w służbę najzdolniejszych przedstawicieli kleru. Tak więc Bolesław Chrobry proponował zadania państwowe eremitom, sposobiącym się do misji wśród pogan, jakkolwiek doceniał wagę także tego przedsięwzięcia. Spotkał się wprawdzie wówczas z odmową,[8] ale w kilka lat później znalazł w tym samym prawdopodobnie kręgu cennego współpracownika w osobie opata Tuniego.[9] Również pierwsi biskupi co najmniej dzielili czas między zarząd diecezją a służbę na dworze. Biskupa kołobrzeskiego Reinberna widzimy w niedługi czas po otrzymaniu sakry w roli kapelana córki książęcej;[10] jeśli nawet teren jego diecezji odpadł przedtem od Polski i chrześcijaństwa, to i tak przemiana misjonarza w kapelana dworskiego wydaje się dziwna, przyjąć by raczej należało, że od samego początku czuł się tym ostatnim, a duszpasterzem Pomorza pozostawał jedynie z tytułu.

Jednostki bowiem tylko przybywały z Zachodu do leżącej na peryferiach cywilizacji Polski w szlachetnym zamiarze oddawania się tu żmudnej pracy duszpasterskiej, czy nawet w poszukiwaniu palmy męczeńskiej. Jeśli w sto lat później Bolesław Krzywousty nie znajdował w kraju chętnych do misjonarzowania na Pomorzu Zachodnim,[11] to zapewne nie łatwiej szło organizatorom Kościoła w Polsce X–XI wieku, gdy werbowali do podobnego celu kandydatów w państwach Europy Zachodniej. Polska była tam atrakcyjna raczej jako teren łatwego zrobienia kariery, przede wszystkim na dworze książęcym. Poszukiwały jej tak dobrze zapisane w dziejach polskich postacie, jak Otton, późniejszy biskup bamberski, a w młodości kapelan na dworze Władysława Hermana i Judyty salickiej, lub jak Gall Anonim, nie ukrywający bynajmniej na kartach swej kroniki, co jest motywem jego służby: ,,...ażeby książę dał godną nagrodę''.[12] Poszukiwało jej wielu cudzoziemskich kleryków, znanych nam nieraz tylko z imienia. Potrzeby książęce wychodziły więc naprzeciw nadziejom tych ludzi.

264. Kopiowanie ksiąg: kalendarz liturgiczny we wstępie do *Kodeksu Gertrudy* (*Codex Gertrudianus*) powstały w sześćdziesiątych latach XI w. i dołączony do *Psałterza Egberta*

Kler dworski w Polsce piastowskiej, podobnie jak w cesarstwie i na innych dworach chrześcijańskich, tworzył książęcą *capella* – dosłownie kaplicę, choć może lepiej istotę rzeczy oddałby tu termin: kapelania.[13] Jej członkowie nosili tytuł kapelanów książęcych. Do ich obowiązków należały posługi liturgiczne na dworze i w określonych kościołach, które książę odwiedzał, ale prócz tego wiele zadań o charakterze świeckim. Jak wskazują analogie, stanowili oni administrację dworu, zawiadywali między innymi skarbcem książęcym, a przede wszystkim zajmowali się pisaniem i nadzorowaniem przepisywania tekstów w dworskim *scriptorium*.[14]

Terminem *scriptorium* – w postaci spolszczonej – skryptorium – zwykło się nazywać dwie różne rzeczy, co nieraz prowadzi do nieporozumień. W swym podstawowym znaczeniu *scriptorium* to miejsce pracy średniowiecznego pisarza-skryby, który siedząc przed pochyłym pulpitem i na rozpiętej na nim karcie pergaminowej kreśląc starannie litery, kopiował je z księgi lub z innej karty; często też pisał pod czyjeś dyktando. W znaczeniu drugim, pochodnym, ale szerszym od pierwszego, rozumie się przez skryptoria zorganizowane pracownie, trudniące się produkcją ksiąg; zatrudniano w nich stale kilku lub kilkunastu skrybów.

Scriptorium w pierwszym znaczeniu znajdowało się w każdym ośrodku skupiającym ludzi piśmiennych: w kapelanii książęcej, na dworze biskupim, w kapitule, w klasztorze. Natomiast istnienie w Polsce X–XII wieku produkcji ksiąg na

265. Praca w skryptorium; inicjał *M* z przedstawieniem Ewangelisty Mateusza i kopisty; *Biblia* (f. 60); ost. ćw. XIII w.

szerszą skalę, a więc skryptoriów w owym drugim znaczeniu, nie daje się udowodnić i pozostaje wciąż przedmiotem sporów naukowych.

Wyżej zajęliśmy już stanowisko w tej sprawie, wyrażając pogląd, że w jakiejś skromnej choćby mierze trud kopiowania ksiąg musiało w owym wczesnym okresie wziąć na siebie skryptorium książęce. Najwcześniejszym zabytkiem, w którym można by upatrywać jego dzieło, jest kalendarz liturgiczny, niechybnie powstały w Krakowie w sześćdziesiątych lub siedemdziesiątych latach XI wieku, a umieszczony na wstępie tzw. *Kodeksu Gertrudy* (*Codex Gertrudianus*) przed psałterzem, przywiezionym zapewne kilkadziesiąt lat wcześniej przez Rychezę, małżonkę Mieszka II.[15]

Możliwe też, że z tego samego skryptorium wyszły i jako dar książąt polskich przeszły w posiadanie katedry krakowskiej niektóre z rękopisów, wyliczonych w jej inwentarzu z 1110 roku, między innymi tzw. *Pontyfikał biskupów krakowskich* oraz zbiór homilii. Pochodzenie obydwu tych dzieł da się jednak określić tylko hipotetycznie. Dotychczasowa literatura wysuwa w tym względzie różne koncepcje.

Od początku swego istnienia skryptorium

dworskie służyło nie tylko przepisywaniu ksiąg liturgicznych, lecz także potrzebom państwowym, które stopniowo wysuwały się na czoło. Chrześcijańska dynastia nie mogła w stosunkach z innymi monarchami, a zwłaszcza z papiestwem, obywać się bez pisma. Prawdopodobnie już Mieszko I około 990 roku musiał przedstawić kancelarii papieskiej na piśmie dane, potrzebne jej do zredagowania dokumentu zwanego *Dagome iudex*, aktu, którym książę polski ofiarowywał Stolicy Apostolskiej swe państwo o dokładnie wyznaczonych granicach.[16] W roku 1013 Bolesław Chrobry skierował do papieża „list" (*epistola*), obwiniający cesarza, że nie przepuszcza trybutu słanego do Rzymu przez władcę polskiego.[17] List ten został przez Niemców przechwycony, odpada więc wątpliwość, czy terminem tym nie określono tu po prostu ustnego przesłania, jakie wciąż jeszcze – także w kontaktach oficjalnych – stosowano. W roku 1018, po zdobyciu Kijowa, Chrobry miał o tym sukcesie zawiadomić przez posłów obydwu cesarzy: zachodniego i bizantyjskiego;[18] posłowie wieźli pewno listy. Chyba też nie gdzie indziej niż na dworze Chrobrego dyktował Bruno z Kwerfurtu swe utwory hagiograficzne oraz słynny list do króla niemieckiego Henryka II.[19] Przy końcu XI i w początkach XII wieku wiadomości o listach wysyłanych przez książąt polskich stają się coraz częstsze.

W książęcej *capella* i jej skryptorium opracowywano też zapewne projekty rozmaitych inskrypcji, jak epitafiów, tablic erekcyjnych, oznaczeń słupów lub kamieni granicznych, legend monet i pieczęci. Tu też sporządzano wzory, według których kamieniarze czy złotnicy ryli następnie litery w twardym materiale.

3. Skryptoria kościelne

W miarę jak krzepła organizacja diecezjalna, a biskupi, pozostający z początku na utrzymaniu księcia, zyskiwali samodzielność ekonomiczną, ulegał rozbudowie dwór biskupi, a w jego ramach wyo-

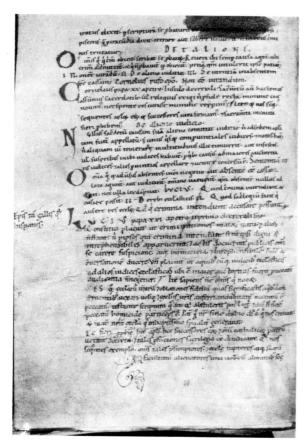

266. Skryptorium biskupie: Iwo z Chartres, *Collectio trium partium* (*Tripartita*) z biblioteki katedralnej w Krakowie, fragment tekstu (p. 30); XI/XII w. Rękopis prawdopodobnie skopiowany na miejscu

w obydwu wymienionych biskupstwach.[20] Jeśliby to przypuszczenie okazało się trafne, należałoby stwierdzić, że skryptoria gnieźnieńskie i krakowskie zatrudniały już wtedy kilkunastoosobowy personel, gdyż każdy z polskich egzemplarzy wspomnianego zbioru przepisywało jednocześnie tylu właśnie pisarzy. Wskazywałoby to z kolei, że skryptoria biskupie w tych dwu stolicach miały już za sobą dłuższy okres rozwoju.

Przeciw temu twierdzeniu przemawia jednak opinia paleografów, znawców pisma średniowiecznego. Ich zdaniem polskie rękopisy *Tripartity* nie powstały w naszym kraju, lecz we Francji.[21] Niewątpliwym w nich śladem miejscowego pióra jest dopiero dopisany w krakowskim egzemplarzu inwentarz skarbca katedralnego z 1101 roku oraz skarbca i biblioteki z roku 1110. Z krakowskiego skryptorium wyszedł natomiast już w XI wieku,

267. Skryptorium benedyktyńskie (Lubin): *Album Brackie Lubińskie* (f. 170) z 1 ćw. XIII w., spisane przy końcu *Perykop ewangelicznych* z Lubina

drębniała się działalność skryptorium. Spotykamy się z nią dowodnie w XII wieku, ale jej początki można hipotetycznie cofnąć do drugiej połowy XI stulecia, do czasów reform kościelnych, dokonywanych pod patronatem Bolesława Śmiałego i Władysława Hermana.

Za pierwsze znane dzieła skryptorów biskupich uważają niektórzy badacze przechowywane w archiwach katedr gnieźnieńskiej i krakowskiej dwa rękopisy tzw. *Tripartity*, zbioru prawa kanonicznego, sporządzonego u schyłku XI wieku przez Iwona z Chartres; egzemplarz tego dzieła miał przywieźć do Polski w 1103 roku legat papieski Gualo (Walo) i tu, być może, przepisano go w latach 1085–1092, list biskupa Lamberta-Suły do króla czeskiego Wratysława II.[22] W obydwu wypadkach są to teksty drobne, nie wskazujące na prowadzenie w krakowskim skryptorium biskupim produkcji ksiąg.

Płockiemu skryptorium z czasów biskupa Aleksandra z Malonne (1129–1156 r.) przypisuje się niektóre, do dziś istniejące rękopisy; ostrożniej będzie sądzić, że energiczny pasterz sprowadzał je ze swej nadmozańskiej ojczyzny. Zaginiona dziś *Biblia Płocka*, acz najpewniej pochodząca również stamtąd, nosiła jednak ślady uzupełnień tekstowych i iluminatorskich, dokonanych w Płocku.[23] Tu też, oczywiście, umieszczono w niej zapiskę o cudach w katedrze płockiej w roku 1148.[24]

Najbardziej rozbudowane i najsłynniejsze były w Europie wczesnego i rozwiniętego średniowiecza skryptoria klasztorne. Przepisywanie ksiąg uważano wówczas za jeden z głównych obowiązków mnichów benedyktyńskich. Dotyczy to wszakże krajów ugruntowanego chrześcijaństwa i rozwiniętej organizacji kościelnej. W krajach misyjnych, do których trzeba zaliczyć także Polskę X–XI wieku, zakonnicy nie znajdowali warunków, by oddać swe siły spokojnej pracy intelektualnej. Przypadała im rola misjonarzy, duszpasterzy, organizatorów, co narzucało im inny, bardziej czynny tryb życia niż na Zachodzie. Nie wiadomo więc, czy dość szeroko rozpowszechnione przypuszczenie, iż benedyktyni polscy „rozporządzali dobrze zorganizowanymi skryptoriami, w których od XI wieku przepisywano i spisywano księgi na użytek obrządku liturgicznego, dla potrzeb kleru świeckiego, czasem dla bibliotek dworskich",[25] nie jest zbyt optymistyczne; inni autorzy wręcz kwestionują istnienie skryptoriów w polskich klasztorach benedyktyńskich.[26]

Coś konkretnego na ten temat można powiedzieć jedynie o benedyktynach z wielkopolskiego Lubinia. Znamy bowiem przechowywany tam, dziś już nie istniejący, rękopis z XII wieku, który zawierał perykopy ewangeliczne, czyli fragmenty *Ewangelii* przeznaczone do czytań liturgicznych. Ręko-

268. Skryptorium franciszkańskie (Stary Sącz?): *Graduał* z klasztoru klarysek w Starym Sączu; fragment tekstu (f. 37 v); kon. XIII w.

pis ów pochodzi, według kompetentnej opinii, ze skryptorium ratyzbońskiego,[27] jednak na jego końcowych kartach mnisi lubińscy umieścili w początku XIII wieku spis członków bractwa klasztornego, tzw. *Liber fraternitatis Lubinensis*. Jak wskazują zawarte w nim imiona, należące do kilku pokoleń, a zapisane tą samą ręką, rejestr ten został wówczas przepisany z dawniejszych. Świadczy to, że w benedyktyńskim Lubiniu parano się pismem jeszcze może w XI, a na pewno w XII wieku, ale pośrednio przeczy, by trudniono się tam kopiowaniem ksiąg.

Prymitywne jeszcze skryptoria na dworach biskupich i w klasztorach długo nie mogły się rozwijać, cierpiały bowiem na ostry brak podstawowego materiału pisarskiego – pergaminu. Dowodzi tego wyraźnie fakt, że także dla zapisek o charakterze wewnętrznym korzystano skrzętnie z wolnych miejsc w otrzymanych w darze rękopisach, nie bojąc się nawet sprofanować ksiąg zawierających słowa Chrystusowe i stąd otaczanych szczególną czcią. Oprócz wspomnianych wyżej notatek na *Biblii Płockiej*, *Perykopach* lubińskich i krakowskim egzemplarzu *Tripartity*, można przytoczyć inne jeszcze przykłady takiego postępowania. Tak więc na marginesach tablic paschalnych zapisywano wiadomości o różnych wydarzeniach, które chciano upamiętnić, w szczególności o małżeństwach i zgonach władców oraz o zmianach na stolicach biskupich. Spisy majątków kościelnych wraz z informacjami o okolicznościach ich nabycia umieszczano na marginesach ksiąg liturgicznych.[28] Widocznie więc nie stać było polskich instytucji kościelnych w XI i pierwszej połowie XII wieku na sporządzanie rękopisów na własnym pergaminie, w przeciwieństwie do skryptorium książęcego, z którego w latach 1112–1116 mogła wyjść *Kroni-*

ka Galla, tekst obszerny, w późniejszej kopii zajmujący 35 kart pergaminowych.

W drugiej połowie XII wieku zaznaczył się w Polsce wyraźny upadek znaczenia benedyktynów. Doszło do tego, że około 1190 roku usunięto ich z opactwa Św. Wincentego we Wrocławiu, które oddano premonstratensom (norbertanom). Nie byłoby to chyba możliwe, gdyby mnisi benedyktyńscy odgrywali rzeczywiście rolę producenta tak deficytowego towaru, jakim wciąż były księgi. Wydaje się więc, że zakończenie się na ziemiach polskich okresu misyjnego i definitywne przejście duszpasterstwa w ręce kleru diecezjalnego odebrało temu zakonowi rację bytu.

Zmierzch benedyktynów nie oznaczał bynajmniej kryzysu kultury monastycznej. Miejsce zakonu, który nie okazał się zdolny do znalezienia

269. Wyzyskiwanie wolnego miejsca w posiadanych manuskryptach: modlitwa do św. Wojciecha i rysunek astronomiczny z XII w. oraz tekst z notacją muzyczną z XIII w., umieszczone w rękopisie *Tripartity* Iwona z Chartres, będącym własnością Biblioteki Katedralnej w Gnieźnie, wykonanym na przełomie XI/XII w.

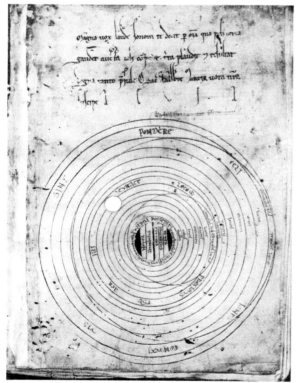
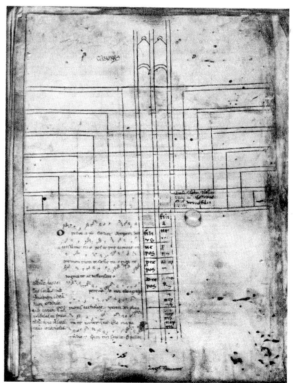

sobie w zmienionych warunkach nowej funkcji społecznej, zajęły zakony inne: cystersi i premonstratensi. Ci pierwsi zaczęli zakładać w Polsce klasztory od lat czterdziestych XII wieku, a do schyłku XIII stulecia mieli ich już dwadzieścia pięć. Zaostrzona w porównaniu z benedyktynami interpretacja reguły mniszej nakładała na cystersów zwiększone obowiązki w zakresie *officium divinum* – liturgicznej służby Bożej. Rodziło to zapotrzebowanie na odpowiednie księgi. Wprawdzie nowo powstające klasztory otrzymywały całkowite w nie wyposażenie z domów macierzystych, ale z kolei na nich samych spoczywał obowiązek podobnego zaopatrywania własnych filii. Toteż skryptoria cysterskie musiały zajmować się produkcją ksiąg. Czyniąc to zaś, praktyczni cystersi, pionierzy gospodarki towarowej, nie zadowalali się pewnie zaspokojeniem potrzeb własnego zakonu i kopiowali rękopisy także na zbyt, dla cudzych kościołów.

Spośród polskich skryptoriów cysterskich najwybitniejsze miejsce zajęły pracownie w Lubiążu i w Henrykowie. Produkowano tu bogato iluminowane księgi liturgiczne, z których niektóre przetrwały do naszych dni. Nie tak obficie i świetnie przedstawiała się działalność pisarska klasztorów cysterskich w Lądzie czy Mogile. Nawet jednak młoda filia Jędrzejowa w Rudzie na Górnym Śląsku pracowała z dużym rozmachem; pochodzi z niej pięknie wykaligrafowany rękopis *Biblii*, wykonany w roku 1275.

4. Książka

Książka pojawiła się w Polsce wraz z chrystianizacją, stanowiąc niezbędne wyposażenie każdej placówki misyjnej. Odprawianie mszy świętej i sprawowanie sakramentów nie było możliwe bez ksiąg liturgicznych, a nauczanie wiary bez tekstów biblijnych, toteż wiemy, że z książką – zapewne niejedną – szedł do Prusów biskup Wojciech,[29] międzyrzeckim zaś eremitom, przygotowującym się do działal-

270. Oprawa księgi skórzana zwykła: *Antyfonarz* z opactwa cysterskiego w Pelplinie; XIII/XIV w. Awers z medalionem zawierającym tytuł dzieła

ności misjonarskiej, sprawił całą bibliotekę cesarz Otton III.[30] Bez wątpienia więc z księgami przybyli do Polski także duchowni z orszaku Dobrawy, a tym bardziej misja biskupa Jordana, następnie zaś każda nowa grupa świeckiego czy zakonnego kleru.

Stabilizacja organizacji kościelnej rozszerzyła zakres potrzebnych ksiąg. Prócz liturgicznych i biblijnych, koniecznych w każdym kościele, gdzie odprawiała się służba Boża, przynajmniej ośrodki katedralne nie mogły się obyć bez zbiorów prawa, zwłaszcza kanonicznego, oraz – dla potrzeb szkoły – różnych autorów łacińskich i podręczników nauk wyzwolonych. Głoszenie kazań rodziło zapotrzebowanie nie tylko na zbiory homilii, ale i na utwory szone po kościołach skłaniają myśli wiernych ku pobożności, tak rycerskie dzieła i zwycięstwa królów czy książąt, opowiadane po szkołach i zamkach, zagrzewają do dzielności serca rycerzy."[31] Konsekwencją tych myśli było zbieranie i rozpowszechnianie zapisek i utworów historiograficznych.

Średniowieczna księga rękopiśmienna w Polsce miała w zasadzie postać kodeksu pergaminowego, który w tym czasie, gdy pismo dotarło do Polski, wyparł już w Europie inne, chronologicznie wcześniejsze formy książek. Kodeks powstawał w ten sposób, że pojedyncze arkusze pergaminowe przełamywano na pół i wkładano jeden w drugi, tworząc z nich tzw. składkę albo poszyt; z 4 arkuszy powstawała szesnastostronicowa składka, najbardziej roz-

271. Oprawa księgi metalowa (blacha srebrna pozłacana) bogato zdobiona: *Ewangeliarz Anastazji* z Płocka; 2 poł. XII w. Rewers z przedstawieniem Chrystusa na majestacie w otoczeniu symboli czterech Ewangelistów.

272. *Graduał* z klasztoru klarysek w Krakowie: fragment tekstu z inicjałem *P* (f. 28 v); ok. poł. XIII w.

hagiograficzne, dostarczające propagowanych przez Kościół wzorców osobowych. Wraz z rozpowszechnianiem się oświaty także ludzie świeccy interesowali się coraz bardziej książką, postulując, by ta zaspokajała ich specyficzne zainteresowania. Albowiem – jak to niejako w ich imieniu wyraził tworzący w początkach XII wieku w Polsce Anonim tzw. Gall – ,,jak zbożną jest rzeczą w kościołach głosić kazania o życiu i męczeństwie świętych, tak chwalebnym jest w szkołach i w pałacach opowiadać o tryumfach i zwycięstwach królów czy książąt. I jak żywoty świętych męczenników gło-

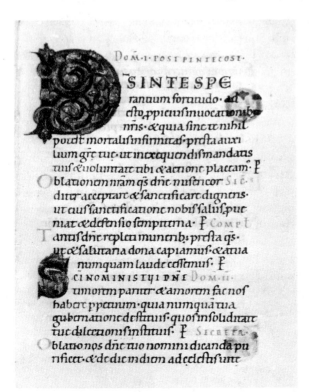

273. *Mszał (Missale Plenarium)* z Gniezna: fragment tekstu z dwoma inicjałami *D* (p. 164); ost. ćw. XI w.

274. Brewiarz z opactwa cysterskiego w Pelplinie: fragment tekstu z inicjałem *D* (f. 32); XIII w.

powszechniona, choć sporządzano też składki o innej liczbie stron, złożone z mniejszej lub większej liczby arkuszy; szereg zapisanych, zszytych razem i oprawionych składek tworzył książkę. Karty pergaminowe zapisywano po obydwu stronach czytelnymi, kaligraficznymi literami. Księgom zawierającym szczególnie cenione teksty starano się zapewnić godną ich szatę zewnętrzną. Dbano więc o poziom artystyczny rękopisu, zdobiąc go iluminacjami: inicjałami i miniaturami. Inicjały – wyolbrzymione litery początkowe tekstu – wypełniano ornamentem geometrycznym, motywami roślinnymi lub zoomorficznymi, często też barwiono odmiennym od pozostałego tekstu kolorem. Miniatury, rysowane piórkiem, a malowane farbami temperowymi, stanowiły ilustrację tekstu czy to wplataną w inicjał, czy to będącą odrębnym malowidłem;

zajmowały wtedy nieraz całą stronicę. Marginesy kart pokrywano często ornamentami. W samym tekście wyróżniano ważniejsze wyrazy lub zdania rubrykowaniem, to znaczy podkreśleniem ich lub wypisywaniem czerwoną farbą – cynobrem lub minią (łac. *rubrum* – kolor czerwony). Do schyłku XI wieku najbardziej szacowne księgi pisano złotymi lub srebrnymi literami na kartach barwionych na purpurowo.

Splendoru książce mogła też dodawać oprawa. Rękopisy średniowieczne oprawiano w ten sposób, że grzbiety składek przyszywano do rzemieni, które przymocowywano do okładzin. Normalnym materiałem na okładki były deski dębowe i bukowe, oklejane następnie pergaminem lub tłoczoną skórą. Dla ochrony okładzin przed zniszczeniem nabijano na nie guzy metalowe, a zaopatry-

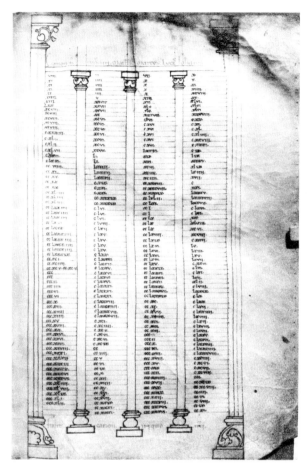

275. *Ewangeliarz Anastazji* z Płocka: karta z tablicą kanonów
(f. 6); 2 poł. XII w.

wano je w mosiężne klamry i okucia. Tak wyglądała
typowa oprawa zwykłej książki bibliotecznej. Księgom liturgicznym jednak, jako zawierającym słowo
Boże i przeznaczonym do służby Bożej, starano się
zapewnić bogatszą i wspanialszą oprawę. Szczególnie we wcześniejszym średniowieczu, aż do XII
wieku, dawano takim księgom pokrycia metalowe:
miedziane pozłacane, srebrne lub nawet szcze-
rozłote, blachę zaś okładki wysadzano drogimi
kamieniami, perłami, kością słoniową, emalią. Ale
i prostą oprawę z desek obciągniętych skórą umiano dekorować. Począwszy od XII wieku na skórze
okładek wytłaczano gorącymi stemplami metalo-
wymi różne ornamenty i sceny figuralne.

Wartość książki rękopiśmiennej, w ogóle duża, skoro każdy egzemplarz stanowił efekt długiej,
żmudnej, a wysoko kwalifikowanej pracy, była
przecież bardzo zróżnicowana, w zależności od
tego, jakie kosztowności ją zdobiły. Dla Polski
w wiekach X–XIII nie dysponujemy żadnymi danymi źródłowymi, które by pozwalały określić ówczesne ceny ksiąg, ale informacje niewiele późniejsze, jak również dane zachodnioeuropejskie potwierdzają zarówno wielką rozpiętość tych cen, jak
i wysoką ich przeciętną. Nie ma nic przesady
w utartym sądzie, że w średniowieczu za książkę
można było kupić wieś; podobne transakcje były
rzeczywiście notowane. Dodać jedynie należy, że
takie porównanie może dotyczyć książki nie naj-
tańszej wprawdzie, ale i nie najdroższej. Bogato

276. Tomasz z Akwinu, *Summa Teologiczna*: początek tekstu
z inicjałem *Q* (f. 1): XIII/XIV w.

277. Gracjan, *Discordantium canonum concordia* (*Dekret Gracjana*): fragment tekstu z miniaturą przedstawiającą sąd duchowny oraz inicjałem *Q* (p. 205 a); 2 poł. XIII w.

278. Rhases, *Liber medicinalis ad Almansorem* i Awicenna, *Canon medicinae*: karta początkowa z wykazem zawartości traktatów oraz inicjałem *I* (f. 1); XIII w.

iluminowane kodeksy o kosztownych, a przy tym stanowiących za każdym razem unikat oprawach były wprost bezcenne. Nie posługiwano się nimi na co dzień, lecz miały zdobić skarbce pałaców królewskich i katedr biskupich. Stanowiły też często dar monarszy.

Obok kodeksu utrzymywała się przez całe średniowiecze znana także w Polsce inna, uboższa forma książki rękopiśmiennej, *rotulus*, czyli zwój pergaminowy. Karty pergaminowe, zapisane po jednej stronie, zlepiano lub zszywano i następnie zwijano w rolkę. Aby ułatwić zwijanie i rozwijanie rolki, zaopatrywano jej końce w wałki lub drążki drewniane, a czasem kościane. W formie zwoju

przechowywano zwłaszcza rękopisy nie przeznaczone do powielania, różnego rodzaju protokoły, spisy, inwentarze.

Książka w Polsce średniowiecznej pojawiła się najpierw jako import, następnie jako sporządzona w kraju kopia książki obcej, wreszcie jako produkt miejscowego piśmiennictwa oryginalnego.

Aż po wiek XII głównym, a początkowo jedynym źródłem książki był import. Proweniencja dochowanych do naszych czasów egzemplarzy zdaje się świadczyć, że w najwcześniejszym okresie polskiego chrześcijaństwa księgi napływały przede wszystkim z Niemiec, od połowy zaś XI wieku dostarczały ich także francuskojęzyczne ośrodki

BESTIARIUSZE (il. 279–291)

279. Jeleń; fragment bordiury drzwi brązowych katedry w Gnieźnie; 2 poł. XII w.

280. Lew; fragment bordiury drzwi brązowych katedry w Gnieźnie; 2 poł. XII w.

281. Centaur; fragment dekoracji drzwi brązowych katedry w Płocku (obecnie Sobór Św. Zofii w Nowogrodzie); poł. XII w.

282. Amphisboena pożerająca uskrzydlonego sfinksa; fragment dekoracji srebrnej skrzyneczki z katedry w Krakowie; XII w.

nadsekwańskie i nadmozańskie, z którymi kontakty owocowały najobficiej w XII stuleciu. Pojedyncze zabytki pochodzą z Włoch i z Czech. Brak natomiast w naszych zbiorach importów z krajów wschodniego chrześcijaństwa, co jednak nie przesądza kwestii, czy w X–XI wieku nie trafiały do Polski także księgi kościelne greckie i słowiańskie. Jak poucza bowiem przykład Czech, gdzie w roku 1096 zniszczono bogatą bibliotekę mnichów słowiańskich w Sazawie, po ostatecznym zerwaniu łączności kościelnej między Rzymem a Bizancjum w roku 1054 księgi niełacińskie w krajach związanych z Zachodem utraciły szansę przetrwania. W szczególności liturgia słowiańska kojarzyła się w umysłach łacińskiego kleru z herezją, ,,bezbożnym Rusinów obrządkiem'', jak to około 1145 roku sformułował w liście do Bernarda z Clairvaux biskup krakowski Mateusz.[32]

Pewnego napływu ksiąg z Rusi, przynajmniej na dwór książęcy, kazałyby się spodziewać dość liczne małżeństwa Piastów z księżniczkami ruskimi, naśladowane zresztą także przez najwybitniejszych możnowładców, jak na przykład przez Piotra Włostowica. Natomiast o napływie tym nie świadczy wykonana, być może, w Płocku okładka tzw. *Ewangeliarza Anastazji* z połowy XII wieku, mimo jej elementów bizantyjskich, gdyż mogły one pojawić się także za pośrednictwem Zachodu.[33] Nie

266

wiadomo też, czy można cofnąć do wcześniejszych czasów nabycie trzech ksiąg kościelnych pisanych alfabetem greckim, które wymienia spis biblioteki katedralnej gnieźnieńskiej z 27 stycznia 1455 roku.[34]

Niezależnie od oceny tych niepewnych przesłanek, można stwierdzić, że jeśli nawet dopuścimy możliwość przenikania do Polski w pierwszych wiekach jej chrystianizacji rękopisów greckich i słowiańskich, to byłby to epizod pozbawiony trwalszych konsekwencji kulturalnych. Przeznaczeniem książki w Polsce średniowiecznej stała się reprezentacja łacińskiej kultury Europy Zachodniej.

Najstarszymi kodeksami importowanymi do Polski były księgi liturgiczne. Do odprawiania mszy używano jeszcze czterech różnych ksiąg: sakramentarza, graduału, lekcjonarza i ewangeliarza, zanim stopniowo wyparł je jednolity mszał (*Missale plenarium*), znany już w X wieku w Europie Zachodniej, ale jeszcze nie upowszechniony. Sakramentarz zawierał modlitwy mszalne wypowiadane przez kapłana, graduał – śpiewy chóralne, intonowane przez diakona, lekcjonarz – wybrane ustępy *Pisma Świętego*, czytane lub śpiewane jako tzw. lekcje albo epistoły, ewangeliarz – pełny tekst czterech *Ewangelii*. Ten ostatni mógł być zastąpiony przez *evangelistarium*, zawierające tylko pery-

283. Gryf; fragment dekoracji srebrnej skrzyneczki z katedry w Krakowie; XII w.

284. Wilk i bocian; rysunek marginalny w *Antyfonarzu* z klasztoru klarysek w Starym Sączu (f. 4 v); kon. XIII w.

285. Dwa walczące smoki; rysunek marginalny w *Antyfonarzu* z klasztoru klarysek w Starym Sączu (f. 148); kon. XIII w.

286. Czapla; rysunek marginalny w *Antyfonarzu* z klasztoru klarysek w Starym Sączu (f. 106); kon. XIII w.

287. Wąż; dekoracja inicjału *P* w *Biblii* z opactwa cysterskiego w Pelplinie (f. 75 v); 2 poł. XII w.

288. Pantera; rysunek marginalny w *Homiliarzu* z opactwa cysterskiego w Pelplinie (f. 73 v); XII/XIII w.

289. Lamia; inicjał *C* w rękopisie *Czterech Ksiąg Sentencyj* Piotra Lombarda, z opactwa cysterskiego w Pelplinie (f. 32); 1 poł. XIII w.

290. Syrena; rysunek marginalny w *Antyfonarzu* z klasztoru klarysek w Starym Sączu (f. 122 v); kon. XIII w.

liturgicznego. Najszacowniejszą z wymienionych ksiąg był ewangeliarz, jako przekazujący słowa Chrystusowe.

Cześć dla ewangeliarzy wyrażała się między innymi obnoszeniem ich podczas nabożeństw w uroczystej procesji ze świecami i kadzidłami. Z pokorą też przystępowano do kopiowania tak szacownej księgi. Z pieczołowitością dobierano na nią materiał, a tekst starano się ozdabiać bogatymi iluminacjami i stosowną oprawą. Nie każdy skryba mógł być dopuszczony do pracy przy tym dziele. Kopista ewangeliarza musiał wyróżniać się zarówno kwalifikacjami technicznymi i starannością, jak zaletami moralnymi.

Codziennemu oficjum kleru przed rozpowszechnieniem się w XIII wieku brewiarza służyło również kilka ksiąg, z których największe znaczenie miał psałterz, zawierający 150 *Psalmów* Dawida. Prócz niego posługiwano się antyfonarzem – zbiorem antyfon śpiewanych podczas godzin kanonicznych, oraz hymnarzem. Do czytań służył lek-

kopy ewangeliczne, to znaczy wybrane z tekstu *Ewangelii* ustępy, które znajdowały zastosowanie we mszy. Przewodnikiem po tych tekstach był kapitularz ewangeliczny (*Capitulare evangeliorum de circulo anni*), czyli wykaz perykop ewangelicznych przypadających na niedziele i dni całego roku

291. Ptak; motyw marginalny w *Komentarzu do Listów św. Pawła* z opactwa cysterskiego w Pelplinie (f. 63); XIII w.

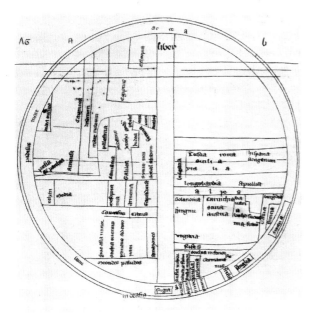

292. Izydor z Sewilli, *Etymologii ksiąg XX*: mapa świata (f. 76 v); XIII/XIV w. Zaznaczona została na niej również *Polonia*

cjonarz, homiliarze z wyborem homilii Ojców Kościoła oraz literatura hagiograficzna.

Przepisy i teksty potrzebne do odprawiania innych nabożeństw i obrzędów liturgicznych zawierały ordinalia (*ordinales*). Ich odmianą są pontyfikały, podręczne księgi liturgiczne biskupa, służące mu przy obrzędach dla niego wyłącznie zastrzeżonych, jak udzielanie sakramentu bierzmowania i święceń kapłańskich, konsekracja kościoła, święcenie wina, olejów i krzyżma, koronacja królewska itp. Analogiczne znaczenie, jak pontyfikały dla biskupa, miały dla kapłanów rytuały; zawierały one teksty modłów związanych z tymi sakramentami i sakramentaliami, których udzielanie należało do kompetencji kapłanów nie mających sakry biskupiej. Dla kierowania niektórymi z czynności kapłańskich powstały też odrębne księgi. Z nich szczególne znaczenie praktyczne miały penitencjały, w których podawano rodzaje i wymiary pokuty oraz formy należnego zadośćuczynienia za rozmaite kategorie grzechów.

Komplety ksiąg liturgicznych powinna była mieć każda zorganizowana grupa kleru, a więc przede wszystkim biskup i kapituła katedralna oraz wszelkie wspólnoty kanonickie i mnisze. Zaopatrzenie w te księgi stanowiło niezbędny element fundacji katedry, kolegiaty czy klasztoru.

Inne wymienione na wstępie księgi gromadzono głównie na dworze książęcym i przy katedrach biskupich.

Aż do schyłku XII wieku książka w Polsce stanowiła rzadkość. Sytuacja zmieniła się w ciągu XIII stulecia, kiedy zwielokrotnił się zarówno napływ rękopisów, jak i ich miejscowa produkcja. Łączyło się to ze zjawiskiem ogólnoeuropejskim. Rozwój uniwersytetów zwiększył zapotrzebowanie na książki różnej treści, ich produkcja przestała być monopolem mnichów, wyszła poza mury klasztorów. Książka zdemokratyzowała się. Straciła na wyglądzie zewnętrznym, za to potaniała i stała się dostępna nie tylko dla monarchów i Kościoła, lecz także dla osób prywatnych.

Także świadomość, czym jest książka, zataczała coraz szersze kręgi, wykraczając poza środowisko literatów. W mieście i na wsi otaczano ją szacunkiem jako symbol mądrości. Znano już nawet praktyki magiczne z książką, której samemu tylko dotknięciu przypisywano wróżbę pomyślnego rozwoju umysłowego dziecka.[35]

5. Biblioteki

Napływające do Polski książki skupiały się początkowo w rękach niewielu posiadaczy. Można więc przypuszczać, że już bardzo wcześnie powstawały tu skromne księgozbiory. Jeden z pierwszych rósł zapewne na dworze książęcym. Wszak władca świeżo ochrzczonego państwa był adresatem najcenniejszych darów w tym zakresie, otrzymywał od innych monarchów bogato iluminowane kodeksy.

271

293. Dedykacja kodeksu; miniatura w *Ewangeliarzu Krusz-wickim* z przedstawieniem św. Hieronima wręczającego tłuma-czenie *Biblii* papieżowi Damazemu (f. 62); 2 poł. XII w.

Możemy wskazać na przykład na księgę ofiarowaną Mieszkowi II przez Matyldę lotaryńską, która ją opatrzyła znaną dedykacją, wysławiającą zasługi cywilizacyjne polskiego monarchy. Nie tak oczy-wista jest droga, jaką dostał się do Polski tzw. *Ewangeliarz Emmeramski* kapituły krakowskiej; miniatura dedykacyjna wskazuje, że sporządzono go dla któregoś z cesarzy: Henryka IV lub Henryka V, zatem stał się on prawdopodobnie później upo-minkiem cesarskim dla księcia Polski.[36] Okazję do jego przekazania mogły na przykład stanowić per-traktacje pokojowe między Henrykiem V a Bole-sławem Krzywoustym po wojnie 1109 roku. Własno-ścią dworu polskiego był także słynny *Psałterz Egberta*, który następnie dostała w posagu Gertru-da, córka Mieszka II i Rychezy, gdy wychodziła za mąż za księcia kijowskiego Izasława.[37]

Jak wskazują dalsze losy niektórych wymie-nionych tu ksiąg, dwór polski przekazywał je następ-nie w inne ręce. Najczęściej zapewne oddawał je wyposażonym instytucjom kościelnym, nie tylko zresztą krajowym. Część ich pozostawała jednak w zbiorach książęcego skarbca. Bez ksiąg liturgicz-nych i spisów prawa kościelnego nie mogłaby się

obyć kaplica księcia, do której funkcji należało przede wszystkim organizowanie kultu religijnego na potrzeby monarchy i jego dworu. Przykłady innych dworów europejskich wskazują także, że do obowiązków kapelanów należała między innymi piecza nad bibliotekami. Posiadanie ksiąg, zwłasz-cza drogocennych, stanowiło o prestiżu monarchy, gromadzono je więc na dworze już choćby z tego względu.

Poza dworem panującego najwcześniej po-wstawały księgozbiory przy katedrach biskupich. Potrzeby misyjne sprawiały, że pierwsi biskupi przybywali już zapewne na tutejsze placówki z pewnym zasobem ksiąg. Obejmował on niezbęd-ne księgi liturgiczne, teksty Pisma Świętego, zbiory przepisów kościelnych. Informacja *Kroniki* Thiet-mara o stosunku Bolesława Chrobrego do praktyk pokutnych, które chciał mieć określane przez bi-skupów według brzmienia paragrafów penitencja-rzy,[38] jeżeli nawet uznać ją za anegdotę, świadczy o posługiwaniu się przez duchowieństwo w Polsce księgami tego typu.

Wydaje się natomiast wątpliwe, by w pierw-szym stuleciu swego istnienia Kościół polski wyka-zywał większe zainteresowanie dla zbierania ksiąg

294. Biblioteka, przedstawienie wypełniające inicjał *U* w rę-kopisie *Digestum Vetus* (f. 3); ost. ćw. XIII w.

o charakterze świeckim, nawet tych, których przydatność w kształceniu uznawano powszechnie. Wprawdzie przepisy administracyjne ówczesnego Kościoła wymagały od biskupów, aby zakładali przy katedrach szkoły, do czego koniecznym wstępem było skompletowanie odpowiedniej biblioteki, ale to, czego można było żądać w tej dziedzinie od biskupstw ustabilizowanych od dawna, nie należało do najpilniejszych zadań organizujących się dopiero placówek kościelnych. Zbyt wielki dawał się we znaki głód sprzętu liturgicznego i tekstów niezbędnych w codziennej praktyce katechetycznej, aby zabiegać o literaturę nie służącą jej bezpośrednio. Toteż jeszcze spis zasobów skarbca katedry krakowskiej z roku 1101 wymienia jedynie księgi liturgiczne. Należały one wprawdzie do szczególnych precjozów: dwa *plenaria* oprawne w złoto, a trzy – w srebro, toteż nie można twierdzić z całą pewnością, czy w spisie owym nie pominięto egzemplarzy skromniejszych. W kilka lat później jednak ceniono w tym samym miejscu również innego rodzaju kodeksy, spisując je tak samo pieczołowicie, jak księgi święte. Ma więc, mimo wszelkich zastrzeżeń, usprawiedliwienie wniosek, że właśnie dopiero na początku XII wieku zaczęto przykładać w katedrach większą wagę do piśmiennictwa, nie pozostającego w bezpośrednim związku z codzienną służbą Bożą.

Obok księgozbiorów katedralnych tworzyły się biblioteki klasztorne. Ich powstawanie zbiegało się zapewne z osiedlaniem się zakonników na nowym miejscu, przestrzegano bowiem w środowiskach mniszych zasady, że klasztor macierzysty przekazywał współbraciom wysyłanym na nową placówkę część posiadanych zasobów. Łatwo je pomnażano następnie we własnych skryptoriach.

Przez analogię do późniejszej praktyki wydawałoby się, że również wszystkie inne, niekatedralne i nieklasztorne kościoły powinny dysponować przynajmniej tekstami mszalnymi, jeśli już nie księgami *Pisma Świętego*. Jednakże praktyka ówczesna przedstawiała się inaczej. Księga liturgiczna miała wartość zbyt wielką, by odważano się ją trzymać nie zabezpieczoną w prymitywnym kościółku. Wydaje się poza tym, że w większości kościołów w XI, a nawet jeszcze w XII wieku mszy nie odprawiano każdej niedzieli. Nie przy każdym też kościele przebywał stale kapłan. Kościoły te nie pozostawały, oczywiście, bez żadnej opieki, ale ich zarządcy nie musieli mieć święceń wyższych; wystarczał do tej roli kleryk niższego stopnia. Nabożeństwo liturgiczne odbywało się więc w tak urządzonym kościele dopiero wtedy, gdy zjechał do niego kapłan-prezbiter. Ten wiózł ze sobą potrzebną do mającego się odbyć obrzędu księgę. Produkowano na ten cel specjalne kodeksy podróżne. Wiele o nich znajdujemy wzmianek w ówczesnej literaturze europejskiej, zwłaszcza hagiograficznej, dochowały się też do naszych dni, także w Polsce, ich egzemplarze.

Dopiero w okresie, gdy organizację kościelną w Polsce oparto na sieci parafialnej a więc w ciągu XIII wieku, powstała konieczność zaopatrzenia parafii zarówno w sprzęt liturgiczny, jak i w odpowiednie księgi. Synod w Budzie z roku 1279 nakazywał już polskiemu duchowieństwu parafialnemu posiadanie ksiąg liturgicznych, aby mogło odprawiać przepisane nabożeństwa oraz udzielać sakramentów, zwłaszcza chrztu i ostatniego namaszczenia. Do obowiązkowego księgozbioru parafii zaliczono wówczas także *Żywot* patrona polskiej prowincji kościelnej, św. Wojciecha.[39] Realizacja zarządzenia wymagała jednak czasu, toteż trudno przypuszczać, by upowszechnienie tego minimalnego zbioru tekstów nastąpiło w polskich kościołach parafialnych przed końcem XIII wieku, aczkolwiek w miastach i w zamożniejszych parafiach wiejskich zestawem takim dysponowano zapewne znacznie wcześniej.

Spośród kościołów niekatedralnych wyodrębnić trzeba kolegiaty, skupiające po kilku duchownych, do których obowiązków należała stała służba Boża. Kolegiaty powstawały w Polsce w XII wieku i przypisuje się im w literaturze naukowej szczególnie doniosłą rolę ośrodków życia intelektualnego.

273

Anno dnice incarnationif CD. c.i. Inditione. viii. defuncto reue
rentiffimo prefule acbone memorie lamberto. Datuf eft epxtuf uene
rabili uiro Czdlo. ab inuictiffimo duce polonioz. wladizlao. Luib
coplacuit ut ornamenta ecclē infcripta haberent. Idcirco nequif
clericog. uel cuftodū poffa aliqō fubtrahere. Inuenta ff aut inetario.
Lxxxiiii. pallia. xxiiii. cappe. Cafule xxvii. Calicef xviii. quatuoz aurei
ceti argentei. Crucef octo. iiii exhif auree. iiii argentee. Dalmatice. vi.
Subtilia. xiii. Candelabra. x. urnę duę argentee. Turibula. vi. Plenaria. iii.

295. Inwentarz krakowskiej Biblioteki Katedralnej z r. 1101, spisany na jednej z kart *Tripartity* Iwona z Chartres (p. 497);
XI/XII w.

Pozytywnych dowodów na poparcie tych przypuszczeń nie mamy, w szczególności nic nie wiadomo
o istnieniu w tym okresie kolegiackich bibliotek.
Skoro odbywało się tam stałe oficjum, kolegiaty
dysponowały, oczywiście, potrzebnymi księgami
liturgicznymi, wątpliwe natomiast, by ich zbiory
przekraczały ten zakres.

Księgi jako sprzęt we wcześniejszym średniowieczu niezwykle cenny, przechowywano zazwyczaj w skarbcu. Jedynie księgi codziennego użytku
trzymano może w dobrze strzeżonych kościołach
w szafie, ustawionej w zakrystii, chociaż wydaje się
to praktyką późniejszych stuleci. W klasztorach
pomieszczenie na nie mogło się łączyć ze skryptorium. W bogatych opactwach Europy Zachodniej
lokowano często bibliotekę w krużgankach klasztornych, a część kodeksów poszczególni mnisi trzymali we własnych celach. W Polsce te sposoby
obchodzenia się z książką wprowadzano zapewne
rzadziej – jej cena była tu długo szczególnie wielka
– toteż traktowano księgozbiór jako część składową skarbca.

Nie jest więc przypadkiem, że pierwszy polski
spis książek, pierwszy jak gdyby ich katalog, jest
fragmentem inwentarza skarbca katedry krakowskiej. Sporządzono go, jak już wzmiankowaliśmy,
w 1101 roku, a zawierał on wtedy informacje
o zaledwie pięciu kodeksach, mieszczących w sobie
teksty *Ewangelii* i *Listów apostolskich* i wyróżniających się bogatą oprawą. Niewiele lat później,
w 1110 roku, dokonano następnego spisu. Ten
objął już 53 kodeksy pergaminowe różnej treści,
rejestruje zatem zbiór, który nie ma charaktru
tylko specyficznego rodzaju sprzętu liturgicznego
ani obiektu muzealnego, lecz w pełni zasługuje na
miano biblioteki.

Jej poszczególne egzemplarze mogą pochodzić jeszcze z poprzedniego stulecia. Porównanie
jednak spisów z 1101 i 1110 roku każe pozostać
przy początku XII wieku jako dacie uformowania
się krakowskiej biblioteki katedralnej. Skatalogo-
wanie posiadanych ksiąg świadczy, że wówczas
właśnie odczuto ich znaczenie jako zbioru dzieł,
a prosty spis tytułów, jakim się zadowolono, kon-

trastuje z poprzednim inwentarzem, gdzie nacisk położono nie na treść kodeksów, lecz na ich cenne oprawy.

Owe początkowe lata XII wieku cechowało wyraźnie ożywienie intelektualne, wiążące się zapewne z ówczesnymi kontaktami Polski z wykształconymi środowiskami zagranicznymi. Przypadła na nie wizytacja legata papieskiego Gwalona, która zapewne zwróciła uwagę episkopatowi Polski na jego pewne zaniedbania w dziedzinie rozwijania umysłów, zaniedbania przed kilkudziesięciu jeszcze laty usprawiedliwione zadaniami misyjnymi, ale w dobie Krzywoustego już anachroniczne. W Krakowie zasiadał właśnie na stolicy biskupiej Maur, przybysz z krajów języka włoskiego, jak się zdaje, przewyższający wykształceniem dotychczasowy przeciętny poziom miejscowego episkopatu. W skąpych źródłach z tego okresu spotykamy nikłe, ale wyraźne ślady jego inicjatyw kulturalnych. Zapewne w atmosferze środowiska krakowskiego powstał pierwszy wykład dziejów Polski – kronika

296. Inwentarz krakowskiej Biblioteki Katedralnej z r. 1110, spisany na jednej z kart *Tripartity* Iwona z Chartres (p. 298).

anonimowego autora, w którym niektórzy badacze skłonni byli widzieć samego Maura.[40]

Wśród tytułów wymienionych w krakowskim inwentarzu z 1110 roku spotykamy dzieła stosunkowo świeżej daty, jak na przykład spisy praw longobardzkich; mniema się, że przywiózł je właśnie biskup Maur. Jego też niewątpliwie zarządzenie spowodowało inwentaryzację biblioteki.

Zasobnością nie da się ta młoda biblioteka porównać z najsłynniejszymi książnicami ówczesnej Europy, ale niewiele ustępuje przeciętnym księgozbiorom biskupstw cesarstwa. Kilkadziesiąt kodeksów było wówczas normą, poza którą w Europie Środkowej zbiory biblioteczne nieczęsto wykraczały.

Nie wiemy, jak w tym samym czasie przedstawiały się zasoby książkowe pozostałych katedr polskich. Przypuszczenie, że ich stan nie różnił się od krakowskiego, nie jest dostatecznie uzasadnione. Kraków już wtedy górował zdecydowanie nad innymi stolicami biskupimi, gnieźnieńskiej siedziby metropolitalnej nie wyłączając. Należał do najstarszych biskupstw polskich, a nie przeżył katastrofy lat trzydziestych. XI wieku, po której zarówno Gniezno, jak Wrocław utraciły cały wcześniejszy dorobek. Nie byłoby więc w tym nic dziwnego, jeśliby księgozbiór krakowski okazał się najbogatszy.

Jeżeli natomiast słusznie przypisujemy legacji Gwalona przypomnienie biskupom polskim obowiązku utrzymywania bibliotek, to należałoby sądzić, że podobne kroki, porządkujące zbiory, jak w Krakowie, podejmowano również gdzie indziej.

Spośród 53 kodeksów znajdujących się w Krakowie, prawie połowę (26) stanowiły jeszcze księgi liturgiczne. Na resztę składały się zbiory prawnicze, encyklopedia średniowiecznej wiedzy Izydora z Sewilli, kilka podręczników szkolnych oraz utwory autorów łacińskich, służące również w owym czasie do nauki języka. Podobnie jak liczebnością, tak i proporcjami między księgami świętymi a świeckimi zbiór krakowski nie odbiegał od przeciętnych środkowoeuropejskich.

Ponieważ w zasobach pozostałych katedr polskich nie zachował się podobny do krakowskiego inwentarz ksiąg, nie możemy nic powiedzieć o zawartości innych bibliotek katedralnych. Wprawdzie w czasach nowożytnych znajdowały się w nich kodeksy wczesnośredniowieczne, ale rzadko można rozstrzygnąć, czy pochodzą one z najstarszych polskich księgozbiorów, czy też należą do znacznie późniejszych nabytków. Z kilkunastu kodeksów z XI i XII wieku (niektóre dziś zdobią bibliotekę katedry gnieźnieńskiej) odnosi się hipotetycznie do najstarszego zasobu cztery. Wśród nich najmniej wątpliwości wbudza egzemplarz tzw. *Tripartity*, zbioru prawa kanonicznego, niemal identyczny z tym, który posiada biblioteka krakowska i na którego karcie spisano obydwa inwentarze krakowskie w pierwszych latach XII wieku.

W najstarszym rękopisie biblioteki katedralnej w Poznaniu, zawierającym homilie św. Augustyna, znajduje się notatka miejscowa, świadcząca, że należał do katedry poznańskiej na przełomie XI/XII wieku.

Za twórcę biblioteki katedralnej w Płocku uchodzi wielce zasłużony dla kultury polskiej biskup Aleksander z Malonne (zm. w 1156 r.), który objął rządy na tej stolicy w 1129 roku. Z czasów jego pontyfikatu pochodzi niewątpliwie jeden z zachowanych do naszych dni kodeksów, w którym znalazła się zapiska z roku 1143 o dwóch cudach, jakie miały się zdarzyć w Płocku.

Począwszy od tego czasu biblioteki katedralne już systematycznie powiększały swe zasoby. Z przełomu XII/XIII wieku zachował się drugi z kolei spis ksiąg biblioteki krakowskiej. Nie jest to inwentarz całego jej zasobu, lecz jakiegoś jego fragmentu, zapewne kolekcji pochodzącej z zapisu. Obejmuje on 31 pozycji, a różni się od pierwszego zestawu tytułów innymi już proporcjami między poszczególnymi działami tematycznymi. Brak tu więc ksiąg ściśle liturgicznych, lecz dużą grupę – ponad trzecią część zbioru – stanowią różne księgi *Pisma Świętego* z komentarzami. Sporo miejsca zajmują dzieła teologiczne oraz zbiory kazań. Towarzyszy im kilka ksiąg prawniczych, a wreszcie grupa dzieł o charakterze historycznym, wśród nich *Cronica Polonorum – Kronika Polaków*.[41] Wyciągając wnioski zarówno z tego spisu, jak i z analogii rozwojowych bibliotek innych krajów, można stwierdzić, że w ciągu XIII wieku coraz więcej miejsca w polskich bibliotekach katedralnych zajmowało prawo i literatura naukowa.

Niezależnie od bibliotek katedralnych rozwijały się księgozbiory klasztorne. Najściślej związany z kulturą piśmienniczą zakon benedyktynów nie odegrał u nas, jak się zdaje, takiej roli, jak w innych krajach, w pierwszych dwóch wiekach Polski chrześcijańskiej angażując się silniej, być może, w misję wewnętrzną niż w przepisywanie i gromadzenie ksiąg, później zaś wyraźnie tracąc na znaczeniu na rzecz innych zakonów. Sądzimy wprawdzie, że zarówno w Tyńcu, jak na Łysej Górze zakonnicy mieli nie same tylko księgi liturgiczne, ale nie możemy udowodnić słuszności tego przekonania.

Nie ma natomiast wątpliwości, że pokaźną liczbą ksiąg dysponowały klasztory cysterskie, co może o tyle wydawać się paradoksem, że zakon szarych mnichów zrodził się między innymi jako reakcja na zbytnie przywiązanie benedyktynów do kultury literackiej, a najwyższy autorytet cystersów w połowie XII wieku, Bernard z Clairvaux, występował nawet przeciw oddawaniu się zakonników pracy umysłowej. Szarych mnichów obowiązywały jednak pobożne czytania, toteż w każdym klasztorze, prócz egzemplarza reguły zakonnej, znajdował się wybór literatury patrystycznej. Przynajmniej z takim zasobem, obok ksiąg liturgicznch, przybywali cystersi do nowej siedziby. O ile można sądzić po szczątkach ich polskich księgozbiorów, nie gromadzili raczej innego rodzaju tekstów. Z bibliotek cysterskich w Lądzie, Mogile, Paradyżu, Pelplinie zachowały się komentarze do *Pisma Świętego*, księgi liturgiczne, homilie, utwory hagiograficzne. Księgozbiory rosły, zasilane przez klasztory macierzyste, dary dobroczyńców i intelektualistów wstępujących do zakonu – na przykład Mistrz Wincenty wniósł prawdopodobnie do klasztoru jędrzejowskiego przynajmniej część własnej biblioteki – a w końcu XIII wieku także przez kupno. W kodeksie z biblioteki lędzkiej, zawierającej żywot św. Grzegorza (*Vita S. Gregorii Papae*) figuruje notatka o jego zakupieniu w 1292 roku, ślad wzbogacania bibliotek ówczesnych także przez kupno.

Oprócz instytucji kościelnych, także poszczególni duchowni dochodzili do własnych zbiorów bibliotecznych. Czy zdarzało się to przed początkiem XIII wieku, można snuć tylko domysły. Jako jednego z ewentualnych bibliofilów wymieniano arcybiskupa Jakuba ze Żnina,[42] ale hipotezy tej nie udało się udowodnić. Posiadanie niewielkich księgozbiorów przez biskupów oraz tych kanoników, którzy studiowali za granicą, a następnie pełnili w Polsce funkcje wymagające obcowania z książką, wydaje się jednak zupełnie prawdopodobne także w XII wieku.

Z XIII stulecia można już wymienić kilka imion niewątpliwych właścicieli ksiąg. Należał do nich Getko, biskup płocki w latach 1206–1223, Boguchwał II, biskup poznański 1242–1253, Jakub, dziekan katedry krakowskiej, zmarły w 1267 roku, mistrz Adam, rektor szkoły katedralnej krakowskiej w latach 1251–1261. Świadczą o tym ich testamenty, w których rozporządzali księgozbiorami. Przypuszczalnie także inni piastuni równorzędnych stanowisk w Kościele polskim gromadzili potrzebne im księgi. Zbiory powstające w ten sposób nie miały jednak długiego żywota; dla świeckiej rodziny ich posiadacza przedstawiały wyłącznie wartość materialną, toteż albo naturalni spadkobiercy sprzedawali je, albo też ich pierwszy właściciel wolał uczynić z nich legat na rzecz którejś z bibliotek kościelnych, czasem również na rzecz innego miłośnika ksiąg. Tak na przykład wymieniony dziekan krakowski Jakub zapisał większość swego zbioru kapitule krakowskiej, ale wyłączył z niego dwa kodeksy, które przeznaczył dla mistrza Adama.[43]

Udokumentowane przykłady prywatnych księgozbiorów XIII wieku są tak nieliczne, że wysnuwane z nich wnioski ogólne trzeba opatrywać zastrzeżeniami. Pamiętając o tym, można jednak wyrazić przypuszczenie, że były to przeważnie zbiory monotematyczne; zgodnie ze swymi zainteresowaniami i kierunkiem wykształcenia teolog zbierał rozprawy teologiczne, bibliotekę prawnika zaś tworzyły teksty praw i komentarze do nich.

Księgozbiór książęcy tracił na znaczeniu, odkąd zaczęły się rozwijać biblioteki katedralne. Rozbicie dzielnicowe przyniosło zapewne również podział ksiąg między książąt. Biblioteka stanowiła wszak część skarbca, a ten spadkobiercy mieli zwyczaj dzielić, nieraz nawet nad trumną ojca, jak uczynili to Bolesław Krzywousty ze Zbigniewem.[44] Niezbyt więc chyba liczny zestaw, którym mógł się pochwalić książę z początku XII wieku, nie starczał, aby po jego podziale w każdym z kilkunastu dworów dzielnicowych, jakie widzimy w następnym stuleciu, mogły znaleźć się odziedziczone po przodkach książki. Toteż ślady podtrzymywania tradycji bibliotecznych dworu wczesnopiastowskiego spostrzegamy tylko w tych dzielnicach, które nie uległy w ciągu XIII wieku dalszemu rozdrobnieniu: u książąt krakowskich i wielkopolskich. Na Śląsku polerowany dwór wrocławski kultywował kulturę literacką raczej własnym staraniem miejscowych władców, nie korzystając z wątpliwego dziedzictwa.

Tak mało wiemy o księgozbiorach książęcych XIII wieku, że nawet w przybliżeniu nie potrafimy określić ich wielkości ani charakteru. Wydaje się, że wyobrażamy je sobie raczej mniejszymi niż były w rzeczywistości. Podstawę do snucia pewnych wniosków na ten temat daje testament Salomei, córki księcia krakowskiego Leszka Białego, zmarłej jako klaryska w Skale. Liczby pozostawionych przez siebie tomów Salomea nie określiła, wzmiankowała jednak o trzech ich grupach, spodziewać by się więc należało, że było tych tomów przynajmniej kilkanaście. Testatorka wyróżniła wśród nich, obok ksiąg służących do ćwiczeń pobożnych, także takie, którymi posługiwano się przy nauczaniu, a więc może nie tylko podręczniki *sensu stricto*, lecz także literaturę łacińską.[45]

Liczyć się należy z możliwością, że także w XIII wieku księgozbiory znaczniejszych książąt nie ustępowały katedralnym. Były może za to mniej uporządkowane, może też nie korzystano z nich równie często, przypominając sobie o nich głównie wtedy, gdy przyszło szukać egzemplarza odpowiedniego na dar lub gdy stawano przed koniecznością podziału biblioteki.

Skoro w okresie rozbicia dzielnicowego potężniejsi możnowładcy, tacy jak choćby słynny Piotr Włostowic, starali się naśladować lub nawet przewyższać dwory swych władców, nie można odrzucić przypuszczenia, że i u nich mogły znajdować się nie tylko pojedyncze kodeksy, lecz nawet niewielkie księgozbiory. Wejść w ich posiadanie mogli zwłaszcza drogą dziedziczenia po kanonikach-współrodowcach. Każdy zaś ród możnowładczy miał swych przedstawicieli na wysokich szczeblach hierarchii kościelnej. Dzięki temu bibliofilstwo zyskiwało wystarczające warunki, by zainteresować także elitę świeckiej części społeczeństwa.

6. Dokument i kancelaria

Do najważniejszych instytucji średniowiecznej kultury piśmienniczej należało wystawianie przez panującego i inne uprawnione do tego osoby dokumentów, czyli aktów pisemnych, bądź poświadczających zaszłą czynność natury prawnej (dokument poświadczeniowy), bądź stwarzających nowy stan prawny (dokument dyspozytywny, dyplom).[46]

Dokument średniowieczny, spisywany na pergaminie, powinien był odpowiadać ustalonym przez wieloletnią praktykę kancelaryjną regułom. W jego treści występowało kilkanaście elementów składowych.

Właściwy tekst, zwany też kontekstem, po-

przedzony był przez wstępny protokół, w którym odróżniano inwokację, intytulację i inskrypcję, czyli adres. Inwokacja polegała na wezwaniu imienia Bożego w przyjętej formule, na przykład *In nomine Domini amen* (W imię Pańskie amen) lub *In nomine sanctae et individuae Trinitatis amen* (W imię świętej i niepodzielnej Trójcy); można było także zastąpić te zwroty znakiem symbolicznym, na przykład znakiem krzyża. W intytulacji wymieniano imię i stanowisko wystawcy, zwykle poprzedza-

297. Dokument z nadaniem odpustu pielgrzymom odwiedzającym klasztor trzebnicki, wystawiony przez biskupów: wrocławskiego Wawrzyńca, poznańskiego Pawła, lubuskiego Wawrzyńca, kujawskiego Bartosza, halbersztackiego Konrada i pruskiego Chrystiana; sierpień 1219 r.

298. Akt fundacyjny i uposażeniowy rycerza Zbyluta dla opactwa cystersów w Łeknie; 1153 r.

299. Dokument ks. Bolesława Wysokiego dla opactwa cystersów w Lubiążu; 1175 r.

ne formułą dewocyjną: *Dei gratia* lub *Miseracione Divina* (z Bożej łaski, z miłosierdzia Bożego). Adres wskazywał osobę lub instytucję, do której wystawca kierował treść dokumentu; czasem była nim formuła: *omnibus presens scriptum inspecturis* (wszystkim oglądającym niniejsze pismo), oznaczająca, że podana następnie treść ma mieć moc obowiązującą powszechnie.

Na kontekst dokumentu składała się arenga, promulgacja, narracja, dyspozycja, sankcja i korroboracja. W polskiej praktyce kancelaryjnej arengę włączano do protokołu i umieszczano zaraz po inwokacji. Uzasadniała ona ogólnie potrzebę wystawienia dokumentu, najczęściej przez wskazanie na trwałość pisma, w przeciwieństwie do krótkiej

i zawodnej pamięci ludzkiej, co wzmacniano czasem odpowiednimi cytatami z *Biblii* lub innych autorytetów. Promulgacja określała forum, przed którym wystawca ogłasza swą wolę, na przykład: *notum facimus cunctis presentibus ac futuris* (obwieszczamy wszystkim współczesnym i potomnym). Narracja wspominała o wypadkach, które łączyły się z podjęciem decyzji, zreferowanych następnie w dyspozycji. Sankcja zapowiadała kary, jakie spotkać mają tych, którzy by wykroczyli przeciw postanowieniom dokumentu; często odwoływano się w niej do groźby gniewu Bożego. Korroboracja wyjaśniała, jakie środki uwierzytelniają dokument; mogła to być pieczęć, podpis wystawcy, powołanie się na świadków.

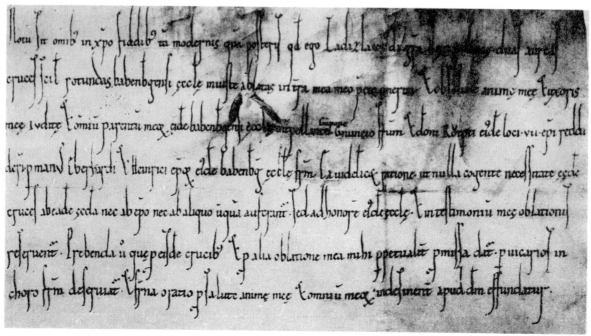

300. Dokument Władysława Hermana dla katedry w Bamberdze; 1087–1095 r.

Formuły końcowe dokumentu stanowiły jego eschatokół. Należały tu podpisy, zastępowane także przez zwykłe wyliczenie urzędników kancelaryjnych i świadków, datacja, czyli określenie miejsca i czasu przeprowadzenia akcji prawnej opisanej w dokumencie (*actum*) lub wręczenia aktu odbiorcy (*datum*), wreszcie aprekacja, formuła symbolizująca życzenie, aby postanowienia zawarte w tekście utrwaliły się na wieki; najczęściej w tej roli występowało trzykrotne *amen*.

Oprócz konstrukcji treści, zwyczaje kancelaryjne narzucały też pewne wymagania samemu pismu, którego krój powinien był się różnić od kroju pisma kodeksowego bardziej uroczystym charakterem.

Do sporządzania dokumentów powoływano tam, gdzie je masowo wystawiano, wyspecjalizowany urząd, zwany kancelarią. Jej kierownik nosił tytuł kanclerza. W pracy pomagali mu przeznaczeni do różnych czynności urzędnicy-notariusze: dyktator (od czasownika łacińskiego *dictare*) redagował,

czyli koncypował tekst i układał minutę, czyli brulion dokumentu, ktoś inny kontrolował go i wprowadzał ewentualne poprawki, ingrosator przygotowywał na tej podstawie czystopis, który poddawano ponownej kontroli przy porównywaniu go z brulionem; nieraz – w kancelarii cesarskiej było to obowiązującą regułą – po jej dokonaniu uzupełniano dokument rekognicją kanclerską, czyli własnoręcznym stwierdzeniem przez kanclerza zgodności tekstu z intencją wystawcy; teraz dopiero osobny funkcjonariusz opatrywał dokument znakiem uwierzytelnienia – pieczęcią wystawcy, a w dobrze zorganizowanej kancelarii wciągano jeszcze kopię dokumentu do regestrów, czyli specjalnych ksiąg kancelaryjnych, gdzie w przyszłości można było sprawdzić tekst w wypadku zagubienia oryginału lub zakwestionowania przed sądem jego autentyczności.

Im mniejsza kancelaria, tym częściej poszczególne czynności kancelaryjne wykonywała ta sama osoba. Czasem mógł wystarczyć wystawcy jeden tylko urzędnik kancelaryjny. Gdy wystawienie dokumentu nie było jeszcze koniecznym stadium akcji prawnej i tylko niektórym osobom lub instytucjom zależało na nim, ciężar jego sporządzenia spoczywał na odbiorcy, wystawca zaś ograniczał się do jednej tylko czynności kancelaryjnej, mianowicie do uwierzytelnienia przedstawionego mu aktu przez przywieszenie doń pieczęci.

Zgodnie z wymaganiami epoki, wykonywanie czynności kancelaryjnych wymagało zarówno specjalnej wiedzy, jak i odpowiedniego warsztatu. W pracy nad dokumentem dyktator posługiwał się pomocami, przede wszystkim podręcznikiem (*ars dictandi*), którego istotną częścią były formularze, dostarczające gotowych wzorów różnej treści do-

kumentów. Wystarczało uzupełnić formularz danymi konkretnymi w zakresie intytulacji, narracji, dyspozycji oraz podpisów i datacji, aby uzyskać pożądany i poprawny tekst. Formularz można było również zastąpić zbiorem odpisów dawniej wystawionych dokumentów, skąd czerpano potrzebne zwroty. Dobry dyktator nie korzystał z wzorów niewolniczo, lecz kompilował je i modyfikował, a w narracji i dyspozycji miał sposobność ujawnić zalety własnego stylu i erudycji. Także ingrosator powinien był górować nad zwykłym skrybą opanowaniem techniki pisma i znajomością subtelności jego odmiany dyplomatycznej.

W tradycyjnej kulturze prawniczej Polski dokument stanowił nowość. Niepiśmienne społeczeń-

301. Dokument biskupa poznańskiego Pawła dla klasztoru joannitów w Poznaniu; 30 września 1218 r.

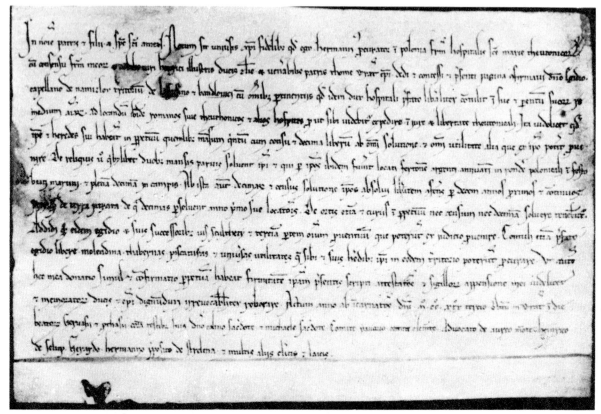

302. Dokument Hermana Balka, prokuratora zakonu krzyżackiego na Polskę; Wrocław, 19 czerwca 1233 r.

stwo przywykło do ustnych oświadczeń woli władcy, ustalanie zaś dawniej ustanowionego stanu prawnego przeprowadzało opierając się na zeznaniach świadków. Formom zwyczajowym oddawano aż po schyłek XIII wieku pierwszeństwo przed recypowanym z Zachodu dokumentem. Ten pełnił długo tylko rolę pomocniczą w postępowaniu procesowym, przypominając zainteresowanym o okolicznościach powstania obowiązującego stanu i o imionach osób, zdolnych go poświadczyć.[47]

O wystawienie dokumentu, który by potwierdził ich prawa, zabiegali najpierw cudzoziemcy, zżyci z jego rolą na Zachodzie, zwłaszcza zaś przeszczepione na grunt polski konwenty zachodnie. I w nich jednak zdawano sobie sprawę z odrębności polskiego procesu sądowego, toteż nie zaniedbywano również innych sposobów zabezpieczenia się przed utratą nabytych praw własnościowych.

Pomimo późnej recepcji dokumentu w Polsce, na dworze książęcym dokonywano sporadycznie czynności kancelaryjnych prawdopodobnie jeszcze w X wieku. Bez współpracy urzędników Mieszka I nie mógłby powstać w kancelarii papieskiej dokument *Dagome iudex*; w Gnieźnie zredagowano zapewne opis granic państwa, a może także oświadczenie księcia o darowiźnie tego obszaru na rzecz św. Piotra. W XII wieku źródła pozwalają zestawić listę ośmiu czy dziewięciu kanclerzy książęcych, z których najstarszy miał działać na dworze Bolesława Krzywoustego;[48] można nawet suponować, że godność kanclerska pojawiła się już za Bolesława Chrobrego lub Mieszka II, kiedy to zapewne recypowano karoliński wzór hierarchii urzędniczej.

282

303. Pieczęć królowej Rychezy, wdowy po Mieszku II Lambercie; 1054 r.

304. Po lewej u dołu: pieczęć Władysława Hermana; 1099––1102 r.

305. Pieczęć majestatyczna Przemysława II, awers; 1295 r.

306. Po prawej u dołu: pieczęć ks. Mieszka III Starego; 2 poł. XII w.

307. Pieczęć ks. Henryka I Brodatego; 1230 r.

308. Po lewej u dołu: pieczęć ks. Jadwigi, żony Henryka I Brodatego; 1208 r.

309. Pieczęć Henryka III, ks. wrocławskiego; 1250 r.

310. Po prawej u dołu: pieczęć ks. Bolesława V Wstydliwego; 1278 r.

311. Pieczęć ks. Leszka Czarnego; 1287 r.

312. Pieczęć Sambora, ks. pomorskiego; 1229 r.

313. Po prawej u góry: pieczęć Bolesława Pobożnego, ks. wielkopolskiego i kaliskiego; 1250 r.

314. Po prawej u dołu: pieczęć ks. Bolesława I mazowieckiego; 1242 r.

315. Pieczęć Pakosława Starszego, wojewody sandomierskiego; ok. 1220 r.

Co najmniej zaś od schyłku XI wieku, od czasów Władysława Hermana, książę panujący posługiwał się pieczęcią majestatyczną.[49]

Fakty powyższe nie wskazują wszakże na istnienie wówczas odrębnej kancelarii. Czynności kancelaryjne wchodziły w zakres obowiązków książęcej *capella* i wykonywano je w skryptorium. Tytułem kanclerskim obdarzano zapewne przełożonego kapelanów. W razie potrzeby uczestniczył on w koncypowaniu listów i dokumentów, do niego należała rekognicja. Śladu tej ostatniej dostarcza nam dokument lubiąski z roku 1175.[50] Okazje do tych czynności trafiały się jeszcze w XII wieku dość rzadko. Na dworze Bolesława Krzywoustego Gall narzekał wprost, że obawia się stracić wprawę w dyktowaniu.[51] Jeśli chodzi o krajowy obieg dokumentów, to w ciągu XII i w pierwszej połowie XIII wieku przeważał w nich dyktat odbiorcy, zadanie zaś kanclerza wystawcy ograniczało się do rekognicji i uwierzytelnienia aktu pieczęcią książęcą.

Osobna kancelaria zaczęła się wyodrębniać z książęcej *capella* w trzecim dziesiątku lat XIII

wieku, kiedy to w źródłach wystąpiło odróżnianie notariuszy książęcych od kapelanów. Choć jednak od tej pory coraz więcej dokumentów panującego powstawało w kancelarii wystawcy, wciąż jeszcze, aż do końca stulecia, sporą ich liczbę przygotowywali dyktatorzy i pisarze odbiorców.

Równolegle z książęcą rozwijała się także kancelaria biskupia, w podobny jak tamta sposób wyodrębniając się z szerszego dworu, czyli kurii. Zgodnie z panującymi w Europie łacińskiej pojęciami, biskup na równi z księciem miał moc uwierzytelniania dokumentów, a w Polsce był w pew-

316. Pieczęć biskupa krakowskiego Prandoty; 1244 r.

fundacji parafii, nadań dziesięcin, zamiany dóbr, lokalizacji wsi i miast.

Zakony nie rozporządzały własnymi kancelariami, ale w skryptoriach klasztornych dokonywano również czynności kancelaryjnych. W okresie wcześniejszym, zanim zorganizowały się kancelarie książęce, dbałe o poświadczenie granic swych dóbr i przywilejów opactwa sporządzały własnymi siłami odpowiednie dokumenty, by je następnie przedstawić księciu do uwierzytelnienia. Aktywnością w tej dziedzinie wyróżniały się spośród innych klasztory cysterskie. Odkąd kancelarie książęce stały się zdolne do wykonywania całej pracy nad dokumentem, większość klasztorów ograniczyła działalność kancelaryjną.

318. Pieczęć opactwa benedyktyńskiego w Sieciechowie; pocz. XII w.

317. Pieczęć katedry N.P. Marii w Płocku; 1289 r.

nych okresach lepiej nawet przygotowany do tej roli. Zbiedniali książęta dzielnicowi nie zawsze zdobywali się na własną pieczęć i gdy około roku 1152 możnowładca wielkopolski Zbylut dokonywał darowizny na rzecz klasztoru w Łeknie, prosił nie księcia, lecz arcybiskupa gnieźnieńskiego o opatrzenie pieczęcią sporządzonego dokumentu.[52] Już przed połową XIII wieku kancelaria arcybiskupa działała jako stały i dobrze zorganizowany urząd kościelny, wytwarzający bogatą dokumentację. Podobnie przedstawia się chronologia pozostałych kancelarii biskupich.

Treść dokumentów w nich wystawianych wiązała się najczęściej ze sprawami majątkowej i organizacją diecezji. W szczególności dotyczyła

319. Pieczęć miejska Ziębic; 1285 r.

320. Pieczęć miejska Wrocławia; kon. XIII w.

321. Pieczęć miejska Krakowa; 1281–1282 r., zawieszona przy dokumencie z r. 1343, nieznacznie przerobiona w r. 1312.

W XIII wieku zaczęto tworzyć w skryptoriach klasztornych nową formę dokumentacji – kopiarze, księgi, do których wciągano kopie uzyskiwanych dokumentów, zwłaszcza nadań dóbr lub przywilejów. Najstarszy w Polsce kopiarz powstał przed rokiem 1252 w klasztorze lubiąskim.

Niejednokrotnie dbałość o dokumentację prowadziła mnichów do fałszerstw. Na liście podrabiających figurują najznaczniejsze klasztory polskie. Falsyfikaty stały się powszechne w XIII wieku w związku ze wzrastającym w tym czasie autorytetem pisma. W sfałszowanych dokumentach nie zawsze podawano treść niezgodną z prawdą; często chciano tylko uzyskać pisemny dowód posiadanych rzeczywiście praw.

Z praktyki fałszowania dokumentów zdawano sobie już współcześnie sprawę i sąd książęcy, rozpatrujący sprawy sporne, przeprowadzał kontrolę przedstawianych dyplomów. Nie dysponowano jednak jeszcze metodą, która by rzeczywiście pozwalała odróżnić falsyfikat od autentyku, tak że we wszystkich znanych wypadkach kwestionowane

dokumenty wychodziły z badania obronną ręką. A zdarzały się wśród nich jawne falsyfikaty, jak przywilej fundacyjny klasztoru w Lądzie z roku 1145, sfałszowany w połowie XIII wieku, lecz uznany przez księcia Bolesława Pobożnego za autentyczny.[53]

7. Czytelnictwo

Odebrane w kraju lub za granicą wykształcenie pozwalało członkom środowisk intelektualnych korzystać ze znajdujących się w miejscach ich pobytu księgozbiorów. Charakter zgromadzonych w nich tekstów stanowi dostateczną przesłankę przekonania, że służyły one nie tylko do nauki w szkole, lecz że znajdowały także bezinteresownych czytelników lub stawały się narzędziem pracy umysłowej.

W związku z tym nasuwają się następujące pytania: Kto w Polsce przed końcem XIII wieku sięgał do ksiąg? Które teksty cieszyły się największą poczytnością? Jaki był cel i efekt owych lektur?

Nie ulega wątpliwości, że obcowało z księgami znacznie mniej osób, niż przechodziło przez naukę czytania; pewna część tych ostatnich popadała bowiem w powtórny analfabetyzm. Niejednego z księży chwytały wizytacje kościelne na nieumiejętności czytania mszału. Tym bardziej świeccy, których w dzieciństwie zapoznano z literami, albo zapominali ich całkowicie, albo opanowawszy nawet trwale umiejętność czytania, użytek z niej czynili tylko okazjonalnie, gdyż w codziennym ich życiu – życiu rycerza – nie było miejsca na studiowanie ksiąg. Wystarczało, że ten i ów odcyfrowywał napotkaną inskrypcję, zrozumiał z grubsza treść dokumentu, a pamięć wsparł tekstem przy odmawianiu psalmów.

Nawet spośród tych, których zawodowy niejako kontakt z piórem i pergaminem jest oczywisty, nie wszyscy zapewne należeli do czytelników ksiąg.

Tak na przykład wielu skrybów uczestniczyło w kulturze piśmienniczej w sposób całkowicie mechaniczny. Rodzaj omyłek, jakich się dopuszczali przy kopiowaniu tekstów, dowodzi, że przepisywali literę po literze, nie czytając nie tylko zdań, ale nawet wyrazów pierwowzoru. Księga była dla nich materiałem, który należało powielić, a zastanawianie się nad jej treścią nie wchodziło w zakres ich obowiązków i może – gdyby nawet byli do niego zdolni – przeszkadzałoby im w pracy.

Nie wiadomo, czy do czytelników kodeksów zaliczali się wszyscy pracownicy kancelaryjni. Wszak również oni byli swego rodzaju rzemieślnikami pióra. Ich zadaniem była produkcja kancelaryjna. Doskonalili się w niej przez praktykę, posługując się często pisanym instruktażem, jak na przykład zbiorem formularzy. Ci, których ambicje wyczerpywały się w pragnieniu, by dobrze spełnić powierzone im zadania, nie odczuwali zapewne potrzeby sięgania po inną lekturę.

Przeprowadzona eliminacja pozwala zrozumieć, o ile więcej ludzi znało pismo, niż liczył ich stosunkowo wąski krąg rzeczywistych *litterati*, dla których znajomość pisma nie była celem samym w sobie, lecz kluczem do nowych lektur.

Należeli do nich przede wszystkim nauczyciele lepszych szkół, owi scholastycy i magistrowie, którzy komentując z uczniami przepisane teksty klasyków języka łacińskiego, we własnych lekturach wykraczali nieraz poza ich kanon tak daleko, jak na to pozwalały zasoby biblioteki, którą dysponowali. Scholastycy krakowscy brali więc zapewne niejeden raz do ręki utwory Owidiusza, Stacjusza, Persjusza i Salustiusza, tzn. przynajmniej te, których obecność w *armarium* kapituły krakowskiej poświadczają najstarsze spisy. Świadectwem oczytania kanoników jest oryginalna twórczość literacka tego środowiska, której ułamki tylko poznajemy w zachowanych inskrypcjach. Słusznie też zwraca się uwagę, że piszący wszak dla czytelnika krajowego tacy autorzy, jak Gall i zwłaszcza Mistrz Wincenty, nie popisywaliby się tak bardzo oczytaniem i cytatami z autorów klasycznych i współczesnych

322. Czytający kleryk; miniatura w *Digestum Vetus* (f. 54); ost. ćw. XIII w.

323. Czytający kleryk; miniatura w *Digestum Vetus* (f. 126 v); ost. ćw. XIII w.

średniowiecznych, gdyby nie mogli liczyć na odbiorców, zdolnych poznać się na zaprezentowanym im warsztacie pisarskim.

Inne zainteresowania, narzucone im zresztą przez powołanie, mieli biskupi i archidiakoni, do których zadań należało czuwanie nad prawowiernością duchowieństwa, instruowanie go w zakresie teologii i liturgii, głoszenie kazań dla kleru i świeckich. Ci potrzebowali odpowiednich lektur, jak komentarzy do poszczególnych ksiąg *Pisma Świętego*, zbiorów kazań, traktatów teologicznych. Toteż przytłaczającą część księgozbiorów omawianego okresu stanowiły dzieła z tego zakresu. Prócz prac anonimowych czy dotąd nie zidentyfikowanych, były tu reprezentowane dzieła Ojców Kościoła – przede wszystkim Augustyna, Grzegorza Wielkiego i Jana Złotoustego – oraz znakomitych kaznodziejów średniowiecza, jak Piotr z Blois.

Zarówno ci, których pasję stanowiły nauki wyzwolone, jak i teologowie nie mogli przechodzić obojętnie obok tak reprezentatywnego dla wczes-

nośredniowiecznej filozofii chrześcijańskiej Boecjusza z jego traktatem *O pocieszeniu, jakie daje filozofia*, ani obok popularnych encyklopedii średniowiecznych Marcjana Feliksa Capelli i Izydora z Sewilli. Tego ostatniego zwłaszcza *Dwadzieścia ksiąg etymologii* pozostawało przez kilka wieków podstawą uczoności. Izydor definiował i wyjaśniał pojęcia i terminy z najrozmaitszych dziedzin, kierując się odczuciem etymologii poszczególnych wyrazów. Zestawiał ze sobą odległe nieraz znaczeniem i pochodzeniem, ale podobnie brzmiące wyrazy i wyprowadzał z takich analogii zaskakujące nieraz wnioski. Wpływ intelektualny Izydora był olbrzymi, odnajdujemy go w całym niemal ówczesnym piśmiennictwie.

Nie przechowały się w naszych bibliotekach bardzo poczytne w średniowieczu bestiariusze – opisy zwierząt, także egzotycznych i fantastycznych, oraz ich obyczajów. Korzystał z nich pełną garścią Mistrz Wincenty, a skromniej także inni autorzy tworzący w Polsce. Może właśnie ze względu na swą atrakcyjność i dostępność nie tylko dla najuczeńszych zostały one całkowicie zaczytane lub poginęły z bibliotek. Można wskazać niejeden rysunek marginalny w kodeksach, niejeden motyw ozdobnych inicjałów na dowód, jak bardzo zapładniały wyobraźnię.

Od samych początków Polski chrześcijańskich Piastów dużym zainteresowaniem cieszyła się problematyka prawnicza. Budowa kościoła nie mogła obyć się bez konsultowania ustaw kanonicznych, wymagania w stosunku do wiernych również lubiano podbudowywać autorytetem prawa pisanego. Trudno sobie wyobrazić, aby już pierwsi biskupi działający w Polsce nie posługiwali się jakimś zbiorem prawa kościelnego.

Począwszy od pierwszych lat XII wieku biblioteki polskie zaopatrywały się w podstawowe nowości z tej dziedziny. W 1103 roku legat papieski pozostawił tutejszym biskupom opracowany świeżo przez wybitnego kanonistę francuskiego, Iwona z Chartres, tzw. *Zbiór Troisty – Collectio Tripartita*; dzieło to zawierało 2198 fragmentów dekretów papieskich i kanonów soborowych. Zapewne w tym samym jeszcze stuleciu poznano w Polsce pierwszy kodeks prawa kościelnego, jakim stał się ułożony pod wpływem idei gregoriańskich *Dekret Gracjana*. W ciągu XIII wieku napływały nowe zbiory dekretów kolejnych papieży, m. in. Grzegorza IX, oraz kanony IV soboru laterańskiego z 1215 roku.

Zainteresowania czytelnicze części kleru, w tym kleru dworskiego, kształtowały się pod ciśnieniem potrzeb świeckiego środowiska możnych i rycerstwa. Obejmowały m.in. utwory historiograficzne i hagiograficzne. Spośród pierwszych znaczną popularnością cieszyły się dzieła Salustiusza, a z autorów średniowiecznych – Orozjusza, historyka z V wieku. Najbardziej czytywanymi żywotami świętych były legendy o patronach Polski, które zaspokajały częściowo także zainteresowania dziejami kraju. *Żywot św. Wojciecha* użytkowano w nauczaniu szkolnym, arcybiskupi nakazywali jego posiadanie, a zapewne także czytanie, każdemu

kierownikowi parafii. U schyłku XIII wieku konkurowały z nim *Żywoty* św. Stanisława.

Treści zawarte w księgach rękopiśmiennych docierały nie tylko do tych, którzy osobiście nad nimi ślęczeli. Mniej wykształceni duchowni oraz społeczeństwo świeckie oczekiwało od literatów, że się z nimi podzielą uzyskaną wiedzą. Teksty ksiąg krążyły więc szeroko w przekazie ustnym i kształtowały świat wyobrażeń najrozmaitszych środowisk, nieraz bardzo odległych od głównych ośrodków kultury piśmienniczej.

8. Szkoła dworska

Opanowywanie umiejętności posługiwania się księgami i wiedzy w nich zawartej wymagało innych metod, niż przyswajanie tradycyjnych sprawności członka społeczności rolniczej. Tamte zdobywało się w drodze współuczestnictwa w zajęciach i obrzędach rodziny i wspólnot lokalnych. Nawet kształcenie rzemieślnika naśladowało formy wytworzone w ten najnaturalniejszy sposób. Natomiast wejście w krąg kultury piśmienniczej zapewniała tylko właściwa jej instytucja: szkoła.

System szkolny średniowiecza był bardzo zróżnicowany. Co prawda, zapożyczone z antyku tradycje sprawiały, że terminologia, jaką określano zakres nauki szkolnej i jej poszczególne etapy, była ujednolicona. Istniał powszechnie uznany kanon wiedzy szkolnej, obejmujący tzw. siedem sztuk wyzwolonych, z których pierwsze trzy: gramatyka, retoryka i dialektyka tworzyły stopień kształcenia, zwany „potrójną drogą" – *trivium*, następne zaś cztery: arytmetyka, geometria, muzyka i astronomia składały się na stopień wyższy, „drogę poczwórną" – *quadrivium*. Po przejściu kursu tych nauk można było dopiero oddawać się studiom specjalistycznym, przyswajając sobie wiedzę zawartą w uczonych traktatach teologicznych, prawniczych, przyrodniczych.

W praktyce zakres tak *trivium* i *quadrivium*,

jak i poszczególnych sztuk wyzwolonych bywał w różnych szkołach różny i zależał przede wszystkim od zasobu wiedzy nauczycieli, całkowicie na swym stanowisku suwerennych, gdyż nie zorganizowanych w żadną korporację, nie zobowiązanych do realizacji szczegółowo określonego programu i nie kontrolowanych. Uczyli tego, czego ich nauczono, według przechodzących z pokolenia w pokolenie metod, posługując się dostępnymi podręcznikami i lekturami, co zapewniało pewne ogólne podobieństwo zakresu wiedzy udzielanej w różnych szkołach, ale zarazem uzależniało bardzo jej jakość od wykształcenia nauczyciela i jego indywidualności. Toteż szkoła nie była równa szkole, jeśli nawet formalnie udzielała tego samego zakresu wiedzy. Rozgłosem cieszyły się szkoły prowadzone przez słynnych uczonych i te ściągały uczniów nawet z dalekich stron.

Wprowadzenie do Polski wraz z chrześcijaństwem kultury książkowej wywołało konieczność adaptacji także zachodnioeuropejskich form kształcenia umysłowego. Z napływem kleru powstawały warunki do elementarnego nauczania języka łacińskiego i liter. Na dworze książęcym, a z biegiem czasu także na dworach niektórych możnowładców, kapelani oswajali młodzież z łaciną, książką i pismem. Miały one być dla elity społecznej, także świeckiej, narzędziem oddawania czci Bogu, toteż kształcenie w piśmie łączyło się ściśle z nauką religii. Podstawowym tekstem, który temu służył, był psałterz. Dziecko uczyło się na pamięć łacińskich psalmów, poznając pierwsze słowa w tym języku. Po ich opanowaniu uczeń zasiadał nad psałterzem i kojarzył znany sobie tekst z jego obrazem graficznym. Z kolei uczył się rozpoznawać pojedyncze litery i abrewiatury, a na koniec ćwiczył się w kreśleniu liter na tabliczkach woskowych.[54]

W podobny sposób uczono elementów pisma w całej chrześcijańskiej Europie, zarówno w kręgu kultury łacińskiej, jak i bizantyjskiej. Psałterz grał rolę powszechnego elementarza i jego znajomość stanowiła najtrwalszą zdobycz tego stadium nauczania. Książętom dawało ono na całe życie możli

wość czynnego uczestniczenia w modlitwach kapłańskich, co było powszechnym zwyczajem; kronikarz przekazał nam wizerunek Bolesława Krzywoustego, śpiewającego wraz z towarzyszącym mu klerem psalmy pokutne.[55] Umiejętność czytania słabła, oczywiście, jeśli dalsze życie upływało z dala od książki. Wiemy, że nie tylko świeccy, lecz nawet kapłani zapominali z biegiem czasu liter; tekstów mszalnych nie potrzebowali czytać – recytowali je z pamięci, jakże często z jaskrawymi błędami. Najtrudniej szła nauka pisania, na tym poziomie nie przywiązywano też do niej zbyt wielkiej wagi; kreślenie liter miało raczej utrwalić pamięć ich kształtu, niż dać wprawę w samodzielnym pisaniu.

Ten sposób nauczania sprawia na pierwszy rzut oka wrażenie wyjątkowo trudnego dla młodego umysłu, jeśli rozpatrzyć go jednak z punktu widzenia nowoczesnej dydaktyki, nie sposób nie przyznać mu wielu zalet. Objaśniając bowiem alfabet na przykładzie dobrze opanowanego pamięciowo przez ucznia tekstu, zaznajamiano go najpierw z obrazem graficznym całych wyrazów, a nawet zdań, by dopiero w dalszej kolejności przechodzić do analizy jego elementów, poszczególnych znaków pisarskich.

Dopiero po przejściu kursu początkowego nauczania można było skierować chłopca na dalszą naukę do szkoły realizującej program *trivium*. Gdy jeszcze w kraju szkół takich nie było, oznaczało to wyjazd za granicę. Tak więc Przemyślidzi czescy kształcili w X wieku swe dzieci w Ratyzbonie, a Sławnikowice – w Magdeburgu u słynnego w owym czasie Otryka. Z polskich Piastów Bolesław Chrobry przebywać miał jako dziecko na dworze cesarskim[56] i tam odebrał co najmniej elementarne wykształcenie. Jego syn, Mieszko II, słynął znajomością języków literackich – nie tylko łaciny, ale i greki – nie wiemy jednak, gdzie mógł nabyć te umiejętności.[57] Z czasem Piastowie, podobnie jak inni władcy środkowoeuropejscy, postarali się zapewnić możliwość kształcenia dzieci na własnym dworze przez kapelanów, i to nie tylko w zakresie najbardziej elementarnym. W począt kach XI wieku Kazimierz Odnowiciel pobierał nauki w Krakowie, prawdopodobnie wychowywany przez kapelana Sułę, który następnie służbę dworską zamienił na mitrę biskupią, a tak o etapach własnej kariery, jak i o nauczaniu królewicza pozostawił wiadomość w prowadzonym w Krakowie roczniku – tzw. później *Roczniku kapituły krakowskiej*.[58] Ponieważ zaś utrwaliła się pamięć o wyższym niż tylko elementarne wykształceniu Kazimierza,[59] można przypuszczać, że przeszedł on także kurs *trivium*, a przynajmniej jego część.

Nauczanie na dworze w takim właśnie zakresie nie byłoby czymś wyjątkowym w ówczesnej Europie. Nie wspominając o cesarskim dworze Ottonów, gdzie najwybitniejsi uczeni wprowadzali młodych książąt w tajniki wszelkiej wiedzy zawartej w księgach, kurs *trivium* przechodzili na dworze królewicze węgierscy, a odpowiednie wykształcenie otrzymywali także „w domu siedząc", jak sami się wyrażali, książęta kijowscy.[60]

Nie praktykowano jednak wyłącznie nauczania indywidualnego. Rolę ważnego bodźca pedagogicznego pełniła emulacja rówieśników, toteż nawet psałterza i pierwszych liter uczyli się młodzi książęta w gronie towarzyszy, którzy mieli służyć im w przyszłości pomocą i radą. W ten sposób na dworze władcy powstawała szkoła dla dzieci możnowładców. Istnienia jej możemy się domyślać już na dworze Mieszka II i Rychezy, którzy nie tylko kształcili syna, lecz stworzyli warunki, by także córki, jak Gertruda, opanowały umiejętność tworzenia w języku łacińskim, co dać mogło tylko ćwiczenie w dyscyplinach „potrójnej drogi".[61] W drugiej połowie XI stulecia Otton, późniejszy biskup bamberski, wówczas jeszcze kapelan na dworze Władysława Hermana i Judyty salickiej w Płocku, zajmował się, według świadectw współczesnych, nauczaniem chłopców z możnych rodzin; jego stanowisko przesądza, że działo się to w szkole dworskiej, a nie, jak przypuszczano, przy odległej katedrze gnieźnieńskiej.[62]

Wychowanie przyszłego monarchy i dostojników państwowych miało, oczywiście, co innego na celu niż kształcenie ludzi Kościoła, nie mogło więc być jednostronnie literackim. Zadania kapelanów w tym względzie precyzowano jako nauczenie pisma i wszczepienie dobrych obyczajów. Obydwa te cele należało traktować łącznie, literatura powinna była dostarczać młodzieży odpowiednich wzorców osobowych.[63]

Nastręczało to jednak trudności. Kapelani wyszli przecież ze szkół przeznaczonych dla przyszłych kapłanów, umieli więc najczęściej powielać tylko wzór szkoły własnej młodości. Obyczajów uczyli na utworach hagiograficznych, nie licząc się z tym, że prezentowały one najczęściej wzory życia mało przydatne młodzieży przygotowywanej do karier świeckich. Toteż w krajach sąsiadujących z Polską powstawały dość wcześnie utwory przeznaczone dla młodego władcy, podające mu zbiór zasad postępowania i budujące przykłady z życia ojców. Na dworze Piastów do początków XII wieku takiego dziełka nie było, a podstawową lekturę stanowił, jak się zdaje, kodeks zawierający *Żywot św. Wojciecha*. Znajdowały się w nim, być może, także zapiski kronikarskie, jak opis zjazdu gnieźnieńskiego w roku 1000, o którym to opisie wspomina w swym utworze Anonim zw. Gallem.[64] Chociaż Wojciech był latoroślą rodu książęcego, jego *Żywot* ukazywał wzór biskupa i duszpasterza, a nie księcia.

Dopiero na dworze Bolesława Krzywoustego powstało dzieło, które mogło odegrać rolę wizerunku dobrego władcy. Była nim właśnie Gallowa opowieść o dziejach dynastii. Nieznany autor przystąpił do jej pisania wkrótce po urodzeniu się następcy tronu, a to pozwala na domysł, że inspiratorzy utworu świadomie wysunęli zamówienie na tekst służący nauczaniu obyczajów w szkole dworskiej.

Wprowadzenie w świat ksiąg stanowiło tylko jeden z elementów, i to nie ten najważniejszy, w wychowaniu młodzieży możnowładczej, przeznaczonej do rycerskiego trybu życia. Nauki kapelana miały być więc tylko dopełnieniem ćwiczeń fizycznych, na które padał główny nacisk. W dalszej swej karierze wychowanek szkoły dworskiej czynił częstszy użytek z umiejętności władania mieczem niż ze znajomości pisma. Toteż nieliczni tylko z nich zasłużyli w dojrzałym życiu na miano „literata", człowieka książki.

Rozbicie dzielnicowe zahamowało rozwój szkoły dworskiej. Dworów prowincjonalnych książąt nie stać było na utrzymanie instytucji, którą budowali bogaci władcy całej Polski. Mecenat nad kulturą książkową przechodził stopniowo z dworu monarszego do katedr biskupich. Przez szkołę rozumiano w drugiej połowie XII wieku coraz bardziej jednoznacznie szkołę kościelną.

Nawet jednak wtedy nie przestały dwory świeckie zapewniać przebywającej na nich młodzieży elementarnej nauki łaciny i czytania. Świadczy o tym opanowanie owych umiejętności przez takich książąt, jak Przemysł I wielkopolski, który spędzał wieczory nad księgami – niechby nawet tylko nad psałterzem – a z biskupami i cudzoziemskimi mnichami lubił rozmawiać po łacinie.

Przykład książęcy mógł oddziaływać również na niektórych możnowładców. Wśród nich także trafiali się ludzie wykształceni. Już o Sieciechu, wszechwładnym palatynie Władysława Hermana, nazywanym przez niezbyt mu przychylnego kronikarza *vir sapiens*, domyślamy się, że opanował w jakimś stopniu sztuki wyzwolone. W XIII wieku poznajemy postać możnego wielkopolskiego, Wincentego z Niałka, który z woli Władysława Laskonogiego został wyniesiony po Kietliczu na arcybiskupstwo gnieźnieńskie, by powstrzymać proces emancypacji Kościoła polskiego spod władzy książąt; kolejne święcenia kapłańskie otrzymał, oczywiście, w ciągu kilku dni, ale niezbędne wykształcenie musiał posiąść wcześniej. O młodości wspomnianych możnowładców nic bliższego nie wiemy, możliwe więc, że zdobywali wiedzę w szkole dworskiej lub katedralnej. Istnieje jednak prawdopodobieństwo, że etap początkowego nauczania przechodzili w rodzinnym domu pod kierunkiem prywatnego kapelana rodzica.

9. Szkoły kościelne

Szkoła dworska miała zapewnić panu feudalnemu możliwość kontroli nad służącymi mu ludźmi pióra, ale nie zamierzała przygotowywać jego samego do roli nauczyciela. Monopolistą w dziedzinie kształcenia intelektualnego pozostawał Kościół i poza dworem monarszym prowadzeniem szkół zajmowały się instytucje kościelne. Nawet zresztą na dworze nauczanie pisma i przewodnictwo w lekturach należało do przedstawicieli stanu duchownego.

Przepisy kościelne nakazywały biskupom prowadzenie szkół katedralnych. Od czasów Eugeniusza II (824–827 r.) kolejni papieże ponawiali dekrety tej treści. Na tej podstawie opiera się popularny pogląd, jakoby z chwilą ufundowania biskupstw w Polsce powstały przy nich także szkoły. Z wielu jednak względów mniemania tego nie można podzielić.

Ponawianie przez wielu papieży IX–XI wieku nakazu prowadzenia szkół katedralnych jest raczej dowodem, że powszechność ich pozostawała wciąż nie spełnionym postulatem. Zorganizowanie szkoły nie było zadaniem łatwym, wymagało środków materialnych, obsady personalnej oraz biblioteki. Toteż nowo powstałe biskupstwa nieprędko mogły sobie pozwolić na uruchomienie szkoły. Z Żywotów misjonarzy w różnych krajach europejskich wiemy, że jeśli do tej sprawy przywiązywali wagę, lata upływały im najpierw na gromadzeniu biblioteki. Wyżej zaś wskazywaliśmy, że o bibliotekach katedralnych w Polsce trudno mówić przed przełomem XI/XII wieku. Jeszcze też Gall wręcz przeciwstawiał szkołę Kościołowi.[65] Miał, oczywiście, na myśli szkołę dworską, lecz skoro nie określił jej w ten sposób, to pośrednio zaświadczył, że szkoły kościelne w tych latach jeszcze nie istniały.

Porządkowanie księgozbioru katedry krakowskiej przez biskupa Maura wiązało się, być może, z przygotowaniami do uruchomienia szkoły katedralnej. Nie ma bowiem dostatecznych podstaw przypuszczenie, jakoby już przed rokiem 1090 uczniem szkoły krakowskiej miał być Zbigniew. Dopiero pojawienie się wśród kanoników godności scholastyka można przyjąć za ślad szkoły kościelnej. Pierwszym zaś znanym źródłom polskim scholastykiem był Mateusz, późniejszy biskup krakowski (1143 r.). Potwierdza to przypuszczenie fakt, że szkoły katedralne zaczęły się w Polsce organizować w dwudziestych–trzydziestych latach XII wieku. Najstarszą z nich mogła być krakowska, za nią poszły następne. Przyspieszyły zapewne proces ich powstawania uchwały III soboru laterańskiego z 1179 roku, które żądały, by każdy kościół katedralny przeznaczył beneficjum na utrzymanie magistra, który miał w szkole katedralnej bezpłatnie udzielać nauk. Mimo to nie mamy pewności,

czy wszystkie biskupstwa zdołały uruchomić szkołę.

Zanim powstały szkoły katedralne w Polsce, rodzime duchowieństwo zdobywało potrzebną wiedzę zawodową praktycznie, przyuczane przez poszczególnych prezbiterów; wiadomo też, że owa wiedza przeciętnego duszpasterza nie była wielka. Składało się na nią pamięciowe opanowanie *Pater noster*, *Credo* i *Dziesięciorga przykazań* oraz znajomość rytuału mszalnego. Kapłan powinien był również umieć odczytywać teksty ksiąg liturgicznych, często jednak, jak wspomnieliśmy, wystarczało mu odtwarzanie ich z pamięci.[66]

Kandydaci do dostojeństw kościelnych i dworskich, do pracy w skryptoriach i kancelariach, musieli w XI wieku zdobywać wiedzę za granicą.

324. Oddanie młodzieńca na naukę do szkoły (św. Wojciech wstępujący do szkoły w Magdeburgu); fragment dekoracji drzwi brązowych katedry w Gnieźnie; 2 poł. XII w.

325. Wykład szkolny; przedstawienie wypełniające inicjał *C* w *Komentarzu* Piotra Aureoli do *Sentencji* Piotra Lombarda (f. 241); 1317 r. Wśród słuchaczy zwraca uwagę obecność kobiety

Niewielu starczało na to środków i zapału, dlatego też tak długo na stolicach biskupich z reguły zasiadali cudzoziemcy, nieliczni zaś Polacy należeli do zupełnych wyjątków. Przeważnie z cudzoziemców składał się wówczas także kler dworski. W ciągu XII wieku ten stan rzeczy uległ zmianie, co umożliwił między innymi rozwój krajowych szkół kościelnych.

Jeszcze jednak w XII wieku polskie szkoły katedralne nie dawały wysokiego wykształcenia. Początkowo prowadziły – po stopniu przygotowawczym – kurs *trivium*, w którym rolę przedmiotu uprzywilejowanego grała gramatyka, czyli reguły języka łacińskiego, oraz lektura wybranych autorów dla nabrania wprawy w rozumieniu języka. O elementy retoryki i dialektyki dbano mniej i za-

pewne nie wykraczały ona poza przygotowanie do pełnienia pomocniczych funkcji w kancelarii. W ramach tych nauk dawano też wykład ważniejszych zasad prawa kanonicznego. Brak podręczników do dyscyplin „drogi poczwórnej'' w bibliotece krakowskiej w 1110 roku potwierdza przypuszczenie, że ówczesna szkoła katedralna nie obejmowała jeszcze *quadrivium*. Wprowadzono je zapewne dopiero w XIII wieku, a i wtedy niewiele wykraczano w nauczaniu poza wiadomości o kalendarzu kościelnym i zasadach układania tablicy paschalnej. Arytmetyka ograniczała się do nauki liczenia w zakresie czterech działań i pisania cyfr. Geometria zapoznawała z elementarną terminologią, łączono poza tym z tematyką geometryczną wiadomości z geografii i przyrodoznawstwa. Astronomią zwano naukę o kalendarzu, muzyka zaś polegała na umiejętności odczytywania neum.

Organizacyjnie szkoła katedralna podlegała biskupowi i kapitule, praktycznie nadzór nad nią należał do kanonika, noszącego tytuł scholastyka. On też początkowo sam nauczał w szkole. Z biegiem jednak czasu – już w XIII wieku – nastąpił rozdział między funkcjami kontrolnymi, które pozostały przy scholastyku, a bezpośrednim kierownictwem szkołą i nauczaniem w niej, czym zajmował się osobny nauczyciel, nazywany w źródłach rektorem lub magistrem.

Te zmiany organizacyjne wiązały się z powstawaniem nowych szkół w diecezji. Zgodnie bowiem z postanowieniami IV soboru laterańskiego miano je zakładać także przy kościołach parafialnych. Te powinny były wziąć na się ciężar kształcenia elementarnego, z gramatyką włącznie, stąd zwano je gramatykalnymi; szkoły katedralne natomiast miały położyć nacisk na kształcenie teologiczne przyszłych kapłanów. Jeśliby nie miały środków na utrzymanie osobnych nauczycieli dla szczebla niższego i wyższego, mogły ograniczyć się do wykładania *Pisma Świętego*, a kurs łaciny i pisma przerzucić całkowicie na szkoły parafialne.[67]

Sens owej uchwały soborowej podlega różnym interpretacjom. Wbrew rozpowszechnionemu poglądowi nie chodziło w niej o masowe tworzenie szkół przy parafiach, lecz przede wszystkim o wspomaganie szkół katedralnych przez kościoły parafialne, znajdujące się w stolicy biskupiej. W Krakowie szkołę parafialną przy kościele Św. Trójcy założył biskup Iwo Odrowąż już w kilka lat po soborze. We Wrocławiu szkoła taka powstała dopiero w drugiej połowie stulecia: w roku 1267 przy kościele Św. Marii Magdaleny; z rozwojem miasta przestała ona wystarczać i w roku 1293 powołano do życia drugą – przy kościele Św. Elżbiety. Natomiast w Poznaniu jeszcze w 1263 roku kapituła katedralna sprzeciwiła się założeniu szkoły przy tamtejszym kościele parafialnym.[68]

Największe bowiem zainteresowanie powstawaniem szkół parafialnych przejawiali mieszcza-

326. Wykład szkolny; przedstawienie wypełniające inicjał *D* w traktacie Rhasesa, *Liber medicinalis ad Almansorem* (f. 50 v); XIII w.

nie. Jako ich fundatorzy, a przy tym główni dobrodzieje swego kościoła, mogli wywierać wpływ na funkcjonowanie szkoły, starać się, by warto było kształcić w niej nie tylko przyszłych księży, lecz także przyszłych kupców. Nie było to jednak po myśli kapituł katedralnych, do których formalnie należała zwierzchność nad szkołami parafialnymi, zakreślanie ich programu nauczania oraz – za pośrednictwem scholastyka – nadzorowanie jego realizacji i powoływanie nauczycieli.

Ramy programu każdej ze szkół parafialnych określał zazwyczaj dość dokładnie jej akt fundacyjny. Tak więc szkoły wrocławskie miały uczyć modlitw pacierza, czyli *Modlitwy Pańskiej*, *Pozdrowienia anielskiego* (*Ave Maria*), *Wyznania wiary* (*Credo*), oraz siedmiu tzw. psalmów pokutnych, a następnie alfabetu i czytania. W związku z potrzebami kultu liturgicznego pozostawało nauczanie śpiewu kościelnego. Poza kurs elementarny wychodził wykład gramatyki według podręcznika Donata i lektura łacińska, w której uprzywilejowaną pozycję zajmowały *Catonis disticha moralia*, przypisywany Katonowi zbiór pouczeń moralnych, ujęty w łatwe do zapamiętania dwuwiersze. Sporadycznie czytano także innych autorów. Aktu fundacyjnego krakowskiej szkoły parafialnej wprawdzie nie znamy, ale jeszcze w półtora wieku później jej program nie różnił się wiele od powyższego wzoru.

Nie wiemy na pewno, jak owe przepisy realizowano, można jednak z niejakim uzasadnieniem przypuszczać, że w praktyce pleban, będący pierwszą instancją nadzorczą szkoły, rzeczywiście ulegał naciskowi swych parafian i nauczanie w szkołach parafialnych różniło się w jakiś sposób od nauczania na analogicznym stopniu w szkołach katedralnych. Po pierwsze bowiem zorganizowanie szkół parafialnych nie doprowadziło do likwidacji nauczania gramatyki w szkołach katedralnych; widać więc, że szkoła parafialna nie stała się przedsionkiem do katedralnej, jak to sugerowały uchwały IV soboru laterańskiego. Po drugie – spotykamy się w ciągu XIII wieku z ciągłymi sporami wokół szkół parafialnych między kapitułą a gminą miejską; toczyły się one nie tylko w Poznaniu, gdzie wskutek nich upadła na razie sama idea szkoły parafialnej – założono taką dopiero na początku wieku następnego – ale i we Wrocławiu, gdzie spory kompetencyjne przy fundowaniu szkoły przy kościele Św. Marii Magdaleny w 1267 roku oparły się aż o legata papieskiego. Ze sformułowań dokumentu fundacyjnego szkoły poznańskiej wynika jasno, że w szkole parafialnej widzieli mieszczanie szkołę dla własnych dzieci, odmienną od katedralnej. Natomiast kapituła odpowiedziała na ich postulaty zgodą na przyjmowanie synów mieszczańskich do szkoły katedralnej, co jednak widocznie nie zaspokajało potrzeb społeczności Poznania, skoro walka o szkołę parafialną trwała tam dalej.

Nie należy, oczywiście, wnosić, by szkoła parafialna zatraciła gdziekolwiek charakter szkoły prowadzonej przez Kościół, odpowiadała ona jednak potrzebom świeckim. Uczono w niej nadal pacierza i psalmów, ale i tego chcieli sami parafianie, by móc godnie występować we własnym kościele jako współuczestnicy obrzędów liturgicznych,

nie zaś tylko bierni widzowie sprawowania ich przez kler. Zapewne jednak w szkole miejskiej – bo na taką nazwę zasługuje już gramatykalna szkoła parafialna – zwiększała się pomocnicza rola języka ludowego, w niemieckojęzycznych gminach miejskich oczywiście niemieckiego, co takim niepokojem napawało arcybiskupa Jakuba Świnkę, gdyż język ten łatwo mógł się przenieść także do szkół w parafiach o przewadze ludności mówiącej po polsku. Można też suponować, że nauczyciel szkoły parafialnej znajdował trochę miejsca również dla elementarnej nauki rachunków. Zbyt silnie akcentowały kapituły monopol szkół katedralnych i kolegiackich na prowadzenie nauczania w zakresie *quadrivium*, a więc i podstaw arytmetyki, by nie domyślać się w tym reakcji na praktyki szkół miejskich.

Niechęć środowisk katedralnych do szkolnictwa parafialnego wypływała zapewne z różnych motywów. Grały tu, być może, pewną rolę ludzkie względy ambicjonalne – obawa, aby nie utracić autorytetu jedynych szafarzy wiedzy. Łączyła się z tym pewno szlachetna troska, by w szkole parafialnej nie obniżyła się jakość nauczania pierwszej, ale i najbardziej cenionej spośród sztuk wyzwolonych. Wyraźnie czytelny w źródłach jest związek tego problemu z toczącą się w drugiej połowie XIII wieku walką językową: polskie już w przygniatającej większości duchowieństwo katedralne znajdowało się w ostrym konflikcie z niemieckim językowo klerem parafialnym największych miast. Nie bez znaczenia był też chyba fakt, że gdy szkoła parafialna przejawiała tendencję do ewolucji w kierunku szkoły ogólnokształcącej dla świeckich, szkoła katedralna bardziej jeszcze niż w wieku poprzednim stawiała sobie za cel wychowanie duszpasterzy.

Czy rzeczywiście istniał splot wymienionych motywów powstrzymywania przez kapituły katedralne rozwoju szkół przy parafiach i które z tych przesłanek wysuwały się na czoło, a które grały rolę drugorzędną, musi na razie pozostać pytaniem bez ostatecznej odpowiedzi, niemożliwej przy dzisiejszym stanie badań.

Jak wspomnieliśmy, głównym zadaniem szkół katedralnych stawało się po IV soborze laterańskim podnoszenie poziomu umysłowego kleru. Nadal wprawdzie nie uległy zmianie sformułowania, określające zakres koniecznej wiedzy kapłana – zarówno posoborowy *Dekret Gracjana*, jak statuty synodalne Jakuba Świnki z 1285 roku wymagały od niego zaledwie znajomości *Składu apostolskiego*, siedmiu sakramentów, modlitw brewiarzowych oraz umiejętności odprawiania mszy świętej – ale jednocześnie postulowano wprowadzanie możliwie dużej liczby kandydatów do stanu duchownego w wiedzę teologiczną właśnie w szkołach katedralnych, a także dokształcanie już wyświęconych kapłanów. Według cytowanych statutów synodalnych gnieźnieńskich z roku 1285 miało to być nauczanie diecezjalne, przy czym sam biskup lub kompetentny jego zastępca wyjaśniał szczegółowo duchowieństwu podstawowe prawdy wiary według schematu *Składu apostolskiego* oraz naukę o sakramentach. Archidiakonom zaś polecono kontrolę, czy kler parafialny rozumie teksty mszalne i zdaje sobie sprawę ze znaczenia poszczególnych części mszy.[69]

W tej sytuacji szkoły katedralne ulegały pewnej reorganizacji. Według wskazań soboru obok nauczyciela sztuk wyzwolonych, zwanego gramatykiem, miał występować drugi, teolog, wykładający *Pismo Święte* i teologię pastoralną.[70] Brak nam jakichkolwiek bezpośrednich danych, jak ten wykład realizowano w Polsce. Przypuszczalnie jego przedmiotem były podobne kwestie do tych, które poruszano na naukach diecezjalnych dla duszpasterzy. Nazwać by to więc raczej można katechizacją na nieco wyższym poziomie niż właściwą teologią.

Większym znacznie zainteresowaniem od teologii cieszyło się wśród średniowiecznego kleru polskiego prawo kanoniczne. Jak się zdaje, elementy jego, wraz z krajowym ustawodawstwem synodalnym, wykładano w najlepiej nam znanej szkole katedralnej krakowskiej już w początkach XIII wieku, za pontyfikatu Wincentego Kadłubka, który sam był wykształconym za granicą prawni-

kiem. Pierwsze zaś pewne świadectwo o nauce prawa w tej szkole pochodzi z roku 1238, kiedy jako archidiakon sandomierski (a archidiakoni byli z reguły kanonikami katedry krakowskiej) wystąpił magister Salomon, *professor iuris* – profesor prawa. Stan biblioteki krakowskiej, dość zasobnej w rękopisy o treści prawniczej, umożliwiał postawienie owego studium na należytym poziomie.

Stwierdzając jednak stały i znaczny rozwój szkolnictwa kościelnego w Polsce, trzeba jednocześnie zauważyć, że nie nadążało ono za również systematycznie wzrastającymi potrzebami. Przygotowywało szeregowy kler, dając podstawy wiedzy, których poszerzenia, niezbędnego zarówno kandydatom do dostojeństw kościelnych, jak amatorom kariery w służbie państwa, można było dokonać dopiero za granicą.

Krajowe szkolnictwo kościelne nie ograniczało się do szkół katedralnych, wspomaganych przez parafialne szkoły gramatykalne. Już w XIII wieku także niektóre kapituły kolegiackie prowadziły szkoły. Nie da się określić, ile ich rzeczywiście działało, najczęściej bowiem stosowana przesłanka – występowanie w danej kapitule kanonika z tytułem scholastyka – jest zawodna. Słusznie podnoszono, że brak scholastyka nie przesądza jeszcze o braku szkoły przy danej kolegiacie. Z równą racją jednak można zauważyć, że i odwrotnie: obecność scholastyka w kapitule nie jest dostatecznym dowodem funkcjonowania szkoły. Tam, gdzie szkoły kolegiackie istniały, przypominały zapewne swą organizacją i programem szkoły katedralne, stawiając sobie za cel przygotowywanie kleryków do pełnienia obowiązków duszpasterskich.

Odrębnym także szkolnictwem dysponowały w Europie zakony. We wczesnym średniowieczu przodowali na tym polu benedyktyni, których szkoły wychowywały gros kadr dla Kościoła. Sprowadzeni do Polski niedługo po jej oficjalnej chrystianizacji, oddali się tu zapewne przede wszystkim pracy misyjnej i tak, jak nie zaznaczyli swej obecności kopiowaniem ksiąg, tak nie mieli pewnie czasu i na tworzenie szkół. W XI i XII wieku ich rola w kształceniu zmalała w całej Europie, wątpić więc można, by właśnie w Polsce mieli się wykazać większą energią. Śladów jej w każdym razie brak, a skądinąd wiadomo, że także na tym terenie zaznaczył się kryzys w tym zakonie, wypieranym przez prężniejszych cystersów i premonstratensów. Klasztory tych dwóch zakonów składały się jednak z cudzoziemców, i to nie tylko w pierwszym pokoleniu.

Zakony żebrzące, dominikanie i franciszkanie, którzy w ciągu XIII wieku szybko zadomowili się w Polsce, początkowo także nie prowadzili szkół. W zakonie franciszkańskim panował wówczas nawet swoisty antyintelektualizm: sądzono, że wykształcenie kłóci się z ideałem prostoty ewangelicznej. Walka z herezją, co sobie stawiali za zadanie dominikanie, czyniła z nich natomiast najbardziej doceniający znaczenie wiedzy zakon ówczesnej Europy. Ich konstytucje wymagały tworzenia dla siebie wyższych studiów teologicznych w każdej prowincji zakonnej. W Polsce ani w Czechach w ciągu XIII wieku nie powstało jeszcze dominikańskie studium generalne, można się co najwyżej liczyć z istnieniem w Krakowie partykularnego studium międzyklasztornego, odpowiadającego zakresem nauczania szkołom katedralnym.[71]

Normy postępowania
i wzory osobowe

A. MOTYWACJE POSTAW ETYCZNYCH

W piśmiennictwie średniowiecznym spotykamy się z dwojakim sposobem wskazywania na źródło norm etycznych: jest nim albo nakaz Boży, albo tradycja, określana jako obyczaj przodków (*mos maiorum*), starodawny obyczaj (*mos antiquus*) lub podobnie. Z nakazu Bożego pochodzą normy, na których straży stał Kościół, normy przyjmowanej z wolna moralności chrześcijańskiej. Do tradycji odwoływano się wówczas, gdy chodziło o postępowanie akceptowane społecznie, lecz nie mieszczące się w systemie etycznym chrześcijańskim albo pozostające z nim nawet w oczywistej sprzeczności.

Przykładem normy z gatunku tych ostatnich może być nakaz zemsty rodowej za krzywdy wyrządzone krewnym, bardzo trwały element moralności średniowiecznej. Właściwe wypełnienie tego tradycyjnego obyczaju stanowiło w powszechnej opinii o wartości człowieka. Podzielali ów pogląd także ludzie wykształceni przez Kościół, oczytani w tekstach biblijnych, zwłaszcza znający perykopy ewangeliczne i, zapewne, oparte na nich homilie. W *Kronice* Galla spotykamy tego dowody na każdym prawie kroku. Wiele czynów sławionych przez piewcę Piastów uzyskuje w niej tę właśnie motywację; oczekiwanie, że latorośl rodu będzie mściła krzywdy ojca, matki lub brata, wydaje się autorowi oczywiste. Także pomsta za własną krzywdę uzyskuje w *Kronice* akceptację, nawet gdy chodzi o sytuacje drastyczne. Tak na przykład zapisuje kronikarz na plus Bolesławowi Chrobremu, że ten, zwyciężywszy w wojnie księcia kijowskiego, zhańbił jego córkę, mszcząc się w ten sposób za doznaną zniewagę, gdyż swego czasu nie chciano mu jej oddać w małżeństwo.[1]

Z biegiem czasu ten punkt widzenia ustępował, przynajmniej w kołach kościelnych, poglądom bardziej zgodnym ze wskazaniami chrześcijaństwa. Mistrz Wincenty wyeksponował u swego bohatera, Kazimierza Sprawiedliwego, właśnie darowanie doznanej zniewagi. Dworzanin książęcy, ograny przez swego pana w kości, spoliczkował go w przystępie rozpaczy, lecz ten – wbrew spodziewaniu – nie tylko nie ukarał go, lecz uznał własną winę.[2] Jednakże ze szczegółów anegdoty widać wyraźnie, jak bardzo niezwyczajną rzeczą musiało być takie zachowanie się księcia, jak bardzo sprzeciwiało się zakorzenionym tradycjom, uznanemu powszechnie kodeksowi postępowania.

Toteż ów system norm, określany mianem starodawnych obyczajów przodków, wydaje się istotnie wcześniej zakorzeniony w społeczeństwie niż wprowadzane przez Kościół zasady etyki chrześcijańskiej. Można mówić o nim jako o systemie norm moralnych Polski pogańskiej, z tym jednak zastrzeżeniem, że nie był on bynajmniej, przynajmniej w znanych nam fragmentach, systemem całkowicie oryginalnym. Podobne pojęcia panowały w całej barbarzyńskiej Europie, a ich współistnienie z normami popularyzowanymi przez Kościół także i na Zachodzie utrzymywało się przez wieki.[3]

Właśnie fakt, że na prawie całym obszarze chrześcijańskiej Europy głoszono wciąż zasady owej moralności przodków, przesądzał o jej trwałości; cudzoziemcy przybywający do Polski, w tym także duchowni, nie reagowali oburzeniem na uznawane tu normy – znali je z własnej ojczyzny i najczęściej uważali za własne. Cytowany przykład wypowiedzi obcokrajowca i zapewne kleryka, kronikarza Galla, wskazuje, że głoszone przez nich nauki nie tylko nie podważały dawnych obyczajów, ale je sankcjonowały, sugerując ich zgodność z wyznawaną i praktykowaną religią.

Przedchrześcijańska moralność nie odwoływała się do sankcji Bożej. Jej motywacje wydają się całkowicie świeckie: podkreśla się w nich wierność ustanowionym i praktykowanym przez przodków wzorom postępowania. W istocie jednak także tu występuje zależność przyjętego systemu etycznego od poglądu na świat. Postępowanie człowieka określały wymagania magii. Skoro czynności człowieka powinny zapewnić mu powodzenie, należało korzystać z nagromadzonego przez pokolenia doświadczenia, a więc postępować tak, jak postępowali przodkowie. Życiem miał kierować niezmienny rytuał i odziedziczone reguły postępowania. W naśladowaniu przodków przejawiał się także ich kult, ale nie kult bezinteresowny, lecz dający się wyrazić sformułowanym w innej wspólnocie kulturowej wskazaniem *Dekalogu*: „Czcij ojca swego i matkę swoją, aby ci się dobrze działo na ziemi."

Moralność chrześcijańska przedstawiała swe normy jako nakazy Boże, których trzeba przestrzegać – w wersji bardziej wysublimowanej – dla miłości Boga, w wersji zaś powszechniejszej i bardziej zrozumiałej, zwłaszcza w społeczeństwach neofickich – dla zapewnienia sobie zbawienia.

Te dwie różne motywacje ułatwiały godzenie moralności tradycyjnej z nową: pierwszej należało przestrzegać w imię powodzenia doczesnego, drugiej – w imię szczęścia pośmiertnego.

Obawa wiecznej kary sprawiła, że w rywalizacji obydwu systemów etycznych stroną silniejszą okazała się ostatecznie moralność chrześcijańska. Chociaż jej tryumf jako systemu powszechnie uznanego przypadnie dopiero na XIII wiek, i to raczej na jego schyłek, już przecież z chwilą oficjalnej chrystianizacji państwa jeden z jej elementów został akceptowany. Było nim chrześcijańskie pojmowanie obowiązków wobec Boga.

Obowiązki jednostki wobec innych ludzi, w szczególności wobec członków tych samych grup społecznych, wyznaczało przede wszystkim poczucie solidarności, rozumianej zgodnie z dyrektywami moralności tradycyjnej. Wreszcie obowiązki wobec siebie samego, słabo, jak się wydaje, eksponowane w okresie, gdy jednostka tak niewiele znaczyła poza wspólnotą, zostały dowartościowane w chrześcijaństwie, które głosiło, że celem życia człowieka jest zapewnienie wiecznego zbawienia przede wszystkim własnej duszy.

302

B. OBOWIĄZKI WZGLĘDEM LUDZI

1. «Swoi» i «obcy»

Człowiek wychowany w moralności tradycyjnej, rozróżniał wśród ludzi dwie podstawowe kategorie: „swoich", czyli członków tych samych wspólnot, oraz „obcych" – ludzi spoza wspólnoty. Z pierwszymi łączyły go więzy solidarności i wynikające z niej normy postępowania. Do obowiązków względem drugich poczuwał się tylko w specyficznych sytuacjach i także wywodził je z obyczajów wspólnoty. Jeśli bowiem obcy wszedł w magiczny związek z rodziną za pośrednictwem ogniska domowego, zyskiwał prawo do jej opieki, a razem z nią – określone miejsce w społeczeństwie.

Różnorakie znano stopnie swojactwa: od członkostwa najbardziej zobowiązującego jednostkę związku rodzinnego, przez przynależność do tej samej grupy bliskosąsiedzkiej lub organizacji plemiennej, aż do udziału w najluźniejszej, lecz także żywo odczuwanej wspólnocie państwowej i najszerszej – językowej. Można wprawdzie mieć wątpliwości co do wysuniętej przed trzydziestu laty w językoznawstwie próby interpretacji nazwy Słowian jako ludzi „swoich"[4], ale sam fakt objęcia wspólną nazwą tak wielkiej liczby ludów na rozległym obszarze od Bałtyku po Bałkany i przeciwstawienia ich obcoplemiennym „niemcom", jak co najmniej jeszcze w XI wieku miano określać wszystkich nie-Słowian,[5] wystarczająco dokumentuje, że istniało także poczucie takiej więzi.

Obowiązki wobec wszystkich wymienionych wspólnot rozumiano podobnie, wszelako z tym zastrzeżeniem, że w wypadku kolizji między nimi pierwszeństwo oddawano obowiązkom wobec wspólnoty węższej. Zasadę tę wyrażało przysłowie: „Bliższa koszula ciału niż suknia."[6] W poczuciu moralnym społeczeństwa plemiennego solidarność rodzinna górowała nad wszelką inną. Utrzymywanie się aż w głąb XIII wieku modelu zamkniętej gospodarki domowej, wchodzącej tylko sporadycznie w stosunki z rynkiem lokalnym, sprzyjało trwałości tej tradycyjnej postawy także w państwie Piastów.

Jej świadectwa rozsiane są obficie w piśmiennictwie średniowiecznym, gdzie wzgląd na obowiązki rodzinne występuje jako najczęstsza motywacja czynów ludzkich, a z reguły jako motywacja oczekiwana, ich zaś zaniedbanie spotyka się z dezaprobatą. Dopiero stopniowo kształtowała się inna hierarchia wartości, stawiająca interes państwowy ponad krewniaczy. Jeszcze w XII wieku obserwujemy tę nową koncepcję jedynie w postaci postulatu kół dworskich lub egzekwowanego siłą prawa książęcego.

Drastycznym przykładem służy tu *Kronika Galla*. Oto zagrożeni przez nieprzyjaciela głogowianie wyjednali zawieszenie broni, którego gwarancją mieli być – zgodnie ze zwyczajami wojennymi – zakładnicy, wybrani spośród wybitniejszych rodzin grodzian. Książę Bolesław Krzywousty nie zgodził się jednak na przedstawiony mu projekt poddania grodu i zagroził głogowianom krwawą zemstą, gdyby mieli go urzeczywistnić wbrew jego woli. Grodzianie usłuchali księcia; podjęli walkę, poświęcając swych krewnych, którzy prowadzeni przed oblegającymi wojskami, ginęli od razów własnych ojców i braci.[7]

Gall, a za nim późniejsza historiografia uczyniła z opowieści o bohaterskiej obronie Głogowa *exemplum*, czyli wzór właściwej postawy. W miarę upływu czasu przedstawiano coraz częściej decyzję głogowian jako spontaniczny przejaw ich patriotyzmu i wierności księciu.[8] Jednakże wersja pierwotna nie pozostawia wątpliwości, że obrońcy grodu działali wbrew własnemu przekonaniu, pod wpływem strachu przed księciem, o którym wie-

327. Przedstawiciele innych narodowości: Żydzi; fragment kwatery drzwi brązowych katedry w Gnieźnie, z przedstawieniem św. Wojciecha u księcia czeskiego Bolesława II w sprawie niewolnych; 2 poł. XII w.

dziano, że gdyby nawet miał przegrać wojnę, po jej zakończeniu zjawi się w Głogowie i nie cofnie przed zapowiedzianymi okrucieństwami. Prawo, nakazujące posłuszeństwo władzy państwowej, nawet wbrew obowiązkowi solidarności rodzinnej, znajdowało się jeszcze w oczywistej sprzeczności z poczuciem moralnym. Toteż Krzywousty, wydając głogowianom rozkaz walki, nie próbował nawet apelować do ich sumień.

W przewadze więzów krewniaczych i partykularnych nad państwowymi upatruje się jedną z przyczyn długotrwałego rozbicia politycznego dziedziny piastowskiej.

Dopiero w ciągu XIII wieku, w rezultacie przemian ekonomicznych, a zapewne też pod wpły-

wem ciężkich doświadczeń kraju, bezsilnego pod rządami drobnych książąt i wystawionego na łupieskie najazdy bliższych i dalszych sąsiadów, poczucie wspólnoty ogólnopolskiej stawało się stopniowo udziałem coraz liczniejszych, choć nie potrafimy określić, jak licznych, grup społecznych. Jest ono widoczne w ówczesnym piśmiennictwie, w poparciu udzielonym przez część rycerstwa dążeniom do zjednoczenia państwa, w polityce Kościoła gnieźnieńskiego.

Ale i wtedy nie wskazywano na wyższość, lecz raczej na podobieństwo i zgodność interesu państwowego z partykularnym, stanowym i zwłaszcza rodzinnym. Znajdowało to wyraz między innymi w alegoriach o ojczyźnie-matce[9] i w przyrównywa-

328. Przedstawiciele innych narodowości: Prusowie; fragment kwatery drzwi brązowych katedry w Gnieźnie z przedstawieniem Ostatniej mszy św. Wojciecha; 2 poł. XII w.

niu władcy do ojca. Wciąż bowiem najżywiej odczuwano powinności wynikające z pokrewieństwa, obojętne: naturalnego czy, jak często w rodzie heraldycznym, fikcyjnego, zwłaszcza że z charakteru tego ostatniego zainteresowani nie zdawali sobie najczęściej sprawy.

Dlatego także wspólnotę narodowościowo--państwową próbowano utrwalać spekulacjami genealogicznymi na temat pochodzenia wszystkich „swoich" od wspólnego przodka. Czechom takiego praojca i eponyma dał już w XII wieku Kosmas[10], jeśli nie nawiązywał do powstałego jeszcze wcześniej mitu. W Polsce na podobną drogę wkroczyły kroniki przełomu XIII/XIV wieku, przy czym pierwsza genealogia Polaków, dzieło tak zwanego Dzierzwy,[11] była tylko popisem średniowiecznej uczoności i z tradycją rodzimą nie miała nic wspólnego.

2. Wśród swoich

W pouczeniach biskupa Ottona z Bambergi, kierowanych do Pomorzan nadodrzańskich, których w końcu pierwszej ćwierci XII wieku pozyskał dla chrześcijaństwa, znalazł się między innymi zakaz zabijania niemowląt płci żeńskiej, czy – jak się przypuszcza nieraz – porzucania ich bez opieki w polu lub w lesie.[12] Zdarzały się też wypadki przeznaczania członka wspólnoty na krwawą ofiarę dla przebłagania bóstw.[13]

Oczywiście, nie były to praktyki codzienne. Skądinąd wiadomo, że rodziców obowiązywało wychowywanie dzieci, troskę zaś o rodziców i w ogóle o starców obserwował kronikarz u Słowian jako jedną z ich głównych cnót: „skoro bowiem ktoś u nich staje się niedołężny wskutek choroby lub starości, porucza się go spadkobiercy, który winien go otaczać najtroskliwszą opieką".[14]

Zdarzające się jaskrawo odstępstwa od tych zasad, widocznie nie takie znów rzadkie, skoro rzuciły się w oczy przybyłemu z daleka misjonarzowi, powodowała konieczność przetrwania lat klęsk żywiołowych, nieurodzaju i głodu.

W tradycyjnej bowiem hierarchii wartości dobro wspólnoty stało ponad dobrem poszczególnych jej członków. Jednostka tak niewiele znaczyła bez kolektywu, że jej, traktowanej z osobna, nie poświęcano zbyt wielkiej uwagi. Barbarzyńcy dla ratowania wspólnoty nie wahali się poświęcić tych spośród osób bliskich, którzy nie mogli już się jej przydać: słabych.

Nie dysponujemy dostatecznymi przesłankami, by orzec, czy w Polsce historycznej utrzymywały się jeszcze podobne zasady. Z pewnością fakty równie drastyczne, jak przytoczone wyżej, nie zdarzały się w rodzinach góry społecznej, czyli w środowisku, o którego obyczajach informują nas źródła pisane. Rodziny te jednak nie stawały na ogół przed koniecznością dramatycznego wyboru, kogo z najbliższych przeznaczyć na śmierć. Inaczej mogło być u biedaków, gdy stawali w obliczu klęski głodowej. Nie znamy powodu, dla którego ludność wschodniego Mazowsza lub peryferyjnych ziem Małopolski miałaby stosować zasadniczo różne reguły postępowania od Pomorzan.

O tym, że także ludność ziem nadwiślańskich godziła się poświęcić dziecko dla zapobieżenia katastrofie grożącej wspólnocie, mógłby świadczyć, niezbyt co prawda pewny, ślad archeologiczny. Oto w Płocku, na wzgórzu, które wydaje się miejscem pogańskich obrzędów kultowych, odkryto jak gdyby pozostałości złożonej tam ofiary: w pobliżu hipotetycznego ołtarza ofiarnego strzaskaną czaszkę dwunastoletniej dziewczynki, a obok niej okrągły tłuk kamienny, być może fragment narzędzia mordu rytualnego. Odkrywca znaleziska interpretuje je jako scenerię najcenniejszej ofiary, którą mazowieccy poganie, zagrożeni przez chrześcijańskiego księcia Polan – Mieszka I lub Bolesława Chrobrego – usiłowali odwrócić perspektywę zagłady ich kultu plemiennego.[15]

Gdyby tak rzeczywiście było, złożenie w ofierze dziecka, najprawdopodobniej miejscowej rodziny – trudno bowiem w zabitej dziewczynce dopatrywać się branki wojennej – trzeba by traktować jako jeszcze jeden przejaw przekładania interesu zbiorowego ponad dobro, a nawet życie jednostki.

Podobnych zdarzeń z lat po połowie XII wieku nie spotykamy już w źródłach. Wydaje się to czymś więcej niż przypadkiem. Z biegiem czasu, wraz z postępującym rozluźnieniem się więzi grupowych, jednostka zyskiwała większą niezależność w obrębie wspólnoty, stawała się podmiotem decyzji o własnym losie, a nie tylko bezwolnym obiektem planów i postanowień kolektywu. Jej pozycję wzmacniały też zasady etyki chrześcijańskiej. Ich system nadawał wysoką rangę poświęceniu dla bliźnich, ale oczekiwał ofiary dobrowolnej, nie wymuszonej.

W moralności tradycyjnej prawo decyzji o losach członków rodziny przyznawano jej naczelnikowi – ojcu. Z kolei rodzina jako całość podporządkowywała się starszyźnie szerszej wspólnoty, do której należała. Posłuszeństwo orzeczeniom powołanych do tego instancji uważano więc za postawę obligatoryjną, a za jej wzorzec służyło posłuszeństwo synowskie.[16]

Kto ów nakaz przekraczał, narażał się na potępienie przez opinię społeczną, a nieraz na reakcje czynne. U Słowian północno–zachodnich tych, co nie chcieli poddać się postanowieniom wiecu plemiennego, okładano kijami.[17] W rodzinie, nie tylko słowiańskiej, chłosta nieposłusznych przetrwała wieki i znajdowała do niedawna powszechne uznanie. Karcenie rózgą wielmożów przez Bolesława Chrobrego sławiła legenda jako przejaw jego ojcowskiego stosunku do dworzan i drużynników, których „kochał jakby braci lub synów".[18]

Posłuszeństwa synowskiego nie miano jednak za obowiązek jednostronny. W myśl zasady wzajemności świadczeń od ojca należała się synom opieka, w szczególności zaś ochrona przed niebezpieczeństwem oraz zapewnienie bytu na teraz i na przyszłość. Wiązała go także z synami solidarność grupowa, nakazująca mu stawiać ich

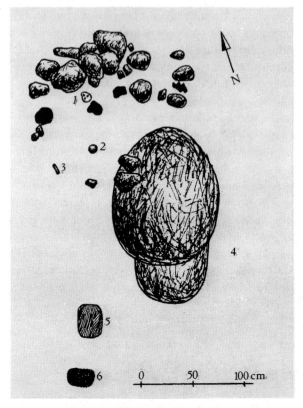

329. Płock, pogańskie miejsce kultowe: ofiara z dziecka; wczesne średniowiecze

dobro ponad zobowiązaniami wobec osób spoza rodziny, obcych. Jeśli ojciec łamał te zasady lub okazywał się niezdolny do wypełnienia zadań wypływających z jego roli społecznej, posłuszeństwo przestawało obowiązywać synów.

Księga druga *Kroniki* Galla zawiera opowieść o buncie synów Władysława Hermana przeciwko ojcu. Aby zdobyć poparcie opinii, młodzi książęta dowodzili, że ojciec ulega we wszystkim wojewodzie Sieciechowi, który dybie na ich życie. Głosili, że „zmożony starością i chorobą rodzic... nie jest już w stanie troszczyć się o siebie, o nas i o kraj".[19] Ta motywacja wystarczała dla usprawiedliwienia odmowy posłuszeństwa. Napominano tylko młodzieńców, by występując zbrojnie przeciw staremu księciu, zachowywali należny mu szacunek. Miało to polegać na wstrzymaniu się od inwektyw i przestrzeganiu form grzecznościowych w rokowaniach, prowadzonych między wojskami obydwu stron. Gdy więc Władysław Herman ugiął się przed przewagą militarną synów i przyjął ich warunki, ci, jakkolwiek faktycznie okazali się zwycięzcami, powitali go przy spotkaniu „nie jak [udzielni] panowie, lecz jak wasale i słudzy, z kornym sercem i czołem".[20] Nie przeszkodziło to im pod lada pozorem wydzierać ojcu nowe grody.

Spór o władzę książęcą przedstawił kronikarz jako typowy konflikt rodzinny. Ojciec stary i chory, niedołężny fizycznie lub o zmęczonym umyśle, miał prawo do zewnętrznego szacunku i opieki, ale w interesie grupy powinien zwierzchnictwo nad nią przekazać młodszemu. Jeśli nie ustępował dobrowolnie, słuszność wymagała, by go do tego przymusić.

Za wzór stosunków między równymi sobie członkami wspólnoty służył stosunek braterski. Braci obowiązywała przyjaźń i współpraca. Nagminnie odwoływano się do tej zasady, rozszerzając ją często także na innych krewnych i powinowatych. Zabiegając o pokój z Czechami, Bolesław Krzywousty „prosił księcia Borzywoja, aby wspomniał na powinowactwo".[21] Zrozumiałe jednak, że z różną mocą działała owa norma w faktycznej wspólnocie rodzinnej i poza nią.

W pierwszym wypadku, zwłaszcza gdy żył jeszcze i władał rodziną ojciec, braci łączyło naturalne koleżeństwo i sposobności do konfliktów między nimi nie zdarzały się często. Jeśli po śmierci ojca rodzeństwo pozostawało we wspólnocie, stosunki nie zawsze układały się poprawnie, jeśli zaś dorośli, żonaci bracia rozchodzili się, by założyć odrębne rodziny, więź między nimi słabła, miejsce spontanicznej solidarności zajmowała obojętność, a nieraz niechęć. Wszelako akty wrogości względem brata czy nawet dalszego krewnego zawsze spotykały się z dezaprobatą. Trzeba było się z nich tłumaczyć przed opinią, najczęściej przypisując inicjatywę zwady drugiemu.

Społeczeństwo uznawało konieczność obrony przed złym bratem, aprobowało prawo do ukarania młodszego przez starszego, ale działania te nie powinny były przekraczać ram miłości braterskiej. Okrucieństwo wobec brata potępiano bez względu na jego motywy. Bolesław Krzywousty stracił wiele ze swej popularności, gdy kazał oślepić brata Zbigniewa; wytykano mu ten postępek w kraju i za granicą.[22] Co więcej, według powszechnie uznawanej zasady wypadało przywracać skarconego brata do łask, kara bowiem zmazywała winę i miała prowadzić do zgody.

Godząc się tedy z konfliktami rodzinnymi, opinia publiczna baczyła, by nie podważały nadrzędnej solidarności krewnych. Miały pozostać przysłowiowymi „kłótniami w rodzinie", przejściowymi nieporozumieniami, nie naruszającymi wspólnego interesu i ustępującymi natychmiast w obliczu wroga.

Toteż ze zdecydowanym potępieniem spotykało się łączenie z „obcymi" przeciw „swoim". Usprawiedliwiając poczynania Krzywoustego wobec brata, Gall sięgał właśnie po argument, że Zbigniew „do obcych przystał ludów".[23]

Normy moralności tradycyjnej nakładały na krewniaków i sąsiadów obowiązek uczestnictwa w uroczystościach rodzinnych. Zaliczało się do nich doroczne świniobicie, na które spraszał bliskich i życzliwych zarówno książę czy wielmoża, jak niezamożny wieśniak. Takie święto przedstawił Gall w chacie Piasta, gdzie „paru równie ubogich przyjaciół" podejmował gospodarz wieprzowiną i piwem.[24] Bardzo uroczysty charakter miały obrzędy i uczty, do których sposobność dawały zmiany w składzie rodziny: narodziny dziecka, zaślubiny, śmierć.

Wymówić się od uczestnictwa w nich znaczyło tyle, co potargać więzy rodzinne. Gdy książę Zbigniew, ów wzór złego brata w naszych kronikach, odmówił przybycia na ślub Bolesława Krzywoustego, ten „bardziej bolał nad znieważonym braterstwem niż nad zniszczeniem państwa" przez jednoczesny najazd łupieski sąsiadów.[25]

Podobnie chyba jak w świecie germańskim, mało kto ze Słowian poważył się naruszyć zwyczaj opłakiwania zmarłego krewniaka. Nie uchylano się od tego obowiązku nawet na polu bitwy, gdy ów poległ w szeregach nieprzyjaciół.

Normy regulujące stosunki między ojcem a synami oraz między braćmi stosowały się *mutatis mutandis* do stosunków w obrębie wspólnot szerszych od rodziny. Im dany typ wspólnoty zasadzał się na trwalszych więziach i miał dawniejszą tradycję, tym bardziej owe normy odczuwano jako obligatoryjne.

Z modelu rodzinnego dwór piastowski próbował też wyprowadzić koncepcję monarchy-ojca, troszczącego się o poddanych jak o dzieci, a w zamian darzonego przez nich synowskim szacunkiem, przywiązaniem i posłuszeństwem. Wydaje się jednak, że były to wciąż tylko poglądy propagowane przez grupę społeczną zainteresowaną bezpośrednio w umocnieniu więzi państwowej, w skali zaś szerszej bynajmniej nie upowszechniane.

3. Troska o zmarłych

Powinności wobec bliskich nie ustawały z ich śmiercią. Zgodnie z pojmowaniem przez Słowian życia pozagrobowego, pozostający przy życiu powinni byli zapewnić swoim zmarłym spokojny byt przez należyty pogrzeb, a później przez odwiedzanie ich mogił. Według rytuału pogańskiego na uroczystości pogrzebowe, zwane tryzną, składało się opłakiwanie zmarłego, igrzyska połączone z ucztą pośmiertną oraz pochówek zwłok wraz z darami grobowymi. Rosnący wpływ chrześcijaństwa wyrażał się głównie zmianami w sposobie samego pochówku oraz udziałem duchownego w pogrzebie. Pozostałe elementy tradycji pogrzebowej utrzymywały się nadal, acz stopniowo redukowane i przekształcane, i przetrwały także w nowożytnej obyczajowości ludowej.

Opłakiwanie zmarłego łączyło gesty rozpaczy – chwytanie się za głowę, rwanie włosów, rozdrapywanie twarzy paznokciami – z improwizowanym zawodzeniem, gdzie wysławianie nieboszczyka przeplatało się z biadaniem nad własnym sieroctwem. Wszystko to mieszało się, dając w rezultacie obraz, jaki przekazał nam Mistrz Wincenty:

330. Opłakiwanie zmarłego, grupa płaczków na nagrobku ks. Henryka IV Probusa we Wrocławiu; kon. XIII w.

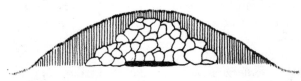

331. Grób ciałopalny kurhanowy z Kornatki; wczesne średniowiecze

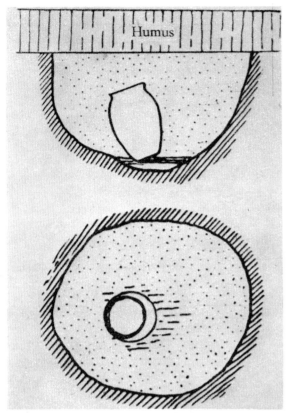

332. Grób ciałopalny popielnicowy z Międzyborowa; wczesne średniowiecze

Tak więc Anonim zwany Gallem układa pieśń żałobną o śmierci Bolesława Chrobrego, a w jej przekładzie poetyckim na współczesną polszczyznę nie sposób nie zauważyć typowych elementów słowiańskich żalów:

„Biadaż nam, o, Bolesławie! Gdzież twa sława wielka?
Gdzie twe męstwo? Kędy blask twój? Kędy moc twa wszelka?
Jeno łzy ma dziś po tobie Polska–rodzicielka!
Podźwignijcie mnie mdlejącą pany–towarzysze!
Wojownicy, niech współczucie z waszych ust posłyszę!
Żem dziś wdowa, żem samotna – spójrzcie, ach, przybysze!
Jakaż boleść, jaka żałość śród książąt Kościoła!
Wodze w smutku odrętwieli, pochylili czoła.
I kapłany, i dworzany, każdy «biada» woła.
Wy, panowie, co nosicie łańcuch, znak rycerzy,
Coście dzień po dniu chadzali w królewskiej odzieży,
Wraz wołajcie: «Biada wszystkim! Wszędy ból się szerzy!»
Wy, matrony, swe korony rzućcie niepotrzebne!
W kąt schowajcie stroje cenne, złociste i srebrne,
W suknie strójcie się włosienne, żałosne i zgrzebne!
Przecz odchodzisz od nas, ojcze Bolesławie? ...Gorze!
Przecz mężowi tak wielkiemu śmierć zesłałeś, Boże?
Przecz nie dałeś i nam wszystkim umrzeć w jednej porze?
Cała ziemia opuszczona, wdowa swego króla,
Jako pusty dom bezpański, w którym wicher hula,
Pada, słania się w żałobie, ani się utula."[27]

Na pogrzebie księcia czeskiego Ołdrzycha (zm. w 1033 r.), odsunięty przezeń od władzy i oślepiony brat jego Jaromir tak miał lamentować nad trumną zmarłego, wypełniając, pomimo doznanych krzywd, obowiązek najbliższego krewnego:

„Biada mi – cóż bo powiem, jeżeli nie częściej: biada mi?
Biada mi, bracie, biada obmierzłemu losowi gorzkiej śmierci!
Oto leżysz martwy...

Przedwczoraj szlachetny książę, dziś nieruchomy trup,
Jutro będziesz pokarmem robaków, potem lekkim popiołem
i pustą bajką."[28]

„Mógłbyś usłyszeć tu szczere, tam obłudne głosy biadania; stąd westchnienia, stamtąd łkania, stąd żałosne jęki, stamtąd straszne wycia; stąd rozlega się [odgłos] bicia się w piersi, stamtąd [klask] zderzających się dłoni; tu płyną potoki rzęsistych łez, tam ledwie na pół zwilżone są powieki. Panny targają włosy, matrony [rozdrapują] twarz, szaty [rozdzierają] staruszki; ogólne biadanie potęguje zawodzenie... królowej."[26]

Owe zawodzenia, czyli tzw. żale, stanowiły specyficzny rodzaj twórczości ludowej, o zróżnicowanych zapewne walorach artystycznych. O ich znaczeniu w obrzędowości pogrzebowej świadczy fakt, że kronikarze chętnie podają ich stylizowane przykłady, transponując je na literacką łacinę.

Zestawmy z powyższymi tekstami, pochodzącymi z epoki, ale literackimi, zanotowany przez

333. Grób szkieletowy z obstawą kamienną z Kalisza-Zawodzia; XII w.

etnografa lament, nowożytny wprawdzie, za to
autentyczny. Oto jak opłakiwała w XIX wieku na
serbskiej wsi snecha, czyli synowa, zmarłego świekra, głowę rodziny:

„Dokądże się ty wybrałeś, świekrze–banie?
Taki cudny, uzbrojony, mój witeziu!
Czemuś w stroje się ustroił, cudny smreku!
Czy dziś rano chcesz do grodów, grodzie świekrze?
Aby radzić tam z panami, mądra głowo!
Albo rządzić między bracią, kmieć wybrany!
Lub na swata ode swatów, sławny świekrze!
Czemu oczy ty zamknąłeś? Zły mój ranek!
Mądre usta podwiązałeś, mądry świekrze!
Długie ręce skrzyżowałeś. Snesze biada!
Mocnym ciałem się zwaliłeś, krzepki gromie!
Ani ganisz, ani pieścisz, czemu, świekrze?
Domowników nie gromadzisz – w domu pustka!

Byś im dawał mądre rady – biada, świekrze!
Jako wiesz i jako umiesz – biada i mnie!
Brak domowi gospodarza – biada jemu!
Wojownikom brak dowódcy – mój wojaku!
Wszystkie izby i przyciesie – bez zarządu!
I jeszcze się tobie dziwię – dziwo to jest,
Że cię serce nie bolało, dobry świekrze,
Za synami i snechami – im jest pusto!
Za kumami i druhami – biedne druhy!
Wybranymi pobratami – ach, na Boga!
Za świetnymi przyjaciółmi – biada twoim!
I jeszcze się tobie dziwię, godny świekrze!
Jakżeś ty się nie rozżalił – biada snesze!
Synów, snechy pozostawić – ból mi został!
Dobrze widzę i poznaję – ból mnie widzi!
Że tam lepszych sobie znajdziesz – dla nich szczęście!
Cudne koło swoich dzieci – biada dzieci!
Bana ojca, mądrą matkę – o, mój świekrze!
I dwu braci, obu banów – biada ludzie!

Oni ciebie tam spotkają – (to wiem) cudnie!
O nas tutaj zapytają – a nam biada!
Spotkają cię, nie wypuszczą – dumny świekrze!"[29]

Pospolite zawodzenia żałobne nie osiągały zapewne takiego stopnia artyzmu, jednakże w ich konstrukcji i treści przytoczone przykłady orientują dobrze. Lamentem wyrażano zaskoczenie, zdumienie sytuacją powstałą wskutek śmierci opłakiwanego („Przecz odchodzisz od nas, ojcze Bolesławie?", „Czemu oczy ty zamknąłeś... mądry świekrze"), wspominano pozycję społeczną i zalety zmarłego („Gdzież twa sława wielka? Gdzie twe męstwo? Kędy blask twój?", „Przedwczoraj szlachetny książę...", „Czy dziś rano chcesz do grodów... aby radzić tam z panami... albo rządzić między bracią...?"), ubolewano wreszcie nad stratą, jaką poniosła wspólnota przez ów zgon („Cała ziemia opuszczona... jako pusty dom bezpański, w którym wicher hula", „Brak domowi gospodarza... Wojownikom brak dowódcy... Wszystkie izby i przyciesie – bez zarządu!"). W skardze niby refren przewijał się co chwila dramatyczny wykrzyknik: „Biada!"

Lament wygłaszała jedna osoba przy akompaniamencie płaczu i jęków pozostałych uczestników pogrzebu. Im bardziej wstrząsające padały słowa, tym lepiej pobudzały do głośnej żałości. O doskonałym zawodzeniu powie retor, że pod jego wpływem nawet „posągi łzami spłynęły".[30]

Według latopisu ruskiego, pogańscy Wiatycze, „jeśli kto umierał...czynili nad nim tryznę, a potem czynili stos wielki i wkładali na ten stos umarłego i spalali, a potem, zebrawszy kości, wkładali je w małe naczynie i stawiali... przy drogach".[31] Materiał archeologiczny dowodzi, że także na ziemiach polskich panował co najmniej do połowy X wieku zwyczaj palenia zwłok, a choć później wypierał go obrządek grzebalny, w poszczególnych okolicach utrzymywał się jeszcze przez pewien czas. Współczesny Bolesławowi Chrobremu Thietmar nie tylko wiedział o tym, ale podawał szczegóły obrzędu, jak praktykę śmierci wdowy na stosie, na którym płonęły zwłoki jej męża.[32]

Przypuszczalnie stos pogrzebowy rozpalano jeszcze podczas obrzędowej uczty, w późniejszym języku, tzw. staropolskim, nazywanej strawą. Pito podczas niej miód.[33] Mogło się zdarzać, że wdowa, doprowadzona do ekstazy obrzędowymi lamentami i odurzona alkoholem, rzucała się rzeczywiście w płomienie. Mógł też kronikarz odmienić nieco zasłyszaną relację, tak aby uzyskać moralizatorski efekt w postaci *exemplum* na wierność żon. Z innej bowiem opowieści dowiadujemy się, że na stosie

334. Drewniana maska pogrzebowa z Opola; XI–XII w.

311

POCHÓWEK CHRZEŚCIJAŃSKI (il. 335–338)

335. Orszak pogrzebowy; miniatura w *Pontyfikale* z Gniezna (f. 189 v); kon. XIII w.

towarzyszyła zmarłemu jedna z jego niewolnic, co wydaje się bardziej prawdopodobne. Na tyle często czytamy w źródłach o żywych wdowach słowiańskich, by stanowczo odrzucić myśl o zmuszaniu ich do wspólnej śmierci z mężami.

Płonącemu stosowi towarzyszyły igrzyska. Źródła ruskie sugerują, że polegały one na wojackich zmaganiach się na cześć zmarłego,[34] ale to

przypuścić można raczej tyko na pogrzebach poległych w boju książąt i drużynników. Relacja arabska z tryzny wschodniosłowiańskiej przypisuje igrzyskom pogrzebowym charakter orgiastyczny.[35] Kojarzy się to dobrze z najbardziej zasługującą na zaufanie i pochodzącą z najbliższego Polsce obszaru informacją kronikarza czeskiego o praktykowanych jeszcze u progu XII wieku bezbożnych igrach,

312

które wieśniacy „wyprawiali nad swoimi zmarłymi, tańcząc z nałożonymi na twarz maskami".[36] Weryfikują tę informację maski wczesnośredniowieczne ze znalezisk archeologicznych w Opolu.[37]

Zgodnie z poglądem, że przyszłe potrzeby zmarłego nie będą się różniły od dotychczasowych, gromadzono na stosie przedmioty, których nieboszczyk używał i do których był przywiązany: strój, broń, narzędzia i naczynia, ulubione zwierzę. Szereg ten mogła uzupełnić niewolnica, acz przypuszczenie to, oparte na niezbyt pewnym źródle, trzeba zaopatrzyć wieloma znakami wątpliwości.

Na ziemiach polskich palenie zwłok ustępowało ich grzebaniu równolegle do chrystianizacji państwa. Nie można jednak wykluczyć, że zbieżność chronologiczna jest przypadkowa i że między obydwoma procesami nie zachodzi zależność przyczynowa. W niektórych innych krajach porzucenie obyczaju palenia zwłok wyprzedziło chrystianizację, musiało więc wyniknąć z innych przyczyn. Mogło być tak i w Polsce, choć zapewne nacisk chrześcijańskiego dworu nie pozostawał bez wpływu na zmiany obrzędów pogrzebowych.

Faktem jest w każdym razie, że w X i XI wieku pochówki zwłok nie spalonych nie muszą jeszcze świadczyć o rozpowszechnieniu się chrześcijańskich wyobrażeń o śmierci. Razem z ciałem grzebano tradycyjne dary grobowe, zdarzało się też, że zmarłemu wsuwano między wargi monetę.

Z odprawieniem pogrzebu nie wygasały obowiązki wobec zmarłego. W przeznaczonych na to porach bliscy odwiedzali jego grób, by zanieść mu jadło i napój. Przy grobie powtarzano obrzędy tryzny: żale rodziny, biesiadę i igrzyska. Taką tryznę miała sprawić poległemu mężowi księżna kijowska Olga, gdy przybyła na miejsce jego spoczynku pod Iskorosteniem.[38] Również kronika czeska wspomina o korowodach wodzonych na rozstajach „jakby dla spokoju dusz".[39]

W sąsiednich Czechach, gdzie chrześcijaństwo miało tradycję starszą niż w Polsce, państwo rozpoczęło walkę z dawnym obyczajem pogrzebowym na przełomie XI/XII wieku. Zdaniem Kosmasa, książę Brzetysław II (1092–1100 r.) wyplenił wiele przeżytków pogaństwa, wśród nich pogrzeby, „które wieśniacy, dotąd półpoganie..., odprawiali podług pogańskiego zwyczaju".[40] Wszelako nacisk, jaki na to kładzie kronikarz czeski, pozwala przypuszczać, że sprawa mogła być za jego życia wciąż jeszcze aktualna.

Zasługuje na uwagę, że Kosmas nie włożył Brzetysławowi II w usta słów potępienia całego rytuału pogrzebowego Słowian, nie zająknął się nawet o darach grobowych ani o płaczkach, ani o biesiadzie. Swe krytyczne wystąpienie ograniczył do dwóch spraw: do obrzędowych tańców, które może przybierały formy orgiastyczne, oraz do miejsc pochówku „w lasach i na polach".

336. Egzekwie przy marach; miniatura w *Pontyfikale* z Gniezna (f. 190); kon. XIII w.

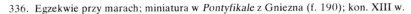

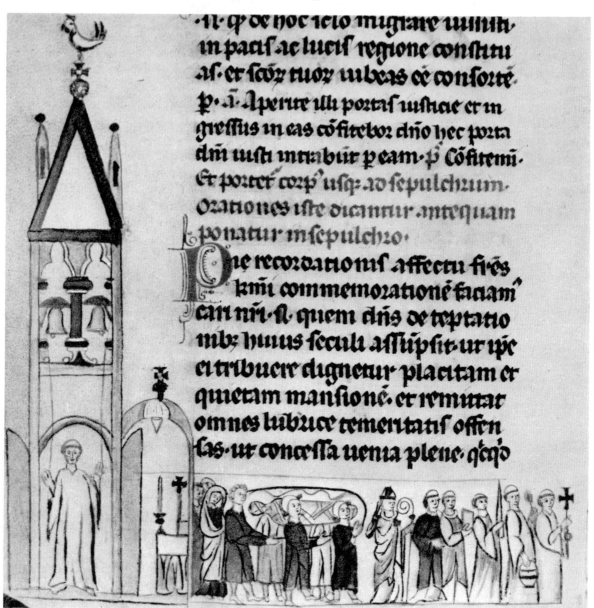

337. Wyprowadzenie zwłok z kościoła; miniatura w *Pontyfikale* z Gniezna (f. 282 v); kon. XIII w.

Słaby jeszcze rozwój sieci kościelnej nie pozwalał aż po XII wiek lansować w Polsce modelu pogrzebu chrześcijańskiego, pogrzebu sakramentalnego. Znała go poza dworem książęcym tylko drobna część ludności, związana z ośrodkami diecezjalnymi. Także jednak na pogrzebach monarchów, choć odbywały się w kościele z udziałem biskupów i z zachowaniem przepisowych obrzędów liturgicznych, przestrzegano przecież części dawnych obyczajów, przynajmniej żalów i strawy. W stosunku do ogółu ludności kraju postulat udziału duchowieństwa w pogrzebie był wtedy jeszcze przedwczesny, Kościół zadowalał się tępieniem tańców i nakazem chowania zwłok na poświęconej przez kapłana ziemi, w obrębie przykościelnych cmentarzy. Nawet to wymaganie nie wszędzie okazywało się realne; zwłaszcza na peryferiach państwa wiele osiedli dzieliły zbyt duże odległości od ośrodków kultu chrześcijańskiego.

Dopiero systematyczna rozbudowa sieci parafialnej od schyłku XII wieku i wprowadzenie w następnym stuleciu przymusu parafialnego, czyli obowiązku korzystania z religijnych usług kościoła parafialnego, umożliwiły kontrolę Kościoła nad pogrzebem. Pleban, zainteresowany materialnie, gdyż za posługę liturgiczną i wydzielenie miejsca na cmentarzu należała mu się opłata, czuwał, aby nie

przekraczano przepisów kościelnych. Odtąd niezbędnym elementem obrzędów pogrzebowych dorosłych zmarłych stawały się egzekwie i pochówek w poświęconym miejscu, coraz częściej także msza żałobna. Czy według podobnego rytuału chowano także dzieci, można powątpiewać.

Pogrzeb kościelny nie eliminował wszakże obrzędów tradycyjnych, które utrzymywały się nawet w kręgach elitarnych i tylko na szczytach hierarchii duchownej spotykały się z lekką krytyką. Tak więc Mistrz Wincenty zaliczał je do zwyczajów pogańskich.[41] Uczonemu biskupowi krakowskiemu przesadne opłakiwanie zmarłych wydawało się niezgodne z nauką Kościoła, z wyrokami bowiem Bożymi należało pokornie się zgadzać, rozpacz zaś

338. Złożenie do grobu; fragment miniatury w *Ewangeliarzu Kruszwickim* ze sceną Pogrzebu św. Jana Chrzciciela (f. 61 v); 2 poł. XII w.

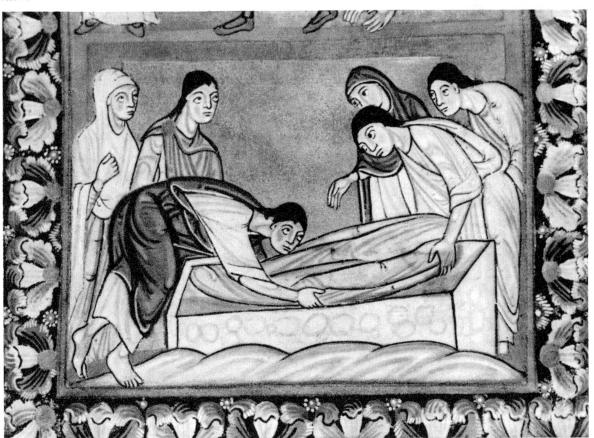

315

339. Płyta nagrobna nieznanego mężczyzny; kolegiata N.P. Marii i Św. Aleksego w Tumie pod Łęczycą; 2 poł. XII w.

340. Płyta nagrobna; cmentarz przy kościele parafialnym Św. Jana Chrzciciela i Katarzyny w Świerzawie (przeniesiona z pobliskiej Sędziszowej); XIII w.

tym bardziej nie była na miejscu, że śmierć uwalniała duszę od ciała i przybliżała moment osiągnięcia przez nią wiekuistego szczęścia. Toteż opisując pogrzeb Kazimierza Sprawiedliwego wyraźnie oddzielił zgodne z tradycją demonstracje żałości od ceremonii liturgicznych.[42] Pochwalał żałobę po ojcu, nawet wieloletnią,[43] ale jednocześnie kładł w usta biskupa Pełki przestrogę: „Wprawdzie zbożnie bolejemy, niezbożnie wszak tracimy rozum od boleści."[44] Sam też uczcił swego protektora i dobrodzieja nie trenem, lecz dialogiem postaci alegorycznych, w którym Żalowi przeciwstawia się m.in. Roztropność.[45]

Zastrzeżenia przeciw tradycyjnym formom opłakiwania zmarłych brzmiały jednak nieśmiało i pomimo nich także na pogrzebach książąt „z twarzy matron i dziewic, z bruzd pooranych paznokciami tryskały strumienie krwi. Inni bili sobą w posągi i od własnych uderzeń niemal mózg sobie

roztrzaskiwali..."[46] Jeszcze w późniejszych wiekach rzeźbiarze będą otaczać mauzolea postaciami płaczek.

Pod wpływem Kościoła uległ za to ewolucji obyczaj odwiedzania grobów. Cmentarz chrześcijański nie wydawał się odpowiednim miejscem na tryznę, toteż tradycja tańców i uczty w miejscach pochówku zmarłych stopniowo zanikała. Czy jednak wszędzie dokonało się to już w ciągu XIII wieku, nie można mieć pewności, skoro na Litwie jeszcze w XVII stuleciu, a więc w warunkach w pełni rozwiniętego życia kościelnego, ludzie schodzili się na cmentarzu lub nawet w kościele przynosząc ze sobą trunki i tam biesiadowali, przy czym niejednokrotnie dochodziło do przelewu krwi.[47]

W miejsce wypieranych obrzędów tradycyjnych propagował Kościół nowe formy troski o zmarłych. Ich pamięci poświęcał trzeci, siódmy i trzydziesty dzień po śmierci oraz rocznicę zgonu. W tych szczególnie terminach należało służyć im modlitwą, zarówno prywatną, jak przede wszystkim liturgiczną modlitwą Kościoła; było obowiązkiem pozostałych przy życiu bliskich zapewnić ją zmarłemu.

Chronologicznie najwcześniej dbał o to kler i wspólnoty zakonne, poświęcając swym zmarłym regularne modlitwy. W prowadzonych przy katedrach i klasztorach księgach zmarłych – *Libri mortuorum* – zwanych też nekrologami, notowano daty aniwersarzy współbraci, za których dusze odmawiano w godzinach kanonicznych psalmy oraz odprawiano msze święte. Aby liczbę modłów za nich pomnożyć, poszczególne wspólnoty wchodziły ze sobą w porozumienia, że będą pamiętać również o zmarłych członkach bratniego zgromadzenia.

Powstawały w ten sposób bractwa modlitw zadusznych, zwane *fraternitates*. Prowadzono w nich skrupulatne rejestry członków, którzy przyjęli zobowiązanie wspólnej modlitwy i za których miano się modlić w bractwie po śmierci. O zgonie współbrata zawiadamiano stowarzyszone wspólnoty, by wciągnęły jego imię do własnych spisów.

341. Pomnik nagrobny ks. Henryka IV Probusa we Wrocławiu (pierwotnie w kolegiacie Św. Krzyża); kon. XIII w.

342. Płyta nagrobna nieznanego rycerza; klasztor dominikański Św. Jakuba w Sandomierzu; XIII w.

Do ksiąg brackich i nekrologów trafiały także imiona osób świeckich, fundatorów i dobrodziejów wspólnoty, którzy swymi świadczeniami na jej rzecz zasłużyli na wieczną pamięć, często zresztą

zastrzegając ją sobie całkiem formalnie. Była to, oczywiście, elita społeczeństwa świeckiego: książęta piastowscy i możne rycerstwo. Wgląd w skład tych rejestrów umożliwia zachowana księga bracka benedyktynów z Lubinia, *Liber fraternitatis Lubinensis*, zawierająca listę mnichów i dobrodziejów klasztoru od przełomu XI/XII wieku.[48]

Zbliżenie się Kościoła do rzesz plebejskich, konsekwencja rozwoju sieci parafialnej w ciągu XIII wieku, czyniło niewystarczającymi te elitarne formy chrześcijańskiej troski o zmarłych. Zakorzenione poczucie, że posługi żywych należą się każdemu zmarłemu członkowi społeczności, miała usatysfakcjonować instytucja Dnia Zadusznego. Święto to, obchodzone 2 listopada, nazajutrz po uroczystości Wszystkich Świętych, zainicjowało Cluny być może już w końcu X wieku jako dzień modłów za dusze wszystkich zmarłych. Pierwszy ślad znajomości tego zwyczaju w klasztorach polskich znajduje się w *Kalendarzu lędzkim* z XII wieku, w następnym zaś stuleciu Dzień Zaduszny obchodzono już nie tylko w klasztorach, ale i w liturgii diecezjalnej.

O formach obchodu Dnia Zadusznego źródła z XIII wieku nie przekazują bliższych wiadomości; informują o nim tylko kalendarze. Już jednak zaraz po 1300 roku, więc może i przed tym terminem, przynajmniej w diecezji wrocławskiej praktykowano po mszy świętej procesjonalne obejście cmentarza. Podczas procesji kler śpiewał modlitwy liturgiczne za zmarłych i psalmy. Odmawiano też *Pater noster* – może także w języku pospolitym, wspólnie z ludem?[49]

Jak dawniej tryzny z korowodami i lamentami, tak teraz obchody liturgiczne z procesją i pieśniami żałobnymi ściągały na cmentarz parafian pragnących pomóc swym najbliższym. Choć bowiem Dzień Zaduszny ustanowiono dla modłów za wszystkich zmarłych, praktycznie modlono się przede wszystkim za krewnych i sąsiadów, współparafian spoczywających na tym samym cmentarzu. Znajdowało to wyraz także w tekstach najstarszych sakramentarzy.

4. Wobec obcych: gościnność i wróżda

Za obcego uważano człowieka nie należącego do tej samej wspólnoty. Osobnik stojący poza nią nie korzystał z jej ochrony, jej członkowie nie mieli względem niego takich zobowiązań, do jakich poczuwali się wzajemnie względem siebie. Rozmaite jednak odróżniano stopnie obcości. Ktoś, kto nie należał do grupy krewniaczej, mógł wchodzić w skład wspólnoty szerszej: sąsiedzkiej, plemiennej, etnicznej. Wówczas obcego dla rodziny uznawano przecież za „swojego" w ramach życia tamtej wspólnoty.

Bezwzględnie obcym był dopiero ten, z kim nie łączyła „swoich" żadna więź społeczna, kto stał poza wszystkimi miejscowymi wspólnotami, także etniczną i językową. W pojęciach właściwych kulturze etnocentrycznej taki obcy należał do innego świata, wydawał się stworem zarazem dziwnym i groźnym. W językach słowiańskich określano go jeszcze w X–XI wieku mianem „niemca", którego znaczenie dopiero później ograniczyło się do nazwy przedstawiciela jednego tylko z obcych ludów. Zdaniem większości językoznawców, „niemiec" to tyle, co niemy, człowiek, który używa niezrozumiałego języka.

Przyjęcie chrześcijaństwa prowadziło do powstania szerszej niż etniczna solidarności współwyznawców, przynależnych mimo wszelkich różnic do tej samej cywilizacji. Poczucie tej więzi objęło jednak początkowo tylko górne warstwy społeczeństwa polskiego, znajdując między innymi wyraz w – jakże słabym! – udziale niektórych książąt i możnych w krucjatach. Dowodem, jak więź ta była wątła, może być także brak aż po schyłek XIII wieku wszelkich śladów masowych wystąpień antyżydowskich, tak powszechnych w Cesarstwie w czasie krucjat. Wprawdzie Bolesław Pobożny zapowiadał w roku 1264 kary za pomawianie żydów

o używanie krwi chrześcijańskiej do wypieku ich tradycyjnej macy,[50] ale chodziło tu raczej o profilaktyczną obronę owej grupy wyznaniowej przed tym, co ją spotykało w innych krajach.

Właściwą postawę wobec „obcego" charakteryzowała nieufna czujność. Jej efektem mogły być także akty nieprzyjazne, jeśli wydawało się, że przyniosą korzyść „swoim". W każdym razie moralność tradycyjna nie sprzeciwiała się zamachowi na życie lub mienie obcego, chyba że byłby to czyn bezrozumny, mogący pociągnąć za sobą groźne następstwa dla własnej wspólnoty. Zapewne więc mordercy pięciu braci eremitów w 1005 roku nie odczuwali skrupułów przed popełnieniem zbrodni; nie wzięli po prostu pod uwagę, że obcy pustelnicy znajdują się pod protekcją księcia. Należało się jednak liczyć, że za obcą jednostką mogą stać jej bliscy, gotowi pomścić krzywdę swojaka. Ostrożność nakazywała więc raczej stosunek neutralny do nie znanych bliżej ludzi.

Gwarancją jednak bezpieczeństwa mogło się stać dla obcego dopiero takie nawiązanie stosunków z miejscową wspólnotą, by uzyskać status gościa. Wprowadzony pod dach, posadzony przy ognisku domowym, zyskiwał opiekę rodziny i przyjazne traktowanie przez społeczność, do której ona należała. Gość korzystał z dóbr wspólnoty tak, jak każdy jej członek. Dom stał przed nim otwarty, dzielono się z nim pożywieniem, miejscem do spania, nawet kobietami.

Cudzoziemcy sławili słowiańską gościnność, biorąc ją może mylnie za cechę charakteru, gdy w rzeczywistości nakazywała ją starodawna norma moralna. W polskiej legendzie dynastycznej przechował się przykład przestrzegania jej przez protoplastę rodu książęcego, ubogiego Piasta.

Obcy mógł korzystać z gościnności wspólnoty, jeśli się jej niczym nie naraził, nie wyrządził nikomu z jej członków krzywdy, nie pogwałcił przyjętych w niej obyczajów, nie znieważył jej uczuć. Zawiniwszy wobec niej, stawał się wrogiem, a poszkodowani odpłacali mu zemstą. Obyczaje ludów bałtyckich nie różniły się pod tym względem od słowiańskich, stąd mogą posłużyć za instruktywny przykład losy św. Wojciecha wśród Prusów.

Poczucie obowiązku pomszczenia bliskich utrzymywało się w głąb średniowiecza. Na kartach kronik spotykamy się stale z problemem zemsty za krzywdy doznane przez ojca, matkę, rodzeństwo. Panowało powszechne przekonanie, że uwolnić się od groźby zemsty można tylko przez wytępienie całego kręgu krewnych ofiary. Wyraził je Mistrz Wincenty retoryczną sekwencją, włożoną w usta sprawców wygnania Mieszka Starego, pełnych obaw, czy powołany przez nich na tron Kazimierz Sprawiedliwy nie ujmie się za bratem: ,,Wypadałoby zapewne tą samą motyką odciąć gałązki tego samego szczepu; na próżno bowiem wycina się oset, gdy wewnątrz pozostaje ukryty korzeń."[51]

W kwestii, jak pojmowano zemstę, zdania uczonych się różnią. Przeważa pogląd, że obowiązywała zasada odwetu w myśl starożytnej formuły prawnej: ,,oko za oko, ząb za ząb". Ostatnio można się spotkać z sugestią, jakoby krwawa zemsta należała w społeczeństwach barbarzyńskich do instytucji subkultury rycerskiej, natomiast wspólnoty wieśniacze domagały się raczej odszkodowania materialnego, nawet za śmierć domownika.[52] Istotnie, dość dawną metrykę miała u Słowian instytucja jednaczy, arbitrów, którzy skłaniali wrogie rody do ugody, polegającej na tym, że strona pokrzywdzona rezygnowała z krwawej zemsty w zamian za odpowiedni okup.[53] Jeśli nie faktycznie, to przecież formalnie było to jednak odejściem od zasady. Dostrzegamy zaś także sytuacje, kiedy obcy oddawał głowę bynajmniej nie za przelew krwi; spotykało to czasem misjonarzy, na przykład wspomnianego już św. Wojciecha. W subkulturze rycerskiej stosowano krwawą zemstę za zdradę i za zniewagę. W adaptacji przejętej z Zachodu opowieści o Walgierzu Udałym jej bohater wyrównuje mieczem rachunek za podstępne uwięzienie i ubliżające mu szyderstwo.[54]

Właśnie brak całkowitej odpowiedniości między pierwiastkową winą a zastosowaną przez mścicieli karą budził znów poczucie krzywdy ukaranego. Wspólnota, do której należał ten ostatni, gotowała się więc ze swej strony do kolejnej zemsty. Między obydwiema grupami krewniaczymi lub sąsiedzkimi narastały wzajemne pretensje, rodził się stan permanentnej wrogości, wywołany obopólnym przekonaniem o niewypełnieniu obowiązku zemsty. Przekazywany nieraz z pokolenia na pokolenie, trwał tak długo, aż krwawa zemsta wspólnoty – wróżda – nie dokonała się przez wytępienie przeciwników.

Przykładu szczególnie długotrwałej wróżdy na szczytach hierarchii społecznej dostarczają dzieje średniowiecznych Czech. Potęgujący się konflikt między dynastią Przemyślidów a możnym rodem Wrszowców doprowadził do tego, że Bolesław III kazał w 1003 roku wymordować część swych przeciwników. Pozostali przy życiu brali nadal udział w knowaniach przeciw książętom, aż w roku 1100 padł ofiarą ich spisku Brzetysław II. W osiem lat później książę Świętopełk dokonał kolejnej rzezi Wrszowców; ocalały z niej już tylko jednostki, które znalazły azyl w krajach sąsiednich na tak długo, aż wywarły zemstę na księciu.[55]

W Polsce wczesnopiastowskiej nie znamy analogicznej historii, ale istnienie długotrwałych antagonizmów między poszczególnymi rodami nie da się zaprzeczyć. Ich ślady można wyczytać między wierszami *Kroniki* Galla, a w późnym średniowieczu są już zupełnie dobrze poświadczone; prowadziły wówczas do wojen domowych (np. Nałęcze i Grzymalici).

Jaskrawym formom wróżdy starała się zapobiec władza państwowa, stosunkowo silna, mimo przeżywanych kryzysów, aż po połowę XIII stulecia. Wiodło to do usankcjonowania prawnego głowszczyzny i nawiązki. Pierwsza stanowiła opłatę za zabójstwo, druga – za uszkodzenie ciała. Ponieważ jednak przestępstwa przeciw życiu tylko w niektórych wypadkach, gdy naruszały mir książęcy, państwo ścigało z urzędu,[56] pozostawało więc często do uznania pokrzywdzonych, czy dopominać się należnego odszkodowania przed sądem, czy też szukać samemu pomsty. Silniejsi wybierali tę drugą drogę, tak że w opinii rycerstwa odstąpienie od wróżdy odczuwano zapewne jako hańbiące, gdyż oznaczało przyznanie się do słabości.

Jak widać, przyjęcie chrześcijaństwa nie podważyło tradycyjnego odróżniania „obcych" od „swoich" i ewangeliczna interpretacja pojęcia bliźniego nie przyjęła się w społeczeństwie, a bez większego ryzyka możemy przypuścić, że pozostała w ogóle nie znana. Związanych z nią tekstów nie eksponowano; nie znajdziemy ich śladów ani w ocalałych inskrypcjach, ani w ikonografii, ani w słownictwie miejscowych pisarzy. Jakąś część ludności kraju – z biegiem lat coraz większa – recytowała wprawdzie słowa *Modlitwy Pańskiej*: „...i odpuść nam nasze winy, jako i my odpuszczamy naszym winowajcom", ale – jeśli nie czyniła tego mechanicznie – rozumiała je jako kodeks postępowania obowiązujący tylko w stosunku do „swoich".

5. Etyka seksualna

Sprawy płci nie stanowiły dla Słowian *tabu* i stąd wątpliwość, czy traktowano je w kategoriach moralnych. Pełne oburzenia słowa pisarzy chrześcijańskich, opisujących obyczaje seksualne pogan, dowodzą w każdym razie podstawowej rozbieżności między tradycyjnymi zasadami postępowania a przykazaniami Kościoła w tym względzie. Dotyczyły one zwłaszcza kultu dziewictwa i wstrzemięźliwości przedmałżeńskiej oraz monogamii i wierności seksualnej w małżeństwie.

Na sprawę pierwszą rzuca światło relacja pisarza arabsko-żydowskiego z X wieku Ibrahima ibn Jakuba. Niestety znamy ją z drugiej ręki, i to w dwóch różnych, przeciwstawnych sobie wersjach. Według jednej z nich, autorstwa al Gardiziego, mężczyzna wypędzał nowo poślubioną małżonkę, gdy nie okazała się nietkniętą. Według drugiej, którą przekazał al Bekri, czynił to właśnie z dziewicą, a krok swój motywował słowami: „Gdyby było

w tobie coś dobrego, byliby cię pożądali mężczyźni i z pewnością byłabyś sobie wybrała kogoś, kto by był wziął twoje dziewictwo."[57]

Komentatorzy dają dziś wiarę temu lub tamtemu przekazowi. Nie jesteśmy tu jednak zdani wyłącznie na intuicję. Dysponujemy dostatecznymi wskazówkami, by orzec, który z nich przechował wierniej sens oryginału. Należy mianowicie pójść za przykładem filologów, którzy ustalając poprawną formę nazwy przekazanej w różnych wariantach, dają pierwszeństwo *lectio difficilior*, odczytowi bardziej niezwykłemu, naturalny bowiem odruch kopisty kazał mu przystosować obco brzmiący wyraz do znanych sobie norm językowych; ten, który tego nie uczynił, przepisał tekst wiernie. W naszym wypadku mamy do czynienia z podobną sytuacją, choć rzecz idzie nie o literę, lecz o treść relacji. Mamy prawo sądzić, że tekst oryginału powtórzył wiernie ten autor, który przedstawił obyczaj bardziej z jego punktu widzenia niezwykły. Świat islamu, podobnie jak Europa chrześcijańska, wymagał od oblubienicy dziewictwa. Muzułmański pisarz – myślimy o al Gardizim – mógł nie wierzyć w istnienie innych w tym względzie poglądów i skorygować relację tak, by brzmiała prawdopodobnie.

Także o Ibrahimie, właściwym obserwatorze świata słowiańskiego, możemy sądzić, że nie uważałby za potrzebne pisać o czymś tak oczywistym w jego kręgu kulturowym, jak odrzucenie żony, która nie zachowała dziewictwa. Dopiero obyczaj odmienny zasługiwał na zanotowanie.

Toteż za jedynie poprawny trzeba uznać wniosek, że to al Bekri powtórzył dokładnie treść relacji Ibrahima ibn Jakuba.

Nie wynika z niej, jak by się pozornie zdawało, teza o usankcjonowanej nieskrępowanej swobodzie seksualnej dziewcząt słowiańskich. Sugerują ją zupełnie inne teksty, autorstwa moralizatorów chrześcijańskich, których wartość źródłową nie tak łatwo ocenić, ze względu na ich oczywistą tendencyjność. Natomiast rozpatrywana relacja arabska przekazuje nie dostrzeżoną dotąd informację: oto inicjacja seksualna dziewczyny nie należała do męża. Dlatego właśnie ten ostatni, jeśli by znalazł oblubienicę dziewicą, a tym samym stwierdził, że nie uznano jej jeszcze za dojrzałą, miał prawo odesłać ją rodzicom.

W obecnym stanie badań nie można dać odpowiedzi na pytanie, kto i kiedy zgodnie ze słowiańskim obyczajem wprowadzał dziewczęta w życie seksualne. Łączenie inicjacji dziewcząt z obrzędami fallicznymi, na przykład z sobótką w noc letniego przesilenia słonecznego, jest tylko domysłem.

Brak także danych, by odtworzyć proces ustępowania owego obyczaju na rzecz inicjacji seksualnej w małżeństwie. Nie wiemy nawet, czy wymaganie wstrzemięźliwości przedślubnej od dziewcząt przyjęło się powszechnie we wcześniejszym średniowieczu. Przedstawiciele nurtu monastycznego w Kościele głosili wprawdzie kult dziewictwa, współżyciu płciowemu nawet w małżeństwie nakładali rozmaite ograniczenia, w XIII propagowali usilnie śluby czystości, ale długo spotykali się z opozycją wśród samego kleru.

Jeśli po jakimś czasie przyjął się pogląd o niewłaściwości prowadzenia przez dziewczęta przedmałżeńskiego życia seksualnego, to nie wydaje się, by zadecydowało o tym wyłącznie nauczanie Kościoła. Ten bowiem adresował wymaganie wstrzemięźliwości przedślubnej do obydwu płci; penitencjały (księgi pokutne) przewidywały dla mężczyzn całe lata pokuty za współżycie pozamałżeńskie, a hagiografia środkowoeuropejska tworzyła już w XI i XII wieku wzory niewinnych młodzieńców: św. Wojciecha, św. Emmerama. Mimo to ten punkt widzenia nigdy nie znalazł powszechnego uznania. Poza nielicznymi środowiskami, nie negowano praw młodego mężczyzny do swobody seksualnej. Źródeł ograniczenia pod tym względem dziewcząt należy więc może szukać raczej w ewolucji struktur społecznych, niż w przyjmowaniu norm moralności chrześcijańskiej.

Również tryb pożycia małżeńskiego zmieniał się nie tyle pod wpływem nacisku Kościoła, co w wyniku upowszechniania się modelu małej rodzi-

ny. W rodzinie tradycyjnej zarówno mężczyzna utrzymywał nieraz stosunki z kilkoma żonami i niewolnicami, jak i kobieta mogła należeć do kilku mężczyzn. Wchodząc do nowej rodziny, nowo zaślubiona małżonka dostawała się pod władzę jej patriarchy. Najczęściej nie był nim młody jeszcze mąż, lecz jego ojciec – świekr, lub starszy brat – dziewierz. Za naczelny obowiązek kobiety uznawano posłuszeństwo głowie rodziny i rodzenie dzieci w interesie wspólnoty, nie zaś wierność małżeńską. W tych warunkach mogły wytworzyć się takie formy obyczajowości, jak snochactwo, czyli współżycie świekra ze snechą w zastępstwie jej formalnego, ale małoletniego, niepłodnego czy nieobecnego męża, albo gościnność płciowa, ofiarowywanie gościowi rodziny usług seksualnych jednej z kobiet.

Wymienione instytucje nie oznaczały wszakże uznania swobody obyczajowej kobiety. Utrzymywanie przez nią stosunków nie akceptowanych przez rodzinę, stosunków z obcymi, potępiano i surowo karano, może nawet śmiercią.[58] Istota występku tkwiła tu jednak nie w obcowaniu cielesnym, lecz w zakazanym kontakcie z obcym. Problem mieścił się więc w charakterystycznej dla moralności tradycyjnej opozycji: ,,swoi – obcy".

W miarę jak tradycyjną rodzinę wypierał typ rodziny małej, z natury rzeczy monogamicznej, mąż stawał się jedynym panem i partnerem kobiety, wszyscy zaś inni mężczyźni – ,,obcymi". Nowa struktura rodzinna wytworzyła normy wierności małżeńskiej żony.

Przez pewien czas ścierały się ze sobą dawniejsze i nowsze poglądy na miejsce kobiety w rodzinie. Możliwe, że wyrazem tego konfliktu było następujące zdarzenie, opisane w *Żywocie św. Wojciecha*.[59] Oto żonę pewnego możnowładcy czeskiego oskarżyli jego krewni o cudzołóstwo i wydawszy na nią wyrok śmierci, domagali się od męża, by go osobiście wykonał. Ten jednak stanowczo odmówił, wobec czego rolę kata powierzono niewolnikowi. Jeszcze więc u schyłku X wieku szersze grono krewnych rościło sobie ze skutkiem prawo do orzekania o winie cudzołożnej kobiety. Z drugiej strony, już wtedy – przynajmniej w kołach możnych – próbowano przeciwstawić owej tradycji autonomiczne prawa małej rodziny.

Wsparte przez państwo i Kościół prawa te zwyciężyły niebawem w tej części społeczeństwa, która ulegała oddziaływaniu owych czynników. Skoro jednak przeżytki dawnych instytucji przetrwały tu i ówdzie w Słowiańszczyźnie aż do XII wieku, można sądzić, że w tych kręgach ludności, o których źródła niemal nie informują, a więc w osadach wiejskich, zwłaszcza na peryferiach kraju, utrzymywały się długo jeszcze poglądy tradycyjne.

Nierównomierne szerzenie się modelu małżeństwa monogamicznego i wymaganie od żon wierności małżeńskiej, w zasadzie przy tym niezależne od postępów chrystianizacji, poświadcza opinia latopisa kijowskiego o dawnych obyczajach różnych plemion ruskich. Z nich, w jego relacji, Polanie, osiadli w krajach naddnieprzańskich szeroko wokół Kijowa, „mieli obyczaj ojców swoich łagodny i cichy, i wstydliwość przed swoimi synowymi i siostrami, przed matkami i ojcami swoimi; synowie zaś przed świekrami i dziewierzami wielką wstydliwość miały", już jednak Drewlanie „żyli na obraz zwierzęcy, po bydlęcemu", a Radymicze, Wiatycze i Siewierzanie „mówili sprośności przed rodzicami i przed synowymi..., mieli zaś po dwie i trzy żony".[60] Nie jest tu istotna wiarygodność konkretnych danych, chodzi jedynie o to, że współczesny świadek mógł obserwować różnice obyczajowe w poszczególnych częściach kraju.

Podobnie jak wstrzemięźliwości przedślubnej, tak i wierności małżeńskiej nie oczekiwano od mężczyzn. Przeciwnie, bujność życia seksualnego dodawała im splendoru. Kreśląc wzór monarchy, upostaciowany w Bolesławie Chrobrym, Gall nie zaniedbał podkreślić z aprobatą jurności króla, który – przekroczywszy już pięćdziesiątkę – na hańbę Rurykowiczom niewolił w Kijowie córkę tamtejszego władcy, Predysławę.[61] O czym innym wprawdzie zdawałaby się świadczyć współczesna Chrobremu relacja Thietmara, według której cu-

dzołożników spotykały w Polsce okrutne kary.[62] Nie ma jednak podstaw, by uważać je za wyraz moralności tradycyjnej. Tak samo jak wybijanie zębów winnym zaniedbywania postów, stanowiły one represję neofickiego państwa, tym surowszą, im bardziej niepopularnej normy obyczajowej miała strzec.

Dopiero u schyłku XIII wieku pobożność franciszkańska zaczęła lansować ideały białych małżeństw, a wizerunek dobrego władcy wzbogacać rysami zakonnej ascezy. Tak więc książę wielkopolski Przemysł I miał zapobiegać pokusom grubą włosiennicą, wkładaną na gołe ciało, i odznaczał się podobno taką skromnością, że „nikt nie słyszał nigdy z ust jego żadnego słowa brzydkiego lub sprośnego".[63] Ten sam panegiryk zaznacza przecież, że z owym księciem nie mógł się pod tym względem równać nikt, ani spośród świeckich, ani spośród duchownych. Zdawano więc sobie dobrze sprawę, jaka przepaść dzieliła popularną etykę seksualną od propagowanego wzoru.

6. Etykieta

Swój stosunek do innych ludzi wyrażano w średniowieczu zrytualizowanym zachowywaniem się w ich obecności. Wszelakiego rodzaju gesty symbolizowały tak świadomość miejsca spotykających się osób w hierarchii społecznej, jak i wzajemne uczucia. Zaczynało się to już na szczeblu rodziny, gdzie szacunek dla rodziców i miłość braterską należało odpowiednio okazywać. Określony ceremoniał regulował sposób przyjmowania gości, a także oznajmianie dobrych lub złych zamiarów względem obcych.

Nie badano, jak dotąd, czy i jakimi szczegółami obyczaje etykietalne ludów słowiańskich odróżniały się od przyjętych w pozostałej Europie, zwłaszcza zaś w krajach chrześcijańskich. Sporadyczne wzmianki obcych obserwatorów życia w Polsce piastowskiej mogą przemówić za tezą, że zdawano sobie sprawę z pewnej odrębności obyczaju polskiego, nawet w stosunku do norm przestrzeganych przez najbliższych sąsiadów. Zdaniem prawie współczesnego kronikarza, Władysław Święty, latorośl dynastii Arpadów, wychowany w drugiej połowie XI wieku w Polsce, nie różnił się obyczajami od Polaków;[64] widocznie więc u innych książąt i możnych węgierskich zauważono odmienny sposób bycia. A obyczajowość niemieckich grup ludności raziła w Polsce jeszcze w XIII wieku.

Z drugiej jednak strony wydaje się, że różnice w regułach zachowania się wśród ludzi dotyczyły w ówczesnej Europie szczegółów raczej drugorzędnych oraz stopnia rozbudowania form ceremonialnych, nie zaś ich podstawowych znaczeń. Wiadomo wprawdzie, że reprezentująca szczyty zachodnioeuropejskiej arystokracji Rycheza, małżonka króla Mieszka II, czuła się w nowej ojczyźnie źle i narzekała między innymi na barbarzyńskie obyczaje w niej panujące,[65] ale – jeśli w ogóle skarga ta dotyczyła wyrobienia towarzyskiego możnych polskich, a nie na przykład pogańskich przeżytków kultowych – chodziło jej chyba tylko o prowincjo-

343. Władca udzielający posłuchania dostojnikowi kościelnemu (św. Wojciech u ks. czeskiego Bolesława II w obronie niewolnych); frágment dekoracji drzwi brązowych katedry w Gnieźnie; 2 poł. XII w.

344. Poddany przed władcą; miniatura w *Digestum Vetus* (f. 103 v); ost. ćw. XIII w.

nalność otoczenia. To samo zapewne miała na myśli Agnieszka, żona Władysława II, gdy „z obrzydzeniem wyśmiewała odzież, obuwie i obyczaje polskich rycerzy".[66] Obcy kronikarze, relacjonując kontakty swych rodaków z Polakami, nie zauważali, by towarzyszyły im nieporozumienia na tle posługiwania się przez obie strony innym językiem form grzecznościowych. Już Mieszko I odbierał za nienaganne maniery pochwały krytycznego obserwatora Thietmara. Książę polski bowiem okazywał szacunek dla gospodarza, gdy wchodząc pod dach margrabiego Hodona, zdejmował wierzchnie okrycie i nie siadał, póki nie uczynił tego również jego rozmówca.[67]

Ten ostatni motyw powraca również w innych tekstach. Według Galla, Bolesław Chrobry „biskupów... i swoich kapelanów w tak wielkim zachowywał poszanowaniu, że nie pozwolił sobie usiąść, gdy oni stali".[68] Jak widać, przywiązywano dużą wagę do okazywania w ten sposób uprzejmości nie tylko równym sobie, lecz także wyróżnionym przedstawicielom niższego szczebla hierarchii społecznej.

Był to jednak tylko objaw łaskawości, w zasadzie bowiem z różnicy miejsca w społeczeństwie wypływał nakaz, by niższy w hierarchii stał przed siedzącym wyższym. Stawali tak zapewne książęta niemieccy przed tronem Chrobrego, skoro kroni-

karz saski zganił jego pychę, przypominając mu odmienne traktowanie dostojników cesarstwa przez ojca. Osadzony na tronie węgierskim przez Bolesława Śmiałego król Władysław oczekiwał swego dobroczyńcy „zsiadłszy na znak uszanowania z konia", monarcha zaś polski, nie uważając ciotecznego brata za równego sobie, nie odpłacił mu podobną uprzejmością, lecz ucałował go, siedząc na koniu, czyli tak, jak należało witać niższego rangą dostojnika.[69]

Innym powszechnie przestrzeganym rytem ceremonialnym było wychodzenie naprzeciw przybywającego pana lub dostojnego gościa, by go następnie wprowadzić procesjonalnie tam, dokąd zdążał. Należało to również do etykiety ogólnoeuropejskiej. Gdy Bolesław Krzywousty podróżował po Węgrzech, „ilekroć... przybywał do jakiejś siedziby biskupiej lub opactwa, czy też prepozytury, to miejscowy biskup, opat czy prepozyt, a kilkakrotnie sam król węgierski Koloman, wychodzili mu naprzeciw z procesją".[70]

Obfitych wzmianek o tym obyczaju dostarczył kronikarz czeski. Od niego dowiadujemy się, jak witano w stołecznym grodzie nowego księcia. Radość swą manifestowali poddani „porozstawianymi po różnych rozstajach dróg wesołymi korowodami grających na piszczałkach i bębnach, tak dziewcząt, jak chłopców, i dzwonami bijącymi po kościołach". Sam zaś biskup... „z duchowieństwem i wspaniałą procesją przyjmując go w bramie grodu przed świątynią świętej Marii poprowadził do tronu..."[71] Za każdym razem, gdy książę czeski wracał do Pragi, czekało go podobne przyjęcie. Tak samo podejmowano również biskupa.[72] Także w warunkach polowych, w obozie, księciu wracającemu nocą z polowania wychodzili naprzeciw „pachołkowie z latarniami i pochodniami".[73] Żona rycerza powinna była wyjść na spotkanie męża.[74]

Na przywitanie gościa niższego godnością niż gospodarz, ten ostatni nie wyruszał wprawdzie sam, ale wysyłał swych przedstawicieli.[75] Bolesław Śmiały, wyniośle traktujący zależnego od siebie księcia kijowskiego, chciał ograniczyć się do tej formy przyjęcia go i dopiero usilne prośby Rusina, poparte przy tym złotem, skłoniły dumnego monarchę do osobistego wyjazdu naprzeciw niego.[76]

Im bardziej chciano kogoś uhonorować, w tym większej odległości od celu podróży go spotykano. W dowód najwyższego szacunku oczekiwano przybysza na granicy własnych posiadłości.[77] Tak właśnie Bolesław Chrobry przyjmował w 1000 roku cesarza Ottona III. Spotkał go mianowicie nad granicznym Bobrem i towarzyszył mu odtąd podczas całej podróży przez ziemie polskie aż do Gniezna.[78] W drodze witali obydwu władców dostojnicy i rycerze w paradnych strojach, planowo rozstawieni.[79] U bram stołecznego grodu pokłonił się cesarzowi także najwyższy wówczas w kraju dostojnik kościelny, biskup Unger, który wprowadził uroczyście gościa do miejscowego kościoła.[80]

Z podobnym ceremoniałem odprowadził Chrobry Ottona aż po granice państwa, do Magdeburga,[81] a według mniej pewnej relacji towarzyszył mu nawet do Akwizgranu.[82]

W stosunkach między dworami monarszymi szczegóły protokólarne oficjalnych wystąpień uzgadniano wcześniej. Przykładem mogą być pertraktacje między stroną ruską i polską, dotyczące wspomnianego już wyżej spotkania księcia kijowskiego Izasława z Bolesławem Śmiałym. W ich toku miano ustalić, że król polski, zgodnie z życzeniem Rusinów, wyruszy ze swego obozu, aby powitać osobiście przybywającego doń wuja i oddać mu pocałunek pokoju; miejsce spotkania władców wyznaczono dokładnie i policzono liczbę kroków, które rumak Bolesławowy zrobi do niego od kwatery królewskiej; za każdy z nich obiecał Izasław zapłacić grzywnę złota. Nie przewidziano jednak wszystkiego. Ku przerażeniu księcia ruskiego Bolesław podjechał do niego i nie zsiadając z konia zaczął go ze śmiechem szarpać za brodę, zanim oddał mu przyrzeczony pocałunek.[83] Widzowie tej sceny odczuli to jako oczywisty afront. Król Szczodry słynął podobno z umiejętności ich robienia. Skoro jednak ekscesy te budziły sensację, wnioskujemy, że powszechnie uznawano przestrzeganie etykiety za obowiązujące.

Jak już wynika z przedstawianych opisów spotkań, przyjazne uczucia poświadczał powitalny pocałunek. Prócz przytoczonych przykładów można wskazać na wymianę pocałunków w XII wieku między Bolesławem Krzywoustym a księciem zachodniopomorskim Warcisławem.[84] w połowie XIII wieku zaś – między książętami Przemysłem I wielkopolskim a Świętopełkiem wschodniopomorskim.[85] Księżna Kinga całowała w dzień Wielkiejnocy, a może też i przy innych uroczystych okazjach, napotkane zakonnice.[86]

Odbywało się to w różny sposób, zależnie od pozycji partnerów w hierarchii społecznej. Równi stanowiskiem obejmowali się i całowali na stojąco, nierówność wyrażano rozmaicie, stosownie do jej stopnia. Pan wyższy rangą mógł nie wstawać, lecz siedząc ucałować mniej dostojnego. Poddani chylili się przed władcą w niskim pokłonie, a już w XII wieku padali na kolana, całowali mu stopy, on zaś podnosił ich łaskawie.[87] W początku XIII wieku żądał od wiernych całowania sobie nóg arcybiskup gnieźnieński Henryk Kietlicz.[88]

Z dotychczasowych badań nad historią pocałunku wynika, że wywodzi się on z kultury śródziemnomorskiej, gdzie już w odległej starożytności pełnił funkcję znaku miłości i przyjaźni. Praktykowany także przez pierwszych chrześcijan, wszedł do liturgii mszalnej jako obrzęd pocałunku pokoju. Przypuszcza się, że stąd przeniknął w średniowieczu do obyczajowości świeckiej ludów środkowoeuropejskich. W Polsce i w krajach ościennych miałby się zjawić jako znak przyjaźni, zgody i szacunku w ceremoniale dworskim i rycerskim z chwilą chrystianizacji tych ziem.[89] Praktykowali go jednak także pogańscy Pomorzanie,[90] co wraz z wyjątkową trwałością owego zwyczaju w Polsce pozwala przypuszczać, że miał on również korzenie rodzime i nie ograniczał się do kół recypujących obyczajowość zachodnią.

Nie może wszakże ulegać wątpliwości, że etykieta dworu książęcego ukształtowała się pod wpły-

345. Powitalne objęcie się; fragment dekoracji drzwi brązowych katedry w Płocku (obecnie Sobór Św. Zofii w Nowogrodzie) ze sceną Nawiedzenia N.P. Marii; poł. XII w.

wem zachodnioeuropejskich dworów monarszych, stając się z kolei wzorem dla możnowładztwa. Jej znajomość szerzyła się szybko, kroniki i dokumenty polskie, czeskie, węgierskie i ruskie świadczą o jej upowszechnieniu już w XII wieku. Rozbicie dzielnicowe pomnożyło liczbę półsuwerennych książąt, a jednocześnie zmniejszyło dystans między dworem książęcym a możnowładczym; wraz z tym ujednolicały się obyczaje. Powstał grunt dla szerzenia się recypowanych wzorów kultury rycerskiej z całym jej rozbudowanym ceremoniałem. W ciągu XIII wieku ich znajomość w Polsce czyniła już pewne postępy, łącząc się jednak zazwyczaj z zewnętrznym sztafażem niemieckim nie wszędzie były przyjmowane bez sprzeciwu.

Konkurencję dwóch odmiennych wzorów zachowania się można obserwować w kulturze prowadzenia wojny. W najwcześniejszym okresie naszej historii jedynym miernikiem oceny postępowania dowódców i żołnierzy pozostawała skuteczność ich działania. Chwalono umiejętność utrzymywania do ostatka w tajemnicy zamierzonych akcji zbrojnych, wysoko ceniono zastosowany z powodzeniem podstęp wojenny. Polska nie różniła się pod tym względem od swych bardziej zachodnich sąsiadów. Wszak utalentowany mnich saski na piśmie sławił zbrodniczą chytrość świątobliwego margrabiego Gerona, który wytruł zaproszonych na ucztę przywódców słowiańskich.[91] Tym bardziej odnoszono się z uznaniem do fortelu wojennego i za jego zręczne użycie w bitwie pod Cedynią zbierał pochwały Mieszko I.[92] Wydaje się więc, że w tym czasie nie znano jeszcze w Polsce ani u najbliższych jej sąsiadów etykietalnych form walki. Jako pierwszy przejaw rycerskości źródła odnotowują dopiero postępowanie Bolesława Chrobrego, który pozwalał nieprzyjacielowi zbierać po bitwie zwłoki poległych.[93] Młodociany zaś Mieszko II zdobywał się nawet na okazywanie żalu po śmierci znanych sobie osobistości z obozu nieprzyjacielskiego.[94]

Już jednak w początkach XII stulecia uchodziła za właściwą uprzednia zapowiedź rozpoczęcia działań wojennych, czyli wypowiedzenie wojny.[95] Wyższą też ocenę otrzymywało zwycięstwo w otwartym boju, niż osiągnięte podstępem czy choćby dzięki technice. Panegirysta sławił Bolesława Krzywoustego, że ów pod Białogardem pomorskim „nie kazał sporządzać żadnych machin oblężniczych ani nie szukał podstępów, lecz w tym samym dniu szturmem w podziwu godny sposób zdobył miasto...".[96] Wkroczywszy zaś do Czech, szedł przez nieprzyjacielski kraj „z podniesionymi sztandarami, wśród dźwięku trąb, w szyku bojowym, bijąc w bębny...".[97] Nawet gdy rzeczywistość przeczyła tym idealnym modelom, jak podczas podjazdowej wojny z Henrykiem V w 1109 roku, kronikarz schlebiał księciu polskiemu włożonymi w usta nieprzyjaciół słowami:

„.... gdybyś wszystkie swe siły zgromadził,
Nigdy by ci cesarz w polu bronią nie poradził."[98]

Proces ten postępował dalej. W kilkadziesiąt lat później w nowej kronice polskiej nie znajdziemy już żadnej zgodnej z prawdą informacji o taktyce Krzywoustego w nierównej walce z siłami cesarskimi. Wojnę 1109 roku sprowadził autor do jednego, wyimaginowanego starcia obydwu wojsk na Psim Polu.[99]

Kiedy indziej tenże kronikarz, przedstawiając

boje Bolesława Śmiałego z księciem czeskim Wratysławem II, sławi rycerskość króla polskiego, który rezygnował z nastręczającej się możliwości zaskoczenia nieprzyjaciela, wierny zasadzie: „Uchowaj Boże, aby sławę naszego zwycięstwa miała splamić zbójecka zasadzka."[100] Pod adresem przeciwników kieruje się za to często zarzut, że prowadzili walkę podstępnie, niezgodnie z kodeksem rycerskim.

Wątpliwe, by istotnie rządzono się tymi zasadami. Sam Wincenty nie był chyba zbyt głęboko nimi przejęty, gdyż potrafił wychwalać także skuteczny podstęp możnowładcy śląskiego Piotra Włostowica, który wkradł się w łaski księcia przemyskiego Wołodara Rościsławowicza, by go porwać i oddać w niewolę Bolesławowi Krzywoustemu.[101] W sofistycznym wywodzie przeprowadził kronikarz rozróżnienie między podstępem złym a godziwym i, parafrazując tekst kanoniczny, zakonkludował: „Gdy bowiem ktoś sprawiedliwy podejmie wojnę, czy będzie się bił otwarcie, czy też z zasadzki, sprawiedliwość nie dozna żadnej ujmy."[102] Za sprawiedliwego zaś uważał po prostu „swojego".

Tak więc jeszcze w XIII wieku reprezentanci elity literackiej popisywali się tylko znajomością kodeksu rycerskiego, hołdując sami tradycyjnemu pojmowaniu stosunków między ludźmi.

C. OBOWIĄZKI WZGLĘDEM BOGA

1. Kult Boga u pogan i chrześcijan

Stosunek pogan do bogów układał się na zasadzie wzajemnych świadczeń, według rzymskiej zasady *do ut des* – „daję [tobie], abyś dał [mnie]". Znano

pojęcia modlitwy i ofiary, ale modlitwa znaczyła tyle, co prośba o konkretne dobro, ofiara zaś była albo zapłatą za jego uzyskanie, albo zadatkiem na poczet takiej zapłaty. Im wyżej dane bóstwo stało w hierarchii sił tajemniczych, tym rzadziej – bo w wyjątkowo ważnych sprawach – zwracano się do niego. Codzienną dbałością otaczano duchy domowe, których usług potrzebowano stale.

Troska o życzliwe bóstwo wyrażała się w staraniach o zaspokojenie jego potrzeb, nie różniących się w powszechnym wyobrażeniu od potrzeb wszystkich istot żywych, a więc o dostarczenie pożywienia i schronienia bóstwom domowym, zamieszkującym kąty chat, gdzie zostawiano im resztki jedzenia; wynoszono je zapewne także bóstwom polnym i leśnym, chociaż – być może – wierzono, że te żywią się we własnym środowisku samodzielnie. Dla bóstw wyższych, plemiennych, organizowano miejsca kultowe tam, gdzie, jak wierzono, miały przebywać.

Na tym stopniu rozwoju, na jaki zdążyło się wznieść pogaństwo polskie, nie budowano jeszcze bogom świątyń. Wznosili je dopiero później – w XI–XII wieku – Słowianie połabscy i pomorscy, prawdopodobnie pod wpływem wzorów nacierającego na nich chrześcijaństwa. Kult polskich bóstw plemiennych odbywał się w X wieku, aż do swego upadku, pod gołym niebem. W XII wieku kronikarz czeski wiedział o nim tyle, że półpogański lud czcił gaje i drzewa, a nad źródłami składał bogom ofiary ze zwierząt, posypywanych mąką i solą.[103]

Nie wiemy na pewno, czy ta tradycja jest w pełni wiarygodna; może ukształtowało ją dopiero cofające się już pogaństwo, kryjące się z kultem dawnych bogów przed okiem przedstawiciela Kościoła i stojącego za nim chrześcijańskiego państwa. Może mówi tu kronikarz tylko o bóstwach niższego rzędu, których kult trwał jeszcze w jego czasach, nie wie zaś już nic o kulcie bóstw plemiennych, zmiecionych z powierzchni, gdy wyrzekli się ich książęta.

Toteż szukamy pomocy w archeologii. Zdobyczą lat powojennych jest odkrycie kilku miejsc, które mogą z pewnym prawdopodobieństwem uchodzić za ośrodki kultu.

W Trzebiatowie na Pomorzu Zachodnim zwróciły uwagę dwa obiekty w postaci rowów, ograniczających owalne place o osiach 10×13 m i 8×10 m. W środku każdego z nich znajdowało się palenisko. W pobliżu rowów, tak po ich wewnętrznej, jak i zewnętrznej stronie, pozostały otwory po

słupach, których rozstawienie i wielkość nie pozwalają uznać ich za ślady jakiejś budowli. Domyślano się więc w nich posągów bóstw pogańskich, przed którymi rozniecano święty ogień i składano ofiary, o czym mówią kości zwierząt i fragmenty naczyń glinianych.[104] Hipotezę tę wspiera analogia z ruskim obiektem w Peryni nad jeziorem Ilmen, koło Nowogrodu, interpretowanym jako miejsce kultu boga Peruna.[105] Nie bez znaczenia jest także etymologia nazwy miejscowej Trzebiatów, pochodzącej, być może, od wyrazu „trzeba", słowiańskiego synonimu ofiary.

Na Wzgórzu Tumskim w Płocku spod łopaty archeologa wyłonił się stos kamienny z płaskim kamieniem pośrodku, co odpowiada naszym wyobrażeniom o ołtarzu ofiarnym. Znaleziony opodal tłuk kamienny, skorupy naczyń, kości zwierzęce i czaszka dwunastoletniej dziewczynki byłyby pozostałościami po składanych tu ofiarach. Ślad po czworokątnym słupie, otoczonym paleniskiem, dopełnia obrazu hipotetycznego miejsca kultowego.[106]

Na Łyścu w Górach Świętokrzyskich odkryto przy wzniesionym tam w XII wieku klasztorze wcześniej skonstruowane wały kamienne, które otaczały nie zamieszkaną polanę na szczycie góry. Biorąc pod uwagę istnienie starodawnej tradycji o sprawowaniu w tym miejscu kultu pogańskiego, można w owym znalezisku uznać ślad tegoż.[107] Podobne kręgi kamienne w pobliżu Wrocławia, na górach Ślęża, Radunia i Góra Kościuszki,[108] nie są jednoznacznie datowane i nie wiadomo, czy można je przypisać kulturze słowiańskiej.

Wyniki badań archeologicznych zdają się więc potwierdzać słuszność poglądu, że pogaństwo polskie nie znało świątyń, a kultowi bóstw przeznaczało miejsca pod gołym niebem, otaczane rowami lub wałami.

Jak się tam modlono do bogów, jak zanoszono do nich błagania, nie potrafimy powiedzieć. Korzystanie z późniejszego o wiele wieków materiału etnograficznego może się okazać tym razem wyjątkowo zawodne, ponieważ właśnie w tej dziedzinie

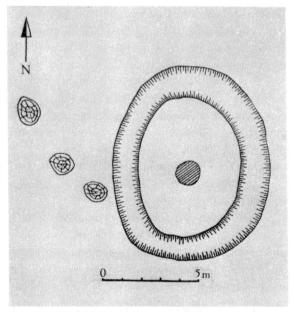
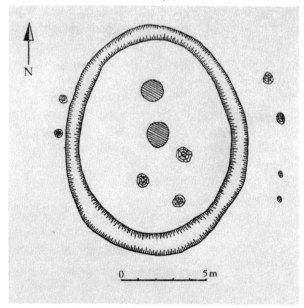

346. Pogańskie miejsce kultowe, Trzebiatów; wczesne średniowiecze

szczególnie doniosły wpływ na obyczaj ludowy wywarło chrześcijaństwo, nie pozwalając w tekstach ludowych improwizacji modlitewnych odkryć warstwy bardziej archaicznej. Przytoczmy jednak próbkę, która wydaje się produktem mentalności stosunkowo bliskiej czcicielom bóstw pogańskich:

„Boże, ochroń... bydło moje od zwierza i od czarta na rosach, na wodach, na wszelakich przechodach." „Boże, dopomóż..., niechaj zaorzemy w zdrowiu, niech będą zdrowi oracze i woły, i niech nam dobrze rodzi zboże."[109]

Krótkie te modlitwy nowożytnego ludu huculskiego i serbskiego są bliskie treścią tym, które autor duński słyszał w XII wieku z ust Słowian pomorskich na Rugii, gdzie kapłan „prosił uroczystymi słowami to dla siebie, to dla ojczyzny o dobra doczesne, o pomnożenie dostatków i zwycięstw".[110] Stanowią one półprośbę, półzaklęcie, aby się darzyło w gospodarstwie.

Prośby popierano ofiarami, przeważnie z płodów rolnych lub hodowanych zwierząt, a dla odwrócenia szczególnie wielkiego niebezpieczeństwa,

wobec groźby zagłady całej wspólnoty, decydowano się w wyjątkowych wypadkach na krwawe ofiary z ludzi.

Odmienna koncepcja bóstwa w chrześcijaństwie przydawała nowego znaczenia kultowi religijnemu. Jego motywacją nie miała już być tylko chęć uzyskania określonego dobra doczesnego. Dekalog żądał, aby oddawać Bogu nieustanną cześć, w zasadzie bezinteresowną, choć w ostatecznym rachunku warunkującą zbawienie człowieka.

Kult Boga był zarówno obowiązkiem jednostki, jak całej społeczności chrześcijańskiej. We wcześniejszym średniowieczu akcentowano bardziej ten drugi. Znaczyło to, że do zadań Kościoła i państwa chrześcijańskiego należała organizacja czci Bożej w kraju, niezależnie od subiektywnych potrzeb religijnych ludności. Aby ją zapewnić, wznoszono kościoły jako miejsca kultu oraz osadzano przy nich wyspecjalizowane grupy kleru, których głównym, jeśli nie jedynym zadaniem miała być zrytualizowana modlitwa, pojęta jako nieustanna adoracja Boga.

Nowy kult przekształcał krajobraz kulturalny

Polski, ale w ten sposób nie mógł zaspokoić żywotnych potrzeb większości mieszkańców kraju. W pierwszej fazie chrystianizacji utrzymywał się obok kultu oficjalnego także ów tradycyjny, który pozwalał w gajach i u źródeł zanosić prośby o zdrowie, urodzaj i powodzenie do tajemnych sił. W fazie następnej tradycyjne formy kultowe wtargnęły do kościołów. Modlono się w nich do Boga i świętych nie tylko dla ich chwały, ale przede wszystkim o własne doczesne dobro, a prośby popierano ofiarami lub ich obietnicą. Cześnik Bolesława Krzywoustego, Sieciech młodszy, gdy uległ groźnemu wypadkowi na polowaniu, modlił się w taki oto sposób: „Święty Idzi, sługo Boży, jeśli ty poręczysz za mnie przed Bogiem i wyjednasz mi powrót do zdrowia, to ślubuję ci, że się poprawię i odbędę pielgrzymkę do twego klasztoru, aby złożyć ci dzięki."[111]

Cezury między obydwiema wymienionymi fazami nie sposób wyznaczyć dokładnie. Stuleciem przejściowym był prawdopodobnie wiek XII. U jego zarania walczono energicznie w Czechach z kultem pogańskim;[112] nie przypuszczamy, by w Polsce wygasł on wcześniej. Natomiast w ciągu XIII wieku kościół zajmował już poczesne miejsce w życiu społeczności parafialnej; nie tylko jednostki, lecz ogół zanosił tam swe najżarliwsze prośby, starym zwyczajem popierając je ofiarami, składanymi na ołtarzu podczas mszy świętej.

Jak popularne wierzenia, tak i obrzędy kultowe nabierały zatem wraz z rozszerzaniem się chrześcijaństwa cech synkretyzmu. Tradycyjne, pogańskie w swej istocie, rozumienie stosunków między bóstwem a człowiekiem wyzierało spoza formalnie chrześcijańskich praktyk religijnych. Popularnym pojęciom ludowym poddawało się także wykształcone duchowieństwo miejscowe.

2. Kościół – dom Boży

Ośrodkiem kultu chrześcijańskiego jest świątynia. Wiara we wszechobecność Bożą godziła się z pojmowaniem budynku kościelnego jako szczególniejszego miejsca przebywania Boga – domu Bożego. Tam należało Boga nawiedzać, oddawać mu cześć modlitwą i ofiarą. Dom Boży służył więc zarazem jako miejsce zgromadzeń wyznawców.

Obydwie funkcje świątyni chrześcijańskiej przesądzały o jej monumentalnym charakterze. Nie tylko bowiem miały się w niej pomieścić rzesze wiernych, lecz przede wszystkim dom Najwyższego Pana powinien był świadczyć o jego mocy, przewyższać wielkością i wspaniałością wszelkie budowle, służące jedynie doczesnym potrzebom ludzi. Toteż także wtedy, gdy wznoszono kościół, który z założenia miał służyć modłom niewielkiej społeczności, na przykład klasztornej, nie rezygnowano z postulatu jego monumentalności. Można nawet zaobserwować zjawisko na pozór paradoksalne, mianowicie świątynie przeznaczone dla wąskiej elity przewyższały pod tym względem te, w których chciano gromadzić licznych parafian. Pierwsze budowano z reguły z kamienia, od XIII wieku również z cegły, drugie – jakże często po prostu z drewna. Inna sprawa, że i te ostatnie rozmiarami i wystrojem dostatecznie odróżniały się od skromnej zabudowy osad wiejskich.

Współistnienie obydwu rodzajów świątyń znalazło, jak się wydaje, odbicie w języku. Pospolitsze, drewniane budowle zwano prawdopodobnie po starosłowiańsku cerkwiami. Kamienne, przypominające warownię, a często będące nią w istocie,

347. Pogańskie miejsce kultowe: obwód kamienny na Łysej Górze; VIII–IX w.: a – osadnictwo, b – gołoborza, c – wały kamienne

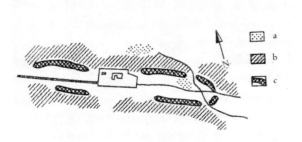

348. Kapłan odprawiający mszę (ostatnia msza św. Wojciecha); fragment dekoracji drzwi brązowych katedry w Gnieźnie; 2 poł. XII w.

kojarzyły się z *castellum*, łacińskim zameczkiem, z czego powstała następnie czeska nazwa „kostel" i polska „kościół".

Pierwsze budowle sakralne po przyjęciu chrztu przez państwo piastowskie postawiono niechybnie z drewna. Pouczają nas o tym analogie, zarówno zachodnie, jak wschodnie. Wznoszenie konstrukcji kamiennych trwało dłużej, a jako obce tradycjom miejscowego budownictwa wymagało współpracy cudzoziemskiego rzemieślnika. Drewniana cerkiewka nie zaspokajała jednak ambicji ani dworu, ani biskupów i mnichów, toteż rychło – już w X wieku – zaczęły stawać w głównych grodach, a nawet poza nimi, kościoły kamienne. Po ich drewnianych poprzedniczkach, niewątpliwych prowizorkach, nie zostało śladu. Budownictwo drewniane odżyło znów, gdy w XII wieku oddziaływanie Kościoła objęło ludność wiejską, a zwłaszcza gdy wypełniając zalecenia IV soboru laterańskiego (1215 r.), organizowano wiejską sieć parafialną.

Kamienna czy drewniana, każda świątynia chrześcijańska składała się w zasadzie z tych samych elementów. Najważniejszym z nich był ołtarz, stół ofiarny, przy którym odprawiano ofiarę chrześcijańską – mszę świętą, a także niektóre inne ceremonie. Ołtarz znajdował się przy wschodniej ścianie kościoła, często w zagłębieniu, zwanym apsydą. W części budowli bliższej ołtarzowi skupiał się kler; zwano ją chórem albo prezbiterium. Świeccy gromadzili się w zachodniej części kościoła, w nawie, która mogła być podzielona kolumnadą na równoległe pasy; rozróżniano wówczas środkową nawę główną, zazwyczaj dwukrotnie szerszą, i nawy boczne. Proporcje między chórem i nawą zależały między innymi od znaczenia kościoła. W wielu świątyniach wznosiła się ponad nawą, na poziomie piętra, tzw. empora – loża dla uprzywilejowanych wiernych, jak dwór monarszy czy możni fundatorzy.

Poszczególnym fragmentom kościoła przypisywano w średniowieczu znaczenie symboliczne. Miał je przede wszystkim sam kamienny cios budowlany, któremu starano się nadawać kształt sześcianu lub prostopadłościanu, zowiąc go kamieniem kwadratowym (*lapis quadratus*). Już św. Augustyn widział w nim symbol doskonałości, gdyż nie podobna go obalić – w każdym położeniu stoi.[113] Myśl tę powtarzali pisarze średniowieczni, a przyswajał ją sobie ogół chrześcijan.

Bryłę świątyni tworzyły „kamienie kwadratowe", co dawało wyobrażenie Kościoła złożonego z doskonałych chrześcijan. Jak mianowicie dowodził średniowieczny myśliciel, „mąż doskonały może być porównany do ciosu kwadratowego, z którego buduje się dom Boży, o którym mówi Apostoł: «Świątynia bowiem Boża święta jest, a tą świątynią jesteście wy.»"[114]

Podobną symbolikę odnajdywano także w kościele drewnianym, ponieważ użyte na jego budowę belki również obciosywano w „kwadratowy", prostopadłościenny kształt. Za takim pojmowaniem stał autorytet św. Augustyna, który przyrównywał drewniane belki Arki Noego do ciosu kamiennego i przypisywał im to samo znaczenie symboliczne.[115]

Budynek kościelny pojmowano jako ujęcie w zamknięty kształt przestrzeni sakralnej, zawierającej wszelkie dobro, odgraniczone murami od antagonistycznego wobec niej świata zła. Unaoczniano to nieraz przez umieszczanie na zewnątrz świątyni wyobrażeń demonicznych stworów. Zachowanym przykładem takiego zwyczaju są ryty figuralne na ciosach kościoła Najświętszej Marii Panny w Inowrocławiu.[116]

Szczególnego znaczenia nabierały wobec tego drzwi wiodące do kościoła, przez które ze świata zła i śmierci przechodziło się do świętego kręgu dobra i żywota wiecznego. W XII wieku we Francji rozwijano w pismach teologicznych myśl o Chrystusie jako o bramie żywota, kojarząc ją z otworami wejściowymi świątyń. Niebawem idea ta trafiła także do Polski. Na tympanonie kościoła na wroc-

350. Wnętrze apsydy prezbiterialnej z ołtarzem; kościół Ścięcia św. Jana Chrzciciela w Siewierzu; 1 poł. XII w.

349. Ołtarz; kościół parafialny Św. Bartłomieja w Rokitnicy; 1 poł. XIII w.

WYPOSAŻENIE LITURGICZNE (il. 351–355)

351. Relikwiarz skrzynkowy; 1 poł. XIII w.

352. Krzyż ołtarzowy ze Szczepankowa; 2 ćw. XIII w.

353. *Aquamanile* – naczynie używane przy umywaniu rąk; 1 poł. XIII w.

354. Pacyfikał z Wrocławia; kon. XIII w.

355. Kielich i patena z Gniezna; kon. XII – 1 poł. XIII w.

ławskim Ołbinie pojawiła się około połowy stulecia lub niewiele później inskrypcja: *Ianua sum vitae, per me quicumque venite* – „Jestem bramą żywota, niech każdy przeze mnie wchodzi."[117]

Poszczególne kościoły na ziemiach Polski średniowiecznej różniły się funkcjami i dają się ugrupować w kilka kategorii. W kolejności chronologicznej ich pojawienia się można wymienić książęce kościoły grodowe, katedry, kościoły zakonnych lub kanonickich wspólnot kleru, możnowładcze kościoły prywatne, kościoły parafialne.

Pierwsze polskie kościoły grodowe powstawały już w X wieku. W okresie najwcześniejszym reprezentowały typ budowli centralnej, rotundy, najczęściej przylegającej do pomieszczenia mieszkalnego, *palatium* książęcego. Za najstarszy z tych, których ślad materialny przetrwał do dnia dzisiejszego, uchodzi kościół Najświętszej Marii Panny w grodzie wawelskim, wzniesiony albo w okresie, gdy Kraków wraz z ziemią Wiślan pozostawał pod zwierzchnictwem czeskim, albo już w końcu X wie-

ku, pod rządami Bolesława Chrobrego. Zachowały się tylko dolne partie budowli. Średnica rotundy wynosi 4,8 m, a więc powierzchnia jej nawy nieznacznie przekracza 18 m². Okalają ją cztery półkoliste apsydy o promieniu 1,4 m; między dwiema z nich widać miejsce na schody wiodące na emporę. Przylegające do kaplicy od zachodu mury są może pozostałością *palatium*.[118]

Badania archeologiczne powiększają wciąż liczbę znanych kościołów grodowych tego typu. Do najwcześniejszych zalicza się kaplice przy palatiach[119] w Gieczu, Przemyślu i Wiślicy oraz prawdopodobnie na Ostrowie Lednickim, gdzie kaplicę zbudowano nie na planie koła, lecz krzyża równoramiennego, tzw. greckiego, którego ramiona łączyły półkoliste obejścia.[120] Także rotundy w Płocku, Cieszynie, w Krakowie na Wawelu na południowy zachód od kaplicy Najświętszej Marii Panny i na Krzemionkach pod Krakowem powstały nie później niż w XI wieku.

Nie zachował się natomiast kościół grodowy

356. Świątynia trójnawowa: kościół parafialny Św. Marii Magdaleny w Baniach, korpus nawowy w kierunku zachodnim; 2 poł. XIII w.

Mieszka I w Gnieznie, wzniesiony niedługo po 966 roku, przypuszczalnie na miejscu późniejszego kościoła kanonickiego Św. Jerzego, który przyjął jego wezwanie. Resztki fundamentów, znajdujące się pod obecnym kościołem, nie wystarczają, by odczytać jednoznacznie plan starszej świątyni. Poglądowi, że także w tym wypadku była to rotunda przy palatium,[121] przeciwstawia się inny, dopatrujący się tu raczej budowli prostokątnej z apsydą.[122] Według jeszcze innej hipotezy, palatium Mieszka I z rotundą miałoby się znajdować na miejscu dzisiejszej katedry.[123]

Rotundy, choć niezmiernie charakterystyczne dla najwcześniejszej fazy chrystianizacji Polski, nie stanowiły jedynej formy wczesnośredniowiecznego

kościoła grodowego. Już w XI wieku stawiano po grodach także kościółki podłużne na planie prostokąta, o proporcjach boków bliskich 2:1 lub 3:2, z dodaną ze wschodniej strony apsydą oraz z dostawioną od zachodu wieżą, skąd wiodło wejście na emporę. Nieźle zachowanym ich przykładem jest fundowany przez Władysława Hermana kościół Św. Idziego w Inowłodzu.

W tym chronologicznie nieco późniejszym typie kościoła grodowego przeznaczono nieco więcej miejsca dla wiernych niż w rotundach; gdy przeciętna wielkość nawy tamtych nie przekraczała

357. Świątynia jednonawowa: kościół parafialny w Grzybnie, nawa w kierunku zachodnim; ok. poł. XIII w.

358. Empora zachodnia w kościele Św. Idziego w Inowłodzu, rekonstrukcja; kon. XI lub pocz. XII w.

OPUS QUADRATUM (il. 359, 360)

359. Fragment wątku muru ciosowego (piaskowiec); refektarz opactwa cysterskiego w Wąchocku; 1 poł. XIII w.

360. Fragment wątku muru ciosowego (granit); kolegiata Św. Małgorzaty w Kościelcu Kujawskim; kon. XII w.

40 m^2, to w znanych kościołach prostokątnych z końca XI i początków XII wieku wahała się około 70 m^2. Można by przypuszczać, że rotundy w znaczniejszych grodach, zwłaszcza te, które stanowiły część palatium książęcego, miały służyć wyłącznie ścisłemu dworowi monarchy, natomiast charakterystyczne raczej dla grodów kasztelańskich kościoły podłużne przeznaczano dla miejscowego rycerstwa.

Otwarte dla wszystkich stały dopiero katedry, w pierwszych wiekach chrześcijaństwa w Polsce jedyne bodaj ośrodki szerokiej działalności duszpasterskiej o charakterze parafialnym. Dlatego też wznoszono je nie w grodach wewnętrznych, lecz na podgrodziach. Jeszcze w drugiej połowie X wieku zbudowano pierwszą katedrę w Poznaniu, na przełomie X i XI wieku – ale raczej przed rokiem 1000 – w Gnieźnie, w ciągu XI wieku kolejno w Krakowie, we Wrocławiu, w Płocku, w Kruszwicy, w XII wieku – we Włocławku i w Kamieniu. Budowa kościoła katedralnego rozciągała się na wiele lat, stąd świątynie te są z reguły znacznie późniejsze od daty ufundowania biskupstwa, tam zaś, gdzie biskupstwo okazało się efemerydą, jak w Kołobrze-

337

dłużeniu najszerszej nawy głównej znajdowało się prezbiterium zamknięte apsydą, także nawy boczne mogły, jak w Gnieźnie, kończyć się od wschodu apsydami. Jeśli katedrę budowano na planie krzyża, wówczas prostopadle do nawy głównej rozciągała się nawa poprzeczna, zwana transeptem i również do niej przylegały nieraz z obu stron apsydy. Zachodnią część świątyni stanowił albo, jak w pierwszej katedrze poznańskiej, masyw wieżo-

361. Maski demoniczne przy portalu północnym (strona północna w języku symboliki średniowiecznej miała znaczenie ujemne) kościoła N.P. Marii w Inowrocławiu; XII/XIII w. Miejsce to miało być niedostępne dla demonów

362. Chrystus jako Brama Życia, tympanon fundacyjny Jaksy z kościoła Św. Michała w opactwie benedyktyńskim N. P. Marii i Św. Wincentego na Ołbinie we Wrocławiu; 2 poł. XII w. Tę ideę wyraża w pełni inskrypcja wyryta na mandorli otaczającej tronującego Zbawiciela, rozpoczynająca się od słów: *IANUA SUM VITAE...*

gu, Uznamiu czy Wolinie, w ogóle nie doszło do budowy katedry.

Wyobrażenia o katedrach polskich wcześniejszego średniowiecza kształtujemy sobie na podstawie ich reliktów, odkrywanych pod posadzkami lub w dolnych partiach murów kościołów późniejszego pochodzenia, stojących dziś na tych samych miejscach. Nikłe szczątki budowli wcześniejszych nie zawsze wystarczają do całkowitej rekonstrukcji ich form. W większości wypadków pozwalają jednak odtworzyć w przybliżeniu ich plan i rozmiary.

Były to więc bazyliki o trzech podłużnych nawach, oddzielonych od siebie filarami. W prze-

363. Kaplica grodowa Św. Mikołaja w Cieszynie, widok zewnętrzny od strony pd.-wsch.; 2 poł. XI w.

wy, tzw. (z niemiecka) westwerk, albo fasada dwu-wieżowa, jak w drugiej katedrze poznańskiej lub w Gnieźnie; w dwunastowiecznej katedrze płockiej nie przewidziano wcale wieży przy ścianie zachodniej, lecz umieszczono ją może, jak się ostatnio przypuszcza, nad transeptem. W wieżach mieściły się zazwyczaj schody, wiodące na emporę. W podziemiach katedr znajdowały się krypty.

Budowniczowie przedromańskich i romańskich katedr polskich korzystali ze wzorów zachodnioeuropejskich. Dla ich dzieł znajduje się bez trudu odpowiedniki we wcześniejszych świątyniach saskich, nadmozańskich, francuskich. Zarówno

364. Kaplica pałacowa N.P. Marii na Wawelu w Krakowie, rekonstrukcja bryły i fragment wnętrza; X/XI w.

miała 8 m szerokości, nawy boczne – po 4 m, ich długość zaś wynosiła 24 m; dawało to powierzchnię 384 m². Nawy katedry gnieźnieńskiej z końca XI wieku były dłuższe (ok. 26 m) i szersze (główna – 10,6 m, boczne – po 5,3 m), łączną więc ich powierzchnię trzeba liczyć na około 550 m². W drugiej katedrze poznańskiej, wznoszonej mniej więcej w tym samym czasie, powierzchnia naw sięgała 400 m². Trudniej określić wymiary kolejnych katedr wawelskich, wydaje się jednak, że także nie odbiegały od podanych wielkości.

Każda katedra mogła więc teoretycznie pomieścić kilkaset osób, w natłoku zaś – licząc po 3 osoby na 1 m² – nawet ponad tysiąc. W rzeczywistości nie gromadziły się tam aż takie tłumy. Nawa główna służyła za drogę procesji, przynajmniej

367. Kolegiata Św. Idziego we Wrocławiu, widok od strony pd.-wsch.; 1 poł. XIII w.

jednak programy, jak skala polskich budowli sakralnych były znacznie zredukowane w stosunku do swych wzorów. Można to tłumaczyć mniejszymi możliwościami gospodarczymi, a zwłaszcza technicznymi, państwa piastowskiego, ale istotne znaczenie miała chyba także różnica skali potrzeb między ziemiami, gdzie kościół zdążył już mocniej wrość w krajobraz kulturalny, a krajem, w którym dopiero uczono ludzi odwiedzania domu Bożego.

Przeznaczona dla wiernych powierzchnia naw katedralnych wynosiła kilkaset metrów kwadratowych. Nawa główna pierwszej katedry poznańskiej

365. Kościół Św. Idziego w Inowłodzu, widok od strony pd.; kon. XI lub pocz. XII w.

366. Katedra Św. Wacława w Krakowie, wnętrze krypty Św. Leonarda, widok w kierunku zach.; XI/XII w.

368. Kolegiata Św. Piotra w Kruszwicy, widok od strony pd.--wsch.; 1 poł. XII w.

369. Katedra N.P. Marii i Św. Jana Chrzciciela w Kamieniu Pomorskim, widok od strony pd.-wsch.; 1 poł. XIII w.

więc jej środek powinien był pozostać wolny. Słuszniej więc przyjąć, że liczba wiernych wewnątrz katedry nawet podczas wielkich uroczystości nie przekraczała tysiąca. W XIII wieku we wszystkich katedrach polskich mogłoby się pomieścić około 6 tysięcy osób – niecały 1 procent ogółu ludności kraju, ale zapewne zdecydowana większość dorosłych mieszkańców najbliższych okolic tych kościołów.[124]

Dla zbliżenia kultu chrześcijańskiego do ludności osiadłej z dala od rzadko rozmieszczonych w Polsce katedr powstawały już od schyłku XI wieku, a najaktywniej funkcjonowały w ciągu XII

stulecia kościoły kanonickie, przy których osadzano grupy kleru – kanoników – by sprawowali służbę Bożą z podobną regularnością, jak duchowni skupieni przy katedrach. Fundatorami tych świątyń bywali książęta, biskupi, a także świeccy możnowładcy. Dziś znamy je zaledwie w kilkunastu miejscowościach, faktycznie było ich zapewne więcej; akceptując wszystkie hipotezy i domysły, doliczymy się ich może blisko trzydziestu.

Nie wszystkie z nich budowano od razu z myślą o kanonikach. Niektóre pełniły początkowo skromniejsze funkcje, zanim osadzono przy nich grupę kanonicką. Różnicy pierwotnego przeznaczenia odpowiadają może różnice ich wielkości i programu architektonicznego. Dla części· z nich bowiem wzorem pozostawała bazylika, z tym że ów wzorzec ulegał daleko idącej redukcji. Szczególnie interesujący przykład przedstawia jedna z pierwszych fundacji możnowładczych, kościół Św. Andrzeja na podwawelskim Okole, wzniesiony najprawdopodobniej przez Sieciecha, wszechwładnego palatyna Władysława Hermana. Znajdziemy tam wszystkie elementy bazyliki romańskiej: podłużne prezbiterium z apsydą, transept, trójnawowy korpus skrócony do jednego przęsła, potężny westwerk, z którego naroży wyrastały smukłe, ośmioboczne wieże; empory między wieżami oraz nad nawami bocznymi i transeptem ścieśniały wnętrze, upodobniając je do kościoła centralnego.[125] Ostatecznie miejsce dla ludu w nawach zajmuje około 70 m², gdy prezbiterium – blisko 30 m².

Dorównywało wielkością mniejszym katedrom kilka bazylik kanonickich z XII wieku, mianowicie późniejsze kolegiaty w Kruszwicy, Tumie pod Łęczycą i Opatowie. Wszelako wiele poszlak źródłowych pozwala mniemać, że projektowano je rzeczywiście z myślą o przeznaczeniu ich na kościoły katedralne. Istniały także niewielkie prostokątne kościółki jednonawowe, przypominające kościół w Inowłodzu, a obsadzone w pewnym okresie przez kanoników. Można tu wskazać, na przykład, na kościół Św. Piotra i Pawła w Kijach koło Pińczowa lub wcześniejszy kościół Panny Marii w Wiślicy.

370. Kolegiata N.P. Marii i Św. Aleksego w Tumie pod Łęczycą, widok od strony pd.-zach.; ok. 1150–1161 r.

Niektóre z nich powstały jako kościoły grodowe i dopiero z biegiem czasu ustanowiono przy nich prebendy kanonickie.

Odrębną kategorię tworzyły kościoły zakonne, przyklasztorne, które w samym założeniu miały gromadzić w zasadzie tylko społeczność mniszą. Wprawdzie benedyktyni odegrali prawdopodobnie aktywną rolę w dziele wznoszenia zaczątków Kościoła polskiego, ale skupiali się wówczas przy biskupach i modlili w pierwszych katedrach. Archeologiczne poszukiwania śladów klasztorów z owego czasu w miejscowościach, na które wskazują przekazy pisane (Łęczyca, inne niepewne) przyniosły rezultat negatywny. Wydaje się więc, że przed załamaniem się monarchii piastowskiej w czwartym dziesięcioleciu XI wieku mnisi benedyktyńscy nie zdążyli zbudować sobie własnych ośrodków klasztornych.

Od schyłku zaś XI wieku, gdy powstała ich pierwsza trwała siedziba w Tyńcu, mnisi odseparowali się już od organizacji diecezjalnej, przestrze-

371. Kolegiata Św. Marcina w Opatowie, widok od strony pd.-wsch.; 2 poł. XII w.

372. Opactwo benedyktyńskie Św. Jana Ewangelisty w Mogilnie, krypta zach. kościoła klasztornego; ost. ćw. XI w.

gając bardziej skrupulatnie reguły i wymaganego przez nią osiadłego trybu życia. Trzymali się chętnie okolic ośrodków władzy państwowej i kościelnej, ale miejsca wybierali mniej dostępne, gdzie łatwiej było organizować obronę, a codziennego

373. Opactwo benedyktyńskie N.P. Marii i Św. Wincentego na Ołbinie we Wrocławiu; 2–4 ćw. XII w., widok zespołu klasztornego przed likwidacją w XVI w. według rysunku B. Weinera z 1562 r.

374. Opactwo benedyktyńskie Św. Piotra i Pawła w Tyńcu, usytuowanie klasztoru; ost. ćw. XI w. Charakterystyczne dla benedyktynów położenie na wzniesieniu

Kościół – dom Boży

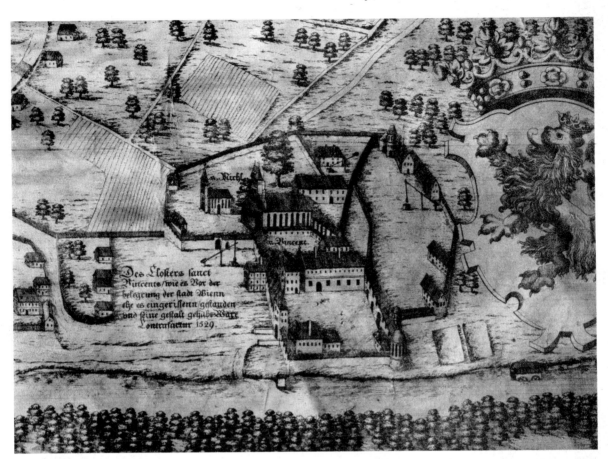

375. Opactwo kanoników regularnych Zwiastowania N.P. Marii w Czerwińsku, kościół klasztorny, widok od strony pn.-wsch.; 3 ćw. XII w.

planu dnia nie zakłócaliby zbyt części goście. Tak więc i do kościoła, wbudowanego w kompleks zabudowań klasztornych, rzadko kto obcy zaglądał.

Mimo to, kościoły benedyktyńskie nie należą do małych. Zajmowały pośrednie miejsce między katedrami a mniejszymi kościołami kanonickimi i grodowymi. Nawa główna kościoła tynieckiego miała 4 m szerokości, nawy boczne po 2,8 m, długość zaś prawdopodobnie około 18–19 m, całkowita zatem powierzchnia naw wynosiła około 175–180 m². Kościół taki mógłby pomieścić wygodnie, poza członkami konwentu, jeszcze co najmniej setkę wiernych. Nie o nich przecież chodziło projektantom. Z jednej strony bryła kościoła miała być widoczna z daleka i budzić refleksje na temat potęgi Wszechmogącego, z drugiej zaś przestron-

376. Opactwo norbertańskie Św. Trójcy w Strzelnie, widok z lotu ptaka; 2 poł. XII – pocz. XIII w.

377. Opactwo cysterskie N.P. Marii i Św. Floriana w Wąchocku (fundowane w 1179 r.), widok ogólny kościoła i klasztoru od strony pn.-wsch.; 1 poł. XIII w.

ność wnętrza pozwalała na aktualną w owym czasie, pod wpływem Cluny i innych ośrodków reformatorskich, rozbudowę form liturgicznych, wśród nich uroczystych procesji.

Z podobnych względów zbliżone rozmiary cechowały kościoły innych zgromadzeń zakonnych, jak zwłaszcza różnych odmian kanoników regularnych. Tam gdzie, jak w zakonach rycerskich, obrzędów liturgicznych nie wysuwano na plan pierwszy, zadowalano się mniejszą świątynią. Na przykład kościół joannitów w Zagości miał jedną nawę o wymiarach 8,25×6,76 m, czyli o powierzchni zaledwie około 55 m²; powierzchnia prezbiterium liczyła

379. Opactwo cysterskie N.P. Marii i Św. Tomasza Kantuaryjskiego w Sulejowie (fundowane w 1176/1177 r.), wnętrze kapitularza; 1 poł. XIII w.

378. Opactwo cysterskie N.P. Marii w Kołbaczu (fundowane w 1173 r.), wnętrze kościoła klasztornego, widok na prezbiterium i transept; 1 poł. XIII w.

18 m². Były to więc wielkości rzędu przeciętnych kościołów grodowych.

Odrębny charakter nosiła architektura kościołów cysterskich, budowanych w pierwszej połowie XIII wieku. W obrębie dzielnicy małopolskiej reprezentują ją dziś kościoły w Jędrzejowie, Koprzywnicy, Wąchocku, Sulejowie i Mogile, na Śląsku zaś – w Rudach koło Raciborza, Trzebnicy i w Henrykowie; poza obszarem podlegającym wówczas władaniu Piastów – na Pomorzu – powstały osiedla cysterskie w Kołbaczu i Oliwie. Cystersi kładli nacisk na funkcjonalność świątyń i zwalczali ich zbędną dekoracyjność. Choć w poszczególnych krajach zakon odchodził już w XIII wieku od swych pierwotnych zasad, polskie kościoły cysterskie naśladowały wzór tradycyjny, zwany także bernardyńskim, gdyż uformował się pod wpływem myśli Bernarda z Clairvaux. Przedstawiały więc sobą typ trójnawowej bazyliki z transeptem, z przylegającymi doń od wschodu protokątnymi kaplicami oraz z prostokątnym prezbiterium. Nie miały wież. Ich wnętrza mieściły po kilka ołtarzy: w prezbiterium i w kaplicach, co pozwalało na jednoczesne odprawianie kilku nabożeństw.

Od wcześniejszych kościołów zakonnych cys-

380. Opactwo cysterskie N.P. Marii w Szczyrzycu (fundowane w 1245 r.), widok ogólny zespołu klasztornego od strony pn.-zach.; XIII–XVII w. Charakterystyczne dla cystersów nizinne położenie, bliskość wody i rozbudowana część gospodarcza.

381. Klasztor joannitów w Zagości. kościół konwentualny Św. Jana Chrzciciela (przebudowany w XIV w.), widok wnętrza w kierunku wsch.; 2 poł. XII w.

terskie różniły się monumentalnymi rozmiarami, którymi dorównywały katedrom, a czasem nawet je przewyższały. Powierzchnia naw wahała się od 400 m^2 w Koprzywnicy do przeszło 1000 m^2 w Mogile. Cystersom nie chodziło jednak o stworzenie przestrzeni dla ludności świeckiej. Zakon ten bowiem wyrzekał się programowo duszpasterstwa i w ogóle pełnienia jakichkolwiek posług religijnych dla wiernych, tak że nie chciał im nawet udostępniać kościołów klasztornych, które miały być otwarte wyłącznie dla mnichów. Dla ludności zależnej cystersi w własnych dobrach wznosili odrębne kościółki.

Inaczej postępowały zakony żebrzące. Zarówno dominikanie, jak franciszkanie zabiegali o więź z ludnością miast, gdzie się osiedlali, i starali się ją ściągać do własnych kościołów. Zakonnikom

382. Po lewej u góry: klasztor templariuszy w Rurce; kaplica konwentualna, widok ogólny od strony pn.-wsch.; ok. poł. XIII w.

383. Po lewej u dołu: klasztor franciszkański Św. Jana Chrzciciela w Zawichoście; kościół konwentualny, widok ogólny od strony pd.-wsch.; ok. poł. XIII w.

384. Klasztor dominikański Św. Jakuba w Sandomierzu, kościół konwentualny, widok od strony pd.-wsch.; 2 ćw. XIII w.

385. Kościół Św. Prokopa w Strzelnie, widok ogólny od strony pn.-zach.; 2 poł. XII w.

386. Kościół parafialny Św. Mikołaja w Wysocicach (Małopolska), widok od strony pd.-wsch.; XII/XIII w.

służyło w nich bardzo długie prezbiterium, wierni gromadzili się w nawie. Obydwie części odzielała ścianka, zwana lektorium, w jej górnej części znajdowała się trybuna, skąd głoszono kazania do ludu. Najczęściej rezygnowano z transeptu, choć zdarzały się też wyjątki od tej zasady, jak franciszkański kościół Św. Franciszka w Krakowie, któremu wszakże przypisuje się specyficzną funkcję kościoła sepulkralnego Piastów małopolskich,[126] lub dominikański kościół Św. Wojciecha we Wrocławiu. Kościoły franciszkańskie były z reguły jednonawowe, dominikanie stosowali obok nich również roz-

wiązania trzynawowe. Część prezbiterialna zajmowała powierzchnię stu kilkudziesięciu metrów kwa-

387. Kościół parafialny Wniebowzięcia N.P. Marii w Mokrsku Dolnym (Małopolska), widok od strony pd.-wsch.; 1 poł. XIII w.

388. Kościół parafialny N.P. Marii i Św. Jana Chrzciciela w Gościszowie (Dolny Śląsk), widok od strony pd.-wsch.; 1 poł. XIII w.

389. U dołu: kościół parafialny Św. Urszuli w Kowalowie (Dolny Śląsk), widok ogólny od strony pn.-wsch. i wnętrze w kierunku zach.; 2 poł. XIII w.

dratowych, dla wiernych zostawiano dwa lub trzy razy tyle miejsca.

Od schyłku XI wieku spotykamy się z prywatnymi kościołami możnowładczymi. Te różniły się między sobą formami, przeważnie jednak nawiązywały do modelu książęcego kościoła grodowego. Najczęściej więc były to niewielkie rotundy lub prostokątne kościoły jednonawowe z apsydą, często przylegającą bezpośrednio do nawy. Ich cechę wspólną stanowiły empory w zachodniej części kościoła, często w wieży, przeznaczone dla właściciela i jego rodziny.

Typ pierwszy reprezentuje rotunda Św. Prokopa w Strzelnie na Kujawach, kościół późniejszych fundatorów klasztoru norbertanek w tejże miejscowości. Jej średnica miała 8,1 m, a powierzchnia – 64 m². Do właściwej rotundy, która pełniła funkcję nawy, dobudowano kwadratowe prezbiterium o boku 5 m. Od zachodu przylegała do kościoła okrągła wieża, gdzie na piętrze mieściła się empora o powierzchni około 7 m².

Do typu drugiego należy kościół Św. Jana Chrzciciela w Prandocinie, własność rodu Odrowążów. Do prostokąta o powierzchni około 70 m²

391. Kościół parafialny Wniebowzięcia N.P. Marii w Gieczu (Wielkopolska), widok od strony pd.-wch.; 2 poł. XII w.

przylegało od wschodu niewielkie prezbiterium zamknięte apsydą, od zachodu zaś – druga, większa apsyda dwukondygnacyjna, której górne piętro służyło za emporę.

Jeszcze przez cały wiek XIII bardziej i mniej zamożni rycerze budowali sobie podobne lub skromniejsze kościoły. Ich proporcje wskazują, że zadanie prywatnego kościoła rezydencjonalnego ograniczało się do zaspokajania potrzeb religijnych właściciela i jego bliskiego otoczenia. Często zaś o budowie własnej świątyni decydowała tylko chęć zamanifestowania swego znaczenia.

Formowanie sieci parafialnej w XIII wieku postawiło na porządku dziennym sprawę kościołów parafialnych. Stała się nimi przede wszystkim większość kościołów kanonickich. Do nowych funkcji przystosowano też kościoły prywatne, jak można-

390. Kościół parafialny w Warszynie (Pomorze Zachodnie), widok od strony pd.-wsch.; 2 poł. XIII w.

władcze i rycerskie, włączając je w organizację diecezjalną, a dotychczasowym właścicielom przyznając w zamian jedynie prawo patronatu. Budowano wreszcie kościoły nowe, z samego założenia przeznaczone do obsługi parafii miejskiej lub wiejskiej. Te, fundowane zazwyczaj przez panów feudalnych, nie przez wspólnotę parafialną,[127] prezentowały wielką rozmaitość form, od trójnawowych bazylik do prymitywnych, jednonawowych kościółków drewnianych. Ich wielkość, wygląd i wybór materiału budowlanego zależały od zamożności fundatora.

Działalność parafii i zakonów żebrzących zaczęła zmieniać w drugiej połowie XIII wieku rolę społeczną kościoła. Do tej pory widziano w nim przede wszystkim dom Boży i miejsce modlitwy kleru, na dalszym planie, i to w niektórych tylko rodzajach świątyń, uwzględniając duszpasterstwo i świadczenia religijne na rzecz świeckich. Teraz dopiero punkt ciężkości przesuwał się w tym drugim kierunku. Kościół dla ludu – *ecclesia laicorum, ecclesia plebalis* – miał w swych ścianach skupić lud Boży dla wspólnej z kapłanem modlitwy i uczestnictwa w ofierze mszy świętej.

392. Kościół farny Św. Jerzego w Ziębicach; fasada oraz dwunawowe wnętrze w kierunku wsch.; 2 poł. XIII w.

3. Kapłani i mnisi

CEREMONIA ŚWIĘCENIA DUCHOWNYCH NIŻSZYCH STOPNI; SCENY
W *PONTYFIKALE* Z GNIEZNA; KON. XIII W. (il. 393–405)

Pogaństwo polskie nie znało wyodrębnionych ze
społeczeństwa kapłanów ani mnichów. Obydwa te
stany – *ordines*, tak zwało je prawo kościelne –
pojawiły się wraz z chrześcijaństwem. Nie cieszyły
się też wśród ludności miejscowej zrozumieniem.
Pierwszych znanych w Polsce mnichów – pięciu
braci eremitów – wymordowali rabusie, skuszeni
ich rzekomym bogactwem.[128] W dwadzieścia kilka
lat później, w czasie zaburzeń po śmierci Mieszka II, miano kamienować biskupów i kapłanów.[129]

Kapłani należeli do stanu duchownego, *ordo
clericorum*, który obejmował kilkustopniową hierarchię kleryków, ludzi wyspecjalizowanych
w służbie Bożej. Jej pierwsze cztery stopnie, ostia-
riusza, akolity, lektora i egzorcysty, można było
zająć po kolejnych święceniach, zwanych niższymi.
Uzyskiwane przy nich tytuły stanowiły spadek po
starożytnej organizacji Kościoła, kiedy oznaczały
prawo do sprawowania określonych nimi czynności
w gminie chrześcijańskiej. W średniowieczu nie
łączono już z nimi konkretnych obowiązków kultowych, a ich nadanie miało być tylko świadectwem
odpowiedniego wykształcenia w liturgii.

Kleryk po święceniach niższych korzystał
z przywilejów swego stanu, ale nie składał żadnych
ślubów i nie ciążyły na nim obowiązki kościelne.
Mógł zajmować niektóre stanowiska w organizacji
Kościoła, ale mógł też pędzić życie świeckie. Przeważnie, jeśli nie poświęcał się karierze duchownej,
znajdował – jako *litteratus* – zajęcie w kaplicy lub
kancelarii książęcej, lub pełnił podobne funkcje na
dworach biskupów i możnych panów świeckich.

Jeśli pozostawał w służbie Kościoła, to czekały
go następnie święcenia wyższe: subdiakona, diakona i prezbitera, czyli kapłana. Łączył się z nimi ślub
czystości i stałe obowiązki liturgiczne, w szczególności odmawianie modlitw kapłańskich. Nawet powrót do stanu świeckiego nie zwalniał od nich, stąd
na przykład odczytywał je co dzień z brewiarza król
węgierski Koloman, który, przeznaczony w mło-

393. Święcenie lektorów: wręczenie księgi lekcjonarza, scena
w inicjale *A* (f. 201 v)

394. Święcenie kleryków: postrzyżyny pierwszej tonsury, scena
w inicjale *D* (f. 199)

395, 396. Święcenie akolity: wręczenie świecy i ampułek, sceny
w dwóch inicjałach *A* (f. 203 i 203 v)

397. Święcenie egzorcystów: wręczenie księgi egzorcyzmów,
scena w inicjale *A* (f. 202 v)

omma clericum fau

pro eus amore festiua
ei spin scm qui habitat
meo ppetuum seruet
impedimento uel se
derio cor eus defendat

ium uatu

eum
fies
ut hos s
digneti
lum in

ferarium diatur
ccipe
et fo
eccle
ipa

mquo scripti sun
sibi et
ccipit
memo
potest
mam
siue baptizatos s
prephatio exortit
eum patrem
hmu supplic

398. Święcenie subdiakona: nałożenie humerału, scena w inicjale *A* (f. 204 v)

399. Święcenie subdiakona: wręczenie kielicha i pateny, ampułek i ręcznika, scena w inicjale *V* (f. 205)

400. Święcenie subdiakona: wręczenie manipularza, scena w inicjale *A* (f. 206)

401. Święcenie diakona: wręczenie stuły, scena w inicjale *A* (f. 209 v)

402. Święcenie diakona: wręczenie ewangeliarza, miniatura marginalna (f. 210)

403, 404 (u góry). Święcenie diakona: dotknięcie rąk i przywdzianie szaty kapłańskiej; sceny w inicjałach *A* (f. 216)

405. Święcenie prezbitera: wręczenie kielicha, scena w inicjale *A* (f. 217 v)

INSYGNIA BISKUPA (il. 406–408)

406. Mitra zw. Mitrą św. Stanisława; ok. poł. XIII w.

407. Pierścień biskupa krakowskiego Maura; ok. 1109 r.

408. Pastorał; XIII w.

SAKRA BISKUPIA; SCENY W *PONTYFIKALE* Z GNIEZNA; KON. XIII W.
(il. 409–415)

409. Namaszczenie głowy, scena z inicjału *U* (f. 230 v)

410. Namaszczenie ręki i palca, sceny w inicjale *D* (f. 232)

411. Nałożenie pierścienia, scena w inicjale *A* (f. 232 v)

412. Wręczenie pastorału, scena w inicjale *A* (f. 233)

czy to przedstawicieli możnych rodzin ze swego otoczenia, czy to zasłużonych pracowników swej *capella*. Najczęściej w chwili nominacji nie mieli oni żadnych święceń wyższych, gdyż te krępowałyby ich dotychczasową działalność. Przyjmowali je więc łącznie dopiero w przeddzień sakry. Natomiast prawidłowa teoretycznie droga kariery kościelnej przez posuwanie się po kolejnych szczeblach święceń aż do prezbiteriatu stanowiła raczej ślepą uliczkę; nęciła tylko tych, których ambicje nie sięgały dalej, przeważnie ludzi niższego pochodzenia i nie celujących w wiedzy szkolnej.

413. Wręczenie księgi *Ewangelii*, scena w inicjale *A* (f. 233 v)

dości do stanu duchownego, przed objęciem tronu dostąpił był święceń wyższych.[130] Prawem i obowiązkiem prezbitera było ponadto odprawianie mszy świętej, a subdiakona i diakona – pomocnicze funkcje przy niej.

Następne święcenie po prezbiteriacie to sakra biskupia, dająca pełnię władzy kapłańskiej. W praktyce jednak awans prezbitera na biskupa zdarzał się rzadko. Ponieważ biskup należał do dygnitarzy, uposażonych bogatymi dobrami i dochodami, o stanowisko to ubiegali się ludzie wpływowi i bliscy księcia, którego prawem było aż do początku XIII wieku dawanie inwestytury na beneficja kościelne. Wyznaczał on na wakujące katedry

362

przewidywano udzielania im żadnych święceń. Już jednak w X wieku co czwarty mnich dostępował święceń kapłańskich. Co więcej, zwolenników zdobywała reforma, która przyznawała pełne prawa w klasztorach benedyktyńskich tylko mnichom ze święceniami. Pozostałych zaliczano do drugiej kategorii, tzw. konwersów, czyli braci świeckich. Ideą tej zmiany było dążenie do zwiększenia roli modlitwy liturgicznej w życiu wspólnot klasztornych.

Od czasów karolińskich również klerowi diecezjalnemu, poświęcającemu się służbie Bożej, zalecano pędzenie wspólnego życia. Jego podstawową formę organizacyjną stanowił kanonikat, oparty na tzw. regule akwizgrańskiej, znacznie liberalniejszej od reguł mniszych. Kanonicy zachowywali prawo do własnego domu i majątku, a ich wspólno-

414. Nałożenie infuły, scena w inicjale *H* (f. 235)

Odróżniany zawsze od kleru stan mniszy – *ordo monachorum* – obejmował ludzi, którzy chcieli dążyć do doskonałości ewangelicznej. Mogli oni żyć według jednej z uznanych przez Kościół reguł. Na łacińskim Zachodzie była nią reguła św. Benedykta. Podporządkowując się jej, mnisi składali cztery śluby: ubóstwa, czystości, posłuszeństwa przełożonym oraz stałego przebywania w obranej wspólnocie klasztornej (*stabilitas loci*). Mieli uprawiać umiarkowaną ascezę, a dzień dzielić między pracę, modlitwę i odpoczynek, którego głównym elementem był sen. Spędzali życie w klasztorze, posłuszni wyznaczonemu przez właściwą władzę terytorialną opatowi. W pierwotnym założeniu nie

415. Akt konsekracji, scena w inicjale *D* (f. 240)

ta redukowała się praktycznie do wspólnej modlitwy.

Przejawiające się od XI wieku tendencje do reformy kanonikatu, między innymi w kierunku wprowadzenia w nim autentycznego wspólnego życia, doprowadziły do powstania tzw. kanonikatu regularnego, bliskiego wspólnotom mniszym. W odróżnieniu od niego kanonikat typu karolińskiego zyskał nazwę kanonikatu świeckiego.[131]

Miejscami odprawianej stale służby Bożej były w Polsce wcześniejszego średniowiecza tylko kościoły wspólnot kapłańskich i zakonnych, a więc katedry, kościoły kanonickie i klasztorne.

Stwierdzono, że około 1200 roku w Polsce, razem z Pomorzem, liczba takich wspólnot zbliżała się do setki. W większych ośrodkach – w Krakowie,

416. Kanonik, fragment nagrobka ks. Henryka IV Probusa we Wrocławiu; kon. XIII w.

ŚWIĘCENIE OPATA, SCENY W *PONTYFIKALE* Z GNIEZNA; KON. XIII W.

ŚWIĘCENIE OPATA, SCENY W *PONTYFIKALE* Z GNIEZNA; KON. XIII W.
417, 418. Wręczenie reguły i wręczenie laski opackiej, sceny w inicjałach *A* (f. 262 v)

Wrocławiu, Płocku, Gnieźnie, Poznaniu, Kaliszu i Kruszwicy – było ich po kilka, łącznie aż 24, przeto liczba mniejszych miejscowości, gdzie rezydowały grupy kleru, redukuje się do około 80. Skupiały się one przy tym na stosunkowo niewielkich terytoriach w poszczególnych dzielnicach kraju, na wschód zaś od Wisły nie występowały w tym czasie wcale, jeśli nie brać pod uwagę Płocka i Czerwińska, położonych nad samym brzegiem rzeki.[132] Dopiero w XIII wieku zaczęły powstawać w większych grodach za Wisłą pierwsze fundacje tego typu.

Podstawowym obowiązkiem kleru żyjącego we wspólnotach kanonickich i mniszych było oddawanie czci Bogu. Dobę dzielono na godziny kanonickie, na które przypadały określone modlitwy chóralne, zaczerpnięte głównie z *Psałterza Dawidowego*. Przeciętnie co trzy godziny kanonicy i mnisi gromadzili się dla ich odśpiewania w kościele.

Pora modłów nie była w dzisiejszym pojęciu stała, dzielono bowiem wówczas zarówno noc, jak i dzień na 12 godzin, co sprawiało, że długość godzin nocnych i dziennych różniła się, a nadto ulegała zmianom wraz z porami roku: w zimie godziny nocne wydłużały się, a letnie skracały, w miarę zaś zbliżania się ku latu następował proces odwrotny.

Modlitwy kapłańskie rozpoczynały się w porze nocnej jutrznią, na którą wstawano około godziny 1.30 naszej rachuby czasu. O brzasku odprawiano laudes, a o wschodzie słońca – primę. Następnie, co dwie lub trzy dzienne godziny wypadały tercja, seksta i nona, których nazwy, podobnie jak primy, określały właśnie odpowiednie godziny. W porze pojawienia się pierwszej gwiazdy, u schyłku dnia, śpiewano nieszpory (od łacińskiego *vesper* – wieczór). Bezpośrednio przed snem, którego porę regulowało naturalne oświetlenie, zamykano dzień kompletą.

Modłom i śpiewom towarzyszyły rytualne gesty i pokłony oraz procesjonalne nawiedzanie ołtarzy. Treść modlitw kapłańskich stanowiło wysławianie Boga i jego przymiotów. W szczegółach teksty modłów i towarzyszące im ceremonie różniły się, zależnie od zwyczajów poszczególnych kongregacji, reguł i zwyczajów lokalnych. Tak więc pierwotna reguła benedyktyńska ograniczała czas poświęcany modłom zbiorowym do około 4 godzin w ciągu doby, aby zachować równowagę między modlitwą, pracą i koniecznym wypoczynkiem, ale już klasztory reformowane według wzorów kluniackich rozbudowywały niepomiernie życie liturgiczne, kosztem pracy i modlitwy prywatnej. W Cluny w pierwszej połowie X wieku mnisi śpiewali w ciągu doby ponad 130 psalmów, a na przełomie XI/XII wieku liczba ich doszła do 210. Reakcją przeciw tej przesadzie stała się reforma cysterska. Szarzy mnisi rozdzielili 150 psalmów na cały tydzień, ograniczyli też liczbę procesji.

Z braku źródeł nie potrafimy powiedzieć, jaki rytuał stosowały polskie grupy kleru. Wydaje się, że początkowo przybywali do Polski benedyktyni stojący dość daleko od Cluny oraz kanonicy starszego typu, stosujący regułę akwizgrańską; jedni i drudzy hołdowali umiarowi w praktykach liturgicznych. Już jednak w XI wieku mnisi z Mogilna stosowali zapewne zasady reformy hirsaugijskiej,[133] w tym zaś i w następnym stuleciu biskupi-reformatorzy nakładali nowe obowiązki liturgiczne także na kanoników. Praktyki cystersów, zakonu bardzo scentralizowanego, który stale poddawał kontroli życie poszczególnych klasztorów, nie odbiegały najprawdopodobniej od wzorów wytworzonych przez klasztory macierzyste.

Kanonicy i mnisi modlili się wyłącznie na większą chwałę Bożą, pośrednio jednak gromadzili zasługi w imieniu całej społeczności chrześcijańskiej. W powszechnym mniemaniu stanowili wyspecjalizowaną grupę na usługach społeczeństwa, powołaną do oddawania nieustającej czci Bogu.

Obowiązki liturgiczne ciążące na tej grupie kleru wykluczały zajmowanie się czymkolwiek innym. Gdy, na przykład, na przełomie XII/XIII wieku kanonikat świecki opanowali, ze względu na bogate uposażenie prebend, przedstawiciele polskich rodów możnowładczych, którzy prowadzili życie światowe i nie kwapili się do wypełniania uciążliwych obowiązków, a nawet często nie rezydowali w siedzibach swych wspólnot, służba Boża w katedrach i kościołach kanonickich bardzo na tym ucierpiała. Troska o utrzymanie kanonickiego *officium divinum* stała się istotnym problemem życia kościelnego w pierwszej połowie XIII wieku. Tak więc papież Honoriusz III upominał w 1226 roku kanoników wrocławskich, aby brali udział przynajmniej w nabożeństwach z okazji głównych świąt.[134] Problem ten stanowił też przedmiot obrad polskich synodów prowincjonalnych, co znalazło wyraz już w statutach synodalnych legata Jakuba w 1248 roku.[135]

Wspomniane napomnienia władz kościelnych osiągnęły jedynie ten skutek, że kanonicy posługiwali się coraz częściej zastępcami – wikariuszami, którym zlecali ciążące na sobie obowiązki liturgiczne. Początkowo wikariusze ci pozostawali na utrzymaniu zainteresowanego kanonika, rychło jednak zjawisko wyręczania kanoników przez ich zastępców stało się tak powszechne, że wymagało uregulowania prawnego. Już w pierwszej połowie XIII wieku kolegia wikariuszy kanonickich stały się uznaną instytucją. Jak przed tym życie kanoników, tak teraz życie ich wikariuszy wypełniały obowiązki kultowe, nie pozostawiając czasu na kierowanie życiem parafialnym, czym także biskupi próbowali ich obciążyć. Dochodziło na tym tle niejednokrotnie do sporów.

Podobnie jak kanonicy, również mnisi nie byli w stanie godzić przepisanych im obowiązków liturgicznych z duszpasterstwem. W okresie misyjnym życie zmuszało do kompromisu, w wyniku którego zarówno benedyktyni, jak kanonicy uczestniczyli prawdopodobnie czynnie w propagowaniu chrześcijaństwa w Polsce; z nich też rekrutowały się pierwsze prezbiteria biskupie i – jak się zdaje – dopiero w połowie XI wieku benedyktynów zwolniono z tych funkcji. Tak się przynajmniej zwykło interpretować niezbyt jasną wzmiankę *Katalogu biskupów krakowskich*[136] o reformach biskupa Aarona. Ostatecznie jednak zabronił mnichom działalności duszpasterskiej I sobór laterański w 1123 roku. Toteż cystersi, osiedlający się w Polsce w innej już niż ich poprzednicy sytuacji, przestrzegali reguły bardzo rygorystycznie.

Skoro obciążenie duchowieństwa obowiązkami liturgicznymi ograniczało jego możliwości oddania się pracy duszpasterskiej, trudno podzielić pogląd niektórych polskich historyków Kościoła, którzy przypisują powstającym w ciągu XI wieku kościołom grodowym cechy kościołów parafialnych, sądząc że osadzeni przy nich księża poświęcali się duszpasterstwu. Nie tylko brak jest dowodów, by kościoły grodowe w XI czy nawet w XII wieku funkcjonowały jako stałe miejsca odprawiania

mszy i udzielania sakramentów przez przebywającego przy nich kapłana, ale wiele przeciw takiej supozycji przemawia. Nie wydaje się bowiem, by kadry kleru polskiego były na tyle liczne, żeby w każdym większym grodzie mógł znaleźć się prezbiter i żeby po jego śmierci obsadzenie opróżnionej placówki nie nastręczało trudności. Jeszcze w XIII stuleciu, w dobie planowego organizowania parafii, łatwiej było o amatorów na związane ze stanowiskiem proboszcza beneficja niż o kandydatów do pracy duszpasterskiej, którzy by mieli święcenia kapłańskie; toteż znaczna część proboszczów nie miała święceń wyższych i musiała zabiegać o zaangażowanie prezbitera w charakterze wikariusza, na którym dopiero spoczywał obowiązek pełnienia czynności liturgicznych i duszpasterskich. Bywało, że taki wikariusz obsługiwał kilka sąsiednich kościołów parafialnych.

Najprawdopodobniej więc także kościołami grodowymi XI/XII wieku zawiadywali klerycy ze święceniami niższymi, troszczący się o konserwację budynku kościelnego, utrzymujący w nim porządek, ale nie pełniący coniedzielnej służby Bożej ani nie administrujący sakramentami. Źródła dają im najczęściej tytuł *rector ecclesiae* – zarządca kościoła.

Oprócz trudności kadrowych inna jeszcze okoliczność utrudniała rozbudowę sieci stale funkcjonujących kościołów. Odprawianie mszy i udzielanie sakramentów wymagało posługiwania się księgami liturgicznymi. Zaopatrzenie w nie każdego kościoła przekraczało możliwości polskich skryptoriów, choćbyśmy je sobie najbardziej optymistycznie wyobrażali. Jeszcze przy organizowaniu parafii w XIII wieku musiano w uchwałach synodalnych przypominać o obowiązku wyposażenia kościołów w potrzebne księgi.

Sądzić więc należy, że budowa kościołów grodowych miała na celu umożliwienie odprawiania w nich nabożeństw od czasu do czasu, mianowicie gdy do grodu przybywał książę ze swoimi kapelanami, gdy zjeżdżał na wizytację obowiązany do niej archidiakon lub sam biskup. Wieźli oni ze sobą

ŚWIĘCENIE ZAKONNICY; SCENY W *PONTYFIKALE*
Z GNIEZNA; KON. XIII W. (il. 419–421)

419. Nałożenie welonu, scena w inicjale *A* (f. 268 v)

nów na podobieństwo kapelanów książęcych; tym
mniej nadawali się do duszpasterstwa.

W sporadycznych wypadkach rektor kościoła
grodowego czy prywatnego kościoła możnowładcy
mógł, oczywiście, mieć święcenia kapłańskie. Nawet jednak wtedy jego kościół nie funkcjonował
inaczej niż ten, którym kierował kleryk o święceniach niższych. Ówczesne bowiem prawo kościelne
nie przewidywało indywidualnego odprawiania obrzędów liturgicznych; traktowano je jako akcję,
w której powinny brać udział co najmniej trzy
uprawnione osoby. Prezbiter powinien żyć we

420, 421. Nałożenie pierścienia i nałożenie wieńca; sceny w inicjałach *A* (f. 270 v)

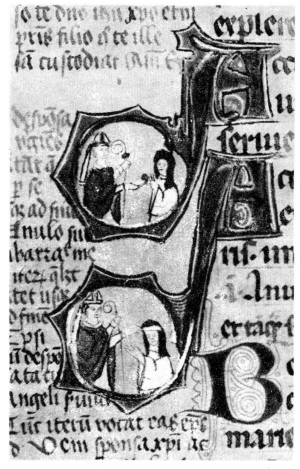

księgi liturgiczne, niekoniecznie te najcenniejsze,
używane przy szczególnie uroczystych okazjach,
ale specjalnie przystosowane do podróży, jakich
przykładem jest tzw. *Mszał św. Wojciecha.*

W XII wieku kościoły wyszły poza grody
książęce, zaczęły powstawać dość liczne fundacje
możnowładcze w ośrodkach dóbr. Znamy kościoły
fundowane przez Sieciecha, Prandotę, do legendy
przeszły tzw. kościoły duninowskie, fundacje Piotra Włostowica i współczesnego mu Piotra Wszeborowica. Zarządcy tych kościołów mogli jednocześnie pełnić na dworach swych patronów rolę kapela-

wspólnocie, brać udział w zbiorowych modłach, odprawiać mszę koncelebrowaną. Jeszcze w XIII wieku, gdy biskup zastał przy kościele samotnego kapłana, wielce się na taką sytuację oburzył: ,,Sam jesteś i śpiewasz razem z wróblami'', wykrzyknął zgorszony i powziął natychmiast odpowiednie kroki organizacyjne, aby zlikwidować tak niewłaściwą sytuację.[137]

W *Kronice* Galla opisano sytuację, gdy w dniu poświęcenia kościoła odbyły się w nim również zaślubiny młodej pary.[138] Kronikarz nie pochwala tego obyczaju, stwierdzając pośrednio, że nie był to odosobniony wypadek. Na tle tego, cośmy wyżej powiedzieli, wytworzenie się takiego zwyczaju staje się zupełnie zrozumiałe. Na poświęcenie kościoła zjeżdżał mianowicie biskup, on też tylko miał władzę udzielania wszystkich sakramentów, jedynie prawo chrztu przekazywał niższemu duchowieństwu. Trzeba więc było korzystać z okazji, by pobłogosławić małżeństwo w kościele; następna wizytacja biskupia mogła nastąpić nieprędko.

Duszpasterstwo w diecezji spadało więc aż do początku XIII wieku na barki biskupa. Trud ten mogli z nim dzielić co najwyżej kanonicy, osadzani grupowo przy niektórych kościołach; nie to jednak było ich głównym zadaniem. Obsługiwanie potrzeb religijnych ludu stało się dopiero celem organizowanych w ciągu XIII wieku parafii, ale realizacja tego programu długo jeszcze napotykała trudności. Wśród nich na pierwszym miejscu trzeba wymienić brak dość licznej kadry kapłańskiej.[139]

4. Obowiązkowe praktyki religijne

Od neofitów, którym udzielano chrztu po trwającej tydzień katechizacji, nie oczekiwano pogłębionego stosunku do nowo przyjętej religii. Kościół wymagał od nich przestrzegania określonych nakazów i zakazów, ich pobożność sprowadzał do praktyk

422. Chrzcielnica z katedry w Kamieniu Pomorskim; XII w.

zewnętrznych. Nad ich wykonywaniem miało czuwać nie tyle nieliczne duchowieństwo, ile przede wszystkim aparat państwa chrześcijańskiego. Toteż zarówno w Polsce, jak i w krajach sąsiednich, rozporządzenia władców regulowały zakres obowiązków religijnych ludności, ustanawiając surowe sankcje za ich lekceważenie. Szczególną uwagę zwracano na święcenie niedzieli i innych dni świątecznych oraz na zachowywanie postów.

W dni świąteczne Kościół żądał wstrzymania się od pracy. Łamanie tego zakazu miało sprowadzać karę Bożą i monarszą. Misjonarze Pomorza Zachodniego opowiadali ku przestrodze o nagłej śmierci możnej pani, która w niedzielę nie tylko sama żęła, lecz jeszcze zmuszała do roboty czeladź.[140] Węgierskie dekrety, przypisywane królowi Stefanowi Świętemu (997–1038 r.), choć odzwierciedlające najwyraźniej późniejszy etap chrystianizacji kraju, nakazywały urzędnikom, by konfiskowali dobytek i narzędzia tych, którzy ośmielili się pracować w polu w niedzielę.[141]

Tam, gdzie na miejscu odprawiała się msza święta, cała ludność, bez różnicy płci i wieku, powinna była udać się do kościoła. W każdym domostwie zostawała tylko jedna osoba „dla pilnowania ognia".[142] Jeśli od kościoła mieszkano daleko – a w takiej sytuacji znajdowała się aż w głąb XII wieku większa część ludności Polski – synody zalecały, by każda osada wysyłała na mszę delegata. Trudno to jednak było egzekwować i dopiero rozbudowa sieci parafialnej w ciągu XIII wieku uczyniła realnym nakaz coniedzielnego uczestnictwa we mszy. Ale i wtedy spotykało się na wschodnich kresach państwa, w ziemi łukowskiej, ludzi, którzy przez całe życie nie mieli okazji być w kościele.

Rola świeckich w nabożeństwie ograniczała

423. Chrzcielnica z kościoła Św. Piotra i Pawła w Legnicy; kon. XIII w.

się do biernego asystowania obrzędom. Kult religijny wcześniejszego średniowiecza cechował rytualizm. W konsekwencji więc obciążano obowiązkiem modlitwy tę grupę społeczną, którą w tym celu specjalnie szkolono, to znaczy kler. Znaczenia modlitwy świeckich wyraźnie nie doceniano. Jedynie najwyższa warstwa tych ostatnich, książęta i niektórzy możnowładcy, brali udział w modłach kanoników, śpiewając wyuczone za młodu psalmy; mamy w tym względzie świadectwo dotyczące Bolesława Krzywoustego, z pewnością przecież nie najuczeńszego z Piastów.[143]

Pospolity lud nakłaniali duszpasterze do quasi czynnego udziału w nabożeństwach przez chóralne podkreślenie niektórych, łatwych do wyuczenia zwrotów modlitewnych, jak zwłaszcza *amen*. Szczególną popularność zdobyło także litanijne *Kyrie elejson*, które zalecano już w X wieku jako najwłaściwszą formę modlitwy ludowej.[144] Wokół zawołania *Kyrie elejson* narastały też w niektórych krajach teksty w językach ludowych. Najwcześniej daje się to zaobserwować w Niemczech, skąd duchowieństwo przeszczepiało je na tereny zachodniosłowiańskie.

Tak więc, według świadectwa Kosmasa, podczas intronizacji biskupa Dytmara w 973 roku książę czeski Bolesław II Pobożny miał śpiewać wraz z otaczającymi go możnymi pieśń zaczynającą się od słów: *Christus keinado*.[145] Kronikarz, piszący w drugim dziesięcioleciu XII wieku, nie odtworzył tu jednak obyczaju X wieku, lecz jemu współczesny. W Polsce modlitwy i pieśni religijne niemieckie mogły się pojawiać na niektórych dworach piastowskich, głównie śląskich, dopiero w XIII stuleciu. Słychać je było także w powstających w owym czasie miejskich i wiejskich gminach niemieckich.

Według wspomnianej relacji Kosmasa, tylko możni śpiewali całą pieśń z refrenem *Kyrie elejson*; lud prosty, niewykształcony, zadowalał się okrzykiem *Krlessu*, jak zniekształcano zwrot grecki. Niezrozumiałość i tajemniczość tej aklamacji oraz waga, jaką do niej przywiązywał Kościół, zapewniała jej popularność, nie tyle jednak jako modli-

424. Chrzest przez zanurzenie, fragment dekoracji drzwi brązowych w Gnieźnie ze sceną Chrztu Prusów przez św. Wojciecha; 2 poł. XII w.

twy, co jako formuły magicznej. W dialektach polskich brzmiała ona: „kierlesz".

Tak zwano też powstające na wzór niemieckich dłuższe teksty, przeplatające się z grecką inwokacją do Pana. Nie wiadomo, czy posługiwano się nimi wcześniej niż w XIII wieku. Pierwszą wzmiankę o nich zawdzięczamy latopisowi halicko-wołyńskiemu, według którego Polacy śpiewali kierlesz podczas bitwy pod Jarosławiem w 1249 roku.[146]

Modlitwy prywatnej Kościół nie uczył ani nie zachęcał do niej świeckich. Zarówno jednak w kręgu arystokratycznym, jak wśród prostego ludu zanoszono prośby przed oblicze Boskie, choć chętniej zwracano się do świętych. Forma takich modłów zależała od poziomu intelektualnego osób, które się w nich wypowiadały. Obok próśb najprostszych,

łączonych, jak w obrzędowości pogańskiej, z obietnicą stosownej odpłaty, mogły to być kunsztowne teksty łacińskie, nawiązujące do *Pisma Świętego* i modlitw liturgicznych. Szczęśliwie dysponujemy odpowiednim przykładem. Jest nim *Codex Gertrudianus*, modlitewnik Gertrudy, córki Mieszka II i małżonki wielkiego księcia kijowskiego Izasława. Chociaż wbrew początkowym przypuszczeniom powątpiewa się dziś, byśmy mieli do czynienia z autografem księżny, nie można wyłączyć jej autorstwa przynajmniej części owych około 80 modlitw, które zanosiła w intencji syna; cały zresztą tekst, mało dotąd zbadany, sporządzono z pewnością na jej użytek. Nie mamy jeszcze wyrobionego poglądu na oryginalność zawartych w kodeksie modlitw; przemawia za nią ich charakter, na który złożyły się wpływy zarówno Kościoła zachodniego

Obowiązkowe praktyki religijne

– spisano je wszak po łacinie – jak i wschodniego.

Większy niż na modlitwę kładziono nacisk na przestrzeganie postów. Wymagania ich dotyczące formułowano surowo już od pierwszych działań misji. Kościół zachodni przywiązywał do nich wagę, uważając je za jeden z najważniejszych obowiązków chrześcijanina. Według na pół legendarnego, ale prawdopodobnego przekazu, właśnie to przykazanie wywołało gwałtowny sprzeciw księcia kijowskiego Włodzimierza Wielkiego wobec nauk misjonarzy łacińskich.[147] Wszakże i w Europie Zachodniej zwyczaje postne jeszcze się nie ujednoliciły; w Polsce przyjęły się te najbardziej surowe.

Wielki Post, poprzedzający uroczystość Zmartwychwstania Pańskiego, czyli Wielkanoc, trwał w prowincji gnieźnieńskiej nie sześć, jak gdzie indziej, lecz dziewięć tygodni. Genezy tej praktyki nie potrafimy dotąd zadowalająco wytłumaczyć. Analogiczny okres przygotowawczy do świąt Bożego Narodzenia, adwent, liczył pięć niedziel, gdy w liturgii rzymskiej tylko cztery. Post obowiązywał także w 3 dni raz na kwartał, popularnie nazywane „suchymi dniami", w wigilię świąt kościelnych oraz w piątki każdego tygodnia. W dniach postnych wymagano wstrzemięźliwości w jedzeniu i piciu, powstrzymywania się od spożywania mięsa, od zabaw i od współżycia małżeńskiego.

Przekraczanie tego ostatniego zakazu ujawniała nieraz ciąża niewiasty, co dawało duchowieństwu asumpt do wyrzekań na łamanie postu. Między innymi zarzucano to Dobrawie, matce Bolesława Chrobrego. Na plotkach jednak widocznie się kończyło, nie słychać bowiem o zadawaniu pokuty z tego powodu. Opinia świecka pozostawała chyba zupełnie na to niewrażliwa, jak zresztą i na inne postulaty kościelne z dziedziny moralności seksualnej.

CHRZEST DZIECKA. SCENY W *PONTYFIKALE* Z GNIEZNA; KON. XIII W.

425. Naznaczenie czoła krzyżem, miniatura marginalna (f. 170)

426, 427. Nałożenie białej sukienki i wręczenie świecy matce; miniatury marginalne (f. 176)

428. Zawieranie małżeństwa przed biskupem, scena w inicjale *P* w *Pontyfikale* z Gniezna (f. 167 v); kon. XIII w.

Natomiast na straży wstrzemięźliwości od mięsa w dni postne stała władza państwowa. Statuty węgierskie groziły za pogwałcenie odpowiednich zakazów tygodniowym postem przymusowym w więzieniu.[148] Według relacji Thietmara, współczesny mu Bolesłw Chrobry kazał wybijać zęby za to przekroczenie,[149] co u nowożytnych uczonych

budzi nieraz niedowierzanie; Aleksander Brückner przypuszczał, że kronikarz saski uogólnił jakiś sporadyczny wypadek.[150] Sceptycyzm nie wydaje się tu jednak uzasadniony. W owych czasach kary okaleczenia stosowano często, a zwyczaj amputacji tego narządu, za którego pomocą winowajca dopuścił się przestępstwa, miał dawną tradycję, można też było znaleźć dla niego akceptację w tekstach biblijnych. Państwo wczesnośredniowieczne pojmowało zaś swoją misję chrystianizacyjną bardzo serio; statuty węgierskie przewidywały karę chłosty za rozmowy w kościele podczas nabożeństwa.[151]

Przykazanie kościelne o postach długo jeszcze wywoływało opór nie dlatego, by mięso tak często gościło na ówczesnych stołach pospolitej ludności, ale dlatego, że tradycyjne obrzędy magii płodności przewidywały właśnie ucztę mięsną na wiosenne zrównanie dnia z nocą.[152] Ostatecznie zwyczaj ludowy zwyciężył. W bliski astronomicznej równonocy dzień świętego Józefa – 19 marca – Kościół przestał wymagać ścisłego postu.

Według najmniej miarodajnego z trzech żywociarzy Ottona z Bambergi, miał ów apostoł Pomorzan zachodnich zapoznawać nowo ochrzczonych Pyrzyczan z nauką Kościoła o siedmiu sakramentach.[153] Jest to anachronizm. Herbord chciał

429. Nawiedzenie chorego przez biskupa, miniatura w *Pontyfikale* z Gniezna (f. 180 v); kon. XIII w.

Obowiązkowe praktyki religijne

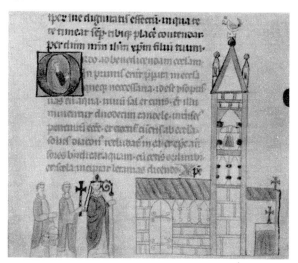

430. Procesja duchownych wkraczająca do budynku kościelnego, miniatura (f. 277)

431. Biskup kreślący pastorałem w popiele, przesianym na posadzce przez dwóch duchownych, litery alfabetów greckiego i łacińskiego, miniatura (f. 283)

się tu popisać znajomością doktryny Piotra Lombarda, której nie mógł jeszcze znać Otton. Toteż pozostałe *Żywoty* nie potwierdzają wersji Herborda. Byłby to zresztą wykład mało zrozumiały dla słuchaczy, a przy tym pozbawiony znaczenia praktycznego. Przystępowanie bowiem do wszystkich sakramentów nie przyjęło się wówczas jeszcze wśród świeckich chrześcijan.

Bierzmowanie traktowano jako przygotowanie do kapłaństwa, gdyż miało świadczyć o opanowaniu wiedzy religijnej, dostępnej ludziom znającym pismo. Błogosławieństwo kościelne dla małżeństw torowało sobie drogę w XII wieku dopiero wśród możnych. Poza ich kręgiem nieczęsto spotykało się nawet pogrzeb kościelny, cóż mówić o przygotowaniu przeciętnego wyznawcy na śmierć przez ostatnie namaszczenie. Pokutę naznaczali biskupi głównie jawnogrzesznikom, indywidualnej spowiedzi usznej do końca XII wieku nie praktykowano. Przystępowano, owszem, do komunii świętej, ale bardzo rzadko; z Galla wiemy, że czyniło to rycerstwo przed bitwą, a więc w przewidywaniu grożącej śmierci.[154]

Udzielanie sakramentów należało do przywilejów biskupa. Aż do początku XIII wieku tylko chrzest zlecał on prezbiterom i klerykom o niższych święceniach, zgodnie ze znajdującym już uznanie poglądem, że chrzcić może w razie konieczności każdy człowiek. Biskupów było w Polsce XII–XIII wieku siedmiu. Zajmowali się nie tylko przecież duszpasterstwem i liturgią sakramentów; mieli także obowiązki administracyjne, brali czynny udział w życiu państwowym, wyjeżdżali za granicę. Liczba ich tłumaczy dostatecznie jasno, że sakramenty nie mogły być udostępnione ogółowi wiernych, lecz stanowiły jeszcze dar Kościoła dla bardzo elitarnych grup w społeczeństwie.

Zmianę przyniósł dopiero przełom XII/XIII wieku, okres pontyfikatu papieża Innocentego III (1198–1216 r.). Kościół docenił wówczas wagę pracy duszpasterskiej, a rewolucyjne wręcz znaczenie miały uchwały soboru laterańskiego w 1215 roku. Zdecydowano wówczas oprzeć organizację

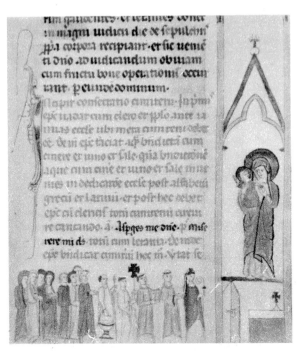

432. Poświęcenie cmentarza kościelnego z figurą Matki Boskiej, miniatura w *Pontyfikale* z Gniezna (f. 307); kon. XIII w.

Kościoła na sieci parafii, kierowanych przez podporządkowanych biskupowi proboszczów, którzy mieli kierować życiem religijnym na poddanym ich pieczy obszarze. Wiernych zobowiązano do słuchania niedzielnej mszy w kościele parafialnym, do corocznej spowiedzi usznej i przyjmowania komunii, ponowiono też nakaz II soboru laterańskiego z 1139 roku, aby małżeństwa uzyskiwały błogosławieństwo kościelne. Przyjmować sakramenty należało wyłącznie we własnej parafii, także pogrzeb miał się odbywać na jej cmentarzu.

Wymagało czasu, aby te postanowienia wprowadzić w życie. Słabo rozbudowana organizacja kościelna sprawiała, że w Polsce potrzebowano go więcej niż w wielu innych krajach. Przez całe stulecie posoborowe Kościół polski żył problematyką parafii. Ich ośrodkami stawały się dawne kościoły grodowe, mniejsze kościoły kanonickie, prywatne kościoły możnowładcze po wsiach. Wznoszono też nowe, również drewniane świątynie. W organizacji życia parafialnego miasto wyprzedzało wieś, a na wsi – jak się zdaje – wyróżniały się osady obcych kolonistów, których nieraz już w dawnej ojczyźnie połączyła więź parafialna. Do końca stulecia daleko w tyle pozostawały nieszczęsne tereny dzisiejszego Łukowskiego, jak zresztą cały obszar położony na wschód od Wisły.[155]

Chrystianizacja kraju pogłębiała się więc nierównomiernie. Większą część terytorium piastowskiego objęło jednak w ciągu XIII wieku duszpasterstwo parafialne. Ludność miast i wsi przyzwyczajała się do kościoła, przywykła do przestrzegania wymaganych od niej praktyk, brała coraz bardziej aktywny udział w życiu religijnym. W parafiach miejskich głoszono już kazania w języku ludowym – po niemiecku lub po polsku. Jeśli nie stać było na to parafii, wyręczali ją od połowy stulecia kaznodzieje zakonów żebrzących: dominikanów i franciszkanów. Na wsi duszpasterzowali księża mniej wykształceni, na stałe kazania nie przyszła tam jeszcze pora. Tym większe wrażenie mógł wywierać gość – kaznodzieja wędrowny. By go posłuchać, ściągano chętnie nawet z dalszych okolic.

Poczucie piękna

1. Pojęcie i kryteria piękna

Świadome dostrzeganie piękna, a co za tym idzie, jego pojęcie prawdopodobnie nie wykształciło się w społeczeństwach słowiańskich przed recepcją dziedzictwa kultury antycznej. Przemawiałby za tym fakt, że w różnych stronach Słowiańszczyzny określa się piękno odmiennymi wyrazami. Te zaś z nich, które mają metrykę najstarszą i których używa się najbardziej powszechnie, miały pierwotnie inne znaczenie. Tak więc wyraz „krasny" już w tekstach staro-cerkiewno-słowiańskich używany w znaczeniu „piękny", to przede wszystkim tyle, co „przyozdobiony"; stąd później także „barwny", a w szczególności „czerwony"; stąd też „okrasa". Zachodniosłowiańskie „ładny" akcentuje element ładu, porządku, zgody, harmonii. Podobnie „śliczny" miał określać to, co jest stosowne.[1]

Brak świadomości estetycznej nie dowodzi jednak braku wrażliwości na piękno. Etnografia dostarcza przecież przykładów takiej wrażliwości ludu, z trudem ujawnianej w słowach ze względu na brak odpowiedniej aparatury pojęciowej. Motywy uznania, podziwu i zachwytu bywają zresztą złożone i przeżyciu estetycznemu towarzyszą często inne jeszcze odczucia. Zboża bywają piękne, gdy rokują dobry urodzaj; ubranie, gdy dobrze chroni od zimna, ale także, gdy daje świadectwo zamożności właściciela; odznaka, gdy odróżnia posiadacza od innych ludzi, a również, gdy skutecznie spełnia funkcję magiczną. Dostrzeganie piękna tam, gdzie nie kojarzy się ono ani z pożytkiem materialnym, ani z zaspokojeniem próżności, wydaje się członkom tych społeczności słabością.

Zestawienie pierwotnych znaczeń polskich synonimów, wyrażających pozytywną ocenę estetyczną, orientuje, z jakimi cechami wiązano pojęcie piękna. Odczucie powszechne okazywało się więc bliskie oficjalnej doktrynie obowiązującej w średniowieczu, a reprezentowanej przez pisarzy chrześcijańskich, która uważała za piękne rzeczy harmonijne. Chodziło przy tym zarówno o występowanie określonych proporcji, na co zwracali uwagę już estetycy starożytni, jak i o zgodność piękna zewnętrznego z wewnętrznym – duchowym.[2]

Na gruncie polskim odczytujemy te poglądy raczej z samych dzieł niż z teoretycznych na ich temat rozważań. Nawet Mistrz Wincenty, tak chętnie popisujący się uczonością, znajomością terminów i ich definicji, milczy o pięknie i sporadycznie tylko użyje zwrotów wyrażających kwalifikację estetyczną. Raz posłuży się nimi jako przenośnią, zgodnie z przyjętą w piśmiennictwie chrześcijańskim manierą upatrywania w pięknie symbolu wartości moralnych i religijnych. Sławiona osobistość będzie się więc odznaczała „powabem cnót".[3] Kiedy indziej, gdy pisarz zachwyca się pięknem katedry płockiej, także nie mamy pewności, czy decyduje o tym pięknie funkcja „domu Pańskiego", czy nie określona bliżej „wytworność dzieła, świetność formy".[4] Wprawdzie autor, który sam tak dbał o doskonałość formalną swego utworu, nie mógł nie doceniać walorów artystycznych, nie przeszkadzało mu to jednak głosić poglądu, „że blask złota, że połysk klejnotów nie traci wartości przez nieudolność artysty,''[5] a więc, że także nieudolny pisarz osiągnie cel, gdy będzie opiewał świetlane cnoty.

Ostatni przytoczony zwrot ma jednak, oprócz znaczenia przenośnego, także dosłowne, według którego piękno jest równoznaczne z bogactwem. Takie też było zapewne odczucie najbardziej powszechne. U genezy zdobienia przez człowieka przedmiotów użytkowych, przystrajania ciała, wznoszenia okazałych budowli leżała jego chęć wyróżnienia się spośród innych, dodania sobie lub umocnienia prestiżu, wzbudzania społecznego uznania. W społeczeństwie o nie ukształtowanych jeszcze poglądach estetycznych uznanie takie towarzyszyło przede wszystkim bogactwu i przepychowi. Stąd, niezależnie od dowodów wyrabiania się bardziej subtelnego smaku w środowiskach elitarnych, dominowało w średniowieczu przywiązywanie wielkiej wagi do wartości tworzywa i zamiłowanie do kosztownych ozdób. Świadectwem takiej właśnie postawy mogą być liczne przykłady bogato zdobionych puzder czy relikwiarzy, jak też drogocenne oprawy kodeksów i złoto sprzętów liturgicznych.[6]

Wzgląd na bogactwo materiału należy do historycznie wcześniejszych kryteriów estetycznych, funkcjonujących w pełni w społeczeństwach barbarzyńskich. W kulturze masowej jest on jednak żywy po dzień dzisiejszy, niewątpliwie też grał istotną rolę w kulturze Polski średniowiecznej.

2. Wzorce urody

Jeśli piękno natury przemawiało do ludzi średniowiecza, to w każdym razie nie zwykli byli tego uzewnętrzniać. Nie zdarzało się, by ktoś określał na przykład krajobraz jako piękny. Jedynym tworem natury, do którego stosowano ten przymiotnik lub jego synonimy, był człowiek. W opisach osób funk-

cjonował jednak stereotyp; wygląd i budowa ciała powinny były odpowiadać godności postaci i jej miejscu w społeczeństwie.

Tak, na przykład, stałą cechą dobrych doradców władcy i biskupów okazuje się szlachetna siwizna. Natomiast nie zwraca się na nią uwagi, kreśląc wizerunek książąt lub rycerzy. Dla tych bowiem odpowiedniejsza wydawała się pełnia wieku dojrzałego, kojarząca się ze sprawnością fizyczną, umiejętnym posługiwaniem się bronią, dzielnym stawaniem w walce, odbywaniem dalekich podróży i wypraw. Dopiero w sytuacji, gdy chciano powołać księcia lub rycerza na świadka odległych wydarzeń, podnoszono jego sędziwość.

W charakterystykach osób wybitnych stosunkowo rzadko podkreślano ich młodość. Ta bowiem wydawała się świadectwem niedojrzałości, czasem

433. Smukłość ciała ludzkiego: postacie męska i kobieca w Tablicy Powinowactwa rękopisu *Dekretu Gracjana* z Gniezna (f. 281); XIII w.

PIĘKNO FIZYCZNE. IDEAŁY URODY (il. 433–435)

434. Głowa ks. Henryka IV Probusa, fragment nagrobka księcia we Wrocławiu; kon. XIII w.

435. Głowa ks. Salomei głogowskiej; fragment posągu księżnej; kon. XIII w.

także kojarzyła się z niepełnoprawną pozycją w społeczeństwie. O młodości wspominano więc głównie tam, gdzie chciano uwydatnić świeżość urody.

Kanon urody obejmował zarówno cechy sylwetki, jak twarzy, a dopełniał go sposób bycia. Na tle powszechnie spotykanej krępej budowy ciała wyróżniała się korzystnie smukłość. Ją też oraz wzrost wyższy od przeciętnego podkreśla na przykład Mistrz Wincenty, podnosząc urodę swego bohatera, Kazimierza Sprawiedliwego. Natomiast za rzecz szpetną uważano otyłość, toteż wytykał ją Rusin Bolesławowi Chrobremu, chcąc go zelżyć: „Oszczepem przebiję brzuch twój tłusty."[7] Zwracano również uwagę na wszelkie ułomności fizyczne, których nie brakowało także w rodzie Piastów, jak o tym świadczą przydomki–przezwiska: Laskonogi czy Plątonogi. Ujemnie oceniano brak owłosienia i przydomek Łysego miał zabarwienie złośliwe.

Zwracano aprobującą uwagę na zdrową, rumianą cerę, co podkreślał między innymi Bernard z Clairvaux.[8] W środowiskach dworskich Zachodu spotykamy się wprawdzie także z innym ideałem urody, w myśl którego za najpiękniejsze uważano niewiasty bladolice. Wydaje się jednak, że ideał ten nie znalazł powszechniejszego uznania. W Polsce dwuznaczność wyrazu „krasa", oznaczającego zarówno urodę, jak czerwień, wymownie na to wskazuje. Gdy kolorów poskąpiła natura, poprawiano ją barwiczkami.

Chwaląc urodę, podkreślano łączący się z nią

ODBICIE PIĘKNA DUCHOWEGO W PIĘKNIE FIZYCZNYM (il. 436, 437)

436. Postać św. Agnieszki; inicjał *C* w *Homiliarzu Płockim* (f. 134 v); 3 ćw. XII w.

wdzięk, a o nim decydowały nie same tylko walory fizyczne, ale i ujmujący sposób bycia, który na przykład Gall dostrzegał u Mieszka Bolesławica, a Mistrz Wincenty – u Kazimierza Sprawiedliwego.[9] Za rzecz bowiem naturalną uważano, że przymiotom zewnętrznym odpowiadają cechy charakteru. W myśl tego poglądu uroda nabierała szczególnych walorów. Niewielu tylko pisarzy potrafiło, jak Mistrz Wincenty, odróżniać zwiewne i nietrwałe piękno ciała od wartości wewnętrznych.[10] Trudno jednak było zerwać ze stereotypem, według którego doskonałość wewnętrzna znajduje wyraz

437. Postać św. Klary; miniatura w *Psałterzu* z klasztoru klarysek we Wrocławiu (f. 2); kon. XIII w.

ODBICIE SZPETOTY MORALNEJ W BRZYDOCIE FIZYCZNEJ (il. 438, 439)

438. Głowy pachołków ze sceny Pojmania Chrystusa; miniatura w *Psałterzu* (f. 7 v); 2 poł. XIII w.

w przymiotach zewnętrznych. Zarówno więc w literaturze, jak w wyobrażeniach plastycznych atrybutem świętych pozostawała uroda. U Mistrza Wincentego przed szykami wojowników Bolesława Krzywoustego pod Nakłem pojawia się jakiś święty (Wit czy Wawrzyniec) w postaci urodziwego młodzieńca ze złocistą świetlistą włócznią.[11]

Z urodą łączono też powaby płci. Pióra autorów–mężczyzn opiewają przede wszystkim powaby niewieście i ich zniewalającą moc. Piękno legendarnej Wandy miało łagodzić gwałtowność mężczyzn i rozbrajać nieprzyjaciół, a niechętny kobietom autor, Mistrz Wincenty, uznawał je przecież za wystarczające uzasadnienie powierzenia córce Kraka władzy królewskiej.[12] U Kosmasa czar urodziwej wieśniaczki, Bożeny, usprawiedliwia Udalryka, że wbrew Boskim i ludzkim prawom odebrał ją mężowi i sam poślubił. Kiedy indziej

439. Postać oprawcy w scenie Biczowania Chrystusa, rysunek marginalny w *Perykopach Ewangelicznych* z Płocka (f. 32); 2 poł. XII w.

uroda Judyty ze Schweinfurtu usprawiedliwia porwanie jej z klasztoru przez syna Udalryka i Bożeny, Bratysława.[13]

Ze względu na tak silne oddziaływanie urody na zachwyconych nią ludzi ceniono ją jak wielki skarb. Jak inne bogactwa, wywoływała ona zazdrość u zawistnych, obawiano się więc, by ci nie chcieli jej szkodzić „złym okiem".[14]

Istotną rolę w kształtowaniu pojęć o urodzie człowieka grały dzieła sztuki – rzeźby i malowidła – które przedstawiały postacie Boga, aniołów, Matki Boskiej, świętych i zwykłych ludzi. W Polsce powstawały one głównie pod ręką cudzoziemskich mistrzów działających tutaj. Można więc przypuszczać, że stanowią one odzwierciedlenie poglądów na człowieka i jego urodę, jakie panowały poza granicami Polski. Przez sam jednak fakt materialnego istnienia na ziemiach polskich przedstawienia te oddziaływały na miejscowe środowisko, kształtując jego poglądy na piękno.

Dzieła nie zawsze doskonałe, a raczej częściej niedoskonałe w biegłości przedstawień, dotarły do nas w liczbie bardzo uszczuplonej w wyniku działania czasu i zniszczeń, jakie niosły im wieki następne. Możemy więc śmiało twierdzić, że było ich więcej, zwłaszcza poczynając od XII wieku. Poprzednie bowiem stulecia są w plastyce polskiej słabo reprezentowane i dopiero wiek XII, wraz z budową nowych katedr oraz świątyń kolegiackich i klasztornych, przyniósł większe ich wzbogacenie plastyczne.

W przedstawieniach plastycznych XII i XIII stulecia znajdujemy odbicie dwóch kierunków. Pierwszy z nich, bardziej archaiczny, dążył do ukazania postaci ludzkich w surowym, majestatycznym dostojeństwie. Jego najlepszym przykładem może być postać Madonny Tronującej z Dzieciątkiem na szczycie kościoła w podkrakowskich Wysocicach.[15] Kierunek drugi, być może młodszy, rezygnował z monumentalizmu i eksponował moment czysto estetyczny. Reprezentują go, na przykład, postacie Dawida i Betsabe na portalu trzebnickim.

Wydaje się, że szerszym kręgom społecznym bliższy był kierunek pierwszy, natomiast w kręgach dworskich bardziej już ceniono drugi.

3. Ozdoby i motywy zdobnicze

O urodę – mniemano – należało nie tylko dbać, lecz także podkreślać ją i poprawiać jej braki. Służyły temu m.in. fryzury i ozdoby stroju. O ich używaniu i zróżnicowaniu nie decydował wprawdzie wyłącznie wzgląd estetyczny, lecz również – często przede wszystkim – magiczny i społeczny, w ich formach wyrażał się wszakże właściwy ludowi polskiemu zmysł piękna. Zwrócić tu należałoby uwagę na kolorystykę zarówno samego ubioru, jak i jego ozdób, uderzającą na przykład w różnokolorowych paciorkach z Kruszwicy, oraz na wzorzystość. Zawieszane przez kobiety u czoła kabłączki skroniowe, rozpowszechnione we wczesnym średniowieczu, same stanowiąc ozdobę, bywały jeszcze dodatkowo upiększane reliefem.[16]

W ozdobach stroju funkcjonował też kanon stawiający znak równości między bogactwem a pięknem. Stąd wraz ze wzrostem zamożności społecznej, obserwowanym począwszy od X–XI wieku, upowszechniały się ozdoby z metali półszlachetnych i szlachetnych.

Panujący gust zmieniał się z biegiem czasu pod wpływem mody. Nie zmieniała się ona może w średniowieczu zbyt szybko, chociaż stan badań nie pozwala twierdzić tego zbyt kategorycznie, ale w skali stuleci działanie jej jest widoczne. Za przykład służyć mogą znów kabłączki skroniowe, na które panowała moda we wcześniejszych wiekach państwa piastowskiego, co najwyżej do XII wieku, by następnie ustąpić innym sposobom przyozdabiania głowy. Trudno jeszcze w tej chwili rozstrzygnąć, na ile motorem zmian mody mogła być postępująca recepcja nowych form kulturowych ze świata zachodniego.

ORNAMENT JAKO SEKWENCJA POWTARZAJĄCEGO SIĘ MOTYWU
(il. 440–446)

440. Dekoracja naczynia ceramicznego z Warszawy-Bródna Starego; X w.

441. Dekoracja naczynia ceramicznego z Niepartu; XI w.

442. Dekoracja rzeźbiarska węgaru portalu pochodzącego z opactwa benedyktyńskiego N.P. Marii i Św. Wincentego na Ołbinie we Wrocławiu (obecnie w kościele Św. Marii Magdaleny we Wrocławiu); 2 poł. XII w.

443. Po lewej: fragment dekoracji nadproża portalu fasady kościoła klasztornego cysterek w Trzebnicy; 1 poł. XIII w.

444. Po lewej: dekoracja rzeźbiarska wspornika sklepiennego w refektarzu opactwa cysterskiego w Wąchocku; 1 poł. XIII w.

445. U góry: dekoracja fragmentów drewnianego łoża z Opola; XI–XII w.

446. Fragment ceramicznego fryzu plecionkowego, zdobiącego północny portal dominikańskiego kościoła Św. Jakuba w Sandomierzu; 2 ćw. XIII w.

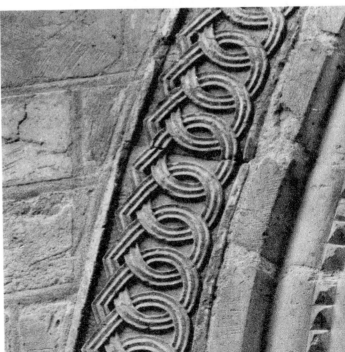

PROSTE ORNAMENTY GEOMETRYCZNE (il. 447–449)

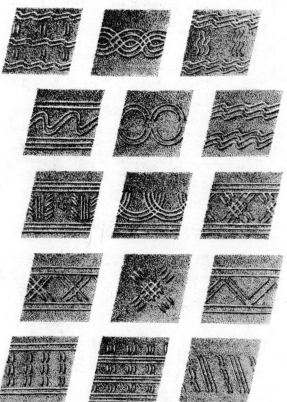

447. Na naczyniach ceramicznych; X–XII w.

448. Na fragmentach okładzin rogowych z Ostrowa Lednickiego; wczesne średniowiecze

449. Na wyrobach z kości i rogu; X–XII w.

ORNAMENT PLECIONKOWY (il. 450–455)

450. Fragment dekoracji relikwiarza św. Korduli z Kamienia Pomorskiego (zaginiony); X w. Plecionka łącząca elementy geometryczne i roślinne z silnie stylizowanymi motywami fantastycznych zwierząt i potworów

451. Dekoracja kamiennej płyty należącej niegdyś do wyposażenia I katedry krakowskiej Św. Wacława; 1 poł. XI w.

452. Dekoracja płytki rogowej ze Szczecina; XI–XIII w.

453. Dekoracja inicjału *T* w rękopisie *Kazań Wielkopostnych* z katedry w Krakowie (p. 93); pocz. IX w.

454. Dekoracja głowicy półkolumny nadwieszonej w nawie głównej kościoła klasztornego opactwa cysterskiego w Sulejowie; 1 poł. XIII w.

455. Dekoracja jednego ze zworników sklepiennych w kościele klasztornym opactwa cysterskiego w Koprzywnicy; 1 poł. XIII w.

W przekazywaniu ich szczególną rolę odgrywały najznaczniejsze ośrodki grodowe, takie jak Gniezno, Poznań, Wrocław, Opole, Kraków, Gdańsk, Szczecin. Stanowiły one miejsca szerszych kontaktów z obcymi przybyszami, kupcami i rzemieślnikami. Tam też mieściły się rezydencje rodziny książęcej i dworu. Sprawiało to, że nasycenie przedmiotami ozdobnymi środowisk wczesnomiejskich było znacznie większe niż terenów wiejskich i peryferyjnych gródków. Na tym też terenie najłatwiej dochodziło do recepcji i upowszechnienia nowych wzorów zdobienia szat, obuwia, biżuterii.[17]

Zdobnictwo nie ograniczało się do przystrajania ciała. Człowiek przyozdabiał także wyrabiane przez siebie przedmioty użytkowe, którymi miał na co dzień się posługiwać i na nie patrzyć. Nie musiał przy tym uświadamiać sobie motywów estetycznych swego postępowania. Ozdobom mógł przypisywać wartości magiczne, a często zapewne kierował się względami socjalnymi, chcąc, by tworzone przez niego lub używane przedmioty wyróżniały go spośród innych twórców i użytkowników.

Najprawdopodobniej pokrywano ozdobami, podobnie jak w nowożytnym obyczaju ludowym, narzędzia i naczynia, ściany chaty, sprzęty domowe, przedmioty kultowe i obrzędowe. Nie na wszystkie kategorie przedmiotów ozdobnych znajdujemy dostateczne przykłady w materiale średniowie-

ORNAMENT ROŚLINNY (il. 456–467)

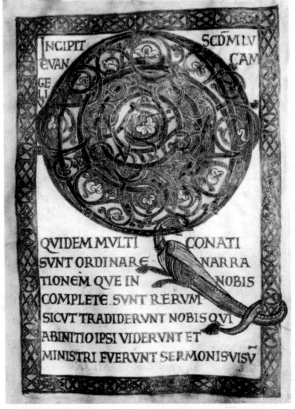

388

456. Fragment dekoracji bordiury drzwi brązowych katedry w Gnieźnie; 2 poł. XII w. Motyw wici ze spiralnymi odgałęzieniami porośniętymi liśćmi palmet i półpalmet

457. Inicjał *Q* w *Evangelistarium Płockim*, zw. *Złotym Kodeksem Pułtuskim* (f. 110); kon. XI w. Spiralnie zwinięta wić palmetowa z licznymi wolutowo skręconymi odgałęzieniami, poprzeplatanymi z łodygą tworzącą główny wątek kompozycji

458. Dekoracja fragmentu łuku archiwolty portalowej, pochodzącego z ópactwa benedyktyńskiego N.P. Marii i Św. Wincentego na Ołbinie we Wrocławiu; 2 poł. XII w. Falująca wić roślinna porośnięta palmetami, półpalmetami i winnymi owocami

459. Ozdobny inicjał *U* w trzecim tomie *Biblii* z opactwa cysterskiego w Pelplinie (f. 72 v); 2 poł. XII w. Wić z licznymi spiralnymi odgałęzieniami porośnięta liśćmi pączkujących i rozwiniętych półpalmet

460. Fragment dekoracji bordiury drzwi brązowych katedry w Płocku (obecnie Sobór Św. Zofii w Nowogrodzie); poł. XII w. Przepleciona wić z kwiatami lotosu

461. Dekoracja jednej z głowic północnego portalu kolegiaty N.P. Marii i Św. Aleksego w Tumie pod Łęczycą; ok. 1150–1161 r. Motyw liści akantu

462. Dekoracja kapitelu kolumny międzynawowej w kapitularzu opactwa cysterskiego w Wąchocku; 1 poł. XIII w. Przepleciona na podobieństwo sieci wić roślinna, ujmująca liczne kompozycje stylizowanych kwiatów lilii, drzewek palmetowych, winnych gron i półpalmet

463. Fragment dekoracji łuków archiwolt portalu w południowym ramieniu transeptu katedry Panny Marii i Św. Jana Chrzciciela w Kamieniu Pomorskim; 1 poł. XIII w. Motywy wici roślinnej ze spiralnymi odgałęzieniami i palmet z wierzchołkiem zwiniętym wolutowo

464. Ozdobny inicjał *A* w *Graduale* z klasztoru klarysek w Krakowie (f. 16 v); ok. poł. XIII w. Kompozycja łącząca w sobie elementy zoomorficzne z roślinnymi: przeplecione ciała dwóch fantastycznych stworów kreślą kształt litery na tle bujnych, lecz symetrycznych układów wici porośniętej liśćmi półpalmet

465. Dekoracja głowicy kolumienek bliźniaczych w jednym z przezroczy emporowych kościoła parafialnego Św. Wojciecha w Kościele pod Proszowicami; 1 poł. XIII w. Kompozycja fryzowa liści lancetowatych

cznym, ale wynika to zapewne tylko ze stanu zachowania materiału, co nie pozwala nam na przykład śledzić dekoracji wnętrz mieszkalnych. Podstawą naszych uwag będzie więc głównie ceramika, tkaniny, a także zabytki architektury i sztuki monumentalnej oraz precjoza.

Zdobienie przedmiotów polegało na ich barwieniu i pokrywaniu ornamentem. Wrażliwością estetyczną na barwy zajmiemy się w dalszej części książki, tutaj skupimy uwagę na wczesnośredniowiecznej ornamentyce.

Jej cechą szczególną jest powtarzalność motywów dekoracyjnych w rytmicznych odstępach przestrzennych.[18] Rytmowi plastycznemu towarzyszyła też zazwyczaj symetria układów zdobniczych. Wiele przedmiotów szczególnie cennych czy też o charakterze monumentalnym zdobiono z wyraźną tendencją do zapełnienia całości pola. Widać to na przykładzie zarówno kaptorgi z Borucina,[19] jak reliefów na portalach kościołów, zwłaszcza benedyktyńskich, na przykład na znanym portalu opactwa w Ołbinie podwrocławskim.

Motywy zdobnicze używane w tych dekoracjach znane są nie tylko w Polsce. Wiele z nich spotykamy w innych krajach słowiańskich. Nie brak wśród nich motywów powszechniejszych, znanych nie tylko w Słowiańszczyźnie, lecz występujących także na obszarach Europy romańskiej, czy w krajach arabskich lub na Kaukazie. Widomym świadectwem tego stanu rzeczy mogą być spory o pochodzenie ozdób srebrnych, znajdowanych na terenie Polski średniowiecznej. Zarówno rodzime, jak i obce ich pochodzenie znajduje zwolenników wśród badaczy zagadnienia, a trudność rozstrzygnięcia sprawy łączy się z ogólnym rozpowszechnieniem wzorów zdobnictwa.[20] Dla interesujących nas kwestii nie ma ona zresztą podstawowego charakteru. Stwierdzić bowiem możemy z pewnością, że wśród ozdób znajdują się zarówno przedmioty obcego pochodzenia, jak też wyrabiane przez miejscowych rzemieślników, co poświadczone jest choćby przez znaleziska form odlewniczych. Nie jest przypadkowe właśnie tak szerokie upowszechnienie motywów zdobniczych, charakterystycznych dla przedmiotów ze szlachetnego kruszcu. Napływały bowiem one na ziemie polskie różnymi drogami, zarówno od wschodu, południowego wschodu, jak też od zachodu. Ponieważ były to przedmioty szczególnie cenione, sposoby ich zdobienia uzyskały stosunkowo łatwo obywatelstwo na ziemiach polskich i uległy, zwłaszcza w wypadku motywów prostszych, upowszechnieniu.

Wśród ulubionych motywów zdobniczych szczególnie rozpowszechnione są różnego rodzaju plecionki, odkrywane zarówno na przedmiotach jubilerskich, jak też i w rzeźbie architektonicznej od XI wieku. Był to jeden z najczęstszych motywów charakterystycznych dla wczesnego średniowiecza. Wiele też cennych przedmiotów wyrabiano z plecionego drutu srebrnego, jak m.in. srebrny pas z Rosieni, plecione pierścienie itp. Bardziej prosty był motyw linii falistej, dobrze znany z naczyń ceramicznych, spotykany też w wyrobach jubilerskich i w rzeźbie architektonicznej. W dziełach sztuki motywy plecionki przeradzały się w wici o formie roślinnej, niejednokrotnie fantastycznej. Obok nich występują liczne przykłady zdobienia

466. Dekoracja tympanonu w zachodnim portalu kościoła farnego Św. Jerzego w Ziębicach; 2 poł. XIII w. Współistnienie form wczesnogotyckich z romańskimi: stylizowane kształty ozdobne krzyża palmetowego na tle liści klonu, zaczerpniętych ze świata roślin realnych

467. Dekoracja barwnie szkliwionej płytki posadzkowej pochodzącej z klasztoru dominikanów w Krakowie; XIII w. Kompozycja wiciowo-palmetowa

geometrycznego, zarówno na przedmiotach meta-
lowych, rogowych, glinianych, jak też na drewnianej i kamiennej rzeźbie architektonicznej. Wiele
z tych motywów odkrywamy na kartach średniowiecznych kodeksów, których najstarsza warstwa
na ziemiach polskich stanowi importy ze środowisk
nadreńskich XI wieku, leodyjskich – XII wieku,
a także czeskich, m.in. *Kodeks Wyszehradzki*
w Gnieźnie. Zdobnictwo bowiem owoczesne ce-
chowała uniwersalność stosowania ulubionych
motywów w różnym tworzywie i bardzo różnorod-
nymi technikami.

Także motywy skandynawskie nie są obce
zdobnictwu spotykanemu na ziemiach polskich.[21]
W sumie wczesnośredniowieczne zdobnictwo stanowiło konglomerat motywów pochodzenia rodzimego, legitymowanych przez ozdobną ceramikę
początku wczesnego średniowiecza, i importowanych obcych, przenikających na nasze ziemie z
Orientu, Skandynawii, zachodnich kręgów sztuki
romańskiej, a na Mazowszu także z sąsiednich Prus.

Ta uniwersalność motywów stanowi wyraźne
świadectwo kontaktów kulturowych, charakterystycznych dla niżu środkowo- i wschodnioeuropej-
skiego. Jest ona charakterystyczna dla sztuki
przedromańskiej i romańskiej w Polsce, a także na
obszarach sąsiednich ziem słowiańskich. Naturalnie, obok cech wspólnych występują i cechy odrębne, znamienne dla poszczególnych zespołów zabytków, wyraźnie wskazujące na obce ich pochodzenie, na przykład znaleziska lutomierskie, łączone
z kręgiem stepowym ziem południoworuskich. Te
ostatnie pozostawione zostały, być może, przez
obcą drużynę, która przez czas dłuższy w XI wieku
przebywała w okolicach Lutomierska.[22] Jest to
zapewne świadectwo kontaktów politycznych pol-
sko-ruskich we wczesnym okresie XI wieku. Podobny charakter ma odkryte niedawno cmentarzysko w Łącznej. Ale najogólniej recepcja i upowsze-
chnianie motywów zdobniczych świadczą o ich
dalekim przenikaniu i rodzeniu się ogólniejszych
postaw i upodobań, przekraczających granice regionu czy kraju. Jeszcze silniej dostrzeżemy to przy

omawianiu problemów światła, blasku i barw. Tu
postawy były określone od dawna i zasięgiem przekraczały nie tylko granice Polski, lecz także kręgu
europejskiego. Szczególnie jest to widoczne na
przykładzie stosunku do światła.

4. Funkcje światła i barw

Ludzie średniowieczni znaczną część życia spędzali
w mroku. Gdy zapadał zmierzch, usiłowano go
rozproszyć światłem ogni palonych przez warty
i płomieniem domowego ogniska, na którym wa-
rzono wieczorną strawę, migotliwym blaskiem łuczywa lub – na dworach nielicznych możnych –
świec. Wszystkie jednak te światła rozjaśniały mro-
ki nocy tylko w ograniczonym, niewielkim kręgu.
Poza jego granicą panowała ciemność.

Potrzebę światła odczuwano zresztą nie tylko
w porze nocy, dłużącej się szczególnie jesienią
i zimą. Również za dnia mieszkań nie opuszczał
półmrok, słabo łagodzony promieniami, przedosta-
jącymi się przez niewielkie otwory okien i drzwi.
Pod tym względem władcy i możni nie znajdowali
się w wiele lepszej sytuacji niż ogół wieśniaków.
Także bowiem recypowane z Zachodu budownictwo kamienne romańskich kościołów i nielicznych
w interesującej nas dobie rezydencji było z natury
mroczne, gdyż masywne ściany z rzadka tylko były
przeprute otworami niewielkich zazwyczaj okien.

Mrok towarzyszył ludziom nie tylko wewnątrz
murów. Przeważającą część kraju pokrywały przecież gęste lasy, wśród nich zaś dużą część stanowiły
ciemne bory szpilkowe, do których wnętrza słońce
przedzierało się z trudem.

Nic przeto dziwnego, że ludzie ówcześni cenili
światło i blask. Mieszkańcy wsi i podgrodzi zgadzali
się w tym z otoczeniem władcy i uczonym klerem.
Znaczenie światła, ugruntowane w kulturze tradycyjnej, podkreślały także teksty importowanych
ksiąg. Kościół zabiegał o odpowiednie oświetlenie

468. Oświetlenie sanktuarium w kościele: koliste świeczniki wiszące w kształcie korony, fragment miniatury ze sceną Ofiarowania Jezusa w świątyni w *Evangelistarium Gnieźnieńskim* (f. 28 v); kon. XI w.

wnętrz świątyń, zwłaszcza ołtarzy. Nadania na rzecz oświetlenia kościołów spotykamy niejednokrotnie na kartach dokumentów.

Najbardziej ceniono blask świec woskowych. Ale wosk, jak się zdaje, już we wczesnym średniowieczu należał do dóbr wywożonych z kraju. Częściej więc od świec woskowych palono łojówki, także dające światło lepsze od łuczywa. Ponieważ łój był jednocześnie tłuszczem o dużym znaczeniu gospodarczym, używanie go do oświetlenia stanowiło luksus. Zgromadzenie odpowiedniej ilości łoju stawało się istotną troską warstw uprzywilejowanych. Stąd w XIII wieku pojawił się obowiązek świadczenia łoju przez rzeźników, mieszkających w osadach i miastach na prawie niemieckim.

Fakt, że tak trudno było o dobre oświetlenie, sprawiał, że w powszechnym pojęciu świetlistość należała do atrybutów Boga i świętych. Ona to miała oślepiać pogan pomorskich i udaremniać zamierzony przez nich rabunek kościoła. Według Kadłubka, w Kruszwicy, na szczycie kościoła sobie poświęconego, pojawił się św. Wit, od ,,którego bił tak niewypowiedziany blask, że... oświetlał nie tylko miasto, lecz również przedmieścia''.[23] Światło więc symbolizowało nie tylko piękno, lecz także moc dobra.

Nadawanie takiej wartości światłu i blaskowi rzutowało na odbiór przez ludzi barw. Podobały się im szczególnie przedmioty jasne i błyszczące. Takimi zaś były przede wszystkim wytwory metalowe, świadczące przy tym o zamożności ich posiadaczy. Wśród nich najwyższą cenę miały przedmioty z kruszców szlachetnych: złota i srebra. Blask złota oznaczał nie tylko zamożność, ale także dostojeństwo i szlachetność. Lecz złoto w środowisku polskim występowało zupełnie wyjątkowo, znane z wykopalisk kosztowności są niemal wyłącznie srebrne. Niewielkie złoża złota znajdowały się na Śląsku, nie wiemy jednak, od jak dawna je wydobywano; intensyfikacja jego eksploatacji nastąpiła dopiero w XII i w początkach XIII wieku. Wcześniej znano w Polsce złoto jako kruszec importowany, stąd też znaczenie barwy złota recypowano, jak się zdaje, wraz z przyjmowaniem chrześcijaństwa. Przeniknęło ono do świadomości raczej środowisk elitarnych, nie odgrywając jeszcze większej roli w pojęciach popularnych.

Ze światłem i blaskiem łączyła się w świadomości powszechnej przede wszystkim biel. Z tego też względu symbolizowała ona dostojeństwo. Stąd pochodził stereotyp siwizny w opisach postaci ludzi mądrych i prawych. U Kosmasa spotykamy często wzmianki o siwiźnie, nawet siwiźnie gołębiej biskupów, zwłaszcza tych, których zalety kronikarz chciał uwypuklić. Także u Kadłubka możemy znaleźć ślady podobnego patrzenia.

Symboliczne znaczenie miało też specyficznie polskie, obce innym Słowianom, określanie kobiety zamężnej nazwą białogłowy. Odpowiadało to faktowi, że przez zamęście kobieta uzyskiwała najbardziej godną, ustabilizowaną pozycję społeczną.

W krajobrazie kolor biały nie występował często, rzucał się przez to łatwo w oczy i jego nazwa służyła do określania miejsc, z którymi się kojarzył. Tak więc bagniste łąki, czy to dlatego, że porastały je biało kwitnące rośliny, czy że błyszczały, nazywano „bielawami" lub „białawami". W czasach zaś, gdy budownictwo romańskie zaczęło trafiać na wieś, zwłaszcza w XIII wieku na Śląsku, pojawiły się nazwy miejscowe typu Biały Kościół, wyróżniające wsie, w których wzniesiono świątynie z jasnego kamienia.

Recepcja chrześcijaństwa przynosiła też nowe znaczenia związane z barwą białą jako kościelnym symbolem niewinności, czystości, radości.

Z bielą kontrastowała czerń, która stanowiła też jej opozycję w języku symboli. Miano do niej stosunek zdecydowanie negatywny, nie przypisywano jej też roli upiększającej.

Drugim, obok bieli, kolorem wysoko cenionym i uważanym za piękny była czerwień. W Słowiańszczyźnie od wieków stosowano rodzimą technikę wydobywania barwnika czerwonego z poczwarek owada zwanego czerwcem; od niego ma pochodzić nazwa uzyskiwanej w ten sposób barwy. W przyrodzie czerwień występuje stosunkowo rzadko, przeważnie tylko w pewnych porach roku, gdy kwitną kwiaty lub dojrzewają owoce. Tym więcej ją ceniono. Wiązano też z nią znaczenia symboliczne: z jednej strony bogactwa i władzy, z drugiej – dojrzałości. Wrażliwość na tę barwę poświadczają nazwy miejscowe, jak Czerwińsk (początkowo Czerwieńsk), Czerwony Kościół i inne.

Nie zwracała natomiast na siebie uwagi zieleń, przypuszczalnie dlatego, że kolor ten dominował w przyrodzie. Próżno szukać nazw miejscowych od niego urobionych. Wszelako w zdobnictwie posługiwano się kolorem zielonym, podobnie jak żółtym, stosunkowo często. Rzadziej występował niebieski.

Paleta barw, dostrzeganych przez ludność Polski wczesnośredniowiecznej i stosowanych w zdobnictwie, obejmowała więc wszystkie kolory zasadnicze, ale występowała wśród nich wyraźna hierarchia. Jedne ceniono więcej, inne – mniej.

5. Drogi rozwoju budownictwa monumentalnego

Recepcja chrześcijaństwa pociągała za sobą rozwój organizacji kościelnej, a wraz z tym – budowanie świątyń. Jak już o tym była mowa, ich większość konstruowali z drewna miejscowi budowniczowie, natomiast budowle kamienne, wznoszone rękami cudzoziemskich przeważnie rzemieślników, powstawały w ciągu X–XII wieku przede wszystkim w większych ośrodkach ówczesnego państwa lub w ich bliskim sąsiedztwie.[24]

Odmienność tych dwóch typów budowli sakralnych musiała być uderzająca, skoro rozróżniano je nazywając pierwsze cerkwiami, drugie zaś kościołami. Cerkwie polskie z doby romańskiej nie zachowały się jednak, w przeciwieństwie do świątyń kamiennych. Przetrwały natomiast częściowo nazwy miejscowe: Cerkwie, w których przed XIV wiekiem stały drewniane kościoły, oraz Kościoły (także Białe Kościoły, Czerwone Kościoły) i Kościelce, w których zazwyczaj do dziś wznoszą się murowane romańskie budowle kościelne z piaskowca czy granitu.

469. Kolegiata P. Marii i Św. Aleksego w Tumie pod Łęczycą, widok od strony wschodniej; ok. 1150–1161 r. Budowla o harmonijnie spiętrzonych masach i bogato rozczłonkowanej, urozmaiconej bryle, odzwierciedlającej skomplikowany układ przestrzenny wnętrza

Drogi rozwoju budownictwa monumentalnego

Recepcję architektury romańskiej w Polsce cechują duże ambicje środowiska miejscowego, przerastające niejednokrotnie skromne możliwości ekonomiczne ówczesnego państwa i społeczeństwa. Ambicje te przejawiły się między innymi w szerokości kontaktów zagranicznych Polski, przewyższających skalą kontakty sąsiednich Czech, i w chętnym sięganiu po wzory odznaczające się bogactwem programu. Stąd też, mimo ograniczonej liczby zabytków architektury monumentalnej z doby romańskiej w Polsce, obserwujemy w nich dużą rozmaitość, zarówno koncepcji przestrzennych, jak systemów wznoszenia. I pod tym względem zabytki polskie cechuje wyraźna przewaga w stosunku do Czech, mimo że Praga wczesnośredniowieczna była nasycona budownictwem murowanym w stopniu przewyższającym ośrodki polskie. Na aspiracje polskie wskazuje zastosowanie bogatego programu transeptowego już w pierwszej katedrze wawelskiej z początków XI wieku. Natomiast względne ubóstwo fundatorów sprawiło, że cechą charakterystyczną większości budowli monumentalnych z wcześniejszej doby romańskiej w Polsce jest redukcja skali wielkości. Pierwsza więc katedra wawelska (tzw. kościół Św. Gereona) reprezentuje redukcję dużych założeń z terenów cesarstwa, wznoszonych w początku XI wieku, kościół zaś Św. Andrzeja na podwawelskim Okole — redukcję dużego kościoła westwerkowego z transeptem i trójapsydowym rozwiązaniem części wschodniej.

Dopiero XII wiek przyniósł kilka założeń większych, takich jak katedra w Płocku i wcześniejsza nieco katedra na Wawelu, a także opactwo Św. Wincentego, wzniesione przez Piotra Włostowica na wrocławskim Ołbinie. W tym ostatnim wypadku wielkość założenia, znana z przedstawień ikonograficznych i nielicznych reliktów, jak kapitele kolumn, znalazła odbicie również w wystroju rzeźbiarskim, którego najdoskonalszą część stanowił zapewne monumentalny portal perspektywiczny, przyozdabiający główne wejście do domu Bożego.

Cechę charakterystyczną romańskiej rzeźby architektonicznej w Polsce stanowi umieszczanie na portalach, ściślej – na tympanonach, bogatych treściowo inskrypcji łacińskich, informujących o treści przedstawień i nadających im specjalne znaczenia. Niczego podobnego nie znajdujemy w zachowanych zabytkach romańskich innych krajów Europy środkowo-wschodniej tego czasu. Podkreśla to dodatkowo indywidualne cechy i znaczenie tych dzieł w Polsce doby narastających

470. Kościół klasztorny N.P.Marii i Św. Tomasza Kantuaryjskiego w opactwie cysterskim w Sulejowie, widok od strony pd.-wsch.; 1 poł. XIII w. Zwarta i przejrzysta koncepcja bryły, zredukowanej do kilku niezbędnych elementów – ideał cysterskiej prostoty i funkcjonalności

Poczucie piękna

dostrzegamy manifestację znaczenia środowiska możnowładczego. Oto na tympanonach wrocławskich pojawia się rodzina Piotra Włostowica i jego zięć Jaksa, występujący jako współpartnerzy księcia zwierzchniego Bolesława Kędzierzawego, przedstawionego wraz z synem Leszkiem. Na tympanonie z kościoła Najświętszej Marii Panny na Piasku środkowe miejsce zajmuje postać tronującej Madonny, której ofiarowuje dar Maria, wdowa po palatynie Piotrze, ale napis w klimacie jest dość odległy od ducha pokory, głosi bowiem, że fundację przekazuje Maria – Marii. Fundacja służy więc nie tylko potrzebom wiary, lecz także umożliwia wzniesienie pomników własnego znaczenia, a także pychy, której ślady właśnie rzeźby ołbińskie wyraźnie przechowują.

471. Kościół klasztorny Św. Trójcy w opactwie norbertanek w Strzelnie, północna nawa boczna z widokiem na kolumny międzynawowe; 2 poł. XII w. Rozległy i bogaty w wątki program rzeźbiarski obejmujący różne części i szczegóły budowli – ważny czynnik oddziaływania estetycznego i ideowego w architekturze

podziałów dzielnicowych. Zupełnym zaś unikatem w skali całej Europy jest słup drogowy w Koninie, wzniesiony, jak głosi inskrypcja, w połowie drogi między Kaliszem i Kruszwicą jako symbol władzy wojewodzińskiej przez wojewodę Piotra.

W dziełach tych, obok treści ideowych bądź to o charakterze ściśle kościelnym, bądź też prawnym,

472. Kolegiata Św. Piotra w Kruszwicy, nawa główna w kierunku zach.; 1 poł. XII w. Całkowita rezygnacja z elementów bogatszej oprawy plastycznej na rzecz czysto architektonicznych środków wyrazu – gry form geometrycznych i doskonałych proporcji

dominikanie i franciszkanie – były podporządkowane scentralizowanej organizacji, która narzucała konwencje estetyczno-budowlane, wynikłe z przesłanek ideologii reformatorskiej.

Rozpoczęta w Polsce już od XII stulecia, ale rozwinięta w pełni w XIII wieku działalność budowlana zakonnych środowisk reformy nadała ostateczną postać naszemu romanizmowi. W obrazie dziś znanym szczególnie zaważyły realizacje cysterskie, zwłaszcza cystersów małopolskich, wierne postulatom estetycznym twórcy potęgi zakonu, Bernarda z Clairvaux.[25] Nakazywały one prostotę realizacji, nakładając m.in. ograniczenia

474. Kościół parafialny Św. Wojciecha w Kościelcu pod Proszowicami, nawa główna z widokiem na północny rząd arkad i empory; 1 poł. XIII w. Masyw muru ponad arkadami zastąpiony ażurami prześwitów emporowych, zaakcentowany podział ścian na kondygnacje

473. Kościół dominikański Św. Jakuba w Sandomierzu, nawa główna w kierunku zachodnim z widokiem na północny rząd arkad; 2 ćw. XIII w. Ściana ponad arkadami, potraktowana jako jednolita, niczym nie rozbita płaszczyzna, przechodząca bezpośrednio w strefę okien

Zupełnie inny obraz przynoszą zabytki monumentalne XIII wieku. I tu wprawdzie nie brak fundacji prywatnych, ale nie można ich porównywać z wcześniejszymi; pozostają one zdecydowanie w cieniu założeń zarówno książęcych, jak i tych, które realizowały środowiska kościelne. Wynikło to zarówno ze zmniejszenia się roli wielmożów, jak też z okrzepnięcia instytucji kościelnych w Polsce. Niemałe znaczenie miał też fakt, że w przeciwieństwie do najstarszych klasztorów benedyktynów i kanoników regularnych, nowe klasztory z XII–XIII wieku – cystersi, norbertanie, a następnie

475. Portal północny w kościele dominikańskim Św. Jakuba w Sandomierzu; 2 ćw. XIII w. Złożonemu i urozmaiconemu rysunkowi ceramicznych ościeży towarzyszą barwnie szkliwione detale rzeźbiarskie i obfity repertuar motywów geometrycznych, zdobiących kolumienki uskoków i wałki archiwolt

budowlanego i rzeźbiarskiego, dała realizacje, w których doskonałość lub przynajmniej biegłość rzemieślników znacznie przerastała możliwości środowisk miejscowych, a także możliwości, którymi dysponowali budowniczowie najstarszych opactw benedyktyńskich. To, co na Zachodzie było skromne lub skromnym się wydawało, w warunkach polskich przerastało, z niewielkimi tylko wyjątkami, osiągnięcia doby wcześniejszej.[26] Dopiero teraz polski krajobraz architektoniczny zbliżył się do zachodniego.

Najbardziej to widać na Śląsku, gdzie rozwój w dziedzinie architektury i plastyki poszedł, jak się wydaje, dalej niż w dzierżącej dotąd prymat Małopolsce. Odegrał tu rolę splot różnych przyczyn, wśród których na pierwszym miejscu zwykliśmy umieszczać inicjatywę Henryka Brodatego. Jest

476. Portal południowy w korpusie nawowym kolegiaty Św. Piotra w Kruszwicy; 1 poł. XII w. Rezygnacja z plastycznych środków przekazywania treści na rzecz czystych form architektonicznych

w zakresie budowy wież i stosowania wystroju rzeźbiarskiego, polichromii i witraży. W jeszcze większym stopniu kładły nacisk na ubóstwo i skromność, wytyczne przyjęte przez zakony żebrzące: franciszkanów i dominikanów.

We wszystkich tych wypadkach jednak działalność warsztatów klasztornych, wykształconych w środowiskach posiadających tradycję warsztatu

477. Portal w północnym ramieniu transeptu kościoła klasztornego opactwa cysterskiego w Kołbaczu; 1 poł. XIII w. Tworzywo ceramiczne w otworze wejściowym pozbawionym bogatszych form plastycznych

ków podjęto na Śląsku w stopniu nie znanym innym dzielnicom inicjatywę zastosowania cegły w budownictwie. Glina zaś była materiałem łatwiejszym w obróbce i wszędzie niemal dostępnym. Mamy tu więc do czynienia ze szczególną kumulacją zjawisk, których daremnie byśmy szukali na terenie pozostałych dzielnic Polski XIII wieku.

Nie jest więc kwestią przypadku, że właśnie w tej dzielnicy formy romańskie najwcześniej ulegały modyfikacjom pod wpływem gotyku. Monumentalnym przykładem tych form mieszanych jest, obok budowli zakonnych, największa w Polsce

478. Portal północny kolegiaty N.P.Marii i Św. Aleksego w Tumie pod Łęczycą; ok. 1150–1161 r. Bogaty program rzeźbiarski łączący temat Matki Boskiej z Dzieciątkiem, w otoczeniu aniołów, z licznymi wyobrażeniami realnych i fantastycznych zwierząt oraz rozmaitością wątków roślinnych

ona niewątpliwie ważnym czynnikiem organizującym i przyspieszającym. Ale jej rezultaty w niemałym stopniu były uzależnione od możliwości dzielnicy, która na skutek rozwoju kopalnictwa kruszcu (złota i srebra) stała się w tym czasie najbogatsza, a skarbiec książąt wrocławskich przed 1241 rokiem najzasobniejszym spośród ówczesnych skarbców książęcych. Wpływ wywarł tu również fakt istnienia szczególnie bogatych złóż kamienia budowlanego na Śląsku, po części rozpoznanych już w XII wieku. Wreszcie nie należy zapominać, że dzielnica ta leżała stosunkowo najbliżej krajów zachodnich, a inicjatywa książęca pozwalała bliskość tę zdyskontować. Dzięki napływowi obcych rzemieślni-

479. Tympanon portalu południowego w korpusie nawowym kolegiaty Św. Piotra w Kruszwicy; 1 poł. XII w. Skrajnie prosty wizerunek krzyża – jedyny, lecz pełny ekspresji akcent plastyczny na nagiej powierzchni kamiennej płyty

480. Tympanon portalu północnego w kościele parafialnym Św. Mikołaja w Końskich; 1 poł. XIII w. Temat ozdobnego krzyża ukazany w kontekście symbolicznych przedstawień Słońca i Księżyca oraz Drzewo Życia, które wraz z otaczającą je kompozycją tworzą program ograniczający całość dekorowanej płaszczyzny

481. Głowice pd.-wsch. filaru skrzyżowania w kościele klasztornym N.P.Marii i Św. Floriana opactwa cysterskiego w Koprzywnicy; 1 poł. XIII w. Obfitość form roślinnych – głównie
różnorodnych układów kwiatów stylizowanej lilii

482. Głowice pn.-zach. filaru skrzyżowania w kościele klasztornym N.P.Marii opactwa cysterskiego w Kołbaczu; 1 poł.
XIII w. Kapitele sprowadzone do nagiej bryły, całkowicie pozbawionej dekoracji

REDUKCJA FORM ZŁOŻONYCH (il. 483–486)

Po lewej:
483. Kościół Ścięcia Św. Jana Chrzciciela w Siewierzu, widok od strony pn.-wsch.; 1 poł. XII w. Budowla dwuczłonowa wzniesiona na planie ograniczonym do prostokąta nawy i półkola apsydy prezbiterialnej

484. Kościół parafialny N.P.Marii w Wierzbnej, widok od strony pd.-wsch.; 1 poł. XIII w. Monumentalna dwuwieżowa fasada w jednonawowym założeniu świątyni wiejskiej

485. Kościół parafialny Narodzenia N.P.Marii w Derczewie, widok od strony pd.-zach.; 2 poł. XIII w. Redukcja programu architektonicznego do jednoprzestrzennej sali wzniesionej na ramie prostokąta

U góry:
486. Kościół parafialny Św. Mikołaja i Barbary w Jastrowcu, widok od strony pd.-wsch.; 2 poł. XIII w. Budowla dwuczłonowa, zredukowana do prostokątnej nawy i czworobocznego prezbiterium

WALORY FAKTUROWE I KOLORYSTYCZNE BUDULCA KAMIENNEGO (il. 487–489)

487. Fragment północnej elewacji kościoła klasztornego M.P.Marii i Św. Floriana w opactwie cysterskim w Wąchocku; 1 poł. XIII w. Pasowy układ ciosów białego i czerwonego piaskowca – ważny element programu estetycznego

488. Fragment muru ciosowego w cokole południowego ramienia transeptu kolegiaty Św. Marcina w Opatowie; 2 poł. XII w. Różne sposoby opracowania lica kwater piaskowcowych

405

489. Fragment wątku zewnętrznego lica muru kościoła Św. Jana Chrzciciela w Prandocinie; 1/2 ćw. XII w. Powierzchnia piaskowcowego ciosu ożywiona dekoracyjnym motywem „jodełki" i ujęta w gładką listewkę-bordiurę, akcentującą krawędzie

średniowiecznej rezydencja władcy, wzniesiona przez Henryka Brodatego w Legnicy, rezydencja niemal w całości ceglana, z fragmentarycznym tylko użyciem kamiennego detalu architektonicznego.[27]

Śląskowi też przypada palma pierwszeństwa we wprowadzeniu form czysto gotyckich (prezbiterium katedry we Wrocławiu, 1244–1272), tutaj też pojawiły się najbardziej nowatorskie budowle gotyckie, wśród których na pierwszym miejscu należy wymienić kaplicę Św. Jadwigi w Trzebnicy, dobudowaną około 1269 roku do kilkadziesiąt lat wcześniejszej bazyliki cysterek. Śląsk stał się więc przy końcu XIII wieku światem odrębnym od innych dzielnic Polski, a świadectwem jego odrębności były też ceglane kamienice mieszczan wrocławskich i ceglane mury miejskie Wrocławia i innych miast dolnośląskich.

6. Estetyka obrzędów

Kościół oddziaływał na zmysł estetyczny społeczeństwa nie tylko przez dzieła architektury monu-

mentalnej i związanej z nią plastyki, lecz także przez wystawność obrzędów liturgicznych, zarówno w katedrach, jak w kaplicach dworskich i świątyniach klasztornych.[28] Szaty liturgiczne i paramenta na tle budowli kościelnych i ich wewnętrznego wystroju tworzyły zjawiska nowe, których blask, a także odrębność i stosunkowa rzadkość czyniły je szczególnie atrakcyjnymi. Był to Kościół liturgii, oddziaływający na umysłowość przez bogactwo obrzędów i ich wystawny charakter. Pod tym względem katedra, kolegiata czy opactwo nie różniły się zbytnio od dworu monarszego, a w czasach Polski dzielnicowej — od dworu miejscowego władcy.

Wprawdzie na kartach ówczesnych dzieł i dokumentów pojawiają się wypowiedzi zwrócone wyraźnie przeciwko przepychowi, na przykład przeciw pompatycznym wędrówkom orszaku arcybiskupa Henryka,[29] ale są to głosy nieliczne i stosunkowo słabe, a co więcej, mało konsekwentne. Możemy się o tym przekonać, śledząc wywody najwybitniejszego pisarza owej epoki, Mistrza Wincentego. Dostrzega on wyraźnie ograniczone znaczenie

WALORY FAKTUROWE BUDULCA CEGLANEGO
490. Fragment wątku muru w północnej elewacji kościoła dominikańskiego Św. Jakuba w Sandomierzu; 2 ćw. XII w. Ozdobne opracowania licowej powierzchni cegieł uzyskane sposobem kamieniarskim

491. Postać Marii z Dzieciątkiem na tympanonie fundacyjnym z opactwa kaników regularnych N.P. Marii na Piasku we Wrocławiu; 2 poł. XII w. Forma wyróżniająca się miękkością i subtelnością modelunku, dbała o szczegóły i swobodę układu, wrażliwa na piękno i prawdę anatomiczną ciała ludzkiego, na harmonijną kompozycję i realia epoki

492. Głowa brodatego mężczyzny na jednym ze wsporników sklepiennych w kościele parafialnym Św. Jadwigi w Bolkowie; ost. ćw. XIII w. Z syntetycznym ujęciem ludzkiego oblicza idzie w parze geometryzująca stylizacja zarostu i włosów

493. Figura Marii z Dzieciątkiem we wschodnim szczycie nawy kościoła parafialnego Św. Mikołaja w Wysociach; XII/XIII w. Forma nie pozbawiona monumentalności, zarazem surowa, nieco sztywna i kanciasta, skoncentrowana na elementach najbardziej istotnych, nie dbająca o szczegóły i subtelności modelunku, który ustąpił gładkim powierzchniom i masywnym blokom – istotnym czynnikom formotwórczym rzeźby

494. Płyta z postacią Pantokratora w kolegiacie N.P. Marii i Św. Aleksego w Tumie pod Łęczycą; ok. 1150–1161 r. Wyrafinowanie i elegancję formy dopełnia troska o precyzję szczegółów i dekoracyjne udrapowanie szaty, znaczonej obficie rysunkiem skośnych, eliptycznych i pionowych fałdów, wnoszących element ruchu i ornamentalnej stylizacji

495. Rzeźba apostoła Filipa, relief z opactwa cysterek w Trzebnicy; 1 poł. XIII w. Gwałtowne poruszenie całej postaci, żywy gest dłoni towarzyszący rozwartym ustom, wypowiadającym słowa prośby skierowane do Boga, fantazyjne udrapowanie szaty, efekty światłocienia spotęgowane zaskakującymi układami i załamaniami fałdów, znaczna autonomia figury w stosunku do bloku kamienia, z którego ją wydobyto – oto najbardziej istotne cechy dzieła reprezentującego fazę stylową, określaną niekiedy mianem romańskiego baroku

pięknego stroju, któremu przeciwstawia walor piękna wewnętrznego człowieka, ale w swej wstępnej deklaracji stawia jednak na pierwszym miejscu urodę męską, a dopiero dalej piękno myśliciela, czyli walory wewnętrzne. Zestawienie Alkibiadesa z Diogenesem jest tu wielce znamienne. Rażą go też przedstawienia teatralne, o których wyraża się, że służą gawiedzi.[30] Z drugiej strony, *teatrum* kościelne było narzędziem zbliżającym przedstawienia wierzeń chrześcijańskich właśnie do mas, słabo przecież schrystianizowanych. Powstaje więc wątpliwość, czy tenże sam autor jako pasterz diecezji krakowskiej mógł występować czynnie przeciwko widowiskom religijnym. Musiał przecież zdawać sobie sprawę, że ów teatr staje się jednym z ważnych środków oddziaływania przez Kościół na ogół wiernych.

Wystąpienie Kadłubka przeciw widowiskom od razu w pierwszym zdaniu wstępu do *Kroniki* stanowi jakże wymowne świadectwo ugruntowanej w XII wieku tradycji odbywania różnego rodzaju widowisk w kościołach w środowisku krakowskim. Teksty trzynastowiecznych statutów synodalnych

497. Tympanon z przedstawieniem Ukrzyżowanego Chrystusa w południowym portalu kościoła parafialnego Św. Piotra i Pawła w Starym Mieście pod Koninem; 1 poł. XIII w. Daleko idące uproszczenie rysunku połączone z rezygnacją z trzeciego wymiaru i stylizacją bliską ludowemu poczuciu formy

496. Figura Marii z Dzieciątkiem (tzw. Madonna Łokietkowa) z kolegiaty P. Marii w Wiślicy; 2 poł. XIII w. Rzeźba niemal pełnoplastyczna, wyzwolona z kanonów sztuki romańskiej i poszukująca inspiracji w realiach ludzkiego świata, przesycona pogodnym liryzmem i spokojem

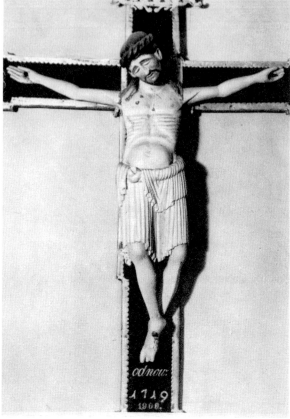

498. Głowa męska w ościeżu portalu zakrystii w kościele parafialnym Św. Michała w Grodkowie; ost. ćw. XIII w. Rzeźba pełnoplastyczna, będąca przykładem realistycznego widzenia formy i dosadnej charakterystyki przedstawionego indywiduum

499. Głowa ludzka w zwieńczeniu laski zdobiącej węgar południowego portalu kościoła Św. Piotra i Pawła w Starym Mieście pod Koninem; 1 poł. XIII w. Radykalna stylizacja, która przekształciła twarz człowieka w motyw antropomorficzny, całkowicie podporządkowany elementowi architektury

500. Krucyfiks z opactwa cysterek w Ołoboku; ok. poł. XIII w. Forma łącząca realizm w oddaniu ludzkiego ciała z dekoracyjną stylizacją udrapowania perizonium osłaniającego biodra Chrystusa

pozwalają stwierdzić, że widowiska te raziły nie tylko Kadłubka.[31] Ich krytyka stanowi też świadectwo przechodzenia Kościoła od wizualnych środków oddziaływania do właściwej pracy duszpasterskiej, którą umożliwiała ugruntowywana w początkach XIII wieku sieć kościołów parafialnych. Widowiska te miały zapewne jeszcze jeden element niezbyt dogodny dla owoczesnego Kościoła. Wykształcały się w Polsce w okresie, kiedy to obrzędowość pogańska była jeszcze powszechnie zakorzeniona i Kościół dopiero podejmował jej chrystianizację. Posiadały więc zapewne nalot obyczajów miejscowych, wywodzących się, podobnie jak postrzyżyny, z czasów przedchrześcijańskich.[32] W dobie zaś zacieśnienia kontaktów z Kurią papieską i coraz częstszej obecności w Polsce legatów papieskich, wnikających w miejscowe stosunki, obrzędy tego rodzaju, a może ściślej mówiąc spektakle, musiały razić zreformowany po soborach XII wieku Kościół. Pogłębienie więc pracy Kościoła powodowało ograniczenie spektakularnej roli obrzędów, a zwłaszcza takich, które ściśle się łączyły z miejscową tradycją.

Wzrost liczby kościołów parafialnych, w których odbywały się obrzędy liturgiczne, ograniczało też znaczenie najbardziej rozwiniętej liturgii katedralnej. W ten sposób intensyfikacja pracy Kościoła łączyła się z ograniczeniem roli wystawnych procesji i oddziaływania za pomocą blasku liturgii. Było to, naturalnie, połączone ze stopniowym odchodzeniem od systemu archaicznego, co dostrzegamy również w zakresie przemian państwowości, dokonujących się w dobie dzielnicowej. Dwór monarszy bardziej błyszczał blaskiem w XI–XII wieku niż dwór księcia dzielnicowego, posiadającego skromniejsze środki i mniejszy zakres władzy. Jednocześnie dokonujący się w XI–XII wieku postęp cywilizacji przyczynił się do upowszechnienia wielu zdobyczy materialnego bytu, wcześniej dostępnych jedynie wybranym kręgom dworskim.

7. Muzyka kościelna i rodzima

Muzyka kościelna oficjalna miała charakter chorałowy. Śpiew odgrywał dominującą rolę, a treść religijna nadawała mu specjalne znaczenie. Był to w zasadzie śpiew wszystkich, w środowisku polskim zapewne ograniczony do podstawowych wątków, takich jak *Kyrie elejson*. Był to więc śpiew uczestników. Co więcej, przez śpiew byli oni wciągani do uczestnictwa.

Chorał gregoriański był w wyrazie surowy, w pewien sposób ascetyczny. Miał też charakter ogólnokościelny, a przez to uniwersalny w granicach łacińskiej Europy. Kościół dążył do ograniczenia roli instrumentów muzycznych, co widzimy w ustawodawstwie starochrześcijańskim, a także karolińskim. Niechętny był też miejscowym obyczajom, w których upatrywał bądź to tradycji pogańskich, bądź też zwyczajów rozpustnych. Z kręgu nam bliższego przytoczyć można wypowiedź ze *Statutów* Brzetysława, zwróconych przeciwko karczmie jako siedlisku rozpusty.[33] Możemy więc przypuszczać, że występował przeciwko niektórym przynajmniej pieśniom noszącym charakter pogański i obcy obyczajowości chrześcijańskiej.

Pieśń jednak towarzyszyła wielu wydarzeniom owoczesnego życia społecznego, wśród których niemałą rolę odgrywało zawarcie małżeństwa. W tym zakresie Kościół akceptował obyczaj miejscowy i uznał jego prawne znaczenie, a zatem możemy przypuszczać, że w warstwie obyczajowości życia rodzinnego przetrwały przede wszystkim wątki rodzime, podobnie jak i w pieśniach kupałowych. Sprawa ta jednak jest szczególnie trudna, gdyż zapisy tych pieśni są znacznie późniejsze, a jeszcze późniejsze ich notacje nutowe, spisywane często w oparciu o inną, ośmiotonową gamę dźwięków.

Jak się zdaje, świat pieśni i muzyki w Polsce interesującej nas doby był wielowarstwowy. Obok pieśni i muzyki kościelnej zachowała się pieśń

501. Mała harfa, inicjał *B* w *Biblii* biskupa Strzempińskiego (f. 145 v) z przedstawieniem króla Dawida; 2 poł. XIII w.

wała ograniczenie roli gądków i przechodzenie ich twórczości do szerszych kręgów warstw ludowych, w których przetrwała ona do późnego średniowiecza i dalej. Dlatego sukcesorów owych gądków spotkać można w późnym średniowieczu w karczmie, zajeździe, na chłopskim weselu czy w innych okolicznościach życia rustykalnego.

W ostatecznym jednak rachunku to oni, jak należy przypuszczać, odgrywali większą rolę w życiu wieśniaka niż oficjalny śpiew kościelny. Zresztą zapewne od XII, a zwłaszcza XIII stulecia nastąpił okres współżycia pieśni tradycyjnej i tradycyjnej kompozycji z pieśnią kościelną. Współżycie to układało się zapewne przez czas dłuższy na zasadzie

502. Lutnia; fragment tympanonu z przedstawieniem króla Dawida i Betsabe w portalu fasady kościoła klasztornego cysterek w Trzebnicy; 1 poł. XIII w.

miejscowa, przede wszystkim o charakterze obyczajowym. Nabierała znaczenia pieśń rycerska i dworska, pozostająca pod wpływem nurtów reprezentowanych przez krąg zachodni. Istnienie służebnych gądków, gędźbiarzy, zobowiązanych do służby na dworze monarszym (książęcym), a także igrców (*ioculatores*) w środowisku polskim nie stanowiło specyfiki. Podobnych ludzi służebnych spotykamy również w Czechach i na Węgrzech.[34] Reprezentowali oni zapewne krąg tradycji rodzimej, być może wzbogacanej i uzupełnianej motywami recypowanymi. Niestety, nie jest znana nam ich twórczość, która z natury rzeczy pozostawała w sferze słowa i dźwięku nie notowanego. Możemy przypuszczać, że gądkowie przyczyniali się do utrwalenia, a być może i rozbudowy tradycji dworskiej, sławili czyny władców i możnych oraz wykonywali pieśni tradycyjne, charakterystyczne dla kultury miejscowej.

Recepcja obyczaju zachodniego i chrystianizacja życia dworskiego warstw wyższych powodo-

503. Piszczałka z Kowalewka; XI w.

podziału ról w życiu społecznym. Zachować mógł się on tym łatwiej, że przez czas dłuższy środowisko kościelne nie zajmowało się tworzeniem pieśni, które wyparłyby twórczość rodzimą.

Później obserwujemy zmianę sytuacji, związaną z pogłębieniem życia religijnego, i wówczas to w tekstach, zwłaszcza ustawodawstwa kościelnego, napotykamy ślady wierzeń ludowych o dawnej, niejednokrotnie jeszcze pogańskiej metryce. Milczenie ustawodawstwa kościelnego XIII wieku w tych sprawach wydaje się dość znamienne. Nie podejmowano jeszcze szerszej twórczości, która miałaby zastąpić wątki starsze.

Na przeszkodzie w tej działalności stała niewątpliwie bariera językowa, przede wszystkim języka pisanego. W ostatecznym więc rachunku niewiele możemy powiedzieć o twórczości rodzimej, wykorzystującej słowo słowiańskie (polskie), rodzime przede wszystkim instrumenty i wątki melodyczne. Twórczość ta bowiem była dla Kościoła obca, a odrębne wzory życia społecznego na Zachodzie w X–XII wieku powodowały dodatkowo jej egzotykę w stosunku do twórczości znanej z terenów romańskich czy germańskich. Nie znaczy to jednak, by owoczesny świat mieszkańców Polski był pozbawiony pieśni związanych z obrzędami życia wiejskiego, a także mówiących o uczuciach, którymi żyło społeczeństwo wieśniaków i wojowników. Ponieważ jednak twórczość ta, mająca charakter tradycyjny, nosiła cechy obrzędowości obcej pojęciom chrześcijańskim, nieliczni pisarze tej doby starannie ją pomijali, w najlepszym razie tworząc teksty, które miały zmienić obyczajowość przede wszystkim w środowisku dworsko–rycerskim. Stąd też do późnego średniowiecza dysponujemy przede wszystkim wątkami mówiącymi o czynach władców, wydarzeniach rycerskich, a także o smutku spowodowanym zgonem panujących.

8. Instrumenty muzyczne

Znacznie więcej niż teksty mówią nam dziś o muzyce wczesnego średniowiecza polskiego zachowane pozostałości instrumentów.[35] Dźwięk instrumentów muzycznych miał charakter towarzyszący słowom i gestom obrzędów. Stąd też cechą pieśni słowiańskiej jest rozbudowana rytmika i szczupłość wątków melodycznych. Rytm bowiem towarzyszył zarówno słowom, jak też gestom i ruchowi. Teksty pieśni były krótkie i, jak możemy przypuszczać, wiele z nich nosiło charakter wezwań, tak znamiennych dla owoczesnej obyczajowości, w której obrzędowość miała charakter kultowy. Stąd też znamienną cechą starszych pieśni słowiańskich jest ograniczona fazowość; najczęściej są one dwuczłonowe, a czasem nawet jednoczłonowe.

Starsze pieśni, zwłaszcza polskie, cechuje ograniczona skala tonów. W muzyce archaicznej jest ona pięciotonowa, w późniejszej siedmiotonowa. Czy oznacza to, że pieśń archaiczna i archaiczna muzyka słowiańska miała charakter pięciotonowy, nie mamy pewności.

504. Rogi; inicjał *E* w *Biblii* biskupa Strzempińskiego (f. 54) z przedstawieniem murów Jerycha rozpadających się na dźwięk trąb izraelskich; 2 poł. XIII w.

505. Zestaw różnych instrumentów: harfa, fidel i dzwonki, inicjał *E* w *Biblii* biskupa Strzempińskiego (f. 154) z przedstawieniem grającego króla Dawida; 2 poł. XIII w.

Zespół instrumentów znanych z badań archeologicznych i najstarszych zapisów źródłowych składał się z instrumentów dętych, wśród których ważną rolę odgrywały piszczałki, fujarki, a także trąby, wykonywane przede wszystkim z materiałów organicznych: kość i róg, drewno, łodygi bylin. Czy muzyce słowiańskiej i polskiej w interesującym nas czasie były już przyswojone instrumenty metalowe, nie wiemy.

Z instrumentów strunowych znano przede wszystkim instrumenty szarpane, poczynając od najprostszych jednostrunowych – tak zwany łuk muzyczny – do kilkustrunowych, nazywanych zazwyczaj cytarami. Jak się zdaje, nieobce były też instrumenty smyczkowe w postaci prymitywnych gęśli. Wreszcie perkusję reprezentował bębenek jednomembranowy w postaci obręczy z rozpiętą membraną. Ten zespół instrumentów, w których na plan pierwszy wysuwały się różne rodzaje piszczałek wydające przenikliwe dźwięki, został ukształtowany już w kulturze archaicznej. Posiadał on zróż-

nicowane funkcje. Instrumenty strunowe, przede wszystkim różnego rodzaju cytary, towarzyszyły słowom. Instrumenty dęte wykorzystywano do wydawania sygnałów także wojskowych, stąd piszczałki i trąby (rogi) miały znaczenie w owoczesnej wojskowości.[36] Natomiast głosy różnego rodzaju fujarek służyły do kameralnego muzykowania i instrumenty te w szerszym życiu publicznym, jak można przypuszczać, spełniały bardziej podrzędną rolę. Dźwięki cytar towarzyszyły wydarzeniom wesołym, uprzyjemniały życie i miały milknąć w okresie żałoby.[37]

Już od czasów neolitu w kręgu środkowej Europy znane były zespoły piszczałek zwane multankami. Te zresztą najlepiej zachowały się w materiale archeologicznym, także z wczesnego średniowiecza. Multanki znano również z czasów późniejszych. Umożliwiały one wydobycie skomplikowanych układów tonalnych. Posługiwanie się nimi wymagało jednak znacznej biegłości.

Naturalnie zespół instrumentów, znany nam

z materiału wczesnośredniowiecznego, nie jest kompletny. Z drugiej jednak strony pamiętać należy, że jego możliwości nie w pełni były wykorzystywane, o czym decydowała zapewne ograniczona skala tonów, a także wyraźny brak niektórych dźwięków w pieśniach ludowych. Duże przywiązanie do rytmu nakazuje przypuszczać, że perkusja odgrywała większą rolę, niż to pozwala stwierdzić rozpoznany zespół instrumentów. Wreszcie pamiętać należy, że wątki muzyczne, a także instrumenty na niżu europejskim rozchodziły się niezależnie od kierunków oddziaływania oficjalnej muzyki kościelnej i w tym zakresie na pewno wczesne średniowiecze w środowisku polskim przyniosło zmiany, polegające m.in. na wzbogaceniu zespołów gądków dworskich, a być może i tworzeniu kapel, lecz sprawa ta wymyka się poza możliwości obserwacji źródłowej.

9. Dzwony

Kościół przyniósł do Polski znajomość dzwonów spiżowych, które były wykorzystywane do celów sakralnych. Donośny ich głos dominował nad gwarem życia podgrodzi od czasów pierwszych Piastów. Dzwony we wczesnym środniowieczu były szczególnie cenione, o czym świadczy wymienienie ich wśród łupów przywiezionych z Polski przez księcia czeskiego Brzetysława w 1038/1039 roku. Fakt ten podkreślił Kosmas w opisie triumfalnego powrotu do Pragi, zaznaczając że za niosącymi relikwie męczenników i najważniejsze precjoza, wśród których osobne miejsce zajmowały złote płyty z tumby grobowej św. Wojciecha, ,,więcej niż na stu wozach wieźli [powracający] olbrzymie dzwony i wszystkie skarby Polski''.[38] Wyraźne to świadectwo znaczenia i cenności dzwonów także w środowisku czeskim XI stulecia. Największe dzwony zostały zabrane przez zwycięskiego księcia z kościołów katedralnych, przede wszystkim w Gnieźnie i Poznaniu. Zapewne Bolesław Chro-

bry, dbały o rozbudowę podstaw organizacyjnych nowej metropolii, dołożył starań, by godnie w nie zaopatrzyć nowe katedry biskupie. Możemy się też domyślać, że cesarza Ottona III, przybywającego do Gniezna, witał dźwięk dzwonów miejscowej katedry, w której wnętrzu znajdowały się doczesne szczątki św. Wojciecha.

Głos dzwonów niemałą zapewne rolę odegrał w ugruntowywaniu nowej wiary w świadomości społecznej, szczególnie zaś prestiżu Kościoła. W obrzędach bowiem pogańskich brak było dzwonów. Zauważmy jednak, że pojęcie [d]zwon jest znane ogółowi języków słowiańskich, zarówno na wschodzie, jak i na zachodzie, a także w krajach bałkańskich.[39] Wydaje się więc, że samo określe-

506. Dzwon zw. Nowakiem, katedra Św. Wacława i Stanisława na Wawelu w Krakowie; 2 poł. XIII w.

507. Muzyka instrumentalna, fragment miniatury w *Biblii Płockiej* z przedstawieniem króla Dawida i Pitagorasa grających na małej harfie i dzwonkach (f. 211 v); 2 ćw. XII w.

nie jest dawniejsze niż pojawienie się dzwonów spiżowych. Oznacza ono najogólniej przedmiot metalowy służący do wydawania dźwięków, stąd [d]zwonem nazywano kowadło, w które uderzano, celem uzyskania dźwięku; było ono używane w średniowieczu jako instrument muzyczny. „Zwonkami" zwano też cymbyły, cymbałki.[40] Być może więc sam zwyczaj uderzania w metal celem uzyskania dźwięków poprzedzał recepcję dzwonów, wiążącą się z przyjęciem chrześcijaństwa.

Dzwony wywiezione do Pragi były to dzwony romańskie, pochodzące zapewne z warsztatów saskich czy też z innych warsztatów na terenie cesarstwa. Miały bardziej wydłużony kształt, zapewne zbliżony do dzwonu z Igensbach, odlanego przed rokiem 1124.

Przyjęte ze Wschodu na zachodzie Europy w VI wieku, nabrały niebawem dużego znaczenia w obrzędowości kościelnej. Za czasów karolińskich posługiwali się nimi klerycy; w najstarszej regule życia kanonicznego, tzw. regule Chrodeganga, wyznaczono miejsce dla organizowania wspólnych modlitw kanoników, gromadzących się w kościołach konwentualnych na dźwięk dzwonów. Możemy więc przypuszczać, że obok katedr, uzyskały szybko dzwony również świątynie konwentualne, a także najstarsze opactwa benedyktyńskie. Według Kosmasa kler śpiewa i bije w dzwony.[41] W Czechach też już wśród ludności służebnej zgromadzenia kanoników w Starej Bolesławi, fundowanego przez Brzetysława po najeździe na Polskę, występuje służebny dzwonnik (*campanator*);[42] później poświadczeni są liczniejsi *campanatores*, spotykani także na Węgrzech. Natomiast w Polsce brak osobnej kategorii dzwonników. Ale już w XII wieku Mistrz Wincenty w swej *Kronice* zanotował, że możny, zapewne jeden z dowódców wojsk książęcych, który spowodował ucieczkę części wojowników i przegranie bitwy przez Bolesława Krzywoustego, powiesił się w swej kaplicy na rzemieniu od dzwonu.[43] Widome to świadectwo, że w tym czasie również świątynie możnych posiadały dzwony. Fakt zaś śmierci tego rodzaju łączy się zapewne z magią dzwonu, która rozwinęła się w średniowieczu i poświadczona jest też w podręczniku dla spowiedników Rudolfa z Rud Raciborskich.

Pod koniec XIII wieku używanie dzwonów w świątyniach nabrało charakteru powszechnego, o czym świadczy chociażby statut prowincjonalny arcybiskupa Świnki z roku 1285.[44] Dzwon był więc zapewne pierwszym instrumentem, który wprowadził Kościół, wzbogacając zespół uroczystych dźwięków, organizujących życie społeczne. Przypominał on służbę Bożą i towarzyszył ważniejszym wydarzeniom. Jakub Świnka nakazał używania dzwonu przed podniesieniem podczas mszy, celem zwrócenia uwagi wiernych i zgromadzenia ich przy ołtarzu. Już wcześniej wiemy skądinąd, że podczas nabożeństw używano także mniejszych dzwonków. Legat papieski Filip z Fermo w statutach z roku 1248 nakazał dzwonienie przed kapłanem udającym się z eucharystią do chorego,[45] a zwyczaj ten zmodyfikował Świnka, nakazując dzwonienie przed kapłanem idącym przez wieś, natomiast w mieście miał on być poprzedzany światłem. Ta wędrówka kapłana odbywała się w otoczeniu wiernych, nabywała więc cech procesji.[46] Dźwięk dzwonów milkł podczas obrzędów wielkopiątkowych i ogłaszał rezurekcję. Również w czasie interdyktu dzwony milkły, nawet jeżeli odprawiano obrzędy. Wreszcie dodajmy, że ryt koronacyjny, znany z trzynastowiecznego zapisu gnieźnieńskiego, nakazywał specjalne dzwonienie po modlitwie króla, gdy zgromadzony kler intonował uroczyste *Te Deum*.

Z drugiej połowy XIII wieku pochodzi najstarszy zachowany na ziemiach polskich dzwon w katedrze krakowskiej, który kazał przelać i powiększyć miejscowy kanonik Herman z Liège, za-

509. Śpiew z towarzyszeniem instrumentu (mała harfa), inicjał *C* w *Biblii* biskupa Strzempińskiego (f. 155 v) z przedstawieniem króla Dawida i śpiewających mnichów; 2 poł. XIII w.

508. Muzyka wokalna: śpiewający mnisi, inicjał *C* w *Brewiarzu* z opactwa cysterskiego w Pelplinie (f. 55 v); XIII w.

służony dla kościoła katedralnego. Dzwon ten został więc przerobiony z wcześniejszego, a sądząc z inskrypcji, dzieła tego dokonał miejscowy rzemieślnik, zapewne mieszczanin krakowski. Inskrypcja upamiętniająca to wydarzenie, wykonana została umiejętnie i, być może, od wykonawcy pochodzi nazwa dzwonu, do dziś określanego mianem Nowak.[47] Przelanie dzwonu w Krakowie świadczy, że w XIII wieku miejscowe rzemiosło wykonywało już dzwony, co naturalnie miało duże znaczenie dla ich upowszechnienia.

W czasach późniejszych niejednokrotnie przynależność do danej parafii określano za pomocą metafory: urodzony bądź zamieszkały pod dzwonami danego świętego. Na Zachodzie bowiem prawo posiadania dzwonów stało się jedną z prerogatyw świątyń parafialnych. W Polsce interesującej nas doby wiemy o tym niewiele. Zanotować jednak należy, że w roku 1296 przy fundacji kolegiaty w Głuszynie (Wielkopolska) kanonicy uzyskali prawo łowienia zajęcy w dobrach fundatora tak

ZAPIS MUZYCZNY (il. 510–514)

510. Kompozycja monodyczna, fragment modlitwy mszalnej; *Missale Plenarium* z Gniezna (f. 67); ost. ćw. XI w.

511. Kompozycja monodyczna, fragment *officium* mszalnego; Graduał z opactwa cysterskiego w Pelplinie (f. XIII); 2 poł. XIII w.

512. Kompozycja monodyczna, sekwencja o św. Stanisławie. *Antyfonarz* z klasztoru klarysek w Starym Sączu (f. 57 v); 2 poł. XIII w.

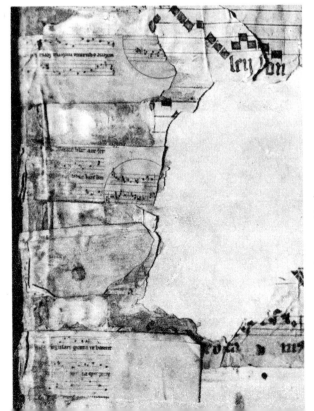

513. Kompozycja monodyczna, *Exultet*, fragment karty z *Graduału* Bolesława II mazowieckiego; pocz. XIV w.

514. Kompozycje polifoniczne, fragmenty motetów użyte wtórnie w oprawie *Graduału* z klasztoru klarysek w Starym Sączu; 2 poł. XIII w.

daleko, jak sięga dźwięk dzwonu ich kościoła.[48] Czyżby miało to na celu zachęcenie miejscowych kanoników do ufundowania bardziej donośnego dzwonu?

Najogólniej mówiąc, dzwon w interesującej nas epoce był instrumentem szczególnie cenionym i odgrywającym specjalną rolę w liturgii i życiu społecznym. Można nawet powiedzieć – rolę wyjątkową, z którą żaden z dźwięków czy instrumentów nie mógł się równać. Jego upowszechnienie na wsi następowało razem z kształtowaniem się sieci parafialnej. Dodajmy nadto, że był on instrumentem szczególnie cennym. Stąd rola jego w liturgii była wyjątkowa. Podobnie jednak jak i inne instrumenty tej doby, towarzyszył on śpiewom i obrzędom, nadawał im cechy podniosłe, umiał sprzyjać powstaniu nastroju skupienia i uniesień, które odgrywały coraz większą rolę w religijności rozwiniętego średniowiecza.

10. Pieśń

Należy zauważyć, że przełom XII/XIII wieku przyniósł wyraźny postęp w rozwoju śpiewu na Zachodzie. Fundacje kantorii w kapitułach polskich świadczą, że również w naszym środowisku diecezjalnym do sprawy tej przywiązywano szczególną uwagę, a wśród wybitniejszych kantorów owych czasów należy szukać zapewne także twórców rodzimej pieśni i sekwencji religijnych.

Przywiązywanie wagi do śpiewu kościelnego w tym czasie łączy się zapewne ze zwróceniem uwagi przez Kościół na tradycyjny śpiew świecki, który, jak należy sądzić, dotychczas w małym tylko stopniu pozostawał w zakresie oddziaływania Kościoła. Nie jest kwestią przypadku, że autor *Żywotu większego św. Stanisława*, napisanego w związku z podjęciem procesu beatyfikacyjnego, zakończonego kanonizacją w roku 1253, Wincenty z Kielczy, wśród zalet świętego podkreśla, że nie chciał on na ucztach słuchać pogańskich pieśni.[49] Dodajmy tu, że Wincenty z Kielczy jest pierwszym znanym z imienia kompozytorem polskim – twórcą sekwencji o św. Stanisławie. Wiadomość ta wskazuje, że przed połową XIII wieku podejmowano w kołach elitarnych próby zmiany charakteru dotychczasowej pieśni tradycyjnej. Była to więc nie tylko kwestia pieśni ściśle kościelnej, związanej z *officium divinum*. Podejmowano wówczas zapewne próby zmiany charakteru pieśni śpiewanych przez świeckich. Na ile one były udane, pozostaje do wyjaśnienia.

Wspomniana wyżej uwaga Wincentego z Kielczy wskazuje, że około połowy XIII wieku także w środowiskach elitarnych zachowała znaczenie pieśń tradycyjna, wyrosła z obyczaju miejscowego. Powstaje tu w ogóle zagadnienie twórczości poetycko-pieśniarskiej, nie związanej ściśle z obrzędami religijnymi. Twórczość ta z interesującego nas okresu jest słabo znana. Nie była bowiem w zasadzie zapisywana i przynajmniej częściowo uprawiało ją środowisko świeckie, nie znające pisma, a w każdym razie nie posługujące się nim w tym celu. Miała więc charakter anonimowy i była przekazywana ustnie, wraz z przyuczaniem do śpiewu i posługiwania się instrumentem muzycznym.

Spotykamy jednak jej refleksy na kartach najstarszych kronik, pochodzących z interesującej nas epoki, Galla Anonima i Mistrza Wincentego Kadłubka. Obydwaj zostawili próbki takiej twórczości, spisanej językiem literackim, po łacinie. Pieśń ta służyła chwale władców i opiewała żałobę po ich zgonie. Czy powstawała tylko w kręgu języka łacińskiego, nie wiemy. Być może, a nawet na pewno, znajdowała odpowiedniki w języku miejscowym. Nie znaczy to jednak, że teksty łacińskie były przekładane na język polski. Przekłady takie nie zachowały się, ale dodajmy, że z braku piśmiennictwa w języku miejscowym nie mogły zostać zapisane. Natomiast istniało wiele powodów, by uległy zatracie wraz z zatratą aktualności wydarzeń i osób, które opiewały. Twórczość ta dla osób wykształconych i zajmujących poczesne miejsce w owoczesnym społeczeństwie mogła uchodzić za coś gorszego, czym nie należało się zajmować bez

515. Epika rycerska: *Romans o Iwainie*, fragment dekoracji malarskiej w sali IV kondygnacji rycerskiej wieży mieszkalnej w Siedlęcinie; pocz. XIV w.

ujmy dla statusu społecznego lub stanowiska. Tutaj też, jak sądzę, znajduje się jedna z przyczyn słabego oddziaływania śpiewu kościelnego i środowiska duchownego na sferę tradycyjnej pieśni i gędźby miejscowej. Obydwie sfery przez długi czas oddzielała bowiem nie tylko bariera językowa, lecz także obyczajowo–społeczna.

Na dobrą sprawę sytuacja ta była również zdeterminowana koncepcją Kościoła X–XII stulecia, w którym miejsce wiernych w obrzędach religijnych było ograniczone i sprowadzało się do asystowania i słuchania, z wyjątkiem powtarzania tekstów podstawowych modlitw, jak *Ojcze nasz* i zapewne w mniejszym stopniu *Wyznania wiary*;[50] ta modlitwa bowiem, ze względu na jej złożony charakter, była znacznie trudniejsza. Nie przypadkiem więc z doby tej słyszymy o śpiewie Kierleszu, czyli *Kyrie* w języku polskim. Spośród tekstów kościelnych *Kyrie* było przez rycerstwo ruszające do boju śpiewane najpowszechniej.[51]

Widowiska na Boże Narodzenie i wielkanocne, posiadające już w początkach XIII wieku dawną tradycję w środowisku polskim, stwarzały okazję do upowszechnienia wątków pieśni religijnej i jej asymilacji w społeczeństwie. Była ona zresztą faktem, skoro statuty synodalne pierwszej połowy stulecia XIII występują przeciwko tym przedstawieniom jako barbarzyńskim wedle owoczesnych postulatów Kościoła. Zakazy te są wielce znamienne. Sygnalizują zmianę postawy duchowieństwa wobec świeckich, związaną zresztą z postulatami owoczesnego, zreformowanego w drugiej połowie XII wieku i za czasów Innocentego III (sobór laterański 1215 r.) Kościoła. Reforma ta postulowała zmianę miejsca świeckich w Kościele i łączyła się naturalnie w Polsce z postulatem głębszej chrystianizacji życia. Nie jest więc niemożliwe, że zainteresowanie Kościoła polskiego śpiewem i muzyką kościelną, widoczne chociażby przez wspomniany wyżej przykład fundacji i uposażenia kantorii, było związane właśnie z postulatami owoczesnych reform Kościoła. Zbiegło się ono w czasie z początkami działalności zgromadzeń mendykanckich – dominikańskich i franciszkańskich, podejmujących aktywne oddziaływanie na życie społeczności świeckiej. Dlatego też chorał mendykancki, słabiej zresztą znany w Polsce od cysterskiego, zachowanego w wielu zabytkach, oddziaływał silniej na twórczość miejscową. W interesującej nas dobie liczyć się należy naturalnie z zapoczątkowaniem tego oddziaływania. Ale zauważmy, że dominikaninem był właśnie Wincenty z Kielczy.

Stulecie XIII przyniosło wreszcie rozwój oddziaływania muzyki i śpiewu dworskiego, związanego z kręgiem minnesingerów i trubadurów. Świadectwa o tym dotyczą, naturalnie, przede wszystkim dworów książęcych – Piastów śląskich i wielkopolskich. Znamienny przy tym jest brak tego rodzaju informacji z kręgu małopolskiego. Najwyraźniej dwór książęcy w Małopolsce bardziej był zdominowany w tym względzie przez środowisko kościelne.

Słowo w tym miejscu należy dodać o epice rycerskiej, która związana jest wyraźnie z kręgiem małopolskim, przede wszystkim poprzez znaną adaptację eposu rycerskiego o Walterze i Helgundzie, umiejscawiającą go w Tyńcu i Wiślicy, dwóch miejscowościach już w XIII wieku najwyraźniej owianych legendą miejscowych opowieści. Adaptacja ta, pochodząca wyraźnie z Małopolski, zanotowana została jednak w *Kronice Wielkopolskiej*, co świadczy o ogólniejszym jej upowszechnieniu.[52] Przeglądając wątki opowieści *Kroniki* Wincentego Kadłubka, znajdziemy więcej tego typu legend, nie tylko związanych z Krakowem w zamierzchłych, najwyraźniej przedpiastowskich czasach. Podobne opowieści dotyczą także wydarzeń znacznie późniejszych, m. in. czasów Bolesława Krzywoustego, i mają za przedmiot bohaterstwo i zdradę oraz tchórzostwo, zgodnie z rozpowszechnionymi ideałami postępowania rycerskiego. Motyw zdrady łączy się z problemem wierności, tak ważnej w kulturze społecznej średniowiecza. Wybór opowieści, na przykład o rycerzu, który stchórzył w walce i spowodował klęskę Krzywoustego, w wyniku czego musiał ponieść śmierć hańbiącą, zapisanych w *Kronice*, podyktowany był myślą ukazania przykładów umoralniających. Był więc zapewne dobrze ugruntowany też w tradycji ustnej, zwłaszcza że rycerz posiadający kaplicę w XII wieku był najwyraźniej możnym i czyny jego odbiły się echem w świadomości społecznej.

W ten sposób pamięć czynów przodków dostarczała wątków twórczości literackiej, najczęściej rozwijanej w formie narracji, wygłaszanej zazwyczaj z towarzyszeniem instrumentów. Wydarzenia walk wewnętrznych w Małopolsce XII wieku niewątpliwie wątki te wzbogaciły, a walki z najazdami tatarskimi w XIII wieku (1241, 1259–1260 r.) dostarczyły nowego tworzywa, żywego w pamięci potomnych przez następne wieki. Cała ta twórczość jest, naturalnie, słabo znana, ale niejeden jej refleks jest jeszcze do odczytania na kartach dziejopisarskich z interesującej nas doby i czasów późniejszych.

Opowieści te, naturalnie, nie rozchodziły się tylko w kręgach dworskich, wędrowni gądkowie upowszechniali je w kołach skromniejszych rycerzy, a nawet w środowiskach wiejskich, w czasie wędrówek z grodu do grodu, z podgrodzia na targ, pod kościół czy do karczmy. Istniała zapewne różnica między tym, co utrzymywało się w tradycji dworskiej, a co docierało do świadomości mieszkańca podgrodzia, chaty drobnego rycerza czy wieśniaka. Polegała ona na większym bogactwie motywów w środowisku dworskim, które było obeznane także z wątkami obcymi, przynoszonymi z zewnątrz. Ale wydarzenia miejscowe stanowiły tworzywo znane i w jednym, i drugim kręgu. Wydaje się nam ono bogatsze w kręgu małopolskim, ale, być może, zostało to spowodowane pisarską działalnością Małopolan, silniejszą niż Wielkopolan, a zwłaszcza Mazowszan. Natomiast we wszystkich tych dzielnicach opowieści gądków miały zbliżony charakter, jeśli chodzi o tematykę. Różnica między miejscowymi wątkami literackimi a opowieściami dworskimi mogła polegać przede wszystkim na większej roli wątków miłosnych i kobiet w opowieściach dworskich oraz na bardziej męskim, rycerskim charakterze treści narracji gędźbiarzy. Ale na dobrą sprawę domysłu tego nie sposób dzisiaj jeszcze szerzej umotywowyć.

Obok pieśni i opowieści męskiej, była też pieśń kobieca, o której liczne stosunkowo mamy wiadomości. Są to z reguły informacje ogólnikowe, mówiące o nuceniu dziewcząt, pieśniach kobiecych i pląsach, pozbawione jednak dokładniejszych danych. Możemy się tylko domyślać, że w pieśniach tych, podobnie jak i w opowieściach snutych wieczorami w izbach niewieścich, więcej było tematów interesujących białogłowy, z natury bardziej wrażliwe i skłonne do dawania wyrazu uczuciom je nurtującym. Więcej tu było zapewne miejsca na wątki miłosne, jednak, być może, inaczej opowiadane, niż to czyniła powieść rycerska. W każdym razie pewne jest, że dla świata owoczesnych mężczyzn był to inny, przynajmniej częściowo im obcy krąg zainretesowań.

11. Artyści i mecenat

Twórczość artystyczna w Polsce X–XIII stulecia przeważnie była anonimowa. Zachowały się tylko nieliczne imiona artystów działających w naszym kraju. Należy do nich malarz Gunter, który pod koniec pierwszej połowy XII wieku pokrywał malowidłami wnętrze katedry płockiej.[53] Był on cudzoziemcem, podobnie jak większość działających w tym czasie rzemieślników–artystów.

Znaczna część twórców nie dbała o to, by upamiętnić swe imię. Ale spotykamy i inne przykłady,

516. Mistrz Riquinus: portret artysty, fragment drzwi brązowych katedry w Płocku (obecnie Sobór Św. Zofii w Nowogrodzie); poł. XII w. Oprócz autora, swoją podobiznę pozostawił na tych drzwiach również jego pomocnik, odlewnik Waismut; obaj trzymają narzędzia związane z wykonywanym fachem, umieszczone są też sygnatury

423

517. Złotnik Konrad: portret artysty, twórcy przedstawionej pateny Mieszka Starego, ufundowanej przez księcia dla opactwa cysterskiego w Lądzie; 1193–1202 r. Przy wizerunku sygnatura

518. Mistrz Simon: sygnatura i znak kamieniarski architekta – budowniczego opactwa cystersów w Wąchocku; 1 poł. XIII w. Inskrypcja wyryta na szkarpie fasady kościoła klasztornego

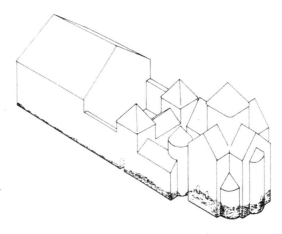

519. Kaplica i palatium na Ostrowie Lednickim; X/XI w. Rekonstrukcja bryły. Budowa rezydencji przypisywana Bolesławowi Chrobremu

520. Opactwo cysterek w Trzebnicy – fundacja ks. Henryka I Brodatego; kościół klasztorny N.P.Marii i Św. Bartłomieja, widok od strony pn.-wsch.; 1 poł. XIII w.

425

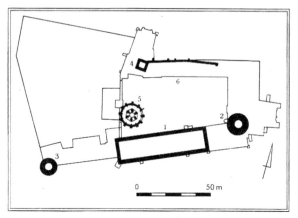

521. Rezydencja ks. Henryka I Brodatego w Legnicy, plan palatium oraz zwornik sklepienny z wyobrażeniem trzech smoków, pochodzący z kaplicy pałacowej; 1 poł. XIII w.

522. Kielich i patena ks. Konrada Mazowieckiego; 2 ćw. XIII w. Na patenie wizerunki donatorów: Konrada i Agafii, Siemowita i Kazimierza

523. Tympanon fundacyjny pochodzący z kościoła Św. Michała w opactwie benedyktyńskim N.P. Marii i Św. Wincentego na Ołbinie we Wrocławiu; 2 poł. XII w. Po obydwu stronach tronującego Chrystusa postacie fundatorów: Jaksy z modelem kościoła i klęczącej obok niewiasty imieniem Agafia (?), ks. Bolesława Kędzierzawego trzymającego model kościoła w Bytomiu i Leszka (ostatnia postać znana tylko na podstawie ryciny z XVIII w.; obecnie ta część tympanonu utrącona)

świadczące o świadomym działaniu artystów, by dzieła ich nie pozostały anonimowymi. Należy do nich złotnik Konrad, który upamiętnił swe imię na patenie zamówionej przez Mieszka Starego i ofiarowanej następnie opactwu cystersów w Lądzie.[54] Budowniczy Simon, być może Italczyk, imię swe pozostawił na zworniku kościoła cystersów w Koprzywnicy. Znany też jest kamieniarz Jakub, który kierował jako *magister operis* budową kościoła w Trzebnicy. Wiadomość o nim zachowała się z racji nadania książęcego, które nagradzało zasługi wybitnego mistrza.[55]

Współcześni więcej jednak wiedzieli o fundatorach niż o mistrzach–artystach. Najwięcej aktywności na polu mecenatu artystycznego, związanego przeważnie z instytucjami kościelnymi, wykazali władcy. Dysponowali oni zresztą możliwościami przekraczającymi środki i zasoby swoich poddanych. Oni to przyczyniali się do wznoszenia najstarszych katedr i kościołów opackich. Ich inicjatywie zawdzięczamy pozostałości najstarszych murowanych rezydencji, znanych z pozostałości na ostrowie Jeziora Lednickiego koło Gniezna i w Gieczu, także wielkopolskim, jak również na Wawelu czy w Wiślicy. Najwspanialszą rezydencję monarszą wzniósł już w czasach dzielnicowych książę Henryk Brodaty w Legnicy.

Od przełomu XI/XII wieku, obok książąt,

524. Tympanon fundacyjny z opactwa kaników regularnych N.P. Marii na Piasku we Wrocławiu; 2 poł. XII w. Obok tronującej Marii z Dzieciątkiem postacie donatorów: Marii Włostowicowej i jej syna Świętosława

525. Tympanon fundacyjny z kościoła Św. Prokopa w Strzelnie (obecnie nie istnieje); 2 poł. XII w. Tronującemu Chrystusowi towarzyszą postacie fundatorów – Piotra Wszeborowica (?) i jego żony Anny (?)

o wielkiej skali założenia i dużym artystycznym poziomie. Najważniejsze dzieła związane z opactwem ołbińskim pochodzą z czasów po śmierci Piotra Włostowica, lecz wiążą się z działalnością jego rodziny. Wymienić tu należy przede wszystkim znany portal ołbiński, zachowany w formie uszczuplonej w kościele Marii Magdaleny we Wrocławiu, dzieło artystów włoskich, być może pochodzących z kręgu mistrza Antelamiego, twórcy znanego portalu w katedrze pizańskiej.

Pośrodku kościoła ołbińskiego został wzniesiony monumentalny grobowiec Piotra Włostowica i jego żony Marii, księżniczki ruskiej, zawierający rzeźbiarskie przedstawienie obydwojga małżon-

526. Pionierska rola mecenatu: kaplica Św. Jadwigi przy kościele klasztornym w opactwie cysterek w Trzebnicy – fundacja z r. 1269. U góry: widok zewnętrzny od strony pd.; po prawej: portal łączący kaplicę z prezbiterium bazyliki konwentualnej; na tympanonie scena Koronacji Marii. Jedna z pierwszych na gruncie polskim budowli, wzniesionych w formach w pełni rozwiniętego gotyku

pojawili się jako fundatorzy i mecenasi również możni, wznoszący świątynie przeważnie w swych dobrach. Spotykamy tu najwybitniejsze postacie, znane z dziejów politycznych: palatyna Skarbimira, który w roku 1117 podniósł bunt przeciwko Bolesławowi Krzywoustemu i został oślepiony, Piotra Wszeborowica, zasłużonego u schyłku tego stulecia dla znanej fundacji strzelneńskiej na Kujawach i mylonego często z Piotrem Włostowicem, najwybitniejszym spośród prywatnych fundatorów całego okresu. Główna fundacja Włostowica, opactwo benedyktyńskie na wrocławskim Ołbinie, znana jest dzisiaj tylko z pozostałości, świadczących

ków. Grób ten, bogato rzeźbą przystrojony i strzeżony przez cztery lwy usytuowane na rogach, również nie zachował się. Dodajmy, że było to najstarsze dzieło grobowe tej skali w Polsce, stworzone przez dłuto wybitnego artysty, który potrafił oddać w kamieniu piękno i uczucia człowieka. Jego odpowiednikiem, później jednak stworzonym i w mniejszej skali, jest późnoromański grobowiec Henryka IV Probusa stojący niegdyś pośrodku kolegiaty Św. Krzyża na Ostrowiu Tumskim we Wrocławiu.

Spośród znakomitszych dzieł plastycznych wymienić należy też figurę św. Jana Chrzciciela ze schyłku XII lub początków XIII stulecia, która do roku 1945 stała u wejścia do katedry wrocławskiej, poświęconej temuż świętemu. I ta rzeźba jest dziełem wybitnego artysty, działającego zapewne na zamówienie biskupa lub księcia. Listę tę można by

527. Opactwo cysterskie w Mogile – fundacja z r. 1221 biskupa krakowskiego Iwona Odrowąża; kościół klasztorny N.P. Marii i Św. Wacława, widok od strony pd.-wsch.; budowa rozpoczęta po 1221 r.

pomnożyć, a niejedno przecież dzieło uległo zagładzie, nie pozostawiając śladów w ludzkiej pamięci.

Mecenat więc artystyczny XII i XIII wieku pozostawił po sobie trwałe ślady. Był związany z kręgiem ideowego oddziaływania Kościoła, nadawał jednak blasku także kręgom dworskim, z fundacjami tymi związanym. Nie jest więc kwestią przypadku, że wybitniejsze wydarzenia z owoczesnego życia ideowego znajdują wyraz w działalności artystycznej o charakterze pionierskim w naszym kraju. Wśród nich na szczególną uwagę zasługuje fakt kanonizacji św. Jadwigi (1267 r.), żony Henryka Brodatego. Do wzniesienia kaplicy poświęconej tej świętej w Trzebnicy sprowadzono na Śląsk budowniczych dobrze obeznanych ze sztuką rozwijającego się już na Zachodzie gotyku. Kaplica trzebnicka bowiem stanowi dzieło pełnego gotyku i porównywana może być na naszym gruncie dopiero z architekturą późnośredniowieczną. Widome to świadectwo, że jej muratorzy po wykonaniu pracy opuścili kraj, któremu formy tak rozwiniętej architektury przez dłuższy jeszcze czas pozostały obce.

W zakresie działalności artystycznej Polska, znajdująca się na peryferiach kultury łacińskiej, przez cały interesujący nas okres była krajem odbierającym impulsy z zewnątrz. Nie było jeszcze warunków na to, by mogła się stać pełnoprawnym partnerem. Nastąpiło to dopiero w późniejszym okresie średniowiecza. Dzieła jednak tworzone w Polsce przeważnie przez cudzoziemskich artystów kształtowały upodobania społeczne, przede wszystkim elit kulturalnych i politycznych. Nie pozostawały też bez wpływu na niższe warstwy. Przyczyniały się więc do pobudzenia wyobraźni miejscowych i tworzyły własną już, polską tradycję, która świadczyła o awansie nowego kraju Europy środkowo-wschodniej. Na tym też przede wszystkim polega ich znaczenie.

528. Drzwi brązowe katedry w Płocku (obecnie Sobór Św. Zofii w Nowogrodzie) – fundacja biskupa płockiego Aleksandra; poł. XII w.

Człowiek i czas:
jedność kultury średniowiecznej

1. Uwagi wstępne

Układając z rozproszonych i fragmentarycznych przekazów obraz kultury przeszłości, wypada ustawicznie przechodzić od wytworów działalności ludzkiej do tego, co w płaszczyźnie społecznej czy osobniczej było ich uwarunkowaniem. W wytworach kultury, w śladach obecności ludzkiej, jakie zawiera przekaz przeszłości, doszukujemy się sposobów myślenia i odczuwania, struktur poznania i wyobraźni, zasad wyboru treści kulturowych, typu wrażliwości. Sięgając głębszych pokładów życia psychicznego coraz trudniej właściwie uchwycić dynamikę przemian, tj. określić, w jaki sposób splata się trwałość i zmiana, jakie są szczególne osobliwości poszczególnych okresów rozwoju kultury. Poza różnorodnością elementów, które składają się na obraz kultury polskiej czasu pierwszych Piastów, dostrzec wszak trzeba zasadnicze podstawy jedności, w jakiej się ona jawi naszym oczom i które pozwalają traktować ją jako ,,całość''. Trudno spodziewać się znalezienia uniwersalnego instrumentu, który prowadzić by mógł w tym kierunku poznanie historyczne. W dotychczasowym wykładzie wielokrotnie pojawiały się pojęcia i kategorie, wokół których konstruowała się jedność kultury średniowiecznej: sposób artykulacji świata, podstawowe struktury wyobrażeń o przyrodzie i o świecie pozagrobowym, świadomość zbiorowa, wrażliwość na barwę i piękno. Po tej drodze postępując, można by podjąć sprawę stosunku do własności, postaw wobec pracy, wyobraźni przestrzennej i sposobu mierzenia przestrzeni. Ale w drodze

do zrozumienia istoty kultury rolę szczególnie istotną może spełnić badanie pojmowania czasu i stosunku do czasu.

Problem ten w historiografii ma metrykę bardzo świeżej daty. Wprawdzie szczegółowe studia nad chronologią były koniecznym warunkiem postępu badań historycznych, ukazywały one jednak tylko odmienności w zakresie techniki mierzenia czasu,[1] w małej mierze dotykając płaszczyzny historii kultury, kwestii wyobraźni czasowej i wrażliwości na czas. Te właśnie sprawy podjęte zostały w nowych badaniach[2] i potraktowane jako szczególny wskaźnik głębokich i skrytych rysów życia psychicznego człowieka średniowiecznego, jego oglądu świata i poglądu na świat.

Stosunek człowieka do czasu rozważać wypada w trzech odrębnych płaszczyznach: rachuby czasu, rytmów i form użytkowania czasu oraz wyobraźni czasowej. We wszystkich tych trzech płaszczyznach zmierzać będziemy do uchwycenia elementów, które stanowią rysy szczególne umysłowości i psychiki. W samej rzeczy jednak należy mieć na uwadze, że w najgłębszych warstwach kultury psychicznej przemiany są powolne i kryją się pod pozornie ponadczasową i ponadterytorialną wspólnotą zachowań ludzkich. W cywilizacji agrarnej jednostajna przemienność sezonów, następstwo słońca i księżyca na firmamencie, gra światła i zmroku wyznaczają ramy przepływu czasu. Czas ludzki zdaje się być w pełni podporządkowany przyrodzie, współbrzmiący z czasem przyrody czy nawet z nim tożsamy. Znajomość czasu przyrody była szeroko rozpowszechniona, stanowiła bowiem warunek uprawiania rolnictwa, wynikała z bezpośredniej obserwacji natury i nagromadzenia odpowiednich doświadczeń. Człowiek uczył się, jak najlepiej korzystać z możliwości, jakie otwierała przed nim natura, i dostosowywał rozkład swoich zajęć i sposób życia do rytmu naturalnego.

Na porządek natury nakładał się jednak porządek kultury. Rozumienie czasu należało wszak do najintymniejszych warstw rozumienia świata, a dla rozkładu swych zajęć człowiek szukał sankcji duchowej, religijnej czy mitologicznej. Dociekał zatem w rytmie przyrody kierunku działania sił nadprzyrodzonych, doszukiwał się z góry ustalonego uwartościowania czasu. Ludowa wiedza, wróżbiarstwo i magia, wierzenia religijne – te trzy dziedziny świadomości ludzkiej kształtowały pospołu podstawowe wyobrażenia o czasie. Dokonuje się tu przeto konfrontacja różnych systemów i treści kulturowych, postaw i wątków kontynuowanych z przedchrześcijańskiej tradycji słowiańskiej z tymi, które przynosiło chrześcijaństwo.

W długotrwałym procesie chrystianizacji tradycyjne i nowe wątki kulturowe nie tylko się zmagały, lecz także współżyły ze sobą i łączyły się. Zachodnie chrześcijaństwo przyniosło ze sobą rytm roku kościelnego, ułożony w cykl świąt, uporządkowany w swoistą hierarchię, w której obok wielkich świąt, związanych z podstawowymi prawdami wiary, było miejsce na święta znaczące etapy czasu naturalnego (np. ceremonie dni krzyżowych w maju wzywały błogosławieństwa Bożego dla przyszłych zbiorów), jak też na różnego rodzaju święta lokalne. Ten układ roku liturgicznego, ukształtowany w kręgu śródziemnomorskim, już w swej genezie nawiązywał do czasu naturalnego, dostosowując do jego rytmów i wymogów rozłożenie świąt w czasie. W praktyce chrystianizacji następowała dalsza adaptacja roku liturgicznego do tradycji miejscowej i odmiennych warunków lokalnych. Rok liturgiczny był strukturą dostatecznie elastyczną i bogatą, aby wchłonąć różnego rodzaju tradycyjne i lokalne święta, dokonując chrystianizacji tradycji na drodze synkretyzmu.

Chrześcijaństwo przynosi nie tylko rytm świąt i modlitw, lecz także ogólną koncepcję czasu jako fragmentu wieczności, w którą wpisuje się dramat stworzenia, wcielenia i sądu ostatecznego. Historia doczesna łączyła się z historią objawioną, czas nie był przeto ciągiem zmian, lecz wielką trwałością, przynależną Bogu i prowadzącą ku Bogu.[3] Nie przeceniając stopnia upowszechnienia średniowiecznej filozofii czasu, jaką rysował św. Augustyn czy Honorius Augustodunensis, uznać można sformułowania teologiczne za teoretyczne artykulacje przekonań i postaw, które w formie bardziej uproszczonej wchodziły w skład katechizacji mas. Nie ścierały się one wprawdzie z przeciwstawną filozofią czasu, z wcześniej ukształtowaną, przedchrześcijańską jego doktryną, jednakże naprzeciw nim stawały doświadczenia społeczne, obserwacja przyrody, pamięć o minionych pokoleniach. Naprzeciw wyobrażeniu czasu jako linearnego ciągu stawała świadomość cyklicznego rytmu natury, naprzeciw koncepcji czasu jako własności Boga, który niejako aktualizuje przeszłość oraz przyszłość i miesza je pospołu w teraźniejszości – poczucie chronologicznego ciągu życia jednostki, rodziny, zbiorowości.

Interesować nas tu będą odczucia i wyobrażenia masowe, a o nich informacje źródłowe są skąpe. Wypadnie nam przeto poszukiwać informacji pośrednich, sięgnąć do analiz szczegółowych, a w poszukiwaniu cech zbiorowych i ogólnych poczucia czasu człowieka tej epoki usiłować będziemy uchwycić również pewne zróżnicowania wewnętrzne i społeczne odmienności wyobraźni czasowej. Odmienności sposobu życia mają w tym względzie wpływ przemożny. Dotyczy to jednak także stosunku do przeszłości. Natykamy się tu na złożony problem pamięci, zarówno zbiorowej, jak indywidualnej. Rozważając pamięć zbiorową wypada mieć na uwadze, że wchodzą tu w grę dwa procesy: z jednej strony obiektywny proces gromadzenia się w obrębie grup i zbiorowości pewnych wspólnych wspomnień i przekazów o przeszłości, z drugiej zaś strony określone programy ideologiczne – a więc postulatywne, programujące – artykułują się w pamięć zbiorową grupy, szukają spoiwa dla zwartości grupowej, odwołując się właśnie do jej wspólnej przeszłości, tworząc prawdziwe lub fałszywe ciągi zdarzeń. Społeczny zasięg realizacji tego programu był w wiekach średnich ograniczony. W masach zainteresowanie przeszłością było skąpe, określone przez chwilę aktualną, wplecione w powolny rytm życia wegetatywnego, odnoszący się tak do teraźniejszości, jak i do przeszłości czy ziemskiej przyszłości.

2. Nomenklatura miesięcy i rachuba czasu

W procesie rozwoju cywilizacyjnego potrzeba rachuby czasu, kształtowana w sposób różnorodny przez wymogi życia społecznego i gospodarczego, charakter wyobraźni zbiorowej i stan wiedzy o przyrodzie, doprowadziła do wytworzenia się rozmaitych systemów kalendarzowych. Oparcie dla nich stanowiła obserwacja zjawisk astronomicznych, długość dnia i nocy, a przede wszystkim zmian faz księżyca. Dziedzictwem starożytnej cywilizacji śródziemnomorskiej był egipski kalendarz słoneczny (rok podzielony na 12 miesięcy po 30 dni, do których dorzucano 5 dni na koniec roku, tj. razem 365 dni), jak też babiloński kalendarz księżycowy (podział roku na 12 miesięcy synodycznych uzupełniano dodając co kilka lat trzynasty miesiąc) oraz rzymski kalendarz słoneczno-księżycowy. Ten ostatni system przejęła średniowieczna Europa w postaci zreformowanego kalendarza juliańskiego, który obsługiwał mniej lub bardziej sprawnie (prace nad jego stosowaniem i jego poprawą trwały nieustannie aż po schyłek XV wieku) potrzeby instytucji i ludzi świata chrześcijańskiego. Ale ten uczony produkt dociekań przyrodniczych i refleksji abstrakcyjnej miał ograniczony zakres

społeczny. Obok tego trwała nadal praca wyobraźni zbiorowej nad oznakowaniem upływów i nawrotów czasu. Badanie sposobów określenia czasu i używanych do tego znaków jest mniej ważne dla poznania postępu wiedzy niż badanie ukształtowanych systemów rachuby, ale też wprowadza w sposób myślenia i odczuwania wielkich zbiorowości ludzkich. Nie wystarczy zatem stwierdzić, że u progu omawianego okresu, na przełomie I i II tysiąclecia, kultura polska wśród propozycji ówczesnej kultury europejskiej znajdowała wykształcony kalendarz juliański. Dostrzec trzeba, w jaki sposób dokonywała się konfrontacja tego systemu z praktyką dotychczasową; ta ostatnia właśnie – nie tylko dlatego, że była autochtoniczna, ale także dlatego, że była wytworem spontanicznej pracy umysłu i wyobraźni zbiorowej – ma dla historii kultury znaczenie szczególne.

W skąpym materiale źródłowym, jaki mamy do dyspozycji dla poznania systemu rachuby czasu w Polsce wczesnośredniowiecznej, szczególne znaczenie mają rodzime nazwy miesięcy, które zachowały się w tradycji i folklorze krajów słowiańskich (najstarsze zapisy pochodzą z XI wieku).[4] Znakomity slawista ubiegłego stulecia, Franz Miklosich, zestawił te różnorodne nazwy w listę obejmującą ponad 90 określeń.[5] Nazewnictwo to sięgało do rozmaitych dziedzin wyobraźni ludzkiej i życia zgodnie z rytmem przyrody. Obfity zespół stanowią w tym zestawieniu nazwy wywodzące się z wegetacji roślinnej: miesiącom nadawał miano bób, brzoza, czereśnia, dąb, trawa, lipa, róża, dereń (czyli świdwa), wrzos, jęczmień. Do tej grupy przypisać należy także nazwy określające okresowy charakter przyrody w sposób bardziej ogólny: miesiąc żółty (*zloti*) czy miesiąc zielony (*zelenъ* – co można jednak także rozumieć jako miesiąc kapusty), miesiące opadania liści, kwitnienia, dojrzewania. Drugą, niezbyt liczną grupę stanowią nazwy związane ze światem zwierzęcym, a więc miesiąc „grzania" (*gréti* – prawdopodobnie chodzi tu o zwyczaj krów, które w czasie mrozów grzeją sobie boki tłocząc się w oborze czy chacie), miesiące kóz, szarańczy (*izokъ*

– H. Łowmiański sądzi, że chodzi tu nie o szarań-
czę czy południowego plewika, lecz o jakieś insekty
związane z letnimi sianokosami[6]), mleka, wilka,
psa, gołębia, kawki, kukułki, czy wreszcie miesiąc
czerwia, czyli czerwca. Do tej grupy zaliczymy
także nazwę miesiąca *rjuti*, oznaczającą ruję jeleni.
Obszerniejszą grupę stanowią nazwy związane ze
zjawiskami naturalnymi i stanem pogody. *Babine
lěto* było nazwą pierwszego miesiąca jesieni (odpowiednik września, tj. dziewiątego miesiąca naszego
kalendarza), który określany był także mianem
miesiąca jesieni (*jesen*). Podobnie wymienić można miesiące wiosny (*jar*); miesiące zimy, czyli gru-
dy, lodu, mgły (*bruma*), miesiąc zimny (*stud* – dla
określenia jedenastego, dwunastego lub pierwszego miesiąca, jak też *ljuto* – miesiąc drugi, czyli
luty); i miesiące lata – upalny (*żar* lub *prażnik*),
suchy. Tutaj także zaliczymy miesiąc *lgati* (trzeci
miesiąc roku), jeżeli uznamy, że ten „łżący miesiąc" nazwę swoją zawdzięcza zmiennemu charakterowi pogody w tym czasie, i miesiąc słońca (tj.
zimowego przesilenia), a także miesiąc paździorów
(*pazdernik*), kiedy to zwykło się międlić len. Istnieje także możliwość odmiennej interpretacji tej
nazwy, związania jej z wiatrami, które „paździera-
ją" (na Rusi *pazderit* w znaczeniu „zdzierać") liście
z drzew; Wielkorusini pod mianem *pazdernik* rozumieli nie tylko dziesiąty miesiąc, lecz także zimny
wiatr północny.[7] Czynności gospodarcze stanowią
przeważające odniesienie w następnej, czwartej
grupie nazw związanych z wydarzeniami okresowymi: miesiące koszenia, młócenia, siania, sieczenia,
żęcia, ugorowania, jak też obroku, wina, sierpa czy
koła (*kola* – dla określenia ósmego miesiąca roku,
zapewne jako okresu, gdy wozy ruszają do zwózki).
Ostatnią, najobszerniejszą, ale też budzącą najwięcej wątpliwości grupę stanowią nazwy związane
z obyczajami i świętami. Wymienić tu można miesiąc modlenia się („bożenia" – *božišt*), małżeństwa
(*svadba*), świąt (*svęt*), świateł (*svešta*), święta rusa-
łek (*rusalija*). W słowiańskim nazewnictwie miesięcy funkcjonują także nazwy świąt chrześcijańskich
dla określenia miesięcy, w których te święta przy-

padają. Występują tu zarówno znaczniejsze daty
kalendarza chrześcijańskiego – Wielkanoc, Wielki
Post, *pętikosty* (od *pentecoste*, określenie Zielonych Świątek w łacinie kościelnej), Wszystkich
Świętych, jak też dni świętych patronów cieszących
się dostatecznie szerokim lub powszechnym kultem
– Andrzeja, Jerzego, Grzegorza, Jakuba, Jana,
Łukasza, Marii Magdaleny, Marcina, Michała, Piotra, Filipa, Demetriusza, Eliasza. Tego typu związek nazw miesięcy z przypadającymi w tym czasie
świętami obserwuje się wyraźnie w nazewnictwie
węgierskim.

Dostrzegając obfitość słowiańskiego nazewnictwa miesięcy, pamiętać trzeba o niejednorodności
– zarówno geograficznej, jak chronologicznej –
zawartego w nich materiału historyczno-języko-
wego. Zapisy tych nazw dokonane zostały w różnych okresach i wiele spośród nich powstało w późnym średniowieczu i w czasach nowożytnych. Kultura tradycyjna sięgała tu do obyczajowości i do
słownictwa nowych systemów kulturowych i nowych instytucji, a zapożyczone określenia stosowa-
ła mechanicznie na zasadzie zwyczaju: tak jak
dawne święto *rusalija* nadało nazwę szóstemu (lub
siódmemu) miesiącu roku, tak msza maryjna
w dniu Wniebowzięcia nadawała nazwę ósmemu
miesiącu (*mša*), a Wielki Post trzeciemu miesiącu.
Przypuszczać można, że znaczna liczba tradycyjnych słowiańskich określeń czasu zanikła zupełnie
i nie pozostawiła śladów w piśmiennictwie;[8] dotyczy to w sposób oczywisty zwłaszcza ostatniej z wyliczonych wyżej grup, ponieważ nazwy związane
z tradycyjną obyczajowością i dawnymi świętami
musiały być zwalczane jako przejaw pogaństwa.
Zasadniczy zrąb słowiańskich nazw miesięcy
ukształtował się jednak dość wcześnie, najprawdopodobniej istniał już w połowie I tysiąclecia naszej
ery jako samodzielny wytwór kultury słowiańskiej.
Nie ma powodu, aby uznawać te nazwy za wtórny
produkt adaptacji czy przekładu wzorców przynie-
sionych przez cywilizację rzymską, germańską czy
chrześcijańską.

Poważniejsze trudności nasuwają się, gdy podejmujemy sprawę charakteru nazw, które określiliśmy dotąd jako nazwy miesięcy. Czy rzeczywiście u genezy swej były to nazwy miesięcy?[9] Bardziej prawdopodobne jest, że określały one początkowo odcinki czasu nierównej długości, nie układające się w jednolity system i odpowiadające małym porom roku, w ramach ogólnego podziału czasu na okres zimny i okres ciepły. Niesystematyczny charakter określeń wiązał się również z tym, że geograficzny zakres stosowania ich był ograniczony lokalnie. To także pozwala zrozumieć, dlaczego tak znaczna jest liczba znanych nam słowiańskich nazw pór roku: powstawały one spontanicznie na długiej połaci czasowej i w różnych miejscach świata słowiańskiego.

Bardzo dawne poświadczenie słowiańskich określeń wiosny (w dwóch formach: *vesna* i *jar*) oraz zimy, a także – nieco późniejsze – jesieni i lata wskazuje na to, że Słowianie rozróżniali główne pory roku, których odmienności, a zwłaszcza przeciwstawienie pory gorącej i pory zimnej, były oczywiste. Ale ten wielki podział stanowił tylko konstatację tak ogólną, że nie stwarzał możliwości wyznaczania podziałów w czasie. Ta rola przypadała właśnie nazwom bardziej szczegółowym, związanym z wydarzeniami w ramach przyrody i życia ludzkiego. W tym sensie można mniemać, że wymienione nazwy były pierwotnie określeniami małych pór roku:[10] trwałą zasadą powstawania kalendarza ludowego jest wyznaczanie powtarzających się momentów krytycznych i posługiwanie się ich mianem dla oznaczenia pewnego okresu, pewnej połaci czasowej.

Nie wiemy z całą pewnością, czy we wczesnej kulturze słowiańskiej nastąpiła systematyzacja kalendarzowa tych krótkich okresów roku i powiązanie ich ze zmianami księżyca. Jest jednak bardzo prawdopodobne, że jeszcze przed chrystianizacją i bez wpływu kalendarza chrześcijańskiego wykształciła się w świecie słowiańskim księżycowa rachuba czasu, na którą nałożyła się wcześniej ukształtowana terminologia. Kolejne fazy księżyca określano mianem przypadających wówczas owych "momentów krytycznych". O systematyzację jednolitą było tu trudno, już chociażby dlatego, że zjawiska, od których wywodziły się te nazwy, występowały wcześniej lub później, w zależności od wahań klimatycznych i położenia geograficznego poszczególnych krain. Ponadto, póki nazwy te zachowywały swoje naturalne odniesienie, rytm natury zapewniał ich zgodność z ludzkim doświadczeniem. Odmiennie się rzecz miała, gdy wchodziły one w funkcjonowanie jednolitego układu. W związku z niewspółmiernością rachuby księżycowej i słonecznego cyklu rocznego, do układu dwunastu miesięcy (księżyców) musiano niekiedy dorzucać trzynasty miesiąc. Występowały bowiem oczywiste rozbieżności między określeniami miesięcy a opisywanymi przez nie zjawiskami (12 księżyców to 354 dni, rok słoneczny zaś liczy o jedenaście dni więcej; jeżeli więc jednego roku kwitnienie lip wypada istotnie w czas pełni księżycowej miesiąca lipnia, to w następnym roku pełnia księżyca lipnia wypada o 11 dni wcześniej, a rozziew między zjawiskiem a księżycem, noszącym jego nazwę, rośnie). W ludowej rachubie czasu, przyjmującej podział dwunastomiesięczny, stosuje się wówczas prosty zabieg określenia tym samym mianem dwóch kolejnych księżyców (trzymając się cytowanego przykładu miano "lipnia" uzyskują dwa kolejne księżyce, przy czym niekiedy stosuje się dodatkowe określenie, rozróżniając mały i wielki lipień).

Ta niejednolitość nazewnictwa trwała bardzo długo i jest świadectwem, że mamy tu stale do czynienia z trwającym jeszcze procesem. Warto przytoczyć określenia poszczególnych miesięcy, jakie spotykamy w najstarszych zabytkach piśmiennictwa polskiego z XIV–XV wieku, za J. Łosiem,[11] w porządku miesięcy kalendarza juliańskiego:

I	*ledzen, prosinech, stitschen, tyczyen, luthy*
II	*luty, sticen, sechen(?), strompacz*
III	*vnnor, marzecz, merschecz*
IV	*llzyquyad, kwyecyen, lsz[yk]vuat,*
	lzzygwyeth, quetschen, kvyeczen

V   *may*
VI   *ugornyk, zok, czyrvyen, czyrwyecz*
VII   *lypiecz, lypyen*
VIII *schyrpyen* lub *czyrwyen*
IX   *wrzeschen, paszdzyernyk* lub *wrzeszynu,*
      paszdzernya, payacznik, stojatschen
X   *listopad, lystopadl, passczerszen*
XI   *grudzen, payącznik, lystopad,*
      peschtschernic, wrzesyen
XII   *grudzen, proschyen.*

Widoczne jest w tym wyliczeniu,[12] że wykształca się już pewna jednolita nomenklatura, której dane będzie stać się trwałym elementem polszczyzny. Poza dwiema nazwami przyjętymi z kalendarza łacińskiego – marzec i maj, które wyparły całkowicie *brzezień* i *trawień* – odnajdujemy w tym zestawieniu nie tylko różnorodność dawnych nazw słowiańskich, ale także pewną niejednoznaczność w umiejscowieniu nazw w czasie. Tak więc *prosinec* występuje jako miesiąc XII i I, czerwiec jako VI i VIII, październik jako IX, X, XI itd. Fakt, że oznaczają one miesiące sąsiadujące ze sobą, wskazuje na to, że nomenklatura nie uległa jeszcze w pełni konwencjonalizacji, że żywa pozostała jeszcze tradycja łączenia nazwy z występowaniem zjawiska, które ona opisuje (nazwą „listopad" określa się okres, kiedy rzeczywiście liście opadają z drzew itp.). Ale znaczące jest tu nie tylko przesuwanie się poszczególnych nazw w czasie, lecz także oboczne występowanie różnych nazw, których rodzimy, autochtoniczny charakter nie ulega wątpliwości: *zok* (ogólnosłowiański *izok*) i *ugornik* obok czerwca, *łżykwiat* obok kwietnia, *ledzen* obok prosińca i stycznia itd. Oboczne występowanie tych nazw wskazuje na lokalne różnice w nomenklaturze kalendarzowej. Tego typu odmienności w stosowanym nazewnictwie czasowym rejestrujemy w tym wypadku już nie tylko na skalę całego świata słowiańskiego, lecz właśnie w samym obrębie polskiego obszaru językowego. Oboczności 'te nie utrudniały jednak obiegu kulturowego i nie stwarzały przeszkody we wzajemnym porozumieniu się,

ponieważ nomenklatura ta, jeszcze płynna i stosowana elastycznie, nie była tylko umowna, lecz zachowywała charakter znaczący, miała stałe odniesienie do rzeczywistych, powtarzalnych wydarzeń czasu naturalnego i życia zbiorowego ludzi.

Skoro przeto rodzima nomenklatura kalendarzowa jeszcze w późnym średniowieczu zachowywała charakter żywy i otwarty, skoro była przedmiotem jednostkowych i zbiorowych wyborów, to można ją traktować jako istotny przekaz, pozwalający dociekać średniowiecznego sposobu myślenia o czasie.

W trzech płaszczyznach wypada rozważyć problemy kalendarza: 1) obserwacji przyrody, 2) rytmu pracy, 3) cyklu sakralnego i myślenia magicznego.

3. Kalendarz i obserwacja przyrody

Zarówno w pochodzeniu słowiańskiego nazewnictwa czasowego, jak u podstaw budowy układów kalendarzowych, jakie pojawiły się w średniowieczu, odnajdujemy bezpośredni wpływ obserwacji zjawisk natury. Pozwoliło to zresztą badaczom życia gospodarczego w średniowieczu wykorzystać słowiańskie nazewnictwo miesięcy do poznania znaczenia poszczególnych rodzajów zajęć gospodarczych, a zwłaszcza do wykazania podstawowego znaczenia rolnictwa w gospodarce dawnej Słowiańszczyzny,[13] podczas gdy zbieractwo i rybołówstwo pozostawiły słabsze ślady w tym nazewnictwie. W nazwach rejestrujących wydarzenia periodyczne widzieliśmy oczywistą przewagę rolniczych zajęć gospodarczych. Ale w grupie nazw związanych ze światem roślinnym pole obserwacji jest szerokie i kieruje uwagę ku podstawowemu rytmowi wege-

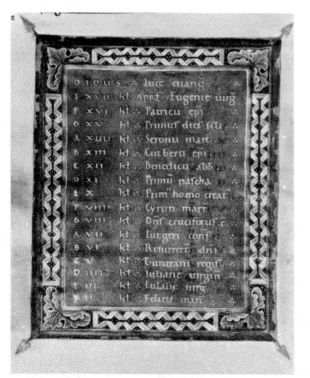

529. Kalendarz: miesiąc marzec, *Sakramentarz Tyniecki* (p. 12); ok. 1060 r.

tacyjnemu, ku kulminacyjnemu momentowi czasowemu w życiu roślinnym – okresowi kwitnienia i dojrzewania. Podpatrując czas przyrody człowiek także opanowywał ją, uczył się z niej korzystać: owe momenty kulminacyjne czasu roślinnego to właśnie pory, w których człowiek znajdował swój własny pożytek w owocach wegetacji roślinnej. W pewnej mierze dotyczy to także nazw czasowych związanych ze światem zwierzęcym; tu widoczne są zainteresowania hodowcy i myśliwego, dla którego ma praktyczne znaczenie znajomość zwyczajów zwierząt (miesiąc *grêti*, kiedy to krowy skupiają się ciasno w poszukiwaniu ciepła) czy też grożących im okresowo niebezpieczeństw (miesiąc *kymati* – gdy bydłu grozi szaleństwo pod wpływem ukąszeń gzów). Nazwy miesięcy związane ze zwierzętami przywołują też okres aktywności seksualnej zwierząt jako wyznacznik, jako ów moment krytyczny – miesiąc *rjuti* czy też *rujeń* – okres rui jeleni i łosi

(według niektórych interpretacji także *berezeń* wiązano z życiem seksualnym, uznając brzozę za miesiąc płodności).

Obserwacja przyrody prowadziła przeto do konstatacji cyklicznej zmienności w życiu roślinnym i zwierzęcym, powtarzalności zjawisk. Przyroda jawiła się człowiekowi w rytmie czasowym, w którym pewne znaczenie miał ciąg rozwoju (kwitnienie i przekwitanie, niedojrzałość i dojrzałość), ale przede wszystkim na planie pierwszym pozostawała cykliczna przemienność, periodyczna powtarzalność momentów krytycznych rozwoju i wegetacji. Czas przyrody usiłuje człowiek oswoić i poznać. Pragnie go także zrozumieć, tzn. nie tylko oznaczyć go i nazwać, ale też pojąć treści i sygnały znakowe, jakie są w nim zawarte. W ten sposób

530. Kalendarz: miesiąc lipiec i sierpień, *Missale Plenarium* z Gniezna (p.21); ost. ćw.. XI w.

czas przyrody jest wymiarem władczym, do którego człowiek się przystosowuje; do niego adaptować wypada rytm życia ludzkiego, wedle niego określa się rytm wytwarzania i spożywania, rytm pracy i odpoczynku.

4. Kalendarz i rytm pracy

Wskazywaliśmy, że słowiańska nomenklatura kalendarzowa wyrastała z podstawowych zajęć życia wiejskiego, że rytm przyrody określał podstawowy rytm pracy. Ale do sezonowych robót rolnych znajdujemy niewiele bezpośrednich odniesień w nazwach miesięcy: obok miesiąca żniw – sierpnia (któremu towarzyszy również nazwa miesiąca *żęti* o analogicznym znaczeniu) oraz ugornika (który występuje paralelnie do czerwca), w najstarszych polskich układach kalendarzowych nie znajdujemy innych nazw miesięcy tego typu. Kilka innych nazw związanych z robotami rolnymi spotykamy wśród nazw miesięcy rejestrowanych na innych ziemiach słowiańszczyzny: miesiące sianokosów (*kositi*), młócki (*mlatiti*),[14] obroku (*obroč*), siewu (*sejati* – miesiąc ten występuje jako pierwszy w sezonie jesiennym). Z zajęciami rolnymi wiązać też można – jednak nie bez wątpliwości – nazwę kwiecień (także *łżykwiat*), która wedle niektórych interpretacji oznaczała porę kwitnięcia drzew owocowych, oraz *trawień*, kiedy bydło zaczynano wypędzać na pastwiska; nazwę *sieczeń* tłumaczy się bądź jako porę rąbania drewna na opał, bądź jako porę ścinania drzew (w ramach gospodarki wypaleniskowej). Na trop wiejskich zajęć pozarolniczych prowadzą nazwy czerwca i października. Czerwiec (lub czerwień) związany jest ze zbiorem czerwca (*coccus polonicus, porphyrophora polonica*), owada, którego po wysuszeniu i starciu na proszek używano do farbowania tkanin na kolor szkarłatny (od niego właśnie wywodzi się nazwa koloru „czerwo-

ny" w języku polskim i analogiczne w innych językach słowiańskich);[15] przed rozpowszechnieniem amerykańskiej koszenili, czerwiec był produktem znanym również poza granicami Słowiańszczyzny i zaspokajał nie tylko lokalne potrzeby, lecz był także przedmiotem handlu. Zrozumiałą więc rzeczą jest, że okres zbioru tego owada był wydarzeniem w rytmie zajęć dorocznych. Październik to miesiąc paździorów, kiedy przychodzi pora międlenia lnu, szeroko uprawianego na ziemiach Słowiańszczyzny. Związek z zajęciami bartniczymi czy myśliwskimi wsi słowiańskiej odnaleźć można w innych nazwach miesięcy: *rujeń* przypomina, że okres rykowiska stanowi dogodną porę do polowania na samce, lipiec i wrzesień mogą wiązać się ze zbiorem miodów w okresie kwitnienia lip i wrzosu.

531. Kalendarz: miesiąc kwiecień, *Rocznik* i *Kalendarz Kapitulny Krakowski* (p. 33); pocz. 2 poł. XIII w.

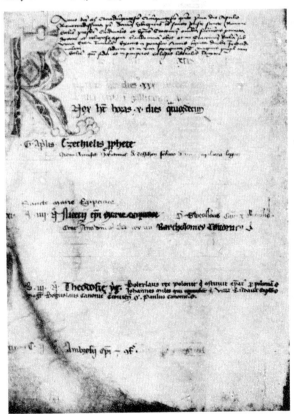

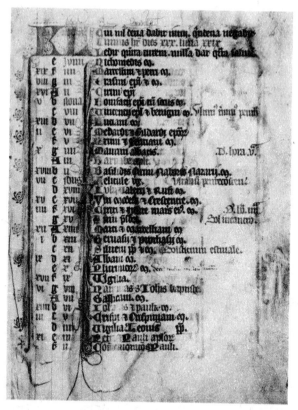

532. Kalendarz: miesiąc czerwiec, *Brewiarz z Czerwińska* (f. 4); XIII/XIV w.

Radziecki archeolog B.A. Rybakow wysunął hipotezę, że w ornamentach naczyń ceramicznych Polan kijowskich znajduje odbicie podział cyklu rocznego na miesiące oraz wyodrębnienie dat „zapalania ognia". Ponadto symbole typowych zajęć wyznaczają tam rytm pracy: znak radła przypada na nasz kwiecień, znak kłosa na sierpień, znak sieci łownej na ptactwo określa wrzesień, a znak lnu – październik. W podobny sposób miano także zapisywać okresy pogody oraz pory deszczowe. Wedle tej hipotezy w pierwszej połowie I tysiąclecia Słowianie posługiwali się znakowym kalendarzem roku wegetacyjnego od czasu orki w miesiącu odpowiadającym naszemu kwietniowi po żniwa w początku naszego sierpnia. W te ramy roku wegetacyjnego wpisane były także słowiańskie święta obrzędowe. Jeżeli przyjąć tę hipotezę, to wynika

z niej, że powiązanie rytmu pracy agrarnej z konstrukcjami kalendarzowymi ma starą metrykę w tradycji słowiańskiej. Formowanie się nazw okresów czasowych poprzedzone byłoby przez pikturalny zapis znaków, wyodrębniających znamienne daty czasu przyrody.

Dostrzegając związek nazw miesięcy z sezonowymi pracami życia wiejskiego, doceniając znaczenie piętna, jakie praktyka agrarna wycisnęła na słowiańskich nomenklaturach kalendarzowych, nie należy jednak traktować kalendarza jako rodzaj środka mnemotechnicznego, pomocy pamięciowej dla planowania życia agrarnego. Znaczące miejsce, jakie zajmują nazwy związane z pracą w pierwotnym kalendarzu, wiąże się z ogólnym charakterem wyobraźni czasowej człowieka tych czasów: jest ona konkretna, rzeczowa, oparta na obserwacji. Podzielając przekonanie dziewiętnastowiecznej etnografii o niezdolności człowieka pierwotnego do myślenia abstrakcyjnego, historycy niekiedy odmawiali dawnym kulturom możliwości uogólniania rzeczowej obserwacji przyrody. W naszych rozważaniach nad wyobraźnią czasową mieszkańców ziem polskich u progu naszego tysiąclecia dostrzegamy, jak porządek myślenia od obserwacji przedmiotu do nazwania okresu czasowego jawi się tu w postaci rzeczowej obserwacji czasu w powiązaniu z naturą i nazwania przedziałów czasowych mianem poszczególnych „dat krytycznych, które rozrywają czas".[16] W niektórych nazwach odnaleźć można również refleksję natury estetycznej: w nazwach typu żółty czy zielony wyraźna jest wyobraźnia kolorystyczna, a nie tylko przyrodniczo-gospodarcza. Wytwarzanie się rachuby czasu, kalendarzowych układów nazw okresowych, jest więc naturalnym wynikiem samej obserwacji przyrody i dostrzegania rwącej się zmienności czasu naturalnego. Ale odpowiada także na pewne pytania, jakie życie codzienne stawia przed człowiekiem, służy jego potrzebom.

5. Nazewnictwo i *sacrum*

W samym nazywaniu czasu, w obdarzaniu nazwami poszczególnych jego okresów, tkwi dążność człowieka do ujarzmienia czasu. Nie tylko do biernego dostosowania się do koniecznych wymogów zmieniającej się przyrody, lecz także do korzystania z niej, nie tylko do podporządkowania się przyrodzie, lecz także do wpływania na nią. Odnajdujemy tu splot między działalnością produkcyjną a poczynaniami magicznymi. Działania produkcyjne człowieka są połączone z działaniami magicznymi i w sposób trudny do rozróżnienia wpisane w rytm czasowy. W porównawczej historii religii podkreśla się ścisły związek, a nieraz także tożsamość między pojmowaniem świata i czasu:[17] osadzając akt tworzenia u początku czasu, traktuje się przemiennie pojęcia świata i czasu (w niektórych językach ten sam termin określa świat i rok, ziemię i rok), cykl roczny uznaje się za odnawianie się świata. U podstaw tego utożsamiania świata i czasu tkwi przekonanie, że oba są rzeczywistościami sakralnymi, dziełami Bożymi, stąd też w większości religii kult rozłożony jest wedle rytmu rocznego, w ramach roku rozłożone są periodyczne momenty, w których człowiek poszukuje kontaktu ze światem nadprzyrodzonym.

Wśród nazw miesięcy oczekiwać można przeto uzewnętrznienia się rytmu świąt. W nomenklaturach słowiańskich grupa nazw tego typu, jakie znalazły utrwalenie w źródłach, jest wcale obszerna, ale związana z liturgią chrześcijańską: miesiąc wielkanocny, miesiąc postu, miesiąc Grzegorza, Jakuba, Jana, Marcina... Nazwy miesięcy związane z wielkimi świętami liturgii chrześcijańskiej oraz z imionami szczególnie popularnych świętych można traktować jako rezultat chrystianizacji kultury lokalnej. Podobnie jak obserwujemy nakładanie się miejsc kultu chrześcijańskiego na tradycyjne miejsca kultów pogańskich, tak i nazwy okresów czasowych związane z wierzeniami pogańskimi były zastępowane i wypierane przez nazwy związane z chrześcijaństwem. W rezultacie polityki chrystianizacyjnej dotarło do nas tylko kilka nazw czasowych związanych z tradycją przedchrześcijańską: miesiąc świąt (*svęt*) związany z jedenastym miesiącem naszego kalendarza, miesiąc świateł (*svesta*) odpowiadający lutemu, oraz miesiąc *rusalija* odpowiadający czerwcowi lub lipcowi. Te dwa ostatnie dają świadectwo dwóch ważnych wydarzeń w cyklu rocznym. Miesiąc świateł notuje wagę przełomowego okresu między jednym a drugim rokiem – zimowego przesilenia dnia z nocą, w którym następuje odnowienie ognia, notowane szeroko w folklorze europejskim:[18] gasi się stary ogień, a zapala nowy, zaznaczając w ten sposób koniec roku czy też koniec „słońca". Miesiąc *rusalija* przypomina o słowiańskim święcie, w którym badacze dopatrywali się kontynuacji wątków obrzędowych antycznych i w którym przedmiotem kultu są rusałki (mity z terenu Serbii, samowiły lub samodiwy w Bułgarii) oraz dusze zmarłych.[19]

Sprawa świąt wskazuje nam w tym miejscu na znaczenie wymiaru sakralnego w wytwarzaniu podziałów czasowych. Jest też rzeczą wymowną, że rosyjskie określenie *god*, jak też bułgaro-serbskie *godina*, oznaczają jednocześnie rok, czas w ogóle i święto.[20] Jeżeli rytm świąt był jednym z głównych bodźców dla powstawania systemów kalendarzowych, to zrozumiała jest też tożsamość czasu w ogóle i czasu świętego, jaka wytwarza się w świadomości zbiorowej i znajduje odzwierciedlenie w języku. W ten sposób analiza słowiańskich nazw miesięcy każe nam potraktować problem mierzenia czasu nie jako sprawę techniki myślowej, lecz jako problem mentalności i kultury, w którym obserwacja rytmu przyrody, doświadczenia techniczne cywilizacji agrarnej i system wierzeń są ze sobą ściśle splecione.

6. Mierzenie czasu

Omawiając słowiańskie nazwy miesięcy mogliśmy stwierdzić, że z potrzebą nazywania czasu splecione było mierzenie czasu. Podstawą orientacji w zmienności czasu była obserwacja przyrody, jej cyklicznych mutacji, ale nade wszystko obserwacja ciał niebieskich.[21] Zbyt skąpe są informacje dotyczące interesującego nas okresu, abyśmy mogli bez ryzyka anachronizmu rezultaty badań etnograficznych o astronomii ludowej wykorzystać do rekonstrukcji wiedzy ludowej w Polsce wczesnego średniowiecza. Na pewno jednak podobne były kierunki obserwacji nieba i wyciągane z nich praktyczne wnioski.

Przede wszystkim obserwacja słońca kierowała uwagę ku najogólnieszym podziałom; ona to stwarzała zasadniczy obraz powtarzalnego cyklu wydarzeń naturalnych i zajęć gospodarczych w ramach roku, jak też wprowadzała podział wewnętrzny na cztery wielkie sezony. W zasobie językowym, który T. Lehr-Spławiński uważa za niewątpliwie przynależny do spuścizny prasłowiańskiej,[22] odnotowujemy wszystkie cztery nazwy, a więc lato i zimę, wiosnę i jesień, nie znamy jednak kolejności i czasu powstania tych nazw. Przypuszczać można, że podstawowe znaczenie miał podział na lato i zimę,[23] może także i wiosnę (dawni Germanie stosowali właśnie taki trzyczęściowy podział roku),[24] przy czym główną rolę w wyznaczaniu przepływu czasu odgrywała pora letnia. Warto zanotować, że w języku staroruskim słowo *lato* występowało w trzech znaczeniach – jako określenie czasu w ogóle, określenie pory letniej i określenie roku.[25] To ostatnie znaczenie odnajdujemy także w polszczyźnie. Jest to oczywista wskazówka, że czas liczono latami (podobnie jak Germanie liczyli zimami),[26] że właśnie pora letnia stanowiła właściwy przedmiot zainteresowania i centralny okres cyklu rocznego. W naszym klimacie zmiany nasłonecznienia i różnice temperatur są dostatecznie ostre i wyraźne, aby określać nadchodzące pory roku i okresy wegetacji. Rolę pomocniczą spełniała obserwacja gwiazd; wprawdzie etnografia notuje znikome jej znaczenie w polskiej astronomii ludowej XIX i XX wieku, ale można przypuszczać, że w tym względzie stała się już ona bezużyteczna w związku z upowszechnieniem się wiadomości metorologicznych i wpływem precyzyjnych podziałów czasowych. Obserwacja położenia Oriona i Plejad nad horyzontem sprzyjała ustaleniu kalendarza zajęć gospodarczych,[27] pozwalała określić nadejście wiosny (wieczorne zajście Oriona) czy porę sprzętu owoców.

Uważną obserwację księżyca narzucał tryb życia w dawnych warunkach, noce spędzane latem pod gołym niebem, rytmy wypasów, nocnych polowań i połowów ryb, wreszcie sama różnorodność form, w jakich się księżyc periodycznie jawił. To właśnie stale konstatowana periodyczność faz księżyca stwarzała psychologiczne bodźce do mierzenia czasu w cyklu krótkim. W umysłowości tradycyjnej, aż po nasze czasy, mierzenie latami i liczenie lat jest znacznie mniej ważne niż podziały wewnątrz cyklu rocznego, jako że wedle owych podziałów krótkich określane były czynności magiczne, święta i zajęcia. Księżyc we wzroście, pełni i schodzie zdawał się być *par excellence* znakiem czasu; mnogość nazw określających we współczesnym słownictwie ludowym poszczególne fazy księżyca (w których wiele terminów uznać można za wywodzące się z zasobu średniowiecznego) jest świadectwem znaczenia obserwacji księżyca w folklorze i wiedzy ludowej.

Obserwacja ta stwarzała podstawy do wprowadzenia w cykl roku, dzielącego się na wielkie czy mniejsze pory, rytmu podziałów drobnych. Każdy nowy „miesiąc" pojawiający się na niebie był podstawą wyróżnienia, a gdy zyskiwał nazwę – przez skojarzenie z dziejącym się wówczas wydarzeniem w życiu fauny i flory, w cyklu wierzeń, działań magicznych czy zajęć gospodarczych – stawał się podstawą rachuby czasu. W podział miesięczny wpisywały się przez obserwację księżyca okresy krótsze, czy to wzrostu i schodu księżyca, czy to czterech faz księżyca.

Astronomia ludowa z obserwacji słońca, księżyca i gwiazd dostarczała przeto zasadniczych ram podziału i rachuby czasu. Podobnie jak w poprzednich wywodach o słowiańskich nazwach miesięcy, dostrzec tu możemy nie tylko potrzebę wiedzy i poznania, lecz wierzeń i magii: słońce, księżyc, gwiazdy są przedmiotem czci, kultu i strachu, człowiek śledzi ich pojawianie się i ewolucje, aby móc korzystać z ich sił nadprzyrodzonych lub zapobiegać grożącym mu od nich niebezpieczeństwom. Rachuba czasu była przeto naturalnym rezultatem obserwacji powszechnej i wyrastała spontanicznie z doświadczeń kultury ludowej (czy też ,,nieuczonej''). Nie układała się ona w system kalendarzowy i przypuszczać można, że między wyobrażeniem cyklu rocznego, związanego z obserwacją słońca (tj. ruchu ziemi wokół słońca), a związanymi z obserwacją księżca podziałami periodycznymi (typu miesięcy ,,księżycowych'' i faz księżyca) nie występowały odniesienia i powiązania, że nie odczuwano powszechnie potrzeby tworzenia konkordancji między rokiem słonecznym a rokiem księżycowym. Oba typy obserwacji dyktowały podobny pogląd ogólny na czas, tworzyły obraz rytmicznej powtarzalności, który nie wymagał rachuby systematycznej, nie wytworzył konwencjonalizacji kalendarzowej – ten typ rachuby czasu wniesiony został dopiero w toku długiego procesu chrystanizacji kultury polskiej w dobie wcześniejszego średniowiecza.

7. Konwencjonalizacja podziałów czasowych

Konwencjonalizacja podziałów czasowych i wprowadzenie bardziej rygorystycznej rachuby kalendarzowej związane były przede wszystkim z potrzebami Kościoła. Organizacja kultu łączyła się z wprowadzeniem ukształtowanego systemu kalendarzowego, z wyznaczeniem obchodów świąt kościelnych, z określeniem dni świętych patronów.

W szczególności święta ruchome zmuszały środowiska kościelne do ustawicznego zajmowania się sprawą kalendarza, który nie był raz na zawsze ustaloną ramą upływu czasu, lecz wymagał zmian i adaptacji każdego roku. Problemy ścisłej rachuby czasu interesowały przede wszystkim środowiska kościelne, ale oczywiste jest także, że instytucje życia społecznego odczuwały także potrzebę konwencjonalizacji podziałów czasowych, a zwłaszcza upowszechnienia w świadomości ludzi układu faz czasowych w ramach roku. Terminy składania powinności i świadczeń, daty wypraw wojennych i stawiennictwa zbrojnych, terminy sądowe, codzienna praktyka administracji państwowej wymagały tego, aby ustalona była i dostatecznie powszechnie znana struktura czasu, aby podziały czasu i główne terminy były wspólne dla całego kraju.

Mierzenie czasu było płaszczyzną spotkania systemu tradycyjnego ze sformalizowaną rachubą czasu, przynoszoną przez ludzi i instytucje Kościoła. W rezultacie synkretyzmu, jaki dokonał się w tym spotkaniu, w nazewnictwie dotyczącym czasu, a zatem w samym systemie rachuby czasu odnajdujemy różne, odmienne poziomy. Wystarczy zestawić współczesne nazewnictwo miesięcy u ludów słowiańskich, aby odnaleźć różnorodność rezultatów procesów synkretycznych. Oto typowe sytuacje w tym względzie: język polski w nazwach miesięcy łączy terminy kalendarza łacińskiego (jak maj) z terminami tradycji słowiańskiej (jak listopad), język czeski utrzymał w całości terminologię wyłącznie słowiańską, zaś język rosyjski w całości przejął łacińskie nazwy miesięcy. Ten ostatni przykład ukazuje także powolność, z jaką zachodziły procesy synkretyzmu: przez długi jeszcze czas utrzymywały się obok siebie dwie terminologie, tradycyjna słowiańska oraz importowana łacińska; wymagało to omówień i przekładu (w rodzaju: *oktabr, rekomyi* – listopad).[28] W wypadku polskim ów eklektyczny kalendarz, obejmujący terminy głównie słowiańskie, także wykształcał się w toku ewolucji i na drodze wyboru z używanych lokalnie terminów. Przede wszystkim jednak pamiętać należy, że obok siebie współistniały dwa systemy nomenklatury kalendarzowej: jeden polski, wyrosły z wiedzy i z nazewnictwa ludowego, a drugi łaciński, używany w Kościele i w ogóle w piśmie. O ile więc ten pierwszy utrzymywał się w przekazie ustnym i w użyciu powszechnym, to ten drugi obsługiwał kulturę uczoną i kulturę pisaną, ale przecież spełniać miał także funkcje masowe czy upowszechniające. Potrzeba kalendarza była wszak potrzebą komunikacji, potrzebą powszechnego zrozumienia: kalendarz kościelny komunikowany musiał być wiernym, a realizacja decyzji administracyjnych, zapowiadana aktami, wymagała porozumienia co do terminów. Między tymi dwoma obiegami kulturowymi trwa zatem działalność przekładu, a w kalendarzach używanych w praktyce kościelnej nad łacińskimi nazwami miesięcy spotykamy nadpisane obiegowe nazwy polskie; w kalendarzu krakowskim z XIII wieku[29] obok łacińskiej nazwy *januarius* znajduje się późniejszy dopisek *prosinech*, obok nazwy *februarius* – słowa *yathen sive sechen*, obok nazwy *martius* – nazwa *unnor*; w kalendarzu płockim z XIV wieku[30] nadpisano (zapewne w XV w.) nad nazwami łacińskimi nazwy polskie wszystkich miesięcy: *luthy* jako pierwszy miesiąc roku, a *proschyen* jako ostatni.

Wielowarstwowość nazewnictwa czasowego jest zresztą rezultatem nie tylko konfrontacji systemu lokalnego, autochtonicznego, z systemem ukształtowanym w tradycji łacińsko-rzymskiej, lecz także procesów bardziej różnorodnych i stale trwających. Procesy osadnicze i związane z tym migracje ludzi, przepływy między różnymi obszarami językowymi i kulturowymi prowadziły zapewne także do mieszania w obiegu ustnym różnych nazw lub też stwarzały bodźce do odtwarzania czy też przekładu nazw używanych przez przybyszów. System nazw nadawanych podziałom czasowym w przekazie niepisanym zachowywał stale charakter żywy, nazwy znaczyły coś konkretnego, nie miały charakteru umownego; kronikarz ruski notował: „po grudzie, bo był grudzień, czyli nojabr''[31] –

oczywiste jest, że ta ostatnia nazwa nic nie znaczyła, podczas gdy nazwa „grudzień'' odwoływała się do konkretnego stanu przyrody. W kulturze ludowej w ciągu całego średniowiecza trwał ten proces eklektycznego formowania nazewnictwa na drodze wzajemnych zapożyczeń. Mierzenie czasu było przeto procesem żywym, a rachuba czasu nie była jednorazowym wynalazkiem, przejęciem czy zapożyczeniem, lecz formą działania ludzkiego, zmierzającego do poznania przyrody i korzystania z niej.

8. Tydzień i dzień

Zajmowaliśmy się dotąd głównie podziałem miesięcznym. Wynika to nie tylko z materiału leksykalnego, jaki mamy w tym zakresie do dyspozycji, ale także ze znaczenia, jakie ten podział miał w rzeczywistych zainteresowaniach człowieka sprawami czasu. Bieg spraw świata przyrody i tok zajęć ludzkich czynił naturalnym podział na miesiące, tak jak na pory roku – duże i małe. Wytworzenie się kalendarza związanego z miesiącami słonecznymi dało impuls do systematyzacji miesięcy księżycowych i do tworzenia mechanizmów przekładu, relacji między uczoną rachubą miesiącami słonecznymi a potwierdzaną przez bezpośrednią obserwację powszechną orientacją wedle miesięcy księżycowych (w źródłach ruskich spotyka się rozróżnienie na miesiące naturalne lub „niebieskie'' oraz miesiące „książkowe'').[32]

W wypadku tygodnia i podziału na dnie określone odmiennymi nazwami uzasadnienie naturalne podziału jest znacznie słabsze niż w wypadku miesiąca. Widzieliśmy już, że fazy księżyca tworzyły oczywisty podział wewnętrzny miesiąca – podział ważny, bo wynikały z niego konsekwencje dla przewidywań praktycznych czy działań magicznych (np. noce bezksiężycowe, tj. okres próżny czy też „pusty'' według określeń folkloru, były niepomyślne dla działań praktycznych); fazy księżyca okresłały porę pomyślną dla siewu roślin czy zbierania ziół. Etnologia współczesna konstatuje, że tydzień jest przede wszystkim tworem społecznym, zmiennym w różnych społecznościach (wahającym się między 3 a 10 dniami) i nie odzwierciedlającym rytmu naturalnego.[33] Brak jest danych o występowaniu w naszej kulturze – i w ogóle w kręgu cywilizacji słowiańskiej – praktyki nazywania poszczególnych dni i grupowania ich w powtarzalne podziały wewnętrzne miesiąca. Przypuszczać tylko możemy, że – podobnie jak notuje się to w kulturze ludowej czasów nowszych – mogło być stosowane liczenie poszczególnych dni każdej z faz księżyca (a więc pierwszy, drugi, trzeci dzień księżyca wstępującego, w pełni, czy zstępującego). Wydaje się jednak, że tydzień jest formułą, rachubą czasu przejętą od cywilizacji zachodniej.

Polskie nazwy dni tygodnia pojawiają się w źródłach stosunkowo późno. W zasadzie pierwsze polskie zapisy datować można na XV wiek (w czeskim piśmiennictwie pojawiają się w XIV wieku[34]), zapewne jednak znacznie wcześniej krążyły one w obiegu ustnym. W łacińskiej terminologii kościelnej noszą charakter numeryczny: niedziela występuje jako pierwszy dzień tygodnia (*feria prima*, określana jednak głównie jako dzień pański – *dies dominica*), następne dni noszą oznaczenia kolejnej numeracji (*feria secunda, tertia* etc.), aż do siódmego dnia, który nosi nazwę sięgającą genezą starożytnego Wschodu – *sabbatum*. W polskim nazewnictwie dni numeryczne oznaczenia występują także, nie stanowią jednak kalki terminologii kościelnej, bo „wtorek" stanowi odpowiednik kościelnego trzeciego dnia, „czwartek" – piątego, a „piątek" – szóstego. Językoznawcy spierali się o genezę słowiańskich nazw dni tygodnia,[35] wysuwając zwłaszcza różne przypuszczenia o drogach zapożyczenia lub pochodzenia nazwy „środy". Przeważa pogląd, że tydzień i nazwy dni przejęte zostały z łacińsko-romańskiego kręgu kulturowego od Słowian południowych, a podstawowe zapożyczenie dokonało się w kontaktach z ziemiami patriarchatu akwilejskiego.[36] Uformowanie nazw by-

ło jednak procesem o pewnych cechach oryginalności; niedziela – dzień w którym się nie pracuje, czy też, w który nie należy pracować, stanowi podstawę konstrukcji, po czym liczy się dni po niedzieli (pierwszy po niedzieli – poniedziałek, drugi – wtorek itp.), a dzień środkowy – środa – określony jest oddzielnie (jako *media, hebdomas, mezzedima, Mittwoch*). Przypomnieć tu można, że oznaczanie numeryczne w ramach tradycyjnej obserwacji faz księżyca (pierwszy dzień – czy noc – po pełni itp.) mogło mieć wpływ na łatwość przyjęcia i upowszechnienia tygodniowego systemu oznaczeń. O ile polska nazwa podziału – tydzień – podkreśla jego cykliczny charakter (powrót t e g o samego dnia), to w słownictwie staroruskim właśnie niedziela jest także określeniem całego cyklu siedmiodniowego, a liczenie niedzielami przez długi czas utrzymuje się w folklorze słowiańskim.[37]

Fakt, że w wypadku tygodnia nie spotykamy wielości określeń, że nie dawał on bodźców do ustawicznej twórczości ludowej, jak to miało miejsce w wypadku nazw miesięcy, pozwala mniemać, że miał on mniejsze znaczenie w mentalności tradycyjnej. W płaszczyźnie wierzeń wspominaliśmy już o świętowaniu niektórych faz księżyca, zwłaszcza nowiu i pełni, zachowanym przez długi czas w folklorze,[38] co powinno umacniać znaczenie tygodnia w świadomości społecznej. W toku pogłębiania chrystianizacji ustawicznym problemem jest przestrzeganie zakazu pracy w niedzielę; jeszcze w późnośredniowiecznym kaznodziejstwie stałym motywem jest nieprzestrzeganie tego zakazu. Znacznie łatwiej uzyskał Kościół przestrzeganie zakazu pracy w święta, tu bowiem znajdował grunt przygotowany przez nawyki i obyczaje tradycyjnej mentalności. W płaszczyźnie gospodarczej trudno byłoby szukać uzasadnienia w biologicznej potrzebie periodycznego dnia odpoczynku. Odmienny rytm pracy w dawnych wiekach, obfitość świąt różnego rodzaju sprawiały, że nakaz „siódmego dnia odpoczynku" nie był wymogiem odczuwanym jako konieczność naturalna. Zasadnicze znaczenie miał natomiast rytm tygodniowy dla ustalenia się struktur wymiany periodycznej.

Powiązanie tygodnia z targami występuje często w społecznościach rolniczych w formie bezpośredniej identyfikacji. Dzień targowy wyznacza naturalną granicę czasową, wprowadza w działania produkcyjne i w kontakty społeczne pewien rytm regularny, staje się częścią składową siatki rachuby czasu i wyobraźni czasowej. Słabo jest jeszcze znana geneza targów cotygodniowych na naszych ziemiach. Wydaje się, że w XI wieku były one już powszechną instytucją życia społecznego i gospodarczego.[39] W ten sposób poszczególne dni tygodnia nabierały konkretnej treści, bowiem dni targowe określane były lokalnie. Dzień, w którym odbywał się targ we własnej lub w najbliższej miejscowości, organizował rynek lokalny i rytm wymiany, ale upowszechniały się także wiadomości o sąsiednich targach w innych miejscowościach. Wytwarzała się swego rodzaju przemienność rytmu wymiany, w którym targi cotygodniowe układały się w cykle: w ramach niezbyt rozległych przestrzeni targi odbywały się w poszczególnych miejscowościach w kolejne dni tygodnia. Nazwy miejscowe typu Piątek czy Środa są częstym świadectwem utrwalania się i konwencjonalizacji związku dnia targowego z określoną miejscowością. W okolicach Kalisza występują miejscowości Piątek i Sobótka, których funkcje targowe datuje się na XI wiek, oraz Wtorek, powstały w następnym stuleciu.[40] Wśród nazw miejscowych tego typu występuje Wtorek (i Tworek), Środa, Piątek, Sobota, bardzo rzadko Czwartek (*Słownik geograficzny* wymienia tu dwa przykłady), nie występuje zaś wcale Niedziela i Poniedziałek. Typ nazw targowych występował przeto już przed kolonizacją niemiecką, zaś w okresie intensyfikacji osadnictwa został spopularyzowany.[41] Czas łączy się tu z topografią. Rysuje to znaczenie, jakie pojęcie tygodnia miało dla porozumienia między ludźmi w organizacji wymiany, tłumaczy też rosnące znaczenie rachuby tygodniowej w wyobraźni czasowej ludzi tej epoki.

Używaliśmy do tej pory przemiennie określenia dnia i nocy jako jednostki rachuby. Z obserwacji przyrodniczej w naturalny sposób nasuwało się pojęcie doby jako połączenia dnia i nocy[42] (słowo „doba" przynależy zresztą – podobnie jak „dzień" i „noc" – do prasłowiańskiego zasobu leksykalnego). W łacińskim piśmiennictwie średniowiecznym rozróżniano *dies naturalis* jako określenie całej doby (między jednym a drugim wschodem słońca) od *dies artificialis* jako określenia samego dnia, od wschodu do zachodu słońca. Nasuwa się jednak pytanie, czy w powszechnej rachubie czasu jednostką rachuby czasowej były noce czy dnie. Wydaje się, że podobnie jak u Germanów (notuje to Tacyt i Cezar[43]), w tradycji lokalnej czas liczono przede wszystkim nocami. W dawnym prawie polskim regułą najczęstszą było liczenie czasu na noce (z wyjątkiem roków sądowych[44]); księga prawa zwyczajowego z XIII wieku stosuje jednoznacznie rachubę nocami. Fakt pierwszeństwa nocy przed dniem w rachubie czasu wynika z koncentracji obserwacji tradycyjnej na księżycu, może jednak także mieć swoje źródła w systemie wierzeń pogańskich. Zachowany bardzo długo w folklorze zwyczaj rozpoczynania świętowania od wieczora dnia poprzedzającego święto można także traktować jako świadectwo obliczania na noce. Rachuba tygodniowa i kalendarz chrześcijański praktykę liczenia nocami wyparły na rzecz dni.

9. Podział doby

Wewnątrz dni i nocy, zarówno kultura ludowa, jak praktyka kościelna czy też wiedza uczona, wprowadzały mniejsze podziały.

Obserwacja słońca i księżyca dostarczała obfitych wyznaczników tych podziałów. Różnice oświetlenia w ciągu dnia i położenia słońca dawały możliwość wyróżniania poranka i wieczoru, świtu czy brzasku i południa.[45] Spośród tych podziałów jedynie południe jest granicą czasową dość precyzyjną. Określenie pory przez obserwację położenia słońca na niebie czy też długości cienia jest procederem znanym ludom we wczesnych etapach rozwoju kultury i nie nastręcza żadnych trudności (w dni pochmurne człowiek mógł się orientować z zachowania zwierząt, reagujących w szczególny sposób na porę południa). W praktyce życia agrarnego potrzeba dokładnego określenia owej połowy dnia nie jest silna i wymaga tylko ogólnej orientacji o upływie dnia. Podobną rolę ogólnych wyznaczników czasu dziennego spełniały pojęcia brzasku czy zmierzchu. *Rocznik Krakowski*, zapisując wiadomość o śmierci biskupa krakowskiego Prandoty, jeszcze w połowie XIII wieku notuje, że zmarł on około pory zmierzchu nocnego.[46] Zapis nie odwołuje się do bardziej ścisłego określenia w kategoriach godzin kanonicznych. Przypuszczać można by także, że rytm czasowy dnia wyznaczały nawyki fizjologiczne człowieka. Pamiętać jednak trzeba o notowanym przez psychologię społeczną zjawisku małej wrażliwości na rytm posiłków w środowiskach ubogich, gdzie pory posiłku nie są regularne, a je się wtedy, gdy jest akurat czas i gdy ma się co jeść.[47] Jedynie pora wieczerzy nosi charakter regularny, ale tu zakończenie pracy czy też zbliżający się zmierzch były oczywistymi wyznacznikami.

Obserwacja nieba miała pewne znaczenie dla podziałów w obrębie nocy. Ludowa wiedza o ruchach gwiazd stanowiła podstawę orientacji w nocy.[48] Zwłaszcza Plejady, Orion i Wóz stwarzały możliwości mierzenia czasu upływu nocy (co było ważne głównie zimą, gdy noce były długie), ale też ograniczało się to do ogólnych podziałów wyznaczających północ, czy też dzielących noc na trzy-cztery części. Miało to swoje znaczenie dla niektórych praktyk magicznych czy też dla określenia właściwej pory zbierania ziół. Praktyczną użyteczność obserwacja ta miała przede wszystkim dla określenia czasu wstawania ze snu porą zimową, gdy budzenie się i rozpoczynanie pracy wyprzedza świt. Szeroko rozpowszechnione w kulturze ludowej było liczenie upływu nocy pianiem kogutów (pierwszy, drugi i trzeci kur), co stanowiło wyznacznik na pewno mało ścisły i zmienny, ale jednocześnie było czynnikiem łączącym i spajającym w rytmie czasu społeczności lokalnej: trzeci kur, zapowiadając świt, był wspólnym sygnałem początku dnia.

Liturgia kościelna, a zwłaszcza praktyka modlitw klasztornych wymagały bardziej dokładnego i usystematyzowanego podziału doby niż podział naturalny. Służył temu system godzin nierównych (*horae inaequales*), który służbę Bożą w ciągu całego dnia układał w następstwo siedmiu (a od XIII w. sześciu) godzin kanonicznych, od *matutina*, przypadającej w trzeciej ćwierci nocy i *hora prima* o wschodzie słońca do *completorium* po zachodzie słońca. Tworząc odpowiedniość między godzinami kanonicznymi a naturalnym upływem dnia posługiwać się musiano różnymi odstępami czasu w ciągu dnia i nocy w różnych porach roku.[49] Stwarzało to możliwość wpływu kościelnego sposobu rachuby czasu w ramach dnia na praktykę myślenia o czasie i mierzenia czasu. W utworach historiograficznych i w dokumentach często spotyka się uściślanie momentu czasowego w kategoriach godzin kanonicznych. *Rocznik Krakowski* notuje w innym miejscu, że ostatniego dnia stycznia 1257 roku w porze primy miało miejsce trzęsienie ziemi,[50] zaś Gall, nie podający w swojej kronice szczegółowych dat, zapisuje, że bitwa Władysława Hermana z Pomorzanami miała miejsce w „trzeciej godzinie dnia".[51] Opisując wstępne kroki księcia poprzedzające starcie zbrojne, kronikarz podaje bardzo znamienną i rewelacyjną dla naszych rozważań informację: otóż książę Władysław polecił spalić wszystkie miejsca warowne Pomorzan „w oznaczonym dniu i o określonej godzinie".[52] Działania wojenne wymagały zgrania czasowego podejmowanych działań i, jak wskazuje ten przykład, uciekania się do precyzyjnych podziałów czasu.

Kościelny podział dnia był zbyt abstrakcyjny, aby mógł być w szerszym użyciu, jego szczegółowy charakter nie odpowiadał potrzebom powszechniejszym spoza kręgu kultury uczonej i piśmienniczej. Jest rzeczą znamienną zresztą, że w piśmiennictwie stosuje się także podziały naturalne dnia; cytowaliśmy już zapis rocznikarski zmierzchu, w in-

447

nych wypadkach występuje brzask czy północ itp.[53] Chociaż więc obca nomenklatura godzin kanonicznych (odmiennie niż w ruskiej terminologii kościelnej, gdzie godziny kanoniczne noszą nazwy rodzime, wywodzące się z podziału naturalnego dnia) nie sprzyjała ich upowszechnieniu, to jednak sam fakt powiązania tego sztucznego podziału dnia z podziałem naturalnym miał swoje znaczenie i przygotowywał grunt pod ściślejsze podziały doby na godziny zegarowe, co nastąpi w ostatnich wiekach średniowiecza.

Upowszechnianiu się znajomości godzin kanonicznych i przystosowywaniu się do myślenia o upływie dnia w kategoriach godzin sprzyjało nie tylko uczestnictwo w niektórych nabożeństwach, lecz przede wszystkim dźwięk dzwonów, ogłaszających kolejne godziny kanoniczne. Dzwony kościelne stają się wielkim regulatorem rachuby dnia i wyznacznikiem dostatecznie ustalonym, żeby odwoływały się do nich nawet średniowieczne akty oficjalne. Określenia w rodzaju „gdy zadzwonią po raz drugi na mszę u franciszkanów" pozwalają traktować dzwony – przynajmniej w życiu miejskim – jako poprzedników zegarów publicznych.[54] Poczynając od XIII wieku dochodzi jeszcze praktyka wzywania wiernych trzykrotnym uderzeniem w dzwony do porannej i wieczornej modlitwy o pokój.[55] Bicie w dzwony wywierać musiało wrażenie na umysłach ludzkich, a apotropeiczny charakter dźwięku dzwonów nadawał wewnętrznym podziałom dnia i rachubie godzin wymiar magiczny, sprzyjając wprowadzeniu do wrażliwości ludzi tej epoki uszczegółowienie rachuby i poczucia czasu.

10. Instrumenty mierzenia czasu

Rozwinięta rachuba czasu wymagała odpowiednich technik myślowych oraz narzędzi mierzenia czasu. Stwierdzić to możemy zarówno w kręgu kultury masowej, jak i kręgu kultury uczonej.

Przede wszystkim dotyczy to kalendarzy, które odzwierciedlały nie tylko sposób myślenia o czasie, ale były także narzędziem wiedzy o jego upływie, instrumentem rachub czasu.

W kręgu kultury słowiańskiej stwierdza się wczesne występowanie prymitywnych form zapisów kalendarzowych. Wykopaliska z terenów ruskich ukazały gliniane płytki lub naczynia, na których ornamentacja geometryczna, połączona z ideogramami zwierzęcymi i znakami konwencjonalnymi nosi charakter regularny. Archeolodzy radzieccy traktują te przedmioty jako kalendarze magiczno-agrarne i datują najwcześniejsze z nich na IV wiek.[56] Liczba znaków odpowiada liczbie dni w roku, a znakami szczególnymi wyodrębniono święto Kupały i inne święta związane z pracami rolnymi. Ten typ ideograficznie ukształtowanych kalendarzy rolniczych etnologia konstatuje u wielu ludów pierwotnych, stwierdzając, że poprzedzają nawet wykształcenie się pisma.[57] Istniały one następnie bardzo długo jeszcze w użyciu chłopskim, w kręgu kultury ludowej, tym bardziej że posługując się symbolami znakowymi (a później obrazkowymi) nie wymagały umiejętności czytania. Formą najbardziej rozpowszechnioną i przez długi czas zachowaną w folklorze był kalendarz „rzezany" w drewnie, rodzaj birki.[58] Na różnego kształtu kijach oznaczano karbami poszczególnie dni, zaś specjalnymi znakami zaznaczano święta. Kij został następnie zastąpiony drewnianą deseczką, na której wygodniej można było pomieścić zapis kalendarzowy. Pod wpływem kalendarza kościelnego i na drodze skojarzenia z przyjętymi przezeń formami w późniejszym średniowieczu pojawi się chłopski kalendarz obrazkowy, będący narzędziem rachuby czasu dla analfabetów.

Nie wiemy, która z tych form występowała na ziemiach polskich. W folklorze zachował się zwyczaj zaznaczania karbów na kiju lub znaków na szerszej deszczułce, dla określenia poszczególnych miesięcy (księżycowych).[59] Przypuszczać można, że ten typ zapisu kalendarzowego, chociażby w uproszczonej formie, był używany jeżeli nawet nie dla

TABLICA I
a) Znak Wodnika (miesiąc styczeń); b) odpoczynek przy kominku (styczeń); c) siew zboża (wrzesień); d) sprzęt zboża (sierpień); e) uprawa ziemi motyką (czerwiec); f) sadownictwo: szczepienie drzewek (kwiecień); ilustracje na kartach kalendarza w *Psałterzu* z klasztoru klarysek we Wrocławiu; koniec XIII w.

TABLICA II

a) Baran (znak Barana – miesiąc marzec); b) higiena osobista: kąpiel w łaźni (marzec); c) ryby (znak Ryby – luty); d) troska o zdrowie: puszczanie krwi (luty); e) uścisk powitalny (znak Bliźniąt – maj); f) troska o zdrowie: pielęgnowanie chorego (maj); ilustracje na kartach kalendarza w *Psałterzu* z klasztoru klarysek we Wrocławiu

TABLICA III
Haft złotymi nićmi na purpurowym jedwabiu: scena nawiedzenia; fragment kolumny ornatu z opactwa cysterskiego w Henrykowie;
ok. poł. XIII w.

TABLICA IV
Wizerunek św. Stanisława na witrażu z klasztoru dominikanów Św. Trójcy w Krakowie; ost. ćw. XIII w.

TABLICA V
Diadem książęcy z Płocka; XIII w.

TABLICA VI

Karta z ornamentalną bordiurą w *Sakramentarzu Tynieckim* (p. 42); ok. 1060 r.

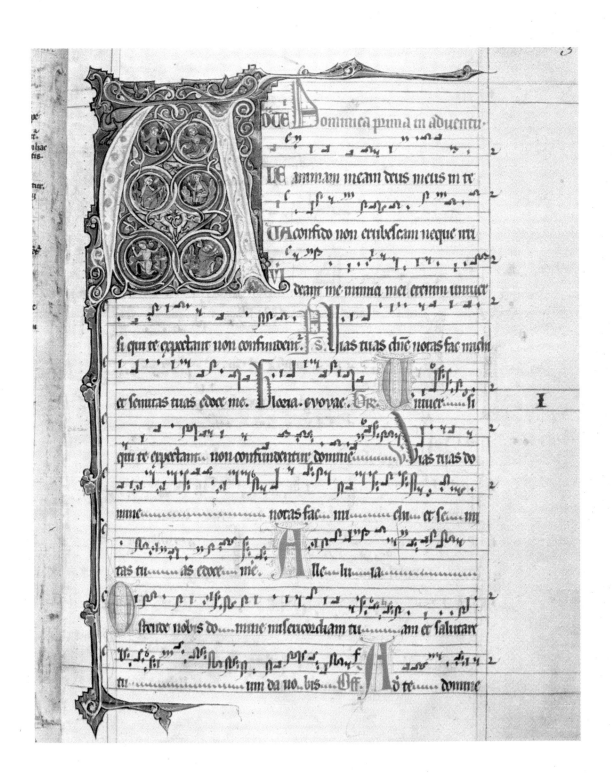

TABLICA VII
Inicjał *A* w *Graduale* z Kamieńca Ząbkowickiego (f. 3); koniec XIII w.

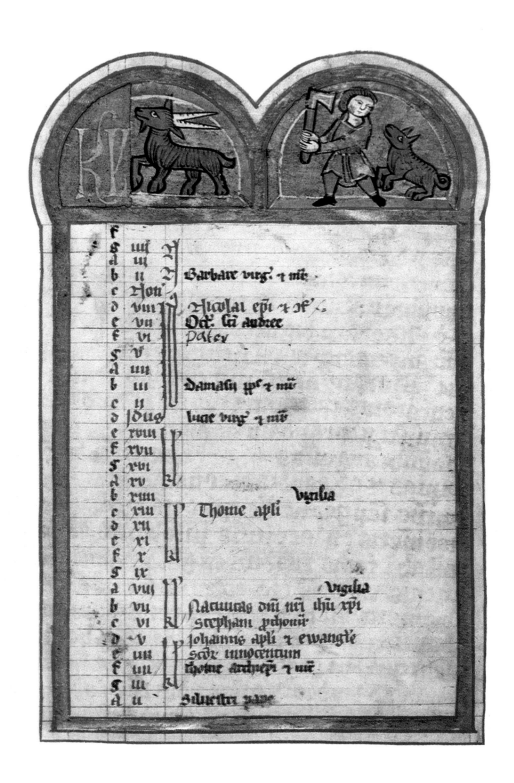

	f	iiij	KL	
	g	iij		
	b	ij		Barbare virg̃ · ꝇ mr̃
	b	Non		
	d	viij		Nicolai epĩ ꝇ ꝯf ·
	e	vij		Octt̃ sc̃i andree
	f	vi		Pater
	g	v		
	d	iiij		
	b	iij		Damasii ꝑp̃ ꝇ mr̃
	c	ij		
	d	Idus		luce virg̃ ꝇ mr̃
	e	xviij		
	f	xvij		
	g	xvi		
	d	xv		
	b	xiiij		Vigilia
	c	xiij		Thome ap̃li
	d	xij		
	e	xi		
	f	x		
	g	ix		
	a	viij		Vigilia
	b	vij		Natiuitas dñi nr̃i ih̃u xp̃i
	c	vi		Stephani ꝓthom̃
	d	v		Iohannis ap̃li ꝇ ewangl̃e
	e	iiij		Scõr̃ Innocentium
	f	iiij		thome archiep̃i ꝇ mr̃
	g	iij		
	a	ij		Siluestri pape

TABLICA VIII

Kalendarz: miesiąc grudzień; karta kalendarza w *Psałterzu* z klasztoru klarysek we Wrocławiu; koniec XIII w.

przedstawienia pełnego cyklu kalendarzowego, to przynajmniej dla określenia dat świąt i praktyk magicznych, czy też dni pomyślnych i niepomyślnych, a niekiedy dla zanotowania, na podobnej zasadzie jak karbowanie liczb, przeżytych wydarzeń (głody, mory, pożary).

W powszechnym użyciu ludzi i instytucji Kościoła były natomiast kalendarze pisane. Stanowiły one niezbędny instrument liturgii kościelnej, wchodziły przeto w skład koniecznego wyposażenia rękopiśmiennego, które towarzyszyło rozwojowi struktur chrystianizacyjnych. Ułożone miesiącami zawierały one spisy świętych i instrukcje, jakiemu świętemu oddawać należy cześć danego dnia. Związek ze sprawowaniem oficjów sprawiał, że często występują one w ramach mszałów i brewiarzy. Najstarsze kalendarze zachowane w naszych zbiorach rękopiśmiennych, z XI wieku, przywiezione zostały do Polski z krajów zachodnich (współcześnie lub później) i noszą charakter uniwersalny, przytaczając bardzo dużą liczbę świętych; obok spisu świętych zawierają z reguły także kalendarz rzymski. W kalendarzach nieco późniejszych, nawet wtedy, gdy wychodziły one z zagranicznych skryptoriów i do Polski były przywożone, nasilał się charakter lokalny: za pomocą poprawek, dopisków i podkreśleń dostosowywano je do miejscowych potrzeb kościelnych. *Kalendarz Trzebnicki* przywieziony został zapewne przez św. Jadwigę z Kitzingen w diecezji würzburskiej; dopisane w nim zostały imiona świętych polskich.[60] Lokalne odrębności między poszczególnymi diecezjami oraz następujące z czasem zmiany w datacji obchodów w ramach każdej diecezji były jednak dostatecznie duże, aby konieczna stała się praktyka lokalnego sporządzania kalendarzy i stałego ich dostosowywania do praktyki kościelnej. Wystrój dekoracyjny kalendarzy, zdobiące je minatury, czyniły z nich przedmioty cenne. Jednocześnie zaś barwny rękopis, przyporządkowujący dzień świętemu patronowi, w przestrzeń karty wpisujący dni oznaczone imieniem świętego, niekiedy zaznaczając tylko niektóre dni ważniejszych obchodów, stanowił ikono-

graficzny i piśmienny kodeks czasu, łącząc abstrakcyjny układ rachuby z czasem człowieka. Ten typ kalendarzy obsługuje jednak wyłącznie środowisko kościelne. Do szerszych rzesz docierała tylko jego praktyczna realizacja.

Kościelne obchody liturgiczne jak też obyczaje życia gospodarczego, w którym terminy płatnicze czy też targi i jarmarki związane były z dniami bardziej popularnych w średniowieczu świętych, sprawiały, że kalendarzowe spisy świętych wnikały do świadomości ogółu. Zachowywano je przede wszystkim w pamięci, a uczestnictwo w nabożeństwach i praktyka kaznodziejska były środkami ustawicznego przypominania. Kalendarz kościelny był też przedmiotem nauki w szkołach różnego szczebla, przede wszystkim w przygotowaniu kleru. Środkiem utrwalania pamięciowego kalendarza i dat świąt nieruchomych stał się utwór mnemotechniczny, zwany cyzjojanem;[61] powstały przed 1246 rokiem rozpowszechnił się ten utwór w nauczaniu europejskim, szczególnie w Czechach, Niemczech i w Polsce, zwłaszcza w ostatnich stuleciach średniowiecza.

Bardziej precyzyjne narzędzia mierzenia czasu w interesującym nas tu okresie nie odgrywały jeszcze roli społecznej. Zegary słoneczne, piaskowe czy wodne nie wychodziły poza ramy pracowni uczonych czy też zgromadzeń klasztornych. Dopiero w późnym średniowieczu rozpocznie się szybka ekspansja zegara mechanicznego, pojawią się tabele syzgijów, notujące godziny, a sławę zdobędą krakowskie kalendarze astronomiczne.[62]

Swoistym instrumentem mierzenia czasu był wreszcie sam człowiek. Rachuba kolejnych lat nie wykraczała poza środowisko uczone, w świadomości potocznej ograniczano się do pamięci ludzkiej. Życie ludzkie dostarczało wówczas pewnych ram pojęciowych mierzenia długich pasm czasu; młodość i starość, generacyjny horyzont pamięci („jak daleko pamięć ludzka sięga"), wydarzenia życia rodzinnego i politycznego, panowania władców, okresy sprawowania godności kościelnych stanowiły odniesienia dające orientację w czasie.

Wiedza szkolna, a w ślad za nią także świadomość leksykalna dostarczały także pewnych punktów orientacyjnych w życiu człowieka, tworząc w ten sposób naturalne podziały czasowe w makroskali. W ślad za średniowiecznymi encyklopediami życie ludzkie dzielono na siedem okresów: dzieciństwo do siódmego roku życia, pacholęctwo do 15 roku, młodzieńczość (łac. *adolescencia*, może temu wiekowi odpowiada właśnie pojęcie otroka w staropolszczyźnie?) do 25 roku, młodość do 35 roku, męskość do 50 lat, starość do 70 lat i wreszcie zgrzybiałość. Ta rozbudowana hierarchia wieku jest wzorcem kultury szkolnej, w obiegu potocznym granice wieku zapewne nie były tak określone. Pamiętać jednak trzeba, że za tymi pojęciami kryły się pewne określone prawa i obowiązki, dotyczące zarówno wychowania domowego, nauki, funkcji życiowych, jak i wszystkich dziedzin prawa. Nawet zatem, gdy granice poszczególnych okresów nie były tak ściśle określone, posługiwano się tymi naturalnymi miarami upływu życia.

11. Rytmy i społeczne użytkowanie czasu

Psychologia społeczna i doświadczenie praktyczne wskazują, że warunki społeczne i naturalne określają tryb użytkowania czasu, sposób korzystania z niego, a w dalszej konsekwencji wytwarzają osobliwości i odmienności we wrażliwości ludzkiej na czas.

W agrarnym społeczeństwie średniowiecza podstawowy rytm czasu określała przyroda. W toku omawiania nazw miesięcy mieliśmy już możność stwierdzić, jak zasadnicze znaczenie dla mierzenia i określania czasu miała obserwacja przyrody, życia flory i fauny. Zajęcia ludzkie wplatały się w czas przyrody i podlegały jego powolnemu biegowi. Zwiększenie intensywności pracy następowało w okresie wielkich zajęć życia rolniczego – orki

i siewu, a zwłaszcza żniw i sianokosów, zarówno ze względu na pracochłonność tych zajęć, jak i na potrzebę szybkiego wykorzystania sprzyjających warunków meteorologicznych. Nawet jednak w tych okresach czas pracy traktowany był raczej ekstensywnie niż intensywnie, pracę rozpoczynało się wcześnie i kończyło późno. W zajęciach zbieraczych, w ogrodnictwie, w łowiectwie przeważał także rytm powolny i cierpliwe oczekiwanie. Jeszcze Rej w *Zwierciadle* przestrzega przed zbędnym pośpiechem, który tylko „szybciej prowadzi do dołka".[63]

Powodzenie robót związane było zresztą nie tylko z działaniem produkcyjnym człowieka, lecz także z praktykami kultowymi, które mu towarzyszyły. Kościół zabiegał usilnie o chrystianizację kultowych praktyk agrarnych, rozszerzał zwyczaje poświęceń, popularyzował kulty świętych związanych z pracami rolnymi. Utrzymywały się jednak nadal praktyki magiczne, przeciwko którym występowały surowo uchwały synodalne i które zwalczało kaznodziejstwo jeszcze w XIV i XV wieku. Gestowi produkcyjnemu towarzyszył gest magiczny, w szerokim ruchu ręki siewcy splecione były nierozłącznie oba gesty. Nadawało to szczególne znaczenie pracy ludzkiej i wyznaczając w czasie kolejność podstawowych zajęć, samo użytkowanie czasu zawieszało między siłami przyrody i siłami nadprzyrodzonymi.

Praca i życie wiejskie pozostawały w zasadniczej zależności od naturalnego oświetlenia. Zimą, gdy dzień był krótki, zajęć było mało, a tylko niektóre można było robić o zmroku, pracę zaś zaczynano, jak wspominaliśmy, przed świtem. W ciągu całego roku niektóre zajęcia gospodarstwa domowego mogły także być wykonywane o zmroku.

---

533. Muzykowanie: koncert dworski; tympanon bocznego portalu fasady kościoła klasztornego cysterek w Trzebnicy z przedstawieniem króla Dawida i Betsabe ze służebną; 1 poł. XIII w.

534. Polowanie: łowy na zająca; dekoracja dwóch płytek posadzkowych z klasztoru dominikanów w Krakowie; 3 ćw. XIII w.

535. Turniej, fragment dekoracji krzyża z diademów książęcych, ze Skarbca Katedralnego w Krakowie; 2 ćw. XIII w.

536. Gra w szachy, miniatura w *Digestum Vetus* (f. 188); ost. ćw. XIII w.

Rybactwo i łowiectwo, częściowo także zbieractwo, korzystały w szerokiej mierze z pory nocnej. Podstawowe zajęcia rolnicze natomiast wykonywane mogły być tylko za dnia, od brzasku do zmroku, które były naturalnymi granicami dnia pracy. Oświetlenie sztuczne w praktyce życia wiejskiego miało, jak się zdaje, ograniczone i nikłe znaczenie. Wnętrze izby oświetlało łuczywo, tj. płonące szcza-

452

py drzewne, nieco później pojawiły się świece własnej roboty, czy też kaganki, w których palono olej lub tłuszcz zwierzęcy. Na skalę masową w chacie chłopskiej oświetlenie sztuczne spełniało rolę pomocniczą, w warunkach codziennych płomień paleniska domowego rozświetlał chatę na tyle, aby móc w niej wieczerzać lub wykonać prace domowe.[64] W każdym razie sztuczne oświetlenie w rytm podstawowych zajęć agrarnych nie ingerowało, zachowując charakter świąteczny i prestiżowy, służąc kościołom i dworom; ciemność nocy wiejskiej rozświetlać zdawał się tylko ogień sakralny, a oświetlenie kościołów i dworów stawało się jedną z oznak godności, znakiem czci i prestiżu.

Na ogół podobna była sytuacja w ośrodkach miejskich. W pomieszczeniach grodowych, gdzie światło dzienne dochodziło w ograniczonym stopniu, oświetlenie sztuczne spełniało rolę istotną; ale większość czasu spędzano wszakże poza tymi pomieszczeniami, na podwórcu i poza grodem. Jednakże w życiu podgrodzi i w życiu miast tego czasu światło dnia było zasadniczym regulatorem. Czas pracy podobny był w mieście do trybu wiejskiego, zresztą duże znaczenie zajęć rolniczych w życiu ludności miejskiej tego czasu sprzyjało tej jednorodności w użytkowaniu czasu na wsi i w mieście. Świt i zmrok stanowiły naturalne granice pracy, a rozporządzenia miejskie nakazywały nieraz rzemieślnikom pracować tylko w ciągu dnia, aby w świetle dziennym można było skontrolować jakość pracy. Oświetlenie sztuczne toruje sobie bardzo powoli drogę w życiu miejskim. Jest to zwłaszcza problem zimy, gdyż w odróżnieniu od sytuacji na wsi nie ma tu wówczas odmienności zadań produkcyjnych. Nawet przeciwnie, mieszkańcy miast właśnie zimą byli w pełni oswobodzeni od ciężaru prac na roli czy w sadach i mogli dysponować pełniej czasem. Stwarzało to bodźce do rozszerzania użycia oświetlenia sztucznego i do pracy poza porą światła dziennego.

W wytwórczości i w życiu miasta pojawiły się jednak z wolna oczywiste bodźce do intensyfikacji pracy, jakich nie znało w tej mierze życie rolnicze.

Rozszerzanie się kręgów wymiany, przełamywanie lokalnych horyzontów handlowych powodowało pojawianie się większych zamówień, a przede wszystkim pracy na nieokreślony zbyt, czyli na rynek. Było to bodźcem zwiększenia produkcji na drodze intynsywnego i ekstensywnego rozszerzenia czasu pracy, już nie okazjonalnie, w związku z konkretnym zamówieniem, ale w sposób stały. Nie przeceniając roli tego zwiększonego rytmu pracy w życiu rzemieślnika, trzeba dostrzec kształtujące się odrębności życia miejskiego, oddalającego się od wiejskiego czasu wegetatywnego.

W jeszcze większym stopniu dotyczy to środowiska miejskiego zajmującego się handlem. Podstawowy tryb życia kupców w mieście wczesnośredniowiecznym związany jest z upływem czasu naturalnego: handel uprawia się w świetle dziennym, zależny on jest od temperatury i od warunków pory roku, a w znacznej mierze także uzależniony od toku prac rolnych. Zasadniczą odmienność wprowadza jednak w rytm życia kupieckiego ścisły jego związek z okresowymi targami i jarmarkami oraz ustawiczność przemieszczeń i podróży, które wprowadzały w użytkowanie czasu także porę nocną. Odległość w czasie i w przestrzeni między poszczególnymi targami stanowi czynnik, który wpływa bezpośrednio na kalkulację kupiecką i na plany użytkowania czasu. Jednocześnie też kalkulacja kupiecka uwzględniać musi czas jako element określający grę rynkową. Okresy obfitości produktu zależą od pory roku, od żywych i martwych sezonów żeglugi morskiej, od możliwości spławu rzecznego. Czas liczy się tu coraz bardziej, ma wartość, pośpiech się opłaca i przynosi zysk, a opłacalność i poszukiwanie zysku są podstawowymi elementami mentalności kupieckiej.[65]

Wraz z rozwojem miejskiej obyczajowości prawnej pogłębia się także znaczenie elementu czasu. W umowach handlowych i kredytowych czas jest nie tylko pewną klamrą spinającą stosunek dwóch kontrahentów, lecz częścią składową kontraktu, wpływającą na jego charakter i warunki. To samo powiedzieć można o kontraktach służby i pra-

537. Figury szachowe z Sandomierza; kon. XI w. Odnalezione na obszarze osady wczesnośredniowiecznej, znajdującej się niegdyś na Wzgórzu Świętojakubskim; ocalał kompletny zestaw dla jednego gracza i niepełny dla drugiej osoby grającej: a) figura króla; b) figura hetmana (u dołu z lewej); c) figura wieży; d) figura skoczka; e) figura gońca; f) pionek

cy, umowach o nauce rzemiosła itp. Prawo wpływa zresztą w szerokiej mierze na poczucie czasu. Normy i postanowienia prawa traktują czas jako jeden z ważnych czynników, w bardzo różnych aspektach. Nie wiemy, od jak dawna działała w polskiej praktyce prawnej zasada, że prawo nie działa wstecz (*lex retro non agit*), na pewno jednak stosowana była przed sformułowaniem jej w *Statutach małopolskich* Kazimierza Wielkiego w połowie XIV wieku. W prawie własności istotne znaczenie miało pojęcie dawności, posiadania z dawien dawna lub od niepamiętnych czasów.[66] W postępowaniu sądowym ważną rolę odgrywały roki, tj. terminy, na które pozwany powinien stawić się przed sądem.[67] Czas był też jednym z wyznaczników charakteru

przestępstwa. *Księga Elbląska* przewiduje znacznie niższą karę za znieważenie urzędnika w karczmie, jeżeli dokonane to zostało po zachodzie słońca; nie tylko miejsce, ale porę dnia uważa się się w tym wypadku jako przesłankę potraktowania urzędnika jako osoby prywatnej.[68] Jest rzeczą oczywistą, że rozwój życia miejskiego ogromnie rozszerza znaczenie terminu i pory w prawie i w praktyce sądowej.

Trudno byłoby wyczerpać tu przegląd środowisk społecznych w różnoraki sposób użytkujących czas, w różny sposób pojmujących podległość swego bytowania od zmienności czasu i od jego upływu. Wskazać tu należałoby górników, których praca pozostawała całkowicie lub prawie niezależna od światła dziennego i od czasu naturalnego. Wymienić należy także marynarzy, dla których noc była właściwą porą żeglugi z powodu braku innych możliwości orientacji nawigacyjnej niż wedle

455

ważający i czas wegetatywny panował nad życiem wiejskim jak też miejskim..W mieście jednak wykształcają się z wolna odmienne sposoby użytkowania czasu, które są wynikiem organizacji społecznej i postępu w wyposażeniu materialnym. Podobne rysy wspólne jak w czasie pracy konstatujemy także w innej płaszczyźnie: organizacji i pojmowania czasu wolnego.

540. Gra w kości: kostki do gry z Gdańska; XII w.

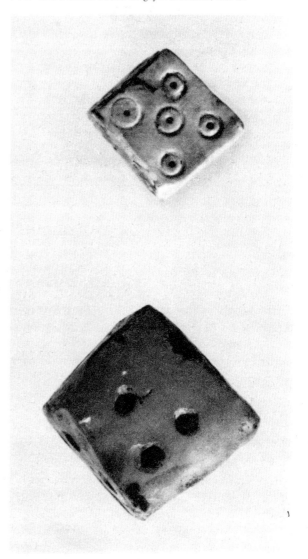

538,539. Gra w warcaby: krążki warcabowe z Drohiczyna i Gdańska; wczesne średniowiecze

gwiazd i którzy dostosowywać musieli pory swej aktywności do odpowiednich pór roku i przerywać całkowicie pracę w zimie.

Stwierdzić możemy, że w użytkowaniu czasu ludzi średniowiecza rytm życia wiejskiego był prze-

12. Czas wolny

W życiu społeczeństw agrarnych granice między czasem wolnym a czasem pracy są bardzo płynne. Pracuje się tu, jak już wspominaliśmy, przez cały czas, wykorzystuje się w całości warunki naturalne pracy i w ślad za możliwościami rozszerza się połać czasową objętą pracą. Ale praca nie nosi charakteru intensywnego również dlatego, że wpleciony jest w nią moment sakralny czy magiczny oraz moment ludyczny. Robotom rolnym przy żniwach czy przy siewie towarzyszy – czy też je przerywa – moment zabawy. Nie ma ścisłego rozgraniczenia między pracą a odpoczynkiem, jakie związane jest z intensywnym traktowaniem czasu pracy, czas wolny nie znajduje przeto uzasadnienia biologicznego, nie jest niezbędnym wymogiem fizjologicznym. Porą rekreacji sił fizycznych jest w sposób naturalny odpoczynek nocny.

W tak pojmowanym trybie życia trudno traktować święta jako czas wolny, bo jest to czas święty, którym człowiek nie dysponuje, lecz który powinno się oddać mocom nadprzyrodzonym czy też służbie Bożej. Wesela czy pogrzeby, słowiańskie postrzyżyny czy chrzciny są okazją obchodu czy też zabawy, przerywają normalny bieg dni jako czasu pracy, ale są wszak wymogiem chwili, a nie zależą od woli człowieka.

Obcy i rodzimi obserwatorzy życia polskiego

541. Ucztowanie, miniatura ze sceną Uczty u Heroda w *Ewangeliarzu Kruszwickim* (f. 61 v); 2 poł. XII w.

542. Picie: przy beczce z piwem, miniatura w *Digestum Vetus* (f. 200); ost. ćw. XIII w.

było też jedną z gier, które przygotowywać miały ludzi rzemiosła wojskowego do gry wojennej. Podobną, też usługową wobec społeczności zorganizowanej dla walki czy wojny funkcję spełniały wszelkiego typu zapasy i zmagania rycerskie, a także wyścigi konne, w niektórych krajach Europy poświadczone już w XII wieku; za pośrednią wska-

543. Igrcy: żongler, fragment dekoracji marginalnej w *Mszale*; pocz. XIV w.

w średniowieczu zwracali dużą uwagę na miejsce w nim zabawy. Gędźba (słowo prasłowiańskie od *gąść* – grać) towarzyszyła uroczystościom życia rodzinnego i świętom dorocznym. Dźwięki instrumentów muzycznych towarzyszyły wyprawom wojennym (Thietmar pisze o trębaczach, którzy szli przed oddziałami słowiańskimi nacierającymi na Niemców), pieśń zagrzewała rycerstwo do boju; taką rolę hymnu bojowego spełniała *Bogurodzica*; pieśń była formą obchodu święta plonów („Plon niesiemy, plon..." ma zapewne genezę średniowieczną), orkiestry złożone z gęśli, bębnów i piszczałek witały Zbigniewa wracającego z wygnania w 1111 roku,[69] podobnie jak Brzetysława II wkraczającego w 1092 do Pragi,[70] przygrywały też do tańca na obchodach weselnych i świątecznych.[71] Zabawy i rozrywki nie wyznaczają jednak czasu wolnego, nie są z nim tożsame. Poza świętami i obchodami wypełniały one wiejski czas „martwy", ów czas stracony z punktu widzenia pożytku rolniczego – zimowe wieczory, pory deszczowe, itp.

W warunkach życia wiejskiego czas wolny, czas, którym się swobodnie dysponuje, był przywilejem społecznym o dość ograniczonym zasięgu. Był on przede wszystkim atrybutem życia dworskiego i w ogóle życia rycerskiego. Myślistwo uprawiane przez rycerstwo miało zasadnicze znaczenie gospodarcze, zaopatrywało stół pański w mięso, ale zówkę znajomości tego typu gry w Polsce traktować można Kadłubkową opowieść o gonitwie konnej, która miała zadecydować, kto obejmie tron książęcy.[72] Podstęp z hakami (wysadzenie pola wyścigowego żelaznymi gwoździami) wprawdzie jest motywem przejętym z literatury starożytnej,[73] ale sama opowieść wskazuje na znajomość gonitw w Polsce. Gry tego typu były rozrywką zapełniającą rycerskie i dworskie życie codzienne, a jednocześnie utrzymywały w gotowości dopełnienia powinności wojennej. W tych kategoriach rozważać można także grę w szachy, którą traktowano w średniowieczu jako szkołę taktyki i strategii walki; znaleziony podczas prac wykopaliskowych w Sandomierzu komplet szachów, zapewne z XIII wieku, świadczy o rozpowszechnieniu tej gry w polskich środowiskach dworskich. Bardziej popularną grą, bo też mniej umiejętności wymagającą, były warcaby, których okazy znaleziono w Gnieźnie, Poznaniu i Szczecinie, a przede wszystkim gra w kości.[74] Znaleziska archeologiczne dostarczają nam przykładu takich kości, robionych ze śródstopia kości zwierzęcych, niekiedy specjalnie obciążanych ołowiem. Przypuszczać można, że niektóre z tych gier i rozrywek rycerskich i dworskich miały szerszy zasięg społeczny – zapasy i gonitwy uprawiane były na wsi zwłaszcza przez młodzież, także gra w kości (kostyra) wciągała ludność wieśniaczą.[75]

Czas wolny na skalę masową jest wynalazkiem miejskim, ale też wykształcającym się z wolna, w miarę ustalania się w trybie życia miejskiego reglamentowanych granic pracy. Ale też w samych funkcjach społecznych miasta wobec jego lokalnego zaplecza tkwiła także rozrywka. Przyjazd na targ, wizyta na podgrodziu, uczestnictwo wieśniaka w życiu miejskim dawały okazję do wesołego spędzenia czasu. Organizacje miejskie stwarzały ludności miasta różnego typu okazje do wspólnej zabawy. Schadzki i spotkania rzemieślnicze czy kupieckie przybierały charakter biesiad czy bankietów. Instytucją tworzącą i organizującą miejski czas wolny była taberna.[76] W niej spędzano czas, jedzono i pito, spotykano się. W tabernie-karczmie

upowszechniała się także gra w kości. Docierali tu skomrochowie (nazwa prasłowiańska, która utrzymała się szeroko w języku rosyjskim, ale i w staropolszczyźnie mająca swoje pochodne językowe), igrcy wędrowni, którzy łączyli w sobie wszystkie role artystów średniowiecznych: byli muzykantami i śpiewakami, kuglarzami i opowiadaczami. Kaznodziejstwo późnego średniowiecza z pasją zwalczać będzie próżniacze życie w tabernie i bezwstyd igrców i tańców karczemnych. Taberna do schyłku XII wieku była zjawiskiem prawie wyłącznie miejskim, następnie jednak rozszerza się na wieś i staje się powszechną tentacją. Naruszała ona w coraz poważniejszej mierze utożsamienie całego czasu z pracą z ustawicznym ciągiem zajęć codziennych, stanowiła rozszerzającą się wyspę rozrywki i czasu wolnego wśród mas, tworzyła pokusę do życia wbrew regułom społecznego użytkowania czasu, była domeną odmiennego obyczaju.

Jest rzeczą znamienną, że obserwujemy w mieście tendencję do zorganizowania czasu wolnego, do poddania kontroli owej nadmiernej swobody użytkowania czasu wolnego, która może stać się źródłem pokus niebezpiecznych dla porządku społecznego. Organizacje miasta średniowiecznego zapewniają więc rozrywkę w postaci reglamentowanej, kontrolowanej, a nawet karnawałowe „rozpasanie" ujęte jest w ścisłe ramy czasowe. Tolerowanie „świata na opak" w krótkiej sytuacji traktowanej jako nadzwyczajna jeszcze bardziej umacnia rygory życia społecznego na co dzień.

13. Święta i obrzędy doroczne

Niejednokrotnie już rozpatrywaliśmy w toku tego rozdziału sprawę świąt. Rozważyć ją teraz wypada w sposób bardziej systematyczny, w rytmie dorocznych obrzędów, tradycyjnych i chrześcijańskich, dopatrując się podstawowych struktur średniowiecznego pojmowania czasu i stosunku do czasu.

Chrystianizacja wiązała się z przyjęciem określonego rytmu świąt, który w cyklu liturgicznym dokonywał ustawicznej aktualizacji podstawowych zasad wiary chrześcijańskiej. Herbord w *Żywocie św. Ottona z Bambergi*,[77] opisując działania ewangelizacyjne misji pomorskiej, wskazuje na nauczanie o postach i świętach religii chrześcijańskiej i wymienia te ostatnie. Wśród nich występuje dziesięć świąt cyklu chrystologicznego (Wcielenia, Narodzin, Obrzezania, Zwiastowania, Okazania w Świątyni, Chrztu, Przeistoczenia, Męki Pańskiej, Zmartwychwstania, Wniebowstąpienia), Zesłanie Ducha Św. oraz ogólnie określone święta apostołów i innych świętych. Nie wiemy jednak, zwłaszcza w odniesieniu do tej ostatniej grupy, ile z tych świąt rzeczywiście obchodzono. Obok świąt Wielkiejnocy, Zesłania Ducha Św. i Bożego Narodzenia, mających niewątpliwie znaczenie zasadnicze, zachowane kalendarze kościelne z różnych terenów kraju, pochodzące z omawianego tu okresu, wyliczają dziesiątki dni świątecznych.[78] Pomiędzy poszczególnymi diecezjami, których dotyczą te kalendarze, pomiędzy poszczególnymi klasztorami czy kościołami występują znaczne rozbieżności w ogólnej liczbie dni uznawanych za świąteczne, a przede wszystkim w tym, które dni traktowano jako święta. Związane to było z lokalnymi odmiennościami kultu świętych; obok świętych czczonych powszechnie w świecie chrześcijańskim lub też w Kościele polskim, dochodziły do kalendarzowych wykazów świąt dni lokalnych patronów, związanych z wezwaniami kościołów, z kultem miejscowym czy utrwaloną tradycją. W zestawie tym utrzymuje się zresztą znaczna ruchliwość i zmienność; nowe kanonizacje, programy ideologiczne czy polityczne kierowniczych środowisk Kościoła i państwa wprowadzały do kalendarza nowe święta.[79] Na kartach kalendarzy zagęszczały się w ten sposób dni, wyróżniane graficznie jako święta.

Ale ten znak kalendarzowy miał zasięg społeczny ograniczony. Dotyczył on przede wszystkim kręgu kościelnego, w którym regulował porządek nabożeństw i modlitw, zewnętrzne ramy liturgii i jej treść. Ciekawe świadectwo rozszerzania się zainteresowań kręgów kościelnych problematyką roku obrzędowego na środowiska świeckie daje list dedykacyjny Matyldy lotaryńskiej, towarzyszący liturgicznej księdze *Ordo Romanorum*, przesłanej w darze Mieszkowi II. Dedykacja ta zapowiada, że owa księga liturgiczna ma służyć księciu polskiemu dla orientacji w rytmie obrzędów roku kościelnego.[80] Masy społeczne uczestniczyły w realizacji kalendarza kościelnego tylko po części. Zapewne, porządek nabożeństw w kościołach, las zapalonych świec, odmienność liturgii były postrzegane w najbliższym sąsiedztwie kościoła przez obecnych we wnętrzu świątyni. Zależało to także od usytuowania społeczno-osadniczego diecezji: w środowiskach dworskich, w kręgach bezpośredniego oddziaływania kleru świeckiego czy zakonnego, w bliskim sąsiedztwie kościołów czy kaplic, a zwłaszcza w skupiskach miejskich kalendarz kościelny w swym najpełniejszym rejestrze miał wpływ duży zarówno na praktykę świętowania, jak i na wyobraźnię czasową ludzi. Udział ludu w oficjach wyrażał się wszak także w śpiewie, a odmienność sekwencji przypadających na poszczególne okresy roku liturgicznego, na różne święta czy nawet niedziele, zostawiała ślad trwały we wrażliwości i pamięci.[81] Na skalę masową zasadniczy rytm świętowania wyznaczały niedziele i główne święta doroczne. O ograniczonym zasięgu wpływów kalendarza kościelnego, o oporach, z jakimi spotykało się jego promieniowanie, świadczą ustawiczne utyskiwania władz i zgromadzeń kościelnych na nieprzestrzeganie zakazu pracy w niedzielę, podobnie jak też niezachowywanie postów.

Posty stanowiły jeden z ważnych czynników regulujących rytm czasu i jakby jeden z istotnych sprawdzianów praktyki wiary. W zanotowanym przez ruskiego kronikarza opisie różnych religii, prezentowanych Włodzimierzowi, katolikom przypisuje się właśnie „poszczenie wedle siły".[82] Kościół wiele wysiłku wkładał w propagandę przestrzegania nakazów w tej materii. W ramach każdego tygodnia dotyczyło to postu częściowego w piątek (lub także w środę). W ramach roku większe okresy postu, zwane Suchymi Dniami, przypadały kwartalnie (*quatember, quatuor tempora*) – Wielki Post (*cinerum*), post po Zielonych Świątkach (*pentecostes*), post po święcie Podwyższenia Krzyża (14 IX) i post po św. Łucji (13 XII). Niezależnie od stopnia przestrzegania nakazów postnych (obejmowały one trzy dni tygodnia w okresach Suchych Dni), działały one w sposób oczywisty na wyobraźnię i pamięć. Zakazy okresu postu obejmowały nie tylko ilość i rodzaj pokarmów, lecz także zmierzały do wykluczenia wszelkich rozrywek, polowań, spotkań czy nawet życia seksualnego. Zmieniała się także liturgia nabożeństw. Dotyczyło to zwłaszcza postu poprzedzającego Wielkanoc, który w polskim Kościele praktykowany był już od Siedemdziesiątnicy (świadczą o tym polskie nazwy: Starozapustna, Mięsopustna i Zapustna), a nie od Środy Popielcowej.[83] Sam post zapewne w nierównym stopniu dotyczył poszczególnych warstw społecznych, a przynajmniej ograniczenia w pożywieniu nie odbiegały wiele od praktyki codziennej wyżywienia chłopskiego, ale siła nastroju ogólnego, na którym ciążył dotkliwie zakaz wszelkich zabaw, stanowiła pewien trwały wyznacznik w dorocznym rytmie życia. W środowiskach duchownych okresy postu były tak naturalnym wyznacznikiem czasu, że do praktyki kancelaryjnej przechodziło liczenie wedle Suchych Dni; o znaczeniu tych okresów świadczy też fakt, że kwartalne wypłaty służbie, jak i różnego rodzaju obrachunki przyjmowały Suche Dni jako zwyczajowe terminy podziału roku.[84]

Święta także były obłożone różnego rodzaju zakazami. Przede wszystkim był to zakaz pracy, zakaz wszelkiej działalności świeckiej w czasie, który poświęcony powinien być Bogu. Wymogi życia gospodarczego sprawiały, że rozwijała się szeroko – i to nie tylko w religii chrześcijańskiej[85] – kazuistyka, sankcjonująca naruszanie tego zakazu w imię konieczności gospodarczych. Obrastały także święta zakazami magicznymi, pochodzącymi

z tradycyjnych obrzędów lub też kształtującymi się w ramach rozwoju kultury ludowej i żywymi jeszcze niedawno w pamięci etnograficznej.[86] W obchodzie świąt dostrzegamy przemieszanie nakazów liturgicznych Kościoła z obrzędowością ludową bardzo różnej genezy. Dla omawianego tu okresu dysponujemy bardzo ubogim zakresem informacji o folklorze tego czasu, a wnioskowanie na zasadzie retrogresji, w oparciu o materiał z późniejszych stuleci, nie jest zasadne: kultura ludowa nie jest tylko prostym przekazem tradycyjnych wierzeń i wyobrażeń, lecz tworzy i kultywuje wyobraźnię masową równolegle do kultury oficjalnej czy elitarnej: praktyki magiczne czy wierzenia animistyczne pojawiają się i upowszechniają jednocześnie z postępem chrystianizacji, a w umysłowości mas wcale nie pozostają w sprzeczności czy konflikcie z wiarą chrześcijańską.

Rytm świąt liturgii chrześcijańskiej pozostawał zresztą w zgodzie z podstawową strukturą obrzędowości świątecznej, tradycyjnej czy też przedchrześcijańskiej, bo związany był ściśle z wydarzeniami roku naturalnego. Wynikało to nie tylko z przystosowania do wymogów życia agrarnego, związanych z nimi okresów nasilenia robót polowych i martwych sezonów, lecz także z odniesienia wielkich świąt kalendarza chrześcijańskiego do „momentów krytycznych" czasu naturalnego: przesilenia dnia z nocą, tj. solstycjum zimowego (22 XII) i letniego (22 VI), oraz wiosennego (21 III) i jesiennego (23 IX) zrównania dnia z nocą.

Znakomity mediewista ubiegłego stulecia, Karol Potkański, wypowiadał się zdecydowanie za powszechnością obserwacji tych przesileń czasu naturalnego. Pisał on: „Człowiek, który ciągle musi żyć z przyrodą, którego całe życie jest z nią jak najściślej związane i od niej zależne, dochodzi zwykle do nader drobiazgowej obserwacji tego, co się w niej dzieje. Oczywiście nie miał on wiadomości o przesileniu dnia i nocy w zimie i w lecie, opartej na astronomicznych obliczeniach, ale z pewnością zdawał sobie sprawę, że dzień rośnie lub że róść przestaje. Mógł do tego dojść wówczas, kiedy ten przyrost można było ocenić samą obserwacją, więc np. koło Trzech Króli, albo, jeżeli o ubytek chodzi, w pierwszej połowie lipca."[87] Związany z tym był początek roku, który wedle wszelkiego prawdopodobieństwa obchodzony był właśnie na przełomie grudnia i stycznia czy też w pierwszej połowie stycznia (Potkański skłonny był raczej wiązać go ze starym obrzędem wiosennego „topienia zimy").

Wspominaliśmy już o śladach obserwacji słońca i jego zasadniczych przemian w kulturze słowiańskiej czasów przedchrześcijańskich. W położeniu miejsc kultów pogańskich, w strukturze świątyń dopatrują się badacze dowodów tej obserwacji. Ale nie ulega wątpliwości, że te odmienności były postrzegane i odczuwane w codziennym bytowaniu. Zwłaszcza najkrótsze dni roku, „patetyczny okres przyrody"[88] uderzały wyobraźnię, krępowały i niepokoiły. Odradzające się panowanie słońca, wydłużanie się dnia następujące po solstycjum zimowym, radowało i budziło otuchę. Święto Bożego Narodzenia, w tradycji polskiej określane mianem godów, przypadało właśnie na czas dawnych godów zimowych z okazji przesilenia dnia z nocą. Wokół daty letniego solstycjum sytuuje się dzień św. Jana, wprawdzie w liturgii Kościoła nie mający tak wielkiego znaczenia, ale obrośnięty obrzędami ludowymi, z których wiele sięga zapewne najstarszych czasów (palenie ognisk). Wokół wiosennej równonocy (*equinoxium*) konstatujemy również pewne obrzędy, słabo jednak poświadczone (wedle niektórych badaczy usytuowanie w pobliżu kopca Krakusa pod Krakowem kościoła pod wezwaniem św. Benedykta, którego święto przypadało właśnie 21 III, pozostawało w związku z obchodzonym w tym miejscu tradycyjnym świętem).[89] Nie wiemy też, czy jesienne *equinoxium*, w które przypada w kalendarzu kościelnym święto Tomasza Apostoła, związane było z tradycją obrzędową.

W kalendarzu kościelnym zasadnicze znaczenie przypadało świętom wielkanocnym. Właśnie z Wielkanocą – czy może z całym ruchomym cyklem pięćdziesięciu dni między Wielkanocą a Zielonymi Świątkami – związały się tradycyjne obrzędy ludowe powitania pory wiosennej i początku roku rolniczego. Po okresie postu, w trakcie którego dokonywano pożegnania z zimą (źródła czeskie z XIV i polskie z XV wieku wspominają o starym obyczaju topienia słomianej kukły czy też wizerunku śmierci),[90] następował czas radosnego uniesienia, w trakcie którego modły i praktyki magiczne miały zapewnić pomyślność i urodzaj.

Podręcznik dla spowiedników z XIII wieku, opracowany przez cystersa Rudolfa, wymienia kilka obrzędów związanych ze świętami dorocznymi. Wśród „czarodziejskich praktyk dla osiągnięcia szczęścia" zapisuje on obyczaj zastawiania stołu w noc Bożego Narodzenia „dla królowej nieba", dla uzyskania jej opieki i wsparcia, jedzenie mięsa na początku Wielkiego Postu, co miało zapewnić dobre plony, oraz wykładanie na dachach gałązek cierniowych i wystawianie drzewek przed drzwiami w święto apostołów Filipa i Jakuba, tj. 1 V.[91] Pierwszy z tych zapisów nasuwa trudności interpretacyjne: czy chodzi tu o żeńskie upersonifikowanie słońca, czy też o demona nieba, czy o postać z mitologii germańskiej określaną mianem *holda*? Nie wiemy także z całą pewnością, czy obyczaje te dotyczą ziem polskich, można jednak przypuszczać, że w podobny właśnie sposób święta chrześcijańskie spowite były siatką praktyk i obrzędów ludowych. Wierzenia chrześcijańskie krzyżowały się z elementami kultu tajemnych sił przyrody czy wielkich elementów – kultu słońca, wody, ognia.

W obrzędowości ludowej Bożego Narodzenia, Wielkanocy, po części także Zielonych Świątek krzyżowały się i powtarzały podobne elementy kultowe. W badaniach etnograficznych i historycznych zwracano uwagę na znaczenie elementów pamięci o zmarłych w większości świąt chrześcijańskich i związanych z nimi zwyczajach ludowych.[92] Niezależnie od stopnia znajomości i interioryzacji prawd wiary chrześcijańskiej, w dniach świąt zabiegać należało o zapewnienie sobie przychylności sił nadprzyrodzonych: zadbanie o zmarłych, połączone niekiedy z praktykami ofiar dla demonów, stanowi część składową i oczywistą tych zabiegów.

Świętaiobrzędydoroczne

W ten sposób w synkretycznym połączeniu wierzeń chrześcijańskich i ludowej obrzędowości dostrzegamy trzy splecione ze sobą warstwy: aktualizację prawd wiary i życia Chrystusa, zabiegi i starania o zapewnienie sobie pomyślności i opieki nadprzyrodzonej, zespolenie ze zmarłymi przodkami w swoistej aktualizacji genealogii rodzinnej. Dodatkowym elementem towarzyszącym świętom są także wróżby – powodzenia gospodarczego, pomyślności życiowej, ożenku czy zamęścia itd. „Chcąc podobnie jak Bóg znać przyszłość,"[93] w okresie świąt godowych, na wiosnę, na św. Jana, na św. Andrzeja i na św. Katarzynę poszukiwano zapowiedzi przyszłości, znaków przyszłych wydarzeń. Przeszłość, teraźniejszość i przyszłość przeplatały się i zespalały.

W poziomie świadomości, którym się tu zajmujemy, w odniesieniu do najszerszych mas średniowiecznej społeczności polskiej nie spotykamy się z wyodrębnioną obrzędowością początku roku. Następstwo lat było problemem środowisk uczonych, problemem Kościoła i kancelarii, natomiast w ludowej obrzędowości, podobnie zresztą jak w liturgii kościelnej, czas nosi charakter cykliczny: ważny jest powtarzalny rytm wewnętrzny cyklu. Istnieje jednak problem początku i końca, tak w obrzędowości, jak w liturgii; narodzin, śmierci i zmartwychwstania Chrystusa, gaszenia i zapalania ogni, rosnącego i malejącego dnia, siewów i zbiorów. Zarówno jednak w okresie świąt godowych, od Bożego Narodzenia do Matki Boskiej Gromnicznej, jak też w świętach wielkanocnych dostrzec można świętowanie początku cyklu dorocznego, czemu towarzyszy radość i zabawa.

Świętowanie jest znamieniem pobożności, bo jest oddaniem czci Bogu i wyrazem posłuszeństwa wobec nakazów Kościoła. Mistrz Wincenty, podobnie jak Anonim Gall, podkreśla to jako argument godnego i wzorcowego postępowania. Gdy wojska Władysława Hermana walczyły z Pomorzanami, niezbyt pobożnie spędzały czas Wielkiego Postu, co sprawiło, że „nie cieszyli się powodzeniem, tak iż nawet demony, jak się zdawało, walczyły przeciw nim";[94] na Wielkanoc przerwali jednak Polacy wojnę. Podobnie w 1109 roku Bolesław Krzywousty przerywa walkę pod Nakłem dla wypoczynku wojska, „do którego i poniesione trudy zachęcały, i nakazywała go uroczystość św. Wawrzyńca".[95] W wizerunku moralnym Kazimierza Sprawiedliwego Wincenty podkreśla skrupulatne obchodzenie uroczystości świętych i szczegółowo opisuje, jak książę w przeddzień śmierci spędził dzień św. Floriana: „Cały dzień świętego Floriana poświęcił Panu, spędzając go to na nabożeństwie, to na modlitwie, to na dziękczynieniu, nazajutrz wyprawił świetną biesiadę..."[96] Na radość biesiady zaś wpływała „świąteczna błogość powodzenia" (et rerum et temporum festivior amoenitas).

Zabawa i owa „błogość" czasu świątecznego wyznaczały miejsce świąt w rytmie czasu ludzi średniowiecza, intensywność i sposób przeżywania ich zależały już od kondycji społecznej, miejsca zamieszkania czy lokalnego obyczaju. Czynniki te wpływały także na jeden z ważnych aspektów świętowania – na sposób jedzenia, na jadłospis świątecznych posiłków. Zwracaliśmy już uwagę na związek odczucia pory dnia z dziennym rytmem posiłków. Odnajdujemy to powiązanie w rytmie dorocznym, w którym randze i charakterowi święta odpowiada ilość i rodzaj jadła.

Święta doroczne spełniały także ważną rolę w trwałym ustrukturowaniu życia gospodarczego w czasie. Były one, jak wspominaliśmy, zjawiskiem pochodnym wobec czasu naturalnego, dostosowanym do życia rolniczego, ale też tworzyły z kolei swoiste etapy w wymianie i zobowiązaniach gospodarczych. Warto tu wskazać, że w słownictwie staroruskim jedno ze znaczeń słowa „świętować" było powiązane właśnie z targami.[97] Wytrawny znawca średniowiecznego prawa i obyczaju prawnego, Przemysław Dąbkowski, pisał, że w kontaktach społecznych między grupami ludzkimi „znaczenie świąt zbliżało się do znaczenia miast. Podobnie jak miasta były tym punktem miejscowym, w którym jednoczyło się społeczeństwo, podobnie święta tworzyły odpowiedni punkt czasowy."[98]

Wszak właśnie święta traktowane były jako terminy wykonania świadczeń i nimi określano daty dzierżaw i zastawów; wreszcie z świętami były związane targi doroczne.

Historycy niejednokrotnie stwierdzali powiązanie między miejscami targowymi a tradycyjnymi ośrodkami kultowymi. Nasuwało się także przypuszczenie, że targi o poważniejszym znaczeniu związane były z dorocznymi świętami pogańskimi.[99] Istotnie, wcale powszechnym zjawiskiem na ziemiach polskich jest powiązanie targu dorocznego z Zielonymi Świątkami.[100] Rozpowszechnienie tego wiosennego terminu targu dorocznego może sugerować, że w sposób naturalny powiązany był on z obchodami świątecznymi na cześć wiosny (wiązano ten termin jarmarku z opisywanym przez Długosza słowiańskim świętem „stada",[101] rekonstrukcja tego zwyczaju pozostaje jednak nadal wysoce hipotetyczna). Niezależnie od genezy jarmarku wiosennego, czy też od jego istnienia w epoce plemiennej, powiązanie jarmarku ze świętem kościelnym jest niewątpliwe. Powiązanie wymiany targowej z uroczystościami kościelnymi gwarantowało kupcom większe bezpieczeństwo i opiekę, a jednocześnie zapewniało w sposób oczywisty zwiększony napływ klienteli.[102] Zielone Świątki były również jednym z najważniejszych terminów baptyzmalnych, co także zapewniało wzmożony napływ ludzi do kościołów, a więc i do miejsc targowych.[103]

Wskazywaliśmy tu na powiązania między użytkowaniem czasu a odczuciem rytmu czasu, skupiając uwagę zwłaszcza na stosunku do czasu wolnego i niejako odwracając naturalną hierarchię rzeczy, w której praca, zajęcia związane z wykonywaniem roli społecznej, były na pierwszym miejscu. Wynika to także ze stanu naszej wiedzy o życiu codziennym różnych grup społecznych, z charakteru dokumentacji źródłowej, rzadko pozwalającej nam wniknąć w życie intymne dworu czy chałupy. W wypadku każdego środowiska zawodowego czy społecznego przypuszczać możemy odmienność rytmu czasowego, zarówno w poszczególnych porach roku i miesiącach, jak i dniach tygodnia czy rozkładzie wewnętrznym dnia. W klasztorze czas wyznaczony był precyzyjnie, dzień różnił się od dnia patronem czy obchodem rocznicowym, a jednocześnie powtarzał się w monotonii godzin kanonicznych, nierównym rytmem odmierzających dzień; rytm modlitw uwalniał czas klasztorny od przemożnej supremacji czasu naturalnego. W życiu rycerskim kadencję wyznaczał czas przyrody, bo od niego zależała realizacja funkcji wojowania, jak też myślistwa czy gospodarowania. Plany wojenne musiały uwzględniać te ostatnie. Kronikarz ruski notuje znamienną odpowiedź drużynników Świętopełka na plan wyprawy wojennej wiosną 1111 roku: „Nie pora teraz marnować smerdów, odrywając ich od roli."[104] Chodzi zresztą nie tylko o ludzi, także konie spełniały nieraz obie funkcje, służyły zajęciom gospodarczym i wyprawom wojennym. Zima w trybie życia rycerskiego była czasem „rozkoszy i biesiad", ale też kronikarz sławi swego księcia, że zimową porą nie zażywał wywczasów jak człowiek gnuśny.[105] Czas chłopski w sposób oczywisty utożsamiał się z życiem przyrody, powolniejąc zimą i przyspieszając, dynamizując się latem. Czas miasta wreszcie zdawał się, podobnie jak w klasztorze, uwalniać od całkowitej zależności od życia przyrody, bo zachowywał stale podobny układ zajęć. Naturalna długość dnia wyznaczała jednak czas pracy, a rytm wymiany odzwierciedlał struktury podstawowych zajęć rolniczych i okresowych dogodności komunikacyjnych. Czas wegetatywny zdaje się panować niepodzielnie nad wsią i nad miastem średniowiecznym.

14. Poczucie czasu i stosunek do czasu

W rozważaniach o czasie kilkakrotnie już odwoływaliśmy się do świadectw języka. Przede wszystkim znajdowaliśmy w zasobie językowym pewne wskazówki o sposobie myślenia o czasie i o mierzeniu upływu czasu. Ale ważne informacje znajdują się także w systemie fleksyjnym języka polskiego epoki przedpiśmiennej. Rekonstrukcje językoznawców w tym zakresie prowadzą do wniosku, że znane i używane były czasy gramatyczne, rozróżniające działania przeszłe i przyszłe od teraźniejszych. Struktura gramatyczna jest zarówno świadectwem świadomości, jak i matrycą ją formującą. Możemy przeto sądzić, że rozróżnienie przeszłości, teraźniejszości i przyszłości było trwale zakorzenione w sposobie myślenia ludzi tych czasów. Nie wiemy jednak, jak dalece było ono stosowane, bo nie mamy tekstów. Rozróżnienie działań nie jest bowiem jednoznaczne z pojmowaniem czasu jako pasma zdarzeń, ułożonego według mierników stałych i jednolitych. Istnienie czasu przeszłego nie informuje nas o rozróżnianiu głębokości zjawisk, które zaszły, odróżnianiu zaszłości sprzed chwili i sprzed pokolenia. Struktura gramatyczna nie informuje nas przeto o horyzoncie czasowym ludzi tego okresu. Możliwość rozróżniania kolejnych zdarzeń, jaką daje ta struktura, świadczy w każdym razie o pewnej wrażliwości na czas. Trzeba natomiast spróbować określić granice tej wrażliwości, stosunek do czasu, pojmowanie czasu.

Z faktu, że w społeczeństwie agrarnym czas miał charakter wegetatywny, podporządkowany powolnemu rytmowi przyrody, wynikało powiązanie rachuby czasu z sukcesją pór roku, sezonów życia naturalnego i robót rolniczych. Ale miało to także konsekwencje światopoglądowe.[106] Czas przyrody narzucał ideę ustawicznej powtarzalności, cykliczności zjawisk: zmiana jawiła się jako powtórzenie. Nowy „miesiąc", czyli księżyc, oznaczał zmianę – ale był tylko powtórzeniem tego samego zjawiska. Obserwacja wzrastania roślin, życia zwierząt, wzbierania i opadania wód, wydarzeń życia ludzkiego stale tego uczyła: czas jest ustawicznym powtarzaniem, cyklem wydarzeń, stałym obrotem w koło. Nawet życie ludzkie, najbardziej zdające się wprowadzać element zmiany, rozwoju linearnego od narodzin do śmierci, nie przełamywało tej cyklicznej struktury świadomości czasowej. Życie

jednostkowe człowieka zacierało się bowiem w egzystencji zbiorowej, w zbiorowości rodzinnej i włączone zdawało się być w cykliczny rytm czasu wegetatywnego. Życie jednostki tylko pozornie ma początek i koniec, bo jest przemijającym trwaniem wpisanym w bytowanie zbiorowości rodzinnej, plemiennej czy etnicznej – jak wzrost rośliny w coroczną wegetację.

Chrześcijańska doktryna czasu, którą rysowaliśmy na wstępie tych rozważań, nie naruszała tych zasadniczych rysów świadomości czasowej, stwarzała tylko ramy pojęciowe, które czas świecki podporządkować miały czasowi świętemu, traktując czas jako atrybut Boży, jako własność Boga.

544. Rocznikarstwo: *Rocznik Świętokrzyski Dawny*; 1122 r.

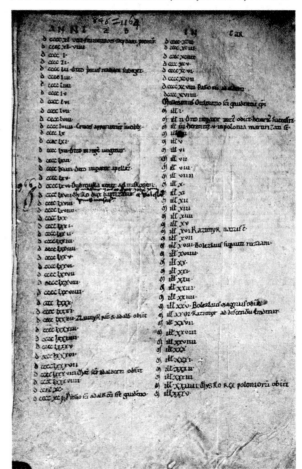

545. Personifikacja czasu, miniatura w rękopisie *Dekretu Gracjana* z Gniezna – tablica pokrewieństwa (f. 280 v); XIII w.

Tak często powtarzane w ikonografii średniowiecznej przedstawienia zmiennych pór roku, miesięcy i zajęć ukazywać miały dyspozycję Bożą nad życiem codziennym ludzi. Niemiecki teolog Rupert z Deutz wskazywał, że *signa, tempora, dies et anni* powinny być przedstawiane w ikonografii, ponieważ lud wiejski zachęcać to będzie do służby Bożej i czczenia Kościoła Chrystusowego.[107] W powtarzalnym rytmie „pracy i dni" realizują się nakazy religii, różne dla poszczególnych stanów, ale wynikające z tego, że czas jest we władaniu Boga.

Filozofia czasu, rozwijana przez Ojców Kościoła i jego wielkich doktorów, zapewne w niewielkim stopniu wpływa na polskie elity kulturalne pierwszej ćwierci naszego tysiąclecia, mało aktywne w dziedzinie myśli teologicznej. Pod piórem Mistrza Wincentego, dobrze wyszkolonego w doktrynie prawnej, ale też podejmującego niekiedy problematykę filozoficzną, pojawia się także problem czasu w jego wymiarze teologicznym. Po opisie zjazdu gnieźnieńskiego w roku 1000 i podkreśleniu przymiotów umysłu i serca Bolesława Chrobrego, kronikarz w usta arcybiskupa Jana wkłada przypowieść o mędrcu, który żył w ubóstwie i gardził bogactwem (badacze uważają, że przypowieść ta jest własną inwencją Kadłubka).[108] Swą pogardę dla przepychu, bogactwa, posiadania

546. Wydarzenia odległe w czasie i przestrzeni: Victor de Vita, *Passio martyrum qui apud Cartaginem passi sunt sub Hunirico rege die VI nonas Julii*, fragment tekstu (f. 190 v); XII w. Relacja o prześladowaniu chrześcijan w północnej Afryce za czasów wandalskiego króla Huneryka (V w.)

466

547. Wydarzenia odległe w czasie i przestrzeni: Historia św. Małgorzaty – sceny męczeństwa, którym asystuje namiestnik Antiochii, Olibrius; fragment polichromii ściennej w kościele parafialnym Św. Jakuba w Mieronicach; kon. XIII w.

uzasadnia filozof z tej przypowieści słowami: ".....wszystko jest cudze oprócz dwóch rzeczy, to jest duszy i czasu, które natura przekazała nam na własność".[109] Niezależnie od antycznego tworzywa filozoficznego (przede wszystkim pisma Seneki). którym autor się tu posługuje. od wyraźnego tu poszukiwania efektu retorycznego, warto podkreślić znaczenie tej ogólnej refleksji o czasie. Zestawienie czasu z duszą prowadzi do klasycznego w średniowiecznej filozofii przypisania czasu Bogu; ale. obok tego, myśl o czasie jako własności człowieka jest dość wyjątkowa w średniowiecznej refleksji. Jest to humanistyczna w swojej istocie waloryzacja czasu: skoro człowiek ma czas na własność, to może z niego korzystać wedle swego uznania. a sposób używania go podlega ocenie etycznej. Czas ma znaczenie, jest czymś ważnym, w trwaniu i w przemijaniu realizuje się kondycja ludzka.

Rzeczą płonną byłoby doszukiwać się w świadomości potocznej ogólnej koncepcji czasu, przynajmniej w jej wymiarze filozoficznym. Śladów pojmowania czasu jako problemu można jednak doszukiwać się w pewnych stereotypach obiegowych. Dopatrywać się ich można by w ludowych przysłowiach i porzekadłach, w których tradycyjnie problematyka czasu zajmuje ogromne miejsce. Niezależnie nawet od tego. że geneza przysłów jest bardzo często obca, to obieg ich – rzecz dla nas najważniejsza – jest poświadczony zbyt słabo dla omawianego przez nas okresu, aby można było bez wahań sięgnąć do późnośredniowiecznego materiału paremiologicznego.

Bogaty zasób stereotypowych określeń czasu zawierają natomiast dokumenty z XIII wieku. W arendze – wstępnej części dokumentu – bardzo często pojawia się, w różny sposób wyrażony. argu-

467

ment niszczącego działania czasu jako uzasadnienie spisania umowy, nadania czy darowizny. Ten kancelaryjny nawyk pisarski wyrażał się w bardzo różnych, a nader znamiennych sformułowaniach. Zapis dokumentu ma na celu utrwalenie przemijającego działania ludzkiego: „póki żyje litera, póty żyje także podjęta decyzja".[110] W kancelarii Konrada ks. mazowieckiego formuła arengowa z 1221 roku przypisuje zapisowi, pieczęciom, świadkom moc utrwalenia decyzji ludzkich i przejęcia czy też uznania ich przez następne pokolenia.[111] Czas ma wobec spraw świeckich siłę niszczącą, *mundus caducus est:*[112] pokolenia następują po sobie, a pamięć ginie wraz ze zmarłymi;[113] nietrwałość jest zasadniczym znamieniem czasu,[114] który jak płynąca fala ustawicznie się zmienia.[115] W dokumencie Bolesława Wstydliwego z 1255 roku czasowi przypisuje się siłę przewrotną, a spisanie dokumentu uzasadnia się w następujących słowach: „jako że

548. Dzieje biblijne: Dzieje Jezusa od Wjazdu do Jerozolimy do Złożenia w grobie; cykl miniatur w *Evangelistarium Gnieźnieńskim* (f. 43 v. – 49); kon. XI w. Sceny: a) Wjazd do Jerozolimy, b) Ostatnia Wieczerza, Umywanie nóg apostołom, c) Zdrada Judasza, Modlitwa na Górze Oliwnej, Pojmanie, d) Chrystus przed Kajfaszem, Zaparcie się Piotra, Chrystus prowadzony przez żołnierzy, Śmierć Judasza, e) Chrystus przed Piłatem, Biczowanie, Cierniem Koronowanie, Niesienie krzyża, Ukrzyżowanie, f) Zdjęcie z krzyża, Powstanie z grobu zmarłych, Strażnicy przy grobie Chrystusa

czas przekazuje rzeczom jakowąś zarazę, która rzeczy psuje; aby przeto to, co się w czasie zdarzyło, przez psujące działanie czasu nie uszło ludzkiej pamięci..."[116] Słabością kondycji ludzkiej[117] jest właśnie przemijanie w czasie, nietrwałość: „dni człowieka są krótkie, a liczba miesięcy jego [życia] u Ciebie, Panie Boże",[118] „wiek ludzki *(etas eius)* z czasem jak cień się przemyka",[119] „kondycja ludzka zmienna jest wedle różności czasów" *(status hominum est mutabilis secundum varietatem temporum).*[120]

W różnorodności sformułowań odnaleźć można podstawowe akcenty wspólne. Czas jest traktowany jako słabość kondycji ludzkiej, bo naturalną tendencją rzeczy świeckich jest przemijanie, spadanie w „otchłań zapomnienia",[121] czas więc zaraża, psuje i niszczy, zaś pismo jest traktowane jako instrument walki człowieka z tą niszczącą siłą czasu. Nie należy, rzecz oczywista, przeceniać zasięgu społecznego tej filozofii czasu, która kryła się za stereotypowymi preambułami dokumentów. Były one przecież ustawicznie powielane, przejmowane z odległych wzorów kancelaryjnych, wchodziły w skład swoistego rynsztunku rzemieślniczego poszczególnych kancelarii i poszczególnych pisarzy. Między skryptoriami kancelaryjnymi a rycerskimi siołami czy miejskimi domami odległość była równie wielka jak między mniej czy więcej wytworną łaciną tych sformułowań a językiem codziennego porozumiewania się. Formuły te mają jednak wcale niemały walor. Stanowią upowszechnienie średniowiecznej doktryny czasu, są świadectwem jej wejścia w potoczny obieg kultury. Wyrażają i kształtują najprostsze i najbardziej oczywiste przekonania o czasie. Bez znaczenia jest w tym kontekście ich monotonna powtarzalność, ich obca geneza, ich gotowy, mechanicznie nasuwający się pod pióro pisarza charakter. W małym stopniu angażując świadomą wyobraźnię pisarską twórców dokumentu, funkcjonują w kulturze umysłowej, podsuwają gotowy dyskurs ideologiczny o czasie, wyrażają wreszcie pewne rysy podstawowe zbiorowego stosunku do czasu.

15. Pamięć o przeszłości

Wielkim problemem zbiorowego stosunku do czasu jest pamięć i zapomnienie. Niszczącej sile czasu przeciwstawiana jest ustawicznie pamięć. To jej właśnie służyć ma pismo, zapis dokumentu, wspomnienie w modlitwach. Instytucje i ludzie dbają o pamięć, bo określa ona warunki ich egzystencji. W społeczeństwie średniowiecznym dawność jest argumentem zasadniczej wagi. Dotyczy to zarówno myśli masowej, w której funkcjonować może zasadnie przede wszystkim to, co znajduje wsparcie i porękę w autorytetach, w przeszłości, jak i obszernej dziedziny obyczaju prawnego. Pamięć, tworząc mosty między przeszłością a teraźniejszością, ma z jednej strony zabezpieczać prawdę, a z drugiej ma sankcjonować i legalizować stan istniejący w teraźniejszości. Powstałe w drugiej połowie XIII wieku dziełko, znane pod nazwą *Księgi Henrykowskiej*, opisuje dzieje majętności klasztoru cysterskiego w Henrykowie. Pierwsza księga obejmuje niespełna półwiecze, od 1227 do 1269 roku, druga opisuje lata następne po 1310 roku właśnie po to, aby zgromadzić argumenty dawności dla obrony stanu posiadania klasztoru. W pracy tej, obok dokumentów z archiwum klasztornego, autor kompilacji sięga szeroko do własnej pamięci, jak też do świadectwa pamięci innych naocznych świadków przeszłości.[122] Jednym z najważniejszych świadectw jest relacja kalekiego wieśniaka Kwiecika („brak mu jednej ręki, a drugą miał bez pożytku dla siebie, nazywany był podówczas przez Polaków kika"), który opowiedział „wszystkie stare dzieje posiadłości dookoła terytorium tego klasztoru". Ten to wieśniak „był bardzo stary, przeto pamiętał dzieje wielu lat" *(erat valde antiquus, unde recordabatur facta multorum annorum).*[123]

Starzec jest świadkiem dawnych lat, wobec prawa i trybunału jest argumentem tradycji, zastępującym dokument czy pismo. Cystersi henrykowscy nie bez kozery utrzymywali przez długie lata

PARALELIZM STAREGO I NOWEGO TESTAMENTU (il. 549–550)

549. Mojżesz i krzak gorejący – Zwiastowanie Marii – Aaron; sceny na kielichu z Trzemeszna; 3/4 ćw. XII w.

Kwiecika na chlebie klasztornym, ponieważ mogli odwoływać się do jego pamięci. Starcom w społeczeństwie wiejskim średniowiecza, jak i w innych społecznościach przedpiśmiennych czy niepiśmiennych, przypadała rola – niekiedy sformalizowana czy zinstytucjonalizowana – strażników pamięci. Ogólne warunki kultury materialnej i społeczny tryb życia sprawiały, że przeciętna długość życia nie była wówczas wysoka, starcy nie byli więc zjawiskiem częstym, co wzmacniało ich szczególną rolę w obiegu i trwaniu informacji o kulturze średniowiecznej.

Na informacje starców powołują się zapisy historiograficzne bardzo często. Gall w opowieści o początkach dynastii książęcej powołuje się na relacje, jakie mu przekazali „starcy sędziwi" (se-

niores antiqui).[124] *Rocznik Kapituły Krakowskiej* notuje pod rokiem 1254 śmierć rycerza imieniem Getko w wieku „stu lub więcej lat";[125] on to właśnie przekazał Piotrowi, prepozytowi kieleckiemu, relację o licznych cudach św. Stanisława, a także opowiadał o czynach sławnych rycerzy polskich.

Czy można jednak z tego faktu wnioskować o wielkiej trwałości pamięci indywidualnej w społeczeństwie średniowiecznym? Zbyt słabo jeszcze znamy ogólne procesy zapamiętywania i strukturę ludzkiej pamięci,[126] aby móc odpowiedzieć na to pytanie. W badaniach zwracano uwagę, że w kulturze przedpiśmienniczej czy też niepiśmienniczej pamięć spełnia funkcje znacznie szersze niż w późniejszych systemach kulturowych, że zatem do tej sytuacji i do potrzeby pamiętania dostosowywały

550. Zmartwychwstanie Jezusa i prorocy: Zstąpienie do otchłani oraz Dawid walczący z Goliatem i Samson z lwem – Trzy Marie u grobu Chrystusa – *Noli me tangere* i prorocy; sceny w inicjale *A* w *Antyfonarzu* z Lubiąża; kon. XIII w.

471

ŁĄCZENIE CZASU PRZESZŁEGO Z PRZYSZŁYM (il. 551–552)

551. Król Dawid z Dzieciątkiem Jezus na ręku, fragment miniatury w *Evangelistarium Płockim*, zw. *Złotym Kodeksem Pułtuskim* (f.8); kon. XI w.

553. Niezwykłe wydarzenie: zaćmienie słońca, tympanon z symbolicznym przedstawieniem Ukrzyżowania w bocznym portalu fasady kościoła cysterskiego w Sulejowie; 1 poł. XIII w.

się indywidualne predyspozycje psychiczne. Ale też wskazać tu trzeba, z jednej strony, że potrzeba pamiętania objęta była społecznym podziałem pracy i następowała swoista profesjonalizacja tej funkcji; nie wszyscy przeto mieli pamiętać dużo i długo. W kronice Kadłubka przytaczane są opowiadania mądrych starców o wydarzeniach przeszłości. Ale

552. Zwiastowanie o Męce, scena w inicjale *A* w *Antyfonarz* z klasztoru klarysek w Starym Sączu (f. 1 v); kon. XIII w. Prorok Izajasz ukazujący Marii piastującej Dziecię Jezus Chrystus trzymającego krzyż

Jan i Mateusz, między których rozpisany został dialog w kronice, określeni obaj jako ludzie w podeszłym wieku (*ambo grandaevii*) wyznają, że nie ma w nich „sędziwej wiedzy dni minionych".[127] Z drugiej zaś strony, w wypadku owych starców, specjalistów od pamiętania, następowało swoiście literackie pomieszanie między rzeczywistymi faktami przeszłości a narracją fikcyjną i legendarną. Potrzeba prawdy dotyczyła tylko świadectwa prawnego, dla innych spraw prawda – a zatem wierność pamięci – nie była wcale wymogiem niezbędnym czy też ważnym.

Współczesne badania socjo-psychologiczne wskazują, że zakres orientacji czasowej w przeszłości jest różny, w zależności od przynależności społecznej i związanego z nią trybu życia, wychowania i kultury. W grupach najniżej usytuowanych w hierarchii społecznej stwierdza się wąski zakres wyobraźni czasowej, obszar przeszłości objęty pamięcią jest krótki, zainteresowanie czasem minionym związane ściśle ze sprawami bieżącymi, zaś u grup wysoko usytuowanych stwierdza się poczucie psychicznej łączności jednostki z minionymi kilkoma generacjami, szerszy zakres pamięci o przeszłości i wyobraźni czasowej. Wydaje się, że w odniesieniu do społeczeństwa średniowiecznego w płaszczyźnie psychiki jednostkowej zakres pamięci o przeszłości w ogóle jest niezbyt duży, a wyznaczany jest on przez czynniki rodzinne i majątkowe. Tryb życia rodziny łączył ludzi różnych generacji i stwarzał obieg informacji o więzach rodzinnych w różnych odniesieniach czasowych. Powstawała w ten sposób pewna skala chronologii rodzinnej, wyznaczana przez poszczególne pokolenia. Dotyczy to zarówno czasów przedchrześcijańskich, jak i społeczeństwa chrześcijańskiego, zarówno rodziny chłopskiej, jak rodziny rycerskiej, chociaż różna jest skala natężenia tych więzi i ich rozległość czasowa.

Prawo średniowieczne dostarczało dodatkowych bodźców do interesowania się minionymi generacjami. Kościół nie zezwalał na małżeństwa między krewnymi, przy czym zakaz ten dotyczył w zasadzie par, które miały wspólnego przodka w ciągu minionych siedmiu pokoleń. Trzeba więc było znać tę drogę własnej rodziny, i to aż w siedmiu pokoleniach. Można sądzić, że rygorystyczna znajomość w tak długim wymiarze drzewa genealogicznego swojej rodziny nie dotyczyła mas, lecz przede wszystkim środowiska arystokratycznego. Ciężar nakazu prawnego stawiał jednak problem minionych pokoleń dla wszystkich, stwarzał potrzebę pamiętania o nich. Pamięć o przodkach była też nakazem wierzeń religijnych. Święta zmarłych odgrywały przemożną rolę w tradycyjnej obrzędowości ludowej i przetrwały ubocznie, oprócz jesiennego święta zmarłych, w wielu świętach chrześcijańskich. Pamięć o własnych przodkach wpisuje się w ten typ obrzędowości. Przede wszystkim chodzi o przodków, których się znało i z którymi się współżyło, ale potem, zwłaszcza w grupach możnych i majętnych, kamienie nagrobne, dokumenty, wspominki i fundacje kościelne wydłużają chronologicznie pamięć o przeszłości, zwiększają liczbę generacji objętych wspomnieniem rodzinnym. Elementem dodatkowym utrwalenia pamięci są także nazwy miejscowe, które zachowują wspomnienie pierwszego dziedzica (np. Januszów od rycerza Janusza, potem nazwany Henrykowem od „rycerzyka" Henryka[128]). Wspomnienie wspólnych przodków służy jako spoiwo grupowe rodziny.

Problem rodziny to także sprawa własności, praw i zobowiązań, dziedziczenia i uzyskiwania nadań lub darowizn. Wiązało się to również z działaniem prawa bliższości, które pozwalało krewniakom zakwestionować decyzję sprzedaży ziemi, ale tylko z ojcowizny, tj. dziedzicznie przekazanej przez dziada i ojca, a nie z nadania książęcego. Udowodnienie praw własności wymagało pamięci o własnych przodkach czy poprzednikach, o ich dawnych działaniach. W *Księdze Henrykowskiej* widoczne jest, jak szerokiej i żmudnej pracy archiwalnej wymagała obrona praw własności: pamięć broniła własności, niepamięć innych mogła być korzystnym warunkiem przywłaszczenia. Trzeba zatem „często odnawiać w pamięci" *(ut... sepius memorie conmendent)*[129] tytuły własności, tradycję posiadania, dokonania przodków czy poprzedników. Dotyczy to zresztą nie tylko panów feudalnych, rycerzy, opatów czy biskupów, ale także chłopów, którzy powołują się na pamięć tradycji, a raczej na niepamiętną tradycję, zadawnienie od „niepamiętnych czasów", dla wykazania swoich dawnych praw, czy nawet dla uzyskania nowych. W *Księdze Henrykowskiej* wpisane są także losy rodziny wspomnianego wieśniaka Kwiecika. Dziad jego Głąb dostał od księcia Bolesława Wysokiego las, nazwany potem Głębowicami, gdzie dokonał karczunku w miejscu nazwanym później Wielką Łąką; potomkowie jego musieli opuścić to miejsce, a nowe miejsce, gdzie osiadł Kwiecik, nazywano Kwiecikowicami.[130] Zapis w księdze pochodzi najpewniej z relacji samego Kwiecika, pamięć wieśniaka kojarzy się tu z pamięcią wyciśniętą w nazwach miejscowych i zakreśla ramy rodzinnej tradycji chłopskiego władania czy użytkowania.

Pamięć i wspomnienie traktujemy w kontekście pragmatycznym, bo tak rysują się one w dokumentacji pisanej pierwszych wieków naszego tysiąclecia. Zbyt mało wiemy o wierzeniach i mitologii epoki przedchrześcijańskiej, aby zastanowić się nad przemianą w stosunku do pamięci, jaka zachodzi w miarę upowszechniania się chronologii. Od pamięci do wyobraźni historycznej przejście bowiem wcale nie jest proste i jednoznaczne.[131] Jednakże potrzeba wiedzy o przeszłości pojawiała się właśnie jako potrzeba pamięci zbiorowej ze strony instytucji, środowisk i klas społecznych. Dzieje dziejopisarstwa i zainteresowania przeszłością wskazują przede wszystkim na państwo i Kościół, na środowiska dworskie i duchowne jako inspirujące wysiłek odtwarzania przeszłości i zapisywania dziejących się wydarzeń.

Pisarstwo historyczne pierwszego okresu naszego średniowiecza nie jest bogate, ale reprezentowane są w nim wszystkie najważniejsze rodzaje tej dziedziny piśmiennictwa.[132] Obok dwóch dzieł historycznych – Anonima Galla z początku XII wieku i Mistrza Wincentego zwanego Kadłubkiem z początku XIII wieku – dysponujemy dość obszernym korpusem roczników, katalogami biskupów, biografiami, przede wszystkim świętych, ale także ludzi świeckich (zachowany we fragmentach epicki poemat o Piotrze Włostowicu z XII w.), zapiskami kalendarzowymi. Pozwalają one stwierdzić potrzebę pamięci o przeszłości, która rosnąć będzie w następnych stuleciach. Pisarstwo historyczne nie jest wprawdzie traktowane – ani w Polsce, ani na Zachodzie – jako dziedzina pierwszoplanowa; nobilitacja jego dokonuje się dopiero przez asocjację z retoryką.[133] W stosunku do teologii czy dialektyki zachowuje ono poczucie podrzędności czy niższości, tym bardziej jednak dostrzec w nim można odpowiedź na bezpośrednie zamówienie społeczne. Jest nim przede wszystkim potrzeba dworu panującego; dostrzega się to w kolejnych etapach rozwoju zapisu historycznego w XI–XIII wieku.

W rozwoju rocznikarstwa historycznego, w przemieszczaniu się jego głównych centrów dostrzec można wyraźnie „paralelizm rozwoju annalistyki polskiej i ogólnopolskiego procesu dziejowego".[134] U progu polskiej państwowości, na przełomie X i XI wieku, pojawił się w Gnieźnie rocznik (lub też dwa roczniki) obcego pochodzenia, najpewniej z Niemiec, który zawierał zapiski o wyda-

rzeniach historycznych dotyczących monarchii karolińskiej i Niemiec. Do tych zapisek dodawano w Gnieźnie nowe, dotyczące bieżących wydarzeń polskich, związanych z dworem książęcym. W tym najstarszym roczniku polskim (nie dotrwał on do naszych czasów i uczeni rekonstruują go z późniejszych ekscerptów) w zapiskach rodzinnych występują niemal wyłącznie sprawy dynastii książęcej, a wydarzeniem wyjściowym jest małżeństwo Mieszka z Dobrawą oraz przyjęcie chrztu przez Mieszka. Wraz z przeniesieniem się stolicy książęcej prace rocznikarskie prowadzone były dalej w Krakowie, w środowisku kapituły krakowskiej, obejmując poza sprawami dworu książęcego również wydarzenia krakowskiego środowiska kościelnego i życia w Małopolsce. W XIII wieku z wolna zarysowują się prace annalistyczne w innych dzielnicach kraju – w Wielkopolsce, na Śląsku, wreszcie na Pomorzu i Mazowszu.

Poza dworem książęcym i katedrą zapisy rocznikarskie prowadzone były po klasztorach i kościołach, częstokroć na tablicach paschalnych (służących do obliczania daty świąt wielkanocnych w poszczególnych latach),[135] wchodzących w skład podstawowego wyposażenia kościelnego. Wpis wydarzenia pod datą roczną nadaje mu rangę czasową, wytwarza poczucie ciągłości i miary pamięci o przeszłości. Czas historyczny traktowany jest przeto w sposób kontynuacyjny, jako pasmo ciągłe, wyznaczone w jednolitej skali. Bardziej szczegółowe daty dzienne wydarzeń zapisanych w rocznikach uzyskać niekiedy można dzięki zapiskom kalendarzowym. W kalendarzach kościelnych notowano w szczególności daty śmierci władców, możnych donatorów, biskupów; w tym wypadku jednak nie notowano w ogóle roku. Zapiska miała wszak służyć corocznemu uczczeniu daty śmierci w oficjach kościelnych i w modlitwach – pamięć zdarzenia funkcjonuje w ramach cyklicznej koncepcji czasu, będącej podstawą liturgii kościelnej.

Owa cykliczna koncepcja czasu, którą rysowaliśmy jako jedną z podstaw chrześcijańskiej filozofii czasu, znajduje więc praktyczne i potoczne zastosowania. Doszukując się konturów średniowiecznej wyobraźni historycznej interesujemy się jednak przede wszystkim pracą nad utrwalaniem pasma wydarzeń w kontynuacyjnym ciągu. Realizuje się ona w spisach władców, w genealogiach ludzi i ludów, w katalogach biskupów. Widoczna jest także w obu dziełkach historycznych tego czasu, u Anonima Galla i u Mistrza Wincentego.

Pierwszy kronikarz polskiej dynastii książęcej zapowiada zamiar: „pisać o Polsce, a przede wszystkim o księciu Bolesławie i ze względu na niego opisać niektóre godne pamięci czyny jego przodków".[136] Celem właściwym jest więc historia współczesna, dzieje wcześniejsze ukazane są, „aby od korzenia posuwać się w górę ku gałęzi drzewa". Przeszłość oglądana jest więc przez pryzmat teraźniejszości, ukazanie przymiotów charakteru i znakomitych działań poprzedników władcy stanowi część składową opisu władcy, bo więź krwi jest podstawą dziedziczenia przymiotów etycznych przodków. Dokonuje się w ten sposób uaktualnienia przeszłości, która traktowana jest jako współcześnie jeszcze istniejąca i pozwalająca współczesność zrozumieć.[137] Granicę wstecz wyznacza przeto teraźniejszość. Gall w ten sposób łączy początek Polski z początkami dynastii, do której należy opiewany przez niego władca. Nie ma u Galla ani później u Kadłubka szczegółowych dat opisywanych wydarzeń. Było to zgodne z prawami gatunku literackiego, do którego przynależały oba utwory. Ale też daty nie służą w żadnej mierze podstawowym ich założeniom programowym. Czas, przynajmniej w wypadku kroniki Galla, jest pasmem przekazu władzy, realizacji psychologicznej i etycznej jedności rodziny panującej. Nie lata więc stanowią skalę jego upływu, lecz ludzie, kolejni władcy z dynastii piastowskiej. Takie traktowanie przeszłości wiąże się także z potrzebą uczestniczenia w wartościach czasu minionego, z potrzebą ich aktualizacji, podobnie jak to się dzieje w wypadku wyobraźni mitologicznej.[138] Czas historyczny przybiera pewne rysy czasu mitologicznego; widoczne jest to zwłaszcza w opowieściach o dziejach wojennych Polski, jakie zawierają obie kroniki.

Mistrz Wincenty punkt ciężkości swego programu przenosi z osoby władcy i panującej dynastii na państwo i jego instytucje. *Gesta ducum* służą tu ukazaniu wykształcenia się ładu prawno-publicznego, struktur państwa i podstaw wolności jego obywateli. Kronikarz przedstawia przeszłość na zlecenie swego księcia, traktującego „przykłady przodków" jako zwierciadło dzielności i zacności, pragnącego „dopuścić potomnych do udziału w cnotach pradziadów".[139] U podstaw moralistyki Kadłubka tkwi przekonanie, że pamięć o przeszłości jest nie tylko potrzebą tworzywa literackiego, potrzebą dydaktyki moralnej i retoryki, lecz także sama jest wartością. Na wstępie kroniki (I, 1–2) obaj rozmówcy dialogu określeni są jako „ludzie dzisiejsi" (*hodierni sumus*) niewiele wiedzący o tym, co zdarzyło się w dniach minionych. Źródłem wiadomości są opowiadania starców, a wszakże „u starców jest mądrość, a w długim wieku roztropność".[140] W stosunku do nich jeden z rozmówców, Mateusz, określa się jako niemowlę, „tak że nawet zgoła nie wiem, czy przed tą teraźniejszością upłynęła jakaś krótka chwilka". Wyznanie to, niezależnie od tkwiącej w nim retoryki, jest świadectwem przekonania, że pamięć o przeszłości jest wartością, jak też sceptycznej oceny potocznej wiedzy o przeszłości. Kronikarz musi jej dociekać, jest ona przedmiotem rozważań w ówczesnych środowiskach uczonych za pomocą metod, do jakich przywykła myśl tego czasu – a więc poszukując w karkołomnych nieraz analizach etymologicznych śladów czasu przeszłego, zawartych w samych słowach i nazwach. Ale u Kadłubka, jak i u Galla, poza opowieścią o przeszłości, w dawnych czynach wskazującą wzory moralne postępowania, sam przekaz cnót przeszłości dokonuje się na drodze bezpośredniego dziedziczenia cnót lub pamięci o nich. Dla Mistrza Wincentego nie jest to droga biologicznego przekazu, lecz moralnych zobowiązań wobec przeszłości: Bolesław Krzywousty w testamencie przekazuje „w spadku czterem synom i zobowiązania [płynące z] zacności przodków, i następstwo w królestwie".[141]

Niezależnie od braku dat rocznych, obaj kronikarze przestrzegają rygorystycznie kolejności wydarzeń. Gall niejednokrotnie podkreśla potrzebę systematycznego przedstawiania zdarzeń po kolei, tj. zgodnie z ich czasowym następstwem. Gdy wybiega naprzód w narracji, usprawiedliwia się: *sed cur rota currum precurrit* – „czemuż koło wyprzedza wóz";[142] w innym miejscu uzasadnia, że dla ciągłości narracji opowiada o pielgrzymce Bolesława Krzywoustego przed wcześniej mającym miejsce oblężeniem Nakła. Gall wymienia zresztą kilkanaście dat dziennych (nie podaje roku) po prostu w ślad za kalendarzami kościelnymi, z których zapisków korzystał. Dbałość o zachowanie właściwej sukcesji chronologicznej w narracji jest dowodem czasowego uporządkowania wyobraźni historycznej kronikarza, przy czym rok pozostaje sposobem odmierzania upływu czasu nawet wtedy, gdy jest nie wymieniony. Spotykamy więc u Galla określenie w rodzaju „następnego roku",[143] a odniesienie do roku widoczne jest chociażby w odwołaniu się do świąt dorocznych.

Ale też rygory narracji chronologicznej najbardziej wyraźnie występują w odniesieniu do wydarzeń najbliższych w czasie kronikarzowi, do historii współczesnej. W pamięci o przeszłości odnajdujemy bardzo znamienne zróżnicowanie generacyjne: problem prawdy w narracji historycznej dotyczy właśnie historii współczesnej, objętej pamięcią autentyczną, pamięcią z autopsji, weryfikowaną przez świadków. To jedna z przyczyn, dla których kronikarze boją się opowiadania dziejów współczesnych. Gall zdaje się wypowiadać szerszą obawę historyka dziejów świeckich, że zajmuje się rzeczami błahymi, niegodnymi, bo wszakże czas świecki w myśli teologicznej traktowany jest jako ustawiczne psucie, ustawiczne pogarszanie w egzystencji obciążonej grzechem pierworodnym. „Spisywałem wojny królów i książąt – mówi Gall – a nie ewangelię."[144] Współczesny mu czeski kronikarz, Kosmas, w słowach przejmujących wypowiada strach przed zajmowaniem się wydarzeniami aktualnymi: „korzystniej jest, abyśmy o współczesnych ludziach czy czasach w ogóle milczeli, niż mówieniem prawdy – ponieważ prawda zawsze rodzi nienawiść – spowodowali szkodę jakiejś sprawy [...] Stąd wydaje się nam o wiele bezpieczniej opowiedzieć sen, którego nikt nie poświadczy, niż pisać dzieje ludzi współczesnych."[145] Podobnie Kadłubek wyrzekał na to, że „z jednej strony prawda budzi nienawiść, z drugiej oburzenie grozi karą" i retorycznie zapytywał: „Któż bowiem, pytam, nie wzdraga się gołą stopą stąpać po najeżonych ostach."[146] Ale mimo tych obaw zarówno stan pamięci własnej i otoczenia, jak też otrzymane zamówienie pisarskie sprawiają, że kronikarze dociekają przede wszystkim wydarzeń daty najświeższej, w narracji o nich dbając o następstwo chronologiczne, liczone nie tylko w kolejności osób pojawiających się na scenie, lecz także w następstwie kolejnych lat, pór roku, miesięcy czy nawet pór dnia. W odniesieniu do dalszej przeszłości, tej wykraczającej poza bezpośrednią pamięć – z doświadczenia i autopsji – danego pokolenia, troska o precyzję chronologiczną zdaje się być znacznie mniejsza; rolę podstawową odgrywa sukcesja rodzinna, kolejność pokoleń.

W personifikacjach czasu, jakich dostarcza nam ikonografia średniowieczna, następuje bardzo często interesujące skojarzenie czasu i pokrewieństwa. W rękopisie *Dekretu Gracjana* z XIII wieku (pochodzenia włoskiego), należącym do kapituły gnieźnieńskiej,[147] znajdujemy przedstawienie „drzewa pokrewieństwa" (*arbor consanguinitatis*), które trzyma w ręku starzec uosabiający czas. Cel jest praktyczny: tablice mają służyć ustaleniu stopni pokrewieństwa, przy których nie można zawrzeć związku małżeńskiego. Ta asocjacja czasu i pokrewieństwa, o której wspominaliśmy przy okazji tradycji rodzinnej, pozwala raz jeszcze stwierdzić ludzkie upostaciowanie czasu i rolę człowieka w wyznaczaniu rytmu czasu. Czas nie jest tylko pojęciem abstrakcyjnym: wyobrażony w postaci koronowanego starca zdaje się przypominać, że ma władzę nad przemijaniem i sam jest trwaniem. Tablice pokrewieństwa są realizacją czasu, ale w numerycznym oznakowaniu stopni i nazw pokrewieństwa odnajdujemy zarówno przekonanie o chronologicznej sukcesji generacji, jak i swoistą aktualizację minionych pokoleń, sprowadzenie ich z płaszczyzny sukcesji do synchronicznego współistnienia.

Tę dialektykę czasowego następstwa wydarzeń i synchronicznego ich współistnienia odnajdujemy także, gdy rozważamy miejsce historii powszechnej w horyzontach czasowych kultury średniowiecznej. Już Pismo Święte wykładane w szkołach, nauczane – zarówno słowem, jak i wyobrażeniem – w kościołach, wprowadzało imiona i zdarzenia starożytnej historii do umysłów ludzkich. Żywoty świętych, szczególnie szeroko wpływające na wyobraźnię i wiedzę ludzi średniowiecza, zawierały także obszerny przekaz o sprawach odległych, o obcych ludziach i krajach. W umysłach dokonywało się przemieszanie spraw odległej historii świętej i historii świeckiej; w jednej i drugiej dokonywał się ostry podział na prześladowców wiary i jej obrońców, na dzielnych i na niecnych, na dobrych i na złych. Elementy wiedzy o starożytności odnajdujemy także w naszych pomnikach dziejopisarskich, chociaż bardziej rygorystycznie są tu stosowane przedziały między historią świętą a historią świecką, przy czym tylko ta ostatnia wchodzi w wykład. Anonim Gall do przykładów antycznych sięga, aby uzasadnić samo swoje dzieło, swój zamysł spisywania dziejów książąt; wspomina „sławę i rycerskie czyny Rzymian czy Galów”, Aleksandra Wielkiego i Antiocha, Kleopatrę, losy Troi.[148] Niekiedy do opisu wplata elementy mitologii antycznej.[149] W znacznie większej mierze do lektur i do przykładów antycznych sięga Mistrz Wincenty, którego kronika przywołuje ustawicznie ludzi i fakty historii starożytnej jako anegdoty czy też *exempla* z nauką moralną. W pasmo opowieści o dziejach antycznych wplata Kadłubek także początki dziejów ojczystych, powołując się – jeżeli nie był to tylko zwrot retoryczny – na to, że „wieść głosi”

o walkach Polaków z Galami i Rzymianami.[150] W faktach tych nie ma żadnych fałszów i zmyśleń, lecz wszystko to – twierdzi kronikarz – „prawdziwe jest i poważne, i znane już z historii starożytnej” (*ex antiqua historia*).[151] Za „rzecz dziwną, lecz zupełnie wiarygodną” (kronikarz wykrzykuje: *Rem miram sed fidei plenam!*[152]) uznaje także relacjonowany fakt o klęsce zadanej przez Polaków wojskom Aleksandra Wielkiego i korespondencji między sławnym w średniowieczu władcą macedońskim a władczynią Polski; podobnie Leszkowi III przypisuje wiele zwycięstw nad wojskami Juliusza Cezara.[153]

Opowieści te były przez długi czas podstawową przyczyną lekceważenia' przez historiografię nowożytną kroniki Mistrza Wincentego, właśnie ze względu na jej bałamutny charakter, zadający gwałt czasowi historycznemu. A przecież właśnie w ten sposób dokonywało się połączenie w jednym tyglu legend, anegdot, okruchów wiedzy o przeszłości własnej grupy etnicznej z puścizną antyku, wyznaczającą granice cywilizacji europejskiej. Właściwym odniesieniem dla tradycji nie była skala czasu historycznego, chronologiczne pasmo narastających lat i zdarzeń, lecz czas mitologiczny, w którym łączyły się okruchy dawnych wierzeń z okruchami wiedzy o przeszłości, w którym zdarzenia nabierały wymiaru symbolicznego, jako takie podlegały aktualizacji, bo były kontynuowane czynami współczesnych, modelowały ich działania i charaktery.

Ten sam cel, włączenie dziejów narodowych w pasmo historii powszechnej, realizuje także annalistyka, chociaż w sposób odmienny. Strukturę zapisu wyznacza tu absolutna chronologia dziejów świata. Wszystkie zdarzenia, tak powszechne, jak ojczyste, są tu mierzone w skali czasu linearnego, wyznaczonego kolejnymi latami. Wspomniany najdawniejszy rocznik wprowadził (w ślad za wykładem *De sex aetatibus mundi* Izydora z Sewilli) poczet dziejów świata od jego początków, tj. od *creatio mundi* i Adama, a za nim znalazł się on w późniejszych polskich rocznikach.[154] W ścisłych rygorach sukcesji lat po Adamie i jego potomstwie pojawiają się monarchie starożytnego Wschodu, prorocy *Starego Testamentu*, Grecy, Persowie i Rzymianie, cesarze rzymscy, Chrystus i apostołowie, chrystianizacja ludów europejskich. Rachuba lat nosi tu charakter arytmetyczny, zapis notuje (za Orozjuszem), że od początku świata do narodzin Chrystusa minęło 5199 lat. Kompilacje annalistyczne wpisują potem w ten ciąg wydarzenia epoki karolińskiej (poczynając od daty śmierci Bedy, podanej zresztą błędnie na 730 rok, zamiast na 735) z coraz większą dokładnością i wreszcie dzieje ojczyste.[155] W zarysowanym z chronologiczną precyzją paśmie dziejowym trzeba dostrzec tak znamienne dla umysłowości pierwotnej upodobanie do liczby samej w sobie, do symbolicznych treści zawartych w liczbach. Nie jest zresztą ważne, na ile prawdziwe są wyliczenia wewnętrzne w ramach faktów historycznie sprawdzalnych. Ważne jest przede wszystkim, że przeszłość układały roczniki w paśmie jednolitym, że w ten sposób realizowała się w świadomości historycznej koncepcja czasu linearnego, jednolicie odmierzanego wedle wspólnej skali diachronicznej.

Pomniki dziejopisarskie dają świadectwo świadomości określonych środowisk społecznych. Przede wszystkim ukazują horyzonty intelektualne swego czasu, poziom jego elity. Zapewne liczyły one na odbiór możliwie szeroki: Gall wszak dopominał się, aby dzieło jego na głos czytano i komentowano, aby służyło jako podręcznik świeckiej wiedzy i wychowania w szkołach i pałacach.[156] Obsługiwały one jednak przede wszystkim elity umysłowe i polityczne tego czasu, służyły ich bezpośrednim interesom. Obok dworu książęcego, który wskazywaliśmy jako – wraz z katedrą – ośrodek pracy dziejopisarskiej, ogromną rolę odgrywały możne rody rycerskie, przechowujące wspomnienia z własnej przeszłości, zainteresowane w realizacji odpowiadających im programów ideologiczno-historycznych, odczuwające potrzebę utrwalenia na piśmie obrazu przeszłości swej grupy rodowej, jak i szerszej zbiorowości etnicznej. I tak odnajdujemy trzy potężne rody za pomnikami historiograficznymi: Pałuków za *Rocznikiem Świętokrzyskim*, Łabędziów za poematem o Piotrze Włostowicu, prawdopodobnie Awdańców za kroniką Anonima Galla.[157] Przeszłość służyła nie tylko jako pretekst do prezentacji pewnych poglądów, była także nieraz podstawowym argumentem określonych roszczeń. Aspiracje metropolitalne biskupów krakowskich w XII i XIII wieku stały się bodźcem do opracowania katalogu biskupów.[158]

Te środowiska inspirujące były zainteresowane w odbiorze powstałych utworów, w cytowaniu ich i poznawaniu. Im szersze kręgi te uczone wizje o przeszłości obejmowały, tym bardziej zacierały się ich kontury, słabła precyzja czasowa, a jednocześnie przestawały być traktowane jako relacje o zdarzeniach zaszłych rzeczywiście w przeszłości, a stawały się opowieściami, anegdotami, legendami. W kręgach kościelnych najszersze zainteresowanie budziła historia święta; wchodziła ona w skład niezbędnego wykształcenia, a utrwalała się w pamięci przez kontakt z manuskryptami i ikonografią. Ewangeliarze i psałterze przekazywały w obrazach sceny z życia Chrystusa, Jana Chrzciciela, apostołów. Dwa ewangeliarze z końca XI wieku – pułtuski i gnieźnieński (proweniencji czeskiej) – zdobione były miniaturami ukazującymi kolejno sceny z dzieciństwa Chrystusa i z Męki Pańskiej.[159] *Ewangeliarz Kruszwicki* (2 poł. XII w., warsztat sasko-westfalski) przedstawia historię św. Jana Chrzciciela jak też dzieje powołania Mateusza.[160] *Psałterz Trzebnicki* (ok. 1220 r., warsztat lubiąski) zawiera długi szereg miniatur cyklu chrystologicznego, od sceny Zwiastowania po Sąd Ostateczny.[161] W dekoracji naczyń liturgicznych odnajdujemy znamienne przemieszania scen ze *Starego* i *Nowego Testamentu*; Kościół powszechny w walce z herezjami XII wieku nasila propagowanie treści *Starego Testamentu*, stosując szeroko – znane już poprzednio – typologiczne zestawienia wydarzeń ze *Starego* i *Nowego Testamentu*. Program ikonograficzny kielichów z Trzemeszna (ostatnia ćwierć XII w., import zachodnioeuropejski) realizuje te założenia. Obok scen Zwiastowania pojawia się różdżka Aarona, traktowana jako prefiguracja Marii, której atrybutem jest różdżka migdałowca, inne sceny przedstawiają historię Dawida i historię Elizeusza.

Dla duchownych oglądających iluminowane rękopisy, księgi i naczynia liturgiczne *Pismo Święte* dostarczało scen, wątków i obrazów o dziejach świata, w których czas przeszły jawił się w sposób różnoraki. Była to historia święta, a więc niejako dziejąca się i dokonująca poza czasem. Jednakże w ramach tych scen i wątków odnaleźć można pewne ciągi zdarzeń, uporządkowane wewnętrznie wedle następstwa w czasie. Są to różnej długości sekwencje czasowe, wyznaczone ramami sceny, cyklu narracyjnego, czy życia jednostkowego. Ale w toku aktualizacji scen i zdarzeń historii świętej dokonywało się łączenie i przemieszanie tych sekwencji czasowych, niezależnie od ich miejsca w chronologii absolutnej, uzyskiwały one bowiem wartość symboliczną, przeto ponadczasową. Lekcja przekazu kultury, jaką otrzymywały elity świata chrześcijańskiego, prowadziła do wzbogacenia wiedzy o zdarzeniach przeszłości, ale nie wykształcała wyobraźni czasowej, której porządek określony byłby przez linearne pasmo chronologii lub w której przynajmniej poszczególne sekwencje czasowe byłyby odróżniane wedle skali upływu lat czy pokoleń.

Także ludzie świeccy zaznajamiani byli przez nauczanie religii ze zdarzeniami z Pisma Świętego i z dawnej historii, jako z treścią prawd wiary lub też jako z przykładami etycznymi, lecz aż do początku XIII wieku dokonywało się to w mierze ograniczonej i w sposób rudymentarny. Zapewne tematy ikonograficzne wystroju kościelnego przemawiały nie tylko ogólnym wrażeniem, lecz także upowszechniały pewne treści narracyjne, i to może nie tylko z historii świętej, lecz także z historii świeckiej. Nie jest nam wszak w pełni znany wystrój dawnych świątyń, gdyż zatarły się najdawniejsze freski. Przytoczyć tu można przykład z sąsiednich Czech: fresk datowany na około 1134 rok w kaplicy Św. Katarzyny w Znojmie przedstawiał powołanie do władzy legendarnego założyciela czeskiej dynastii Przemysła. Podobnie średniowieczna powiastka ukazuje francuskich wieśniaków przybywających do Paryża, którym miejscowi pokazują postacie Pepina czy Karola Wielkiego wśród rzeźb we frontonie katedry Notre Dame. Można przeto przypuszczać, że postacie i zdarzenia z mniej lub bardziej odległej przeszłości były znane i upowszechniane nie tylko w kręgu uczonym, w promieniu oddziaływania pisma, lecz także w kulturze masowej, popularnej.[162]

16. Jakość czasu

W wyobraźni czasowej ludzi średniowiecza stwierdzamy przeto krążenie informacji z różnych, mniej i bardziej odległych epok. Umieszczane one jednak były nie na jednolitej skali czasowej, lecz na skali wartości. Zdarzenia i postacie były wartościowane, bo „przeszłość była przedmiotem wiary",[163] a czas jawił się jako pewna jakość. Dotyczy to nie tylko płaszczyzny filozofii historii, która zajmowała skromne miejsce w polskiej kulturze średniowiecznej, lecz także – a może nawet nade wszystko – kultury ludowej i świadomości potocznej, tworzenia się i obiegu podań ludowych.

Przekonanie o tym, że poszczególne odcinki czasu – miesiące, fazy księżyca, dnie, pory dnia i nocy – obdarzone są pewną wartością, są przychylne lub nieprzychylne ludziom i ich działaniom, powszechnie występuje w kulturze ludowej i jest podstawą działań magicznych. Mieliśmy już okazję to obserwować przy omawianiu słowiańskich nazw miesięcy czy też rytmu świąt. Popularne w chrześcijańskiej Europie wykłady doktryny moralnej i podręczniki spowiedników (w rodzaju wspomnianego już dziełka cystersa Rudolfa) bardzo często powtarzają potępienia przesądów związanych z czasem, przywołują przy tym słowa Ojców Kościoła. W summie spowiedniczej Rudolfa znajdujemy, w ślad za *Dekretem Gracjana*, napomnienia św. Augustyna, aby nie obchodzić „dni egipskich", nie szukać zapowiedzi szczęśliwego losu przyszłego, nie zwracać uwagi na miesiące i sezony, dnie i lata (...*menses aut tempora, diesque aut annos*).[164] Napomnienia te zachowywały aktualność właśnie ze względu na powszechne występowanie wartościowania czasu w kulturze średniowiecza.

Wartościowanie to dokonywało się na różnych poziomach kultury. W wykładzie Pisma Świętego i prawd wiary przyznawano historii świętej jakości, których odmawiano historii świeckiej, w ramach historii świętej *Nowy Testament* przedkładano nad *Stary Testament*. W ramach historii świeckiej odległe epoki nabierały wartości naczelnej, w nich dostrzegano cnoty, zacierające się lub niknące z postępem czasu (przekonanie, że wraz z postępem czasu dokonuje się postęp w ogóle, że wiedza kumuluje się i że *moderni*, korzystając z tego, co zebrali *antiqui*, widzą więcej i lepiej, toruje sobie drogę w średniowieczu bardzo powoli i bardzo opornie). Kosmas u początków dziejów czeskich kreślił utopijny obraz społeczności szczęśliwej, pełnej cnót, nie znającej ani własności, ani przestępstw, ani przemocy. „Bez miary szczęśliwy był ów wiek!"[165] Dziedziczone po antyku rozróżnianie wieku „złotego" od epok symbolizowanych przez mniej szlachetne metale odnajdujemy u Galla, gdy opisując śmierć Bolesława Chrobrego woła, że złoty wiek zmienił się w ołowiany,[166] epoka najlepsza w epokę najgorszą.

Ale wartościowanie czasu, właśnie w tym sensie, jaki potępiał Augustyn, odnajduje się przede wszystkim w kulturze ludowej. Daleko posunięta niewrażliwość na czas idzie tu w parze z przesadną, dramatyczną wrażliwością na datę. W rozkładzie prac społeczeństwa rolniczego „pomyślność" określonych dat dla rozpoczęcia lub wykonania poszczególnych zajęć łączyła naturalny kalendarz z kalendarzem magicznym. Święta chrześcijańskie, dnie świętych patronów, nawarstwiając się na tradycyjne mniemania, realizowały porządek dni pomyślnych i niepomyślnych. Praktyki magiczne

opierały się na ściśle określonych wartościach pór roku, tygodnia czy dnia. Wedle Rudolfa sprzyjała im pora nocna i wieczorna, pomyślny był dla nich czwartek i niedziela, początek Wielkiego Postu, 1 maja, Boże Narodzenie.[167] Regionalne zwyczaje wprowadzały sporo odmienności w te daty. Fazy księżyca miały także spore znaczenie, zarówno dla podejmowania prac, jak dla zbierania ziół i praktyk magicznych (etnografia notuje to także w folklorze czasów nowożytnych). W ten sposób kalendarz – tradycyjny i kościelny, czy też oba przeplecione – wyznaczał nie tylko periodyczny porządek obrzędów, lecz był także „kodem jakości czasu".[168] Z tym przekonaniem wiązała się także wiara w możność poznania losów przyszłych, poszukiwanie znaków i zapowiedzi przyszłości. Thietmar, opisując zwyczaje i wierzenia słowiańskie kraju Głomaczów, opowiada, że po stanie cudownego jeziora, znajdującego się tam, niedaleko od Łaby, poznawali oni, co ich czeka danego roku – pomyślne plony czy krwawa wojna.[169] Przez długi czas utrzymuje się praktyka przewidywania pomyślności lub niepomyślności na podstawie różnych znaków na niebie i ziemi. Bacznie zwłaszcza obserwują ludzie wszelkie niezwykłości atmosferyczne i niespodziewane zjawiska na niebie. Kronikarze i rocznikarze starannie zapisują te zdarzenia, z których usiłuje się odczytywać zapowiedź przyszłości. Było to nie tylko znamieniem tradycyjnych postaw pierwotnych; Kościół także wszak przyzwyczaił do takiego widzenia powiązań czasowych. Ikonografia średniowieczna niejednokrotnie przywoływała ten motyw zapowiedzi czasu przyszłego, wiążąc *Stary* i *Nowy Testament*. W *Złotym Kodeksie Pułtuskim* (z końca XI w.) Dawid na tronie trzyma Dzieciątko Jezus, bo uznawano, że zapowiadał przyjście Chrystusa, a przy scenie narodzin Chrystusa anioł trzyma krzyż w ręku, zapowiadając przyszłą mękę.[170] Podobnie jak czas przeszły z teraźniejszym, splata się czas przyszły z teraźniejszym, i to właśnie daje możliwość przepowiadania przyszłości.

Siła praktyk magicznych jest duża nie tylko w poznawaniu losów, nie tylko w poznawaniu

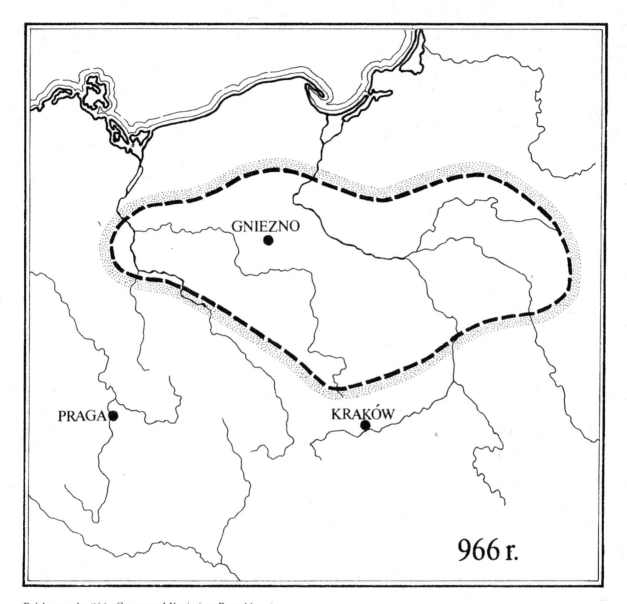

Polska w roku 966. *Opracował Kazimierz Pacuski*

▬ ▬ ▬ przybliżone granice państwa

● KRAKÓW ośrodki stołeczne

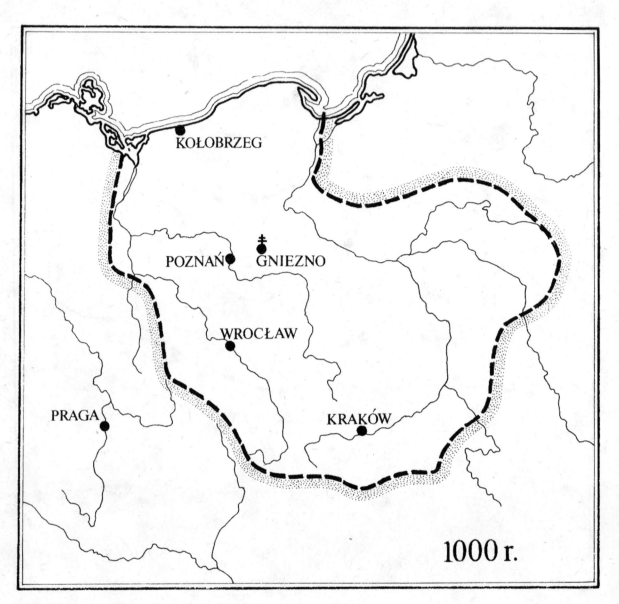

Polska w roku 1000. *Opracował Kazimierz Pacuski*

— — — — —   przybliżone granice państwa

● **KRAKÓW**   ośrodki stołeczne

♯ **GNIEZNO**   siedziba arcybiskupstwa

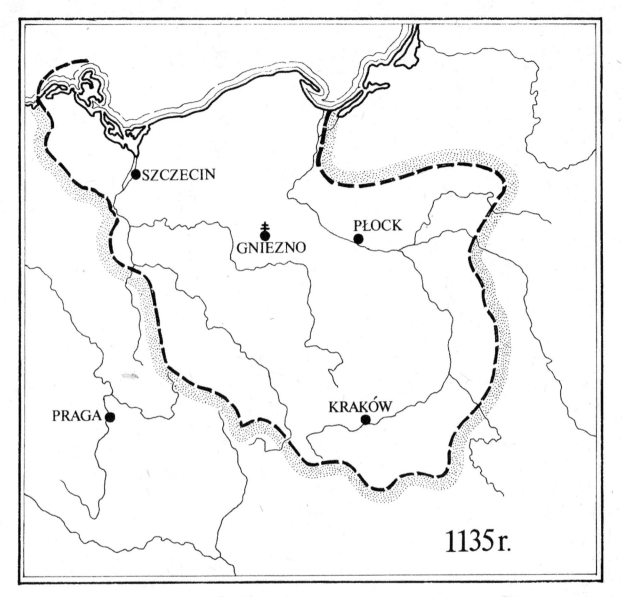

Polska w roku 1135. *Opracował Kazimierz Pacuski*

━━ ━━ ━━   przybliżone granice państwa wraz z Pomorzem Zachodnim i terenami zastrzeżonymi dla wpływów pol-
::::::::::::::::   skich

● KRAKÓW   ośrodki stołeczne

♰ GNIEZNO   siedziba arcybiskupstwa

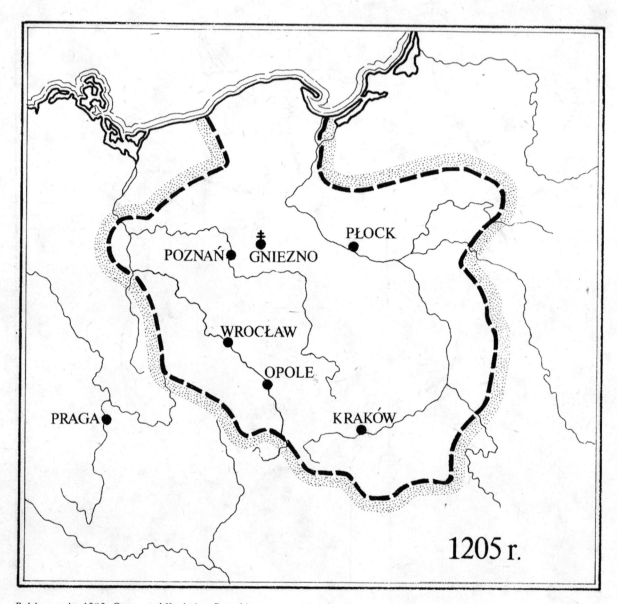

Polska w roku 1205. *Opracował Kazimierz Pacuski*

– – – – przybliżone granice państwa

● KRAKÓW ośrodki stołeczne

⚑ GNIEZNO siedziba arcybiskupstwa

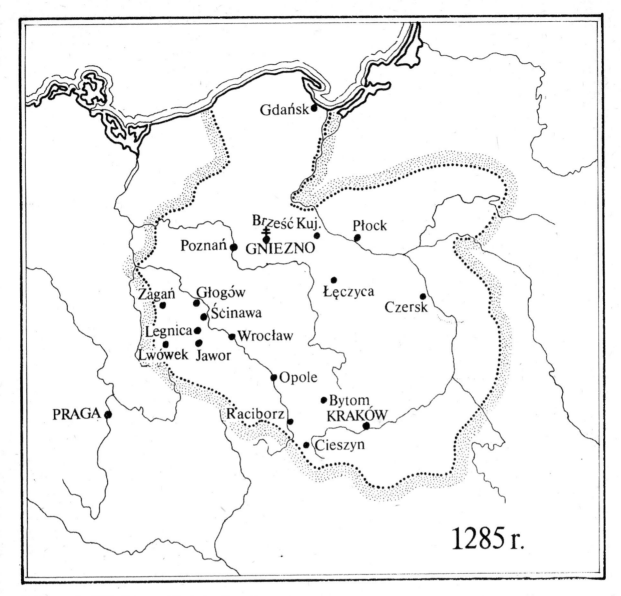

Polska w roku 1285. Opracował Kazimierz Pacuski

●●●●●●●●●●●●● przybliżony zasięg kościelnej prowincji gnieźnieńskiej w końcu XIII w. (bez diecezji lubuskiej)

● **KRAKÓW** ośrodki stołeczne

● Czersk stolice księstw dzielnicowych

♔ GNIEZNO siedziba arcybiskupstwa

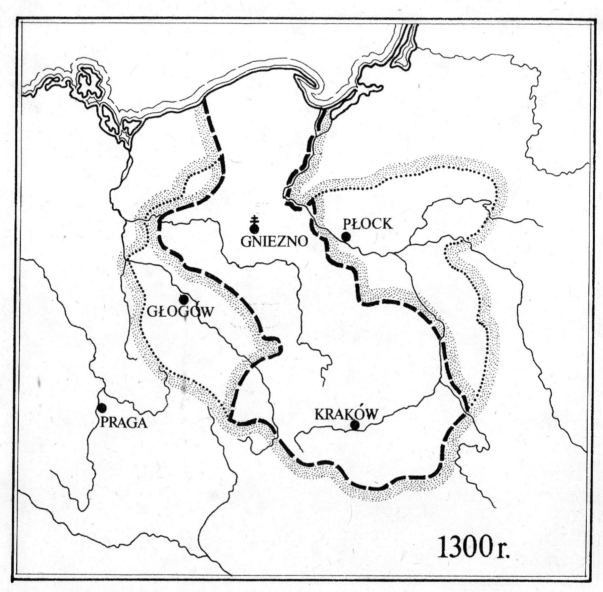

Polska w roku 1300. *Opracował Kazimierz Pacuski*

━ ━ ━ ━ przybliżone granice państwa; zasięg władztwa Wacława II wraz z księstwami lennymi

· · · · · · · · · · przybliżony zasięg kościelnej prowincji gnieźnieńskiej w końcu XIII w. (bez diecezji lubuskiej)

● **KRAKÓW** ośrodki stołeczne

⚱ **GNIEZNO** siedziba arcybiskupstwa

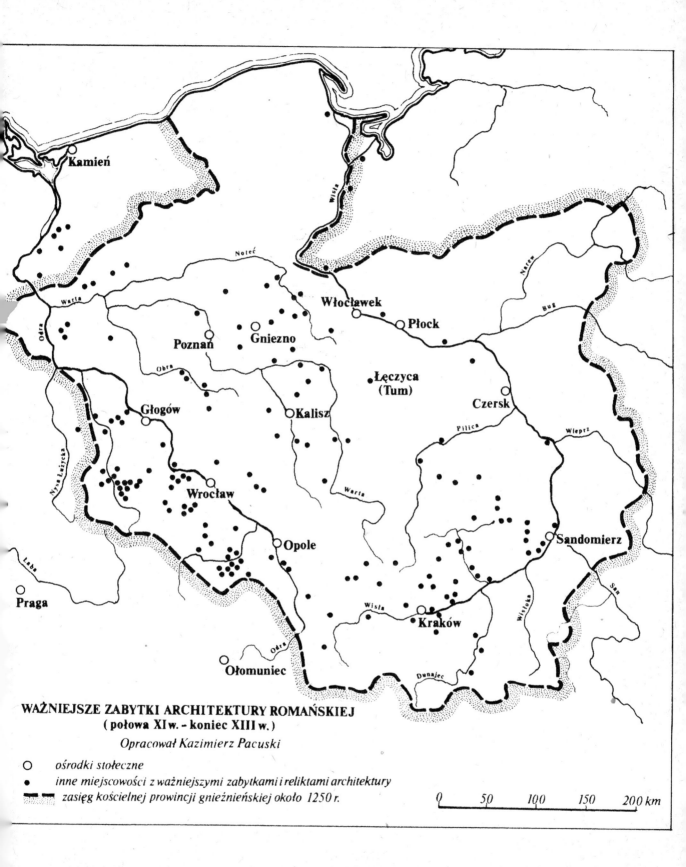

WAŻNIEJSZE ZABYTKI ARCHITEKTURY ROMAŃSKIEJ
(połowa XI w. – koniec XIII w.)

Opracował Kazimierz Pacuski

○   *ośrodki stołeczne*

●   *inne miejscowości z ważniejszymi zabytkami i reliktami architektury*

▬ ▬ ▬   *zasięg kościelnej prowincji gnieźnieńskiej około 1250 r.*

| 0 | 50 | 100 | 150 | 200 km |

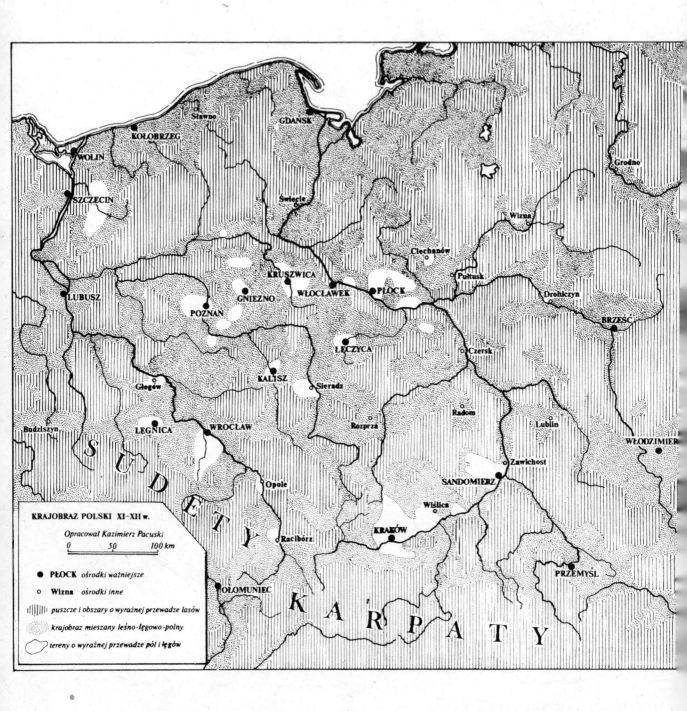

Sławno

GDANSK

KOŁOBRZEG

WOLIN

Świecie

Grodno

SZCZECIN

Wizna

Ciechanów

LUBUSZ

KRUSZWICA

Pułtusk

GNIEZNO

WŁOCŁAWEK

PŁOCK

Drohiczyn

POZNAŃ

BRZEŚĆ

ŁĘCZYCA

Czersk

Głogów

KALISZ

Sieradz

Radom

Budziszyn

LEGNICA

WROCŁAW

Rozprza

Lublin

WŁODZIMIERZ

S U D E T Y

Opole

Zawichost

Wiślica

SANDOMIERZ

Racibórz

KRAKÓW

PRZEMYŚL

OŁOMUNIEC

K A R P A T Y

KRAJOBRAZ POLSKI XI–XII w.

Opracował Kazimierz Pacuski

0   50   100 km

● **PŁOCK** *ośrodki ważniejsze*

○ **Wizna** *ośrodki inne*

‖‖‖ *puszcze i obszary o wyraźnej przewadze lasów*

krajobraz mieszany leśno-łęgowo-polny

tereny o wyraźnej przewadze pól i łęgów

Żarnowiec

Sławno

Żukowo   Oliwa

GDAŃSK

KAMIEŃ

Starogard

SZCZECIN

Marianowo

Kołbacz

Chełmno

Rurka

Toruń

Łekno

Inowrocław

Chwarszczany

GNIEZNO   Mogilno

Strzelno

LUBUSZ

PŁOCK

Trzemeszno

WŁOCŁAWEK

Łagów   Paradyż

POZNAŃ

Ląd

Czerwińsk

Obra

Nowogród Bobrzański

Lubiń

KALISZ

Jeżów

Ołobok

SIERADZ

Sieciechów

Lubiąż

Trzebnica

Witów   Sulejów

Lwówek

Złotoryja

Wąchock

WROCŁAW

Strzegom

Łysa Góra
(Święty Krzyż)

Tyniec
n. Ślężą

Jędrzejów

SANDOMIERZ

Piława

Czarnowąs

Mstów

Krzyżanowice

Koprzywnica

Henryków

OPOLE

Busko

Kamieniec

Nysa

Miechow

Zagość

Imbramowice

Rudy

Brzesko

RACIBÓRZ

KRAKÓW   Mogiła

Tyniec   Staniątki

Szczyrzyc

KLASZTORY W POLSCE OKOŁO 1250 r.

Opracował Kazimierz Pacuski

● benedyktyni   ▲ dominikanie
○ cystersi   △ franciszkanie
■ kanonicy regularni   ⧈ kanonicy szpitalni
  (poza kongregacjami)
⧄ bożogrobcy   ⬤ benedyktynki
⧅ premonstratensi   ⬒ cysterki
□ arrowezyjczycy   ⊠ premonstrantki
⊍ joannici   ⚇ siedziba arcybiskupstwa
⊎ templariusze   ⚇ siedziba biskupstwa
━ ━ zasięg kościelnej prowincji gnieźnieńskiej (około 1250 r.)

d.c. legendy do mapy po prawej stronie:

A – rejon Gródka, B – rejon kościoła Św. Krzyża, C – rejon późniejszego Arsenału i murów Floriańskich, D – rejon kościoła Św. Jana, E – rejon kościoła Św. Szczepana, F – rejon południowo-zachodni

Kościoły: 1 – Św. Andrzeja, 2 – Św. Marcina, 3 – Św. Marii Magdaleny, 4 – Św. Idziego, 5 – Św. Piotra, 6 – Św. Franciszka, 7 – Wszystkich Świętych, 8 – Św. Trójcy (tzw. kaplica dominikańska, obecny refektarz), 9 – kościół halowy Św. Trójcy, 10 – Św. Wojciecha, 11 – Mariacki, 12 – Św. Szczepana, 13 – Św. Jana, 14 – Św. Krzyża.

Na podstawie J. Zachwatowicza i K. Radwańskiego

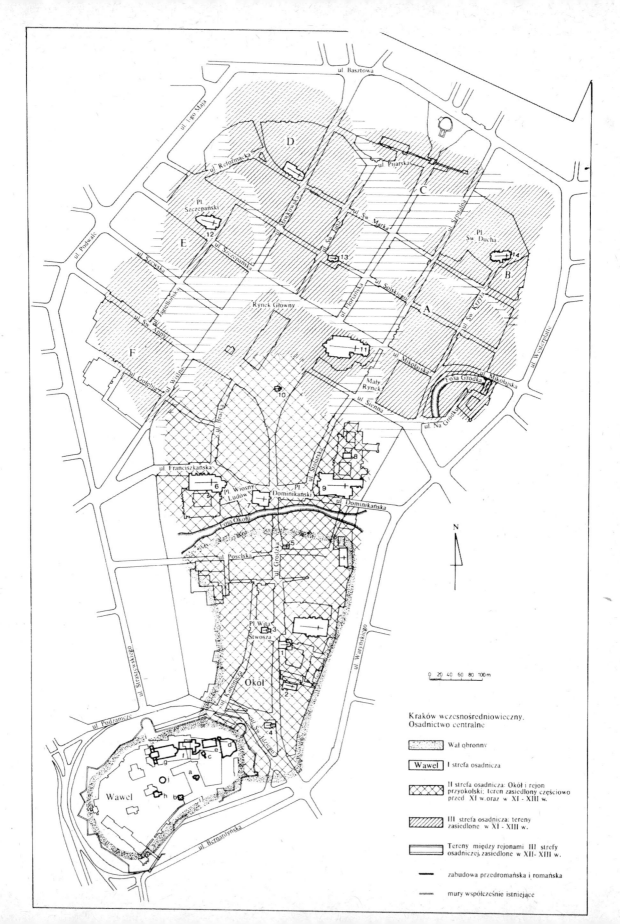

Kraków wczesnośredniowieczny.
Osadnictwo centralne

| ⣿⣿⣿ | Wał obronny |

| Wawel | I strefa osadnicza |

| ⧄⧄⧄ | II strefa osadnicza: Okół i rejon przyokolski; teren zasiedlony częściowo przed XI w. oraz w XI - XIII w. |

| ⫽⫽⫽ | III strefa osadnicza: tereny zasiedlone w XI - XIII w. |

| ▭▭▭ | Tereny między rejonami III strefy osadniczej, zasiedlone w XII - XIII w. |

| —— | zabudowa przedromańska i romańska |

| - - - | mury współcześnie istniejące |

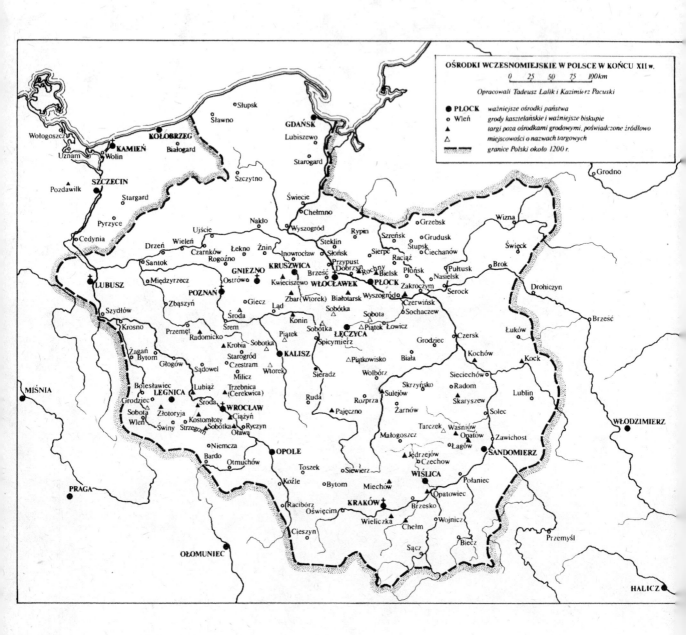

OŚRODKI WCZESNOMIEJSKIE W POLSCE W KOŃCU XII w.

0   25   50   75   100km

Opracowali Tadeusz Lalik i Kazimierz Pacuski

● PŁOCK — ważniejsze ośrodki państwa
○ Wleń — grody kasztelańskie i ważniejsze biskupie
▲ — targi poza ośrodkami grodowymi, poświadczone źródłowo
△ — miejscowości o nazwach targowych
〰〰 — granice Polski około 1200 r.

nieuchronnych wyroków czasu. Może ona też na czas wpływać, usiłować zmienić jego zapowiedzi. Ciekawego materiału dostarcza tu anegdota o Władysławie Laskonogim. W trakcie konfliktu z margrabią Konradem w 1209 roku zapowiedział on, że stanie następnego dnia do walki, jednakże już wieczorem znienacka przekroczył Odrę. Napomniano go jednak, aby „nie wyprzedzał czasu". Wówczas wziął ze sobą wróżkę, która zaczerpnąwszy sitem wody szła przed wojskiem.[171] Nieprzeciekająca woda miała być zapowiedzią – jak się okazało, płonną – zwycięstwa Władysława. Można jednak się dopatrywać tu działania magicznego, które miało uczynić zasadnym owo wyprzedzenie czasu.

W ten sposób, próbując określić stosunek ludzi omawianej przez nas epoki do czasu, docieramy do istotnych rysów ich mentalności, sposobu myślenia i odczuwania, wizji świata. Obok „ogromnej obojętności wobec jego upływania",[172] stwierdzamy dążenie do poznawania czasu, aby się do niego przystosować lub nim zawładnąć. Nazwanie czasu, tworzenie nomenklatur czasu, z jednej strony, a różnorakie zabiegi magiczne, wśród nich także te, które kojarzyły się z ludową religijnością chrześcijańską, z drugiej, były wyrazem tych postaw aktywnych. Człowiek ówczesny pozostawał przede wszystkim w kręgu czasu wegetatywnego, czasu przyrody, żył w jego powolnym rytmie, w jednym paśmie łączącym pracę, zabawę i praktyki obrzędowe. Upływanie czasu wyznaczają powtarzalne zjawiska przyrody, a życie ludzkie stanowi miarę naturalną, bardziej użyteczną i zrozumiałą niż wszelkie systemy konwencjonalne. Sam człowiek jest zresztą ściśle wpleciony w rytm przyrody; metaforyka autorów średniowiecznych, obficie sięgających do przykładu z fauny i flory, świadczy o tym wymownie. Mistrz Wincenty, szeroko stosujący ten typ porównań i zestawień, wskazuje na splatanie się różnych pór wieku ludzkiego, podobnie jak w kwitnącym kłosie tkwi już zalążek przyszłego ziarna, jak w orzechu jeszcze skorupą nie pokrytym znajdujemy smak dojrzałego owocu. Metafory te prowadzą do jednego z najważniejszych rysów pojmowania czasu – splatania się przeszłości i przyszłości z teraźniejszością. Horyzont wyobraźni czasowej zakreślony jest w samej rzeczy właśnie przez teraźniejszość, ale aktualizuje się w niej przeszłość – zarówno święta, jak i świecka, a w niej też tkwią zapowiedzi przyszłości. Czas odczuwany jest i pamiętany w sekwencjach krótkich, niejako od siebie niezależnych, mierzonych wedle różnych skal i tylko w rzeczowych wywodach komputystycznych, sprowadzanych do jednolitego pasma czasowego. Myślenie sekwencjami czasowymi pozwala też wpisywać ciągi zdarzeń jednokierunkowych, linearnych, w cykliczne pojmowanie czasu, narzucane zarówno przez życie wegetatywne, jak i przez system wierzeń.

Ten ogólny stosunek do czasu odnajduje się na różnych poziomach społecznych i w różnych kręgach kultury, ale odmienna jest jego intensywność, odmienne formy użytkowania czasu i jego mierzenia. Różnice między trybem życia na wsi i w mieście, między uprzywilejowanymi i masami, między ubogimi i bogatymi, określały odmienne tempo życia; przypomnijmy chociażby różną rolę oświetlenia sztucznego czy też społeczne różnice w regularności posiłków. Pamięć zbiorowa, którą kontynuowały zapisy pisemne, jak też pamięć jednostkowa (najczęściej „uprawiana" w sposób specjalistyczny; wspominaliśmy o szczególnej roli „starców") jawi się nam zarówno jako proces jednoczący, jak i proces różnicujący. Kształtowały ją wszak różne potrzeby i różne programy. Odnaleźć w niej można poczucie przynależności do świata chrześcijańskiego z wpisaną w nią przeszłością antyczną, poczucie przynależności etnicznej, kształtowane przez wspólną przeszłość dynastii, państwa, plemion, poczucie związków rodowych i rodzinnych, czy wreszcie więzi poszczególnych środowisk – klerykalnego czy rycerskiego, monastycznego czy miejskiego.

Spoglądając na kulturę polską pierwszej epoki średniowiecznej obejmujemy znaczną połać chronologiczną. Wiele się w ciągu tych trzech stuleci zmieniło w ludzkich działaniach, w warunkach życia, w wytworach ludzi. Zmiany takie wystąpić musiały w głębszych pokładach kultury psychicznej. W toku tych rozważań mieliśmy okazję zestawiać szczątkowe dane o postawach i zachowaniach epoki przedchrześcijańskiej z obrazem, jaki rysują nam źródła epoki pochrystianizacyjnej. Niezależnie od różnic, wiele łączyło te postawy i rezultatem konfrontacji, jaka następowała między nimi, był ustawiczny proces synkretycznego łączenia wierzeń i wyobrażeń tradycyjnych z nowymi. Ale też u schyłku omawianego okresu rysować się zaczyna przemiana ważna, zasadnicza, której miejscem narodzin jest miasto. Potrzebą życiową stanie się precyzyjne gospodarowanie czasem, ściślejsza orientacja w jego przebiegu. Porozumiewanie się między ludźmi wymaga skonwencjonalizowania miar czasu. Tempo życia miejskiego staje się coraz szybsze, bardziej dynamiczne i rozsadza rytm czasu wegetatywnego. Mierzyć już trzeba chwile; w muzyce średniowiecznej pulsacje ciała ludzkiego, czas oddechu były podstawą wyznaczania momentu — teraz praktyka życia miejskiego zdaje się prowadzić do mierzenia upływu czasu w chwilach.

Zakończenie
Linie rozwojowe kultury w Polsce wcześniejszego średniowiecza

Kultura mieszkańców ziem, na których organizowało się w X wieku państwo polskie, była typową kulturą społeczeństwa agrarnego. W społeczeństwie takim poziom wiedzy agrotechnicznej pozwalała rolnikowi na zapewnienie sobie i najbliższym potrzebnej żywności i zaspokojenie innych potrzeb elementarnych, nie jest jednak na tyle wysoki, by stworzyć warunki do powstania społecznego podziału pracy. Społeczeństwa nie stać na to, by mogło pozwolić większej liczbie swych członków uchylić się od zajęć rolniczych. Jeśli więc już we wczesnośredniowiecznej Polsce zarysowało się pewne zróżnicowanie zawodowe, to objawiało się ono w sferze zajęć ubocznych. Na podgrodziach czy w tworzonych przez państwo osadach służebnych osiągano sprawności w wykonywaniu określonych rzemiosł lub posług, nie zaniedbując zajęcia podstawowego, jakim pozostawało rolnictwo. Każdy w zasadzie członek społeczeństwa musiał opanować technikę uprawy roli i czynności z nią związanych.

Powstawanie i rozwój państwa nie naruszały od razu tej reguły, nie przestawał bowiem być rolnikiem także wojak czy inny funkcjonariusz rozrastającego się aparatu władzy. Nawet osoby znajdujące się na szczytach hierarchii państwowej czuły się jeszcze członkami społeczności rolniczej, wykonując osobiście pewne czynności agrotechniczne, te zwłaszcza, które łączyły się z zabiegami magicznymi. Książęta z rodu Piastów, podobnie zresztą jak niektórzy inni dynaści słowiańscy, pielęgnowali legendę o swym protoplaście-rolniku.

Jednostka identyfikowała się wówczas przede wszystkim z małą grupą rodzinną i sąsiedzką, w ramach której rozwiązywała codzienne problemy bytowe. Jej horyzont przestrzenny obejmował pola i lasy eksploatowane przez własną wspólnotę opolną. Stosunkowo niewielu umiało się obracać swobodnie w granicach terytorium plemiennego, z nich zaś zapewne tylko niektórzy potrafili myśleć kategoriami plemienia.

Ten niewielki świat, gdzie upływało życie większości ludzi, był przedmiotem ich poznania, wyznaczał zakres ich pojęć, wiedzy i umiejętności. Do jego granic i właściwości dostosowywały się wyobrażenia religijne, nakazy etyczne i obyczaje. Potrzebom lokalnym służyły także techniki komunikacji intelektualnej między ludźmi.

Skoro nie dysponujemy masowymi źródłami etnograficznymi z tamtego czasu, nie możemy z pewnością i precyzją określić, pod jakim względem i w jakim stopniu różniły się między sobą obyczaje owych małych grup sąsiedzkich. Analogie z innych czasów i z innych terytoriów wskazują, że nie należy się tu spodziewać istotnych odmienności. W różnych opolach przypisywano może niektórym słowom nieco inny odcień znaczeniowy, preferowano inny motyw dekoracyjny czy zestawienie barw, stosowano inny rytuał przy zamawianiu chorób, używano innych imion. Wyraźniejsze różnice, ale też tego rzędu, dzieliły pobratymcze plemiona. Współcześni je dostrzegali,[1] po nich właśnie rozpoznawali swoich, dla nas pozostają one mało uchwytne. Nie naruszały w każdym razie nadrzędnej wspólnoty kulturowej, która w X wieku obejmowała jeszcze co najmniej Słowian zachodnich. Ich jedność słabła powoli pod wpływem nowych faktów społecznych i politycznych, przede wszystkim zaś rozwoju poszczególnych grup w odrębnych organizmach państwowych.

Z drugiej jednak strony kultura ziem słowiańskich wykazywała także wiele cech wspólnych z kulturą ludową krajów europejskich leżących na północ od Alp. Sprawiał to już agrarny charakter organizujących się wszędzie tam społeczeństw. Ale poza tym liczyć się trzeba ze stałą wymianą kulturalną między nimi. Choć utrudniał ją niewątpliwie słaby rozwój komunikacji, partykularyzm i pozorna stabilność osadnictwa, to przecież wojny i handel niewolnikami, a także głód i poszukiwanie kariery życiowej powodowały przemieszczanie się ludności nieraz bardzo daleko. Jeżeli Słowianie trafiali do Hiszpanii,[2] to można zakładać i ruchy w kierunku przeciwnym. Żywiołem ruchliwym, toteż obecnym w całej Europie, byli Żydzi. Nie jest dotąd w pełni rozpoznana ich rola jako pośredników kultury. Również osady jenieckie wśród osad autochtonicznych ulegały wprawdzie asymilacji, ale przekazywały zapewne sąsiadom także elementy własnej kultury. Nie wiadomo, do jakich jeszcze kontaktów, które nie zostawiły uchwytnych śladów źródłowych, dochodziło na ziemiach polskich między ludźmi wywodzącymi się z różnych stron Europy.

Powstanie państwa piastowskiego i jego chrystianizacja otworzyły wrota recepcji tych elementów kultury zachodnioeuropejskiej, dla których brak było odpowiedników w tradycyjnej kulturze słowiańskiej. Wraz z przyjęciem chrztu przez Mieszka I (966 r.) i powstaniem pierwszego biskupstwa dla Polski (968 r.) zjawili się i pozostali już na stałe przedstawiciele łacińskiej kultury uczonej czy – może tak lepiej określić – szkolnej: biskupi, kanonicy, mnisi, kler o wyższych i niższych święceniach. Jedni z nich zajmowali się organizowaniem Kościoła i kierowaniem misją, inni służyli księciu w jego kaplicy, czyniąc Polskę państwem używającym, jak świat zachodni, pisma łacińskiego. Część badaczy przypuszcza, że już w X wieku w kręgach pierwszego biskupa Jordana, a jeszcze bardziej u progu XI wieku w kurii arcybiskupa Gaudentego czyniono noty i zapiski rocznikarskie.[3] Z tegoż czasu pochodzą pierwsze ślady twórczości epigraficznej. Równocześnie na dworze Bolesława Chrobrego przedstawiciel europejskiej elity umysłowej, Bruno z Kwerfurtu, pisał utwory hagiograficzne (*II Żywot św. Wojciecha, Żywot pięciu braci*) i wsławił się programowym listem do Henryka II.

Wykształconą w szkołach część kleru stanowili wtedy cudzoziemcy; chyba jeszcze w XII wieku oni przeważali liczebnie, choć na stolicach biskupich zasiadali już wówczas także Polacy. Imię w dziejach literatury zdobywają – może nie przypadkiem – cudzoziemcy dopiero co przybyli do Polski, i to nie z zamiarem spędzenia tu reszty życia. Bruno z Kwerfurtu chętnie korzystał z poparcia księcia polskiego, ale działalność misyjną prowadził w innych krajach. W przeszło sto lat później Anonim zwany Gallem, autor pierwszej kroniki polskiej, przybył na ziemie polskie prawdopodobnie niedługo przed podjęciem się tego dzieła i, jak wynika z jego własnych słów, zamierzał po otrzymaniu sowitej zapłaty za poniesiony trud powrócić do swego kraju.[4]

Środowisko uczone w Polsce wcześniejszego średniowiecza kształtowało się więc jako grupa obca i pozostawało w izolacji od społeczeństwa. Izolacja ta była niemal doskonała w klasztorach; jeszcze w XIII wieku cystersi nie przyjmowali do swego grona Polaków. Prezbiterium biskupie, grupy kanonickie oraz kaplica książęca nawiązywały kontakty z pewnymi tylko, elitarnymi środowiskami społecznymi. Dużo czasu musiało upłynąć, nim zetknięcia te zaowocowały dostrzegalną ekspansją kultury uczonej.

Świadomość odrębności kulturowej owej cudzoziemskiej elity od powszechności istniała współcześnie i wyraziła się, na przykład, w *Kronice Galla* przeciwstawieniem pierwszych, jako łacinników, słowiańskiemu ogółowi.[5]

Obca kultura wzbudzała zaciekawienie, ale i niechęć. Jeśli w dodatku jej reprezentanci stawali się grupą uprzywilejowaną – a tak właśnie było – ta ostatnia brała górę. Przejawy ksenofobii dają się zaobserwować w wielu krajach, gdzie stosunki kształtowały się podobnie jak w ówczesnej Polsce. Z tego punktu widzenia warto spojrzeć też na relację kronikarską o zaburzeniach w latach trzydziestych XI wieku, kiedy to miano w Polsce mordować biskupów i kapłanów. Wątpliwe, czy chodziło tu rzeczywiście o reakcję pogańską, a sprowadzanie tych ekscesów do przejawów walki klasowej budzi także zastrzeżenia. Być może, zdarzały się wtedy pogromy ludzi innej cywilizacji, którym tak łatwo mentalność ludowa przypisuje wszystkie nieszczęścia. „Z powodu takich ludzi... ziemia nasza nie wyda plonów..." – mieli mówić Prusowie o biskupie Wojciechu i jego towarzyszach.[6]

Mecenasami kultury uczonej stali się od początku monarchowie. Większości z nich, w tym książętom polskim, można przypisać przeciwstawny ksenofobii pogląd, wyrażony przez króla węgierskiego Stefana I Świętego w pouczeniu przeznaczonym dla syna: „...królestwo jednego języka i jednego obyczaju jest słabe i ułomne".[7] Dwór też książęcy działał aktywnie w kierunku przyswojenia grupie rządzącej elementów kultury szkolnej, w więc łaciny, pisma, przede wszystkim zaś właściwych jej pojęć i sposobu myślenia.

Kultura szkolna nie wyrastała w X–XII wieku z autentycznych potrzeb średniowiecznego społeczeństwa polskiego, była kulturą elity intelektualnej łacińskiego Zachodu. Ludzie wykształceni stanowili w całej Europie Zachodniej jednolite środowisko, w którym nie zaznaczało się wyraźniejsze zróżnicowanie partykularne. Zarówno myśl, jak twórczość artystyczna erudytów biegła w Polsce tymi samymi torami, co w innych krajach zachodniego chrześcijaństwa. Jeśli się czymś wyróżniała, to znamionami prowincjonalności, zbyt daleko bowiem leżały mało liczebne i słabe jakościowo ośrodki kulturalne Polski od głównych centrów europejskiej kultury łacińskiej.

W miarę, jak wykształcenie umysłowe zdobywało w szkołach coraz więcej przedstawicieli rodzimego kleru oraz – choć znacznie rzadziej – świeckiego możnowładztwa, pewne jego elementy przenikały także do kultury rodzimej. Dotyczyło to przede wszystkim pojęć chrześcijańskich. Recepcji towarzyszyło jednak daleko idące ich przetwarzanie, przystosowywanie do tradycyjnego poglądu na świat i myślenia magicznego.

Zacieśnienie związków z Zachodem otworzyło Polskę także na wpływy kulturalne elit świeckich, kultury dworskiej i rycerskiej. Dostrzec je można już za pierwszych Piastów. Saski arystokrata, Wichman, znajdował w otoczeniu Mieszka I ludzi, którym mógł przekazać przed śmiercią swój rycerski testament.[8] Bolesław Chrobry demonstrował podczas wojny z panami niemieckimi znajomość rycerskiego obyczaju: zgadzał się na przerwę w działaniach dla pogrzebania zwłok i sam opłakiwał znajomych nieprzyjaciół, poległych w stoczonej bitwie.[9] Mówią o tym świadectwa niechętne Polakom. U schyłku XI wieku miano stosować na dworze płockim Władysława Hermana ceremoniał pasowania na rycerza. Z początków XII wieku pochodzą znalezione w Sandomierzu szachy[10] – ulubiona i w pewnym sensie rytualna gra rycerstwa zachodnioeuropejskiego. W tym samym czasie powstała *Kronika* Galla, utwór, który podkreślał odrębność kultury rycerskiej i sławił ją jako co najmniej równorzędną z kulturą wykształconego na księgach kleru. W drugiej połowie XII wieku powstały najprawdopodobniej łacińskie poematy rycerskie o Piotrze Włostowicu oraz o Walgierzu z Tyńca i o Wisławie z Wiślicy.[11]

Ani jednak w X–XI, ani nawet w XII stuleciu kultura rycerska nie oddziaływała poważniej na tryb życia żadnej grupy społecznej w Polsce. Znano ją na dworze książęcym i na dworach biskupich, gorzej czy lepiej umiano posłużyć się tam właściwą jej symboliką w stosunkach z cudzoziemcami. Ogółowi wojowników pozostawała jednak zapewne obca, toteż nie można było jej pielęgnować także w kręgu dworskim pod grozą utracenia kontaktu monarchii z bazą społeczną. Wszak nazbyt zachodni i elitarny dwór Mieszka II i Rychezy nie pozostawił po sobie dobrej pamięci.

Poza tym to, co funkcjonowało wówczas sporadycznie jako wyodrębniająca się kultura elity świeckiej, nie w pełni odpowiadało pojęciu kultury rycerskiej. Był to raczej dostosowany do potrzeb świeckich wariant kultury szkolnej, postulujący znajomość łaciny i książek, z tym, że miejsce ksiąg świętych zajęłyby częściowo teksty o treści laickiej: moralitety, opowiadania historyczne i poematy rycerskie. Właśnie Gall stawiał sobie za cel stworzenie takiego dziełka.[12]

Świecka kultura szkolna nie rozwinęła się jednak ani w Europie Zachodniej, ani tym bardziej w Polsce. Już w XII wieku szkoły zatrzasnęły swe wrota przed ludźmi świeckimi; pismo i książka miały stać się przywilejem kleru, jego stanowym wyróżnikiem. Tymczasem zaś dokonywały się w społeczeństwie Polski średniowiecznej istotne przemiany, które w XIII wieku zrodziły nowe potrzeby kulturalne i zaczęły inaczej modelować kulturę rodzącego się stanu rycerskiego.

Rozwijająca się co najmniej od XII wieku kolonizacja wewnętrzna doprowadziła do znacznego rozszerzenia się areału ziemi uprawnej. W XIII wieku w ruchu kolonizacyjnym na ziemiach polskich brał znaczniejszy udział także zorganizowany żywioł obcy, przenoszący z krajów o wyższej kulturze rolnej nowe nawyki agrotechniczne. Upowszechniały się narzędzia żelazne – pług z odkładnicą i siekiera – znane wprawdzie od dawna, ale stosowane niemal wyłącznie przez wielką własność; przyjmowała się postępowa na owe czasy metoda uprawy – trójpolówka, związana z przymusem polnym. W konsekwencji wzrastały więc plony. Rolnicy produkowali więcej żywności, niż mogli sami spożyć, a to sprzyjało rozwarstwieniu społeczeństwa. W drugiej połowie XIII wieku zaczęto rozróżniać w Polsce, jak w całej Europie, trzy stany: tych, co się modlą, tych, co wojują, oraz tych, co pracują i tamtych żywią. Wojownicy, którzy dotąd pracowali osobiście na roli wraz z rodziną i nieliczną czeladzią niewolną, stawali się rycerstwem, stanem wojowników władających ziemią, którą uprawiali zależni chłopi. Już coraz rzadziej rycerz sam orał ziemię, oddawanie się zajęciom rolniczym czy w ogóle pracy produkcyjnej zacznie być stopniowo uważane za dyshonor. Wytwarzało się pojęcie zajęć rycerskich, innych niż chłopskie. Ostre rozróżnienie między rycerzem a chłopem, choćby wolnym, nieśli ze sobą obcy rycerze w służbie książąt piastowskich, liczni zwłaszcza na Śląsku, ale obecni na wszystkich bodaj dworach książęcych, jak i możniejsi miejscowi. Tych, którzy żyli jak chłopi, choć ciążyły na nich obowiązki rycerskie, miano w tym środowisku w pogardzie, mówiąc, że tylko „mają się za rycerzy".[13]

Rycerze pochodzenia obcego przynosili ze sobą formy życia, właściwe zachodnioeuropejskiej kulturze rycerskiej w jej wydaniu niemieckim. Z kulturą tą zżywali się też niektórzy książęta i ich otoczenie. Szczególnie silnie oddziałał na książąt śląskich wspaniały dwór Przemysła Ottokara II, gdzie wychował się Henryk Probus. Na dwory kujawskie wpływały wzory krzyżackie. Nowym prądom uległ też dwór wawelski za Leszka Czarnego, Henryka Probusa i Wacławów czeskich. Oprócz z dawna uprawianych ćwiczeń rycerskich, polowań i dbałości o konie, potykano się teraz na turniejach, słuchano minnesingerów i próbowano nawet ich naśladować, przyswajano sobie zasady dwornego zachowania się wobec dam, posługiwano się językiem niemieckim, nadawano dzieciom niemieckie imiona. Chociaż obyczajowość rycerska rozwijała się pierwotnie pod wpływem Kościoła, który też ukształtował idealny wzór rycerza-obrońcy wiary i uciśnionych, wersję kultury rycerskiej przyjmowaną w ostatnich dziesięcioleciach XIII wieku na części dworów piastowskich trzeba uznać za zdecydowanie laicką.

Tego modelu kultury nie przyswoiło jednak całe rycerstwo, pozostał on charakterystyczny dla jego części, skupionej na najbardziej wystawionych na wpływy zewnętrzne dworach książęcych. Liczne rzesze rycerstwa spoglądały nań z niechęcią jako na produkt obcy. Nie przyjęło się, poza Śląskiem, prawo lenne, nie doszło do mediatyzacji rycerstwa. Nie znaczy to jednak, by polski stan rycerski pozostawał całkowicie poza oddziaływaniem wzorów zachodnich. Niektóre ich elementy, które dawało się nawiązać do starszej tradycji i niejako zasymilować, akceptowano bez większych trudności. Przykładem może być symbolika herbów, które u samego schyłku XIII wieku zaczęły się szybko upowszechniać.

Miasta jako ośrodki produkcji rzemieślniczej i wymiany nie były w Polsce zjawiskiem zupełnie nowym. Już na przełomie X/XI wieku funkcje te spełniały w pewnym stopniu podgrodzia i miejsca targowe. Ich mieszkańcy nie wyróżniali się jednak wiele spośród reszty społeczeństwa, choć nadawane targom specjalne prawo targowe (*ius fori*), gwarantujące swobodę obrotów handlowych i opiekę książęcą nad uczestnikami tych transakcji, wyodrębniało te miejscowości z pozostałych osad. Dopiero przeobrażenia gospodarcze XIII wieku, związane z rozwojem gospodarki towarowej, przyniosły przewrót w tej dziedzinie. Powstała potrzeba koncentracji ludzi, żyjących z uprawiania rzemiosła i handlu. Zaspokajały ją lokacje miast na prawie niemieckim. W nich zrodziło się polskie mieszczaństwo.

Tworzyło się ono z dwóch zasadniczo różnych elementów: napływowego i miejscowego. Obcego, niemieckiego pochodzenia byli zasadźcy, a potem wójtowie większych miast lokowanych, kupcy i właściciele nieruchomości, stanowiący patrycjat miejski. W takich miastach, jak Wrocław, Kraków i Poznań, oraz w mniejszych miastach Śląska Niemcy stanowili też większość pospólstwa (także większość właścicieli warsztatów rzemieślniczych). W miastach tych ludność polska należała przeważnie do biedoty pozbawionej praw miejskich. Jedynie w mniejszych miastach Małopolski i Wielkopolski oraz na takich terenach, jak Mazowsze, dokąd kolonizacja niemiecka w ogóle nie dotarła, skupiał się żywioł polski.

Małe miasta, położone często poza obrębem głównych szlaków handlowych, związane tylko z rynkiem lokalnym, nie wyróżniały się jako ośrodki odrębnej kultury; reprezentowały typ kultury zbliżony do kultury wsi, z którą pozostawały w stałym kontakcie. Ich ludność rekrutowała się zresztą ze wsi i przynosiła ukształtowane w środowisku wiejskim postawy. Właściwe mieszczaństwo, jako nowy element struktury społecznej Polski średniowiecznej, formowało się w drugiej połowie XIII wieku w kilku największych miastach, przede wszystkim we Wrocławiu i w Krakowie.

Trzeba o nim myśleć jako o mieszczaństwie polskim, pomimo bowiem obcego pochodzenia nie występowało tu, jak niekiedy chciano dowodzić, jako forpoczta agresji jakichś zewnętrznych sił politycznych. Nową jakość kulturalną stanowił nie tyle przez swą odrębność językową, co przez obce społeczności agrarnej nawyki zawodowe i postawy życiowe. Rzutkość, elestyczność działania, umiejętność dokonywania wyboru i podejmowania decyzji na podstawie przeprowadzonej kalkulacji decydowały o powodzeniu życiowym kupca i rzemieślnika. Nie było tu miejsca na tak charakterystyczny dla mentalności chłopskiej konserwatyzm.

Wyróżniała mieszczaństwo podległość odrębnemu, obcemu prawu sądowemu, własne stanowe sądownictwo, nawyk zrzeszania się, który zrodził korporacje cechowe i reprezentację patrycjatu w postaci rady miejskiej, o nikłych zresztą jeszcze w XIII wieku kompetencjach. Istotną rolę w funkcjonowaniu miast odgrywało pismo: posługiwano się prawem pisanym, spisywano statuty cechowe, prowadzono księgi sądowe, nie stroniono od korespondencji. Miano więc zrozumienie dla szkoły. I chociaż kształcenie zawodowe rzemieślników i kupców dokonywało się w warsztatach i kantorach, gdzie zapewne wprowadzano młodego ucznia także w tajniki rachunku i pisma, to właśnie mieszczanie poprą koncepcję szkoły parafialnej i będą do niej posyłać dzieci, a także postarają się o wpływ na dobór treści kształcenia. Pisano jednak, oczywiście, po niemiecku, a nauczyciele w szkołach często nie znali języka polskiego.

Zakończenie

Status społeczny kupca równał się jeszcze wówczas pozycji rycerza. Konrad Mazowiecki stwierdzał w 1237 roku, że w Płocku „goście będą używać tego samego prawa, co rycerze mazowieccy".[14] Kupno przez mieszczan dóbr ziemskich, jak i osiedlanie się rycerzy w mieście, by podjąć handel, nie były zjawiskami rzadkimi. Przedstawiciele obydwu grup wchodzili też między sobą w koligacje. Toteż między rycerstwem a patrycjatem miejskim odbywała się wymiana wartości kulturalnych. Dla tych, co stali z zewnątrz, zacierały się różnice między pierwszymi i drugimi.[15]

Ludzie określani mianem „Niemców" stanowili bodaj ułamek procentu ludności ziem polskich. Ich znaczenia nie można jednak mierzyć liczbą. Zamożność, orientacja w świecie i koncentracja w ośrodkach władzy czyniła z nich niebagatelną siłę. W ostatnich dziesięcioleciach XIII wieku wywierali już decydujący wpływ na obiór księcia krakowskiego. Sięgali po dostojeństwa kościelne; ich przedstawicielem był Jan Muskata, od 1295 roku biskup krakowski. Powodowało to konflikty. Opozycja przeciw wzrostowi znaczenia ludzi tej kultury przyjęła formę „walki o język",[16] której przewodziła większość episkopatu polskiego, z arcybiskupem gnieźnieńskim Jakubem Świnką na czele, a później także – już jednak raczej po roku 1300 – sprzeciwu wobec rządów Przemyślidów. O kierunkach dalszego rozwoju kultury w Polsce miała więc dopiero przesądzić rozgrywka polityczna.

Chociaż także w Kościele, zwłaszcza na Śląsku, nowe prądy kulturalne zyskiwały coraz więcej zwolenników, to jednak jego najwyższe kierownictwo w Polsce wysunęło się na czoło walki przeciw ofensywie kultury „niemieckiej". Przyczyny tego wydają się złożone. W oficjalnych wystąpieniach episkopat deklarował się jako obrońca zagrożonej narodowości polskiej i sam to zagrożenie wyolbrzymiał. Bardziej jednak zapewne odczuwał zagrożenie własnej pozycji. Z kolejnych sporów z władzą książęcą na Śląsku nie wychodził już tak zwycięsko jak dawniej, a sprawiał to fakt, że nie okazywał się już niezbędny dla sprawnego funkcjonowania państwa. Książętom wystarczało poparcie i usługi, jakie świadczyło im rycerstwo i mieszczaństwo, a także część kleru, przeważnie niemiecka lub obracająca się w kręgu niemieckojęzycznej kultury.

Zwierzchność kościelna mogła przeciwstawić im przede wszystkim wiejskie rycerstwo i chłopów. Właśnie bowiem w ciągu XIII wieku Kościół dotarł do nich w wyniku rozwoju organizacji parafialnej. Wieś zżywała się teraz z lokalnym kościołem, uczyła się w nim modlitw i praktyk katolickich, włączała podstawowe tezy doktryny chrześcijańskiej do swego obrazu świata. Jej wierzenia pozostawały synkretyczne, a religia wiązała się ściśle z magią, ale działo się to już nie przeciw Kościołowi ani nie poza nim, lecz wewnątrz niego. Niektórzy zakonni kaznodzieje i spowiednicy gromili wprawdzie praktyki magiczne i obrzędy o treści pogańskiej,[17] ale powierzchownie wykształceni duszpasterze parafialni w rozumieniu chrześcijaństwa zbliżali się częściej do swych owieczek niż do uczonych przełożonych. Dzięki temu pleban znajdował wspólny język z parafianami, a episkopat zyskiwał w nim dobre narzędzie formowania pożądanych nastrojów.

U schyłku XIII wieku doszło więc w Polsce do konfrontacji różnych modeli zachodnioeuropejskiej, chrześcijańskiej kultury średniowiecznej. Rozwój życia gospodarczego i odpowiadające mu przemiany struktury socjalnej stwarzały jednak nowe potrzeby psychiczne członków formujących się stanów, potrzeby nie zaspokajane ani w ramach tradycyjnej kultury społeczeństwa agrarnego, ani oderwanej od aktualnych treści życia kultury szkolnej kleru.

U schyłku więc wcześniejszego średniowiecza polskiego powstał dylemat, który czekał na rozwiązanie w następnym okresie dziejów.

PRZYPISY
INDEKSY
SPIS ILUSTRACJI

Przypisy

Wykaz skrótów cytowanych źródeł

Adam Brem. — *Adami Bremensis gesta Hammaburgensis ecclesiae pontificum*, wyd. B. Schmeidler, Hannower 1917.

BHS — „Biuletyn Historii Sztuki", Warszawa 1950–

CDBoh — *Codex diplomaticus et epistolaris Regni Bohemiae*, wyd. G. Friedrich. t. I–II, Praha 1904–1912.

CPH — „Czasopismo Prawno-Historyczne". Poznań 1948–

Długosz — J. Dlugossi, *Annales seu Cronicae incliti Regni Poloniae*, Warszawa 1961–; cytaty polskie wg: J. Długosza *Roczniki, czyli Kroniki sławnego Królestwa Polskiego*, przełożyli: S. Gawęda, Z. Jabłoński, A. Jachelson, J. Radziszewska, K. Stachowska, A. Strzelecka, przekład przejrzał M. Plezia, Warszawa 1962–

DO I — *Diploma Ottonis I*, w: MGH, *Diplomata regum et imperatorum Germaniae*, t. I, Hannower–Leipzig 1879.

Ebo — Ebonis *Vita sancti Ottonis episcopi Babenbergensis*, wyd. J. Wikarjak, K. Liman, w: MPH SN, t. VII, z. 2, Warszawa 1969.

Gall — *Galli Anonimi Cronica et gesta ducum sive principum Polonorum*, wyd. K. Maleczyński, w: MPH SN, t. II, Kraków 1952; cytaty polskie wg: Anonim tzw. Gall, *Kronika polska*, przełożył R. Grodecki, przekład przejrzał M. Plezia, Wrocław 1968.

Helmold — Helmoldi presbyteri Bozoviensis *Chronica Slavorum*, wyd. B. Schmeidler, Hannower 1937; cytaty polskie wg: Helmolda *Kronika Słowian*, przełożył J. Strzelczyk, Warszawa 1974.

Herbord — Herbordi *Dialogus de vita et operibus beati Ottonis Babenbergensis episcopi*, wyd. J. Wikarjak, K. Liman, w: MPH SN, t. VII, z. 3 Warszawa 1974.

Ibrahim — *Relatio Ibrahim Ibn Jakub de itinere Slavico, quae traditur apud al-Bekri*, wyd. T. Kowalski, w: MPH SN, t. I; cytaty polskie wg: tamże, przełożył T. Kowalski, Kraków 1946.

KH — „Kwartalnik Historyczny", Lwów 1887–1939, Kraków 1946–1949, Warszawa 1951–

KHKM — „Kwartalnik Historii Kultury Materialnej", Warszawa 1953–

KKK — *Kodeks dyplomatyczny Katedry Krakowskiej Św. Wacława*, wyd. F. Piekosiński, t. I–II, Kraków 1874–1883.

KMp — *Kodeks dyplomatyczny Małopolski*, wyd. F. Piekosiński, t. I–IV, Kraków 1876–1905.

KMaz — *Kodeks dyplomatyczny Księstwa Mazowieckiego*, wyd. J.T. Lubomirski, Warszawa 1863.

Kosmas — Cosmae Pragensis *Chronica Bohemorum*, wyd. B. Bretholz, w: MGH NS, t. II; cytaty polskie wg: Kosmasa *Kronika Czechów*, przełożyła M. Wojciechowska, Warszawa 1968.

KPol — *Kodeks dyplomatyczny Polski*, wyd. L. Rzyszczewski i in., t. I–IV, Warszawa 1847–1887.

KŚl — *Kodeks dyplomatyczny Śląska*, wyd. K. Maleczyński, t. I–III, Wrocław 1956–1964.

KTyn — *Kodeks dyplomatyczny klasztoru tynieckiego*, wyd. S. Kętrzyński, S. Smolka, Lwów 1875.

KWp — *Kodeks dyplomatyczny Wielkopolski*, wyd. I. Zakrzewski, F. Piekosiński, t. I–V. Poznań–Kraków 1877–1908.

Przypisy

KrWp	– *Chronica Poloniae Maioris*. wyd. B. Kürbis, w: MPH SN, t. VIII: cytaty polskie wg: *Kronika Wielkopolska*. przetłumaczył K. Abgarowicz. Warszawa 1965.
Księga Henrykowska	– *Księga Henrykowska*, wyd. R. Grodecki, Poznań 1949; cytaty polskie wg.: tamże, przełożył R. Grodecki.
MGH NS	– *Monumenta Germaniae Historica, Nova Series*, Berlin 1922–
MGH SS	– *Monumenta Germaniae Historica. Scriptores*, t. I–XXXII, Hannower–Leipzig 1826–1934.
Monachus Pref.	– S. *Ottonis episcopi Babenbergensis vita Prieflingensis*, wyd. J. Wikarjak, K. Liman, w: MPH SN, t. VII, z. 1. Warszawa 1966.
MPH	– *Monumenta Poloniae Historica*, t. I–VI, Lwów–Kraków 1864–1893.
MPH SN	– *Monumenta Poloniae Historica, Series Nova*, Kraków–Warszawa 1946–
MPPal	– *Monumenta Poloniae Paleographica*, wyd. S. Krzyżanowski, t. I–II, Kraków 1907–1910.
MPVat	– *Monumenta Poloniae Vaticana*, wyd. J. Ptaśnik. t. I–III, Kraków 1913.
M. Wincenty	– Magistri Vincentii *Chronicon Polonorum*. wyd. A. Bielowski, w: MPH, t. II, Lwów 1872; cytaty polskie wg: Mistrza Wincentego *Kronika Polska*, przełożyli: K. Abgarowicz i B. Kürbis, Warszawa 1974.
Najstarszy zwód	– *Najstarszy zwód prawa polskiego*, wyd. J. Matuszewski, Warszawa 1959.
PH	– „Przegląd Historyczny", Warszawa 1905–
PrUB	– *Preussisches Urkundenbuch*, wyd. R. Philippi i in., t. I, cz. 1, Königsberg 1882.
Prawda Russkaja	– *Prawda Russkaja*. wyd. pod red. B. D. Grekowa, t. I–III, Moskwa 1940–1963.
PSB	– *Polski Słownik Biograficzny*, Kraków 1935–
PSRL	– *Połnoje Sobranije Russkich Latopisiej*, Petersburg–Leningrad 1841–
PUB	– *Pommersches Urkundenbuch*, t. I, wyd. R. Klempin, Stettin 1868, t. I–III, wyd. R. Prümers, Stettin 1881–1888.
PWL	– *Powiest' wremiennych let*, wyd. D.S. Lichaczew, B.A. Romanow, Moskwa 1950; cytaty polskie wg: F. Sielicki, *Powieść lat minionych*, Wrocław 1968.
RAU	– *Rozprawy (Polskiej) Akademii Umiejętności*, Kraków 1874–1952: filol. – Wydział Filologiczny, hf – Wydział Historyczno-Filozoficzny, mp – Wydział Matematyczno-Przyrodniczy.
RDSG	– „Roczniki Dziejów Społecznych i Gospodarczych", Lwów 1931–1939, Poznań 1946–
Rudolf	– *Katalog magii Rudolfa*, wyd. E. Karwot. Wrocław 1955.
Saxo	– Saxonis Grammatici *Gesta Danorum*, wyd. J. Orlik i H. Raeder, Kopenhagen 1931; cytaty polskie wg: Saxo Gramatyk, *O wierzeniach i kulcie pogańskim na Rugii*, w: G. Labuda, *Słowiańszczyzna pierwotna. Wybór tekstów*, Warszawa 1954.
SUB	– *Schlesisches Urkundenbuch*, wyd. H. Appelt, t. I. Wien–Köln–Graz 1971.
SPPP	– *Starodawne prawa polskiego pomniki*, wyd. A. Helcel, t. I–II, Warszawa–Kraków 1856–1870.
SSRHung	– *Scriptores rerum Hungaricarum*, t. I–II, Budapest 1937–1938.
SSRSil	– *Scriptores rerum Silesiacarum*, t. I–XVII, Breslau 1835–1913.
SSS	– *Słownik starożytności słowiańskich*, Wrocław 1961–
Statuty św. Stefana	– S. Stephanus I rex Hungariae, *Leges sive Decretorum libri duo*, w: A. F. Gombos, *Catalogus Fontium Historiae Hungaricae*, t. III, Budapest 1938.
SŻ	– „Studia Źródłoznawcze", Warszawa 1957–
Thietmar	– Thietmari *Chronicon*, wyd. R. Holtzmann, Berlin 1935; cytaty polskie wg: Thietmara *Kronika*, przekład: M. Z. Jedlicki, Poznań 1953.
Widukind	– Widukindi monachi Corbeiensis *Rerum gestarum Saxonicarum libri tres*, wyd. P. Hirsch, Hannover 1935.
WN	– „Wiadomości Numizmatyczne", Warszawa 1957–

Polska w geografii kulturowej średniowiecznej Europy

[1] Gall, I, przedmowa, tłum. s. 9.

[2] L. Leciejewicz, *Nowy grób z importami rzymskimi w Łęgu Piekarskim*, „Archeologia", VII, 1955, s. 102 n.

[3] A. Kunisz, *Chronologia napływu pieniądza rzymskiego na ziemie Małopolski*, Wrocław 1969; W. Hensel, *Polska starożytna*, Wrocław 1973, s. 396.

[4] A. Gieysztof, *Kultura artystyczna przed powstaniem państwa polskiego i jego rozwój w ośrodkach wczesnomiejskich*, w: *Sztuka polska przedromańska i romańska do schyłku XII w.*, pod red. M. Walickiego, Warszawa 1971, s. 23–24.

[5] Gall, I, przedmowa, tłum. s. 9.

[6] Ibrahim, s. 51.

[7] PVL, I, s. 59 n. (pod r. 986).

[8] T. Wasilewski, *Bizantyńska symbolika zjazdu gnieźnieńskiego i jej prawno-polityczna wymowa*, PH, LVII, 1966, s. 1 n.

[9] Gall, I, 6.

[10] Piotr Damiani, *Vita S. Romualdi*, MPH, I, s. 326.

[11] *List Mateusza biskupa krakowskiego do św. Bernarda*, MPH, t. II, s. 15 n.; M. Plezia, *Dzieje środowiska umysłowego w Krakowie przed założeniem uniwersytetu*, w: *Od Arystotelesa do „Złotej Legendy"*, Warszawa 1958, s. 415 n.; tenże, *List biskupa Mateusza do św. Bernarda*, w: *Prace z dziejów Polski feudalnej*, Warszawa 1960, s. 124 n.

[12] *Rocznik kapituły krakowskiej*, pod r. 1184, MPH SN, t. V, s. 65.

[13] Gall, III, list.

[14] Thietmar, VII, 72.

[15] Tamże, 16.

[16] Gall, I, 16, tłum. s. 38.

[17] *Rocznik kapituły krakowskiej*, pod r. 1162, MPH SN, t. V, s. 61.

[18] *Księga Henrykowska*, I, 3.

[19] Thietmar, VI, 92, tłum. s. 448.

[20] S. Czarnowski, *Kultura*, w: *Dzieła*, Warszawa 1956, t. I, s. 55.

Troska o pożywienie

[1] Gall, I, 27, tłum. s. 57.

[2] Tamże, I, 1–2.

[3] Kosmas, I, 6.

[4] H. Łowmiański, *Dynastia Piastów we wczesnym średniowieczu*, w: *Początki państwa polskiego. Księga tysiąclecia*, pod red. K. Tymienieckiego, 2 t., Poznań 1962, t. I, s. 122, domyślał się, że u genezy legendy leżał obrzęd intronizacyjny; J. Dowiat, *Polska – państwem średniowiecznej Europy*, Warszawa 1968, s. 83 n., traktuje zapis Galla jako euhemerystyczną interpretację plemiennego mitu, przy czym zawierać on miałby też elementy mitu płodności, związane z uroczystościami rodzinnymi.

[5] O upowszechnieniu systemu przemienno-odłogowego zob. przede wszystkim: H. Łowmiański, *Początki Polski*, t. III, Warszawa 1967, s. 223–343; o systemie żarowym: tamże, t. I, Warszawa 1963, s. 292–312; Z. Podwińska, *Wieś środkowoeuropejska*, KHKM, XXIV, 1976, z. 3, s. 373–394, zwłaszcza s. 385 n., kwestionuje możliwość wystąpienia w VI–VIII w. nieregularnej dwupolówki i akcentuje znaczenie upraw ogrodowych (motykowych) obok dominacji do schyłku XII w. nieregularnego systemu przemienno-odłogowego.

[6] S. Kurnatowski, *Rozwój zaludnienia Wielkopolski zachodniej we wczesnym średniowieczu i jego aspekty gospodarcze*, w: „Archeologia Polski", XVI, 1971, s. 465–482.

[7] S. Ciszewski, *Bydło i zboże a majątek*, w: tegoż, *Prace etnologiczne*, t. II, Warszawa 1929, s. 140–143; A Brückner, *Cywilizacja a język*, Warszawa 1901, s. 25.

[8] Ibrahim, s. 50.

[9] Gall, I, przedmowa, tłum. s. 11.

[10] PUB, t. I, nr 84, przekład autora.

Przypisy

[11] Na temat głodów w Europie średniowiecznej wciąż podstawowe znaczenie ma praca: F. Curschmann, *Hungersnöte im Mittelalter. Ein Beitrag zur deutschen Wirtschaftsgeschichte des 8. bis 15. Jahrhunderts*, Leipzig 1900.

[12] F. Bujak, *Studia nad osadnictwem Małopolski*, Kraków 1905, s. 38 n.; S. Trawkowski, *Rozwój osadnictwa wiejskiego w Polsce w XII i pierwszej połowie XIII w.*, w: *Polska w okresie rozdrobnienia feudalnego*, praca zbiorowa pod red. H. Łowmiańskiego, Wrocław 1973, s. 99 n.

[13] K. Potkański, *Święto wiosenne „Stado"*, w: *Pisma pośmiertne*, t. I, Kraków 1924, s. 3–24; M. Młynarska Kaletynowa, *Targ na Zielone Świątki*, KHKM, XV, 1967, z.1. s, 25–31; analizę współczesnych obrzędów dożynkowych w Europie dała ostatnio Z.Szyfelbein-Sokolewicz, *Plon. Obrzęd i widowisko*, Warszawa 1967.

[14] Długosz, t. I, s. 107, n., tłum. t. I, s. 166 n.

[15] KPol, t. III, nr 222.

[16] E. i J. Gąssowscy, *Łysa Góra we wczesnym średniowieczu*, Wrocław 1974.

[17] J. Sawicki, *Concilia Poloniae. Źródła i studia krytyczne*, t. VII: *Synody diecezji poznańskiej i ich statuty*, Poznań 1952, s. 156.

[18] Saxo, XIV, 39, tłum. s. 234.

[19] Gall, I, 2, tłum. s. 13.

[20] Tamże.

[21] Tamże, I, 15, tłum. s. 37.

[22] Tamże, II, 23; III, 25.

[23] M. Wincenty, IV, 5, tłum. s. 189 n.

[24] *Vita s. Hedvigis ducissae Silesiae*, wyd. A. Semkowicz, MPH, t. IV, s. 501–655; *Vita Annae ducissae Silesiae*, wyd. tenże, tamże, s. 656–661; *Vita et miracula s. Kyngae ducissae Cracoviensis*, wyd. W. Kętrzyński, tamże, s. 662–744.

[25] *Vita s. Hedvigis...*, s. 527 n.; *Vita Annae ducissae...*, s. 658.

[26] Tacyt, *Germania*, XV, w: *Dzieła*, tłum. S. Hammer, Warszawa 1957, t. II, s. 273. O rolnictwie słowiańskim u schyłku starożytności: H. Łowmiański, *Początki Polski*, t. I, Warszawa 1963, s. 292–312; W. Łosiński, *Z badań nad strukturą gospodarstwa wiejskiego w późnej starożytności i na początku wczesnego średniowiecza na ziemiach polskich*, „Archeologia Polski", XV, 1970, s. 519–538.

[27] T. Podwińska, *Technika uprawy roli w Polsce średniowiecznej*, Wrocław 1962, s. 109 n., 141 n.

[28] *Najstarszy zwód*, art. 27, punkt 4–5, s. 232 n.

[29] K. Lamprecht, *Deutsches Wirtschaftsleben im Mittelalter*, t. I, cz. 1, Leipzig 1886, s. 524.

[30] G. Labuda, *Słowiańszczyzna pierwotna. Wybór tekstów*, Warszawa 1954, s. 144.

[31] KWp. t. II, nr 607 (r. 1267): w należącym do kapituły wrocławskiej gospodarstwie w Polanowicach było wówczas 20 kaczek, 30 kur i 3 koguty.

[32] A. Brückner, *O nazwach miejscowych*, Kraków 1935, s. 16, gdzie też zestawienie analogicznych nazw, wymienionych niżej.

[33] K. Buczek, *Książęca ludność służebna w Polsce wczesnofeudalnej*, Kraków 1958, s. 38–51.

[34] M. Wincenty, IV, 2.

[35] KTyn, nr 19; *Zbiór ogólny przywilejów i spominków mazowieckich*, wyd. J.K. Kochanowski, t. I, Warszawa 1919, nr 278 (zgoda ks. Konrada Mazowieckiego, by wieśniacy ze wsi duchownych mogli polować na sarny, lisy, zające i wiewiórki „tylko za pomocą sideł, nie zaś sieci").

[36] O rozwoju zapowiedzi: K. Tymieniecki, *Procesy twórcze formowania się społeczeństwa polskiego w wiekach średnich*, Warszawa 1921, s. 224 n.; Z. Podwińska, *Zmiany form osadnictwa wiejskiego na ziemiach polskich we wcześniejszym średniowieczu*, Wrocław 1971, s. 204–226.

[37] Materiał osteologiczny najlepiej opracowany dla wykopalisk gdańskich: W. Susłowska, K. Urbanowicz, *Szczątki kostne ryb z wczesnośredniowiecznego Gdańska (X–XIII w.)*, w: *Gdańsk wczesnośredniowieczny*, t. VI, Gdańsk 1976, s. 53–65.

[38] Gall, II, 28, tłum. s. 104.

[39] M. Dembińska, *Udział zbieractwa w średniowiecznej konsumpcji zbożowej*, w: *Studia z dziejów gospodarstwa wiejskiego*, pod red. J. Leskiewiczowej, t. IX, Warszawa 1967, s. 3, 83 n.; M. Henslowa, *Rośliny dziko rosnące w kulturze ludu polskiego*, Wrocław 1967.

[40] *Najstarszy zwód*, art. 17, punkt 6, s. 196 n.

[41] Gall, II, 49, tłum. s. 129.

[42] Cyt. wg: B. Krzemińska, *Vyzive ve středoveku*, w: „Československý Časopis Historický", XII, 1964, nr 1, s. 220, przyp. 14.

[43] Gall, I, 14, tłum. s. 36–37.

[44] Tamże, II, 28, tłum. s. 101 n.

[45] K. Buczek, *Publiczne posługi transportowe i komunikacyjne w Polsce średniowiecznej*, KHKM, XV, 1967, z. 2. s. 255–299.

[46] *Najstarszy zwód*, art. 20, punkt 2, s. 198 n. O uzyskiwaniu soli oraz handlu nią: J. Wyrozumski, *Państwowa gospodarka solna w Polsce do schyłku XIV w.*, Kraków 1968.

[47] K. Moszyński, *Kultura ludowa Słowian*, t. I, Warszawa 1967, s. 275.

[48] K. Buczek, *Książęca ludność...*, s. 27 n.

[49] Kosmas, II, 14, tłum. s. 237 n.

[50] M. Dąbrowska, *Ogrzewanie i oświetlenie wnętrz mieszkalnych na ziemiach polskich w VI–XIII w.*, KHKM, XIX, 1971, z. 3, s. 369-398.

[51] Kosmas, I, 6, tłum. s. 102 n.

[52] „Pan Mikołaj zwany Pączek (Panczek)" występuje w r. 1279; o nim: A. Rutkowska-Płachcińska, *Sądecczyzna w XIII i XIV w.*, Wrocław 1961, s. 148.

[53] PrUB, nr 160 (r. 1249), nr 188 (r. 1252); zob. R. Grodecki, *Znaczenie handlowe Wisły w epoce piastowskiej*, w: *Studia historyczne ku czci S. Kutrzeby*, t. II, Kraków 1938, s. 299 n.

[54] SUB, nr 291.

[55] *Nowa księga przysłów i wyrażeń przysłowiowych polskich*, pod red. J. Krzyżanowskiego, t. I, Warszawa 1969, s. 349 (hasło: „czapka").

[56] Zob. np. M. Heyne, *Fünf Bücher deutscher Hausalterthümer von den ältesten geschichtlichen Zeiten bis zum 16. Jahrhundert*, Leipzig 1899-1903, t. II: *Das deutsche Nahrungswesen*, Leipzig 1901, s. 323 n.; A. Waas, *Der Mensch im deutschen Mittelalter*, Graz-Köln 1964, s. 79.

[57] KrWp, 7, tłum., s. 64 n.

[58] PrUB, nr 39.

[59] Gall, I, 6, tłum. s. 22–23.

[60] KŚl, nr 104.

[61] *Vita s. Stanislai cracoviensis episcopi (Vita maior)*, wyd. W. Kętrzyński, MPH, t. IV, s. 258.

[62] A. Kraśnicki, *Posty w dawnej Polsce*, „Collectanea Theologica", XII, 1931, z. 2, s. 190–235, z. 3, s. 299–382.

[63] KWp, nr 274 (r. 1248), por. tamże nr 487 (r. 1279).

[64] Kosmas, I, 6, tłum. s. 103.

Ubiór i pielęgnacja ciała

[1] Gall, I, 15, tłum. s. 37.

[2] Tamże, III, 25, tłum. s. 176.

[3] Tamże, I, 6, tłum. s. 21.

[4] Zob. opis ibn Rosteha, niżej s. 96.

[5] Ibrahim, s. 54.

[6] Gall, I, 13, tłum. s. 36.

[7] J. Kostrzewski, *Kultura prapolska*, Poznań 1947, s. 198; K. Jażdżewski, *Charakterystyka wczesnośredniowiecznych warstw kulturowych w wykopie głównym na stan. I w Gdańsku*, „Studia Wczesnośredniowieczne", III, 1955, s. 165.

[8] M. Heyne, *Fünf Bücher deutscher Hausalterthümer von den ältesten geschichtlichen Zeiten bis zum 16. Jahrhundert*, 1899–1903, t. III: *Körperpflege und Kleidung bei den Deutschen*, Leipzig 1903, s. 42–50, zwłaszcza s. 46.

[9] *Urkundenbuch des Erzstiftes Magdeburg*, t. I, wyd. F. Israel i W. Möllenberg, Magdeburg 1937, nr 193.

[10] *Vita s. Stanislai cracoviensis episcopi (Vita maior)*, wyd. W. Kętrzyński, MPH, t. IV, s. 382.

[11] *Vita s. Hedvigis ducissae Silesiae*, wyd. A. Semkowicz, MPH, t. IV, s. 519.

[12] M. Heyne, *Fünf Bücher deutscher Hausalterthümer...*, t. III, s. 47, przyp. 58.

[13] *Vita s. Hedvigis...*, MPH, t. IV, s. 522.

[14] M. Wincenty, I, 19, tłum. s. 90.

[15] Tamże, IV, 20, tłum. s. 213.

[16] K. Buczek, *Książęca ludność służebna w Polsce wczesnofeudalnej*, Kraków 1958, s. 35 n., 69.

[17] G. Labuda, *Słowiańszczyzna pierwotna. Wybór tekstów*, Warszawa 1954, s. 78.

[18] *Prawa książąt mazowieckich przełożone na język polski przez Macieja z Różana*, przedruk homograficzny, wyd. A. Piliński, Warszawa 1877, k. 93.

[19] Ibrahim, s. 50.

[20] K. Buczek, *Książęca ludność...*, s. 58, 63 n.; J. Tyszkiewicz, *Jady bojowe Słowian zachodnich we wczesnym średniowieczu*, KHKM, IX, 1961, z. 1, s. 3–22.

[21] *Vita s. Oudalrici*, MGH SS, t. IX, s. 423.

[22] Gall, I, 25, tłum. s. 54.

[23] O uzbrojeniu w Polsce wczesnośredniowiecznej: A. Nadolski, *Studia nad uzbrojeniem polskim w X, XI, XII w.*, Łódź 1954; L. Kajzer, *Uzbrojenie i ubiór rycerski w średniowiecznej Polsce w świetle źródeł ikonograficznych*, Wrocław 1976.

[24] Gall, III, 16, tłum. s. 155.

[25] *Najstarszy zwód*, art. 21, punkt 2–6, s. 200–203, zwłaszcza s. 203: ,,Wen der polenschen ritter wip dy meiste menige pflegit zelben zcu webene.''

[26] Ibrahim, s. 49.

[27] CDBoh, t. I, nr 55.

[28] Gall, I, 6, tłum. s. 22.

[29] O ozdobach i zdobnictwie przede wszystkim zob. A. Gieysztor, *Podstawy rodzimej kultury artystycznej w Polsce średniowiecznej*, KH, LXX, 1963, z. 3, s. 583–597.

[30] Gall, I, 12, tłum. s. 33.

[31] K. Buczek, *Książęca ludność...*, s. 62 n.; A. Gieysztor, *Sztuka grodów i podgrodzi*, w: *Sztuka polska przedromańska i romańska do schyłku XII w.*, pod red. M. Walickiego, Warszawa 1971, s. 39, 43–47.

[32] O produkcji skórniczej: A. Samsonowicz, *Z badań nad wytwórczością skórzaną w Polsce wczesnośredniowiecznej*, KHKM, XXII, 1974, z. 4, s. 633–652.

[33] Ebo, II, 1.

[34] PWL, pod r. 985, tłum. s. 271.

[35] Gall, I, 6.

[36] KWp, t. I, nr 22, 26, 28.

[37] Gall, III, 25, tłum. s. 173.

[38] MGH SS, t. III, s. 616.

[39] A. Nahlik, *W sprawie rozwoju krosna tkackiego*, KHKM, IV, 1956, z. 3, s. 519–540; J. Wyrozumski, *Tkactwo w Polsce X–XIII w.*, KHKM, XIII, 1965, z. 3, s. 499–519.

[40] M. Wincenty, IV, 21, tłum. s. 217.

[41] Tamże, IV, 5, tłum. s. 186.

[42] Kosmas, I, 27, tłum. s. 149.

[43] PWL, pod r. 1074, tłum. s. 346 n.

Życie osiadłe

[1] Z. Podwińska, *Zmiany form osadnictwa wiejskiego na ziemiach polskich we wczesnym średniowieczu*, Wrocław 1971, s. 21–72, zwłaszcza s. 67–70.

[2] G. Labuda, *Słowiańszczyzna pierwotna. Wybór tekstów*, Warszawa 1954, s. 144.

[3] Na to wskazywałyby dane etnograficzne z XIX w., które zestawia K. Moszyński, *Kultura ludowa Słowian*, t. I, Warszawa 1967, s. 474–477.

[4] W. Hensel, *U źródła Polski średniowiecznej*, Wrocław 1974, s. 182 n., sądzi, że ,,nie samo występowanie ziemianek świadczyło o pewnym ubóstwie, ale sposób wyposażenia, liczba pomieszczeń, z jaką mieliśmy do czynienia, itd.''; J. Kaźmierczyk, *Wrocław lewobrzeżny we wczesnym średniowieczu*, cz. 2, Wrocław 1970, s. 31–34.

[5] R. Jakimowicz, *Sprawozdanie z badań grodziska lubomskiego*, w: R. Jakimowicz, J. Kostrzewski, J. Bartys, *Badania prehistoryczne w woj. śląskim w l. 1937–8*, Kraków 1939.

[6] W sprawie służebnych drwali zob. K. Buczek, *Książęca ludność służebna w Polsce wczesnofeudalnej*, Kraków 1958, s. 57.

[7] E. Ostrowska, *Wczesnośredniowieczne budownictwo drewniane na Ostrowiu Tumskim we Wrocławiu*, ,,Silesia Antiqua'', III, 1961, s. 172; o śladach jat związanych z budową palatium w Legnicy: J. Kaźmierczyk, *Wrocław lewobrzeżny...*, cz. 2, s. 36.

[8] G. Labuda, *Słowiańszczyzna pierwotna...*, s. 78.

[9] L. Leciejewicz, *Ujście we wczesnym średniowieczu*, Wrocław 1961.

[10] O budynkach drewnianych w dobie wczesnopiastowskiej: J. Kaźmierczyk, *Budownictwo mieszkaniowe z drewna w VI–XIII w.*

na obszarach Śląska, „Archeologia Polski", XIV, 1969, s. 167–214; R. Barnycz-Gupieniec, *Drewniane budownictwo mieszkalne w Gdańsku w X–XIII w.*, Gdańsk 1974.

11 R. Barnycz-Gupieniec, *Drewniane budownictwo...*, s. 33 n.

12 J. Zachwatowicz, *Architektura*, w: *Sztuka polska przedromańska i romańska do schyłku XII w.*, pod red. M. Walickiego, Warszawa 1971, s. 73–81; M. Pietrusińska, *Katalog i bibliografia zabytków*, w: *Sztuka polska przedromańska...*, s. 741.

13 J. Zachwatowicz, *Architektura*, w: *Sztuka polska przedromańska...*, s. 75–77

14 O dworach możnowładczych w głównych ośrodkach państwa: S. Zakrzewski, recenzja z artykułu S. Zachorowskiego *Kraków biskupi*, w: KH, XXI, 1907, z. 3, s. 451 n.; S. Trawkowski, *Ołbin wrocławski w XII w.*, RDSG, XX, 1958, s. 90–103.

15 *Vita s. Hedvigis ducissae Silesiae*, wyd. A. Semkowicz, MPH, t. IV, s. 544.

16 M. Dąbrowska, *Ogrzewanie i oświetlenie wnętrz mieszkalnych na ziemiach polskich w VI–XIII w.*, KHKM, XIX, 1971, z. 3, s. 369–398; R. Barnycz–Gupieniec, *Drewniane budownictwo...*, s. 73–83.

17 Helmold, I, 34.

18 *Najstarszy zwód*, art. 22, punkt 2, s. 204 n.: „Doch sal her dem wybe gebin ere kussen unde ere banclaken unde eyn ding heiset denicze, do man uffe slefet."

19 *S. Adalberti Pragensis, episcopi et martyris, Vita prima*, wyd. J. Karwasińska, MPH SN, t. IV, z. 1, Warszawa 1962, cap. 9, 11, tłum. wg *Piśmiennictwo czasów Bolesława Chrobrego*, oprac. J. Karwasińska, tłum. K. Abgarowicz, Warszawa 1966, s. 40–43.

20 Średniowieczne dane leksykalne zestawia *Słownik staropolski*, pod red. S. Urbańczyka, Warszawa 1953–.

21 J. Kamińska, *Siedlątków, obronna siedziba rycerska z XIV w.*, w: *Prace i materiały Muzeum Archeologicznego i Etnograficznego w Łodzi*, „Seria Archeologiczna", nr 15, Łódź 1968, s. 15–88.

22 Gall, I, 6, tłum. s. 23.

23 *Kronika polska*, wyd. L. Ćwikliński, MPH, t. III, s. 648.

24 KWp, t. I, nr 11.

25 *Najstarszy zwód*, art. 12, punkt 5, s. 178–179.

26 Tamże, art. 21, punkty 2–7, s. 200–203.

27 M. Heyne, *Fünf Bücher deutscher Hausalterthümer von den ältesten geschichtlichen Zeiten bis zum 16. Jahrhundert*, t. I: *Das deutsche Wohnungswesen*, Leipzig 1899, s. 175 n.

28 *Najstarszy zwód*, art. 12, punkt 8–10, s. 180 n.

29 *Księga Henrykowska*, I, 2.

30 J. Kostrzewski, *Kultura prapolska*, Poznań 1947, s. 141 n.; A. Nadolski, *Prace wykopaliskowe na grodzisku łęczyckim w l. 1950–1*, „Studia Wczesnośredniowieczne", III, 1955, s. 286.

31 *Księga Henrykowska*, I, 2.

32 KWp, nr 7.

33 Z. Podwińska, *Zmiany form osadnictwa...*, s. 37–62.

34 E. Dąbrowska, *Wielkie grody dorzecza górnej Wisły. Ze studiów nad rozwojem organizacji terytorialno-plemiennej w VII–X w.*, Wrocław 1973.

35 Dane dotyczące grodzisk: W. Hensel, *Studia i materiały do osadnictwa Wielkopolski wczesnohistorycznej*, Poznań 1950; M. i T. Kaletynowie, J. Lodowski, *Grodziska wczesnośredniowieczne woj. wrocławskiego*, Wrocław 1968; J. Kamińska, *Grody wczesnośredniowieczne ziem Polski środkowej na tle osadnictwa*, Łódź 1953; poza tym bieżące informacje w czasopismach archeologicznych.

36 Gall, I, 16, tłum. s. 41.

37 Kosmas, II, 4, tłum. s. 212.

38 „...dawniej istniał w Polsce zwyczaj łamania soli w kawałki; każdy zwał się kruszą, tych płacono trzysta." – *Najstarszy zwód*, art. 15, punkt 9, 25–27, s. 188, 192.

39 O Sieciechu zob. S. Suchodolski, *Monety palatyna Sieciecha*, WN, VII, 1963, z. 3, s. 151 n.

40 Zob. np. T. Wąsowicz, *Sandomierska sieć drożna w wiekach średnich*, w: *Studia sandomierskie. Materiały do dziejów miasta Sandomierza i regionu sandomierskiego*, praca zbiorowa pod red. J. Pazdura i T. Wąsowicz, Warszawa 1967, s. 11–130.

41 Gall, II, 19, tłum. s. 93.

42 *Zbiór ogólny przywilejów i spominków mazowieckich*, wyd. J. K. Kochanowski, t. I, Warszawa 1919, nr 362.

43 Gall, II, 26, tłum. s. 100.

44 KŚl, nr 309 (r. 1226).

45 *Najstarszy zwód*, art. 15, punkt 1, s. 186 n.

Społeczne gwarancje bytu

[1] S. Ciszewski, *Prace etnologiczne*, t. IV: *Ród*, Warszawa 1936; K. Zawistowicz-Adamska, *Systemy krewniacze na Słowiańszczyźnie w ich historyczno-społecznym uwarunkowaniu*, Warszawa 1971.

[2] K. Tymieniecki, *Procesy twórcze formowania się społeczeństwa polskiego w wiekach średnich*, Warszawa 1921; tenże, „*Plemiona" i „gniazda". Przyczynek do dziejów zanikania układu rodowo-patriarchalnego i umocnienia się układu feudalnego*, w: *Pisma Wybrane*, Warszawa 1957.

[3] H. Łowmiański, *Rodzina, wielka rodzina, ród u Słowian*, w: SSS, t. IV, s. 519 n.

[4] O wdowie zarządzającej gospodarstwem na Pomorzu: Ebo, II, 6; w państwie Bolesława Chrobrego: *Żywot Mojżesza Węgrzyna*, IV, wyd. E. Kałużyński, w: MPH, t. IV, s. 805.

[5] *Najstarszy zwód*, art. 21.

[6] *Prawda Russkaja*, art. 89–99.

[7] A. Brückner, *Słownik etymologiczny języka polskiego*, Warszawa 1970, s. 387; V. Machek, *Etymologický slovník jazyka českého a slovenského*, Praha 1957, s. 345.

[8] O trójpokoleniowej strukturze rodziny słowiańskiej świadczyć może rozbudowana terminologia stosunków krewniaczych; zob. M. Szymczak, *Nazwy stopni pokrewieństwa i powinowactwa rodzinnego w historii i dialektach języka polskiego*, Warszawa 1966. Wart jest uwagi fakt, że „w przeciwieństwie do np. języków germańskich, gdzie do dziś na określenie dziadka panują formy opisowe..., w języku prasłowiańskim powstał na oznaczenie tego stopnia pokrewieństwa specjalny termin..." (tamże, s. 57).

[9] A. Brückner, *Słownik...*, s. 107.

[10] *Najstarszy zwód*, art. 12 inaczej traktuje ograbienie człowieka samotnego niż żonatego.

[11] W. Abraham, *Zawarcie małżeństwa w pierwotnym prawie polskim*, Lwów 1925, s. 78–122. Przyjmuje to także późniejsza literatura: por. J. Bardach, *Historia państwa i prawa Polski*. t. I: do połowy XV wieku, wyd. 2, Warszawa 1964, s. 77; M. Koczerska, *Zawarcie małżeństwa wśród szlachty w Polsce późnego średniowiecza*, PH, LXVI, 1975, s. 1–22.

[12] G. Labuda, *Słowiańszczyzna pierwotna. Wybór tekstów*, Warszawa 1954, s. 129.

[13] PVL, I, s. 54 n., pod r. 980.

[14] Herbord, IV, 22.

[15] Gall, I, 5.

[16] PWL, I, s. 9 n. (Wstęp).

[17] Ebo, II, 12; Herbord, II, 22, 34.

[18] *S. Adalberti Pragensis, episcopi et martyri, Vita prima*, wyd. J. Karwasińska, MPH SN, t. IV, z. 1, Warszawa 1962, cap. 12.

[19] Adam Brem. II, 21.

[20] PrUB, nr 218.

[21] Ibrahim. s. 50.

[22] W. Abraham, *Zawarcie małżeństwa...*, s. 15 n.

[23] *Statuty św. Stefana*, I, 24.

[24] Kosmas, I, 36: „ut bruta animalia", tłum. s. 175.

[25] Ibrahim, s. 53; Thietmar, VIII, 3.

[26] *S. Adalberti Pragensis... Vita prima*, cap. 19.

[27] Kosmas, II, 4, tłum. s. 209.

[28] A. Vetulani, *Nowe źródło do historii staropolskiego prawa małżeńskiego*, CPH, IV, 1952; M. Koczerska, *Zawarcie małżeństwa...*

[29] *Najstarszy zwód*, art. 21, punkt 6.

[30] J. Bardach, *Historia państwa...*, s. 289.

[31] J. Adamus, *O teorii rodowej państwa Piastów*, CPH, IV, 1952; J. Bardach, *Uwagi o rodowym ustroju społeczeństwa i prawie bliższości w Polsce średniowiecznej*, CPH, IV, 1952.

[32] A. Brückner, *Słownik...*, s. 482; M. Vasmer, *Russisches etymologisches Wörterbuch*, t. II, Heidelberg 1955, s. 701.

[33] Podobnie ujmuje sprawę K. Buczek, *Ziemie polskie przed tysiącem lat*, Wrocław 1960, s. 94.

[34] KMp, t. I, nr 44.

[35] KMp, t. II, nr 395.

[36] KWp, t. I, nr 7.

Przypisy

37 H. Łowmiański, *Studia nad początkami społeczeństwa i państwa litewskiego*, t. I–II, Wilno 1931–1932; M. Pollakówna, *Osadnictwo Warmii w okresie krzyżackim*, Poznań, 1953.

38 W. Kowalenko, *Grody i osadnictwo grodowe Wielkopolski wczesnohistorycznej*, Poznań 1938, s. 183 n.; K. Musianowicz, *Gród i osada podgrodowa w Bródnie Starym koło Warszawy*, w: *Materiały wczesnośredniowieczne*, IV, 1956, s. 7–93; W. Szymański, *Szeligi pod Płockiem na początku wczesnego średniowiecza. Zespół osadniczy z VI–VII w.*, Wrocław 1967.

39 K. Buczek, *Ziemie polskie...*, s. 94.

40 DO I, nr 134.

41 *Słownik staropolski*, pod red. S. Urbańczyka, Warszawa 1953–, t. V, s. 630 n. (hasło: osada).

42 KMp, t. II, nr 395.

43 K. Buczek, *Ziemie polskie...*, s. 94.

44 DO I, nr 134; por. H. Łowmiański, *Początki Polski*, t. IV, Warszawa 1970, s. 401 n.

45 K. Buczek, *Organizacja opolna w Polsce średniowiecznej*, w: „Studia Historyczne", XIII, 1970, s. 232–240.

46 Tamże, s. 229.

47 KWp, t. II, nr 673; w sprawie daty zob. S. Krzyżanowski, *Dyplomy i kancelaria Przemysła II*, Kraków 1890, regest nr 150.

48 KWp, t. I, s. 236.

49 T. Lalik, *Radło i źreb. Z dziejów społecznych wsi zachodniosłowiańskiej*, w: *Z polskich studiów slawistycznych*, seria III, *Prace na VI Międzynarodowy Kongres Slawistyczny w Pradze*, t. I: *Historia*, Warszawa 1968, s. 25–44.

50 *Zbiór ogólny przywilejów i spominków mazowieckich*, wyd. J. K. Kochanowski, t. I, Warszawa 1919, nr 464.

51 W. Häusler, *Urkundensammlung zur Geschichte des Fürstentums Oels bis zum Aussterben der Piastischen Herzogslinie*, Breslau 1883, nr 48.

52 KWp, t. I, nr 33.

53 Tamże, nr 395, 401.

54 KKK, t. I, nr 14.

55 KWp, t. I, nr 33.

56 K. Maleczyński, *Dwa nieznane dokumenty jędrzejowskie z XIII wieku*, KH, XXXVIII, 1924, s. 458 n.

57 Tamże, s. 459.

58 W. Häusler, *Urkundensammlung...*, nr 48

59 K. Tymieniecki, *Społeczeństwo Słowian lechickich (Ród i plemię)*, Lwów 1928, s. 232.

60 G. A. Tschoppe, G. A. Stenzel, *Urkundensammlung zur Geschichte der Ursprung der Städte und der Einführung und Verbreitung deutscher Kolonisten und Rechte in Schlesien und Oberlausitz*, Hamburg 1832, nr 54; zob. też K. Buczek, *Organizacja opolna...*, s. 220.

61 KŚl, t. III, nr 253.

62 *Najstarszy zwód*, art. 8.

63 *Breslauer Urkundenbuch*, wyd. G. Korn, Breslau 1870, nr 14.

64 KWp, t. I, nr 236.

65 K. Buczek, *Organizacja opolna...*, s. 230 n.

66 KPol, t. III, nr 70.

67 G. A. Tschoppe, G. A. Stenzel, *Urkundensammlung...*, nr 42.

68 H. Łowmiański, *Początki Polski*, t. IV, s. 204–211.

69 KWp, t. II, nr 1288 i 1292.

70 KMp, t. I, nr 104.

71 K. Radwański, *Rozwój przestrzenny Krakowa wczesnośredniowiecznego*, w: *Liber Josepho Kostrzewski octogenario a veneratoribus dicatus*, Warszawa 1968, s. 442.

72 KKK, t. I, nr 1.

73 J. Adamus, *Problemy absolutyzmu piastowskiego*, CPH, X, 1959.

74 Kosmas, I, 5, tłum. s. 98.

75 Gall, I, 13, tłum. s. 35.

76 T. Lalik, *Społeczeństwo i państwo w drugiej połowie XI i pierwszej połowie XII wieku*, w: *Polska pierwszych Piastów. Państwo–społeczeństwo–kultura*, red. T. Manteuffel, Warszawa 1968, s. 221.

77 J. Bardach, *Historia państwa...*, s. 72.

78 Gall, I, 27, tłum. s. 57.

[79] Tamże, I, 3, tłum. s. 15.

[80] Tamże, II, 8, tłum. s. 79.

[81] Kosmas, III, 13, tłum. s. 331.

[82] Gall, II, 8, tłum. s. 79.

[83] M. Wincenty, IV, 11, tłum. s. 217.

[84] Tamże, IV, 21, tłum. s. 217.

[85] Ioannis de Czarnkow *Chronicon Poloniae*, 10, MPH, t. II, s. 645.

[86] J. Bardach. *Historia państwa...*, s. 123.

[87] M. Wincenty, IV, 21.

[88] Kosmas, II, 14, tłum. s. 236.

[89] Tamże, II, 23, tłum. s. 251.

[90] Gall, II, 21; Kosmas, III, 27–28; M. Wincenty, IV, 21.

[91] Gall, I, 3: „unanimiter"; podobnie Kosmas, II, 14.

[92] M. Wincenty, IV, 21.

[93] Kosmas, II, 14; III, 27.

[94] Tamże, III, 22.

[95] Gall, II, 21.

[96] Kosmas, I, 42.

[97] M. Wincenty, IV, 22.

[98] Tamże, IV, 23.

[99] „Acies palatina" – zob. Gall (według indeksu rzeczowego – index rerum).

[100] Gall, II, 21.

[101] Tamże, I, 20.

[102] Tamże, II, 4.

[103] Tamże, I, 15.

[104] M. Wincenty, IV, 3, tłum. s. 184.

[105] Tamże, IV, 9, tłum. s. 194.

[106] Tamże, IV, 9.

[107] Gall, I, 12, tłum. s. 34.

[108] Tamże.

[109] M. Wincenty, IV, 9, tłum. s. 194.

[110] Gall, III, 23, tłum. s. 162–163.

[111] Tamże, II, 18.

[112] Tamże, I, 19, tłum. s. 46.

[113] Tamże, II, 33, tłum. s. 106.

[114] Tamże, III, 7, tłum. s. 143.

[115] Tamże, III, 5, tłum. s. 142.

[116] Kosmas, II, 23; III, 9 i 22.

[117] Tamże, III, 12.

[118] Tamże, III, 25.

[119] Tamże, II, 9.

[120] Tamże, II, 35.

[121] Tamże, II, 39.

[122] Tamże, II, 43.

[123] Tamże, III, 15.

[124] Tamże, II, 35.

[125] Tamże.

[126] Tamże, II, 9.

[127] Bardziej szczegółowo o dziejach wojskowości średniowiecznej traktują: *Zarys dziejów wojskowości polskiej do roku 1864*, praca zbiorowa pod red. J. Sikorskiego, t. I: *Do roku 1648*. Warszawa 1965; A.F. Grabski, *Polska sztuka wojenna w okresie wczesnofeudalnym*. Warszawa 1959.

[128] *Najstarszy zwód*, Wstęp wydawcy.

129 O problemach związanych z pieniądzem zob. R. Kiersnowski, *Wstęp do numizmatyki polskiej wieków średnich*, Warszawa 1974.

130 Podstawowa literatura do dziejów Kościoła w Polsce średniowiecznej: W. Abraham, *Organizacja Kościoła w Polsce do połowy XII wieku*, Lwów 1893 (wyd. 3: Poznań 1962); *Kościół w Polsce*, pod red. J. Kłoczowskiego, Kraków 1966, t. I: *Średniowiecze*; J. Dowiat, *Historia Kościoła katolickiego w Polsce (do połowy XV w.)*, Warszawa 1968; *Historia Kościoła w Polsce*, pod red. B. Kumora i Z. Obertyńskiego, t. I, cz. 1, Poznań 1974.

Pogląd na świat

1 K. Moszyński, *Kultura ludowa Słowian*, Warszawa 1967, t. II, 1, s. 266–267.

2 T. Lewicki, *Północna kraina Amazonek*, „Sprawozdania PAU" XLIX, 1948, nr 7, s. 352 n.

3 K. Moszyński, *Kultura...*, t. II, 1, s. 240 n.

4 Tamże, s. 465, 469, 470.

5 Tamże, s. 514.

6 Tamże, s. 308 n.

7 Tamże, s. 444.

8 Tamże, s. 452, 456.

9 Tamże, s. 407.

10 Tamże, s. 526.

11 Tamże, s. 576.

12 S. Seligman, *Der böse Blick und Verwandtes*, Berlin 1910; T.R. Djordjević, *Zle oči*, „Srpski Etnograf", LIII, 1938, s. 213 n.

13 Por. A. Brückner, *Dzieje kultury polskiej*, t. I, wyd. 3, Warszawa 1957, s. 143.

14 K. Moszyński, *Kultura...*, t. II, 1, s. 601 n.

15 Tamże, s. 191.

16 Prokop z Cezarei, *Bellum Gothicum*, VII, 14, 23, tłum. wg: M. Plezia, *Greckie i łacińskie źródła do najstarszych dziejów Słowian*, Poznań–Kraków 1952, s. 69.

17 J. Dowiat, *Pogański obraz świata a przyczyny chrystianizacji Słowian*, w: *Wieki średnie. Prace ofiarowane T. Manteufflowi w 60 rocznicę urodzin*, Warszawa 1962, s. 79 n.

18 J. Dowiat, *Chrzest Polski*, Warszawa 1958, s. 63 n.

19 Gall, I, 1–3.

20 J. Dowiat, *Polska – państwem średniowiecznej Europy*, Warszawa 1968, s. 83 n.

21 PVL, pod r. 988, tłum. s. 292.

22 Gall, II, 28; III, 23.

23 Prokop z Cezarei, *Bellum Gothicum*, VII, 14, 23.

24 K. Moszyński, *Kultura...*, t. II, 1, s. 244.

25 Por. Gall, III, 1, o św. Wawrzyńcu.

26 *Vita sancti Oudalrici*, MGH SS, t. IV, s. 423; por. T. Wąsowicz, *Kulty świętych w Polsce w X w.*, w: *Polska w świecie. Szkice z dziejów kultury polskiej*, praca zbiorowa pod red. J. Dowiata, A. Gieysztora, J. Tazbira i S. Trawkowskiego, Warszawa 1972, s. 62 n.

27 Gall, I, 30.

28 Np. Bruno z Querfurtu w *Liście do Henryka II cesarza*, MPH, t. I, s. 226: „Suarazic – diabolus".

29 Rudolf, § 15.

30 E.W. Aniczkow, *Jazyczestwo i drewnaja Rus'*, S. Petersburg 1914.

31 Duchowość elity chrześcijańskiej przedstawia K. Górski, *Zarys dziejów życia wewnętrznego*, Lublin 1962; tenże, *Dzieje życia wewnętrznego w Polsce*, w: *Księga tysiąclecia katolicyzmu w Polsce*, Lublin 1969, t. I, s. 321–391.

32 K. Moszyński, *Kultura...*, t. II, 1, s. 175.

33 Tamże, s. 176.

34 Tamże, s. 212.

35 Rudolf, § 44.

36 K. Moszyński, *Kultura...*, t. II, 1, s. 300.

Przypisy

[37] A. Brückner, *Dzieje kultury...*, s. 173.

[38] K. Moszyński, *Kultura...*, t. II, 1, s. 298 n.

[39] Ł. Kunicka-Okuliczowa, *Wczesnośredniowieczne zabawki i gry z Gdańska*, w: *Gdańsk wczesnośredniowieczny*, t. I, 1959, s. 107, tabl. 11; W. Hołubowicz, *Opole w wiekach X–XII*, Katowice 1956, s. 289 n., ryc. 126.

[40] K. Moszyński, *Kultura...*, t. II, 1, s, 299.

[41] Rudolf, § 46.

[42] Tamże, § 45.

[43] K. Moszyński, *Kultura...*, t. II, 1, s. 279.

[44] Tamże, s. 334.

[45] Tamże, s. 333; E. Karwot, *Katalog magii Rudolfa*, Wrocław 1955, komentarz, s. 115; Rudolf, § 51.

[46] K. Moszyński, *Kultura...*, t. II, 1, s. 513.

[47] Ibrahim, s. 51.

[48] K. Moszyński, *Kultura...*, t. II, 1, s. 300.

[49] Tamże, s. 273.

[50] M. Wincenty, I, 19.

[51] Rudolf, § 22–23.

[52] K. Moszyński, *Kultura...*, t. II, 1, s. 338. Nazwa „nasięzrzał" dawna, poświadczona 1472 r.; zob. A. Brückner, *Słownik etymologiczny języka polskiego*, Warszawa 1970, s. 357.

[53] Rudolf, § 35.

[54] Tamże, § 27.

[55] K. Moszyński, *Kultura...*, t. II, 1, s. 338.

[56] Rudolf, § 37.

[57] Tamże, § 34.

[58] Tamże, § 29–33.

[59] Tamże, § 31.

[60] Tamże, § 28.

[61] E. Karwot, *Katalog magii...*, komentarz, s. 64.

[62] Marcin z Urzędowa, *Herbarz polski*, Kraków 1595, s. 136; S. Syreniusz, *Zielnik*, Kraków 1613, s. 246, 370, 529; Albertus Magnus, *Sekreta białogłowskie*, 1698, s. 223.

[63] K. Moszyński, *Kultura...*, t. II, 1, s. 279 n.

[64] Rudolf, § 38–41; por. E. Karwot, *Katalog magii...*, komentarz, s. 142 n.

[65] Zestawia je M. Kowalczyk, *Wierzenia pogańskie za pierwszych Piastów*, Łódź 1968, s. 109–110.

[66] Thietmar, VI, 23.

[67] K. Moszyński, *Kultura...*, t. II, 1, s. 309, 331.

[68] Rudolf, § 43; M. Kowalczyk, *Wierzenia pogańskie...*, s. 109–114.

[69] M. Kowalczyk, *Wierzenia pogańskie...*, s. 107.

[70] Rudolf, § 11, 16, 51.

[71] K. Moszyński, *Kultura...*, t. II, 1, „jaja" – według indeksu.

[72] A. Gieysztor, *Polskie badania wczesnodziejowe w r. 1950*, „Przegląd Zachodni", VII, 1951, z. 1.

[73] W. Abraham, *Zawarcie małżeństwa w pierwotnym prawie polskim*, Lwów 1925, passim.

[74] Tamże, s. 253.

[75] Tamże, s. 257.

[76] Rudolf, § 50.

[77] W. Abraham, *Zawarcie małżeństwa...*, s. 259.

[78] Drahomira Stránská *Nové příspěvki o slovanských obyčejich s hleviska slovanských, starožitnosti*, w: „Vznik a počatky Slovanů", t. I, Praha 1956, s. 155.

[79] T.R. Djordjević, *Deca u verovanju i običajima našega naroda*, w: „Zbornik zdravstvenih proučavanja i impitivanja sela i narodnoga života", IX, 1941, s. 84 n.

[80] Rudolf, § 3.

[81] Tamże, § 11.

[82] Tamże, § 17.

[83] K. Moszyński, *Kultura...*, t. II, 1, s. 278, 280 n., 323 n.

84 Rudolf, § 12.

85 Tamże, § 19.

86 T.R. Djordjević, *Zle oči*, s. 213 n.; K. Moszyński, *Kultura...*, t. II, 1, s. 308, 331.

87 Rudolf, § 2.

88 Tamże, § 1; E. Karwot, *Katalog magii...*, komentarz s. 107 n.

89 Z. Rajewski, *Zabytki z rogu i kości w grodzie gnieźnieńskim*, w: *Gniezno w zaraniu dziejów*, praca zbiorowa pod red. J. Kostrzewskiego, Poznań 1939, s. 98–99, tabl. 55, nr 8–14; K. Jażdżewski, W. Chmielewski, *Gdańsk wczesnośredniowieczny w świetle badań wykopaliskowych z lat 1948–1949*, „Studia Wczesnośredniowieczne", I, 1952, s. 64, tabl. 46 a, 47 c; W. Hołubowicz, *Opole...*, s. 289–293, ryc. 129; W. Hensel, A. Broniewska, *Starodawna Kruszwica*, Wrocław 1961, s. 87, ryc. 67.

90 M. Kowalczyk, *Wierzenia pogańskie...*, s. 92 n.

91 A. Nadolski, *Prace wykopaliskowe na grodzisku łęczyckim w l. 1950–1*, „Studia Wczesnośredniowieczne", III, 1955, s. 289, tabl. 143 a, b.

92 A. Nadolski, *Miniaturowy toporek z grodziska w Tumie pod Łęczycą*, „Przegląd Archeologiczny", IX, 1953, z. 2, s. 389 n.; K. Musianowicz, *Sprawozdanie z prac wykopaliskowych przeprowadzonych w r. 1954 w Drohiczynie, pow. Siematycze*, „Wiadomości Archeologiczne", XXII, 1955, s. 340, tabl. 45; T.R. Kiersnowscy, *Wczesnośredniowieczne skarby srebrne z Pomorza (materiały)*, Warszawa–Wrocław 1959, s. 117, 122 n.

93 W. Hołubowicz, *Z prac wykopaliskowych na Ostrówku w Opolu w 1956 r.*, „Sprawozdania Archeologiczne", VI, 1959, s. 121, ryc. 3–4; J. Kamińska, A. Nahlik, *Włókiennictwo gdańskie. X–XIII wiek*, Łódź 1958, s. 128, 145, 229, ryc. 48, 67.

94 Gall, I, 2; por. R. Gansiniec, *Postrzyżyny słowiańskie*, „Przegląd Zachodni", VIII, 1952, z. 11–12.

95 A. Brückner, *Dzieje kultury...*, s. 68.

96 A. Brückner, *Słownik...*, s. 35, pod hasłem: „Bolesław".

97 J. Dowiat, *Metryka chrztu Mieszka I i jego geneza*, Warszawa 1961, s. 106 n.; tenże, *Polska – państwem...*, s. 157 n.

98 K. Moszyński, *Kultura...*, t. II, 2, s. 826.

99 Rudolf, § 2.

100 K. Moszyński, *Kultura...*, t. II, 2, s. 826.

101 Tamże, t. II, 1, s. 305, 582 n.; S. Seligman, *Der böse Blick...*; T.R. Djordjević, *Zle oči*.

102 K. Moszyński, *Kultura...*, t. II, 1, s. 342 n.

103 Tamże, s. 343, 583.

104 Tamże, s. 584.

105 PWL, pod r. 912.

106 Kosmas, I. 4.

107 A. Brückner, *Słownik...*, s. 72, pod hasłem: „czar".

108 Rudolf, § 19.

109 Tamże, § 37.

110 A. Żaki, *Figurka kamienna z Buska, związana z dawnymi zabiegami magicznymi*, „Wiadomości Archeologiczne", XXIII, 1956, z. 1, s. 91 n., ryc. 1–3.

111 PWL, pod r. 1068, tłum. s. 333.

112 F. Sielicki, *Powieść lat minionych*, Wrocław 1968, s. 333, przypis 7 (do komentarza).

113 PWL, pod r. 1068.

114 *Kazanie biskupa Cyryla Turowskiego z XII wieku*, zob. F. Sielicki, *Powieść lat minionych*; por. też K. Moszyński, *Kultura...*, t. II, 1, s. 408.

115 PWL, pod r. 1065, tłum. s. 330.

116 L. Niederle, *Slovanské starožitnosti*, t. II, 1, Praha 1908, s. 241.

117 A. Brückner, *Słownik...*, s. 632, pod hasłem: „wróg".

118 Saxo, XVI, 39.

119 K. Moszyński, *Kultura...*, t. II, 1, s. 411.

120 Tacyt, *Germania*, 10, w: *Dzieła*, tłum. S. Hammer, Warszawa 1957.

121 Kosmas, I. 6.

122 *Chronicon Montis Sereni*, MGH SS, t. XXIII, s. 176.

123 K. Moszyński, *Kultura...*, t. II, 1, s. 378.

124 Saxo, XVI, 39.

125 Rudolf, § 26–27; K. Moszyński, *Kultura...*, t. II, 1, s. 375.

503

126 Tamże, § 24, PWL, pod r. 1005, 1013; Kosmas, I, 20.

127 F. Sielicki *Powieść lat minionych*, s. 45.

128 KWp, t. I, nr 9.

129 *De pincerna ducis Poloniae a morte liberato*, wyd. W. Kętrzyński, MPH, t. IV, s. 746 n.

130 PWL, pod r. 1115.

131 K. Moszyński, *Kultura...*, t. II, 1, s. 804 n.

132 Kosmas, I, 9, tłum. s. 107.

133 Tamże, I, 11.

134 Tamże, I, 6.

135 Rudolf, § 37, 41, 50.

136 Tamże, § 17, 19.

137 S. *Adalberti Pragensis, episcopi et martyris. Vita prima*, wyd. J. Karwasińska, MPH SN, t. IV, z. 1, Warszawa 1962, cap. 10.

138 Zob. tytuły rozdziałów u Rudolfa: VIII – *De ydolatria, quam faciunt mulieres in sortilegiis puerorum*; IX – *De sortilegiis puellarum et malarum mulierum*.

139 Rudolf, § 37.

140 Kosmas, I, 4, tłum. s. 94.

141 Rudolf, § 15.

142 K. Moszyński, *Kultura...*, t. II, 1, s. 319.

143 Rudolf. § 15.

144 Tamże, § 36.

145 Tamże, § 28.

146 M. Kowalczyk, *Wierzenia pogańskie...*, s. 103.

147 Thietmar, VII, 60, tłum. s. 554.

148 PWL, pod r. 1068, tłum. s. 335.

149 Kosmas, I, 11, tłum. s. 114.

150 Rudolf, § 27.

151 Tamże, § 21, 42, 43, 47.

152 Tamże, § 21.

153 Tamże, § 43.

154 Tamże, § 22, 23, 35, 52.

155 K. Moszyński, *Kultura...*, t. II, 1, s. 299; t. II, 2, s. 679; zob. też przykład zaklęcia-modlitwy, tamże, t. II, 2, s. 798.

Środki przekazywania myśli

1 Gall I, 1; Kosmas, I, 23.

2 Podstawową literaturę dotyczącą języka prasłowiańskiego wskazuje Z. Stieber w zwięzłym zarysie *Prasłowiański język*, SSS, t. IV, s. 309–312. Zasób leksykalny tego języka próbuje rekonstruować ukazujący się od 1974 roku *Słownik prasłowiański*, opracowany przez Zespół Zakładu Słowianoznawstwa PAN pod red. F. Sławskiego.

3 Z. Klemensiewicz, *Historia języka polskiego*, t. I, Warszawa 1961, s. 13–14; S. Rospond, *Gramatyka historyczna języka polskiego*, Warszawa 1971, s. 18 n.

4 S. Rospond, *Gramatyka...*, s. 20; T. Milewski, *Zasięg terytorialny słowiańskiej przestawki płynnych*, „Rocznik Slawistyczny", XXVI, 1966, s. 10 n.

5 L. Moszyński, *Staro-cerkiewno-słowiański język*, SSS, t. V, s. 399–401.

6 Adam Brem II, 21.

7 H. Turska, *Zagadnienie miejsca akcentu w języku polskim*, „Pamiętnik Literacki", XII, 1950.

8 T. Lehr-Spławiński, *Szkice dziejów rozwoju i kultury języka polskiego*, Lwów–Warszawa 1938, s. 5–45.

9 T. Lehr-Spławiński, w: T. Lehr-Spławiński, K. Piwarski, Z. Wojciechowski, *Polska–Czechy, Dziesięć wieków sąsiedztwa*, Katowice–Wrocław 1947, s. 13.

10 Z. Klemensiewicz, *Historia...*, s. 14.

504

Przypisy

11 S. Rospond, *Gramatyka...*, s. 25, 110; T. Milewski, *Z zagadnień językoznawstwa ogólnego i historycznego*, Warszawa 1969, s. 379 n.

12 SPPP, t. I, s. 346 n. 383 n.; *Księga Henrykowska*, I, 10.

13 Z. Klemensiewicz, *Historia...*, s. 105–120.

14 R. Grodecki, *Polska świadomość narodowa na Pomorzu na przełomie XIII i XIV wieku*, „Jantar", II, 1938, s. 9 n.

15 Z. Klemensiewicz, *Historia...*, s. 53–56; T. Milewski, *Z zagadnień językoznawstwa...*, s. 374 n.; por. W. Taszycki, *Z dawnych podziałów dialektycznych języka polskiego*, Lwów 1934.

16 N. Van Wijk, *L'origine de la langue polonaise commune*, Amsterdam 1937, s. 19; W. Taszycki, *Dawność tzw. mazurzenia w języku polskim*, Warszawa 1948; M. Rudnicki, *Kiedy powstało mazurzenie*, „Slavia Occidentalis", XIX, 1948; T. Milewski, *Chronologia i przyczyny mazurzenia*, „Zeszyty Naukowe UJ", IX, „Filologia", II, 1956.

17 T. Milewski, *Z zagadnień językoznawstwa...*, s. 375.

18 K. Nitsch, *Próba ugrupowania gwar polskich*, RAU filol., XLVI, 1910, s. 343 n.

19 M. Rudnicki, *Najnowsze prace o pochodzeniu polskiego języka literackiego*, „Przegląd Zachodni", 1955, s. 221, n.; Z. Klemensiewicz, *Historia...*, s. 66 n., 78, 84.

20 W. Taszycki, *Powstanie i pochodzenie polskiego języka literackiego*, „Twórczość", V, 1949, nr 12; tenże, *Geneza polskiego języka literackiego w świetle faktów historyczno-językowych*, „Lingua Posnanensis", III, 1951, s. 230.

21 Przykłady środowiskowego zasobu leksykalnego w średniowieczu podaje Z. Klemensiewicz, *Historia...*, s. 131 n.

22 K. Moszyński, *Kultura ludowa Słowian*, Warszawa 1967, t. II, 2, s. 733.

23 M. Plezia, *Greckie i łacińskie źródła do najstarszych dziejów Słowian*, Poznań-Kraków 1952, s. 102 n.; por. K. Moszyński, *Kultura...*, t. II, 2, s. 39.

24 M. Wincenty, I, 5–7; por. K. Potkański, *Kraków przed Piastami*, RAU hf, XXXV, 1897, s. 11 n.

25 *Epitaphium Chabri Boleslai*, MPH, t. I, s. 320; por. A. Brückner, *Słownik etymologiczny języka polskiego*, Warszawa 1970, s. 184; pod hasłem: „chrobry".

26 K. Moszyński, *Kultura...*, t. II, 2, s. 747 n.

27 *Księga Henrykowska*, I, 8.

28 Por. A. Brückner, *Słownik...*, s. 180, pod hasłem: „chmiel".

29 Gall, I, 16; II, 29.

30 Tamże; M. Wincenty, IV, 20.

31 K. Moszyński, *Kultura...*, t. II, 2, s. 804.

32 J. Bardach, *Historia państwa i prawa Polski*, t. I, wyd. 2, Warszawa 1964, s. 338 n.

33 J. Wolny, *Z dziejów katechezy*, w: *Dzieje teologii katolickiej w Polsce*, pod red. M. Rechowicza, t. I, Lublin 1974, s. 192; SPPP, t. I, s. 383.

34 *Vita s. Stanislai, cracoviensis episcopi (Vita maior)*, wyd. W. Kętrzyński, MPH, t. IV, s. 254, 367; A. Brückner, *Literatura religijna w Polsce średniowiecznej*, t. I: *Kazania i pieśni*, Warszawa 1902, s. 5 n.; J. Wolny, *Kaznodziejstwo*, w: *Dzieje teologii katolickiej...*, s. 281 n.

35 Zob. *Bogurodzica*, oprac. J. Woronczak, wstęp językoznawczy E. Ostrowska, oprac. muzykologiczne H. Feicht, Wrocław 1962.

36 Gall, III, list.

37 Monachus Prief., III, 8.

38 T. Lehr-Spławiński, *Szkice z dziejów...*

39 Z. Klemensiewicz, *Historia...*, s. 149.

40 Gall, II, 16.

41 Kosmas, I, 6, tłum. s. 102.

42 K. Moszyński, *Kultura...*, t. II, 2, s. 666 n.

43 J. Dowiat, *W sprawie dziedziczenia słowiańskich imion osobowych*, w: *Słowianie w dziejach Europy*, Poznań 1974, s. 55 n.

44 Tamże; zob. też W. Taszycki, *Najdawniejsze polskie imiona osobowe*, Kraków 1926.

45 *Księga Henrykowska*, I, 10; zob. dyskusję nad spornym czasownikiem: „pobruczę" czy „pobruszę" w: „Język Polski", XXVIII, 1948, s. 33–40, 81–82, 121–122, oraz t. XXXI, 1951, s. 32–33, 85–86.

46 *Księga Henrykowska*, I, 10.

47 Kosmas, I, 2.

48 W. Taszycki, *Słowiańskie nazwy miejscowe (Ustalenie podziału)*, Kraków 1946; przedruk w: tegoż, *Rozprawy i studia polonistyczne*, t. I: *Onomastyka*, Warszawa 1958, s. 228–268; S. Rospond, *Klasyfikacja strukturalno-gramatyczna słowiańskich nazw geograficznych*, Wrocław 1957.

Przypisy

49 *Vita quinque fratrum*, 5, 10, MPH, t. VI; Monachus Prief., I, 2; Ebo, I, .1.

50 Herbord, III, 32; KWp, t. II, nr 632, s. 14.

51 *Księga Henrykowska*, I, 10.

52 Gall, I, 2.

53 M. Wincenty, IV, 19.

54 W. Taszycki, *Obrońcy języka polskiego*, Wrocław 1953; M.R. Mayenowa, *Walka o język w życiu i literaturze staropolskiej*, Warszawa 1955.

55 *Kazania tzw. Świętokrzyskie*, wyd. i oprac. J. Łoś i W. Semkowicz, Kraków 1934.

56 *Vita et miracula sanctae Kyngae*, wyd. W. Kętrzyński, MPH, IV, s. 706.

57 *Psałterz floriański łacińsko-polsko-niemiecki*, Rękopis Biblioteki Narodowej w Warszawie... staraniem i pod redakcją Ludwika Bernackiego, Lwów 1939.

58 T. Milewski, *Z zagadnień językoznawstwa...*, s. 395.

59 *Księga Henrykowska*, I, 10.

60 M.in. S. Rospond, *Najstarsze polskie zdanie z r. 1270*, „Język Polski", XXVIII, 1948, s. 33–40; zob. też przypis 45.

61 A. Brückner, *Słownik...*, s. 49, pod hasłem: „bura"; V. Machek *Etymologický slovník jazyka českého a slovenského*, Praha 1957, s. 45, pod hasłem „bručeti".

62 *De sancto Adalberto episcopo*, wyd. W. Kętrzyński, MPH, t. IV, s. 215.

63 *Rocznik Krasińskich*, wyd. A. Bielowski, MPH, t. III, s. 133.

64 E. Klich, *Polska terminologia chrześcijańska*, Poznań 1927.

65 A. Brückner, *Słownik...*, s. 415, pod hasłem: „pisać".

66 *Słownik prasłowiański*, pod red. F. Sławskiego, t. II, Wrocław 1976, s. 206 n.; inne znaczenie zob. V. Machek, *Etymologický slovník...*, s. 74 n., pod hasłem: „čisti".

67 A. Brückner, *Słownik...*, s. 277 n., pod hasłem: „książka"; V. Machek, *Etymologický slovník...*, s. 209, pod hasłem: „kniha".

68 V. Machek, *Etymologický slovník...*, s. 209, pod hasłem: „knez".

69 A. Brückner, *Słownik...*, s. 269, pod hasłem: „król"; V. Machek, *Etymologický slovník...*, s. 231 n., pod hasłem: „král"; por. G. Labuda, *Rozprzestrzenianie się tytułu „króla" wśród Słowian*, w: *Wieki średnie – Medium aevum*, Warszawa 1962, s. 57–77.

70 M. Gumowski, *Monety hebrajskie za Piastów*, „Biuletyn Żydowskiego Instytutu Historycznego", 1962, nr 41 i 42.

71 V. Machek, *Etymologický slovník...*, s. 208, pod hasłem: „kmet".

72 Kosmas, II, 45, tłum. s. 298.

73 Tamże, I, 4; II, 9.

74 Tamże, III, 22.

75 Tamże, II, 32.

76 Tamże, I, 4.

77 Gall, I, 23.

78 Kosmas, I, 4, tłum. s. 96.

79 J. Sulowski, *Bedy (672/3–735), „De loquela digitorum". Średniowieczny sposób pokazywania palcami liczb oraz liter*, w: „Studia z historii semiotyki", II, 1973, s. 185–205.

80 J. Matuszewski, *Aqua abrenuntionis*, CPH, IV, 1952, s. 164–237.

81 *Księga Henrykowska*, I, 1.

82 Saxo, XIV, 39.

83 W. Abraham, *Zawarcie małżeństwa w pierwotnym prawie polskim*, Lwów 1925, s. 253 n.

84 Thietmar, V, 10.

85 *Najstarszy zwód*, art. 4, punkt 10.

86 Thietmar, IV, 47.

87 Gall, I, 6.

88 K. Moszyński, *Kultura...*, t. II, 2, s. 895 n.

89 *Z dziejów polskiej kultury muzycznej*, t. I: *Kultura staropolska*, pod red. Z. M. Szweykowskiego, Kraków 1958, s. 10.

90 K. Moszyński, *Kultura...*, t. II, 2, s. 637 n.

91 PWL, pod r. 1074, 1091.

92 *Z dziejów polskiej kultury muzycznej*, t. I, s. 12.

93 Saxo, XIII.

94 „Vexilia" – Gall, III, 23.

Przypisy

95 Thietmar, III, 19.

96 A.F. Grabski, *Polska sztuka wojenna w okresie wczesnofeudalnym*, Warszawa 1959, s. 67, 227.

97 KMaz, nr 41.

98 *Najstarszy zwód*, art. 8, punkt 10.

99 K. Moszyński, *Kultura...*, t. II, 2, s. 638.

100 H. Jireček, *Slovanské právo v Čechách a na Moravě*, 3 t., Praha 1863–1939, t. I, s. 97.

101 A.F. Grabski, *Polska sztuka wojenna...*, s. 224.

102 Kosmas, II, 2.

103 Tamże, I, 10.

104 J. Bardach, *Historia państwa...*, s. 345.

105 PWL, pod r. 945, tłum. s. 251.

106 Gall, I, 24, tłum. s. 52.

107 Tamże, II, 4, tłum. s. 71.

108 Tamże, III, 36, tłum. s. 111.

109 Kosmas, III, 16, tłum. s. 335.

110 Tamże, II, 28, tłum. s. 260.

111 K. Moszyński, *Kultura...*, t. II, 2, s. 899.

112 O. Balzer, *Narzaz w systemie danin książęcych najstarszej Polski*, Lwów 1928.

113 A. Gieysztor, *Zarys dziejów pisma łacińskiego*, Warszawa 1973, s. 31.

114 K. Moszyński, *Kultura...*, t. II, 2, s. 903, cytat z listu C. Pietkiewicza.

115 *Sztuka polska przedromańska i romańska do schyłku XII w.*, pod red. M. Walickiego, Warszawa 1971, pod odpowiednimi hasłami.

116 *Drzwi gnieźnieńskie*, pod red. M. Walickiego, Warszawa, 1953.

117 *Sztuka polska przedromańska...*, pod odpowiednimi hasłami.

118 Do spraw poruszanych niżej zob. W. Semkowicz, *Paleografia łacińska*, Kraków 1951; oraz A. Gieysztor, *Zarys dziejów pisma...*

119 Thietmar, II, 37.

120 A. Poppe, *Zabytek epigrafiki staroruskiej z Drohiczyna*, SŹ, I, 1957, s. 89–108.

121 S. Suchodolski, *Moneta polska w X/XI wieku (Mieszko i Bolesław Chrobry)*, WN, XI, 1967.

122 K. Pilch, *Tympanon romański z Ołbina*, BHS, XXV, 1963, s. 53 n.

123 M. Walicki, *Kolegiata w Tumie pod Łęczycą*, Łódź 1938.

124 A. Steffen, *Ślady greckie w regeście Dagome iudex*, ,,Antemurale", III, 1956, s. 95 n.

125 *List Matyldy do Mieczysława II*, MPH, t. I, s. 323.

126 Por. PWL, pod r. 987.

127 Por. S. Suchodolski, *Mennictwo polskie w XI i XII wieku*, Wrocław 1973, s. 93 n.

128 Żywoty Konstantyna i Metodego (obszerne), wyd. T. Lehr-Spławiński, Poznań 1959, tamże przekład T. Lehra-Spławińskiego.

129 J. Żak, *Z dziejów znajomości pisma w Polsce*, ,,Slavia Antiqua", V, 1956, s. 376 n.

130 M. Markiewicz, *Stuła i manipularz z opactwa benedyktynów w Tyńcu*, ,,Folia Historiae Artium", VI/VII, 1971, s. 217–236.

131 J. Dowiat, *Dubrouka venit ad Miskonem. Geneza zapiski*, w: tegoż, *Cultus et cognitio. Studia z dziejów średniowiecznej kultury*, Warszawa 1976, s. 123–128.

132 K. Maleczyński, *O wpływie szkoły pisarskiej leodyjskiej na dukt dokumentów łekneńskich z r. 1153*, w: *Księga pamiątkowa ku czci Władysława Abrahama*, t. I, Lwów 1930, s. 371 n.

133 A. Gąsiorowski, *Najstarsze dokumenty poznańskiego domu joannitów*, SŹ, VIII, 1963, s. 90 n.

134 Kosmas, II, 29.

135 T. Wojciechowski, *Najdawniejszy znany obecnie akt książęcy z r. 1081–1086*, KH, XVI, 1902, s. 169; Z. Kozłowska-Budkowa, *Repertorium polskich dokumentów doby piastowskiej*, Kraków 1937, s. 17 n.

136 T. Dunin-Wąsowicz, *Lapides terminales na Śląsku w XIII wieku*, KHKM, XVIII, z. 1, 1970, s. 3 n.

137 B. Kürbisówna, *Odkrycie inskrypcji nagrobnej w katedrze gnieźnieńskiej*, ,,Studia i Materiały do Dziejów Wielkopolski i Pomorza", XI, 1960, s. 557.

138 A. Bochnak, *Grób biskupa Maura w krypcie św. Leonarda na Wawelu*, ,,Rocznik Krakowski", XXX, 1938, s. 239 n. i recenzja Z. Kozłowskiej-Budkowej, KH, LIII, 1939, s. 85 n.; K. Białoskórska, *Wąchock. Opactwo cystersów*, Warszawa 1960.

139 J. Bardach, *Historia państwa...*, s. 350 n., 356.

[140] R. Kiersnowski, *Pieniądz kruszcowy w Polsce wczesnośredniowiecznej*, Warszawa 1960, s. 317 n.; Z. Budkowa, *W sprawie monet palatyna Sieciecha*, WN, IX, 1965, s. 46 n.

[141] T. Wąsowicz, *Inskrypcja konińska z roku 1151*, KHKM, XV, z. 1, 1967, s. 85 n.

[142] K. Pilch, *Tympanon romański...*, s. 53 n.

[143] S. Suchodolski, *Mennictwo...*, s. 99 n.

Krąg uczony i jego instytucje

[1] Kosmas, I, 30; por. biogram: B. Krzemieńska, *Krystian-Strachkwas*, SSS, t. II, s. 534.

[2] Np. Kosmas, I, 22; „sacris litteris erudita" (mowa o Mladzie, siostrze Bolesława II czeskiego); por. H. Grundmann, *Litteratus-illiteratus*, „Archiv für Kulturgeschichte", XL, 1958, s. 3 n.

[3] J. Dowiat, *Kształcenie umysłowe synów książęcych i możnowładczych w Polsce i niektórych krajach sąsiednich w X–XII w.*, w: *Polska w świecie. Szkice z dziejów kultury polskiej*, pod red. J. Dowiata, A. Gieysztora, J. Tazbira i S. Trawkowskiego, Warszawa 1972, s. 85.

[4] Gall, II, 4.

[5] Herbord, III, 32.

[6] W. Abraham, *Organizacja Kościoła w Polsce do połowy XII wieku*, wyd. 3, Poznań 1962, s. 231.

[7] PWL, pod r. 1037, tłum. s. 319.

[8] Piotr Damiani, *Vita s. Romualdi*, MPH, t. I, s. 329.

[9] Thietmar, VII, 20.

[10] Tamże, VII, 72.

[11] Herbord, II, 6.

[12] Gall, I, list, tłum. s. 5.

[13] Tak K. Maleczyński, *Zarys dyplomatyki polskiej wieków średnich*, cz. I, Wrocław 1951, s. 88.

[14] J. Fleckenstein, *Die Hofkapelle in Rahmen der ottonisch-salischen Reichskirche*, Stuttgart 1966, passim.

[15] Z. Kozłowska-Budkowa, *Gertrudy Kodeks*, SSS, t. II, s. 101 n.

[16] Wydanie krytyczne i bibliografię zob. B. Kürbisówna, *Dagome iudex. Studium krytyczne*, w: *Początki państwa polskiego. Księga Tysiąclecia*, pod red. K. Tymienieckiego, Poznań 1962, t. I, s. 363–423.

[17] Thietmar, VI, 92.

[18] Tamże, VIII, 33.

[19] Zob. *Piśmiennictwo czasów Bolesława Chrobrego*, oprac. J. Karwasińska, tłum. K. Abgarowicz, Warszawa 1966.

[20] P. David, *Un disciple d'Yves de Chartres en Pologne – Galon de Paris et le droit canonique*, w: *La Pologne au VII Congrès international des sciences historiques*, Varsovie 1933, s. 99–113; J. Szymański, *Krakowski rękopis reguły akwizgrańskiej z roku około 1103*, SŹ, XI, 1960, s. 39–52.

[21] W. Semkowicz, *Paleografia łacińska*, Kraków 1951, s. 322.

[22] *List Lamberta biskupa krakowskiego do Wratysława*, MPH, t. I, s. 372.

[23] S. Sawicka, *Les principaux manuscrits à peintures de la Bibliothéque National de Varsoviw, du Chateau Royal et des bibliothéques: des Zamoyski à Varsovie, du Séminaire de Płock, et du Chapitre de Gniezno*, „Bulletin de la Société Française de Reproductions des Manuscrits à Peintures", XIX, Paris 1938; S. Sawicka, *Straty wojenne zbiorów polskich w dziedzinie rękopisów iluminowanych*, Warszawa 1952.

[24] Z. Kozłowska-Budkowa, *Płockie zapiski o cudach z r. 1148*, KH, XLIV, 1930, s. 341–348.

[25] K. Maleczyński, M. Bielińska, A. Gąsiorowski, *Dyplomatyka wieków średnich*, Warszawa 1971, s. 274.

[26] J. Szymański, *Nauki pomocnicze historii*, Lublin 1968, s. 31.

[27] W. Semkowicz, *Paleografia...*, s. 328.

[28] S. Kętrzyński, *Zarys nauki o dokumencie polskim wieków średnich*, Warszawa 1934, s. 19, 21 n., 112.

[29] *Piśmiennictwo czasów Bolesława Chrobrego*, s. 79, 137 n.

[30] Tamże, s. 219.

[31] Gall, III, list, tłum. s. 132–133.

[32] *List Mateusza biskupa krakowskiego do św. Bernarda*, MPH, t. II, s. 15.

Przypisy

[33] Zob. M. Morelowski, *Płaskorzeźby ewangeliarza tzw. Anastazji a sztuka leodyjsko-mozańska. XII w.*, „Prace i materiały sprawozdawcze Sekcji Historii Sztuki TPN w Wilnie", II, 1935, s. 265–296.

[34] MPH, t. V, s. 546.

[35] Rudolf, § VIII, 15.

[36] P. Schramm, *Die deutschen Kaiser und Könige in Bildern ihrer Zeit*, Leipzig 1929; P.R. Schramm, F. Mütherich, *Denkmale der deutschen Könige und Kaiser*, München 1939.

[37] Z. Kozłowska-Budkowa, *Gertrudy Kodeks*, s. 101 n.

[38] Thietmar, VI, 92.

[39] SPPP, t. I, s. 370 n.

[40] D. Borawska, *Gallus Anonim czy Italus Anonim*, PH, LVI, 1965, z. 1, s. 111–119.

[41] Z. Budkowa, *Księgozbiór polskiego uczonego z XII/XIII w.*, SŹ, I, 1957, s. 113 n.

[42] W. Semkowicz, *Paleografia...*, s. 318.

[43] M. Hornowska i H. Zdzitowiecka-Jasieńska, *Zbiory rękopiśmienne w Polsce średniowiecznej*, Warszawa 1947, s. 58 n.

[44] Gall, II, 21.

[45] KMp, t. III, nr 91.

[46] Szczegółowo traktują ten temat podręczniki dyplomatyki: W. Kętrzyński, *Zarys nauki o dokumencie...*, K. Maleczyński, *Zarys dyplomatyki...* oraz K. Maleczyński, M. Bielińska, A. Gąsiorowski, *Dyplomatyka...*

[47] K. Maleczyński, M. Bielińska, A. Gąsiorowski, *Dyplomatyka...*, s. 122–129.

[48] Gall, I, list.

[49] K. Maleczyński, M. Bielińska, A. Gąsiorowski, *Dyplomatyka...*, s. 124.

[50] MPPal, tabl. 10.

[51] Gall, III, list.

[52] KWp, t. I, nr 18.

[53] KWp, t. I, nr 393.

[54] J. Dowiat, *Kształcenie...*, s. 83 n.

[55] Gall, III, 25.

[56] *Annales Altahenses Maiores*, MGH SS, t. XI, s. 787.

[57] *List Matyldy do Mieczysława II*, MPH, t. I, s. 323.

[58] *Rocznik kapituły krakowskiej*, pod r. 1026, MPH, t. II, s. 794.

[59] Gall, I, 21.

[60] PWL, s. 158, tłum. s. 379.

[61] S. Kętrzyński, *Gertruda*, PSB, t. VII, s. 405 n.

[62] J. Dowiat, *Kształcenie...*, s. 87, przyp. 54.

[63] Tamże, s. 88.

[64] Gall, I, 6; por. S. Kętrzyński, *O zaginionym Żywocie św. Wojciecha*, RAU hf, t. XLIII, 1903.

[65] Gall, III, list.

[66] E. Karwot, *Katalog magii Rudolfa*, Wrocław 1955, komentarz, s. 16 n.; M. Rechowicz, *Początki i rozwój kultury scholastycznej*, w: *Dzieje teologii katolickiej w Polsce*, t. I: *Średniowiecze*, Lublin 1974, s. 28 n.

[67] A. Petrani, *Szkolnictwo teologiczne w Polsce*, „Prawo Kanoniczne", VII, 1964, nr 1–2, s. 137 n.; tenże, *Szkolnictwo teologiczne w Polsce*, w: *Księga tysiąclecia katolicyzmu w Polsce*, t. I, Lublin 1969, s. 259 n. Podstawowa do niedawna monografia A. Karbowiaka, *Dzieje wychowania i szkół w Polsce w średniowieczu*, 3 t., Petersburg 1898, jest już poddawana zasadniczej rewizji, zob. np. E. Wiśniowski, *Sieć szkół parafialnych w Wielkopolsce i Małopolsce w pocz. XVI w.*, „Roczniki Humanistyczne KUL", XV, 1967, z. 2, s. 87–105; tenże, *Rozwój organizacji parafialnej w Polsce do czasów reformacji*, w: *Kościół w Polsce*, pod red. J. Kłoczowskiego, Kraków 1966, t. I, s. 333–346.

[68] A. Petrani, *Szkolnictwo...*, w: *Księga tysiąclecia...*, s. 263.

[69] SPPP, t. I, s. 383 n.

[70] A. Petrani, *Szkolnictwo...*, w: *Księga tysiąclecia...*, s. 263; *Historia nauki polskiej*, pod red. B. Suchodolskiego, t. I, Wrocław 1970, s. 35.

[71] J. Kłoczowski, *Zakony na ziemiach polskich w wiekach średnich*, w: *Kościół w Polsce*, t. I, s. 479; *Historia nauki polskiej*, pod red. B. Suchodolskiego, s. 31.

Normy postępowania i wzory osobowe

[1] Gall, I, 7.

[2] M. Wincenty, IV, 5.

[3] Zob. S. Piekarczyk, *Barbarzyńcy i chrześcijaństwo. Konfrontacja społecznych postaw i wzorców u Germanów*, Warszawa 1968.

[4] J. Otrębski, *Słowianie. Rozwiązanie odwiecznej zagadki ich nazwy*, Poznań 1947; zob. też krytykę tej tezy: T. Lehr-Spławiński, *Znowu o nazwie Słowian*, „Język Polski". XXVIII, 1948, s. 140–146.

[5] PWL, pod r. 986.

[6] Kosmas, III, 58, tłum. s. 404.

[7] Gall, III, 6–8.

[8] M. Wincenty, III, 18; Kr WP 25.

[9] M. Wincenty, IV, 3.

[10] Kosmas, I, 2.

[11] *Miersuae chronicon*, MPH, t. II, s. 163; J. Banaszkiewicz, *Kronika Dzierzwy, XIV-wieczne kompendium historii ojczystej*, Wrocław–Warszawa–Kraków–Gdańsk 1979.

[12] Ebo, II, 5, 12; Herbord, II, 18.

[13] PWL, pod r. 983.

[14] Helmold, 108, tłum. s. 411.

[15] W. Szafrański, *Wczesnośredniowieczny pogański obiekt kultowy w Płocku*, „Sprawozdania z prac naukowych Wydziału I Nauk Społecznych PAN", II, 1959, z. 3–4, s. 119–122.

[16] Helmold, 92.

[17] Thietmar, VI, 25.

[18] Gall, I, 13, tłum. s. 34.

[19] Tamże, II, 16, tłum. s. 87.

[20] Tamże, II, 16, tłum. s. 88.

[21] Kosmas, III, 16, tłum. s. 335.

[22] Tamże, III, 34.

[23] Gall, II, 8, tłum. s. 80.

[24] Tamże, I, 2, tłum. s. 13.

[25] Tamże, II, 24, tłum. s. 98.

[26] M. Wincenty, I, 19, tłum. s. 92.

[27] Gall, I, 16, tłum. s. 41–42.

[28] Kosmas, I, 42, tłum. s. 195.

[29] K. Moszyński, *Kultura ludowa Słowian*, Warszawa 1967, t. II, 2, s. 809.

[30] M. Wincenty, I, 19, tłum. s. 92.

[31] PWL, Wstęp, tłum. s. 219.

[32] Thietmar, VIII, 3.

[33] PWL, pod r. 945.

[34] Materiał zebrał N.M. Galkowskij, *Borba christianstwa s ostatkami jazyczestwa w drewniej Rusi*, Charków 1916, t. I, rozdz. VI.

[35] T. Lewicki, *Obrzędy pogrzebowe pogańskich Słowian w opisach podróżników i pisarzy arabskich głównie z IX–X w.*, „Archeologia", V, za lata 1952–53 (wyd. Wrocław 1955), s. 134 n.

[36] Kosmas, III, 1, tłum. s. 314.

[37] H. Cehak-Hołubowiczowa, *Drewniane maski z grodu-miasta na Ostrówku w Opolu*, „Archeologia Polski", X, 1965, z. 1, s. 305 n., ryc. 1–2.

[38] PWL, pod r. 945.

[39] Kosmas, III, 1, tłum. s. 313.

[40] Tamże.

[41] M. Wincenty, I, 19.

[42] Tamże, IV, 21.

[43] Tamże, II, 24.

[44] Tamże, IV, 21, tłum. s. 216.

45 Tamże, IV, 20.

46 Tamże, IV, 21, tłum. s. 216.

47 A. Labuda, *Liturgia Dnia Zadusznego w Polsce do wydania Rytuału Piotrkowskiego w świetle ksiąg liturgicznych*, w: *Studia z dziejów liturgii w Polsce*, pod red. M. Rechowicza i W. Schenka, Lublin 1973, s. 372, przypis 440.

48 *Liber fraternitatis Lubinensis*, MPH, t. V, s. 567 n.

49 MPVat, t. III, s. 466.

50 KWp, t. I, nr 605.

51 M. Wincenty, IV, 11, tłum. s. 197.

52 S. Piekarczyk, *Barbarzyńcy...*, s. 48.

53 A. Pawiński, *O pojednaniu i zabójstwie według dawnego prawa polskiego*, Warszawa 1884; S. Ciszewski, *Wróżda i pojednanie. Studium etnologiczne*, Warszawa 1900.

54 KrWp 29; por. G. Labuda, *Źródła, sagi i legendy do najdawniejszych dziejów Polski*, Warszawa 1960, s. 245 n.

55 Kosmas, I, 34, 42; III, 13, 23, 27, 32.

56 J. Bardach, *Historia państwa i prawa Polski*, t. I, wyd. 2, Warszawa 1964, s. 321.

57 Ibrahim, s. 53.

58 S. *Adalberti Pragensis, episcopi et martyris, Vita prima*, wyd. J. Karwasińska, MPH SN, t. IV, z. 1, Warszawa 1962, cap. 19; S. *Adalberti Pragensis, episcopi et martyris, Vita altera, auctore Brunone Querfurtensis*, wyd. J. Karwasińska, MPH SN, t. IV, z. 2, Warszawa 1969, cap. 16; KrWp 13.

59 S. *Adalberti Pragensis... Vita prima*, cap. 19.

60 PWL, Wstęp, tłum. s. 218 n.

61 Gall, I, 7.

62 Thietmar, VIII, 3.

63 KrWp, 118, tłum. s. 257.

64 Gall, I, 27.

65 *Mnich Brunwilerski o założeniu klasztoru w Brunwiler*, MPH, t. I, s. 346.

66 KrWp, 31, tłum. s. 139.

67 Thietmar, V, 10.

68 Gall, I, 9, tłum. s. 28.

69 Tamże, I, 28, tłum. s. 59.

70 Tamże, III, 25, tłum. s. 175.

71 Kosmas, II, 50, tłum. s. 306.

72 Tamże, I, 18; II, 33.

73 Tamże, III, 13, tłum. s. 330.

74 KrWp, 29.

75 Kosmas, II, 32; III, 8.

76 Gall, I, 23.

77 Kosmas, II, 32.

78 Thietmar, IV, 45.

79 Gall, I, 6.

80 Thietmar, IV, 45.

81 Tamże, IV, 46.

82 *Annales Quedlinburgenses*, MGH SS, t. III, s. 92.

83 Gall, I, 23.

84 Ebo, III, 13.

85 *Rocznik kapituły poznańskiej*, r. 1256, MPH SN, t. VI, s. 40.

86 *Vita et miracula sanctae Kyngae*, 24, wyd. W. Kętrzyński MPH, t. IV, s. 706.

87 Kosmas, II, 17.

88 KWp, t. I, nr 102.

89 P. Sczaniecki, „*Ritus pacis*" *w liturgii mszalnej na terenie Polski*, w: *Studia z dziejów liturgii w Polsce*, s. 248 n.

90 Ebo, III, 23.

91 Widukind, II, 20.

92 MPH, t. I, s. 194.

Przypisy

93 Thietmar, VII, 22.

94 Tamże, VII, 18.

95 Gall, II, 22; III, 2.

96 Tamże, II, 22, tłum. s. 96.

97 Tamże, III, 21, tłum. s. 159.

98 Tamże, III, 11, tłum. s. 150

99 M. Wincenty, III, 18.

100 Tamże, II, 18, tłum. s. 115.

101 Tamże, III, 20.

102 Tamże, III, 21, tłum. s. 161.

103 Kosmas, I, 4; III, 1.

104 W. Filipowiak, *Słowiańskie miejsce kultowe z Trzebiatowa, pow. Gryfice*, „Materiały Zachodnio-Pomorskie", III, 1957, s. 75–97.

105 W.W. Siedow, *Drewnierusskoje jazyczeskoje swiatiliszcze w Pieryni*, „Kratkije Soobszczenija o Dokładach i Polewych Íssledowanijach Instituta Istorii Materialnoj Kultury AN SSSR", I, 1953, s. 92–103; tenże, *Nowyje dannyje o jazyczeskom swiatiliszcze Peruna*, tamże, LIII, 1954, s. 105 n.

106 W. Szafrański, *Wczesnośredniowieczny pogański obiekt...*

107 J. Gąssowski, *Ślady ośrodka kultowego na Łysej Górze*, „Acta Archeologica Carpathica", I, 1959, z. 2, s. 297 n.

108 H. Cehak-Hołubowiczowa, *Wykopaliska na Górze Kościuszki w 1956 r.*, „Archeologia Śląska", I, 1957, s. 149–159; tejże, *Kamienne kręgi na Raduni i Ślęży*, „Archeologia Polski", III, 1959, z. 1, s. 51–97; tejże, *Kamienna konstrukcja kultowa pod szczytem na północnym stoku góry Ślęży*, „Światowit", XXIII, 1960, s. 479–492.

109 K. Moszyński, *Kultura...*, t. II, 1, s. 241.

110 Saxo, XIV, 39, tłum. s. 233.

111 *De pincerna ducis Poloniae a morte liberato*, wyd. W. Kętrzyński, MPH, t. IV, s. 747, przekład J. Pleziowej w: Jakub de Voragine, *Złota Legenda*, Warszawa 1956, s. 482.

112 Kosmas, III, 1.

113 J.P. Migne, *Patrologiae cursus completus, Series Latina*, 231 t., Paris 1844–1864, t. XXXVII, szp. 1103.

114 *I Kor.*, III, 17 (cyt. wg: *Pismo Święte Nowego Testamentu*, przekład E. Dąbrowskiego, wyd. III, Warszawa 1951); patrz też: L. Kalinowski, *Treści ideowe sztuki przedromańskiej i romańskiej w Polsce*, SŹ, X, 1965, s. 5.

115 J.P. Migne, *Patrologiae...*, szp. 1103.

116 L. Kalinowski, *Treści ideowe sztuki...*, s. 8 i przyp. 38 oraz tabl. 1 i 2, s. 10 n.; M. Przeździecka, *Romańskie rzeźby w Inowrocławiu*, „Ziemia", 1956, nr 2, s. 12 n.

117 W. Semkowicz, *Paleografia łacińska*, Kraków 1951, s. 544.

118 Zob. monografię zabytku: K. Żurowska, *Rotunda wawelska. Studium nad centralną architekturą epoki wczesnopiastowskiej*, „Studia do dziejów Wawelu", III, 1968, s. 1–121.

119 O polskich palatiach z kaplicami: K. Żurowska, tamże; J. Rozpędowski, *Ze studiów nad palatiami w Polsce*, BHS, XXIV, 1962, s. 243–254.

120 J. Łomnicki, *Ostrów Lednicki*, Poznań 1968. Inną możliwość rekonstrukcji obiektu przedstawia P. Skubiszewski, *Badania nad polską sztuką romańską w latach 1945–1964*, BHS, XXVII, 1965, s. 135–154.

121 W. Hensel, *Najdawniejsze dzieje Gniezna w świetle wykopalisk*, w: *Święty Wojciech, 997–1947*, Gniezno 1947, s. 222 n.

122 J. Zachwatowicz, *Polska architektura monumentalna w X–XI w.*, „Kwartalnik Architektury i Urbanistyki", VI, 1961, s. 108 n.

123 K. Józefowiczówna w: *Dzieje Wielkopolski*, t. I, pod red. J. Topolskiego, 1969, s. 124 n.

124 O katedrach przedromańskich i romańskich w Polsce zob. J. Zachwatowicz, *Architektura*, w: *Sztuka polska przedromańska i romańska do schyłku XII w.*, pod red. M. Walickiego, Warszawa 1971, s. 81–86, 94–108, 153–155.

125 A. Tomaszewski, *Remarques sur les chanoines et l'architecture canonicale romane en Petit-Pologne*, w: *Melanges offerts à René Crozet*, Poitiers 1966, s. 465–477; T. Lalik, *Pycha w kamień zakuta. Kościoły palatynów Sieciecha i Skarbimira w Krakowie i Skalbmierzu*, „Mówią Wieki", X, 1967, nr 7, s. 33–37.

126 S. Skibiński, *Program ideowy i funkcja kościoła Franciszkanów w Krakowie*, w: *Sztuka i ideologia wieku XIII*, pod red. P. Skubiszewskiego, Wrocław 1974, s. 333 n.

127 M. Kutzner, *Społeczne uwarunkowania rozwoju śląskiej architektury w latach 1200–1330*, w: *Sztuka i ideologia wieku XIII*, s. 215.

512

[128] *Vita quinque fratrum*, 13, MPH, t. VI, s. 414.

[129] Gall, I, 19.

[130] Simon de Keza, *Gesta Hungarorum*, 64, SSRHung, t. I, s. 182.

[131] J. Szymański, *Kanonikat*, SSS, t. II, s. 365–369, tamże bibliografia.

[132] Z. Sułowski, *Początki Kościoła polskiego*, w: *Kościół w Polsce*, pod red. J. Kłoczowskiego, Kraków 1966, t. I: *Średniowiecze*, s. 105 n.

[133] J. Płocha, *Najdawniejsze dzieje opactwa benedyktynów w Mogilnie*, Wrocław 1969.

[134] MPVat, t. III, nr 26.

[135] R. Hube, *Antiquissimae constitutiones synodales provinciae Gnesnensis*, Petropoli 1856, s. 22–24.

[136] *Katalogi biskupów krakowskich*, MPH, t. III, s. 340.

[137] *Księga Henrykowska*, I, 5, tłum. s. 264. Nieco inaczej o tym J. Falenciak, *Studia nad prawem rzymsko-kanonicznym w Księdze Henrykowskiej*, Wrocław 1966, s. 7 n.

[138] Gall, II, 33.

[139] W badaniach nad średniowieczną siecią kościelną w Polsce duże zasługi położył w ostatnich latach Instytut Geografii Historycznej KUL. Związani z nim historycy, którym zawdzięczamy pomnożenie liczby kościołów znanych w pierwszych wiekach państwa piastowskiego, reprezentują pogląd o formowaniu się parafii w Polsce już w X–XII wieku; zob. m. in. E. Wiśniowski, *Rozwój sieci parafialnej w prepozyturze wiślickiej w średniowieczu*, Warszawa 1965, oraz tenże, *Rozwój organizacji parafialnej w Polsce do czasów reformacji*, w: *Kościół w Polsce*, pod red. J. Kłoczowskiego, t. I, s. 237–371. Wywody te nie przekonały nas do tezy o wczesnych początkach parafii w Polsce; dokumentują one względną liczebność kościołów polskich w XI–XII w., nie dostarczają jednak dowodów, aby kościoły te miały wówczas stałą obsługę i prowadziły stałą działalność duszpasterską.

[140] Ebo, II, 6.

[141] *Statuty św. Stefana*, I, 7.

[142] Tamże, I, 8.

[143] Gall, III, 25.

[144] Thietmar, II, 37.

[145] Kosmas, I, 23, tłum. s. 145.

[146] *Letopis po Ipatskomu spisku*, PSRL, pod r. 6757.

[147] PWL, pod r. 986.

[148] *Statuty św. Stefana*, I, 9–10.

[149] Thietmar, VIII, 2.

[150] A. Brückner, *Dzieje kultury polskiej*, t. I, wyd. 3, Warszawa 1957, s. 227.

[151] *Statuty św. Stefana*, I, 18.

[152] Rudolf, § 44.

[153] Herbord, II, 18.

[154] Gall, III, 23.

[155] *Vetera Monumenta Poloniae et Lithuaniae*, wyd. A. Theiner, Roma 1860, t. I, nr 119.

Poczucie piękna

[1] A. Brückner, *Słownik etymologiczny języka polskiego*, Warszawa 1970, pod odpowiednimi hasłami.

[2] W. Tatarkiewicz, *Estetyka średniowieczna*, wyd. II, Wrocław 1962, s. 322 n. i *passim*.

[3] M. Wincenty, IV, 22, tłum. s. 229.

[4] Tamże, III, 8, tłum. s. 147.

[5] Tamże, Prolog, tłum. s. 74.

[6] M. Walicki, *Wyposażenie artystyczne dworu i Kościoła*, w: *Sztuka polska przedromańska i romańska do schyłku XII w.*, pod red. M. Walickiego, Warszawa 1971, s. 249–303.

[7] PWL, pod r. 1018, tłum. s. 312.

[8] Bernard z Clairvaux, *Kazanie do Pieśni nad pieśniami*, w: W. Tatarkiewicz, *Estetyka...*, s. 217.

[9] Gall, I, 29; M. Wincenty, IV, 5.

Przypisy

[10] M. Wincenty, I, 19.

[11] Tamże, III, 14.

[12] Tamże, I, 7.

[13] Kosmas, I, 36 i 40.

[14] M. Wincenty, Prolog.

[15] T. Dobrowolski, *Kościół Św. Mikołaja w Wysocicach*, „Studia do Dziejów Sztuki w Polsce", IV, 1931, s. 11–46.

[16] Z. Bukowski, *Puste kabłączki skroniowe typu pomorskiego*, Szczecin 1960; K. Musianowicz, *Kabłączki skroniowe. Próba typologii i chronologii*, „Światowit", XX, 1948–1949.

[17] A. Gieysztor, *Kultura artystyczna przed powstaniem państwa polskiego i jej rozwój w ośrodkach wczesnomiejskich*, w: *Sztuka polska przedromańska i romańska...*, s. 37–53.

[18] Zestawienie motywów zdobniczych daje m. in. A. Abramowicz, *Studia nad genezą polskiej kultury artystycznej*, Łódź 1962.

[19] L. Rauhut, *Wczesnośredniowieczny skarb ze wsi Borucin, pow. Aleksandrów Kujawski*, „Wiadomości Archeologiczne", XXII, 1955, s. 55–64.

[20] Zob. m. in. Z. Rajewski, *Zagadnienie złotnictwa wczesnośredniowiecznego na ziemiach polskich*, „Wiadomości Archeologiczne", XXIV, 1957; J. Żak, *Uwagi o stylu zwierzęcym w sztuce wczesnośredniowiecznej na ziemiach polskich*, „Archeologia Polski", IV, 1959; J. Kostrzewski, *O pochodzeniu ozdób srebrnych i polskich skarbów wczesnośredniowiecznych*, „Slavia Antiqua", IX, 1962; W. Szafrański, *Jeszcze w sprawie pochodzenia wczesnopolskiej biżuterii srebrnej*, „Slavia Antiqua", X, 1963.

[21] J. Żak, *Uwagi o stylu zwierzęcym...*

[22] A. Nadolski, A. Abramowicz, T. Poklewski, *Cmentarzysko z XI wieku w Lutomiersku pod Łodzią*, Łódź 1959.

[23] M. Wincenty, III, 14, tłum. s. 152.

[24] Zabytki zestawia Z. Świechowski, *Budownictwo romańskie w Polsce. Katalog zabytków*, Wrocław 1963; M. Pietrusińska, w: *Sztuka polska przedromańska...*

[25] Z. Świechowski, J. Zachwatowicz, *L'architecture cistercienne en Pologne et ses lieus avec la France*, BHS, XX, 1958, s. 139–173; K. Białoskórska, *Wąchock. Opactwo cystersów*, Warszawa 1960.

[26] Z. Świechowski, *Wczesne budownictwo ceglane w Polsce*, „Studia z Dziejów Rzemiosła i Przemysłu", I, 1961.

[27] J. Rozpędowski, *Początki zamków w Polsce w świetle badań warowni legnickiej*, „Kwartalnik Architektury i Urbanistyki", X, 1965; T. Lalik, *Legnicka rezydencja Henryka Brodatego*, KHKM, XV, 1967.

[28] Por. PWL, pod r. 987.

[29] *Zbiór ogólny przywilejów i spominków mazowieckich*, wyd. J.K. Kochanowski, t. I, Warszawa 1919, nr 199 (r. 1218).

[30] M. Wincenty, Prolog.

[31] S. Windakiewicz, *Dramat liturgiczny w Polsce średniowiecznej*, RAU filol., Seria II, t. XIX, Kraków 1902; A. Brückner, *Z dziejów dawnego teatru polskiego. Z powodu rozprawy Windakiewicza*, „Pamiętnik Literacki", I, 1902, s. 539–556.

[32] KWp, t. I, nr 55.

[33] Kosmas, II, 4; Gall, I, 16.

[34] E. Dąbrowska, *Elementy słowiańskie w organizacji służebnej wczesnofeudalnych Węgier*, w: *Cultus et cognitio*, Warszawa 1976, s. 108, przyp. 7.

[35] H. Feicht, *Podstawowe zagadnienia polskiej kultury muzycznej wieków średnich*, w: *IX Powszechny Zjazd Historyków Polskich. Referaty: Historia kultury średniowiecznej w Polsce*, Warszawa 1963, s. 106, 109.

[36] Gall, III, 21.

[37] Tamże, I, 16.

[38] Kosmas, II, 5, tłum. s. 218.

[39] S.B. Linde, *Słownik języka polskiego*, 6 t., Warszawa 1807–1814, t. I, s. 611.

[40] A. Brückner, *Słownik...*, s. 114.

[41] Kosmas, I, 32.

[42] CDBoh, t. I, nr 382.

[43] M. Wincenty, III, 27.

[44] KWp, nr 551.

[45] KWp, nr 274.

[46] KWp, nr 551.

[47] Opis inwentaryzacyjny tego dzwonu: *Sztuka polska przedromańska i romańska...*, s. 714.

[48] KWp, nr 754.

[49] *Vita s. Stanislai cracoviensis episcopi (Vita maior)*, I, 12, wyd. W. Kętrzyński, MPH, t. IV, s. 372. Ostatnio G. Labuda, *Zaginiona kronika w Rocznikach Jana Długosza*, Poznań 1983, s. 169 n., wywodzi Wincentego z Kielc ze śląskiej Kiełczy.

[50] H. Feicht, *Podstawowe zagadnienia...*, s. 120.

[51] H. Feicht kwestionuje w cytowanym referacie znaczenie przekazu *Latopisu Hipackiego* o śpiewie tzw. kierleszu przez rycerstwo polskie, nie przytacza jednak przekonywających argumentów.

[52] KrWp, 29.

[53] Z. Kozłowska-Budkowa, *Płockie zapiski o cudach z r. 1148*, KH, XLIV, 1930, s. 342.

[54] P. Skubiszewski, *Patena kaliska*, „Rocznik Historii Sztuki", III, 1963.

[55] KŚl, nr 130.

Człowiek i czas

[1] W polskiej literaturze przedmiotu wskazać tu można na skrypty uniwersyteckie A. Gieysztora (1948) i J. Szymańskiego (1972) oraz podręcznik *Chronologia polska*, pod red. B. Włodarskiego, Warszawa 1957.

[2] S. Stelling-Michaud, *Quelques aspects du problème du temps au moyen âge*, w: „Etudes Suisses d'Histoire Générale", XVII, 1959; J. Le Goff, *Au Moyen Âge: temps de l'Eglise et temps du marchand*, „Annales E.S.C.", 15ᵉ année, 1960; A. Dupront, *Histoire et temps*, „Annuaire-Bulletin de la Société de l'Histoire de France", 1960–1961; A.J. Gurewicz, *Kategorii sredniowiekowej kultury*, Moskwa 1972 (przekład polski: *Kategorie kultury średniowiecznej*, Warszawa 1976). W tym kontekście wskazać też można na prekursorski charakter prac Karola Potkańskiego (zob. *Pisma pośmiertne*, t. II, Kraków 1924).

[3] Por. zwłaszcza H.I. Marrou, *L'ambivalence du temps de l'histoire chez Saint Augustin*, Montréal–Paris 1950; F.S. Lear, *The Mediaeval Attitude Toward History*, „The Rice Institute Pamphlet", XX, 1933.

[4] V. Jagić, *Enstehungsgeschichte der kirchenslawischen Sprache*, Berlin 1913, s. 229 n.

[5] F. Miklosich, *Die slawischen Monatsnamen*, „Denkschriften d.k. Akademie der Wissenschaften", XVII, Wien 1868, s. 1–33; krytyka zastosowanego w tej pracy układu: T. Hołyńska-Baran, *Ukraińskie nazwy miesięcy na tle ogólnosłowiańskim*, Wrocław 1961, s. 104 n.

[6] H. Łowmiański, *Podstawy gospodarcze formowania się państw słowiańskich*, Warszawa 1953, s. 265.

[7] K. Moszyński, *Kultura ludowa Słowian*, Warszawa 1967, t. II, 1, s. 199; T. Hołyńska-Baran, *Ukraińskie nazwy miesięcy...*, s. 67, dowodzi polskiego pochodzenia nazwy „październik".

[8] K. Moszyński, *Kultura...*, t. II, 1, s. 156: Słownictwo ludowe słowiańskie do ostatnich czasów nie wyzbyło się twórczości w zakresie nomenklatury miesięcy.

[9] Por. E. Hofman, *Kultur- und Sprachgeist in den Monatsnamen*, „Zeitschrift für vergleichende Sprachforschung", LIX, 1931, s. 132; T. Hołyńska-Baran, *Ukraińskie nazwy miesięcy...*, s. 76–79 referuje dyskusję w tej sprawie.

[10] K. Moszyński, *Kultura...*, t. II, 1, s. 146, wypowiada się przeciwko takiemu traktowaniu nazw miesięcy.

[11] J. Łoś, *Początki piśmiennictwa polskiego. Przegląd zabytków językowych*, Lwów 1922, s. 137; W. Nehring, *Altpolnische Sprachdenkmäler*, Berlin 1886, s. 31.

[12] *Kalendarz płocki* (polskie nazwy miesięcy zostały dopisane w XV w.) wymienia miesiące w następującym układzie: luthy, strompacz, marzec, lzyquyad *alias* kweycyen, may, ugornyk *alias* zok, lypiecz, schyrpyen *alias* czyrwyen, wrzeschen, lystopad, grudzen, proschyen (MPH, t. V, s. 445–461).

[13] H. Łowmiański, *Podstawy gospodarcze...*, s. 27.

[14] Wrzesień wedle niektórych badaczy oznacza miesiąc młócki, od cerkiewno-słowiańskiego *vrešti* - młócić – F. Miklosich, *Etymologisches Wörterbuch der slawischen Sprachen*, Wien 1886, s. 383.

[15] A.W. Jakubski, *Czerwiec polski*, Warszawa 1934; K. Moszyński, *Kultura...*, t. I, s. 381 n.

[16] H. Hubert, M. Mauss, *Mélanges d'histoires religieuse*, Paris 1928, s. 219.

[17] M. Eliade, *Sacrum-mit-historia*, Warszawa 1970, s. 100.

[18] K. Wypych, *Jahresfeuer in Polen*, „Zeitschrift für Ostforschung", XXII, 1973, s. 86–115.

[19] W. Klinger, *Wschodnioeuropejskie rusałki i pokrewne postaci demonologii ludowej a tradycja grecko-rzymska*, Lublin–Kraków 1949.

[20] L. Niederle, *Manuel de l'antiquité slave*, t. II, Paris 1926, s. 332 n.

515 .

Przypisy

[21] K. Moszyński, *Kultura...*, t. II, 1, s. 50 n., 430 n.; M. Gładyszowa, *Wiedza ludowa o gwiazdach*, Wrocław 1960, rozdz. III.

[22] T. Lehr-Spławiński, *Język polski*, Warszawa 1951, s. 46 n.

[23] K. Potkański, *Wiadomości Długosza o polskiej mitologii*, w: *Pisma pośmiertne*, t. II, s. 60.

[24] M.P. Nilsson, *Studien zur Vorgeschichte des Weinachtfestes*, „Archiv für Religionswissenschaft", XIX, 1916–1919, s. 97.

[25] I.I. Srezniewski, *Materiały dla słowara drewnerusskogo jazyka*, Moskwa 1958, t. II, kol. 77.

[26] G. Bilfinger, *Der bürgerliche Tag*, Stuttgart 1888, s. 15.

[27] K. Moszyński, *Kultura...*, t. II, 1, s. 167 n., pisze o istnieniu w folklorze bułgarskim niemal pełnego kalendarza zajęć gospodarczych, opartego na obserwacji położenia gwiazd.

[28] I.I. Sreznewski, *Materiały dla słowara...*, t. II, kol. 23.

[29] MPH SN, t. V, s. 109 n.

[30] MPH, t. V, s. 445–461, por. wyżej przyp. 12.

[31] PWL, I, s. 173, pod r. 1097.

[32] I.I. Srezniewski, *Materiały dla słowara...*, t. I, kol. 1396 (r. 1136 i r. 1471).

[33] Por. J. Goody, *Time*, w: *International Encyclopedia of Social Sciences*, t. XVI, N. York 1968, s. 33.

[34] E. Klich, *Polska terminologia chrześcijańska*, Poznań 1927, s. 141.

[35] F. Miklosich, *Die christliche Terminologie der slavischen Sprachen*, Wien 1875, s. 19, wywodzi tydzień i nazwy dni występujące w językach słowiańskich z niemieckiego, natomiast V. Jagić, „Archiv für slavische Philologie", XXIII, s. 537, uważa termin *sreda* – środa za określenie czysto słowiańskie, co przemawiałoby za wiązaniem pojęcia tygodnia z kulturą autochtoniczną. Nie byliśmy już w stanie uwzględnić gruntownej monografii problemu: J. Matuszewski, *Słowiański tydzień. Geneza, struktura i nomenklatura*, Łódź 1978; autor opowiada się za tezą, że pierwszy dzień tygodnia słowiańskiego stanowiła niedziela, od której liczone były dni następne.

[36] J. Melich, *Die Namen der Wochentage im Slawischen*, w: *Jagić-Festschrift*, Berlin 1908, s. 212–217; P. Skok, *La semaine slave*, „Revue des Etudes Slaves", V, 1925, s. 19 n.

[37] I.I. Srezniewski, *Materiały dla słowara...*, t. II, kol. 379–382; T. Lehr-Spławiński, *O pochodzeniu wyrazu „tydzień"*, „Język Polski", XIII, 1928, s. 12–14.

[38] K. Moszyński, *Kultura...*, t. II, 1, s. 452 n.

[39] H. Ziółkowska, *Ze studiów nad najstarszym targiem polskim*, „Slavia Antiqua", IV, 1953–1954, s. 151 n.; T. Lalik, *Märkte des 12. Jh. in Polen*, „Ergon", III, 1962, s. 364 n.

[40] S. Trawkowski, *Geneza regionu kaliskiego*, w: *Osiemnaście wieków Kalisza*, t. IV, Kalisz 1962, s. 24 n.

[41] J. Matuszewski, *Nazwy administracyjne osad lokowanych na prawie niemieckim*, Łódź 1974, s. 73.

[42] G. Bilfinger, *Der bürgerliche Tag*, s. 263.

[43] Tacyt, *Germania*, 11, w: *Dzieła*, tłum. S. Hammer, Warszawa 1957, t. II, s. 270; Cezar, *Commentarii de bello gallico*, VI, 18.

[44] P. Dąbkowski, *Prawo prywatne polskie*, Lwów 1910, t. I, s. 288.

[45] O prasłowiańskim pochodzeniu tych określeń: T. Lehr-Spławiński, *Język Polski*, s. 46 n.

[46] *Rocznik kapituły krakowskiej*, pod r. 1266, MPH SN, t. V, s. 92.

[47] L.L. Lehan, *Time orientation and social class*, „Journal of Abnormal and Social Psychology", XLVII, 1952, s. 589.

[48] K. Moszyński, *Kultura...*, t. II, 1, s. 138 n.; M. Gładyszowa, *Wiedza ludowa...*, s. 147 n.

[49] G. Bilfinger, *Die mittelalterliche Horen und die modernen Stunden*, Stuttgart 1892; H. Grotefend, *Zeitrechnung des deutschen Mittelalters und der Neuzeit*, Hannover 1891, t. I, s. 184.

[50] *Rocznik kapituły krakowskiej*, MPH SN, t. V, s. 87 (wydawca poprawił datę roczną z 1257 na 1259).

[51] MPH SN, t. II, s. 66: „hora quasi diei tertia".

[52] Tamże, s. 65: „nominante die in hora constituta".

[53] Tamże, s. 95: „aurora lucescente"; MPH, t. II, s. 843: „in media nocte"; MPH SN, t. IV, 2, s. 79: „hora medie noctis".

[54] H. Grotefend, *Zeitrechnung...*, s. 43.

[55] *Concilia Poloniae*, wyd. J. Sawicki, Lublin 1963, s. 332 (1279 r.); A. Gieysztor, *O dacie średniowiecznego dzwonu „pro pace" ze Słączna na Śląsku*, w: *Studia Hieronymo Feicht septuagenario dedicata*, Kraków 1967, s. 143–147.

[56] B. Rybakow, *Jazyczeskaja simbolika russkich ukraszenij XII w.*, w: *I Międzynarodowy Kongres Archeologii Słowiańskiej*, t. V, Warszawa 1970, s. 352 n.

[57] W. Endrei, *Kalendarze dla analfabetów*, KHKM, XV, 1967, s. 481.

[58] I.I. Srezniewski, *Sewiernyj reznoj kalendar'*, w: *Trudy II archeologiczeskogo sjezda*, z. 1, Sankt-Petersburg 1876; A. Riegl, *Die Holzkalender des Mittelalters und der Renaissance*, „Mitteilungen des Instituts für österreichische Geschichte", IX, 1888, s. 82 n.

516

Przypisy

59 K. Moszyński, *Kultura...*, t. II, 2, s. 903 n.

60 W. Semkowicz, *Kalendarz trzebnicki pierwszej połowy XIII w.*, „Sprawozdania PAU", XXXV, nr 7, 1930, s. 7 n.

61 J. Fijałek, *Cyzjojan polski z r. 1471 z wiadomością o cyzjojanach w ogóle i w Polsce*, „Prace Filologiczne", XII, 1927; J. Novakova, *Počatky českeho cisjojanu*, „Sbornik Historicky", XV, 1967, s. 5 n.

62 A. Birkenmajer, *Krakowskie tablice syzgijów na r. 1379 i 1380. Przyczynek do dziejów astronomii w Polsce XIV w.*, RAU mp, XXI, 1891; Z. Gloger, *Słownik rzeczy starożytnych*, s. 138.

63 M. Rej, *Żywot człowieka poczciwego*, oprac. J. Krzyżanowski, Wrocław 1956, ks. III, rozdz. VII, 6.

64 J. Kostrzewski, *Kultura prapolska*, Poznań 1947.

65 J. Le Goff, *Temps de l'Eglise...*; H. Samsonowicz, *Życie miasta średniowiecznego*, Warszawa 1970, s. 110 n.

66 A.Z. Helcel, *Pism pozostałych wydanie pośmiertne*, t. I, Kraków 1874; H. Grajewski, *Granice czasowe mocy obowiązującej norm dawnego prawa polskiego*, Łódź 1970.

67 J. Bardach, *Historia państwa i prawa Polski*, t. I, wyd. 2, Warszawa 1964, s. 300.

68 *Najstarszy zwód*, art. 15, p. 25, s. 192.

69 Thietmar, III, 21.

70 Gall, III, 21 i 25.

71 Kosmas, II, 50.

72 M. Wincenty, I, 13.

73 S. Witkowski, *Podstęp Leszka z kolcami u Kadłubka i jego źródło*, w: *Księga pamiątkowa ku czci O. Balzera*, t. II, Lwów 1925, s. 677 n.

74 J. Kostrzewski, *Kultura prapolska*, s. 455 n.

75 SSS, t. II, s. 173.

76 I. Cieśla, *Taberna wczesnośredniowieczna na ziemiach polskich*, „Studia Wczesnośredniowieczne", IV, 1958, s. 159 n.; S. Trawkowski, *Taberny płockie na przełomie XI i XII w.*, PH, LIII, 1962, s. 731 n.

77 Herbord, II, 17.

78 H. Grotefend, *Zeitrechnung...*, t. II, s. 52 n., 90 n., 98 n.; B. Włodarski (pod red.), *Chronologia polska...*, s. 131 n.

79 C. Deptuła, *Niektóre aspekty stosunków Polski z Cesarstwem w w. XII*, w: *Polska w Europie*, Lublin 1968, s. 35 n. – o świętych „państwowych".

80 MPH, t. I, s. 324: „quid significent varietates, quae per diversa tempora in eisdem recoluntur officiis".

81 J. Worończak, *Tropy i sekwencje w literaturze polskiej do poł. XVI w.*, „Pamiętnik Literacki", XLIII, 1952, s. 335 n.; P. Sczaniecki, *Służba Boża w dawnej Polsce*, Poznań 1962, s. 63 n.

82 PVL, I, s. 60.

83 *Statuta synodalia dioecesana*, Vratislaviae 1855, s. 317; MPH, t. IV, s. 207 n.; por. E. Modelski, *Post dziesięciotygodniowy w Polsce*, PH, XV, 1912.

84 Np. *Bajka ludowa w dawnej Polsce*, wyd. H. Kapełuś, Warszawa 1968, s. 135; *Rachunki żupne bocheńskie*, wyd. J. Karwasińska, „Archiwum Komisji Historycznej", XV, 1939, s. 132.

85 G. Dumézil, *La religion romaine archaique*, Paris 1966, s. 536.

86 J. Klimaszewska, *Zakazy magiczne związane z rokiem obrzędowym w Polsce*, „Etnografia Polska", IV, 1961, s. 109 n.

87 K. Potkański, *Wiadomości Długosza...*, s. 60–61.

88 G. Dumézil, *La religion...*, s. 329.

89 K. Römer, *Podanie o Kraku i Wandzie*, „Biblioteka Warszawska", 1872, t. III, s. 12 n.

90 A. Brückner, *Wierzenia religijne i stosunki rodzinne*, w: *Encyklopedia Polska PAU*, t. IV, 2, s. 160; K. Potkański, *Wiadomości Długosza...*, s. 42 n.

91 Rudolf, s. 27 n. (§ 42, 44, 45).

92 W. Klinger, *Doroczne święta ludowe a tradycje grecko-rzymskie*, Kraków 1931; tenże, *Obrzędowość ludowa Bożego Narodzenia, jej początek i znaczenie pierwotne*, Poznań 1926.

93 Rudolf, s. 24, 29 (§ 24, 53).

94 M. Wincenty, II, 22.

95 Tamże, III, 14.

96 Tamże, IV, 19.

97 I.I. Srezniewski, *Materiały dla slowara...*, t. III, kol. 1051–1055.

98 P. Dąbkowski, *Prawo prywatne...*, s. 292.

99 K. Maleczyński, *Najstarsze targi w Polsce i stosunek ich do miast przed kolonizacją na prawie niemieckim*, Lwów 1926, s. 49 n.

Przypisy

[100] M. Młynarska Kaletynowa, *Targ na Zielone Świątki*, KHKM, XV, 1967, s. 25 n. (tam zestawienie literatury).

[101] K. Potkański, *Wiadomości Długosza...*, s. 3 n.

[102] S. Trawkowski, *Ołbin wrocławski w XII w.*, RDSG, XX, 1958, s. 85.

[103] J. Matuszewski, *Nazwy administracyjne...*, s. 73.

[104] PWL, t. I, s. 392.

[105] Gall, III, 18 – pochwała Bolesława za to, że nie szuka wytchnienia „in deliciis vel in conviviis asperitate yemis irruente".

[106] M. Eliade, *Sacrum-mit-historia, passim.*

[107] Rupertus abbas Tuitiensis, *De trinitate et operibus eius*, cyt. za W. Endrei, *Mutation d'une allégorie: L'hiver et le sacrifice du Nouvel-An*, „Annales E.S.C.", 21ᵉ année, 1966, s. 984.

[108] O. Balzer, *Studium o Kadłubku*, t. II, Lwów 1935, s. 27; B. Kürbis w komentarzu: *Mistrza Wincentego Kronika polska*, s. 105.

[109] M. Wincenty, II, 11, tłum. s. 105.

[110] KPol, t. I, nr 34, 64, 65.

[111] Tamże, nr 13, 14.

[112] Tamże, nr 28; KWp. t. I, n. 221.

[113] KWp, t. I, nr 214.

[114] KPol, t. II, nr 21.

[115] Tamże, t. I, nr 45.

[116] KMp, t. I, nr 42.

[117] KPol, t. I, nr 20.

[118] Tamże, nr 9.

[119] KMp, t. I, nr 119; KPol, t. III, nr 33.

[120] KWp. t. I, nr 504.

[121] KPol, t. I, nr 10.

[122] *Księga Henrykowska*, według indeksu: „memoria".

[123] Tamże, I, 8, tłum. s. 117.

[124] Gall, I, 3, tłum. s. 15.

[125] *Rocznik kapituły krakowskiej*, MPH SN, t. V, s. 87 n.

[126] Warto tu przypomnieć przenikliwość uwag K. Potkańskiego (*Prawa pamięci i rozpraszania energii*, w: *Pisma pośmiertne*, t. II, s. 279 n.).

[127] M. Wincenty, I, 1, tłum. s. 77.

[128] *Księga Henrykowska*, I, 2 („racio nominis Heinrichov").

[129] Tamże, I, 8, tłum. s. 124.

[130] Tamże, I, 9.

[131] Zob. J.P. Vernant, *Aspects mythiques de la mémoire*, „Journal de Psychologie", 1959, s. 1 n.

[132] O rodzajach narracji historycznej zob. B. Kürbisówna, *Więź najstarszego dziejopisarstwa polskiego z państwem*, w: *Początki państwa polskiego. Księga Tysiąclecia*, pod red. K. Tymienieckiego, 2 t., Poznań 1962, t. I, s. 218; B. Guenée, *Histoire, annales, chroniques. Essai sur le genres historiques au Moyen Age*, „Annales E.S.C.", 28ᵉ année, 1973, s. 997 n.

[133] B. Guenée, *Histoires...*, s. 1016.

[134] G. Labuda, *Gdzie pisano najdawniejsze roczniki polskie?*, „Roczniki Historyczne", XXIII, 1957, s. 96.

[135] W. Kętrzyński, *O rocznikach polskich*, RAU hf, t. XXXIV, 1897, s. 268.

[136] Gall, I, Przedmowa, tłum. s. 11.

[137] C. Deptuła, *Średniowieczne mity genezy Polski*, „Znak", 233/234, 1973, s. 1368.

[138] M. Eliade, *Traktat o historii religii*, Warszawa 1966, s. 393.

[139] M. Wincenty, Prolog, 4, tłum. s. 74.

[140] M. Wincenty, I, 2, tłum. s. 77.

[141] M. Wincenty, III, 26, tłum. s. 167.

[142] Gall, I, 4; III, 25, tłum. s. 18.

[143] Tamże, III, 26, tłum. s. 178.

[144] Tamże, III, list, tłum. s. 131

[145] Kosmas, III, Apologia, tłum. s. 311, 312.

[146] M. Wincenty, IV, 1, tłum. s. 179.

147 Biblioteka Kapituły Archidiecezjalnej, rkp. 28, k. 280 v.; analogiczna miniatura w innym rękopisie *Dekretu Gracjana* – Bibliothèque Municipale de Grenoble, rkp. 34, k. 185.

148 Gall, III, list.

149 Gall, III, 23.

150 M. Wincenty, I, 3.

151 M. Wincenty, I, 4, tłum. s. 78.

152 Tamże, 10, tłum. s. 85.

153 Tamże, 17.

154 B. Kürbisówna, *Więź najstarszego dziejopisarstwa...*, s. 225.

155 *Rocznik kapituły krakowskiej*, MPH SN, t. V, s. 23 n.

156 Gall, III, list.

157 M. Plezia, *Kronika Galla na tle historiografii XII w.*, Kraków 1947, s. 47.

158 MPH, t. III, s. 313 n.; J. Szymański, *Historiograficzne analogie Passawy i Krakowa z XIII w.*, w: *Polska w Europie*, Lublin 1968, s. 93 n.

159 Biblioteka Czartoryskich, rkp. 1207; Biblioteka Kapituły Gnieźnieńskiej, rkp. 1'.

160 Biblioteka Kapituły Gnieźnieńskiej, rkp. 2.

161 Biblioteka Uniwersytetu Wrocławskiego, rkp. I F. 440.

162 Szczególną rolę odgrywały tu naturalne relikty przeszłości, które były żywym przypomnieniem dawnych czasów. Wchodzą tu w grę przedmioty wyposażenia domowego, stroje, ale przede wszystkim stare głazy i słupy, związane z dawnymi wierzeniami lub też będące punktami orientacji w terenie. Podobną rolę spełniały wszelkie usypiska ziemi, grodziska, kopce. Były one ustawicznym źródłem inspiracji dla wytwarzania się i dla obiegu podań ludowych.

163 K. Pomian, *Przeszłość jako przedmiot wiary*, Warszawa 1958.

164 E. Karwot, *Katalog magii Rudolfa*, Wrocław 1955, Komentarz, s. 62.

165 Kosmas, I, 3, tłum. s. 92.

166 Gall, I, 16.

167 E. Karwot, *Katalog magii...*, s. 49.

168 H. Hubert, M. Mauss, *Mélanges...*, s. 228 n.

169 S. Urbańczyk, *Religia pogańskich Słowian*, Kraków 1947.

170 Biblioteka Czartoryskich, rkp. 1207, k. 8 i II v.

171 *Chronicon Montis Sereni*, MGH SS, t. XXIII, s. 176.

172 M. Bloch, *Społeczeństwo feudalne*, Warszawa 1981, s. 156.

Linie rozwojowe kultury w Polsce wcześniejszego średniowiecza

1 Por. np. PWL, *Wstęp*, o Polanach i Drewlanach.

2 T. Lewicki, *Osadnictwo słowiańskie i niewolnicy słowiańscy w krajach muzułmańskich według średniowiecznych pisarzy arabskich*, PH, XLIII, 1952, s. 473 n.

3 W. Kętrzyński, *O rocznikach polskich*, RAU hf, t. XXXIV, 1897, s. 264; G. Labuda, *Główne linie rozwoju rocznikarstwa polskiego w wiekach średnich*, KH, LXXVIII, 1971, s. 817. Inaczej J. Dowiat, *Dubrouka venit ad Miskonem. Geneza zapiski*, w: *Cultus et cognitio. Studia z dziejów średniowiecznej kultury*, Warszawa 1976, s. 123 n.

4 Gall, III, list.

5 Tamże, I, 16.

6 *S. Adalberti Pragensis, episcopi et martyris, Vita altera, auctore Brunone Querfurtensis*, wyd. J. Karwasińska, MPH SN, t. IV, z. 2, Warszawa 1969, cap. 25, tłum. wg: *Piśmiennictwo czasów Bolesława Chrobrego*, oprac. J. Karwasińska, tłum. K. Abgarowicz, Warszawa 1966, s. 139.

7 *Libellus de institutione morum*, SSRHung, t. II, s. 625; przekład autora.

8 Widukind, III, 69.

Przypisy

9 Thietmar, VII, 18, 22.

10 E. Gąssowska, *Wczesnośredniowieczne szachy z Sandomierza*, „Archeologia Polski", IX, 1964, s. 148 n.; tejże, *W sprawie datowania wczesnośredniowiecznych szachów znalezionych w Sandomierzu*, „Archeologia Polski", XV, 1970, s. 548 n.

11 M. Plezia, *Cronica Petri comitis Poloniae wraz z tzw. Carmen Mauri*, MPH SN, t. III, s. XXXII n.; G. Labuda, *Źródła, sagi i legendy do najdawniejszych dziejów Polski*, Warszawa 1960, s. 288.

12 J. Dowiat, *Kształcenie umysłowe synów książęcych i możnowładczych w Polsce i niektórych krajach sąsiednich w X–XII w.*, w: *Polska w świecie. Szkice z dziejów kultury polskiej*, pod red. J. Dowiata, A. Gieysztora, J. Tazbira i S. Trawkowskiego, Warszawa 1972, s. 89.

13 *Księga Henrykowska*, I, 2, tłum. s. 85.

14 *Zbiór dokumentów i listów miasta Płocka*, t. I, 1065–1495, wyd. S.M. Szacherska, Warszawa 1975, nr 9, przekład za: S. Trawkowski, *Przemiany społeczne i gospodarcze w XII i XIII wieku*, w: *Polska dzielnicowa i zjednoczona. Państwo – społeczeństwo – kultura*, red. A. Gieysztor, Warszawa 1972, s. 88 n.

15 J. Dowiat, *Polska – państwem średniowiecznej Europy*, Warszawa 1968, s. 300.

16 Por. M.R. Mayenowa, *Walka o język w życiu i literaturze staropolskiej*, Warszawa 1955.

17 Przykładem może być Rudolf z Rud (*Katalog magii*).

Indeks osób

Liczby antykwą oznaczają lewą stronę kolumny, *kursywą* – prawą; gwiazdka oznacza, że nazwisko znajduje się w podpisie rysunku; liczby w nawiasie oznaczają numer przypisu na danej stronie; zastosowano skróty: (bibl.) – postać biblijna, bp – biskup, ks. – książę, księżna, (liter.) – postać z literatury, (legend.) – postać legendarna, św. – święty, święta.

Indeks osób

Indeks osób

Indeks osób

Indeks osób

Indeks nazw geograficznych i etnicznych

Liczby antykwą oznaczają lewą stronę kolumny, *kursywą* – prawą; gwiazdka oznacza, że nazwa znajduje się w podpisie rysunku; liczby w nawiasie oznaczają numer przypisu na danej stronie.

Indeks nazw geograficznych i etnicznych

Indeks nazw geograficznych i etnicznych

532

Indeks nazw geograficznych i etnicznych

Indeks nazw geograficznych i etnicznych

Indeks nazw geograficznych i etnicznych

Spis ilustracji

ILUSTRACJE CZARNO-BIAŁE

536

Spis ilustracji

537

Spis ilustracji

Spis ilustracji

Spis ilustracji

Spis ilustracji

541

Spis ilustracji

542

Spis ilustracji

Spis ilustracji

544

Spis ilustracji

Spis ilustracji

546

Spis ilustracji

Spis ilustracji

Spis ilustracji

Spis ilustracji

Spis ilustracji

552

Spis ilustracji

Spis ilustracji

554

Spis ilustracji

ILUSTRACJE BARWNE

Spis rzeczy

Spis rzeczy

Spis rzeczy

PRINTED IN POLAND
Państwowy Instytut Wydawniczy, Warszawa 1985 r.
Wydanie pierwsze
Nakład 20 000+250 egz. Ark. wyd. 60. Ark. druk. 35
Podpisano do druku w listopadzie 1985 r.
Druk ukończono w grudniu 1985 r.
Zakłady Graficzne ,,Dom Słowa Polskiego'' w Warszawie
Okładkę wykonała Spółdzielnia Pracy Przemysłu Artystycznego «Starodruk» w Krakowie
Zam. 809/K/83. T-86. Cena zł 1800.–